KB145270

실무자를 위한 딥러닝

실무자를 위한 딥러닝

로널드 크누젤 지음   백성복 옮김

i!i
에이콘

에이콘출판의 기틀을 마련하신 故 정완재 선생님 (1935-2004)

나의 자녀들인 데이빗, 피터, 폴, 모니카,

조셉, 프란시스에게 바친다.

추천의 글

현대 디지털 시대가 시작된 이래로 과학자들과 엔지니어들은 인간의 두뇌에서 영감을 받아 뉴런과 같은 단순한 프로세서를 대규모로 연결해 병렬 네트워크를 구축한 후 여러 가지 경험을 통해 학습하고 적응할 수 있는 방법을 상상해왔다. 새로운 수학적 방법이 개발됨에 따라 이 분야에 여러 차례 열광적인 물결이 일어났다. 1958년, 프랭크 로젠블랫Frank Rosenblatt은 퍼셉트론이라는 학습 장치를 고안했는데, 이 장치는 사람이 프로그래밍해 수행할 수 있는 모든 작업을 학습할 수 있다는 놀라운 특성을 갖고 있었다. 하지만 마빈 민스키Marvin Minsky와 시모어 페이퍼트Seymour Papert가 이 장치의 프로그램이 어떤 제약을 갖는지 이론적인 측면과 실무적인 측면에서 신중하게 분석한 후부터는 이 장치에 대한 세간의 관심이 수그러들었다.

1980년대 후반, 인지 과학자 데이비드 루멜하트David Rumelhart는 제프리 힌튼 Geoffrey Hinton, 로날드 윌리엄스Ronald Williams와 함께 민스키와 페이퍼트에 의해 확인된 한계를 극복할 잠재력을 갖춘 역전파라는 학습 알고리듬을 제안했다. 이 알고리듬을 적용한 넷토크NetTalk라는 텍스트 음성 변환 시스템의 인상적인 시연은 다시 한 번 신경망에 대한 관심을 불러일으켰다. 그러나 해당 알고리듬이 대규모의 문제를 처리할 수 있을 정도로 확장되지 않는 것처럼 보였을 때 이번에도 현장의 열기가 식어버렸다.

그 후 20년 동안 컴퓨터는 더 빨라지고 데이터 세트는 더 커졌으며, 새로운 소프트웨어 도구가 출현해 신경망을 쉽게 구축할 수 있는 환경이 조성됐다. 이러한 발전에 힘입어 대규모 모델도 구축할 수 있게 됐다. 이 분야는 딥러닝이라는 새로운 명칭으로 불리게 됐고, 새로운 시대를 맞은 이 분야의 전문가들은 이전에는 상상할 수 없었던 대규모의 문제를 해결할 수 있게 됐다. 역사를 되짚어 보면 현대의 딥러닝도 언젠가는 또 다른 벽에 부딪히게 될 것이 자명하지만 최소한 이 분야의 기술이 어렵고 실용적이며 영향력이 큰 문제를 해결할 수 있다는 것은 입증됐다.

음성으로 제어 가능한 비서부터 인간 전문가 수준의 의료 이미지 진단, 자율주행차량, 기타 무수히 많은 내부 애플리케이션에 이르기까지 인류의 삶은 변화하고 있다. 딥러닝 혁명은 이미 시작됐고 미래는 아직 실현되지 않은 가능성들을 준비하고 우리를 기다리고 있다.

이 분야의 고급 기술은 복잡하고 어렵게 보일 수도 있지만 기본 원리 정도는 충분히 이해할 수 있는 수준이고 시도해볼 만한 주제다. 사실 딥러닝 혁명을 일으킨 초기 과학자들은 훈련 받은 심리학자들이었다. 오픈소스 소프트웨어 도구를 설치한 표준 데스크톱 컴퓨터만으로도 이 책에 나오는 아이디어와 개념을 탐구하기에 충분하다. 평범한 데스크톱의 하드웨어(특히 GPU, 그래픽 처리 장치)를 약간만 업그레이드시키면 10년 전 기준의 슈퍼컴퓨터로 변화시킬 수 있기 때문에 훨씬 복잡하고 정교한 연구와 구현을 시도해볼 수 있다.

크누젤 박사는 이미지 처리 전문가로서 머신러닝 분야에서 15년 이상의 경력을 보유하고 있다. 그는 초보자와 애호가가 이 분야에 쉽게 접근할 수 있게 하고자 이 책을 썼다. 이 책은 특별한 배경 지식을 가정하지 않고 설명을 시작한다. 앞부분에서는 성공적인 딥러닝 모델을 학습시키는 데 유용한 데이터 세트를 구축하는 방법을 보여준다. 다음으로 딥러닝 혁명의 초석이 됐던 고전적인 머신러닝 알고리듬들을 소개한다.

견고한 개념적 기초를 제공할 뿐만 아니라 독자가 자신의 프로젝트와 솔루션을 설계하는 데 적용할 실용적인 지침을 제공한다. 현재 이 분야에서 표준으로 인정되는 모델 평가 방식을 소개하면서 이를 이용해 머신러닝 모델의 성능을 조정하고 평가하는 방법을 설명한다.

또한 이 책은 고급 수준의 방법과 알고리듬에 대한 공부를 시작하는 데 도움을 주는 발판의 역할을 한다. 마지막 네 개의 장은 지도학습형 딥러닝 기술의 핵심 인 컨볼루션 신경망을 자세히 설명한다. 이 부분에서 소개되는 실험은 모두 머신러닝 분야의 실무자에게 친숙한 표준 데이터 세트를 사용한다. 데이터 세트부터 예측 모델의 평가에 이르기까지 문제에 접근하는 방식을 보여주는 사례 연구로 마지막을 장식한다.

어떤 책도 완벽하지 않으며 이 책은 입문서일 뿐이다. 이 책의 마지막 장은 딥러닝 혁명으로의 여정을 계속하면서 다음으로 살펴볼 만한 주제가 무엇인지 제시한다. 즐거운 탐험이 되길 바란다.

마이클 모저(Michael C. Mozer) 박사

콜로라도 대학교 볼더 캠퍼스 컴퓨터 과학과/인지 과학 연구소 교수

캘리포니아 마운틴 뷰 구글 연구소 연구 과학자

지은이 소개

로널드 크누젤 Ronald Kneusel

2003년부터 산업 현장에서 머신러닝 기술을 활용해 왔으며 2016년 볼더에 있는 콜로라도 대학교에서 머신러닝 분야의 박사 학위를 받았다. 현재는 L3Harris Technologies Inc.에서 근무하고 있다. 스프링거 출판사에서 『Numbers and Computers』(2015)와 『Random Numbers and Computers』(2018)를 출판하기도 했다.

감사의 글

"나는 나 자체만으로는 내가 될 수 없다. 다른 모든 사람 속에서
만 진정한 나를 찾을 수 있다."

데이비드 벤틀리 하트[David Bentley Hart]의 이 말에 따르면 사람은 다른 모든 사람과 관계 속에서만 자기 자신이 될 수 있다. 이 말은 우리 삶의 모든 영역, 심지어 책 쓰기 영역에도 적용된다.

먼저 이 프로젝트를 잘 마무리할 수 있게 인내와 격려로 도움을 준 가족들에게 감사의 마음을 전한다. 다음으로 편집을 맡아준 알렉스 프리드[Alex Freed]에게 감사한다. 매우 유능하고 훌륭한 협업 능력을 보유한 편집자로서 거친 텍스트를 부드럽게 만들어주고 일관성 있는 책으로 바꿔줬다. 어리석은 실수를 바로 잡고 이 책에서 사실이라고 주장하는 것들이 정말로 사실임을 확인해준 폴 노드[Paul Nord]에게도 감사드린다. 책에 남아 있을지도 모를 모든 오류에 대한 책임은 폴의 제안을 따르지 못한 저자에게 있다.

마지막으로 책의 가치를 인정해주고 출판될 수 있게 도와준 노스타치 출판사의 모든 분께 감사드린다.

기술 감수자 소개

폴 노드^{Paul Nord}

발파라이소^{Valparaiso} 대학교의 물리천문학과에서 기술 전문가 및 연구 조교로 일하고 있다. 1991년, 발파라이소 대학교에서 물리학 학사 학위를 받았고 2017년, 동 대학교에서 분석-모델링 분야의 석사 학위를 취득했다. 디스크 탐지 협업^{Disk Detective Collaboration}, 교수진 학습 커뮤니티 토론 그룹, 구글 딥 드림^{Google Deep Dream}을 사용한 아트 쇼 등 다수의 머신러닝 프로젝트에 참여했다. 모든 연령대의 어린이를 위한 과학 봉사 프로그램도 수행하고 있다.

옮긴이 소개

백성복(sbbaik@gmail.com)

 1992년, 한국개발연구원에서 주임 연구원으로 근무하면서 처음으로 신경망을 접했다. 1995년, KT 융합기술원으로 자리를 옮겨 다양한 통신망 기술을 연구하다가 2016년부터 딥러닝과 강화학습 기반의 네트워크 지능화 연구에 매진하고 있다. 컴퓨터 과학 전공으로 강원대 학사, 숭실대 석사를 거쳐 일리노이 공과대학교^{Illinois Institute of Technology}에서 박사 학위를 취득했으며, ITU-T FG-ML5G^{Focus Group on Machine Learning for Future Networks including 5G} 부의장, TTA 표준화위원회 인공지능 기반 기술 프로젝트 그룹(PG1005) 부의장 등을 역임했고, 국가 ICT 표준화 전략 수립에도 참여하고 있다.

옮긴이의 말

기본에 충실한 좋은 책을 번역할 수 있는 과분한 기회를 잡았다. 화려하지는 않지만 딥러닝과 머신러닝 실무자 혹은 실무 관리자가 빠트리기 쉬운 핵심 포인트들을 잘 짚어낸 책이다. 딥러닝과 머신러닝 실무 수행 중 뭔가 부족하다는 불안한 마음이 든다면 이 책에서 직접적인 해결 방법이나 간접적인 실마리를 찾을 수 있을 것이다.

저자의 의도를 전달하는 데 집중하면서 정성을 다해 번역했다. 문장의 본질적인 의미를 살리려다보니 원문과 거리감이 있는 의역이 다소 있다. 역자의 주관이 개입될 위험을 감수하면서 영어식 표현을 그대로 옮겼을 때 생길 수 있는 지면 낭비를 없애보려고 노력한 것이니 너그러운 아량으로 이해해주기 바란다.

긴 번역 기간 동안 어설픈 초벌 번역을 꼼꼼히 읽으면서 교정해준 사랑하는 아내 추성현 에스더와 사랑하는 자녀 원진, 의현에게 감사의 마음을 전한다.

전민동 모퉁이 카페 랩플레이스에서

백성복

차례

추천의 글 6

지은이 소개 9

감사의 글 10

기술 감수자 소개 11

옮긴이 소개 12

옮긴이의 말 13

들어가며 25

1장   시작하기   35

프로그램 실행 환경 35

  넘파이 36

  사이킷런 36

  케라스와 텐서플로 37

툴킷 설치 38

선형 대수 기초 39

  벡터 40

  행렬 41

  행렬과 벡터의 곱 41

통계와 확률 43

  서술 통계 44

  확률 분포 45

  통계적 검정 46

그래픽 처리 장치 48

요약 48

2장	파이썬 사용	49

파이썬 인터프리터	50
문장과 공백	50
변수와 기본적인 자료 구조	53
수의 표현	53
변수	53
문자열	54
리스트	55
딕셔너리	61
제어 구조	62
if-elif-else문	63
for 반복문	64
while 반복문	67
break문과 continue문	68
with문	70
try-except문으로 에러 처리	71
함수	72
모듈	74
요약	77

3장	넘파이 사용	79

왜 넘파이인가?	79
배열과 리스트	80
배열과 리스트 간의 처리 속도 비교	82
기본 배열	85
np.array로 배열 정의	85
0과 1로 구성된 배열 정의	90
배열 원소에 접근	93
배열 인덱싱	93
배열 슬라이싱	95

말 줄임 기호 99

연산자와 브로드캐스팅 102

배열 입력과 출력 107

난수 111

넘파이와 이미지 112

요약 115

4장   데이터 작업   117

클래스와 레이블 118

피처와 피처 벡터 119

　피처의 유형 120

　피처 선택과 차원의 저주 123

좋은 데이터 세트의 특징 126

　내삽법과 외삽법 127

　모분포 130

　사전 클래스 확률 132

　컨퓨저 133

　데이터 세트의 크기 134

데이터 준비 136

　피처의 범위 조정 136

　누락된 피처 값 143

학습, 검증, 테스트 데이터 145

　3개의 부분 데이터 145

　데이터 세트의 분할 147

　k-Fold 교차 검증 155

데이터 검토 158

　데이터 점검 159

　주의할 사항 164

요약 165

5장   데이터 세트 구축   167

　아이리스 꽃 데이터 168

　유방암 데이터 세트 171

　MNIST 숫자 175

　CIFAR-10 179

　데이터 증강 182

　　학습 데이터를 증강시키는 이유 183

　　학습 데이터 증강법 186

　　아이리스 꽃 데이터 세트 증강시키기 187

　　CIFAR-10 데이터 세트 증강시키기 196

　요약 202

6장   고전적인 머신러닝   205

　최근접 센트로이드 207

　k-최근접 이웃 212

　나이브 베이즈 215

　의사결정 트리와 랜덤 포레스트 221

　　재귀의 개념 225

　　의사결정 트리 만들기 226

　　랜덤 포레스트 229

　서포트 벡터 머신 231

　　마진 231

　　서포트 벡터 234

　　최적화 235

　　커널 236

　요약 237

아이리스 꽃 데이터 세트 실험 240

    고전 모델 테스팅 240

    최근접 센트로이드 분류기의 구현 246

유방암 데이터 세트 실험 249

    두 개의 초기 테스트 실행 250

    랜덤 분할의 효과 254

    k-폴드 검증 추가 257

    하이퍼파라미터 분석 265

MNIST 데이터 세트 실험 273

    고전 모델 테스팅 273

    실행 시간 분석 283

    PCA 구성 요소 실험 286

    데이터 세트 스크램블링 290

고전 모델 요약 292

    최근접 센트로이드 292

    k-최근접 이웃 293

    나이브 베이즈 294

    의사결정 트리 295

    랜덤 포레스트 295

    서포트 벡터 머신(SVM) 296

고전 모델의 사용 297

    데이터 세트가 소규모인 경우 297

    컴퓨팅 자원의 제약이 심한 경우 298

    판정 결과를 설명할 수 있는 모델이 필요한 경우 298

    벡터 입력 작업 299

요약 300

8장　　　신경망 소개　　　301

　　신경망의 구조 302

　　　　뉴런 303

　　　　활성화 함수 305

　　　　네트워크의 구조 311

　　　　출력 계층 313

　　　　가중치와 편향 표현법 316

　　간단한 신경망의 구현 318

　　　　데이터 세트 구축 319

　　　　신경망의 구현 321

　　　　신경망 학습과 테스팅 324

　　요약 328

9장　　　신경망 학습　　　329

　　개요 330

　　경사 하강법 331

　　　　최솟값 찾기 334

　　　　가중치 갱신 336

　　확률적 경사 하강법 338

　　　　배치와 미니배치 338

　　　　콘벡스 함수와 비콘벡스 함수 341

　　　　학습 종료 344

　　　　학습률 갱신 345

　　　　모멘텀 346

　　역전파 347

　　　　역전파, 첫 번째 설명 348

　　　　역전파, 두 번째 설명 354

　　손실 함수 359

　　　　절대 손실과 평균 제곱 오차 손실 360

　　　　교차 엔트로피 손실 362

가중치 초기화 364

과적합과 정규화 367

과적합의 이해 367

정규화의 이해 371

L2 정규화 372

드롭아웃 374

요약 378

10장   실용적인 신경망 예제   381

데이터 세트 382

sklearn의 MLPClassifier 클래스 382

네트워크 구조와 활성화 함수 384

소스코드 384

실행 결과 389

배치 크기 395

기본 학습률 401

학습 데이터 세트의 크기 405

L2 정규화 407

모멘텀 411

가중치 초기화 413

피처 간의 순서 419

요약 422

11장   모델 평가   423

정의와 가정 424

정확도만으로 충분하지 않은 이유 425

2 × 2 혼동 행렬 428

2 × 2 혼동 행렬에서 파생된 메트릭 432

2 × 2 행렬에서 메트릭 도출 432

메트릭으로 모델 해석 437

고급 메트릭 440

정보도와 표식도 440

F1 점수 442

코헨 카파 계수 443

매튜 상관 계수 444

메트릭 구현 445

수신자 조작 특성(ROC) 곡선 447

모델 수집 447

그래프로 메트릭 출력 449

ROC 곡선 해석 451

ROC 분석을 통한 모델 비교 455

ROC 곡선 그리기 458

정밀도–재현율 곡선 461

다중 클래스 다루기 462

혼동 행렬의 확장 462

가중치를 고려한 정확도 계산 467

다중 클래스 매튜 상관 계수 470

요약 472

12장   컨볼루션 신경망 소개   473

컨볼루션 신경망을 사용하는 이유 474

컨볼루션 475

커널을 이용한 스캐닝 476

이미지 처리에 사용하는 컨볼루션 479

컨볼루션 신경망의 해부학 481

다양한 유형의 계층 482

CNN을 통한 데이터 처리 과정 486

컨볼루션 계층 488

컨볼루션 계층의 작동 방식 488

컨볼루션 계층의 사용 492

다중 컨볼루션 계층 495

컨볼루션 계층 초기화 497

풀링 계층 498

완전 연결 계층 501

완전 컨볼루션 계층 502

단계별 분석 506

요약 511

13장   케라스와 MNIST를 활용한 CNN 분석   513

케라스로 CNN 구축 514

MNIST 데이터 로드 514

모델 구축 517

모델 학습과 평가 521

오차 플로팅 525

기본 실험 527

아키텍처 실험 529

학습 세트 크기, 미니배치, 에폭 534

옵티마이저 539

완전 컨볼루션 네트워크 542

모델의 구축과 학습 542

테스트 이미지 만들기 546

모델 테스트 549

스크램블된 MNIST 숫자 559

요약 561

14장   CIFAR-10 데이터 세트 실습   563

CIFAR-10 복습 564

전체 CIFAR-10 데이터 세트를 이용한 실습 565

　　모델 구축 566

　　모델 분석 571

동물과 교통수단 구분 576

이진 클래스와 다중 클래스 583

전이학습 591

모델 미세 조정 600

　　데이터 세트 구축 602

　　미세 조정을 위한 모델 수정 606

　　모델 테스트 610

요약 613

15장   사례 연구: 오디오 샘플 분류   615

데이터 세트 구축 616

　　데이터 세트 증강 618

　　데이터 전처리 624

오디오 피처 분류 628

　　고전 모델 사용 628

　　전통적인 신경망 사용 632

　　컨볼루션 신경망 사용 633

스펙트로그램 640

스펙트로그램 분류 647

　　초기화, 정규화, 배치 정규화 651

　　혼동 행렬 조사 653

앙상블 655

요약 661

CNN 추가 연구 666

강화학습과 비지도학습 667

생성적 적대 신경망(GAN) 모델 669

순환 신경망 669

온라인 리소스 670

학술대회 672

서적 673

맺음말, So Long and Thanks for All the Fish 674

찾아보기 675

들어가며

고등학생 시절에 컴퓨터와 틱택토^{tic-tac-toe} 게임을 할 수 있는 프로그램을 만들고 싶었다. 당시에는 실제로 컴퓨터 과학자가 그런 문제를 어떻게 다루는지 전혀 몰랐다. 그래서 생각나는 대로 프로그램을 만들었는데, 비정형 애플소프트의 베이직 언어가 지원하는 조잡한 if-then문과 goto문을 사용해 수많은 규칙을 작성할 수밖에 없었다. 수백 줄에 달하는 규칙을 만들어야 했었다.

프로그램은 성공적으로 동작했지만 얼마되지 않아 내가 만든 규칙이 처리하지 못하는 게임 순서를 알아냈고 순서만 따르면 항상 컴퓨터를 이길 수 있다는 것을 알게 됐다. 단순 무식한 방식의 코드와 규칙으로는 한계가 있다는 걸 직감했다. 예제를 보여줌으로써 게임 방법을 컴퓨터에 가르칠 수 있는 방법, 즉 컴퓨터가 스스로 학습할 수 있게 하는 방법이 있어야 한다는 것을 분명히 느낄 수 있었다.

1980년대 후반, 큰 기대를 품고 대학에서 인공지능 과목을 수강했다. 수업을 통해 마침내 틱택토 게임 프로그램을 작성하는 방법의 해법을 배웠다. 다만 컴퓨터가 학습하는 방식은 아니었다. 여전히 영리한 알고리듬을 사용하고 있었다. 그런데 수업 중에 컴퓨터가 최고의 체스 선수를 이길 날이 곧 올 것 같다는 말을 들었고, 실제로 1997년에 그런 일이 일어났다. 하지만 바둑 같은 더 복잡한 게임의 최고 선수를 컴퓨터가 이기는 것은 불가능할 것이라는 전망이었다. 2016년 3월, 알파고 딥러닝 프로그램이 바로 그 일을 해냈다.

2003년, 과학 컴퓨팅 회사에서 컨설턴트로 근무하면서 주요 의료기기 제조업체의 프로젝트에 배정됐다. 과제의 목표는 머신러닝을 사용해 관상 동맥의 혈관 내 초음파 이미지를 실시간으로 분류하는 것이었다. 일종의 인공지능의 하위 분야에 속하는 기술로, 인간이 명시적으로 프로그래밍할 필요가 없는 자체적으로 데이터를 학습하는 모델을 개발하는 과제였다. 마침내 기다리던 기술을 만난 것이다.

머신러닝에 대해 막연하게 알고 있었고 신경망으로 흥미로운 일을 할 수 있다는 것을 알고 있었지만 대부분의 경우 머신러닝은 그저 작은 연구 분야일 뿐이었다. 평범한 컴퓨터 공학인이 그다지 관심을 두지 않는 분야였다. 그러나 프로젝트를 진행하는 동안 명시적으로 많은 코드를 작성하지 않고도 유용한 작업을 수행하도록 기계를 학습시킬 수 있다는 아이디어에 매료됐다. 그래서 프로젝트가 끝난 후에도 계속해서 이 분야의 기술들을 공부했다.

2010년경에 또 다른 머신러닝 프로젝트에 참여했는데, 시기가 완벽했다. 오래 전에 나온 신경망 개념을 되살린 딥러닝이라는 새로운 머신러닝 접근 방식에 대한 논의가 막 시작되던 시점이었기 때문이다. 2012년이 되자 이 분야에 사람들이 몰리기 시작했다. 스코틀랜드 에든버러에서 열린 ICML 2012 콘퍼런스에 참석했었는데, 운 좋게도 구글 연구자들이 유튜브 동영상에서 고양이를 보고 반응하는 획기적인 딥러닝 결과를 발표하는 것을 직접 들을 수 있었다. 무려 800명이 참석해 발표장을 가득 메웠다.

이 책을 쓰던 2020년에 참석한 머신러닝 콘퍼런스에는 13,000명 이상이 참석했다. 머신러닝 분야는 폭발적으로 성장했다. 유행처럼 쉽게 사라질 주제는 아니다. 머신러닝은 우리 삶에 지대한 영향을 미쳤으며 앞으로도 그럴 것이다. 머신러닝 기술은 종종 과장된 광고의 형태로 발표되는 경우가 많기 때문에 핵심 개념을 제대로 파악해둘 필요가 있다. 이 책의 목적은 머신러닝의 핵심적인 내용을 알려주는 것이다. 특히 딥러닝 접근 방식에 초점을 맞출 것이다.

이 책의 대상 독자

머신러닝에 대한 배경 지식이 없지만 머신러닝에 관심이 많아 여러 가지 실습을 해보고 싶은 독자를 위한 책으로, 수학적인 내용은 최소한으로 설명한다. 이 책의 목표는 머신러닝의 핵심 개념을 이해하고 이 분야에서 일할 때 도움될 직관을 구축할 수 있도록 돕는 것이다.

이미 나와 있는 툴킷 사용법만 알려주고 작동 원리에 대한 실질적인 설명은 부족한 흔한 책이 되지 않도록 노력했다. 방법을 이해하고 있다면 모델을 구축할 수 있는 것이 정설이다. 하지만 방법과 원리를 모른다면 앵무새 노릇만 하면서 발전하지 못할 가능성이 크다.

이 책의 독자는 컴퓨터 프로그래밍 언어 중 어떤 언어이든 어느 정도 익숙하다고 가정한다. 또한 학생이든 대기업이든 머신러닝 분야에서 많이 사용하는 언어인 파이썬을 사용한다. 고등학교 저학년 수학에는 익숙하지만 미적분학에는 익숙하지 않다고 가정할 것이다. 약간의 미적분학은 언급하겠지만 자세한 내용을 몰라도 기본적인 아이디어를 이해할 수 있다. 또한 약간의 통계 지식과 기본적인 확률론은 알고 있다고 가정한다. 고등학교 졸업 후 완전히 잊어버렸더라도 괜찮다. 내용을 따라가기에 충분한 배경 지식은 설명할 것이다.

주요 내용

이 책을 완독하고 나면 다음과 같은 내용을 익힐 수 있다.

- 양질의 학습 데이터 세트를 구축하는 방법. 이 방법은 현장에서 성공적인 모델을 만들려면 반드시 알아야 한다.
- 사이킷런^{scikit-learn}과 케라스^{Keras}라는 두 가지 주요 머신러닝 툴킷으로 작업하는 방법
- 모델을 학습시키고 테스트한 후 모델의 성능을 평가하는 방법
- k-최근접 이웃, 랜덤 포레스트 또는 서포트 벡터 머신과 같은 몇 가지 고전적인 머신러닝 모델을 사용하는 방법
- 신경망의 학습 및 작동 방법
- 컨볼루션 신경망을 사용해 모델을 개발하는 방법
- 주어진 데이터 세트로 시작해 밑바닥부터 성공적인 모델을 개발하는 방법

이 책에 관해

이 책은 머신러닝에 관한 안내서다. 머신러닝은 입력받은 데이터로 특정 결론을 도출하는 모델을 구축하는 기술이라 할 수 있다. 모델이 내리는 결론의 형태는 입력 이미지를 보고 특정 종류의 개라고 판정하는 식의 개체 레이블링 방식이거나 일정 편의 시설을 갖춘 주택에 대해 적정가를 예측하는 식의 연속적인 값을 예측하는 방식을 취한다. 중요한 것은 모델이 자체적으로 데이터에서 학습한다는 것이다. 실제로 모델은 제시되는 사례를 학습한다.

모델을 수학 함수 $y = f(x)$라고 생각할 수 있다. 여기서 y는 출력, 클래스 레이블 또는 연속적인 값이고 x는 미지의 입력을 나타내는 피처 집합이다. 피처^{feature}란 모델이 어떤 출력을 산출할 것인지를 학습하고자 사용하는 입력에 대한 측정값

이나 정보를 말한다. 예를 들어 x는 물고기의 길이, 너비, 무게를 나타내는 벡터를 의미하며, 여기서 각 측정값이 피처에 해당한다. 입력 x와 출력 y 간의 매핑인 f를 찾아 새로운 x의 인스턴스가 주어졌을 때 y를 찾아내는 것이 목표다.

매핑 f를 학습하는 표준 방법은 기존에 확보한 데이터를 모델(또는 알고리듬)에 제공해 모델이 f를 유용한 매핑으로 만드는 데 필요한 파라미터를 학습하게 하는 것이다. 머신러닝이라고 부르는 이유가 여기에 있다. 기계가 모델의 파라미터를 학습하는 방식이다. 프로그래머가 규칙을 찾아내 코드로 구현하는 방식이 아니다. 실제로 신경망 등 일부 유형에서는 모델이 무엇을 학습했는지조차 명확하지 않고 단지 해당 모델이 유용한 수준의 성능을 보인다는 사실만 확인하고 사용하는 경우도 있다.

머신러닝 기술에는 지도학습, 비지도학습, 강화학습의 세 가지 주요 분야가 있다. 방금 설명한 프로세스는 지도학습 분야를 설명한 것이다. 알려진 x 및 y 값 세트인 학습 데이터 세트를 사용해 모델의 학습을 지도하는 방식이다. 각 x와 그와 연계된 y를 알고 있기 때문에 이와 같은 데이터 세트를 레이블된 데이터 세트라고 부른다. 비지도학습은 입력 x만 사용해 모델에서 사용하는 파라미터를 학습하는 방식이다. 이 책에서는 비지도학습을 다루지 않지만 나중에 따로 해당 분야에 대해 알아볼 기회가 생긴다면 여기서 지도학습에 대해 논의한 많은 내용을 그대로 적용할 수 있다.

강화학습은 체스나 바둑과 같은 작업을 수행하도록 모델을 학습시킨다. 모델은 대상 환경에서 주어진 현재 상태를 보고 그 상태에서 취할 수 있는 행동 집합을 학습한다. 이는 머신러닝의 중요한 분야로, 최근에 급속히 발전해 이전에는 인간의 영역으로만 여겨졌던 분야에서도 높은 수준의 성공을 보이고 있다. 아쉽게도 이 책에 담을 수 있는 양을 벗어나는 주제이므로 강화학습에 대한 내용은 다루지 않는다.

용어에 대해 간단한 참고할 사항을 언급하고자 한다. 대중매체에서는 이 책에서 이야기하는 많은 부분을 인공지능 또는 AI로 지칭한다. 잘못된 것은 아니지만 다소 오해의 소지가 있다. 머신러닝은 광범위한 인공지능 분야의 하위 분야 중 하나일 뿐이다. 자주 듣게 될 또 다른 용어는 딥러닝이다. 다소 모호한 면이 있지만 이 책에서는 신경망 중에서 여러 개의 계층을 사용하는(따라서 깊다고 표현되는) 형태의 머신러닝이라는 의미로 사용한다. 그림 1은 이러한 용어 간의 관계를 보여준다.

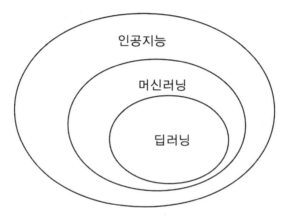

그림 1: 인공지능, 머신러닝, 딥러닝 간의 관계

물론 머신러닝과 딥러닝 분야에는 훨씬 다양한 분야가 있다. 이 책을 보면서 많은 모델을 접할 것이다. 다양한 모델을 그림 2와 같이 '머신러닝 트리'의 형태로 정렬할 수 있다.

트리는 뿌리 부분의 고전 머신러닝에서 시작해 꼭대기 부분의 현대적인 딥러닝까지 자라났다. 이 트리의 내용이 앞으로 배울 모델에 대한 미리보기다. 이 책에서 각 모델을 자세히 살펴볼 것이다.

그림 2: 머신러닝 트리

같은 맥락에서 다음에 이어질 각 장에 대한 간단한 개요를 나열하면 다음과 같다.

1장, 시작하기에서는 이 책에서 실습을 수행할 때 필요한 작업 환경을 설정하는 방법을 설명한다.

또한 이후에 나오는 설명의 배경 지식으로 사용할 수 있게 벡터, 행렬, 확률, 통계를 주제로 한 절이 포함돼 있다.

2장, 파이썬 사용에서는 파이썬을 사용할 수 있게 안내한다.

3장, 넘파이 사용에서는 파이썬을 확장한 라이브러리인 넘파이에 관해 알아본다. 이 라이브러리로 인해 파이썬이 머신러닝에 유용한 언어가 됐다. 넘파이에 익숙해지도록 이 장을 정독할 것을 권장한다.

4장, 데이터 작업에서는 좋은 데이터 세트를 구축하는 방법을 배울 수 있다.

5장, 데이터 세트 구축에서는 책에서 사용할 데이터 세트를 구축한다. 데이터 세트를 증강시키는 방법도 배운다.

6장, 고전적인 머신러닝에서는 머신러닝 초기에 사용됐던 모델 중 일부를 다룬다. 어디를 향해 가고 있는지 이해하고자 때로는 어디에서 왔는지를 알아보는 것이 중요하다.

7장, 고전 모델 실습에서는 머신러닝에 대한 초기 접근 방식의 강점과 약점을 보여준다. 산출된 결과는 이 후의 장에서 비교 목적으로 참조할 것이다.

8장, 신경망 소개에서는 신경망을 자세히 알아본다. 현대의 딥러닝은 신경망을 근간으로 한다.

9장, 신경망 학습에서는 신경망이 학습되는 원리를 이해하는 데 필요한 지식을 소개한다. 몇 가지 기본적인 미적분 개념이 포함돼 있지만 당황할 필요는 없다. 직관을 만들어주는 것이 목적이므로 개념 위주로 내용을 구성했고, 처음에는 표기법이 낯설게 느껴질 수도 있지만 쉽게 이해할 수 있도록 자세히 설명한다.

10장, 실용적인 신경망 예제는 실제로 데이터를 다루는 느낌과 직관을 얻을 수 있게 다양한 실습으로 구성돼 있다.

11장, 모델 평가에서는 모델을 평가하는 과정으 자세히 안내한다. 머신러닝 분야의 논문, 강연, 강의에서 논의되는 결과를 이해하려면 모델을 평가하는 방법을 알아야 한다.

12장, 컨볼루션 신경망 소개에서는 CNN 네트워크의 기본 빌딩 블록을 설명한다. 이 책이 초점을 맞추고 있는 딥러닝 개념은 컨볼루션 신경망[CNN, Convolutional Neural Network]이라는 아이디어를 통해 실현된다.

13장, 케라스와 MNIST를 활용한 CNN 분석에서는 딥러닝 분야의 기본 데이터 세트인 MNIST 데이터 세트를 이용한 실습을 통해 CNN 작동 원리를 살펴본다.

14장, CIFAR-10 데이터 세트 실습에서는 CIFAR-10이라는 또 다른 기본 데이터 세트를 살펴본다. 이 데이터 세트는 실질적인 이미지로 구성돼 있어 CNN 모델을 실험하기에 적합하다.

15장, 사례 연구: 오디오 샘플 분류에서는 사례 연구로 모든 논의를 마무리한다. 흔치 않은 새로운 데이터 세트로 시작해 이를 분류하기 위한 좋은 모델을 구축하는 과정을 따라가 본다.

16장, 추가 학습에서는 간과했던 몇 가지를 지적하고 다음에 공부해야 할 것에 집중할 수 있게 머신러닝과 관련된 주변의 산더미 같은 리소스를 살펴보는 데 도움이 될 내용을 담았다.

모든 코드는 https://nostarch.com/practical-deep-learning-python/에서 다운로드할 수 있다. 에이콘출판사 도서정보 페이지인 http://www.acornpub.co.kr/book/practical-deep-learning에서도 다운로드할 수 있다.

정오표: 한국어판의 정오표는 에이콘출판사의 도서정보 페이지 http://www.acornpub.co.kr/book/practical-deep-learning에서 찾아볼 수 있다.

문의: 한국어판에 관한 질문은 에이콘출판사 편집 팀(editor@acornpub.co.kr)이나 옮긴이의 이메일로 문의하길 바란다.

1

시작하기

이 장에서는 책에 실린 프로그램의 실행 환경과 그 환경의 자세한 구성 방법, 딥러닝과 관련된 기본적인 수학 개념을 소개한다. 마지막 부분에 나오는 GPU라는 그래픽 프로세서는 딥러닝을 배우는 데 필수적인 장비라는 의견도 있지만 이 책에 나오는 프로그램은 GPU 없이도 충분히 실행할 수 있게 작성했다.

프로그램 실행 환경

이 절에서는 이 책에 나오는 프로그램을 실행할 환경을 설명한다. 기본적으로 64비트 리눅스 시스템을 사용하며, 배포 버전이 정확히 일치할 필요는 없지만 우분투^{Ubuntu} 20.04를 사용한다. 우분투 시스템은 우수한 지원 체제를 갖추고 있으므로 이후에 나올 신규 버전에서도 이 책의 프로그램들은 문제없이 동작할 것이다. 예제 프로그램은 머신러닝 분야의 공통 언어^{lingua franca}로 자리매김하고 있는 파이썬^{Python} 언어를 사용해 작성했다. 파이썬 언어는 우분투 20.04에서 사용하는 파이썬 3.8.2 버전이 기준이다.

사용할 파이썬 툴킷을 간단히 살펴보자.

넘파이

넘파이^{NumPy}는 파이썬 언어에 배열 처리 기능을 제공해주는 라이브러리^{Library}다. 파이썬에 기본 내장된 리스트^{List} 자료 구조를 1차원 배열처럼 사용할 수 있지만 실행 속도가 너무 느리고 융통성이 떨어진다. 넘파이는 파이썬에 포함되지 않은 배열 처리 기능을 추가해 파이썬의 단점을 해결해준다. 배열은 과학 프로그램에는 필수적인 자료 구조다. 이 책에서 사용하는 라이브러리는 모두 넘파이를 사용한다.

사이킷런

사이킷런^{scikit-learn} 라이브러리는 매우 유용한 라이브러리로, 이 책에 나오는 모든 고전적인 머신러닝 모델을 포함하고 있다. 파이썬에서 이 라이브러리를 불러올 때는 sklearn이라는 이름을 사용한다. 본문 중에 사이킷런을 영문으로 표기할 경우 해당 라이브러리 제작자들의 표기법을 존중해 소문자로 scikit-learn으로 표기한다. 이 라이브러리는 넘파이 라이브러리의 배열 자료 구조를 사용한다. 이 라이브러리에는 방대한 양의 머신러닝 모델과 해당 모델을 사용할 수 있는 표준 인터페이스가 구현돼 있지만 이 책에서는 그중 일부만 사용한다. 머신러닝과 머신러닝 툴을 익히는 과정에서 사이킷런 공식 문서(https://scikit-learn.org/stable/documentation.html)를 자주 찾아보고 참고하면 도움이 된다.

케라스와 텐서플로

딥러닝 개념을 밑바닥부터 구현하는 것은 쉽지 않기 때문에 이미 개발돼 잘 알려진 툴킷을 사용하는 것이 유리하다. 딥러닝 커뮤니티는 초기부터 딥러닝 네트워크를 쉽게 작성하고 사용할 수 있게 툴킷을 개발해왔고 누구나 자유롭게 사용할 수 있게 툴킷 소스를 공개하는 라이선스 정책을 실행하고 있다. 현재까지 출시된 툴킷 중 대표적인 것들을 예로 들면 다음과 같다.

- 케라스^{Keras}
- 파이토치^{PyTorch}
- 카페^{Caffe}
- 카페2^{Caffe2}
- 아파치^{Apache} MXnet

점점 더 발전하는 것도 있고 활용도가 떨어지는 것도 있지만 텐서플로^{TensorFlow}를 백엔드^{backend}로 사용하는 케라스 툴킷이 가장 많이 쓰인다.

이 책도 텐서플로(https://www.tensorflow.org/)를 백엔드 툴킷으로 사용하는 케라스(https://keras.io/)를 기반으로 모든 실습 프로그램을 작성했다. 텐서플로는 구글에서 소스를 공개한 공개 소프트웨어로, 다양한 플랫폼에서 실행할 수 있는 심층 신경망의 핵심 기능을 구현한다. 케라스를 채택한 이유는 이 툴킷이 가장 널리 알려져 있고 개발 활동도 활발하다는 점 외에 사용하기에 매우 직관적인 형식을 갖고 있기 때문이다. 이 책의 목표는 최소한의 프로그래밍으로 딥러닝 모델을 구현하고 사용함으로써 딥러닝과 친숙해지는 것이다.

툴킷 설치

모든 시스템과 하드웨어에 툴킷을 설치하는 방법을 상세히 설명하기는 불가능하므로 한 가지 시스템을 정해 놓고 설치 과정을 안내하고자 한다. 설치 과정과 함께 필요한 라이브러리들의 최소 버전이 소개돼 있으므로 설명한 방법만 따라 하면 실습에 필요한 제내로 된 시스템을 설치할 수 있다.

실습 환경을 위한 리눅스 시스템으로는 우분투^{Ubuntu} 20.04 버전을 사용한다. 우분투는 널리 사용되는 리눅스며 현재 나와 있는 거의 모든 컴퓨터 시스템에서 잘 작동한다. 맥북에서 동작하는 맥OS나 다른 버전의 리눅스에서도 실습이 가능하지만 이 책의 예제는 모두 우분투를 기준으로 작성돼 있다. 마이크로소프트 윈도우 운영체제에 대한 머신러닝 커뮤니티의 활동은 상대적으로 저조하다. 일부에서는 개인적인 차원에서 툴킷을 윈도우 버전으로 포팅하는 사례가 있다. 필요한 경우 해당 정보를 검색해 윈도우 버전으로 설치할 수 있다.

우분투 20.04 기본 데스크톱 시스템을 설치하면 파이썬 3.8.2 버전이 자동으로 설치된다. 나머지 패키지들을 설치하려면 셸^{Shell} 명령 창에서 다음 과정을 순서대로 실행한다.

```
$ sudo apt-get update
$ sudo apt-get install python3-pip
$ sudo apt-get install build-essential python3-dev
$ sudo apt-get install python3-setuptools python3-numpy
$ sudo apt-get install python3-scipy libatlas-base-dev
$ sudo apt-get install python3-matplotlib
$ pip3 install scikit-learn
$ pip3 install tensorflow
$ pip3 install pillow
$ pip3 install h5py
$ pip3 install keras
```

이 과정을 마치면 다음과 같은 버전의 라이브러리와 툴킷 설치가 완료된다.

```
NumPy 1.17.4
sklearn 0.23.2
keras 2.4.3
tensorflow 2.2.0
pillow 7.0.0
h5py 2.10.0
matplotlib 3.1.2
```

pillow 라이브러리는 이미지 처리용 라이브러리, h5py 라이브러리는 HDF5 형식으로 작성된 데이터 파일들을 처리하는 라이브러리, matplotlib는 주로 그래프를 그리는 용도로 사용하는 플로팅 라이브러리다. HDF5는 과학 기술용 데이터를 효과적으로 저장할 목적으로 설계된 범용 계층형 파일 저장 형식이다. 케라스에서 모델 파라미터를 저장할 때 HDF5 형식을 사용한다.

다음 두 절에서는 딥러닝의 배경이 되는 약간의 수학적인 내용을 소개한다.

선형 대수 기초

벡터와 행렬을 간단히 알아보자. 벡터와 행렬을 다루는 수학은 선형 대수 또는 행렬 이론으로 분류된다. 선형 대수는 방대하고 복잡한 분야지만 이 책의 내용을 이해하는 데 필요한 지식은 벡터와 행렬이 무엇인지, 벡터의 곱과 행렬의 곱 또는 벡터와 행렬의 곱은 어떻게 계산하는지 정도의 비교적 간단한 것이다. 여기서 설명하는 내용은 나중에 나오는 신경망 모델을 구현할 때 큰 도움이 된다.

벡터의 개념부터 먼저 살펴보자.

벡터

벡터[vector]는 일차원으로 구성된 숫자의 목록이며 다음과 같은 형식으로 표현한다.

$$a = [0, \ 1, \ 2, \ 3, \ 4]$$

이 책에서 사용되는 벡터와 행렬의 첨자는 파이썬의 형식을 반영해 0부터 시작한다. 즉, 위의 벡터 a의 세 번째 원소는 a_2로 나타내며 실제 값은 2다.

위의 벡터는 가로 방향으로 표기돼 있어 **행벡터**[row vector.]라고 한다. 수학식에서는 가로 방향으로 표기하는 것보다 아래와 같이 세로 방향으로 표기하는 것이 일반적이다.

$$a = \begin{bmatrix} 0 \\ 1 \\ 2 \\ 3 \\ 4 \end{bmatrix}$$

세로 방향으로 표기한 벡터를 **열벡터**[column vector]라고 한다. 위의 벡터는 다섯 개의 원소를 갖고 있기 때문에 5 원소 열벡터라고 표기한다. 이 책에서 벡터는 주로 샘플을 담고자 사용한다. 하나의 샘플은 자신을 규정하는 **피처**[features] 값으로 표현되며 모델이 샘플을 입력받을 때 바로 이 피처 값이 벡터에 담겨 공급된다.

수학에서는 벡터를 공간상에 찍힌 점으로 규정한다. 2차원 카르티시안[Cartesian] 영역을 생각해보면 공간상의 한 점을 찍고자 (x, y)라는 두 개의 숫자가 필요하다. 이때 (x, y)라는 점은 1차원의 형식으로 표현되는 행벡터지만 2차원 공간상의 점을 나타낸다. 3차원의 공간에서 점을 찍으려면 (x, y, z)와 같이 세 개의 원소를 갖는 벡터를 사용해야 한다.

머신러닝에서는 모델의 입력값으로 주로 벡터를 사용하며, 입력 샘플의 유형에 따라 수십 개에서 수백 개까지의 차원을 갖는 대형 벡터를 다룰 때도 많다. 현실세계에서는 수백 차원의 벡터를 공간상의 점으로 플로팅하는 것이 불가능하기 때문에 눈으로 확인할 수 없지만 수학적으로는 수백 차원을 다루고 있는 것이다. 앞으로 설명할 모델 중에서 k-최근접 이웃$^{k\text{-Nearest Neighbors}}$ 모델과 같은 일부 모델에서는 벡터를 고차원 공간의 점이라는 본래적 의미로 사용하기도 한다.

행렬

행렬^{matrix}은 숫자들을 2차원 배열로 나열한 형태며 행을 나타내는 첨자와 열을 나타내는 숫자로 표시한다. 아래의 행렬 a는 숫자를 3행 3열로 나열한 형태다.

$$a = \begin{bmatrix} 1 & 2 & 3 \\ 4 & 5 & 6 \\ 7 & 8 & 9 \end{bmatrix}$$

행렬 a의 원소 중 6이라는 원소에 접근하고자 $a_{1,2}$라는 표현을 사용한다. 벡터의 경우처럼 모든 첨자는 0부터 시작한다. 이 행렬처럼 3행 3열로 구성된 행렬을 3×3 행렬이라고 한다.

행렬과 벡터의 곱

두 개의 벡터를 곱하는 가장 단순한 방법은 각각의 원소끼리 곱하는 것이다. 예를 들면 다음과 같다.

$$[1, 2, 3] \times [4, 5, 6] = [4, 10, 18]$$

이와 같은 곱셈 방식은 넘파이^{NumPy}같은 툴킷을 사용할 때 가장 흔하게 사용하는 배열에 대한 곱셈 방식이며 이후의 장에서도 많이 사용된다. 하지만 수학에서는 이러한 곱셈 방식을 거의 사용하지 않는다. 수학적 방식으로 벡터를 곱할 때는 행벡터인지 열벡터인지 확인할 필요가 있다. 두 개의 벡터, $A = (a, b, c)$와 $B = (d, e, f)$가 있다고 하자. A와 B는 수학적 표기 방식에 따라 열벡터라고 가정한다. 이때 위첨자 T를 추가하면 열벡터는 행벡터로 변환된다. 수학적인 방식으로 A와 B를 곱하면 다음과 같다.

$$AB^T = \begin{bmatrix} a \\ b \\ c \end{bmatrix} \begin{bmatrix} d & e & f \end{bmatrix} = \begin{bmatrix} ad & ae & af \\ bd & be & bf \\ cd & ce & cf \end{bmatrix}$$

이와 같은 곱셈을 외적$^{outer\ product}$이라고 한다. 이에 대응해 다음과 같은 곱셈을 내적$^{inner\ product}$, 혹은 Dot Product라고 한다.

$$A^T B = \begin{bmatrix} a & b & c \end{bmatrix} \begin{bmatrix} d \\ e \\ f \end{bmatrix} = ad + be + ef$$

외적의 계산 결과는 행렬의 형태며 내적의 계산 결과는 단일 숫자, 즉 스칼라^{scalar}의 형태다.

행렬과 벡터를 곱할 때는 보통 벡터를 행렬의 오른쪽에 놓는다. 행렬의 열 개수와 벡터의 원소 개수가 일치하면 곱셈이 가능하며 벡터는 열벡터의 형태로 계산한다. 계산 결과도 열벡터의 형태를 갖는데, 원소의 개수는 행렬의 행 개수와 같다. 다음 예에서 보듯이 $ax + by + cz$의 계산 결과는 우측 열벡터에서 하나의 원소에 해당한다.

$$\begin{bmatrix} a & b & c \\ d & e & f \end{bmatrix} \begin{bmatrix} x \\ y \\ z \end{bmatrix} = \begin{bmatrix} ax + by + cz \\ dx + ey + fz \end{bmatrix}$$

위 예에서는 2×3 행렬과 3×1 열벡터를 곱해 2×1 벡터를 결과물로 얻었다. 행렬의 열 개수와 벡터의 행 개수가 일치함을 알 수 있다. 일치하지 않는 경우

42

곱셈은 성립하지 않는다. 또한 결과 벡터의 각 원소는 행렬과 벡터의 각 원소를 곱한 합의 형태를 취한다는 점에 유의하자. 두 개의 행렬을 곱할 때도 동일한 규칙을 적용한다.

$$\begin{bmatrix} a & b & c \\ d & e & f \end{bmatrix} \begin{bmatrix} A & B \\ C & D \\ E & F \end{bmatrix} = \begin{bmatrix} aA + bC + cE & aB + bD + cF \\ dA + eC + fE & dB + eD + fF \end{bmatrix}$$

위와 같이 2 × 3 행렬과 3 × 2 행렬을 곱할 경우 2 × 2 크기의 행렬을 얻는다.

책 후반부에 **컨볼루션**convolution 신경망에 대한 내용이 나오는데, 이때 3차원 또는 4차원의 행렬도 다룬다. 일반적으로 3차원 이상의 행렬을 텐서tensor라고 부른다. 같은 크기의 2차원 행렬을 여러 겹으로 쌓으면 3차원 텐서가 만들어진다. 텐서의 각 원소에 접근하려면 첫 번째 첨자는 특정 행렬을 가리키게 하고 나머지 두 첨자는 해당 행렬의 특정 원소를 가리키게 하면 된다. 3차원 텐서와 마찬가지로 4차원 텐서에서도 첫 번째 첨자를 특정 3차원 텐서를 가리키게 하는 방식으로 각 원소에 접근할 수 있다.

이번 절에서 중요한 포인트는 1차원의 벡터와 2차원의 행렬 간의 곱셈 규칙과 툴킷을 사용해 4차원 텐서의 곱셈까지 실행할 수 있다는 것 등이다. 이런 개념들은 뒷부분에서 다시 자세히 설명한다.

통계와 확률

통계와 확률에 대한 설명은 몇 권의 책으로 엮어야 할 만큼 방대한 양이다. 그러므로 여기서는 이 책에서 사용할 핵심 아이디어만 설명하고 나머지는 다른 참고 자료를 활용할 것을 권한다. 동전 던지기나 주사위 굴리기 등 기본적인 확률 개념은 이미 숙지하고 있는 것으로 가정하고 이 부분은 생략한다.

서술 통계

통계적 실험이 가치 있는 실험이 되려면 실험 결과를 의미 있는 방식으로 전달해야 한다. 일반적으로 실험을 통해 추출한 샘플들의 산술 평균값과 함께 표준 오차의 합/차 값을 추가로 전달하는 방식으로 실험 결과를 보여준다. 다음의 예에서 평균의 표준 오차를 알아보자.

한 종류의 꽃을 대상으로 꽃을 구성하는 특정 부분의 길이를 측정해 x라는 변수에 지정하는 실험을 시행한다고 가정하자. 그러면 x로 들어오는 모든 값을 더한 후 측정값의 개수로 더한 값을 나눠 평균값을 구할 수 있다. 평균값을 구한 다음에는 각각의 측정값들이 평균값 주위에 펼쳐져 있는 평균적인 정도를 계산할 수 있다. 계산 방법은 각각의 측정값을 평균값에서 빼 준 다음 루트를 취한 형태로 모두 더한 후에 측정값의 개수에서 하나 뺀 값으로 나눠주면 된다. 이 값이 바로 분산이다. 분산에 루트를 취하면 **표준 편차**standard deviation(σ)를 구할 수 있다. 표준 편차를 이용해 평균값의 **표준 오차**SE, Standard Error를 구할 수 있다. 계산 방식은 $\sigma/\sqrt{n}$과 같으며 식에서 n은 평균값을 계산할 때 사용한 측정값의 개수다. SE 값이 작을수록 값들이 평균값 주변에 가까이 모여 있다고 말할 수 있다. SE 값은 평균값에 대한 불확정성이라고도 해석할 수 있다. 샘플만으로는 모집단의 평균값을 정확하게 계산할 수 없지만 표본 평균과 표준 오차 SE를 이용하면 최소한 모집단의 평균이 $\bar{x} - SE$와 $\bar{x} + SE$ 사이에 있다고 추정할 수 있다.

평균값 대신 중앙값을 이용하기도 한다. 중앙값은 모든 값을 크기 순서로 세웠을 때 가운데 위치하는 값이다. 특정 집합에 속한 모든 값을 크기순으로 정렬한 후 가장 가운데 위치한 값을 고르는 방식으로 구한다. 해당 집합의 원소가 홀수 개일 때는 가운데 위치한 수가 바로 중앙값이 되고 짝수 개일 때는 가운데 위치한 두 값의 평균을 중앙값으로 취한다. 샘플 값이 평균값 주위에 고르게 분포하지 않을 때는 중앙값이 더 유용하다. 중앙값을 사용하는 고전적인 예로 사람들의 수입에 대한 통계치 계산을 들 수 있다. 사람들의 수입에 대한 평균값을 구하면 매우 부자인 사람들의 수입이 전체 평균치를 너무 끌어올리기 때문에 별 의미를 갖지 못한다. 반면 중앙값은 절반의 가난한 사람들과 절반의 부유한 사람들을 나눠주기 때문에 모집단을 대표하는 값이 될 수 있다.

뒷부분에 나오는 장에서 서술 통계의 핵심 요소들을 설명할 기회가 있다. 주로 데이터 세트^{dataset}의 특성을 이해하고자 해당 데이터에서 추출한 통계 값에 대한 내용이다. 이 장에서 설명한 평균값, 중앙값, 표준 편차도 이에 속한다. 해당 장에서 이 값들을 어떻게 사용하고 또 어떻게 플롯팅해 데이터 세트를 이해하는 데 도움을 얻을 것인지 설명할 것이다.

확률 분포

확률 분포$^{\text{probability distribution}}$는 마법의 구슬과 같아서 질문을 던지면 숫자 또는 숫자 집합을 산출해주는 역할을 한다. 예를 들어 딥러닝 모델 학습에 사용하는 숫자나 숫자 집합은 어떤 확률 분포에서 산출한 값으로 본다. 이런 종류의 확률 분포를 **모분포**$^{\text{parent distribution}}$라고 하며 모델 학습과 관련해서는 학습시킬 딥러닝 모델에 입력으로 줄 데이터를 생성해주는 것이라고 생각할 수 있다. 좀 더 추상화해보면 학습을 위해 준비된 한정된 데이터의 원본에 해당하는 이상적인 데이터 세트를 가리킨다고 할 수 있다.

확률 분포의 형태는 다양하며 그중 몇 개는 고유한 이름을 갖고 있다. 이 책에서 다룰 대표적인 두 가지 분포를 예로 들자면 **균등분포**$^{\text{uniform distribution}}$와 **정규 분포**$^{\text{normal distributions}}$가 있다. 균등분포는 앞서 언급한 적이 있는데 바로 주사위를 던져서 얻는 확률 값이다. 동일한 6면으로 구성된 주사위를 던질 때 1에서 6 사이의 각 값이 출현할 **우도**^{likelihood}(가능도라고도 함)는 동일하다. 주사위를 100회 던져 출현한 값들을 집계하면 각 숫자별로 비슷한 횟수만큼 숫자가 출현하는 것을 볼 수 있고, 이 실험을 100회 이상 반복한다면 각 숫자별 출현 횟수가 같아지는 것을 쉽게 알 수 있다.

균등분포는 가능한 모든 답변을 각각 동일한 확률로 산출해주는 마법의 구슬과 같다. 수학에서는 균등분포를 $U(a, b)$로 표기하는데, 여기서 U는 Uniform의 앞 글자를 딴 것이고 a와 b는 답변으로 산출할 값의 범위를 나타낸다. 해당 분포가 정수만을 산출한다는 별도의 언급이 없다면 실수 값이 산출된다고 보면 된다. 표기법은 $x \sim U(0, 1)$과 같으며 x는 마법 구슬이 되돌려 줄 값을 의미하고 그 값의 범위는 0에서 1 사이로서 모든 값의 산출 확률은 동일하다는 뜻이다. 또한 괄호의 형태가 '('와 ')'인 경우 범위의 상하한 경계에 있는 값을 포함하지 않는다는 뜻이고 '['와 ']'인 경우에는 범위의 상하한 경곗값을 포함한다는 뜻이다. 예를 들어 $U[0, 1)$이라고 쓰면 0에서 1 사이의 값을 되돌려 주되 범위의 하한 값인 0은 산출 값에 포함하고 1은 포함하지 않는다.

가우시안 분포^{Gaussian distribution}로도 일컫는 정규 분포는 분포 그래프가 종의 모양을 취한다. 가운데쯤에 출현 확률이 가장 높은 값이 위치하며 그로부터 멀어질수록 우도가 감소하는 모습이다. 출현 확률이 가장 높은 값이 바로 평균값 $\bar{x}$이고 그 외의 값들에 대한 우도가 얼마나 빠르게 0에 가깝게 떨어지는지를 제어하는 파라미터는 표준 편차인 시그마(σ)다. 정규 분포 샘플링^{sampling}을 $x \sim N(\bar{x}, \sigma)$로 표기하는데, 이때 x는 평균 $\bar{x}$와 표준 편차 σ를 따르는 정규 분포에서 추출한 값이라는 의미다.

통계적 검정

경우에 따라 **통계적 검정**^{statistical test}이라는 용어가 나올 수 있다. 통계적 검정은 어떤 현상에 대해 가설을 수립하고 그 가설이 사실인지 아닌지를 검정할 때 사용하는 기술이다. 여기서 가설은 계측치로 구성된 두 집단에 대한 어떤 주장의 형태로 표현된다. 검정 작업에 의해 계산된 통계량이 지정해놓은 범위를 벗어난다면 해당 가설을 기각하고 두 계측치 집단이 동일한 하나의 모분산에서 도출된 것이 아니라고 주장할 수 있다.

일반적으로 t 검정[t-tests]을 많이 사용하는데, t 검정에서는 모든 데이터가 정규 분포를 따른다고 가정한다. 실제로는 정규 분포가 아닐 수도 있지만 대상 데이터가 정규 분포를 따른다고 가정하기 때문에 t 검정을 모수 검정[parametric test]이라고 한다.

가끔 맨-휘트니[Mann-Whiteny] U 검정을 사용하기도 하는데, 이것은 두 가지 샘플이 동일한 모분포에서 도출된 것인지를 결정할 때 사용된다는 점에서는 t 검정과 유사하지만 샘플 내에서 데이터 값의 분포가 어떠한가에 대한 가정을 하지 않는 점이 다르다. 샘플 데이터의 분포에 대해 어떠한 가정도 하지 않는 방식을 비모수 검정[nonparametric tests]이라고 한다.

모수 검정이나 비모수 검정에서 얻은 최종 결괏값을 p-value라고 한다. 샘플 집단이 동일한 모분산에서 도출됐다는 가설을 세우고 이 가설이 참인지 아닌지를 알아보고자 검정 통계량을 계산하는데, 이 통계량이 얼마나 믿을 만한 건지에 대한 확률이 바로 p-value이다. p-value가 낮다면 가설이 참이 아니라는 증거가 된다.

일반적으로 p-value가 0.05보다 작으면 유의미한 차이가 있다고 판단한다. 0.05는 5%를 의미하며 20번의 계산 중 1번의 확률로 검정 통계량이 잘못 계산될 확률이 있다는 뜻이다. 즉, 동일한 모분산에서 도출된 샘플이지만 t 검정이나 맨 휘트니 U 검정의 계산이 잘못돼 가설이 기각될 확률이 5%임을 뜻한다. 최근에는 0.05라는 한계치가 너무 관대하게 책정돼 있다는 사실이 밝혀졌다. p-value가 0.05에 가까우면서 0.05를 넘지 않는다면 가설에 반하는 어떤 증거가 있다고 받아들여진다. p-value가 0.001이거나 이것보다 작다면 샘플들이 동일한 모분포에서 도출되지 않았다는 강력한 증거가 된다. 이러한 경우 두 샘플이 통계적으로 유의미한 차이를 보인다고 할 수 있다.

그래픽 처리 장치

딥러닝이 다시 부흥할 수 있게 해 준 기술로 강력한 **그래픽 처리 장치**[GPU, Graphics Processing Units]의 개발을 들 수 있다. 그래픽 처리 장치는 그래픽 카드상에 구현된 보조 컴퓨터라고 할 수 있다. 원래는 비디오 게임용으로 설계했으나 심층 신경망 모델에 필요한 엄청난 양의 계산을 처리하고자 GPU에 있는 고도의 병렬 처리 능력을 차용했다. 최근 몇 년간 진행돼온 딥러닝 분야의 기술 발전은 평범한 데스크톱 컴퓨터조차 슈퍼컴퓨터와 같은 성능을 갖게 해주는 GPU의 출현 없이는 불가능했을 것이다. NVIDIA는 딥러닝에 적용할 수 있는 GPU를 만든 이 분야 선두 주자며, CUDA[Compute Unified Device Architecture]를 통해 딥러닝 성공의 기반을 마련했다. GPU 없이는 딥러닝이 지금 같은 수준으로 발전하지 못했다 해도 과언이 아니다.

이 책에서 다룰 모델을 위해 GPU를 따로 준비할 필요는 없다. CPU만 갖고도 적정한 시간 안에 학습을 해볼 수 있도록 규모가 작은 데이터 세트와 모델을 사용할 것이기 때문이다. 앞 절에서 설치한 패키지들도 이점을 고려했으며 대표적으로 CPU 환경에서 작동하는 텐서플로 버전을 선택했다.

요약

1장에는 실습 환경에 대한 간략한 소개를 담았다. 먼저 이 책에서 사용할 기본적인 파이썬 툴킷을 설명하고 우분투 20.04 리눅스 배포 버전을 기준으로 툴킷 설치 방법을 상세히 나열했다. 본문에서 언급했지만 소개된 툴킷들은 다른 배포 버전의 리눅스나 맥 운영체제에서도 잘 작동할 것이다. 나중에 만날 수학 개념을 간단히 살펴봤고 이 책의 모델을 학습하는 데 있어서 군이 GPU가 필요하지 않다는 점을 설명했다.

2장에서는 파이썬의 기본적인 사항들을 살펴본다.

2

파이썬 사용

2장에서는 프로그래밍에는 익숙하지만 파이썬에 익숙하지 않은 독자를 위해 파이썬의 핵심 요소를 요약 설명한다. 파이썬에 익숙하다면 2장은 건너뛰어도 좋다. 2장을 마치면 이 책에 실린 프로그램들을 읽고 이해할 수 있을 정도의 지식을 갖게 된다. 프로그래밍 경험이 전혀 없다면 에릭 마테스Eric Matthes의 『나의 첫 파이썬 2/e』(한빛미디어, 2020)를 먼저 읽어볼 것을 권한다.

파이썬을 간단히 정의하자면 들여쓰기로 블록을 구분한 명령어 문장의 집합이라고 할 수 있다. 자료 구조로는 숫자, 문자열, 튜플tuples, 리스트lists, 딕셔너리dictionaries가 있고, 제어 구조로는 if-elif-else, for 반복문, while 반복문, with문, try-except 블록이 있다. 일반 함수도 있고 함수 안에 다른 함수를 포함시킬 수도 있다. 무엇보다 파이썬 안으로 불러들여 사용할 수 있는 다양하고 풍부한 라이브러리를 갖고 있다. 각각의 특징을 차례차례 알아보자.

파이썬 인터프리터

리눅스에서 파이썬을 사용할 때 보통 두 가지 형태로 사용한다. 커맨드라인 환경에서 파이썬 인터프리터로 명령을 입력해 대화형으로 사용하는 방법이 있고, 파이썬 명령을 스크립트로 구성해서 한꺼번에 실행하는 방법이 있다. 콘솔 창에서 python3라고 입력하면 파이썬 인터프리터 환경으로 들어갈 수 있다.

```
$ python3
Python 3.6.7 (default, Oct 22 2018, 11:32:17)
[GCC 8.2.0] on linux
Type "help", "copyright", "credits" or "license" for more information.
>>>
```

위의 예제와 같이 파이썬 인터프리터가 명령을 입력할 수 있도록 프롬프트인 >>>를 표시해준다. 간단히 1+2라고 치고 엔터키를 눌러본다. 파이썬이 해당 식을 계산해서 결과를 바로 알려준다. 컨트롤-D 키를 누르면 인터프리터에서 빠져나올 수 있다.

문장과 공백

여타의 다른 프로그래밍 언어와 마찬가지로 제어 흐름 구조에 의해 순서가 바뀌지 않는 한 파이썬의 명령문은 코드에 나타난 순서대로 실행된다. 다음의 예를 살펴보자.

```
statement1
statement2
statement3
```

첫 번째 명령문인 statement1이 맨 먼저 실행되고 그다음에 statement2, 맨 마지막에 statement3가 실행된다.

여러 개의 명령문은 블록 단위로 그룹을 만들 수 있다. 예를 들어 if문의 조건식이 참이면 그에 해당하는 블록 전체를 실행한다. if문에 의해 실행 여부가 결정되는 명령문 블록은 컴퓨터가 해당 블록을 인지할 수 있도록 구문 문법적인 표식이 필요하다. 고전 언어인 파스칼의 경우 BEGIN과 END 키워드를 무수히 많이 사용했다. 현재 통용되는 대부분의 언어가 속한 C 언어 계열은 중괄호 '{' 와 '}'를 사용해 블록을 구분한다.

파이썬에서는 들여쓰기를 사용해 블록을 구분한다. 들여쓰기 방식으로 코드를 작성하면 소스코드가 책의 목차처럼 일목요연하게 정리돼 프로그램이 더 우아해 보인다. 또한 프로그램 작성자가 달라져도 프로그램 작성 형식에 있어서 일관성이 유지되고 혼동할 여지가 적어진다. 파이썬의 if문의 형식을 완벽하게 이해하기 전이라도 if문의 특정 조건에 해당하는 명령문 블록이 어느 부분인지 쉽게 알 수 있다. 예를 들어 보자.

```
if condition1:
    statement1
    statement2
else:
    statement3
```

들여쓰기 덕분에 조건식이 참일 때 statement1과 statement2가 실행된다는 것을 쉽게 알 수 있다. 마찬가지로 condition1이 거짓이면 statement3가 실행됨을 알 수 있다.

위의 예에서 if문의 첫 번째 줄 맨 끝에 있는 콜론(:)에 주의하자. 이것은 파이썬에서 코드 블록을 지정하려고 사용하는 문법이다. 제어문에서 첫 번째 문장의 끝은 콜론으로 표시해줘야 하며 그다음 행은 항상 한 수준 들여쓰기로 작성해야 한다. 제어 구조를 사용할 때 조건문만 작성하고 해당 조건에 따라 실행할 문장을 작성하지 않으면 에러가 발생한다.

예를 들어 'else:'문 다음에는 최소한 하나 이상의 명령어로 구성된 블록을 덧붙여 줘야 한다. else 부분이 필요 없으면 아예 그 부분을 쓰지 않아도 된다(실행할 명령문이 없는데도 제어문 키워드를 반드시 사용해야 한디면 본문에 pass라는 명령문을 사용해 에러를 없앨 수 있다. pass 명령문은 그 자리가 원래 비어 있어야 하지만 바로 앞의 제어문이 명시될 필요가 있어서 의도적으로 사용하고 있다는 사실을 파이썬에게 알려준다).

파이썬을 처음 접하는 사람들은 들여쓰기를 불편하게 느낄 수도 있지만 프로그램 편집기의 환경을 잘 설정하면 쉽게 적응할 수 있다. 파이썬 규약에 따라 프로그램 편집기 환경을 다음과 같이 조정해주는 것이 좋다.

1. 탭 문자 대신 공백 문자를 사용한다. 전염병 피하듯 탭 문자를 피하는 것이 좋다.
2. 탭 키를 누르면 탭 대신 4개의 공백이 들어가도록 설정한다.
3. 엔터키를 누르면 자동으로 들여 쓰기가 되도록 설정한다.

이렇게 설정하고 제어문 다음에 콜론을 입력한 후 엔터를 누르면 자동으로 다음 블록을 들여쓰기 해준다. 위와 같이 설정하는 방법은 편집기에 따라 조금씩 다르겠지만 현재 사용되는 대부분의 편집기는 이런 정도 수준의 설정은 지원하고 있으며 자동 들여쓰기도 표준으로 제공하고 있다. 텍스트 편집기 대신 통합 개발 환경IDE, Integrated Development Environment을 사용할 경우 현재 작성하고 있는 코드가 파이썬 코드라는 사실만 지정해주면 별도의 추가 설정 없이 IDE가 자동으로 파이썬 코딩에 필요한 모든 환경을 만들어준다.

변수와 기본적인 자료 구조

파이썬의 기본 데이터 구조는 간단하고 우아하다. 이번 절에서는 수의 표현, 변수, 문자열, 리스트, 딕셔너리를 알아본다.

수의 표현

파이썬에서 수를 나타내는 형식에는 정수 형식과 부동소수점 형식이 있다. 정수 형식은 42나 66처럼 일반적인 정수를 표현하는 방식과 동일하고 부동소수점 형식은 3.1415나 2.718처럼 소수점이 포함된 실수의 형식을 취한다. 복소수 형식도 표현할 수 있지만 이 책의 내용에는 포함하지 않는다.

파이썬은 소수점이 포함되지 않은 수는 정수로 인식하고 소수점이 포함된 수는 부동소수점 형식의 실수로 인식한다. 부동소수점 형식의 수는 과학 기술용 표현 방식에 따라 **6.022e23**처럼 표현할 수도 있다. 6.022e23은 6.023×10^{23}을 의미한다.

대부분의 프로그래밍 언어는 특정 범위 안에 있는 수numbers만을 표현할 수 있지만 파이썬의 정수는 그런 제약 없이 메모리가 허락하는 만큼의 큰 수를 표현할 수 있다. 시험 삼아 **2**2001**을 입력해보면 얼마나 긴 정수를 표현할 수 있는지 볼 수 있다. 컴퓨터가 수를 저장하고 조작하는 여러 가지 방법은 매우 흥미롭다. 이에 대한 자세한 내용은 『Numbers and Computers(숫자와 컴퓨터)』라는 책[1]을 참고하기 바란다.

변수

변수는 데이터를 저장했다가 다시 사용할 수 있게 해주는 유용한 장소다. 파이썬에서 변수를 사용하는 방법은 매우 직관적이다. 파이썬은 데이터 타입을 동

---

1. 로널드 누젤(Ronald T. Kneusel)의 『Numbers and Computers(숫자와 컴퓨터)』(스프링거, 2017) 참고

적으로 결정한다. 즉, 변수를 정의할 때 어떤 타입의 데이터를 저장할 것인지 미리 정할 필요가 없다. 단순히 데이터를 변수에 할당해 주기만 하면 파이썬이 알아서 어떤 타입을 사용할 것인지 정해준다. 타입이 이미 결정된 후라도 새로운 데이터를 할당해주면 타입을 바꿔줄 수 있다. 아래에서 예로 든 할당문은 모두 유효하다.

```
❶ >>> v = 123
❷ >>> n = 3.141592
❸ >>> v = 6.022e23
```

❶의 명령문에서는 변수 v에 123을 할당했고, ❷의 명령문에서는 변수 n에 3.141592를 할당했고, ❸의 명령문에서는 다시 v에 부동소수점 실수 6.022×10^{23}을 재할당했다.

파이썬에서는 변수명을 정할 때 대소문자를 구별한다. 첫 글자는 알파벳이나 밑줄^{underscore}로 시작해야 하고 그다음에는 문자나 숫자 또는 밑줄이 온다. 많은 파이썬 프로그래머가 자바 프로그램에서 사용하는 캐멀 케이스[2] 규약에 따라 변수명을 작성하고 있지만 꼭 이 방식을 따를 필요는 없다.

```
>>> myVariableName=123
```

문자열

파이썬에서는 문자열로 표현되는 텍스트 데이터를 사용할 수 있다. 문자열을 표시하는 방법은 사용하고자 하는 문자열의 앞뒤를 작은따옴표('), 큰따옴표("), 세 겹 따옴표(""")로 둘러싸주는 것이다. 앞뒤에 사용한 따옴표의 종류는 반드

---

2. 캐멀 케이스(Camel Case) – 전체적으로 소문자를 사용하지만, 각 합성어의 첫 글자만 대문자로 표기 – 옮긴이

시 같아야 한다. 세 겹 따옴표는 특별한 의미를 갖는다. 여러 줄의 텍스트를 세 겹 따옴표로 둘러싸 주석으로 사용할 수 있는데, 특히 함수 정의문 바로 다음에 함수 본체에 대한 설명을 문서화하는 용도로 사용하면 편리하다. 다음의 문자열 형태는 모두 유효하다.

```
>>> thing1 = 'how now brown cow?'
>>> thing2 = "I don't think; therefore I am not."
>>> thing3 = """
one
two
three
"""
```

위 예에서 thing1은 단순한 형태의 문자열이다. 문자열 thing2도 단순한 형태긴 하지만 중간에 작은따옴표 하나가 아포스트로피로 사용됐다. 이를 위해 문자열 전체를 큰따옴표로 묶어 줬다. 문자열 중간에 큰따옴표를 사용하고 싶으면 문자열 전체를 작은따옴표로 묶어주면 된다.

마지막 문자열인 thing3는 3줄로 구성돼 있다. 다음 줄로 이동하고자 사용된 개행문자newline character도 문자열 내에 포함돼 있기 때문에 thing3를 프린트하면 개행문자가 그대로 출력된다. 실제로 파이썬 인터프리터에서 thing3 할당문을 그대로 입력해보면 줄을 바꾸고자 엔터를 눌렀을 때 줄임표(...)가 프롬프트처럼 나타나는 것을 볼 수 있다. 줄임표가 나타나는 예는 위의 사례에 포함시키지 않았다. 줄임표 자체는 할당할 문자열에 포함되지 않는 것이어서 개념을 학습하는 과정 중에는 혼동을 줄 수 있기 때문이다.

리스트

문자열과 숫자는 기본 데이터 타입이므로 그룹화된 데이터 묶음을 표현할 수 없다. 기본 데이터 타입이라는 것은 원자 같은 역할을 하는 타입이라는 뜻이다. 튜플과 리스트를 사용하면 기본 데이터 타입을 묶어 좀 더 복잡한 형태의 자료 구조를 만들 수 있다. 리스트에는 기본 데이터 타입의 원소는 물론이고 다른 (데이터 타입의) 묶음도 포함시킬 수 있다. 한 리스트는 다른 리스트를 원소로 포함할 수 있다.

기본적인 리스트 연산

리스트 타입의 데이터는 다른 데이터 타입들과는 달리 원소들이 추가된 순서가 중요하다. 리스트가 어떻게 사용되는지 몇 가지 예를 보면서 알아보자.

```
❶ >>> t = ["Quednoe","Biggles",39]
  >>> t
    ['Quednoe', 'Biggles', 39]
❷ >>> t[0]
    'Quednoe'
  >>> t[1]
    'Biggles'
  >>> t[2]
    39
```

❶에서 리스트 변수 t를 정의한다. '['와 ']'로 리스트를 구성하는 원소들을 묶어 준다. 원소들 간에는 콤마를 써서 구분한다. 파이썬 인터프리터에 변수명 t를 입력하면 t에 세 개의 원소가 정상적으로 할당됐음을 알려준다.

배열과 마찬가지로 숫자와 대괄호를 사용해 리스트의 각 원소를 인덱싱할 수 있다. ❷에서 리스트의 첫 번째 원소에 접근하고자 대괄호 표기법을 사용한 것을 볼 수 있다. 두 번째와 세 번째 원소도 마찬가지 방식을 사용한다.

기존 목록에 원소를 추가할 때는 다음과 같이 append 명령을 사용하면 된다.

```
>>> t.append(3.14)
>>> t
    ['Quednoe', 'Biggles', 39, 3.14]
```

기존 리스트 내용에 새로운 원소인 **3.14**가 추가됐음을 확인할 수 있다. 새로 들어오는 원소는 리스트의 맨 마지막에 추가된다.

리스트 구조에 관한 몇 가지 예를 더 살펴보자.

```
❶ >>> t[-1]
    3.14
❷ >>> t[0:2]
    ['Quednoe', 'Biggles']
❸ >>> t[1] = 'Melvin'
  >>> t
    ['Quednoe', 'Melvin', 39, 3.14]
❹ >>> t.index("Melvin")
    1
```

❶은 리스트의 끝에서 시작해 역순으로 계산하는 음수 인덱스를 사용하는 방법을 보여준다. 인덱스 값으로 사용한 –1은 리스트의 마지막 원소를 찾아 돌려준다. 리스트의 일부분을 선택하려면 ❷처럼 범위를 지정해주면 된다.

파이썬에서 영역을 지정하는 표준 방식은 [a:b]의 형식을 취하며 인덱스 a에서 시작해 b보다 하나 작은 인덱스 위치까지의 원소를 결과로 반환한다. 수학적인 표현으로는 [a, b)와 같으며 b번째 원소는 포함되지 않는다는 뜻이다. 따라서 t[0:2]라고 지정해주면 0번째 원소와 1번째 원소만 반환된다. 범위의 시작 인덱스나 마지막 인덱스를 생략할 수 있는데, 시작 인덱스를 생략하면 첫 번째 원소부터 반환한다는 의미고 마지막 인덱스를 생략하면 마지막 항목까지 반환한다는 의미다.

❸과 같이 할당문 왼쪽에 색인을 사용하면 리스트의 해당 원소가 할당문 오른쪽의 값으로 갱신된다. ❸의 다음 줄에 있는 명령으로 리스트의 두 번째 원소가 변경됐음을 확인할 수 있다.

❹에서는 index 메서드를 사용해 특정 원소가 리스트에 포함돼 있는지 알아본다. 해당 원소를 찾아낸 경우 그 원소의 인덱스를 반환되고 원소가 없으면 에러가 발생한다.

어떤 원소가 리스트 안에 존재하는지 만을 알고 싶고 그 위치는 몰라도 될 때 아래와 같이 in 명령을 사용하면 된다.

```
>>> b = [1,2,3,4]
>>> 2 in b
    True
>>> 5 in b
    False
```

위의 예에서 반환값은 True 또는 False 값을 갖는 불리언^{Boolean} 타입으로 표현한다. 이때 True와 False의 첫 글자는 반드시 대문자로 표기한다. 불리언 값은 변수에도 저장된다. 다른 프로그램 언어에서 NULL로 표현하는 특수한 값을 파이썬에서는 None으로 표현한다. 이 책 나중에 나오는 함수 부분에서 None에 대한 좋은 사례를 볼 수 있다.

리스트 복사

리스트에 관한 내용 중 마지막으로 주의해야 할 점은 하나의 리스트를 다른 변수에 할당한다고 해서 리스트에 포함된 원소들이 복사되는 것은 아니라는 점이다. 저장된 원소들은 원래의 메모리 위치에 그대로 존재하며 단지 그 위치를 가리키는 주소 값만 새로운 변수에 복사된다. 다음 예를 통해 확인해보자.

```
>>> a = [0,1,2,3,4]
>>> a
    [0, 1, 2, 3, 4]
>>> b = a
>>> b
    [0, 1, 2, 3, 4]
```

위 예에서 리스트 변수 a에 다섯 개의 원소를 할당했다. 그다음에는 새로운 변수 b에 리스트 변수 a를 할당하고 b가 실제로 a와 동일한지 확인해본다.

일단 동일한 값이 출력되고 있으므로 복사가 된 것처럼 보인다. 이때 리스트 원소 중 하나를 변경하면 어떻게 될까?

```
>>> a[2] = 3
>>> a
    [0, 1, 3, 3, 4]
>>> b
    [0, 1, 3, 3, 4]
```

리스트 a는 지정한 대로 잘 변경됐다. 리스트 b도 a와 동일한 내용으로 갱신된 것을 볼 수 있다. 이것은 a를 b에 할당했을 때 a가 가리키고 있는 주소가 b로 복사돼 같은 메모리 위치를 가리키기 때문이다. 실제 리스트 a의 원소가 리스트 b로 복사되는 것은 아님을 확인할 수 있다.

리스트 a를 b에 할당할 때 원소들을 복사하려면 다음과 같이 a의 모든 원소를 명시적으로 지정해야 한다.

```
❶ >>> b = a[:]
   >>> a
       [0, 1, 3, 3, 4]
```

```
>>> b
    [0, 1, 3, 3, 4]
>>> a[2] = 2
>>> a
    [0, 1, 2, 3, 4]
>>> b
    [0, 1, 3, 3, 4]
```

❶에서 리스트 a의 모든 요소를 선택해 b에 할당한다. 리스트 b를 출력해보면
a와 동일하게 나온다. 다음으로 a의 세 번째 원소를 바꿔주고 a가 지정한 대로
보이는지 확인한다. 세 번째 항목은 이제 3이 아니고 2가 됐다. 그러나 이번에
는 리스트 b에 새로운 메모가 할당되면서 원소들이 복사됐기 때문에 b의 원소
는 그대로다.

파이썬에서 리스트 원소를 자동으로 복사하지 않는 이유는 리스트의 규모가
커질 수 있고 불필요하게 큰 리스트를 복사하면 메모리 낭비가 심해지기 때문
이다. 다른 리스트를 원소로 갖는 복잡한 구조의 리스트에서 모든 원소를 복사
하는 것은 쉽지 않은 일이다. 앞서 ❶에서 실행된 복사는 **얕은 복사**shallow copy, 즉
내포된 원소는 주소만 복사되는 그런 방식으로 복사된다. 중첩된 원소를 갖는
리스트를 재귀적으로 완벽히 복사하려면 copy 모듈 안에 별도로 정의된
deepcopy 기능을 사용해야 한다.

리스트와 비슷한 튜플이라는 데이터 타입도 사용할 수 있다. 튜플의 원소는
대괄호가 아닌 그냥 괄호로 묶어 표시해준다. 튜플은 일단 정의되면 수정할
수 없다는 점만 제외하면 리스트 타입과 동일하다. 보통은 리스트를 주로 사용
하지만 3장에 나오는 넘파이는 때때로 튜플을 사용한다.

딕셔너리

마지막으로 살펴볼 데이터 타입은 딕셔너리다. 딕셔너리의 원소는 키^{Key}와 그에 상응하는 값^{Value}으로 구성된다. 딕셔너리 시작과 끝은 '{'와 '}'로 표시한다. 리스트가 아무 값이나 수용하는 것이 가능했듯이 딕셔너리 원소를 구성하는 값 부분에도 임의의 데이터가 올 수 있다. 다른 딕셔너리를 원소로 갖는 것도 가능하다. 키 부분에는 문자열을 주로 사용하지만 숫자나 다른 객체가 올 수도 있다. 딕셔너리를 정의한 예를 살펴보자.

```
>>> d = {"a":1, "b":2, "c":3}
>>> d.keys()
    dict_keys(['a', 'b', 'c'])
```

위의 예제는 원소들을 직접 나열하는 방식으로 딕셔너리를 정의한다. 딕셔너리의 원소는 키:값$^{key:value}$ 쌍으로 정의된다. 여기서 키는 문자열로 정의했고 이에 대응하는 값은 정수로 정의했다. 딕셔너리에 대해 key() 메서드를 사용하면 각 원소의 키만 뽑아볼 수 있다.

딕셔너리에 들어갈 원소의 내용을 미리 알고 있을 때는 위와 같은 방식이 유용하지만 일반적으로 그런 상황은 흔치 않다. 딕셔너리를 일단 선언하고 원소를 추가하는 방식이 대부분이다.

```
>>> d = {}
>>> d["a"] = 1
>>> d["b"] = 2
>>> d["c"] = 3
```

위의 예제는 빈 딕셔너리 d를 먼저 정의하고 추가될 원소의 키와 그 값을 개별적으로 추가하는 방식을 보여준다. 딕셔너리에 해당 키가 이미 정의돼 있으면 그 값이 새로 지정된 값으로 갱신된다.

특정 키와 연결된 값을 확인하려면 다음과 같이 원하는 키로 딕셔너리를 호출하면 된다.

```
>>> d["b"]
2
```

딕셔너리에 키가 없으면 파이썬에서 에러가 발생한다. 특정 키가 딕셔너리에 있는지 보려면 다음과 같이 in 명령을 사용하면 된다.

```
>>> "c" in d
True
```

리스트와 딕셔너리만으로도 거의 모든 데이터를 편리하게 저장할 수 있다. 이러한 편리성은 파이썬의 큰 강점이다. 프로그래머는 복잡한 자료 구조에 신경 쓰지 않고 구현에만 집중할 수 있기 때문이다. 리스트와 딕셔너리는 쉽고 빠르게 사용할 수 있어서 일반 업무용 프로그램에 필요한 기능을 구현하는 데 전혀 문제가 없다. 과학 기술용 프로그램을 구현할 경우에는 3장에서 다룰 넘파이를 많이 사용한다.

제어 구조

파이썬은 프로그램 실행 흐름을 변경할 수 있도록 다음과 같은 몇 가지 제어 구조를 제공한다.

- if-elif-else문
- for 반복문

- while 반복문
- with문
- try-except 블록

if-elif-else문

if문은 무언가 결정을 내리는 역할을 한다. if문 안에는 참(True) 또는 거짓 (False) 값을 결정할 수 있게 조건식이 포함돼야 한다. 조건식이 참이면 if문의 첫 번째 블록이 실행된다. 조건식이 거짓이면 if문 다음 문장으로 빠져 나간다. if문에 else문을 이어서 사용하면 조건식이 거짓일 때 else문 다음에 나오는 블록이 실행된다. 하나의 명령문 안에서 조건식을 여러 번 사용해야 할 경우 다음 예제와 같이 elif 키워드를 사용하면 된다.

```
❶ >>> disc = b**2 - 4*a*c
❷ >>> if (disc < 0):
        print("imaginary")
  ❸ elif (disc == 0):
        print("single real")
    else:
      ❹ print("two real")
```

위의 예는 2차 다항식 $ax^2 + bx + c$에 대한 판별식을 구하고 그것을 바탕으로 해의 유형(실근, 중근, 허근)을 판정해주는 프로그램이다. 해는 2차 다항식이 0가 될 때 x의 값을 의미한다.

❶에서 판별식을 계산한다. 다음으로 ❷에서 판별식의 결과 값이 0보다 작은지 체크한다. 0보다 작다면 두 개의 허근이 있다는 의미다. ❸에서 판별식이 0이면 단 하나의 실근을 갖는 것으로 처리한다. 마지막으로 위의 어느 조건도 참이 아니라면 ❹에 나오는 else 다음의 블록을 실행한다. 이 경우 두 개의 실근을

갖는다고 판정한다. 조건식 앞뒤의 괄호는 필수는 아니지만 가독성을 높여주는 효과가 있다. 다항식에서 **는 지수를 표현하고자 사용한다. 예제에서 사용된 다항식 b**2-4*a*c = $b^2 - 4ac$를 의미한다. elif문은 필요한 만큼 얼마든지 사용할 수 있으며 하나도 사용하지 않아도 된다. 맨 마지막의 else문은 필요에 따라 사용할 수도 있고 사용하지 않을 수도 있다. 대부분의 일반적인 프로그래밍 언어에 제공하는 case문과 switch문은 파이썬에서 제공되지 않는다.[3]

for 반복문

대부분의 구조화 프로그래밍 언어에는 특정 코드 블록을 반복하는 반복문이 있다. 파이썬에서 제공하는 반복문 몇 가지를 살펴보자.

파이썬의 반복문 중에 가장 기본이 되는 것은 for문이다. 다른 언어의 for문은 시작 값에서 끝 값까지 특정 증가치 만큼씩 더해 가면서 반복하는 것이 일반적이다. 파이썬에서는 반복해서 셈할 수 있는 객체, 즉 next라는 메서드를 갖고 있는 객체에 대해 반복문을 사용할 수 있다. 반복문의 적용이 가능한 객체로는 문자열을 구성하는 문자, 리스트나 튜플의 원소 또는 딕셔너리의 원소가 있다.

파이썬에는 반복문을 매우 편리하게 사용할 수 있게 도와주는 두 가지 내장 함수가 있다. 첫 번째는 range 함수로, 반복 순서에 맞춰 정수를 생성해주는 생성자 객체를 만들어주는 역할을 한다. range 함수가 생성하는 정수는 따로 지정하지 않으면 0부터 시작한다.

```
❶ >>> for i in range(6):
       print(i)
  0
  1
```

---

3. 파이썬 3.10부터 match/case문이 제공된다. – 옮긴이

```
2
3
4
5
```

위의 예제에서 ❶에 나오는 range 함수는 0부터 5까지의 값을 생성하고 for문은 블록이 반복 실행될 때마다 range 값을 변수 i에 차례대로 할당한다. 예제 코드는 파이썬의 print 내장 함수를 사용해 i의 값이 어떻게 변하는지 보여주고 있다.

반복문에서 사용되는 두 번째 유용한 함수는 enumerate 함수다. 이 함수는 두 개의 값을 반환한다. 첫 번째는 대상 인수의 현재 원소에 대한 인덱스 값이고 두 번째는 원소 자체다. 예제로 자세히 살펴보자.

```
>>> x = ["how","now","brown","cow"]
>>> for i in x: ❶
    print(i)
how
now
brown
cow
>>> for i,v in enumerate(x): ❷
    print(i,v)
0 how
1 now
2 brown
3 cow
```

위 예제의 ❶은 리스트 x의 원소를 for문으로 반복 접근하는 명령문이다. 문장이 반복될 때마다 x의 원소를 하나씩 꺼내 변수 i에 할당한다. 한편 ❷에 나오는 반복문의 enumerate 함수는 반복할 때마다 두 가지 값을 반환한다. 첫 번째는

i에 저장되는 인덱스 값이고 두 번째는 v에 저장되는 리스트 x의 원소다. 파이썬은 여러 부분을 여러 변수에 한꺼번에 할당하는 기능이 있다. 두 번째는 예제에서 반복문의 본문은 인덱스 값과 그 인덱스에 해당하는 x의 원소를 출력한다.

딕셔너리에 for 반복문을 사용하면 어떻게 동작하는지 살펴보자.

```
❶ >>> d = {"a":1, "b":2, "c":2.718}
❷ >>> for i in d:
        print(i)
  a
  b
  c
❸ >>> for i in d:
        print(i, d[i])
  a 1
  b 2
  c 2.718
```

우선 ❶에서 딕셔너리 d를 정의한다. ❷와 같이 딕셔너리 변수에 대해 반복을 시행하면 키 값만 추출된다. 하지만 ❸에서 시작되는 두 번째 반복문처럼 키 값을 사용해 해당 값을 반환시키면 딕셔너리의 모든 원소를 한 번에 하나씩 접근할 수 있다.

파이썬의 특별한 매력 중 하나는 리스트 내포문^{list comprehension}에 for문을 사용할 수 있다는 것이다. 리스트 내포는 보통의 리스트처럼 '['로 시작하고 ']'로 끝나는 것은 동일하지만 그 안에 개별 원소를 나열하는 대신 원소를 생성하는 코드를 내포시켜 표현하는 방식이다. 이 방식은 익숙해지는 데 시간이 좀 걸리지만 일단 익숙해지면 많은 for 반복문을 효율적으로 대체할 수 있다. 예제를 통해 살펴보자.

```
❶ >>> import random
  >>> a = []
  >>> for i in range(10000):
      ❷  a.append(random.random())
❸ >>> b = [random.random() for i in range(10000)]
❹ >>> m3 = [i for i in range(10000) if (i % 3) == 0]
```

먼저 ❶에서 표준 난수 라이브러리를 불러들이고 ❷에서 리스트 a에 10,000개의 난수를 채운다. 난수 라이브러리에 정의된 random 함수는 범위(0은 포함하고 1은 포함하지 않음)의 난수를 생성한다. 다음으로 ❸에서는 리스트 내포 기능을 사용해 리스트 b에 10,000개의 난수를 채운다. 일반적인 리스트 정의 방식과 구문 형식은 같지만 원소를 직접 나열하지 않고 원소를 생성하는 코드를 사용했다. 여기서는 for문을 사용해 random.random() 함수 값 10,000개를 생성하도록 정의했다.

마지막으로 ❹에서 10,000보다 작은 숫자 중 3의 배수 전부를 변수 m3에 리스트 형식으로 저장한다. if문은 i 변수 값이 목록에 포함될지를 결정한다. % 표시는 모듈로modulo 연산자로, 두 수를 나눈 나머지 값을 알려준다. 여기서는 정수형 나머지 연산을 사용해 i를 3으로 나눈 나머지가 0인지 조사한다. 나머지가 0이면 i가 3의 배수(또는 0)라는 뜻이다.

while 반복문

프로그래밍 언어는 보통 사전 판단top-tested 반복문과 사후 판단bottom-tested 반복문을 갖고 있다. 사전 판단 반복문은 반복문의 본체 블록을 시작하기 전에 먼저 반복 조건식을 조사하는 방식이며 조사 결과가 참이 아닌 경우 본체 블록을 아예 실행하지 않는다. 사후 판단 반복문은 일단 본체 블록을 1회 실행한 후에 조건식을 조사해 루프를 반복할 것인지를 판단하는 방식이다. C 언어의 while

문은 사전 판단 반복문이며 do-while문은 사후 판단 반복문이다. 파이썬의 while문은 사전 판단 반복문의 형식만 지원한다. 다음 예제에서 구체적인 사용법을 알아보자.

```
❶ >>> i = 0
❷ >>> while (i < 4):
        print(i)
  ❸   i += 1
  0
  1
  2
  3
```

❶에서 반복문 실행 전에 반복문 제어 변수 i를 0으로 초기화함으로써 ❷에서 만날 조건식 i < 4가 참이 되게 준비한다. 반복문 실행부의 맨 끝 ❸에서 변수 i를 명시적으로 증가시키고 있다. 표현식 i += 1은 i = i + 1을 줄여서 쓴 식으로, i를 1만큼 증가시킨다는 뜻이다. 파이썬은 C 언어에서 변수 값을 증가시킬 때 사용하는 'i++' 구문 형식을 지원하지 않는다. 시도해보면 파이썬이 구문 에러 (SyntaxError) 메시지를 내보낼 것이다.

while문은 조건식이 참인 동안 계속해서 반복 실행된다. 프로그래머는 마지막에 반복이 끝날 수 있게 반복문 실행부 어딘가에 조건식을 False로 만드는 명령문을 준비해둬야 한다. 수동으로 반복문을 빠져나오는 방법도 있는데, 그 방법은 바로 다음 절에서 설명한다.

break문과 continue문

for문과 while문 안에서 사용할 수 있는 두 가지 특별한 명령문이 있다. 반복 루프를 즉시 빠져나오게 하는 break문과 현재 줄에서 바로 다음 반복 회차로 넘어가는 continue문이 그것이다. break문은 무한 루프에서 빠져나와야 할 때 사용하는 대표적인 명령문이다.

```
>>> i = 0
>>> while True:
    print(i)
    i += 1
    if (i == 4):
     ❶ break
0
1
2
3
```

이번 예제는 이전의 while문 예제와 실행 결과는 같지만 반복 종료 조건을 걸어두고 조건식이 참이 되면 ❶의 break문을 사용해 명시적으로 루프를 빠져나온다는 차이가 있다. 반복이 진행되면서 i가 1씩 증가해 4에 도달한다. 예제와 같이 간단한 코드에서는 적절한 조건문을 사용해서 루프를 빠져나올 수 있기 때문에 굳이 break문을 사용할 필요는 없다. 그러나 상용 프로그램은 훨씬 더 복잡하다. 때로는 프로그램이 종료할 때까지 무조건 루프를 반복해야 하는 경우도 있고, 때로는 이상 상황이나 에러가 날 때까지 반복해야 되는 경우도 있다. 이 장의 예제를 입력하고 실행시키는 명령문 인터프리터도 하나의 프로그램이다. 인터프리터는 종료될 때까지 루프를 계속 반복하면서 사용자가 키보드로 무엇을 입력하는지 체크한다. 입력되는 글자는 차례차례 버퍼에 추가되다가 개행문자가 입력되면 반복 루프를 벗어나서 버퍼에 저장된 내용을 해석하고 결과를 출력해준다.

continue문은 반복 실행문 내에서 continue문 다음에 나오는 명령문들을 건너 뛰고 다음번 반복으로 넘어간다. 예를 들어 살펴보자.

```
>>> for i in range(4):
        print(i)
    ❶ continue
        print("xyzzy")
0
1
2
3
```

위의 예제는 ❶에 사용된 continue문 때문에 두 번째 print문은 한 번도 실행되지 않는다.

with문

파이썬에서 with문은 외부 파일을 편리하게 다루게 해준다. 예를 들어 다음 예제는 with문을 이용해 디스크에 있는 파일을 열어서 내용을 문자열로 읽어 들이는 방법을 보여준다.

```
>>> with open("sesame") as f:
      s = f.read()
>>> s
'this is a file\n'
```

위 예제에서 with문은 'sesame'라는 파일을 열어서 파일 객체를 f에 할당한다. 다음으로 read 메서드를 사용해 전체 파일의 내용을 문자열로 읽어 s에 저장한다. 변수 s를 출력해보면 'this is a file'이라는 문자열과 맨 끝에 개행문자가 나온다.

위의 예제 프로그램은 명시적으로 파일을 열고 읽었지만 파일을 다 사용한 후에 명시적으로 close문을 사용하지는 않았다. 이는 with문에서 빠져 나올 때 변수 f가 지정된 범위에서 벗어나면서 자동으로 close 메서드를 호출하기 때문이다.

try-except문으로 에러 처리

마지막으로 프로그램 실행 중 에러가 발생했을 때 프로그램이 정지되는 것을 방지하고자 에러를 가두고 처리하는 파이썬의 능력을 간단히 알아보자. 또 프로그램을 디버깅할 때 큰 도움이 되는 파이썬의 에러 제어 기능도 살펴보자.

프로그램 실행 중 에러가 발생할 때 프로그램을 중지시키지 않고 에러만 잡아내고자 에러 발생이 의심되는 명령문을 try-except 블록으로 둘러 싸준다. try-except 사이에 놓은 명령문 중 에러가 발생하면 에러가 감지되는 즉시 except 다음의 블록을 실행하게 실행 순서가 바뀐다. 이 예제에서는 try 블록 내의 문장에서 발생하는 에러를 잡아내는 방법만 보여준다. 파이썬에는 훨씬 더 많은 에러 유형이 있고 사용자 스스로가 자신만의 에러 유형을 정의할 수도 있다.

```
>>> x = 1.0/0.0
Traceback (most recent call last):
    File "<stdin>", line 1, in <module>
ZeroDivisionError: float division by zero
>>> try:
        x = 1.0/0.0
    except:
        x = 0
>>> x
0
```

위의 예제는 실수 1을 0으로 나눈 결과를 변수 x에 저장하려는 시도를 보여준다. 당연히 실패하고 파이썬으로부터 상응하는 에러 메시지를 받는다. 하지만 try 블록에 해당 명령문을 집어넣어 실행하면 에러가 발생하자마자 except 블록으로 제어가 넘어가 x = 0을 실행한다.

프로그램 실행 중 에러가 발생해도 조치가 가능하게 해주는 복잡한 프로그래밍 환경을 사용하는 경우가 아니라면 다음 예제와 같은 구조를 사용해 에러가 발생할 때 실행을 중단하고 조치가 가능하게 준비한다. 예제에서는 0으로 나눠서 에러가 발생한 이후 즉시 실행을 중단하는 것을 볼 수 있다.

```
>>> try:
        x = 1.0/0.0
    except:
        import pdb; pdb.set_trace()
```

에러가 발생할 때 pdb 모듈을 불러들이고 pdb.set_trace() 함수를 호출해 디버깅 환경으로 진입한다. 물론 pdb.set_trace() 함수는 항상 try-except 블록 안에만 올 수 있는 것은 아니고 프로그램 내의 어느 지점에서나 사용할 수 있다.

함수

함수를 정의하는 방법은 간단하다. 먼저 def 키워드를 사용해 함수의 정의를 시작하고 바로 다음에 함수의 이름을 쓴 다음 함수에서 사용할 인수들의 목록을 괄호 안에 넣어주면 된다. 인수가 없으면 빈 괄호를 사용한다. 파이썬은 동적 타입 할당 방식이므로 함수의 인수를 나열할 때에도 타입 정보는 불필요하다. 인수에 기본값을 지정해줄 수도 있다. 이 책은 파이썬의 객체지향 기능은 다루지 않으며 함수로 할 수 있는 최소한의 내용만 집중해서 다룬다. 간단한 함수를 하나 정의해보자.

```
>>> def product(a,b):
```

```
       return a*b
>>> product(4,5)
    20
```

함수의 이름은 product이고 두 개의 인수가 정의돼 있으며, 함수 내부에서 a와 b라는 이름으로 인용된다. 함수의 본문에는 return 명령문 하나만 있는데, 이 명령은 함수 product을 호출한 곳으로 두 인수의 곱셈 결과를 반환한다. 이 함수를 테스트해보면 실제로 두 개의 인수를 곱해준다는 것을 알 수 있다.

이제 함수 product을 조금 고쳐 두 번째 인수에 기본값을 할당해보자.

```
>>> def product(a,b=3):
        return a*b
>>> product(4,5)
20
>>> product(3)
9
```

함수 정의 부분의 인수 목록 내에서 기본값을 할당할 수 있다. 함수 product를 호출해 사용할 때 두 개의 인수 값을 따로 지정해주면 이전 예제에서처럼 지정한 인수의 값이 함수 내부로 전달된다. 하지만 두 번째 인수를 따로 지정하지 않고 함수 product를 호출하면 두 번째 인수에 기본값인 3이 지정돼 3 × 3 = 9라는 정상적인 결과를 반환한다. 함수 인수에 기본값을 지정하면 해당 인수가 키워드 파라미터가 되며 위의 예제에서 살펴본 것처럼 인수 값을 지정하지 않고도 함수를 호출할 수 있다. 이 기술은 특히 편리한 경우가 있어서 이 책의 예제에 자주 나온다.

마지막 예제는 인수가 아예 없는 함수를 정의하는 방법을 보여준다.

```
>>> def pp():
        print("plugh")
>>> pp()
    plugh
```

함수 pp의 인수 부분은 완전히 비어있다. 함수 본문에는 "plugh"라는 단어를 출력하는 print문 하나만 있다. return 명령도 없다.

파이썬은 함수 내포를 허용하기 때문에 하나의 함수 내에 다른 함수를 정의할 수 있다. 내부 함수는 그 함수를 내포하는 외부 함수에서만 호출할 수 있다. 함수 내포를 굳이 사용할 필요는 없어 보이지만 특이하게 자주 사용하는 경우가 있다. 그때에는 객체지향 디자인으로 코드를 재구성하는 방안을 고려하는 것이 좋다. 때때로 함수 내포가 의미를 갖는 경우도 있기 때문에 여기서 간단히 언급하고 넘어간다.

마지막으로 짚어볼 유용한 기능은 특정 인수의 기본값을 None으로 지정하는 것인데, 함수를 호출하기 전에 해당 인수가 None인지 여부를 미리 테스트했는지 확인할 수 있다. 어떤 타입이건 임의의 데이터를 저장하는 변수는 저장하고 있는 값이 None인지 여부를 테스트해볼 수 있다.

모듈

모듈 시스템을 살펴보는 것으로 파이썬에 대한 개괄적인 설명을 마치려고 한다. 모듈은 C 언어의 표준 라이브러리와 유사하다. 파이썬 프로그램에서 바로 꺼내 사용할 수 있는 풍부한 툴셋이 다양한 모듈 형태로 제공된다. 사용자가 직접 자신의 모듈을 만드는 것도 가능하다. 모듈은 프로그램 안으로 불러들여지는 함수의 집합으로 볼 수도 있다. 모듈 전체가 아니라 일부 필요한 함수만을 선택해 프로그램 안으로 불러들여 사용할 수도 있다. 단, 불러들인 함수의 이름이 다른 네임스페이스^{namespace}에서 불러온 함수의 이름과 겹칠 수 있다는 점에 주의해야 한다.

네임스페이스는 연관된 함수를 한 묶음으로 모아놓은 것을 말한다. 가족 비슷한 개념이며 가족 내 식구들의 이름이 바로 함수에 해당한다. 프로그램에서 함수를 사용하려면 이름이 네임스페이스 안에 있어야 한다. 모듈에서 함수 하나를 불러들이면 그 함수는 현재 사용 중인 네임스페이스 안에 놓인다. 모듈 전체를 불러들인 다음 모듈 이름을 접두사^{prefix}로 지정하는 방식으로 특정 함수를 호출하면 그 함수를 사용할 수는 있지만 함수 이름이 네임스페이스 안에 있는 것은 아니다. 이 차이가 왜 중요한지는 다음에 나오는 몇 가지 예제를 보면 알 수 있다.

먼저 파이썬 라이브러리에서 모듈을 불러 사용하는 간단한 예제다.

```
>>> import time
>>> time.time()
   1524693601.402852
```

우선 time 모듈을 가져온다. 모듈 이름인 time을 접두사로 지정하면 모듈 내의 모든 함수를 사용할 수 있게 된다. time 모듈의 time 함수는 1970년 1월 1일 이후 몇 초가 지났는지 계산해주는 방식으로 현재 시간을 알려준다. 에폭^{epoch} 시간이라고 알려진 이 방식은 코드 실행 시간을 측정하는 데 유용하다. 이 함수에서는 시간 값이 증가하기만 하기 때문에 코드 실행의 시작과 끝의 에폭 시간을 측정해 그 차이를 계산하면 코드 실행 시간을 알 수 있다.

다른 예를 살펴보자.

```
>>> from time import ctime, localtime
>>> ctime()
```

```
'Wed Apr 25 16:00:21 2020'
>>> localtime().tm_year
2018
```

이번에는 모듈 전체를 불러들이는 대신 모듈에서 함수 2개만 가져온다. 이런 방식을 사용하면 함수 이름이 네임스페이스 안에 놓이게 돼 함수를 직접 호출할 수 있게 된다. 함수 중 ctime은 현재 날짜와 시간 전체를 보여주는 문자열을 반환하는 반면 localtime은 날짜와 시간을 부분별로 구분해 반환한다. 여기서는 현재 시각의 연도 부분을 표시하고 있다.

이 장의 마지막 예제는 개별 함수들을 가져오는 것보다는 모듈 전체를 직접 불러들이는 것이 유리하다는 것을 설명하는 예제다.

```
>>> def sqrt(x):
        return 4
>>> sqrt(2)
    4
>>> from math import *
>>> sqrt(2)
    1.4142135623730951
```

먼저 sqrt라는 함수를 정의한다. 인수에 어떤 값이 오든 상관없이 4를 반환하는 함수다. 물론 유용하지는 않지만 유효한 파이썬 함수다. 이번에는 math 라이브러리 전체를 불러들인다. 이 문법으로 모듈의 함수를 가져오면 함수명이 네임스페이스 안에 놓이게 돼 모듈 이름을 지정하지 않고도 함수를 사용할 수 있다. 이렇게 하고 나면 sqrt 함수를 호출했을 때 제대로 된 제곱근 값이 반환된다.

앞서 정의한 미심쩍은 sqrt는 어떻게 됐을까? 그 함수는 math 라이브러리를 불러들일 때 숨겨진다. 라이브러리 math 안에 sqrt라는 함수가 있기 때문이다. 미심쩍은 sqrt 함수가 먼저 정의됐고 math 라이브러리를 나중에 불러왔으므로

math 라이브러리에 있는 sqrt 함수가 우선권을 갖는다.

모듈 라이브러리는 파이썬 언어를 대단히 유용한 언어로 만들어준다. 표준 라이브러리는 광범위한 문서와 함께 제공된다. 파이썬 버전 3용 모듈 목록은 https://docs.python.org/3/py-modindex.htm에 있다. 파이썬 언어의 대표 사이트는 http://www.python.org/다. 이 링크들을 자주 찾아보고 파이썬이 제공하는 모든 기능에 익숙해지도록 노력하자.

요약

2장에서 소개한 파이썬 언어의 기본 사항은 이 책의 나머지 부분에 나오는 코드 예제를 이해하는 데 필요한 배경 지식이다. 파이썬 구문과 문장을 배웠고 파이썬 변수와 데이터 구조, 제어 구조와 함수, 모듈 라이브러리까지 살펴봤다.

3장에서는 파이썬 언어를 더욱 유용하게 만들어주는 넘파이^{NumPy} 라이브러리를 자세히 알아본다. 넘파이는 거의 모든 머신러닝 라이브러리에서 사용하는 머신러닝 핵심 툴킷이다.

3

넘파이 사용

넘파이[NumPy]는 이 책에서 살펴볼 모든 머신러닝 개념과 기능 요소의 기초가 되는 라이브러리다. 넘파이에 이미 익숙하다면 3장을 건너뛰어도 좋지만 익숙하지 않은 독자라면 자세히 읽어보길 바란다.

넘파이의 전체 내용을 다룬 튜토리얼은 https://docs.scipy.org/doc/numpy/user/quickstart.html에서 찾아 볼 수 있다.

왜 넘파이인가?

파이썬은 전반적으로 매우 우아한 프로그래밍 언어이긴 하지만 과학이나 수학용 프로그래밍에 꼭 필요한 자료 구조인 배열 구조를 제대로 지원하지 못하는 단점이 있다. 딕셔너리[Dictionary] 구조를 사용하거나 크기 조절이 자유로운 리스트[List] 구조를 사용해 배열을 표현할 수도 있다. 하지만 이는 딕셔너리나 리스트 데이터 구조의 본질을 해칠 가능성이 있고 무엇보다 실행 속도가 매우 느려진다. 넘파이가 널리 사용되는 이유를 설명하고자 먼저 배열과 리스트의 차이점을 알아본다. 파이썬의 리스트는 여기서 설명하는 리스트보다는 개선된 개념이 적용돼 있지만 기본적인 원리는 동일하다.

배열과 리스트

배열은 메모리에서 연속된 요소들로 구성된 고정된 크기를 갖는 블록, 즉 메모리 요소들 간에 빈칸 없이 이어진 RAM상에서 단일 블록의 형식으로 표현된다. 하나의 단일 블록은 n개의 요소를 갖는 하나의 배열 집합을 표현하는 데 사용되며 각각의 배열 요소는 m 바이트로 구성된다. 예를 들어 파이썬에서 float라는 키워드로 정의되는 자료형은 IEEE 754에 규정된 배정밀도^{double precision} 부동소수점 자료형으로, 64비트, 즉 8바이트를 차지한다. 파이썬에서 float, 즉 부동소수점 형으로 10개짜리 크기의 배열을 정의하면 $n \times m = 100 \times 8 = 800$바이트의 연속된 메모리가 확보된다. 그림 3-1은 배열에 해당하는 메모리를 확보하고 배열의 변수명을 A로 지정한 모습이다.

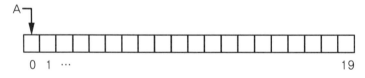

그림 3-1: 연속된 메모리에 저장된 배열

배열에서는 매우 빠르게 특정 요소에 접근할 수 있다. 예를 들어 x라는 배열이 있고 그 배열의 세 번째 요소 x[3]에 접근하고자 한다면 $3 \times 8 = 24$, 즉 해당 배열의 기준점으로부터 24바이트 떨어진 곳으로 이동하면 된다. 이러한 이동 방법을 배열에서의 인덱싱 과정이라고 한다.

다차원 배열도 연속된 블록의 형태로 메모리 공간에 배치되며 인덱싱 과정도 계산만 좀 더 복잡해질 뿐 기본적인 원리는 동일하다. 다차원 배열은 각 배열 요소를 인덱싱하고자 2개 이상의 숫자를 사용한다. 체스보드를 예로 들어 설명하자면 각 말의 위치를 표시하고자 행과 열이라는 두 개의 숫자가 필요하다. 체스보드처럼 2개의 숫자로 각 요소를 표현할 수 있는 배열을 2차원 배열이라고 부른다. 여기에 한 개의 차원을 추가해 체스보드가 여러 겹으로 쌓여있는 형태를 상상해볼 수 있는데, 이 경우에는 각 요소를 인덱싱하고자 행, 열, 보드 번호라는 3개의 숫자가 필요하다. 이러한 형태의 구조를 3차원 배열이라고 한다.

이 책에서 다루는 배열은 1, 2, 3차원까지다. 각각의 배열은 RAM에서 단일 블록에 저장되므로 인덱싱이 빠르고 연산의 속도도 매우 빠르다.

이에 반해 리스트 구조는 전혀 다른 구조와 특성이 있다. 그림 3-2는 리스트의 기본적인 구조를 보여준다. 이 리스트의 이름을 B로 지정했다. 하나의 리스트를 구성하는 각 요소는 연속된 메모리 형태로 구성되지 않고 RAM상에 흩어져서 배치된다. 배치된 각 요소들은 포인터로 연결돼 전체적으로 체인과 같은 구조를 갖는다. 체인을 구성하는 각 링크는 데이터 부분과 포인터 부분으로 나뉘는데, 데이터 부분에는 실제 사용할 값을 저장하고 포인터 부분에는 그다음 링크의 메모리 위치 값을 저장한다.

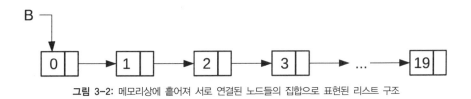

그림 3-2: 메모리상에 흩어져 서로 연결된 노드들의 집합으로 표현된 리스트 구조

리스트에서는 기준 메모리 주소에 일정 거리를 더해 각 요소에 접근하는 인덱싱 방법을 사용할 수 없다. 그림 3-2에서 4번째 요소에 접근하려면 B가 가리키고 있는 첫 번째 노드node에서 시작해 링크를 따라 두 번째 노드, 그다음 링크를 따라 세 번째, 그다음 링크를 따라 네 번째 노드인 3번 노드에 도착한다. 리스트의 크기가 커질수록 각 구성 요소로의 접근 시간이 점점 더 느려진다. 예를

들어 백만 번째 요소에 접근하려면 링크를 따라 이동하는 과정을 백만 번 반복해야 한다. 반면에 배열 구조에서는 기준 주소에 8백만을 더해주는 단순한 방법으로 백만 번째 요소에 바로 접근할 수 있다.

대부분의 머신러닝은 배열 구조를 사용하는데, 1차원 배열은 벡터라 하고 2차원 배열은 행렬이라 한다. 체스보드나 이미지와 같은 2차원 배열은 행렬에 해당하며 보드에서 말의 위치나 이미지에서 특정 픽셀의 위치를 표시하려면 2개의 숫자가 필요하다. 행렬은 머신러닝 모델이나 딥러닝 모델의 입력으로 사용되는 경우도 있고 모델 내부 계산에 사용되기도 한다. 예를 들어 신경망의 가중치 행렬이나 컨볼루션 커널, 컨볼루션 신경망의 필터 출력은 모두 행렬 구조다.

이와 같이 머신러닝이나 딥러닝에서 입력이나 내부 표현에 행렬 형태가 많이 사용되고 행렬들 간에 연산도 빈번하기 때문에 연산 속도가 빠른 배열 구조가 필수적이다. 바로 이런 점 때문에 넘파이 라이브러리를 사용한다. 파이썬에서 제공하는 기본 자료 구조 중에 배열이 빠져 있기 때문에 넘파이의 배열 구조를 사용함으로써 행렬 연산을 빠르게 수행할 수 있다. 파이썬의 기본적인 자료 구조만으로는 가장 단순한 머신러닝 알고리듬조차 구현이 어렵지만 파이썬에 넘파이 라이브러리를 추가하면 머신러닝 연구에 최고의 개발 환경이 된다.

배열과 리스트 간의 처리 속도 비교

다음의 간단한 예제로 넘파이가 기본적인 파이썬에 비해 얼마나 빠른지 살펴보자. 리스트 3-1에 실행할 코드가 소개돼 있다.

리스트 3-1: 넘파이와 기본적인 파이썬 성능 비교. numpy_speed_test.py 참조

```
❶ import numpy as np
  import time
  import random
```

```
  n = 1000000
  a = [random.random() for i in range(n)]
  b = [random.random() for i in range(n)]

  s = time.time()
❷ c = [a[i]*b[i] for i in range(n)]
  print("comprehension:", time.time()-s)

  s = time.time()
  c = []
❸ for i in range(n):
      c.append(a[i]*b[i])
  print("for loop:", time.time()-s)

  s = time.time()
❹ c = [0]*n
  for i in range(n):
      c[i] = a[i]*b[i]
  print("existing list:", time.time()-s)

❺ x = np.array(a)
  y = np.array(b)
  s = time.time()
  c = x*y
  print("NumPy time", time.time()-s)
```

리스트 3-1의 ❶에서 먼저 넘파이 라이브러리를 불러들인 후 리스트 내포 방식으로 두 개의 리스트를 생성한다. 각 리스트에는 난수를 백만 개씩 저장한다. 두 리스트의 해당 원소들끼리 곱하는 연산을 가장 빠르게 수행하는 것이 목표다.

프로그램의 실행에 걸린 시간을 구하고자 시작 시간을 변수 s에 저장하고 프로그램을 실행 시킨 후 종료 시간을 구해 차이를 구한다. time 모듈의 time 함수는 1970년 1월 1일 이후 흘러간 시간을 소수점 이하 포함해서 초 단위로 알려준다. 개별 작업이 끝날 때마다 time.time()-s를 출력한다.

❷에 나오는 첫 번째 시도는 리스트 내포 방식으로 a와 b를 곱한다. 다음으로 ❸에서는 리스트 a와 b로부터 각각의 원소를 하나씩 꺼내 곱한 후 리스트 c에 저장하는 작업을 반복 수행한다. 이 방식은 처음에 리스트 c를 초기화시킨 다음 메모리를 하나씩 증가시켜가면서 새로운 원소들의 곱셈 결과를 저장하는 방식이다.

❹의 세 번째 방식은 결과를 저장한 리스트 변수 c의 메모리를 미리 할당해놓고 계산 결과가 나올 때마다 해당 메모리의 값을 갱신하는 방식이다. 메모리 할당에 시간이 따로 들지 않으므로 조금 빠르게 실행할 수 있다.

마지막으로 ❺에서는 넘파이를 사용해 계산한다. 25-26행에 나오는 두 리스트 값을 넘파이 배열로 옮겨 담는 시간은 제외했다. 넘파이 난수 모듈을 호출해 1차원 벡터 모양의 난수 배열을 쉽게 생성할 수 있기 때문이다. 넘파이 벡터 전체를 곱해 주는 명령은 c = x*y다. 반복문은 불필요하다. 넘파이는 배열 처리를 위한 전용 라이브러리다. 넘파이에서 배열을 대상으로 하는 연산은 배열 내의 모든 원소에 대해 자동으로 반복 적용된다.

리스트 3-1에서 작성한 4가지 접근 방식으로 각각의 코드를 10번씩 실행해 나온 평균 실행 시간은 다음과 같다.

구현 방식	Runtime (seconds, mean ± SE)
리스트 내포문	0.158855 ± 0.000426
for 반복문	0.226371 ± 0.000823
리스트에서 for 반복문	0.201825 ± 0.000409
넘파이	0.009253 ± 0.000027

표에서 확인할 수 있듯이 파이썬 기본 기능만 사용해서 구현한 코드보다 넘파이를 사용한 코드가 평균 25배 빠르다. 이것이 바로 파이썬에서 머신러닝 코드를 작성할 때 넘파이를 사용하는 이유다. 표의 내용 중 SE는 평균에 대한 표준

오차를 의미한다. 표준 오차는 표준 편차를 표본 평균을 구하는 데 사용한 샘플 개수의 제곱근으로 나눈 값을 의미하며 이 예에서 샘플의 개수는 10이다. 표준 편차는 값들이 평균에서 얼마나 많이 떨어져 있는지를 측정하는 값이다. 표준 편차가 크다는 것은 값들이 넓게 퍼져 분포한다는 뜻이다. 또한 표준 편차들이 작다는 것은 실행시킬 때마다 일정한 평균값을 산출한다는 뜻이다.

리스트 3-1은 넘파이의 또 다른 진면목을 보여준다. 넘파이는 반복문을 사용하지 않아도 피연산자들의 차원을 자동으로 맞춰주는 브로드캐스팅 기능을 제공한다. 벡터와 행렬에 대해 파이썬의 기본 기능을 이용해 선행대수 연산을 수행하는 것도 가능하지만 일반적으로 넘파이 배열에 대한 연산은 반복문이 없는 형태로 작성되며 원소 단위로 자동 수행된다.

넘파이를 사용하는 이유는 이 정도로 설명을 마치고 넘파이의 몇 가지 중요한 특징을 알아보자.

기본 배열

넘파이에서는 배열이 가장 기본이 되므로 배열에 대한 개념부터 시작한다. 몇 가지 기본적인 예제를 심도 있게 살펴보면서 사용 방법과 의미를 알아보자.

np.array로 배열 정의

다음 예제는 배열을 생성하는 방법을 보여준다.

```
>>> import numpy as np
>>> a = np.array([1,2,3,4])
>>> a
    array([1, 2, 3, 4])
```

```
>>> a.size
    4
>>> a.shape
    (4,)
>>> a.dtype
    dtype('int64')
```

먼저 array 함수를 사용해 배열을 정의해본다. 함수 array에서 사용할 인수는 넘파이가 배열로 바꿔줄 수 있는 형태여야 한다. 리스트와 튜플은 넘파이가 배열로 바꿀 수 있는 대표적인 데이터 타입이며 array 함수의 인수로 주로 이두 가지를 사용한다.

파이썬에게 변수 a가 무엇인지 물어보고자 'a'라고 입력하면 a가 배열이라는 사실과 그 안에 들어있는 값을 보여준다. 넘파이는 배열의 원소가 적당히 작을 경우에는 원소 전체를 보여주지만 원소가 너무 많으면 첫 번째 몇 개와 마지막 몇 개만 보여준다.

다음으로 넘파이 배열의 가장 일반적인 세 가지 속성인 크기, 모양, 데이터 유형 (dtype)이 무엇인지 물어본다. 배열 a에는 4개의 원소가 있으므로 크기는 4다. 배열의 크기는 배열이 갖고 있는 원소의 개수를 의미한다. 배열 a는 1차원 배열, 즉 벡터이므로 배열 a의 shape를 요청하면 1개의 차원만 갖고 있고 그 차원에 4개의 원소를 갖고 있는 모습이라고 알려준다.

기본 파이썬에서는 데이터 타입에 제약을 두지 않는 편이므로 dtype 기능으로 데이터 타입을 알아보는 것이 조금 생소할 수 있다. numpy 라이브러리는 메모리 를 효율적으로 사용하려고 데이터 타입을 관리하는 기능을 구현해뒀다. 예제를 보면 배열을 생성할 때 데이터 타입을 명시하지 않았는데, 넘파이가 알아서 기 본값으로 64비트 정수라고 지정해줬다. 함수 array에 인수로 준 리스트의 값이 정수였기 때문이다. 그 값 가운데 하나라도 부동소수점 실수가 들어 있었다면 넘파이는 모든 원소를 64비트 부동소수점 타입(C, C++, 자바 언어의 **double** 타입에 해당하는 데이터 타입)으로 지정했을 것이다.

이제 넘파이 배열이 저장할 원소의 데이터 타입을 지정하는 방법을 알아보자.

```
>>> b = np.array([1,2,3,4], dtype="uint8")
>>> b.dtype
    dtype('uint8')
>>> c = np.array([1,2,3,4], dtype="float64")
>>> c.dtype
    dtype('float64')
```

예제에서 두 배열 b와 c를 정의하고 있다. 두 배열 모두 리스트 [1, 2, 3, 4]를 기본 원소로 갖는다. 여기서 함수 array에 인수로 전달하는 **dtype**이라는 키워드를 살펴보자. 넘파이를 이용해 배열에 저장할 원소의 데이터 타입을 지정하는 키워드다. 배열 b에서는 부호 없는 8비트 정수 타입(uint8)을 사용하겠다고 넘파이에 통보한다. 이 타입은 한 바이트, 즉 아스키 문자 한 글자에 해당한다. 배열 b에 대한 **dtype** 속성 값을 질의해보면 정말로 부호 없는 8비트 정수라고 알려준다.

배열 c에는 b와 동일한 원소를 저장하되 64비트 부동소수점 실수 타입으로 저장하도록 넘파이에 요청한다. 여기서도 배열 c의 데이터 타입을 확인해보면 지정된 타입으로 저장돼 있음을 볼 수 있다. 넘파이를 이용할 때에는 배열에 저장될 데이터 타입을 알고 사용해야 한다.

표 3-1에 넘파이의 대표적인 데이터 타입이 C 언어의 데이터 타입과 비교해 표시돼 있다. 배열을 정의할 때 사용하고자 하는 데이터 타입의 이름을 문자열 형태로 넘파이에 통보해줘야 한다. 뒤에서 몇 가지 예제를 통해 상세히 설명할 것이다.

표 3-1: 넘파이 데이터 타입 이름, C 언어의 데이터 타입, 그리고 각 타입별 데이터의 범위

넘파이 타입	C 언어 타입	범위
float64	double	$\pm[2.225 \times 10^{-308}, 1.798 \times 10^{308}]$
float32	float	$\pm[1.175 \times 10^{-38}, 3.403 \times 10^{38}]$
int64	long long	$[-2^{63}, 2^{63}-1]$
uint64	unsigned long long	$[0, 2^{64}-1]$
int32	long	$[-2^{31}, 2^{31}-1$
uint32	unsigned long	$[0, 2^{32}-1]$
uint8	unsigned char	$[0, 255 = 2^8-1]$

지금까지는 벡터를 만드는 방법을 알아봤는데 이제 행렬을 만드는 방법을 알아보자. 먼저 2차원 배열을 만들어보자.

```
>>> d = np.array([[1,2,3],[4,5,6],[7,8,9]])
>>> d.shape
    (3, 3)
>>> d.size
    9
>>> d
    array([[1, 2, 3],
           [4, 5, 6],
           [7, 8, 9]])
```

앞서 단일 리스트를 사용하는 **array** 함수의 예를 살펴봤다. 이번에는 리스트를 원소로 갖는 리스트를 사용해 배열을 정의해보자. 위의 예는 배열을 정의하고자 세 개의 리스트를 인수로 전달하는데, 각 리스트는 세 개의 원소를 갖고 있다. **array** 함수로 배열을 정의하는 첫 번째 행을 실행하면 3행 3열의 행렬 형태로 넘파이 배열이 생성된다. 행렬의 첫 번째 행에는 세 개의 원소로 구성된

첫 번째 리스트([1, 2, 3])가 놓이고, 두 번째 행에 두 번째 리스트([4, 5, 6]), 세 번째 행에는 세 번째 리스트([7, 8, 9])가 놓인다.

배열 d의 형태^{shape}를 출력해보면 (3, 3)이 나온다. 튜플 (3, 3)은 두 개의 원소로 구성돼 있기 때문에 해당 배열은 2차원이라는 사실을 알 수 있다. 또한 그 첫 번째 차원의 길이가 3이므로 3개의 행이 존재하고 두 번째 차원의 길이도 3이므로 3개의 열이 존재한다는 것도 알 수 있다. 배열 d의 크기를 출력해보면 9개의 원소가 있다는 것을 알 수 있다. 넘파이 배열의 크기는 shape를 출력해서 나타나는 튜플의 모든 원소를 곱한 것과 같다. 여기서는 3 × 3 = 9다.

배열 이름을 커맨드라인에 입력하면 넘파이는 해당 배열의 내용을 출력해준다. 이 예제의 배열은 크기가 작기 때문에 넘파이는 배열을 구성하는 2차원 행렬 전체를 보여준다.

$$\begin{bmatrix} 1 & 2 & 3 \\ 4 & 5 & 6 \\ 7 & 8 & 9 \end{bmatrix}$$

넘파이에서는 2차원 이상의 배열도 사용할 수 있다. 다음은 3차원 배열을 정의한 예제다.

```
>>> d = np.array([[[1,11,111],[2,22,222]],
                  [[3,33,333],[4,44,444]]])
>>> d.shape
    (2, 2, 3)
>>> d
    array([[[  1,  11, 111],
            [  2,  22, 222]],

           [[  3,  33, 333],
            [  4,  44, 444]]])
```

예제에서 배열 d의 shape를 요청했을 때 3개의 원소를 갖는 튜플을 출력해주는 것을 볼 때 3차원 배열이라는 것을 알 수 있다.

shape를 출력해보지 않고 배열 정의 함수 array의 인수로 전달한 리스트의 형태만 봐도 d가 3차원 배열인 것을 알 수 있다. 인수로 전달한 리스트는 2개의 부분 리스트로 구성돼 있고 각 부분 리스트는 다시 2개의 부분 리스트로 구성돼 있으며 그 2개의 부분 리스트는 다시 3개의 원소로 구성돼 있으므로 d는 (2, 2, 3)의 형태를 갖는 3차원 배열임을 알 수 있다. 넘파이는 배열 d를 출력할 때 2 × 2 크기의 부분배열들 사이에 빈칸을 둔다. 3차원 배열은 행렬을 원소로 갖는 벡터로 생각할 수도 있다. 넘파이의 3차원 배열은 여러 장의 이미지를 저장할 때 자주 사용한다. 예를 들어 배열 d에는 2행 3열짜리 이미지 두 개가 저장된다고 생각할 수 있다.

0과 1로 구성된 배열 정의

넘파이 array 함수를 이용해 배열을 정의하는 것은 성가신 일이다. 특히 크기가 큰 배열을 이런 방식으로 정의할 경우 모든 원소를 일일이 타이핑해줘야 하므로 작업 시간이 길어진다. 다행히 넘파이에는 이를 회피할 수 있는 방법이 있다. 이 책에서 자주 사용할 넘파이의 핵심 함수 2가지를 살펴보자. 첫 번째 함수는 모든 원소를 0으로 초기화시킨 배열을 만들어준다.

```
>>> x = np.zeros((2,3,4))
>>> x.shape
    (2, 3, 4)
>>> x.dtype
    dtype('float64')
>>> b = np.zeros((10,10),dtype="uint32")
>>> b.shape
    (10, 10)
```

```
>>> b.dtype
    dtype('uint32')
```

예제의 첫 행에 나오는 zeros 함수는 모든 원소가 0으로 설정된 새로운 배열을 만들어준다. 함수 zeros에 인수로 전달되는 튜플 값은 만들고자 하는 배열의 모양새를 지정한다. 여기에서는 튜플 값을 (2, 3, 4)로 지정했으므로 생성되는 변수의 모양은 3차원 배열이다. 이 배열은 3 × 4 픽셀 크기의 이미지 2장을 저장한다. zeros 함수를 사용해 생성한 배열의 디폴트 타입은 64비트 부동소수점 타입으로 정의된다. 이는 배열의 각 원소가 8 바이트의 메모리를 차지한다는 의미다.

배열 b는 10 × 10 원소를 갖는 2차원 배열이다. 원소의 타입은 부호 없는 32비트 정수로 정의했다. 32비트 정수는 4바이트의 메모리를 차지한다. 넘파이 배열을 사용할 때는 너무 많은 메모리를 점유하지 않도록 주의해야 한다. 불필요하게 너무 큰 배열을 정의해 사용하거나 float64 같이 지나치게 큰 데이터 타입을 사용해 메모리를 낭비하지 않아야 한다.

두 번째 함수는 zeros 함수와 유사하지만 모든 원소를 1로 초기화하는 함수다.

```
>>> y = np.ones((3,3))
>>> y
    array([[1., 1., 1.],
           [1., 1., 1.],
           [1., 1., 1.]])
>>> y = 10*np.ones((3,3))
>>> y
    array([[10., 10., 10.],
           [10., 10., 10.],
           [10., 10., 10.]])
>>> y.dtype
```

```
     dtype('float64')
>>> y.astype("uint8")
     array([[10, 10, 10],
            [10, 10, 10],
            [10, 10, 10]], dtype=uint8)
```

zeros 함수와 마찬가지로 ones 함수는 생성할 배열의 차원과 각 차원별 원소의
개수를 지정한 튜플을 인수로 받는다. 여기서는 3 × 3 행렬이 튜플로 전달된다.
디폴트로 지정되는 64비트 부동소수점 타입이 아닌 다른 타입을 지정하고 싶을
경우 dtype 값을 사용해 원하는 데이터 타입을 지정할 수 있다.

ones 함수의 진정한 유용성은 배열을 원하는 값으로 초기화할 수 있다는 것이
다. ones 배열에 원하는 값을 곱해주면 그 값으로 초기화된 배열이 생성된다.
예제에서 넘파이가 스칼라 값이 곱해진다는 것을 알고 각 배열 내의 원소마다
자동으로 그 값을 곱해주는 모습을 볼 수 있다. 반복 루프는 필요하지 않다.

갑자기 astype이라는 새로운 메서드가 나온다. 이 메서드는 배열 내 모든 원소
의 타입을 지정한 새로운 데이터 타입으로 변경시킨 후 그 결과를 저장한 배열
복사본을 반환한다. 데이터 타입을 변경하면 원래의 값이 손상될 수 있다. 예를
들어 64비트 부동소수점 수를 부호 없는 바이트 타입으로 변경하는 것은 데이
터의 손실을 가져온다. 대부분의 경우 넘파이가 자동으로 손실을 막아주지만
데이터 타입 변경 메서드를 사용할 때는 항상 주의가 필요하다.

마지막으로 살펴볼 것은 파이썬에서 리스트나 딕셔너리는 '참조에 의한 전달Pass
by Reference' 방식으로 전달되므로 기존 변수를 새로운 변수에 할당하면 변수의
내용을 복사하지 않는다는 점이다. 즉, 단순히 별명을 하나 만들어 기존 변수의
내용이 저장된 메모리를 가리키는 포인터를 연결하는 방식이다. 이 방식은 시
간과 공간을 절약하는 효과는 있지만 부주의하게 사용하면 의도치 않은 결과가
나올 수도 있다. 넘파이 배열도 마찬가지다. 넘파이 배열은 매우 크게 정의되는

경우가 많으므로 함수로 전달할 때마다 배열 내 모든 원소를 복사해 전달하는 방식은 비효율적이다. 실제 원소 값을 모두 복사해야 할 경우에는 별도의 copy 메서드나 배열 슬라이스를 사용해야 한다. 파이썬의 리스트와는 달리 넘파이의 배열은 모든 원소가 이웃 원소와 동일한 형태로 정의된다. 배열 내의 특정 위치에 다른 배열을 원소로 지정할 수는 없다.

다음 예제에서 두 번째 행의 명령을 제외한 다른 명령들은 배열 a의 복사본을 생성한다.

```
>>> a = np.arange(10)
>>> b = a
>>> c = a.copy()
>>> d = a[:]
```

배열 a의 원소 하나를 변경하면 배열 b에서 같은 위치의 원소도 변경된다. 배열 b는 배열 a가 가리키는 메모리를 똑같이 가리키고 있기 때문이다. 그러나 배열 c와 d의 원소들은 변경되지 않는다.

배열 원소에 접근

이 절에서는 배열 원소에 접근하는 두 가지 방법을 알아본다.

배열 인덱싱

배열을 많이 사용하는 이유는 배열 내의 특정 원소에 접근하는 것이 매우 쉽고 그 값을 갱신하는 것도 쉽기 때문이다. 이렇게 특정 원소에 접근하는 것을 배열 인덱싱^{array indexing}이라고 한다. 넘파이를 잘 사용하려면 배열 인덱싱을 이해하는 것이 중요하다. 몇 가지 예제를 살펴보자.

```
>>> b = np.zeros((3,4),dtype='uint8')
>>> b
    array([[0, 0, 0, 0],
           [0, 0, 0, 0],
           [0, 0, 0, 0]], dtype=uint8)
❶ >>> b[0,1] = 1
  >>> b[1,0] = 2
  >>> b
    array([[0, 1, 0, 0],
           [2, 0, 0, 0],
           [0, 0, 0, 0]], dtype=uint8)
```

리스트 인덱싱과 마찬가지로 배열을 인덱싱할 때도 대괄호를 사용한다. 즉, [로 시작하고]로 끝낸다. 대괄호 사이에 배열의 특정 원소를 가리키는 표현식을 넣어주면 넘파이가 해당 원소를 반환하거나 그 원소에 값을 할당해준다. 이 표현식을 **첨자**subscript라고 한다. 배열 이름 다음에 첨자를 붙여서 하나 또는 여러 개의 원소를 지정한다.

위의 예제에서 b는 3행 4열로 구성된 배열이며 각 원소는 0으로 초기화돼 있다. 커맨드라인에 b를 입력하면 원소들의 값을 보여준다.

이제 지금까지와는 조금 다른 형태의 명령을 살펴보자. ❶을 보면 할당문 하나가 정의돼 있다. 이 할당문 왼쪽 편에는 일반적인 형태의 단일 변수가 아니라 배열 이름을 나타내는 문자와 [0, 1]이라는 첨자로 구성된 복잡한 변수명이 놓여있다. 할당문 오른쪽에는 1이라는 정수 값이 준비돼 있다. 넘파이는 왼쪽의 첨자를 보고 배열 변수 b의 0행 1열에 정수 값 1을 저장한다. 다음 행에서 동일한 방식으로 1행 0열에 정수 값 2를 저장한다. 다음으로 변수 b를 출력해보면 넘파이에 요청한 대로 배열에서 0번 행의 두 번째 열에는 1이 저장돼 있고 1번 행의 첫 번째 열에는 2가 저장돼 있음을 확인할 수 있다.

앞의 예제에서 정의한 배열 b를 다음과 같이 더 조작해보면 다양한 행태의 첨자를 통해 배열 원소의 값에 접근하는 방법을 알 수 있다.

```
>>> b[1,0]
    2
>>> b[1]
    array([2, 0, 0, 0], dtype=uint8)
>>> b[1][0]
    2
```

변수 b는 행렬의 형태로 정의돼 있으므로 b의 특정 원소를 선택하려면 2개의 첨자가 필요하다. 첨자 하나는 행을 지정하고 다른 하나는 열을 지정하는 데 사용된다. 예제의 첫 번째 행에서 b[1, 0]을 출력해보면 두 번째 행의 첫 번째 열에 있는 값을 반환한다.

다음 줄에서는 단일 첨자를 사용해 b[1]을 커맨드라인으로 입력해 b의 두 번째 행 전체를 반환받는다. 이 방식은 매우 유용하다. 이 책에 실린 코드에서 자주 사용할 기능이다.

마지막으로 두 개의 첨자를 차례로 붙여 사용하는 방식을 살펴보자. 단일 첨자를 이용한 b[1] 변수가 행렬의 두 번째 행 전체를 반환한다면 b[1][0]은 그 두 번째 행에서 첫 번째 원소만 반환한다. 처음에 봤던 b[1, 0]의 구문 형식과 동일한 결과를 얻는다는 사실을 알 수 있다.

배열 슬라이싱

배열 인덱스 한 개를 사용해 개별 원소 또는 행 전체나 열 전체에 접근하는 방식도 유용하지만 그것보다 훨씬 더 유연한 방식이 있다. 슬라이싱 기능을 사용해 큰 배열의 일부를 지정하면 칼로 도려내듯이 정확하게 원하는 부분을 가져올 수 있다. 다음 예제를 통해 사용 방법을 알아보자.

```
>>> a = np.arange(10)
>>> a
    array([0, 1, 2, 3, 4, 5, 6, 7, 8, 9])
>>> a[1:4]
    array([1, 2, 3])
>>> a[3:7]
    array([3, 4, 5, 6])
```

예제에서 사용된 arange 메서드는 파이썬의 range 함수와 유사하다. 넘파이는 arange(10) 메서드에 대해 [0, 9] 범위의 한 자리 숫자로 구성된 벡터를 생성한 다음 변수 a에 할당한다. 다음으로 이 벡터의 슬라이스 하나를 분리하고자 a[1:4] 명령을 입력해보면 [1, 2, 3]이라는 결과가 반환된다. 슬라이스를 지정하려면 2개의 값이 필요하다. 첫 번째 값은 시작 인덱스 값인 1이고 두 번째 값은 마지막 인덱스 값인 4다.

여기서 마지막 인덱스 값이 4이므로 반환된 슬라이스는 [1, 2, 3, 4]가 돼야 하지 않을까 궁금할 수 있다. 사실 넘파이는 파이썬의 리스트에 적용되는 인덱싱 규약을 그대로 따르기 때문에 마지막 인덱스는 반환되는 부분배열에 포함되지 않는다. 예제에서 a[1:4]로 지정된 슬라이스를 구할 때 첫 번째 인덱스 1이 가리키는 원소부터 시작해서 마지막 인덱스 4 바로 전에 있는 원소까지만 포함해 구성한다. 수학적으로 표현해보면 a[x:y]로 지정된 슬라이스는 인덱스 i가 $x \le i < y$인 모든 원소로 구성되는 부분배열이다. 예제에서 두 번째 슬라이스인 a[3:7]도 첫 인덱스 3에서 시작해 인덱스 7 이전까지의 원소로 구성돼 있는 것을 확인할 수 있다.

슬라이스 표현식을 입력하면 그 범위 안에 있는 모든 원소가 반환되는 것이 기본이다. 그런데 넘파이의 슬라이스 표현식에는 스텝을 지정하는 세 번째 인자가 준비돼 있어 원소를 몇 칸씩 건너뛰어 선택할 수 있다. 스텝을 따로 지정하지 않으면 1로 지정돼 있다고 가정한다. 앞의 예제에서 사용한 벡터 a에 대해 스텝을 적용해보자.

```
>>> a[0:8:2]
    array([0, 2, 4, 6])
>>> a[3:7:2]
    array([3, 5])
```

첫 번째 슬라이스는 인덱스 0이 가리키는 배열의 첫 번째 원소에서 시작해 인덱스 8 바로 전까지의 원소를 반환하되 2칸씩 건너뛰면서 반환한다. 두 번째 슬라이스는 인덱스 3부터 시작해 동일한 방식으로 구성된다.

슬라이스 표현식 [x:y:z]에서 x, y, z는 선택 사항이므로 한두 개를 생략하거나 경우에 따라 3개 인수 모두를 생략할 수도 있지만 최소한 콜론 하나는 남겨둬야 한다. 인수 x를 생략하면 첫 번째 인덱스가 지정되고, y가 생략되면 마지막 인덱스가 지정되며, z가 생략되면 1로 지정된다. 다음 예제로 확인해보자.

```
>>> a[:6]
    array([0, 1, 2, 3, 4, 5])
>>> a[6:]
    array([6, 7, 8, 9])
```

첫 번째 예에서는 시작 인덱스가 생략돼 있으므로 기본값인 0이 지정된다. 결과적으로 배열 a의 처음 6개 원소가 반환된다. 두 번째 예에서는 종료 인덱스가 생략돼 있으므로 맨 끝의 인덱스가 지정된다. 결과적으로 인덱스 6에 있는 원소에서 시작해 마지막 원소까지 반환한다. 두 예시 모두 스텝 인수를 생략했으므로 기본값이 1로 지정됐다.

이외에도 배열 슬라이싱에는 여러 가지 편리한 방법이 있다. 다음의 두 가지 예를 살펴보자.

```
>>> a[-1]
   9
>>> a[::-1]
   array([9, 8, 7, 6, 5, 4, 3, 2, 1, 0])
```

첫 번째 예는 파이썬 리스트와 마찬가지로 넘파이 배열에서도 맨 뒤쪽을 기준으로 삼아 뒤에서부터 인덱싱하는 음수 인덱스 사용 방법을 보여준다. 맨 뒤쪽이 기준이므로 인덱스 -1은 항상 맨 마지막 원소를 반환한다.

두 번째 예는 약간의 추가 설명이 필요하다. 배열 a는 0부터 9까지 수로 구성된 벡터다. 이 예에서는 벡터 구성 순서가 반대로 돼 있다. 왜 그렇게 되는지 슬라이싱 표현식 ::-1을 자세히 살펴보자. 배열 슬라이스 표현식에서 인수 3개는 모두 생략할 수 있다는 것을 설명한 바 있다. 첫 번째 인수는 시작 인덱스, 두 번째 인수는 마지막 인덱스, 세 번째 인수는 스텝 크기를 나타낸다. 이 예에서 첫 번째 인수가 생략돼 디폴트로 인덱스 0이 지정된다. 콜론이 나오고 그다음 인수도 생략돼 디폴트로 마지막 인덱스 값이 지정된다. 콜론 하나가 더 나온 다음 스텝 값이 -1로 지정돼 맨 뒤쪽을 기준으로 마지막 인덱스부터 시작 인덱스까지 역순으로 원소를 가져온다. 이 방식으로 역방향 인덱싱을 통해 배열의 원소를 역순으로 가져올 수 있다.

배열 슬라이싱은 다차원 구조에도 잘 적용된다. 다음 예제는 2차원 배열에 대해 슬라이싱을 수행하는 방법을 보여준다.

```
>>> b = np.arange(20).reshape((4,5))
>>> b
   array([[ 0,  1,  2,  3,  4],
          [ 5,  6,  7,  8,  9],
          [10, 11, 12, 13, 14],
          [15, 16, 17, 18, 19]])
```

```
>>> b[1:3,:]
    array([[ 5,  6,  7,  8,  9],
           [10, 11, 12, 13, 14]])
>>> b[2:,2:]
    array([[12, 13, 14],
           [17, 18, 19]])
```

arrange 메서드를 이용해 배열 b를 [0, 19] 범위의 숫자로 구성된 벡터로 정의한 뒤에 reshape 메서드를 이용해 벡터를 4행 5열짜리 행렬로 재구성한다. 메서드 reshape에 들어간 인수는 새로 구성한 배열의 형태를 지정한 튜플 값이다. 배열에는 새로 지정한 형태의 행렬에 필요한 만큼의 원소가 정확히 준비돼 있어야 한다. 벡터에 20개의 원소가 있고 새로운 형태인 4행 5열의 배열을 구성하는 데 20개의 원소가 필요하므로 문제없이 변형할 수 있다.

배열 슬라이싱은 차원별로 적용되므로 두 번째 예에서 b[1:3,:] 명령은 1행과 2행의 모든 열에 있는 원소들을 가져온다. 콤마 다음에 나오는 콜론은 지정된 행에 속한 모든 열 원소를 의미한다.

마지막 예에서 b[2:,2:] 명령은 2행 2열 이후의 모든 행렬 원소를 반환한다. 반환된 행렬은 원래 행렬 b의 오른쪽 아래 모서리에 있는 부분행렬이다.

말 줄임 기호

넘파이에는 슬라이싱의 내용을 줄여 표시하는 방법이 있는데, 슬라이스의 크기가 클 경우 특히 유용하다. 표현 방법과 작동 방식을 알아보자. 먼저 배열 몇 개를 정의하고 시작하자.

```
>>> c = np.arange(27).reshape((3,3,3))
>>> c
```

```
array([[[ 0, 1, 2],
        [ 3, 4, 5],
        [ 6, 7, 8]],
       [[ 9, 10, 11],
        [12, 13, 14],
        [15, 16, 17]],
       [[18, 19, 20],
        [21, 22, 23],
        [24, 25, 26]]])
>>> a = np.ones((3,3))
>>> a
array([[1., 1., 1.],
       [1., 1., 1.],
       [1., 1., 1.]])
```

배열 c는 3차원 배열로 구성돼 있는데, 각 차원별로 3개의 원소가 있다. 먼저 arange 메서드를 이용해 27개의 원소로 구성된 벡터를 만든 다음 앞의 예제에서 사용한 reshape 메서드로 3차원 3행 3열의 행렬 구조를 만든다. 다시 말해 행렬 c는 3 × 3 크기의 이미지가 쌓여있는 형태다. 다음에는 ones 메서드를 사용해서 모든 원소가 1로 설정된 3행 3열의 행렬을 정의한다.

앞서 살펴본 배열 슬라이싱 방법 중 콜론 표기법을 사용해 특정 이미지를 3 × 3 부분배열에 저장할 수 있다. 예를 들어 배열 c의 두 번째 이미지를 배열 a의 값으로 바꿔보자.

```
>>> c[1,:,:] = a
>>> c
array([[[ 0, 1, 2],
        [ 3, 4, 5],
        [ 6, 7, 8]],
       [[ 1, 1, 1],
```

```
             [ 1,  1,  1],
             [ 1,  1,  1]],
            [[18, 19, 20],
             [21, 22, 23],
             [24, 25, 26]]])
```

여기서 넘파이에 내린 명령은 3 × 3 크기인 배열 c의 두 번째 부분배열을 같은 크기인 배열의 내용으로 대체하라는 것이다. 첫 번째 인덱스를 1로 지정했으므로 두 번째 부분배열이 대체할 슬라이스로 선택된다. 배열 c를 출력해보면 두 번째 3 × 3 부분배열의 내용이 모두 1로 바뀌어 있음을 볼 수 있다.

이제 말 줄임 기호 사용법을 살펴보자. 이번에는 배열 c의 첫 번째 3 × 3 부분행렬을 a로 바꿔본다. 지금까지 배운 내용을 바탕으로 c[0,:,:]이라는 표현식을 사용해도 되지만 다음과 같이 말 줄임 기호를 사용해도 된다.

```
>>> c[0,...] = a
>>> c
   array([[[ 1,  1,  1],
           [ 1,  1,  1],
           [ 1,  1,  1]],
          [[ 1,  1,  1],
           [ 1,  1,  1],
           [ 1,  1,  1]],
          [[18, 19, 20],
           [21, 22, 23],
           [24, 25, 26]]])
```

첫 번째 차원의 인덱스를 0으로 고정한 상태에서 두 번째와 세 번째 차원의 모든 인덱스를 선택하고자 c[0,:,:]이라는 표현식 대신 c[0,...]이라는 약식 표현을 사용했다. 이 표현식은 넘파이에게 '첫 번째 차원 이외의 다른 모든 차원에 속한 인덱스를 전부 선택'해 달라고 요청한다. 물론 배열 a의 모양은 남아있는 모든 차원으로 구성된 부분배열의 모양과 일치해야 한다. 표현식에서 첫 번째 차원 이외에 남아 있는 두 개의 차원으로 구성된 부분배열은 2차원 배열이기 때문에 2차원으로 생성된 배열 a와 모양이 동일하다. 말 줄임 기호(...)는 머신러닝 관련한 파이썬 코드에서 자주 등장하기 때문에 사용법을 기억해두는 것이 좋다. 말 줄임 기호를 올바르게 사용하려면 해당 배열이 몇 차원인지 정확히 기억하고 있어야 한다. 이런 이유로 말 줄임 기호를 사용하는 것이 코드의 가독성을 떨어뜨린다는 주장도 있다.

연산자와 브로드캐스팅

넘파이에는 기본적인 수학 연산자 외에도 복잡한 고급 연산을 구현한 메서드와 함수가 많다. 넘파이에는 배열에 연산을 적용하는 방식을 결정하는 브로드캐스팅이라는 개념도 구현돼 있다. 몇 가지 간단한 연산자와 브로드캐스팅 예를 살펴보자.

```
>>> a = np.arange(5)
>>> a
    array([ 0, 1, 2, 3, 4])
>>> c = np.arange(5)[::-1]
>>> c
    array([ 4, 3, 2, 1, 0])
>>> a*3.14
    array([ 0., 3.14, 6.28, 9.42, 12.56])
>>> a*a
    array([ 0, 1, 4, 9, 16])
>>> a*c
    array([0, 3, 4, 3, 0])
>>> a//(c+1)
```

```
array([0, 0, 0, 1, 4])
```

예제에서 변수 a에는 0에서 4까지의 숫자를 벡터로 저장한다. 그리고 변수 c에는 배열 슬라이싱 표현식을 이용해 a의 역순인 4에서 0까지의 숫자를 벡터로 저장한다.

이 상태에서 a에 3.14를 곱하면 a의 각 원소에 3.14가 곱해진다. 넘파이는 스칼라 3.14를 배열 a의 모든 원소에 브로드캐스팅 방식으로 곱한 것이다. 넘파이는 배열 a의 모양이 어떠하든지 같은 방식을 취할 것이다. 즉, 배열에 어떤 스칼라 연산을 수행하면 그 배열의 모양에 무관하게 해당 배열의 모든 원소에 같은 연산을 수행한다.

표현식 a*a는 배열 a를 자기 자신과 곱하는 연산을 의미한다. 이러한 경우 넘파이는 모양이 동일한 두 배열의 곱셈을 수행하는 것으로 간주해 같은 위치의 원소들끼리 곱해주므로 a의 각 원소를 제곱한 결과가 된다. 배열 a에 c를 곱하는 것도 a와 c의 모양이 같기 때문에 이와 동일한 계산 방법이 적용된다.

마지막 예는 브로드캐스팅을 두 번 사용한다. 먼저 스칼라 1이 c의 각 원소에 브로트캐스팅된 후 더해진다. 이 연산은 c의 모양을 변화시키지는 않기 때문에 뒤따라 수행되는 배열 a에 대한 정수 나눗셈 연산 //도 제대로 수행된다. 마지막에 출력된 내용은 a의 각 원소를 c의 각 원소에 1씩 더한 값으로 정수 나눗셈 연산을 수행한 결과를 보여준다.

몇 가지 예를 더 살펴보자. 많은 예제가 있지만 여기서는 개념 정립에 도움이 되는 핵심 예제 위주로 소개한다. 조금 복잡한 형태의 브로드캐스팅 예제다.

```
>>> a
array([0, 1, 2, 3, 4])
>>> b=np.arange(25).reshape((5,5))
```

```
>>> b
    array([[ 0,  1,  2,  3,  4],
           [ 5,  6,  7,  8,  9],
           [10, 11, 12, 13, 14],
           [15, 16, 17, 18, 19],
           [20, 21, 22, 23, 24]])
>>> a*b
    array([[ 0,  1,  4,  9, 16],
           [ 0,  6, 14, 24, 36],
           [ 0, 11, 24, 39, 56],
           [ 0, 16, 34, 54, 76],
           [ 0, 21, 44, 69, 96]])
```

배열 a에는 숫자로 구성된 벡터가 저장된다. 배열 b에는 0부터 24까지의 숫자가 5×5 행렬로 저장된다. 다음으로 a와 b를 곱한다.

이 부분에서 반론을 제기할 수 있다. 모양이 다른 두 배열을 어떻게 곱할 수 있는가? 배열 a에는 5개의 원소가 있고 b에는 25개의 원소가 있다. 여기에 브로드캐스팅의 묘미가 있다. 넘파이는 배열 a가 5개 원소로 구성된 벡터라는 것과 그것이 배열 b에서 각 행의 모양과 일치한다는 것을 감지한 후 b의 각 행마다 a를 곱해 새로운 5×5 행렬을 반환한다. 이러한 종류의 브로드캐스팅은 상당히 편리하다. 이 책에서 사용할 데이터 세트는 주로 2차원의 넘파이 배열에 저장된다. 각 행은 샘플이고 샘플별 입력값이 열에 저장된다.

넘파이는 수학적인 행렬 연산도 제공하는데, 주로 선형 대수에서 사용되는 벡터나 행렬 연산들이다. 예를 들어 살펴보자.

```
>>> x = np.arange(5)
>>> x
    array([0, 1, 2, 3, 4])
>>> np.dot(x,x)
```

30

5개의 원소로 구성된 단순한 벡터인 배열 x를 정의한다. 넘파이의 벡터와 행렬에 관한 주요 곱셈 연산자인 도트 곱셈 연산을 사용해 배열 x를 자기 자신과 곱해준다. 예상한 대로라면 x*x의 결과는 [0, 1, 4, 9, 16]과 같이 각 원소의 제곱 값으로 구성된 새로운 벡터지만 최종 결괏값은 스칼라 30이다. 왜 그럴까? 도트 곱셈 연산은 원소별 곱셈을 수행하도록 구현된 것이 아니라 선형 대수의 행렬 곱을 구현한 것이기 때문이다. 도트 곱셈 연산자의 두 인수가 벡터이므로 벡터끼리 곱하는 형태가 되는데, 이런 경우 도트 곱셈 연산은 벡터의 내적을 구하도록 정의돼 있다. 선형 대수에서 벡터의 내적을 표현하고자 도트 연산을 사용하고 있듯이 넘파이에서도 동일하게 도트 곱셈 연산자라는 함수 이름을 그대로 사용하고 있다. 벡터 간의 도트 곱셈 연산은 두 벡터의 동일한 위치에 있는 원소끼리 곱한 결괏값을 모두 더해주는 것이다. 위 예제에서 넘파이가 dot(x,x)를 계산한 과정은 다음과 같다.

[0, 1, 2, 3, 4] × [0, 1, 2, 3, 4] = [0, 1, 4, 9, 16]; 0 + 1 + 4 + 9 + 16 = 30

도트 곱셈 함수는 두 벡터 사이, 벡터와 행렬 사이, 두 행렬 사이의 곱셈에 사용될 수 있으며 이때 적용되는 연산 규칙은 선형 대수학에서의 계산 방법과 동일하다. 선형 대수의 연산 규칙에 대한 아주 상세한 내용은 이 책의 범위를 벗어나지만 도트 곱셈 함수는 넘파이 기반 머신러닝의 핵심 함수이므로 몇 가지 예제를 통해 계산 과정을 설명한다. 결국 머신러닝의 기본은 벡터와 행렬을 다루는 수학으로 귀결된다.

두 행렬 간에 도트 곱셈 연산을 수행하는 예를 살펴보자.

```
>>> a = np.arange(9).reshape((3,3))
```

```
>>> b = np.arange(9).reshape((3,3))
>>> a
    array([[0, 1, 2],
           [3, 4, 5],
           [6, 7, 8]])
>>> np.dot(a,b)
    array([[ 15, 18, 21],
           [ 42, 54, 66],
           [ 69, 90, 111]])
>>> a*b
    array([[ 0, 1, 4],
           [ 9, 16, 25],
           [36, 49, 64]])
```

배열 a와 b는 둘 다 0부터 9까지의 숫자로 이뤄진 3 × 3 행렬로 정의된다. 다음에 이 두 배열로 도트 곱셈 연산을 수행한다. 끝으로 일반적인 행렬 곱셈 연산을 수행해 도트 곱셈 연산과 비교해본다.

두 연산의 결과는 같지 않다. 첫 번째 연산은 선형 대수의 규칙을 사용해 두 개의 3 × 3 행렬을 곱한다. 즉, 계산 결과 행렬의 첫 번째 원소는 배열 a의 첫 번째 행의 각 원소와 배열 b에서 첫 번째 열의 각 원소를 순서대로 곱한 후 결과를 모두 더한 값이다.

$$[0,\ 3,\ 6] \times [0,\ 1,\ 2] = [0,\ 3,\ 12];\ 0 + 3 + 12 = 15$$

동일한 방법으로 다른 원소들도 계산한다. 단순 곱셈 규칙을 적용해 계산한다면 3 × 3 결과 배열의 첫 원소는 15가 아니라 0 × 0 = 0이 될 것이다.

도트 곱셈 연산의 입력값이 둘 다 행렬이라면 선형 대수학의 행렬 곱 계산 방식을 그대로 따르게 된다. 그러나 둘 중 하나가 벡터고 다른 하나는 행렬이라면 계산이 조금 난해하다. 넘파이는 벡터를 취급할 때 행벡터인지 열벡터인지에 대해 엄격한 기준이 없다. 넘파이는 벡터와 행렬을 곱할 때 선형 대수의 계산 규칙을 정확히 따르지는 않지만 계산의 최종 결괏값은 항상 정확하다.

앞에서 선형 대수 관련 예제를 살펴본 이유는 머신러닝을 공부하다 보면 도트 곱셈 연산이 들어간 코드를 자주 만나기 때문이다. 도트 곱셈의 연산 규칙을 이해하는 것도 중요하지만 입력한 배열의 모양이 연산 과정 중에 어떻게 변하는지 잘 관찰해야 원하는 결과를 얻을 수 있다. 넘파이는 도트 곱셈 연산에 입력되는 배열 모양에 대한 허용치가 커서 주의를 기울이지 않으면 예상치 못한 연산 결과가 나올 수 있기 때문이다.

배열 입력과 출력

디스크에 저장된 파일에서 넘파이 배열을 읽어오거나 넘파이 배열을 파일에 쓰는 기능이 없다면 매우 불편할 것이다. 넘파이 표준 모듈 중 pickle 같은 것을 사용해 파일을 읽고 쓸 수도 있지만 이런 방식은 비효율적이고 소프트웨어 패키지 간의 교환을 어렵게 만드는 단점이 있다. 다행스럽게도 넘파이에는 입출력 함수가 포함돼 있다.

몇 가지 디스크 파일을 사용해 넘파이의 입출력 기능이 어떻게 작동하는지 알아보자. 첫 파일의 이름은 abc.txt이고 내용은 다음과 같다.

```
1 2 3
4 5 6
7 8 9
```

이 파일은 3행으로 구성돼 있고 각 행마다 공백 문자로 구분된 3개의 원소가 있다. 두 번째 파일의 이름은 abc_tab.txt다. 파일의 내용은 동일하지만 원소 사이를 구분하는 문자는 공백 문자가 아니라 탭 문자다. 탭 문자는 파이썬에서 \t로 표기된다. 데이터를 파일로 저장할 때 탭으로 원소들을 구분하는 것은 매우 흔한 일이다. 마지막 파일의 이름은 abc.csv다. 엑셀 같은 스프레드시트 종류의 프로그램에서 자주 사용하며 **콤마로 구분된 값**^{comma separated values}의 형식으로 파일을 저장한다. 이 파일도 역시 abc.txt의 내용과 같지만 구분자만 콤마를 사용한다. 이제 넘파이의 기본적인 입출력 기능을 살펴보자.

```
>>> a = np.loadtxt("abc.txt")
>>> a
   array([[1., 2., 3.],
          [4., 5., 6.],
          [7., 8., 9.]])
>>> a = np.loadtxt("abc_tab.txt")
>>> a
   array([[1., 2., 3.],
          [4., 5., 6.],
          [7., 8., 9.]])
❶ >>> a = np.loadtxt("abc.csv", delimiter=",")
>>> a
   array([[1., 2., 3.],
          [4., 5., 6.],
          [7., 8., 9.]])
❷ >>> np.save("abc.npy", a)
❸ >>> b = np.load("abc.npy")
>>> b
   array([[1., 2., 3.],
          [4., 5., 6.],
          [7., 8., 9.]])
❹ >>> np.savetxt("ABC.txt", b)
   >>> np.savetxt("ABC.csv", b, delimiter=",")
```

처음 세 개의 행에서는 loadtxt 함수를 사용해 텍스트 파일을 읽고 파일에 있는 내용으로 넘파이 배열을 생성한다. 맨 처음에 나오는 두 개의 명령을 보면 loadtxt 함수가 별도의 옵션 없이 공백 문자나 탭 문자로 구분된 내용을 잘 파싱하는 것을 알 수 있다. 텍스트 파일의 행이 행렬의 행으로 옮겨지고 행을 구성하는 값도 배열의 원소로 정확히 옮겨진다.

세 번째 예인 ❶에서는 텍스트 파일 내의 값을 구분하는 구분자가 콤마라는 사실을 명시적으로 지정하고 있다. 넘파이에서 파일 형식이 csv인 파일을 읽을 때는 항상 구분자를 명시해야 한다.

❷에서 넘파이는 배열의 내용을 디스크에 저장하고자 save 함수를 사용한다. 이 함수는 배열 하나를 주어진 파일명으로 디스크에 쓴다. 넘파이는 파일 확장자로 .npy를 사용해 해당 파일이 넘파이 배열을 저장하고 있다는 사실을 알린다. 이 책의 많은 예제에서 .npy 파일을 사용하게 될 것이다.

디스크에 저장된 내용을 배열로 다시 불러올 때는 ❸과 같이 load 함수를 사용한다. 배열로 데이터를 불러올 때 새로운 변수명을 지정해준다는 점에 유의하자. 배열의 원래 이름까지 .npy 파일에 저장되는 것은 아니다.

다른 프로그램이나 다른 사람이 읽을 수 있는 형식으로 배열을 저장해야 할 경우가 있는데, 그때는 ❹와 같이 savetxt 함수를 사용한다. 첫 번째 savetxt에서는 공백 문자로 값을 구분해 저장하고 두 번째 savetxt에서는 콤마를 구분자로 저장한다.

여러 개의 배열을 한꺼번에 디스크에 저장하려면 어떻게 해야 할까? 배열마다 따로따로 파일 한 개씩을 사용해야 할까? 다행히 그 목적에 적합한 savez와 load 함수가 있다.

```
>>> a
array([[1., 2., 3.],
       [4., 5., 6.],
       [7., 8., 9.]])
>>> b
array([[1., 2., 3.],
```

```
            [4., 5., 6.],
            [7., 8., 9.]])
❶ >>> np.savez("arrays.npz", a=a, b=b)
  >>> q = np.load("arrays.npz")
❷ >>> list(q.keys())
    ['a', 'b']
  >>> q['a']
    array([[1., 2., 3.],
           [4., 5., 6.],
           [7., 8., 9.]])
  >>> q['b']
    array([[1., 2., 3.],
           [4., 5., 6.],
           [7., 8., 9.]])
```

예제의 ❶에서 두 개의 배열 a와 b를 하나의 파일 arrays.npz에 저장한다. 파일을 다시 읽을 때는 단일 배열을 읽을 때와 마찬가지로 load 함수를 이용한다. 그러나 이번에는 읽어들인 배열을 저장할 변수 q는 딕셔너리 변수이기 때문에 ❷처럼 키 값을 요청하면 파일로 저장될 때 함께 저장된 배열의 이름이 리스트 형태로 반환된다. 배열 이름을 인덱스로 사용해서 원하는 배열에 접근할 수 있다.

예제에서 savez 함수를 호출한 부분 ❶을 다시 보자. 배열을 명시해서 저장하는 방식을 사용하고 있다. 이와 같이 배열에 키워드 이름을 부여하는 방식을 키워드 접근 방식이라 한다. 나중에 파일을 연 후에 키 값을 요청하면 저장해뒀던 배열의 이름을 반환 받을 수 있다. 키워드 이름 부분을 생략하고 간단히 다음과 같이 쓸 수도 있다.

```
>>> np.savez("arrays.npz", a, b)
```

저장될 배열 이름을 따로 지정하지 않았기 때문에 기본값인 arr_0과 arr_1이
사용된다.

마지막으로 배열의 크기가 매우 큰 경우 내용을 압축해서 저장하는 것이 가능
하다. 앞에서 사용한 savez 함수 대신 savez_compressed 함수를 사용하면 된
다. 함수 savez_compressed는 배열의 내용을 손실 없이 압축해서 파일로 저장
해준다.

압축은 시도할 만한 가치가 있지만 읽기와 쓰기 속도를 저하시킨다. 예를 들어
1,000만 개의 64비트 부동소수점 원소를 갖는 배열을 저장하려면 80,000,000바
이트의 메모리가 필요하다. 함수 savez를 사용해 이 배열을 디스크에 저장하면
80,000,244바이트가 사용되지만 저장 시간은 1초도 걸리지 않는다. 추가된 244
바이트는 딕셔너리 구조를 저장하고자 사용된다. 압축 파일로 디스크에 저장하
면 1~2초 정도 걸리지만 파일 크기는 대폭 줄어 11,960,115바이트밖에 필요하지
않다. 앞의 예제 중 arange 함수를 사용해서 배열을 구성하는 경우 각 원소에
서로 다른 값이 저장되기 때문에 1,000만 개의 0이 저장될 때처럼 큰 비율로
압축되지 않는다. 1,000만 개의 0을 압축하지 않고 저장하면 여전히 80,000,244
바이트를 사용해야 하지만 압축해 저장하면 77,959바이트만 사용하면 된다. 배
열에 중복되는 원소가 많을수록 더 큰 비율로 압축된다.

난수

넘파이는 의사 난수 생성을 광범위하게 지원한다. 컴퓨터는 실제 난수를 발생
시킬 수 있는 알고리듬적인 방법이 없기 때문에 의사 난수 발생기라고 부르는
것이 정확하지만 여기서는 그냥 난수 발생기라고 부르기로 한다. 의사 난수 발생
기에 대한 책으로는 2018년 스프링거에서 출간한 『Random Numbers and
Computers(난수와 컴퓨터)』를 추천한다. 넘파이의 난수 라이브러리는 random이

라는 이름을 갖고 있으며 여러 가지 다양한 분포를 활용해 난수 샘플을 생성할 수 있다. 가장 일반적인 분포는 [0, 1)의 범위를 갖는 균등분포다. 균등분포의 의미는 '해당 범위의 모든 (표현 가능한) 부동소수점 수는 동일한 발생 확률을 갖는다는 것이다. 보통은 이 기능을 가장 많이 사용하지만 가끔 전통적인 종 모양의 곡선을 가진 정규 분포를 사용할 때도 있다. 물리적인 프로세스들은 대부분 이 곡선을 따른다. 넘파이는 정규 분포를 따르는 샘플도 잘 생성해준다.

이 책에서 사용할 난수 함수로는 [0, 1) 사이의 난수를 발생시키는 random. random, 종 모양의 곡선 분포에서 난수를 도출하는 random.normal, 난수 발생기의 초깃값을 지정해 같은 시퀀스의 난수를 반복 사용할 수 있게 해주는 random. seed가 있다. 이런 시퀀스를 난수라고 불러도 좋을지 아니면 초깃값에 관계없이 난수를 만들 수 있어야 진정한 난수가 되는 것인지 등에 관한 논의는 철학자들에게 맡겨두자.

넘파이와 이미지

앞으로 상용할 데이터 세트 중 일부는 이미지 기반이다. 넘파이를 이용해 데이터 세트를 다루는 경우가 많기 때문에 파이썬에서 이미지를 다루는 방법과 넘파이 배열에 이미지를 넣고 꺼내는 방법을 알아둘 필요가 있다. 다행히도 이런 작업은 꽤 간단하다. 이미지 파일을 읽고 쓰려면 넘파이 외에 Pillow 모듈(PIL)이 필요하다. Pillow 모듈은 2장에서 툴킷을 설치할 때 이미 설치한 적이 있다. 샘플 이미지 몇 장은 sklearn 모듈의 일부로 포함된 것을 사용한다.

이미지를 다룰 때는 두 개의 다른 세상을 생각해야 한다. 먼저 넘파이 세상이 있다. 여기서 이미지는 넘파이 배열로 변환된다. 두 번째로 PIL 세상이 있다. 여기서는 이미지를 읽고 쓸 때 JPEG나 PNG 같은 일반적인 그래픽 형식으로 표현한다. 두 세상 간의 구분이 흑백이 갈리듯 항상 명확한 것은 아니다. PIL에서도 이미지 처리가 가능하고 때때로 그렇게 하는 것이 더 편리한 경우도 있다. 그러나 지금 단계에서는 PIL 모듈을 이미지 파일을 읽고 쓰는 데 사용하는 것으로 생각하자.

이미지는 2차원 배열 형태로 구성된 숫자들이다. 컬러 이미지라면 픽셀당 3개 내지 4개의 숫자가 필요하며 각 숫자는 빨간색, 녹색, 파란색, 때로는 알파 채널의 강도를 나타내는 바이트 값이다. 이 책에 나오는 이미지는 1채널짜리 그레이 스케일 형식이거나 3채널짜리 RGB 형식이다. 알파 채널이 나올 경우에는 이를 제거한다. 알파 채널은 픽셀의 투명도를 결정하는 값이다.

먼저 sklearn 패키지에서 제공하는 예제 이미지를 가져와 PIL 이미지로 변환하고 디스크에 저장하거나 화면에 표시하는 방법을 알아보자.

```
❶ >>> from PIL import Image
  >>> from sklearn.datasets import load_sample_images
❷ >>> china = load_sample_images().images[0]
  >>> flower = load_sample_images().images[1]
  >>> china.shape, china.dtype
    ((427, 640, 3), dtype('uint8'))
  >>> flower.shape, flower.dtype
    ((427, 640, 3), dtype('uint8'))
❸ >>> imChina = Image.fromarray(china)
  >>> imFlower = Image.fromarray(flower)
  >>> imChina.show()
  >>> imFlower.show()
❹ >>> imChina.save("china.png")
  >>> imFlower.save("flower.png")
❺ >>> im = Image.open("china.png")
  >>> im.show()
```

❶에서 PIL 패키지와 sklearn 패키지의 샘플 이미지 함수를 가져온다. ❷에서 실제 샘플 이미지를 넘파이 배열로 불러들인다. 이미지 china와 flower는 3차원

배열이므로 RGB 형식의 이미지임을 알 수 있다. 이미지의 크기는 427 × 640 픽셀이다. 세 번째 차원의 값은 3인데, 이것은 빨간색, 녹색, 파란색의 3가지 채널 값이 저장됨을 뜻한다. 이미지가 그레이스케일 형식이었다면 2개의 차원만 필요했을 것이다.

❸에서 fromarray 함수를 이용해 넘파이 배열을 PIL 이미지 객체로 변환한다. 인수로 사용된 넘파이 배열 china와 flower는 이미지로의 변환에 적합한 형식을 갖추고 있어야 한다. 일반적으로 변환할 배열의 데이터 타입은 uint8이어야 한다. PIL 이미지 객체로 변환한 다음에 show 메서드를 사용해 이미지를 볼 수 있다.

이미지를 넘파이 배열이 아닌 실제 그래픽 파일로 디스크에 저장하고자 ❹와 같이 PIL 객체에 save 메서드를 사용한다. 출력 파일의 형식은 파일 확장자에 의해 결정된다. 이 예제에서는 PNG를 사용하고 있다.

디스크에서 이미지 파일을 읽어오려면 ❺와 같이 open 함수를 사용한다. PIL 패키지의 open 함수는 넘파이 배열이 아닌 PIL 이미지 객체를 반환한다.

다음 예제를 통해 PIL 이미지 객체를 넘파이 배열로 바꾸는 방법을 알아보자. 또한 컬러 이미지를 넘파이 배열로 변환하기 전에 그레이스케일 형식으로 변환하는 방법을 알아보자. 이 방법은 책 뒷부분에서 다시 사용한다.

```
    >>> im = Image.open("china.png")
❶ >>> img = np.array(im)
    >>> img.shape, img.dtype
        ((427, 640, 3), dtype('uint8'))
❷ >>> gray = im.convert("L")
    >>> gray.show()
```

먼저 디스크에서 이미지 파일을 읽어 PIL 이미지 객체인 im에 저장한다. 그다음에는 ❶과 같이 array 함수로 이미지 객체를 넘파이에 전달한다. 이 array 함수는 대상 객체가 **PIL** 이미지 객체임을 인지하고 적절한 변환을 거쳐 넘파이 배열에 저장한다.

convert 메서드를 사용해 PIL RGB 이미지를 그레이스케일 이미지로 변환할 수도 있다. ❷에서 PIL은 휘도를 L로 지정해 대상 이미지를 그레이스케일 이미지로 변환한다. 함수 **array**는 그레이스케일 형식으로 변환된 이미지를 넘파이 배열로 변환한다. 변환을 마친 그레이스케일 이미지는 2개의 차원만 갖고 있으며 각 픽셀의 값은 색상 값이 아닌 회색에 대한 음영 값이다.

모듈 **PIL**에는 많은 기능이 구현돼 있다. Pillow 라이브러리의 공식 웹 사이트인 https://pillow.readthedocs.io/en/5.1.x/를 방문해서 **PIL**로 무엇을 할 수 있는지 확인해보는 것도 좋을 것이다.

요약

3장에서는 **sklearn**과 케라스에서 사용되는 기본 툴킷인 넘파이를 다루는 방법을 살펴봤다. 이 내용은 책 뒷부분에 나오는 코드 예제를 이해하는 데 필요한 배경 지식이 된다. 넘파이 사용법은 기초적인 수준이라도 알고 있어야 한다. 3장에서 소개된 예제들이 도움이 될 것이다.

이제 넘파이에 익숙해졌으니 데이터 작업에 뛰어들어보자.

4

데이터 작업

성공적인 머신러닝 모델을 만들 때 가장 중요한 작업은 바로 데이터 세트를 잘 준비하는 것이다. 머신러닝 모델은 데이터 의존도가 높기 때문에 "쓰레기를 입력하면 쓰레기가 나온다."는 경구를 자주 실감하게 된다. 1장에서 봤듯이 어떤 문제를 해결하려면 모델이 먼저 학습 데이터를 사용해 자신을 재구성하는 과정이 필요하다. 학습 데이터가 잘 준비되지 않아서 모델이 실제로 처리할 데이터를 제대로 표현하지 못하는 상태라면 그 모델이 좋은 성능을 낼 것이라는 기대를 하기 어려울 것이다. 4장에서는 모델이 실제로 처리할 데이터를 잘 표현할 수 있도록 데이터 세트를 적절히 준비하는 방법을 살펴본다.

클래스와 레이블

이 책에는 개의 종류, 꽃 타입, 숫자 이미지 등 여러 가지 객체를 유형별로 분류하는 작업이 소개돼 있다. 특정 객체를 입력하면 모델이 알아서 적절한 카테고리나 클래스로 분류해준다. 학습 데이터 세트의 각 입력값에 레이블^{label}이라고 불리는 식별자를 지정해 클래스^{class}를 표현한다. 레이블은 "Border Collie"처럼 문자열로 표현할 때도 있지만 주로 0이나 1 같은 숫자로 표현한다.

모델은 입력값이 무슨 의미인지 이해하지 못한다. 입력값이 보더 콜리를 찍은 사진인지 구글 주식 가격인지 상관하지 않는다. 모델에게 그 값들은 숫자일 뿐이다. 레이블도 마찬가지다. 모델이 레이블의 의미를 모른다는 점은 어떤 형태의 클래스도 레이블로 표현할 수 있다는 장점이 된다. 실제로 클래스 레이블은 보통 0에서 시작하는 정수 값을 취한다. 10개의 클래스가 있다면 클래스 레이블은 0, 1, 2, ..., 9가 될 것이다. 5장에서는 실생활에 존재하는 객체의 이미지를 10개의 클래스로 구분하는 데이터 세트를 다룬다. 표 4-1은 각 클래스를 정수 값에 대응시킨 내용이다.

표 4-1: 정수 0, 1, 2, ...을 이용한 클래스 레이블

레이블	실제 클래스
0	비행기
1	자동차
2	새
3	고양이
4	사슴
5	개
6	개구리
7	말
8	선박
9	트럭

앞의 레이블링 정보를 바탕으로 개의 이미지를 학습 데이터 입력값으로 사용할 때에는 5를 레이블로 지정하고 트럭을 입력값으로 사용할 때에는 9를 레이블로 지정한다. 여기서 레이블 지정의 정확한 의미는 무엇일까? 다음 절에서 머신러닝의 근본 개념인 피처와 피처 벡터를 자세히 살펴보고 레이블의 의미도 알아본다.

피처와 피처 벡터

머신러닝 모델은 피처^{features} 값을 입력으로 받아들인다. 분류 작업의 경우 모델은 레이블을 출력값으로 반환한다. 이 피처 값은 무엇이고 어디에서 오는 것일까?

모델에 입력되는 대부분의 피처 값은 단순히 숫자다. 각 숫자가 나타내는 내용은 주어진 작업이 무엇인가에 따라 달라진다. 꽃의 물리적인 특성을 측정해 꽃의 종류를 식별하려 한다면 측정 결과 값이 피처 값이 된다. 또한 특정 종양이 유방암인지 여부를 판정하고자 의료 샘플의 세포 치수$^{Cell\ Dimension}$를 사용하려 한다면 세포 치수 값이 피처 값이 된다. 이미지의 픽셀(숫자)도 피처 값이 될 수 있고, 소리의 주파수(숫자)도 피처 값이 될 수 있으며, 2주 동안 카메라 트랩에 포착된 여우의 수(숫자)도 피처 값이 될 수 있다.

사실 피처 값은 모델의 입력으로 사용할 수 있는 모든 숫자를 의미한다. 모델 학습의 목표는 입력되는 피처 값과 출력되는 레이블 간의 관계를 배우는 것이다. 모델을 학습시키기 전에 이미 입력 피처 값과 출력 레이블 사이에 어떤 관계가 있다는 사실을 가정하고 있는 것이다. 모델 학습이 실패한다면 둘 사이에 학습할 관계가 없기 때문일 것이다.

모델은 학습 과정에서 피처와 레이블 간의 관계를 파악한 후 클래스 레이블이 알려지지 않은 새로운 피처 벡터를 입력해서 그 벡터에 해당하는 클래스 레이블을 예측해준다. 모델의 예측 성능이 좋지 않다면 학습 과정에서 선택한 피처들이 둘 사이의 관계를 제대로 표현하기에 충분하지 않았다는 뜻이 된다. 좋은 피처를 준비하는 방법을 알아보기 전에 피처 자체를 좀 더 깊이 들여다보자.

피처의 유형

간단히 말해 피처란 측정되거나 알려진 어떤 값을 나타내는 숫자이고, 피처 벡터 features vector는 이러한 숫자들의 집합이다. 모델에 데이터를 입력할 때 피처 벡터의 형태로 입력한다. 다양한 유형의 수를 피처 값으로 사용할 수 있다. 앞으로 살펴보겠지만 각 유형별로 용도가 다르다. 가끔 피처 벡터를 모델에 입력하기 전에 적당한 가공이 필요한 경우도 있다.

부동소수점 수

딥러닝 분야에서 널리 알려진 꽃 데이터 세트를 구축하는 과정이 5장에 소개돼 있다. 이 데이터 세트의 피처 값은 꽃의 꽃받침 너비 및 높이(센티미터 단위)와 같은 실제 측정값이다. 예를 들어 2.33cm 같은 형태의 측정값이 피처 값이 된다. 이러한 유형의 수를 **부동소수점 수**라고 부르는데, 소수점이 있는 실수의 형태다. 대부분의 모델에서 부동소수점 형태를 사용하기 때문에 이 값을 그대로 사용할 기회가 많다. 부동소수점 수는 연속성을 갖기 때문에 서로 다른 두 수 사이에 무수히 많은 수가 존재한다. 이러한 연속성은 두 수 사이를 부드럽게 오가는 것을 가능하게 한다. 나중에 살펴볼 모델 중 일부는 연속적인 값을 입력으로 받는다.

간격 값

부동소수점 수가 모든 모델에 적용될 수 있는 것은 아니다. 꽃잎의 개수는 9, 10, 11 등 정수 값이어야 하며 10.14와 같이 실수로 표현할 수는 없다. 개수를 나타내는 데 사용하는 수는 정수로서 소수 부분이나 소수점이 없다. 또한 부동 소수점 수와 달리 연속적이지 않으며 값 사이에 간격이 있다. 대부분의 모델은 실수를 입력 데이터로 받아들이지만 정수도 실수에 포함되므로 실수형 모델을 그대로 사용할 수 있다.

꽃잎 예제에서 꽃잎의 개수 9, 10, 11 간의 차이는 분명하다. 11은 10보다 크고 10은 9보다 크다. 여기서 11이 10보다 크다고 할 때 간격은 10이 9보다 큰 간격과 같다. 이 숫자들 간의 간격은 모두 동일하게 1이다. 이 값을 간격 값^{interval} ^{value}이라고 한다.

간격 값의 대표적인 예로 이미지를 구성하는 픽셀 값이 있다. 픽셀은 측정 장치가 측정한 값(대부분 선형 값)을 물리적인 간격으로 표현한다. 카메라가 측정한 값은 가시광선의 강도나 색상으로 변환된다. MRI 장비가 측정한 값은 세포 조직의 자유수$^{Free\ Water}$에 존재하는 수소 양성자의 개수로 변환된다. 요점은 값 x가 값 y 이전에 나오는 숫자이고 값 z는 값 y 이후에 나오는 숫자라면 x와 y의 차이는 y와 z의 차이와 같다는 것이다.

서수

값 사이의 간격이 동일하지 않은 경우도 있다. 예를 들어 대출 불이행 여부를 판정하기 위한 모델은 대상 고객의 교육 수준을 판정에 사용할 데이터로 포함시킬 수 있다. 고객의 교육 수준을 학교를 다닌 햇수를 기준으로 계산한다면 이 방식은 모든 단계의 교육에 적용되므로 안전한 방법이라고 할 수 있다. 학교에 10년 다닌 고객과 8년 다닌 고객의 차이는 8년 다닌 고객과 6년 다닌 고객의 차이와 같다고 볼 수 있다. 그러나 고등학교 졸업자는 1로, 대학교 졸업자는 2로, 박사 학위 및 기타 전문 학위 소지자는 3으로 표현한다면 이런 간격 개념을 그대로 적용하기 어렵다. 3 > 2 > 1의 순서는 유지되지만 모델에서 의미를 두는지의 여부와는 상관없이 3과 2 사이의 간격과 2와 1 사이의 간격은 같지 않다.

이렇게 데이터의 순서를 표현하는 피처 값을 서수^{ordinal}라고 한다. 서수 사이의 간격 값은 일정하지 않을 수 있다.

범주 값

숫자를 코드로 사용하는 경우도 있다. 예를 들어 성별을 표시하고자 1은 여성, 0은 남성을 나타내게 지정할 수 있다. 이 경우 1은 0보다 작거나 크다고 말할 수 없으므로 간격 값이나 서수는 아니다. 이런 종류의 값을 **범주 값**$^{categorical\ values}$이라 한다. 이 값은 어떤 범위를 표현하지만 범주 간의 관계에 대해서는 어떠한 정보도 포함하지 않는다.

꽃 분류 작업 등에서 자주 등장하는 주제로 색상에 따른 분류가 있다. 빨간색은 0, 녹색은 1, 파란색은 2로 지정할 수 있다. 이 경우 0, 1, 2 사이에는 어떠한 관계도 없다. 범주 값을 모델 입력값으로 사용할 수 없다는 얘기는 아니지만 다른 유형의 값과 동일한 방식으로 사용할 수는 없다. 대부분의 머신러닝 모델은 모델로 입력되는 데이터가 간격 값이 아니라면 최소한 서수일 것이라고 기대하기 때문이다.

범주 값을 서수 형태로 변환시키는 방법을 알아보자. 성별을 표시하는 예에서 1은 여성, 0은 남성으로 지정하는 대신 2 원소로 구성된 벡터를 만들어서 각 원소별로 성별을 지정할 수 있다. 벡터의 첫 번째 원소는 입력값이 남성인지 여부를 표시해준다. 이 원소가 0이면 남성이 아니고 1이면 남성이다. 두 번째 원소는 입력값이 여성인지 여부를 표시해준다. 표 4-2는 범주 값을 2진 벡터로 매핑한 내용을 보여준다.

표 4-2: 범주 값을 벡터로 표현하기

범주 값		벡터 표현
0	→	1 0
1	→	0 1

이제 남성인지 여부를 나타내는 피처 값이 0인 경우 이 값은 1보다 작다고 말할 수 있기 때문에 서수의 정의에 부합한다. 이 방식을 사용하려면 범주 값 각각에 대해 피처 하나씩을 따로 지정해야 하기 때문에 피처 벡터에 들어갈 피처의 개수가 늘어난다는 단점이 있다. 예를 들어 5가지 색상의 경우 5개의 원소로 구성된 벡터가 필요하다. 5천 개의 색상을 표현하려면 5천 개의 원소로 구성된 벡터가 필요하다.

이 방식을 사용하려면 각 범주가 상호 배타적이어야 한다. 즉, 각 행에 1 값이 한 번씩만 나타나야 한다. 각 행에 0이 아닌 값이 한 번만 올 수 있기 때문에 이 방식을 원핫 인코딩One-hot encoding이라고 한다.

피처 선택과 차원의 저주

이 절에서는 피처 선택에 대한 내용으로 피처 벡터에 포함시킬 피처를 선택하는 과정과 불필요한 피처를 배제시켜야 하는 이유를 알아본다. 피처 벡터는 데이터의 양태를 잘 표현할 수 있는 피처만을 선별적으로 포함해야 한다는 경험에 근거한 신뢰할 만한 법칙이 있다. 모델이 학습 데이터에 없었던 새로운 데이터를 만나도 일관된 성능을 보이도록 구현하려면 이 법칙을 따르는 것이 좋다.

즉, 피처는 모델이 클래스를 잘 구분할 수 있게 도와주는 데이터의 양태를 효과적으로 표현하는 것이라야 한다. 최선의 피처 집합은 대상 데이터 세트에 따라 항상 다르고 미리 알 수 없기 때문에 더 이상의 묘사는 불가능하다. 그러나 일반적인 데이터 세트에 적용할 수 있는 유용한 피처 집합을 고르는 방법을 설명하는 것조차 불가능하다는 뜻은 아니다.

머신러닝의 다른 많은 요소처럼 피처 선택에도 트레이드오프trade-off가 있다. 데이터의 모든 양태를 담고자 연관된 모든 피처를 선택해 모델을 학습시킬 수 있지만 너무 많은 피처를 선택하면 차원의 저주에 빠지게 된다.

상세한 설명을 위해 다음 예를 살펴보자. 어떤 피처가 선택됐고 그 값은 모두 [0, 1)의 범위에 있다고 가정하자. 앞뒤 괄호가 다른 것은 의도적으로 그렇게 한 것이다. 간격 표기법으로 범위를 표현한 것으로, 왼쪽 중괄호는 경곗값이 포함됨을 의미하고 오른쪽 소괄호는 경곗값을 포함하지 않음을 의미한다. 여기서 피처 값으로 0은 사용할 수 있지만 1은 사용할 수 없다. 피처 벡터의 형태는 2차원이나 3차원 배열로 가정한다. 각 피처 벡터는 2차원이나 3차원 공간에 점으로 표시할 수 있다. 벡터의 각 원소는 [0, 1)의 범위 안에서 균등분포를 따르는 난수의 형태다. 이제 2차원이나 3차원의 피처 벡터를 선택함으로써 데이터 세트를 시뮬레이션할 수 있다.

샘플 데이터의 크기를 100으로 설정해보자. 2개의 피처를 선택한다면, 즉 2차원의 피처 공간을 고려한다면 무작위로 선택된 100개의 2차원 벡터가 그림 4-1의 위쪽 그림처럼 표현된다. 3개의 피처를 선택한다면, 즉 3차원의 공간을 고려한다면 100개의 피처가 그림 4-1의 아래쪽 그림처럼 표현된다.

피처 벡터는 2차원이나 3차원 공간상의 어느 위치에서도 가져올 수 있다고 가정하고 있기 때문에 가능한 한 많은 샘플을 선택해 데이터 세트를 구성함으로써 대상 공간을 잘 표현할 수 있게 한다. 각 축을 10개의 동일한 섹션으로 나누어 100개의 점이 공간을 얼마나 잘 채우고 있는지 측정할 수 있다. 이 섹션들을 빈bin이라고 부른다. 2차원 공간에는 두 개의 축이 있으므로 빈은 $10 \times 10 = 100$개, 3차원 공간에는 $10 \times 10 \times 10 = 1,000$개의 빈이 있다. 이제 최소한 한 개의 점이라도 갖고 있는 빈의 개수를 빈의 총 개수로 나누면 점유된 빈의 비율을 구할 수 있다.

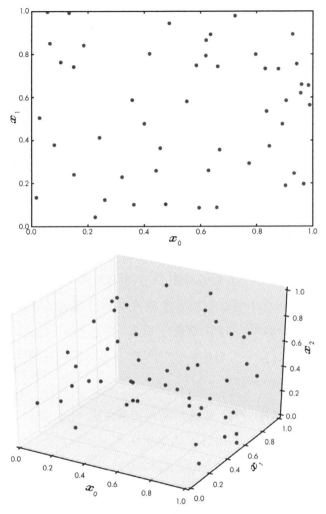

그림 4-1: 무작위로 추출한 100개의 샘플을 2차원(위쪽)과 3차원(아래쪽) 공간에 표시한 모습

계산 결과 2차원 공간에 0.410(최대 1.0), 3차원 공간에 0.048이 나왔다고 하자. 이는 100개의 샘플이 2차원 피처 공간의 약 절반을 샘플링했다는 뜻이다. 나쁘지 않다. 그러나 3차원 피처 공간에서는 100개 샘플이 전체 공간의 약 5%만 샘플링했다는 뜻이 된다. 3차원 공간을 2차원 공간과 같은 비율로 표현하려면 현재 확보한 벡터보다 10배 많은 1,000개의 피처 벡터를 샘플링해야 한다. 차원

이 증가함에 따라 같은 규칙이 적용된다. 4차원 피처 공간에는 10,000개의 샘플이 필요하고, 10차원 피처 공간에는 10,000,000,000개의 샘플이 필요하다. 피처의 수가 증가함에 따라 가능한 피처 공간을 제대로 대표하는 샘플을 확보하는 데 필요한 학습 데이터의 양이 10^d만큼씩 크게 증가한다. 여기서 d는 차원의 개수를 의미한다. 이것이 바로 차원의 저주다. 차원의 저주는 수십 년간 머신러닝 분야의 난제로 자리잡아왔다. 다행히 딥러닝 기술을 사용해 이 문제를 해결할 수 있게 됐지만 6장에 등장하는 것과 같은 고전 모델을 다룰 때는 여전히 조심해야 할 부분이다.

예를 들어 컴퓨터에서 사용하는 컬러 이미지는 보통 한 축당 1,024 픽셀의 크기를 갖는데, 여기서 각 픽셀은 빨간색, 녹색, 파란색의 혼합으로 컬러를 표현하고자 3바이트가 필요하다. 이 이미지를 모델 입력으로 사용하려면 d = 1024 × 1024 × 3 = 3,145,728개의 원소로 이뤄진 피처 벡터가 필요하다. 이 피처 공간을 적절히 표현하려면 $10^{3,145,728}$개의 샘플이 필요하다는 뜻이 된다. 당연히 이것은 불가능한 얘기다. 12장에서 컨볼루션convolution 신경망을 이용해 이 저주를 극복하는 방법을 살펴볼 것이다.

지금까지 클래스, 피처, 피처 벡터를 알아봤으므로 이제 좋은 데이터 세트를 확보한다는 것이 무엇을 의미하는지 살펴보자.

좋은 데이터 세트의 특징

머신러닝에서 가장 중요한 것은 데이터 세트다. 모델은 데이터 세트에서 생성되기 때문이다. 모델에는 파라미터가 있는데, 신경망의 가중치, 편향, 나이브 베이즈Naïve Bayes 모델에서 각 피처가 나타날 확률 또는 최근접 이웃 알고리듬에 사용된 학습 데이터 자체와 같은 것들이다. 파라미터는 모델 자체의 정보를 인코딩한 값이며 학습 데이터에 학습 알고리듬을 적용함으로써 값이 결정된다.

조금 늦었지만 이 책에서 사용할 데이터 세트라는 용어를 확실히 정의하고 넘어가자. 직관적으로는 이해가 가지만 좀 더 과학적으로 정의해보자면 데이터 세트는 {X, Y} 쌍으로 이뤄진 값의 집합이다. 여기서 X는 모델의 입력값이고 Y는 레이블이다. X는 꽃의 일부 조직에 대한 길이나 너비와 같이 계측해 얻은 값이나 그 값들을 묶어놓은 것이고, Y는 모델에게 가르쳐 주려고 하는 내용으로서 주어진 데이터를 보고 알아맞히게 될 꽃의 종류나 동물의 종류 등을 말한다.

지도학습Supervised Learning의 경우 사람이 선생님의 역할을 담당하고 모델은 학생의 역할을 맡는다. 어린아이에게 그림책을 보여주면서 "이건 고양이야", "이건 개야"하고 가르치는 것처럼 여기서도 끊임없이 예제를 보여주는 방식으로 학생을 가르친다. 여기서 데이터 세트는 예제를 모아놓은 집합체며 학습은 모델이 이해할 때까지 예제를 반복적으로 보여주는 행위다. 모델이 학습 내용을 이해한다는 것은 모델의 파라미터가 결정되고 조정돼 대상 데이터 세트의 값과 모델이 예측하는 값의 차이가 최소화되는 상태를 말한다. 이것이 바로 머신러닝의 학습 과정이다.

내삽법과 외삽법

내삽법Interpolation은 알려진 범위 내에서 특정 값을 추정하는 방법이고 외삽법extrapolation은 데이터를 사용해 알려진 범위 밖에 있는 값을 추정하는 방법이다. 일반적으로 모델은 내삽법을 사용할 경우 더 정확한 예측 성능을 보이는데, 예측할 값의 범위를 포괄적으로 표현한 데이터 세트를 이미 갖고 있기 때문이다.

예를 들어 표 4-3에는 1910년부터 1960년까지의 세계 인구 추이가 10억 명 단위로 표시돼 있다. 알려진 범위인 1910년부터 1960년까지 기간 동안 매 10년 단위로 데이터가 집계돼 있다.

표 4-3: 10년 단위 세계 인구 추이

연도	인구(십억 명)
1910	1.750
1920	1.860
1930	2.070
1940	2.300
1950	2.557
1960	3.042

데이터를 잘 표현할 수 있는 '가장 적합한' 선을 찾으면 이를 모델로 값을 예측할 수 있다. 이런 방법을 선형 회귀$^{linear\ regression}$라고 부르는데, 이 방법을 사용하면 원하는 연도의 인구수를 추정할 수 있다. 실제 적합화 과정은 온라인 도구를 사용하면 쉽게 확인할 수 있는 내용이므로 모델을 살펴보자.

$$p = 0.02509y - 46.28$$

위 모델을 사용해 임의의 연도 y에 대한 인구수 p를 추정해볼 수 있다. 1952년의 인구수는 얼마였을까? 표에는 1952년의 실제 데이터가 없지만 모델을 사용해 다음과 같이 추정할 수 있다.

$$p = 0.02509(1952) - 46.28 = 2.696(단위: 십 억)$$

1952년의 세계 인구 통계 데이터를 검색해보면 26억3천7백만 명으로 집계돼 있다. 위의 모델에 의한 추정치 26억9천6백만 명과의 차이는 6천만 명 정도 오차가 있다. 모델 성능이 매우 좋다는 것을 알 수 있다.

모델을 사용해 1952년의 세계 인구를 추정하는 과정이 바로 내삽법이다. 이미 갖고 있던 데이터 범위 내에 속한 값을 모델을 사용해 추정했고 좋은 결과를 얻었다. 이와 달리 외삽법은 데이터 범위 밖에 존재하는 알려지지 않은 값을 측정하는 방법이다.

모델을 만드는 데 사용한 데이터의 상한치로부터 40년 이후가 되는 2000년의 세계 인구를 추정해보자.

$$p = 0.02509(2000) - 46.28 = 3.900(단위: 십 억)$$

모델에 의한 추정치는 약 39억 명이지만 2000년도 실제 세계 인구를 검색해보면 60억8천9백만 명으로 집계돼 있다. 모델의 추정치가 20억 명을 틀리게 추정하고 있다. 입력값으로 적절치 않은 수치를 모델에 적용한 결과다. 입력값의 범위를 모델이 학습할 때 사용한 데이터의 범위인 1910년에서 1960년 사이의 값으로 한정했다면 훨씬 정확하게 추정했을 것이다. 하지만 모델이 학습한 범위를 넘어서면 습득하지 못한 지식을 가정하는 셈이 되므로 좋지 않은 결과가 나온다.

내삽법을 사용해 모델 추정을 수행할 경우 학습 단계에서 본 예제들과 비슷한 예제들을 만나게 된다. 외삽법을 사용해 학습했던 범위 밖에 있는 다른 데이터를 추정할 경우보다 내삽법에서 만나게 되는 이 예제들에 대한 예측이 당연히 더 정확하다.

분류 작업에 사용될 모델을 구축하려면 포괄적인 학습 데이터를 확보하는 것이 매우 중요하다. 개의 종류를 식별하는 모델을 학습한다고 가정해보자. 데이터 세트 내에 그림 4-2 왼쪽의 사진처럼 전통적인 흑백 무늬 보더 콜리 종의 사진이 수백 장 준비돼 있다고 가정하자. 학습 단계를 거친 후에 모델에 전통적인 보더 콜리 사진을 보여주면 '보더 콜리'라는 올바른 레이블을 얻을 수 있을 것이다. 이 과정은 모델로 내삽법을 수행한 것과 유사하다. 학습 데이터에는 '보더 콜리'로 레이블된 전통적인 보더 콜리에 대한 이미지가 많이 포함돼 있으므로 학습 단계에서 이 데이터를 보면서 학습한 모델은 전에 본 적이 있는 어떤 것에 대해 식별 작업을 수행하는 셈이기 때문이다.

그림 4-2: 전통적인 무늬가 있는 보더 콜리(왼쪽), 적갈색 무늬가 있는 보더 콜리(가운데), 오스트레일리언 셰퍼드(오른쪽)

그러나 모든 보더 콜리가 전통적인 보더 콜리 무늬를 가진 것은 아니다. 어떤 종류는 그림 4-2의 가운데 사진처럼 적갈색 무늬를 갖기도 한다. 이런 종류의 이미지는 학습 데이터 세트에 포함시키지 않았기 때문에 모델은 학습을 통해 알게 된 클래스 정보만으로 학습 데이터의 범위에 포함되지 않은 새로운 이미지를 정확히 레이블링해야 한다. 모델은 그림 4-2의 오른쪽에 나오는 보더 콜리와 비슷한 품종인 '오스트레일리언 셰퍼드'라는 틀린 결과를 산출할지도 모른다.

여기서 데이터 세트를 구성할 때 주의해야 할 한 가지는 학습 데이터의 범위를 벗어나는 데이터에 대해 레이블링을 수행해야 할 경우를 대비해 모델이 처리할 클래스들을 예측하고 각 클래스별 샘플들을 포괄적으로 데이터 세트에 포함시켜야 한다는 것이다.

모분포

데이터 세트는 모델링하고자 하는 대상 클래스를 대표한다. 이 말은 모델링에 사용되는 데이터가 **모분포**parent distribution를 가진다는 말로 해석될 수 있다. 모분포는 데이터 세트를 만들 때 사용한 데이터 생성기라고 볼 수 있는데, 이 생성기의 구성은 알 수 없다.

철학에서 유사한 개념을 찾아보자. 고대 그리스의 철학자 플라톤은 이데아(이상)라는 개념을 사용했다. 이데아 이론에 따르면 저기 어딘가에 이상적인 의자가 있고 이곳에 존재하는 모든 의자는 그 이상적인 의자를 모방한 것이다. 데이터 세트, 복사, 모분포, 이상적인 생성기 등 여기에 나오는 개념 간의 관계는 플라톤의 이데아 이론으로 이해하면 쉽다. 데이터 세트는 최대한 이데아와 비슷하게 만들어야 한다.

데이터 세트는 속을 들여다 볼 수 없는 어떤 프로세스를 통해 생성된 샘플이라고 볼 수 있다. 이 프로세스에 대해 알 수 있는 것은 모분포에 따라 데이터를 생성한다는 것뿐이다. 이것이 생성하는 데이터의 타입(피처 값과 그 범위)은 미지의 통계적 규칙에 따라 생성된다. 예를 들어 주사위를 던질 때 각 면의 값은 결국에는 동일한 확률을 갖는다. 이런 분포를 균등 모분포라고 부른다. 주사위를 계속 던져 각 면이 나오는 횟수를 막대그래프로 표시해보면 각 막대기들이 수평선을 만들게 될 것이다. 이는 각 면이 동일한 확률로 나오기 때문이다. 성인의 키를 측정한다면 전혀 다른 분포를 보게 될 것이다. 키의 분포는 두 개의 언덕을 갖게 되는데, 하나는 남성 키의 평균 근처에 형성되고 다른 하나는 여성 키의 평균 근처에 형성된다.

이런 전체적인 모양을 생성하는 것이 바로 모분포다. 학습 데이터, 테스트 데이터, 판정을 위해 모델로 보낼 데이터는 모두 동일한 모분포에서 나온 것이어야 한다. 당연한 얘기지만 모델은 근본적으로 이 가정에 근거해 작동된다. 그러나 개념을 혼동해 특정 모분포에서 데이터를 가져다가 학습에 사용하고 테스팅이나 예측에는 전혀 다른 분포에서 가져온 데이터를 사용하는 경우가 종종 있다(특정 모분포를 학습한 뒤 다른 분포의 데이터를 판정하는 기술은 현재 활발한 연구 주제이긴 하다. '도메인 적응Domain adaptation'을 키워드로 검색해보면 관련 정보를 찾아볼 수 있다).

사전 클래스 확률

사전 클래스 확률^{Prior Class probability}은 데이터 세트의 각 클래스가 실제 환경에서 나타날 확률이다.

일반적으로 데이터 세트는 클래스별 사전 확률에 부합하게 만들어져야 한다. 클래스 A는 85%의 확률로 나타나는 반면 클래스 B는 15%만 나타난다면 학습 데이터 세트의 데이터들도 클래스 A에 속한 것들은 85%의 확률로 나타나고 클래스 B에 속한 것들은 15%만 나타나도록 구성해야 한다.

예외인 경우도 있다. 모델을 학습시키고자 하는 클래스 중 하나가 매우 드물게 나타나는 클래스인 경우라서 10,000개의 입력을 받으면 그중 하나 정도만 나오는 경우가 있다고 하자. 실질적인 사전 확률의 원칙을 충실히 따르면서 데이터 세트를 만든다면 모델은 드물게 나타나는 클래스의 샘플을 충분히 보지 못하기 때문에 결과적으로 그 클래스에 대해 제대로 학습할 수 없다. 더욱이 그 드문 클래스가 분류 작업을 실행할 때 가장 관심 있게 식별하고 싶은 클래스라면 문제가 심각해진다.

예를 들어 네 잎 클로버를 찾아내는 로봇을 만든다고 가정해보자. 모델에 입력되는 데이터는 모두 클로버 데이터라고 한정한다. 입력된 클로버가 세 잎인지 네 잎인지만 알아내면 된다. 5,000개의 클로버 중 1개 정도가 네 잎 클로버라는 사실이 알려져 있다. 네 잎 클로버 데이터 하나에 세 잎 클로버 데이터 5,000개를 섞어 데이터 세트를 구축하면 될 것 같지만 학습을 완료한 모델은 어떤 클로버가 입력돼도 무조건 세 잎 클로버라고 답할 것이고 그 답은 평균 4,999/5,000의 정확성을 가진 답이 될 것이다. 대단히 정확한 모델이지만 정작 찾아내고 싶은 것을 찾지 못하는 쓸모없는 모델이 된다.

다른 방안으로 세 잎과 네 잎 클로버의 비율을 10:1로 맞추는 방법도 생각해볼 수 있다. 또는 모델을 학습시킬 때 학습 초기 단계에는 동일한 개수의 세 잎과 네 잎 클로버로 일정 시간 학습하고 나중에 점점 실제 사전 확률에 가까운 비율로 맞춰가는 방법도 있다. 이 방법은 모든 분야의 머신러닝 모델에 적용할 수 있는 것은 아니지만 신경망 분야에는 잘 맞는다. 이 방법이 왜 잘 작동하는지는 아직 완전히 밝혀지지 않았지만 직관적으로 유추해보자면 모델이 처음에는 세 잎과 네 잎 클로버 간의 시각적 차이에 대해 학습한 뒤 나중에 네 잎 클로버가 출현할 실제적인 우도를 학습하게 되고 이 두 학습 내용을 혼합해 실제 사전 확률에 가깝게 적응한다고 볼 수 있다.

현실적으로 이 방식이 사용되는 이유는 성능이 더 좋은 모델을 만들 수 있기 때문이다. 머신러닝의 많은 분야, 특히 딥러닝 분야에서는 경험에 근거한 방식과 기술들이 이론 연구보다 앞서 시도되는 사례가 자주 있다. 특정 방식이 잘 작동하는 이유에 대해 궁극적으로 만족스러운 해답을 제시하지 못하더라도 잘 작동하기만 하면 타당한 것으로 받아들여진다.

불균등한 데이터로 어떻게 작업할 것인가에 대한 연구는 아직도 활발히 진행 중이다. 때로는 클래스의 비율을 균등하게 맞춰 시작하기도 하고, 5장의 내용처럼 데이터 증폭 방식으로 개수가 모자라는 클래스의 샘플 개수를 강제로 늘려주기도 한다.

컨퓨저

앞서 설명했듯이 데이터 세트를 구축할 때는 학습하고자 하는 각 클래스별 특징을 잘 반영할 수 있도록 모든 영역에서 고르게 데이터 샘플을 가져와야 한다. 당연한 얘기다. 그러나 때로는 하나 이상의 클래스에 부합하는 특징을 보이면서도 실제로는 그 클래스에 포함되지 않는 학습 샘플을 데이터 세트에 포함시키는 것이 특별히 중요한 경우도 있다.

두 가지 모델을 생각해보자. 첫 번째 모델은 개의 이미지와 고양이의 이미지 차이를 학습한다. 두 번째 모델은 개의 이미지와 개가 아닌 것의 이미지 차이를 학습한다. 첫 번째 모델은 쉽게 학습된다. 입력 데이터가 개 아니면 고양이로 한정되기 때문에 모델은 개의 이미지와 고양이의 이미지만 학습하면 된다. 두 번째 모델은 학습이 어렵다. 학습을 위해 개의 이미지가 필요한 것은 맞다. 그런데 개가 아닌 것의 이미지로는 어떤 것들을 준비해야 할까? 앞서 설명한 내용을 감안하면 모델이 실제로 운용 환경에서 보게 될 이미지 공간 전체를 충분히 묘사할 수 있도록 다양한 이미지를 준비해야 한다는 사실을 직감할 수 있다.

한 단계 더 깊이 생각해보자. 개와 개가 아닌 것의 차이를 판단해야 하므로 늑대도 개가 아닌 학습 데이터로 포함시켜야 한다. 그렇게 하지 않으면 모델은 늑대에 대해 제대로 학습하지 못하게 돼 실제로 늑대의 이미지가 입력되면 개라고 잘못 분류할 것이다. 펭귄이나 당근의 사진만 수백 장 모아서 개가 아닌 것에 해당하는 데이터 세트를 구성한다면 늑대는 당연히 개라고 판정하지 않겠는가?

일반적으로 데이터 세트에는 컨퓨저Confuser나 하드 네거티브hard negative 샘플을 반드시 포함시킨다. 컨퓨저나 하드 네거티브 샘플은 얼핏 다른 클래스에 소속된 것처럼 보이지만 실제로는 그 클래스에 속하지 않은 샘플이다. 컨퓨저는 모델이 특정 클래스의 특징을 정확하게 학습할 수 있게 도와준다. 하드 네거티브 샘플은 개와 개가 아닌 것을 구분할 때처럼 어떤 사물과 다른 모든 것을 구분할 때 특히 유용하다.

데이터 세트의 크기

지금까지는 어떤 종류의 데이터가 데이터 세트에 포함돼야 하는지만 살펴봤고 얼마나 많은 양의 데이터가 필요한가에 대한 고민은 없었다. 전부 다 갖고 있으면 좋겠다고 생각할 수도 있다. 샘플을 많이 사용할수록 더 정확한 모델을 얻을 수 있다. 그러나 모든 데이터를 확보하는 것은 대부분의 경우 불가능하다.

데이터 세트의 크기를 선택하는 작업은 모델의 정확성과 데이터를 확보하는 데 필요한 시간과 에너지 사이의 트레이드오프를 고민하는 과정이다. 데이터 확보는 비용이 많이 발생하거나 시간이 많이 걸린다. 때로는 앞의 클로버 예제처럼 데이터 세트를 구성하는 핵심 클래스가 매우 드물어서 아예 구하기 어려운 경우도 있다. 일반적으로 레이블이 달린 데이터는 비싸기도 하고 확보하는 데 시간이 많이 걸리기 때문에 데이터 세트를 구축하기 전에 얼마나 많은 양을 확보할지 생각해봐야 한다.

불행히도 얼마나 많은 데이터가 모여야 충분한지에 대한 답을 줄 수 있는 공식은 나와 있지 않다. 특정한 양 이상의 데이터가 모이면 추가 데이터로 얻을 수 있는 수익이 감소한다. 샘플의 개수가 100개에서 1,000개로 늘어나면 모델의 정확도가 크게 향상될 수 있지만 샘플 개수를 1,000개에서 10,000개로 늘이더라도 같은 양만큼 정확도가 향상되지는 않는다. 9,000개의 추가된 학습용 데이터를 확보하는 데 들어간 노력과 비용이 원하는 만큼의 정확도 향상을 가져왔는지 검토해야 한다.

모델 자체에 대한 검토도 필요하다. 모델의 용량은 얼마나 복잡한 일을 처리할 수 있는지의 척도가 되는 복잡도를 결정한다. 복잡도는 사용할 수 있는 학습 데이터의 양과 관련이 있다. 모델 용량은 파라미터의 개수와 직접 연관돼 있다. 많은 파라미터를 가진 큰 모델은 파라미터 값을 제대로 설정하고자 많은 양의 학습 데이터가 필요하다. 보통 모델의 파라미터보다 더 많은 학습 데이터를 확보하는 것이 당연하다고 생각할 수도 있지만 딥러닝 분야에서는 파라미터보다 더 적은 양의 학습 데이터로도 좋은 모델을 만들 수 있다. 예를 들어 건물과 오렌지를 구분할 때처럼 대상 클래스들이 서로 매우 달라서 차이를 구분하기가 쉬운 경우 모델도 역시 그 차이를 쉽게 학습할 것이기 때문에 적은 양의 학습 데이터만 있어도 모델 학습이 가능하다. 반면 늑대와 허스키(동시베리아에서 유래된 중형 견)를 구분하려면 더 많은 데이터가 필요할 것이다. 5장에서 학습 데이터가 많지 않은 경우 사용할 수 있는 몇 가지 대안을 설명한다. 그러나 이런 방법들로는 단순히 더 많은 데이터를 확보해 학습하는 것만큼의 결과를 낼 수는 없다.

얼마나 많은 데이터가 필요한지에 대한 유일한 정답은 '전부 다'이다. 그러나 비용, 시간, 희귀도 등 제약 조건이 많으므로 가능한 한 많이 확보하는 것이 실질적인 답이 될 것이다.

데이터 준비

실제 데이터 세트의 구축 단계로 넘어가기 전에 데이터 세트를 모델에 공급할 때 발생할 수 있는 두 가지 상황, 즉 피처의 범위를 조정할 필요가 있는 상황과 피처 값이 누락돼 조치가 필요한 상황을 살펴본다.

피처의 범위 조정

서로 다른 피처 집합에서 추출해 만든 피처 벡터는 다양한 범위를 가질 수 있다. 어떤 피처는 -1,000에서 1,000까지의 광범위한 값을 가질 수 있고 다른 피처는 0에서 1 사이의 범위로 제한될 수 있다. 이런 피처가 혼재된 경우 하나의 피처가 다른 피처를 지배하기 때문에 모델이 제대로 작동하지 않는 경우도 있다. 또한 피처 값의 평균이 0에 근접할 경우 가장 만족스러운 성능을 내는 모델도 있다.

피처 값의 범위를 조정함으로써 이런 문제를 해결할 수 있다. 일단 피처 벡터 내의 피처 값이 연속 값이라고 가정해보자. 이제 15개의 샘플로 구성된 예제 데이터 세트로 설명한다. 각 샘플에는 5개의 피처가 있다. 즉, 데이터 세트에 15개의 샘플이 있는데, 샘플은 피처 벡터와 레이블로 구성되며 각 피처 벡터는 5개의 원소로 구성돼 있다. 세 가지 클래스가 있다고 가정하자. 데이터 세트의 내용은 표 4-4와 같다.

표 4-4: 예제 데이터 세트

샘플	x_0	x_1	x_2	x_3	x_4	레이블
0	6998	0.1361	0.3408	0.00007350	78596048	0
1	6580	0.4908	3.0150	0.00004484	38462706	1
2	7563	0.9349	4.3465	0.00001003	6700340	2
3	8355	0.6529	2.1271	0.00002966	51430391	0
4	2393	0.4605	2.7561	0.00003395	27284192	0
5	9498	0.0244	2.7887	0.00008880	78543394	2
6	4030	0.6467	4.8231	0.00000403	19101443	2
7	5275	0.3560	0.0705	0.00000899	96029352	0
8	8094	0.7979	3.9897	0.00006691	7307156	1
9	843	0.7892	0.9804	0.00005798	10179751	1
10	1221	0.9564	2.3944	0.00007815	14241835	0
11	5879	0.0329	2.0085	0.00009564	34243070	2
12	923	0.4159	1.7821	0.00002467	52404615	1
13	5882	0.0002	1.5362	0.00005066	18728752	2
14	1796	0.7247	2.3190	0.00001332	96703562	1

이 책에서 다루는 첫 번째 데이터 세트이므로 자세히 살펴보면서 몇 가지 표기법을 알아보자. 표 4-4의 첫 번째 열은 샘플 번호다. 샘플은 모델에 입력되는 값으로서 표에서는 5개의 피처를 묶어 하나의 피처 벡터를 샘플로 사용했다. 번호는 0부터 시작한다. 데이터 세트는 대부분 파이썬 배열(넘파이 배열)에 저장되기 때문에 항상 0부터 시작하게 지정하는 것이 좋다.

이후 5개의 열은 각 샘플의 피처로, x_0부터 x_4까지의 이름이 붙어있는데, 이때에도 역시 인덱스 값은 0부터 시작한다. 마지막 열은 클래스 레이블에 해당한다. 레이블은 0부터 2까지의 값을 가진다. 클래스 0에서 5개, 클래스 1에서 5개, 클래스 2에서 5개의 샘플을 추출했다. 각 클래스별로 5개의 샘플이 있으므로 규모가 작긴 하지만 균형이 잘 맞는 데이터 세트다. 클래스별 사전 확률은 33%며 실제 상황에서 나타나는 클래스별 사전 확률 값에 가까울수록 이상적이라고 할 수 있다.

데이터 세트의 각 행이 모델의 입력이 된다. 입력값을 나타내고자 매번 {x_0, x_1, x_2, x_3, x_4}라고 표기하는 것은 귀찮은 일이기 때문에 내문자를 사용해 피처 벡터 전체를 나타낸다. 예를 들어 2번째 샘플을 나타낼 때는 데이터 세트 X의 X_2라고 표기한다. 또한 2차원 배열 등 행렬을 사용할 경우에도 뜻을 명확하게 하고자 대문자를 사용한다. 개별 피처 값 하나를 나타내야 할 경우에는 x_3처럼 첨자를 가진 소문자로 표기한다.

피처 값의 범위를 살펴보자. 표 4-5에 최솟값, 최댓값, 각 피처 값의 범위(최댓값과 최솟값 간의 차이)가 나와 있다.

표 4-5: 표 4-4의 피처 값에 대한 최댓값, 최솟값, 범위

피처	최솟값	최댓값	범위
x_0	843	9498	8655
x_1	0.0002	0.9564	0.9562
x_2	0.0705	4.8231	4.7526
x_3	4.03E-06	9.56E-05	9.16E-05
x_4	6700340	96703562	90003222

표에 나오는 값 중 9.161e-05라는 수는 컴퓨터에서 지수 형식으로 실수를 표현할 때 사용하는 표기법을 따른다. 컴퓨터에서 수를 과학적으로 표기하는 방법으로서 $9.161 \times 10^{-5} = 0.00009161$을 의미한다. 각 피처들이 서로 다른 범위를 갖는다는 점에 유의해야 한다. 이러한 이유로 피처 값을 조정해 범위를 비슷한 수준으로 맞춰야 할 수도 있다. 범위를 조정하는 작업은 새로운 모든 입력 데이터에 동일한 조정 방법을 적용한다는 원칙만 지킨다면 안심하고 수행해도 되는 작업이다.

평균값 중심으로 모으기

범위 조정의 가장 간단한 형태는 **평균값 중심**^{mean centering}으로 데이터 값을 모으는 것이다. 실행 방법은 간단하다. 데이터 세트 전체를 대상으로 해당 피처의 평균값을 구한 뒤 각각의 피처 값에서 평균값을 빼주면 된다. 즉, 여러 값 x_i $i =$ 0, 1, 2에 대한 평균값은 모든 값을 더한 뒤 값의 개수로 나누면 된다.

$$\bar{x} = \frac{1}{N} \sum_{i=0}^{N} x_i$$

피처 x_0의 평균값은 5,022이므로 x_0를 가운데로 모으려면 다음의 식을 적용한다.

$$x_i \leftarrow x_i - 5022, \; i = 0, 1, 2, \ldots$$

여기서 인덱스 i는 해당 피처에만 적용되고 피처 벡터의 다른 원소에는 적용되지 않는다.

다른 모든 피처에 대해서도 평균값을 구해서 위의 과정을 반복 적용하면 전체 데이터 세트의 데이터 값을 가운데로 모을 수 있다. 이 방법을 적용하면 데이터 세트 내의 각 피처의 평균값이 모두 0이 되는 결과를 얻을 수 있다. 이는 모든 피처 값이 0을 중심으로 위 또는 아래에 위치한다는 뜻이다. 딥러닝 작업 중에 평균값 중심으로 데이터를 모으는 작업을 자주 수행하게 되는데, 대표적인 예로 입력되는 모든 이미지에서 평균 이미지를 빼주는 작업을 들 수 있다.

표준 편차를 1로 맞추기

평균값을 중심으로 데이터를 모으는 방식이 효과가 있긴 하지만 평균값을 빼기 전에 갖고 있던 분포가 변경되지 않고 0 근처로 그대로 옮겨진다는 문제가 있다. 데이터를 0 방향으로 옮기기만 했으니 당연한 결과다. 평균값을 중심으로 값들이 퍼져있는 상태를 **표준 편차**^{standard deviation}라고 부르며, 데이터 값과 평균

간의 차이를 구한 뒤 이 차이들의 평균을 계산해 구한다.

$$\sigma = \sqrt{\frac{\sum_{i=0}^{N}(x_i - \bar{x})^2}{N-1}}$$

시그마(σ)는 수학에서 표준 편차의 이름으로 사용되는 일반적인 문자다. 이 공식을 외울 필요는 없다. 데이터가 퍼져있는 정도나 범위를 계산할 때 평균값과 연관 지어 계산하는 방법을 보여주고자 적었을 뿐이다.

평균을 중심으로 값을 모으는 과정은 $\bar{x}$을 0으로 바꿔주긴 하지만 σ를 변경시키지는 않는다. 때로는 평균 중심화 작업에 더해 모든 피처 데이터를 같은 거리에 퍼져있게 변경해 표준 편차가 1이 되도록 재배치하는 작업을 추가할 수 있다. 다행히 이 작업도 수월하다. 모든 피처 값 x를 다음의 식을 이용해 변경하면 된다.

$$x \leftarrow \frac{x - \bar{x}}{\sigma}$$

여기서 $\bar{x}$와 σ는 데이터 세트 내에 있는 각 피처 값의 평균과 표준 편차다. 예를 들어 앞의 예제에 소개된 데이터 세트는 다음과 같이 2차원 넘파이 배열로 저장할 수 있다.

```
x = [
 [6998, 0.1361, 0.3408, 0.00007350, 78596048],
 [6580, 0.4908, 3.0150, 0.00004484, 38462706],
 [7563, 0.9349, 4.3465, 0.00001003, 6700340],
 [8355, 0.6529, 2.1271, 0.00002966, 51430391],
 [2393, 0.4605, 2.7561, 0.00003395, 27284192],
 [9498, 0.0244, 2.7887, 0.00008880, 78543394],
 [4030, 0.6467, 4.8231, 0.00000403, 19101443],
 [5275, 0.3560, 0.0705, 0.00000899, 96029352],
```

```
    [8094, 0.7979, 3.9897, 0.00006691, 7307156],
    [ 843, 0.7892, 0.9804, 0.00005798, 10179751],
    [1221, 0.9564, 2.3944, 0.00007815, 14241835],
    [5879, 0.0329, 2.0085, 0.00009564, 34243070],
    [ 923, 0.4159, 1.7821, 0.00002467, 52404615],
    [5882, 0.0002, 1.5362, 0.00005066, 18728752],
    [1796, 0.7247, 2.3190, 0.00001332, 96703562],
    ]
```

이제 전체 데이터 세트에 다음과 같은 단 한 줄의 코드를 적용해 표준 편차를 1로 맞출 수 있다.

```
x = (x - x.mean(axis=0)) / x.std(axis=0)
```

이런 과정을 **표준화**standardization 또는 **정규화**normalizing라고 부른다. 대부분의 데이터 세트에 대해 위와 같은 과정을 수행해야 한다. 특히 6장에 나오는 전통적인 모델을 사용할 경우에는 데이터 정규화를 항상 고려해야 한다. 가능하다면 항상 데이터 세트를 정규화시켜 피처의 평균이 0가 되고 표준 편차가 1이 되도록 가공하는 것이 좋다.

위의 데이터 세트를 정규화한다면 어떤 모양이 될까? 각 피처 값에서 평균값을 빼고 표준 편차로 나누면 표 4-6과 같은 결과를 얻는다. 표에 나오는 수는 소수점 이하 4자리로 정렬해 표시했고 레이블 열은 포함하지 않았다.

표 4-6: 표 4-4의 데이터를 정규화한 결과

샘플	x_0	x_1	x_2	x_3	x_4
0	0.6930	−1.1259	−1.5318	0.9525	1.1824
1	0.5464	−0.0120	0.5051	−0.0192	−0.1141
2	0.8912	1.3826	1.5193	−1.1996	−1.1403
3	1.1690	0.4970	−0.1712	−0.5340	0.3047
4	−0.9221	−0.1071	0.3079	−0.3885	−0.4753
5	1.5699	−1.4767	0.3327	1.4714	1.1807
6	−0.3479	0.4775	1.8823	−1.4031	−0.7396
7	0.0887	−0.4353	−1.7377	−1.2349	1.7456
8	1.0775	0.9524	1.2475	0.7291	−1.1207
9	−1.4657	0.9250	−1.0446	0.4262	−1.0279
10	−1.3332	1.4501	0.0323	1.1102	−0.8966
11	0.3005	−1.4500	−0.2615	1.7033	−0.2505
12	−1.4377	−0.2472	−0.4340	−0.7032	0.3362
13	0.3016	−1.5527	−0.6213	0.1780	−0.7517
14	−1.1315	0.7225	−0.0250	−1.0881	1.7674

두 표를 비교해보면 정규화 과정을 거친 후에는 가공하기 전의 원본 데이터 세트에서보다 피처 값들이 서로 조금씩 더 비슷해졌다는 것을 알 수 있다. 피처를 보면 평균값이 −1.33e − 16 = −1.33 × 10^{-16} = −0.00000000000000133, 즉 거의 0이 된다는 것을 알 수 있다. 좋은 소식이다. 이렇게 되기를 바라고 데이터를 변경한 것이다. 계산을 해보면 다른 피처들의 평균값도 비슷하게 0에 가깝게 나온다는 것을 알 수 있다. 표준 편차는 어떻게 됐을까? x_3에 대한 표준 편차는 0.99999999, 즉 거의 1에 가까운 수치가 나온다. 이것 역시 의도한 결과다. 이와 같이 새로 변형된 데이터 세트를 이용해 모델을 학습하게 된다.

모델에 새로운 입력 데이터는 전달할 때도 마찬가지로 학습 데이터 세트에서

측정한 피처별 평균과 표준 편차를 그대로 적용해야 한다.

$$x_{\text{new}} \leftarrow \frac{x_{\text{new}} - \bar{x}_{\text{train}}}{\sigma_{\text{train}}}$$

여기서 x_{new}는 모델에 전달하고자 하는 새로운 피처 벡터이고, $\bar{x}_{\text{train}}$과 σ_{train}은 데이터 세트를 기준으로 계산한 평균과 표준 편차다.

누락된 피처 값

가끔 샘플에 필요한 피처 값이 누락되는 경우가 있다. 예를 들어 측정을 하다가 잊고 안하는 경우가 있다. 대부분의 모델은 누락된 데이터를 처리할 능력이 없기 때문에 누락된 피처 값을 찾아내 고쳐줘야 한다.

한 가지 해결책은 누락된 값을 해당 피처 값의 범위 밖에 있는 값으로 채우는 것이다. 이렇게 하는 이유는 모델이 이 값을 무시하고 다른 피처를 더 많이 학습해주기를 바라기 때문이다. 실제로 일부 진보된 딥러닝 모델은 입력값을 정규화시켜 의도적으로 0으로 만들어 사용한다(이 부분은 뒤에 나오는 장들에서 추가로 설명할 것이다).

이번에는 두 번째로 가장 명백한 해법인 데이터 세트에서 누락된 피처 값을 평균값으로 대치하는 방법을 알아보자. 이전의 연습용 데이터 세트를 다시 한 번 살펴보자. 이번에는 표 4-7과 같이 누락된 데이터가 몇 개 포함돼 있다고 가정한다.

표 4-7: 표 4-4의 샘플 데이터 세트에서 몇 가지 데이터를 누락시킨 데이터 세트

샘플	X_0	X_1	X_2	X_3	X_4	레이블
0	6998	0.1361	0.3408	0.00007350	78596048	0
1		0.4908		0.00004484	38462706	1
2	7563	0.9349	4.3465		6700340	2
3	8355	0.6529	2.1271	0.00002966	51430391	0
4	2393	0.4605	2.7561	0.00003395	27284192	0
5	9498		2.7887	0.00008880	78543394	2
6	4030	0.6467	4.8231	0.00000403		2
7	5275	0.3560	0.0705	0.00000899	96029352	0
8	8094	0.7979	3.9897	0.00006691	7307156	1
9			0.9804		10179751	1
10	1221	0.9564	2.3944	0.00007815	14241835	0
11	5879	0.0329	2.0085	0.00009564	34243070	2
12	923			0.00002467		1
13	5882	0.0002	1.5362	0.00005066	18728752	2
14	1796	0.7247	2.3190	0.00001332	96703562	1

빈 공백은 누락된 값을 나타낸다. 누락된 값은 빼고 각 피처별 평균값을 구하면
표4-8과 같다.

표 4-8: 표 4-7에 나온 피처별 평균

x_0	x_1	x_2	x_3	x_4
5223.6	0.5158	2.345	4.71e-05	42957735.0

누락된 값을 모두 평균값으로 대치하면 정규화된 데이터 세트를 얻을 수 있기 때문에 모델 학습에 사용할 수 있다.

물론 실제 데이터가 훨씬 낫다. 그러나 합리적인 수준에서 실제 값을 대체할 수 있는 가장 간단한 것은 평균값이다. 데이터 세트가 충분히 크다면 각 피처별 값으로 히스토그램을 그려보고 최빈값(가장 많이 나오는 값)을 선택하는 방법도 있지만 데이터 세트에 샘플의 수가 대단히 많고 누락된 값은 상대적으로 적은 경우에는 평균값을 사용하는 방법만으로 충분하다.

학습, 검증, 테스트 데이터

이제 피처 벡터로 구성된 데이터 세트를 만들었으니 모델 학습을 시작해도 될까? 아직은 안 된다. 전체 데이터 세트를 모조리 학습에 사용할 수는 없기 때문이다. 일부 데이터는 다른 목적으로 사용해야 한다. 이상적으로는 3개의 그룹으로 나눠야 하지만 여의치 않은 경우 최소한 2개의 그룹은 필요하다. 3개의 그룹으로 나눠진 부분 데이터 각각을 학습 데이터, 검증 데이터, 테스트 데이터라고 부른다.

3개의 부분 데이터

학습 데이터는 모델 학습에 사용할 부분 데이터다. 학습 데이터를 구성할 때는 데이터의 모분포를 잘 표현하는 피처 벡터를 선택하는 것이 중요하다.

테스트 데이터는 학습된 모델이 얼마나 잘 작동하는지를 평가하는 데 사용된다. 테스트 데이터는 모델 학습 과정에는 절대 포함되면 안 된다. 모델이 학습 과정에서 만났던 데이터에 대해 테스팅을 수행하는 것은 시험시간에 부정행위를 하는 것과 비슷하다. 모델이 완성될 때까지 유혹을 참고 테스트 데이터를 남겨뒀다가 모델을 평가할 때 사용하자.

세 번째 데이터 세트는 검증 데이터다. 모든 머신러닝 모델이 검증 데이터 세트를 필요로 하는 것은 아니지만 딥러닝 모델이라면 따로 준비하는 것이 좋다. 학습이 끝난 후에 모델이 얼마나 잘 학습됐는지 알아보고자 테스트 데이터를 사용하듯이 학습하는 동안에는 비슷한 목적으로 검증 데이터 세트를 사용한다. 검증 데이터는 학습을 진행하다가 언제 그만둬야 할지, 지금 학습 중에 있는 모델이 적절한 모델인지 등을 결정하는 데 도움이 된다.

신경망은 여러 계층으로 구성돼 있고 각 계층은 여러 개의 노드로 구성돼 있다. 이런 형태를 모델의 구조라고 부른다. 학습 과정 중에 검증 데이터를 사용해서 현재 학습 중인 신경망의 성능을 모니터링해가면서 학습을 계속 진행할 것인지, 아니면 다른 신경망 구조를 시도해볼 것인지를 결정할 수 있다. 검증 데이터 세트로 모델을 학습시키거나 모델 파라미터를 수정하지는 않는다. 이미 학습 과정 중에 검증 데이터를 사용해서 모델을 계속 학습하도록 결정했기 때문에 해당 모델의 실질적인 성능을 판단할 목적으로 검증 데이터를 다시 사용할 수는 없다. 그렇게 하면 모델의 실제 성능보다 더 성능이 나오는 것처럼 판단하게 될 것이다.

그림 4-3은 이 세 가지 부분 데이터 세트와 그들 상호 간의 관계를 보여준다. 왼쪽에 있는 것이 전체 데이터 세트로, 피처 벡터와 레이블로 구성된 전체 집합이다. 오른 쪽에는 세 개의 부분 데이터 세트가 있다. 학습 데이터와 검증 데이터는 모델을 함께 학습시키고 개발한다. 반면 테스트 데이터는 모델이 준비될 때까지 기다린다. 실린더의 크기는 각 부분 데이터 세트에 할당될 데이터의 상대적인 양을 나타낸다. 현실 세계에서는 검증 데이터와 테스트 데이터가 그

림으로 표현된 것보다 훨씬 작다.

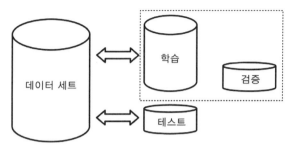

그림 4-3: 학습, 검증, 테스트 데이터 세트 간의 관계

학습 및 검증 데이터를 사용해 모델을 구축하고 테스트 데이터를 사용해 모델의 성능을 평가하는 관계로 요약할 수 있다.

데이터 세트의 분할

각 데이터 세트에 얼마만큼의 데이터를 할당해줘야 할까? 전형적인 비율은 학습용으로 90%, 검증용 5%, 테스트용 5%로 할당한다. 딥러닝 모델에 관한 한 거의 표준화된 분배 방식이다. 대규모 데이터 세트를 다룰 경우에는 좀 더 낮춰서 검증용과 테스트용으로 1%만 할당한다. 고전적인 모델은 학습 능력이 떨어지기 때문에 테스트 데이터 세트를 더 크게 구성함으로써 다양한 형태로 입력되는 데이터를 잘 처리할 수 있게 준비하는 것이 좋다. 예를 들어 학습용으로 80%, 검증용과 테스트용으로 각각 10%씩 할당하는 것이 타당할 것이다. 검증 데이터를 따로 준비하지 않는다면 20% 전체를 테스트용으로 할당할 수도 있다. 이러한 대형 테스트 세트는 낮은 사전 확률을 갖는 여러 개의 클래스로 구성된 다중 클래스 모델을 만들 때 사용하면 좋다. 다시 말해 테스트 세트를 모델 정의에 사용하지는 않기 때문에 테스트 세트를 만들 때 발생 확률이 낮은 클래스를 많이 배치할 수 있다. 이 방식은 발생 빈도가 낮지만 놓치면 안 되는 클래스를 다뤄야 할 경우 특별히 유용하다(의료 이미지에서 암을 놓치는 경우를 생각해 보라).

이제 얼마만큼의 데이터를 각 데이터 세트에 할당해야 할지 결정했으니 sklearn 패키지를 사용해 부분 데이터 세트로 나눠질 더미^{dummy} 데이터 세트를 생성해 보자.

```
>>> import numpy as np
>>> from sklearn.datasets import make_classification
>>> x,y = make_classification(n_samples=10000, weights=(0.9,0.1))
>>> x.shape
    (10000, 20)
>>> len(np.where(y == 0)[0])
    8969
>>> len(np.where(y == 1)[0])
    1031
```

위의 코드로 만든 데이터 세트는 10,000개의 샘플로 구성돼 있다. 각 샘플은 20개의 피처를 갖고 있으며 레이블은 2개의 클래스로 나눠져 있다. 데이터 구성은 불균형한 상태로, 90%의 샘플이 클래스 0에 속하고 10%는 클래스1에 속한다. 최종 형상은 샘플(x)을 0이나 1의 값을 갖는 레이블(y)과 함께 2차원으로 나열한 형태다. 데이터는 다차원 가우시안 분포에서 생성한 값이다. 다차원 가우시안 분포라는 개념이 나오는데, 여기서는 종 모양의 정규 분포를 다차원으로 구성한 개념이라는 정도만 알아두면 된다. 피처 벡터와 레이블이 연계된 전체 집합을 갖고 있으므로 이제 부분 데이터 세트로 나눠볼 수 있다.

위의 코드의 핵심은 make_classification을 호출하는 부분이다. 이 함수는 샘플 총 개수와 클래스별 비율을 입력받는다. np.where 함수는 클래스 0와 클래스 1에 속한 원소를 간단히 찾아 그 개수를 셀 수 있게 해준다.

앞서, 데이터 세트를 만들 때 각 클래스에 대한 실제 사전 확률을 유지하는 것이 중요하다고 설명한 적이 있다. 어떤 한 클래스가 실제로 10%의 확률로 발생한다면 데이터 세트에도 해당 클래스의 샘플을 10%만 포함시키는 것이 이상적이다. 학습, 검증, 테스트 데이터 세트 내에서 각 클래스별 사전 확률을 유지시키는 방법을 알아보자. 클래스별로 분할하는 방법과 무작위로 샘플링하는 두 가지 방법이 있다.

클래스별 분할

데이터 세트의 규모가 작거나 특정 클래스의 빈도가 낮을 때 사용할 수 있는 적절한 방법은 각 클래스를 대표하는 샘플 개수를 먼저 결정하고 클래스별로 일정 비율만큼 샘플을 뽑은 다음 그것들을 모두 합치는 방법이다. 클래스 0에 9,000개의 샘플이 있고 클래스 1에 1,000개의 샘플이 있다고 가정하자. 학습용으로 90%를 사용하고 검증과 테스트용으로 5%씩 사용하려면 클래스 0 집합에서 8,100개의 샘플을 무작위로 선택하고 클래스 1 집합에서 900개의 샘플을 무작위로 선택해 학습 데이터 세트를 만든다. 같은 방식으로 클래스 0에 남아있는 900개의 샘플 중 450개를 선택하고 클래스 1에 남아있는 것 중 50개를 선택해 검증 데이터 세트를 만든다. 마지막까지 클래스 0와 클래스 1에 남아있는 샘플로는 테스트 데이터 세트를 만든다.

리스트 4-1은 전체 데이터를 90/5/5의 비율로 나눠 부분 데이터 세트를 구성하는 코드를 보여준다.

리스트 4-1: 정밀한 방식으로 학습, 검증, 테스트 데이터 세트 만들기

```
import numpy as np
from sklearn.datasets import make_classification

❶ a,b = make_classification(n_samples=10000, weights=(0.9,0.1))
idx = np.where(b == 0)[0]
x0 = a[idx,:]
y0 = b[idx]
idx = np.where(b == 1)[0]
x1 = a[idx,:]
```

```
    y1 = b[idx]

❷ idx = np.argsort(np.random.random(y0.shape))
  y0 = y0[idx]
  x0 = x0[idx]
  idx = np.argsort(np.random.random(y1.shape))
  y1 = y1[idx]
  x1 = x1[idx]

❸ ntrn0 = int(0.9*x0.shape[0])
  ntrn1 = int(0.9*x1.shape[0])
  xtrn = np.zeros((int(ntrn0+ntrn1),20))
  ytrn = np.zeros(int(ntrn0+ntrn1))
  xtrn[:ntrn0] = x0[:ntrn0]
  xtrn[ntrn0:] = x1[:ntrn1]
  ytrn[:ntrn0] = y0[:ntrn0]
  ytrn[ntrn0:] = y1[:ntrn1]

❹ n0 = int(x0.shape[0]-ntrn0)
  n1 = int(x1.shape[0]-ntrn1)
  xval = np.zeros((int(n0/2+n1/2),20))
  yval = np.zeros(int(n0/2+n1/2))
  xval[:(n0//2)] = x0[ntrn0:(ntrn0+n0//2)]
  xval[(n0//2):] = x1[ntrn1:(ntrn1+n1//2)]
  yval[:(n0//2)] = y0[ntrn0:(ntrn0+n0//2)]
  yval[(n0//2):] = y1[ntrn1:(ntrn1+n1//2)]

❺ xtst = np.concatenate((x0[(ntrn0+n0//2):],x1[(ntrn1+n1//2):]))
  ytst = np.concatenate((y0[(ntrn0+n0//2):],y1[(ntrn1+n1//2):]))
```

코드가 길어 설명이 약간 필요하다. 먼저 ❶에서 더미 데이터 세트를 생성하고 클래스 0와 클래스 1로 데이터를 나눈 다음 각각 x0, y0과 x1, y1에 저장한다. 그런 다음 ❷에서 앞서 저장한 데이터의 순서를 뒤섞어준다. 데이터를 무작위로 섞었으므로 처음부터 순서대로 샘플을 꺼내 부분 데이터 세트에 넣어줄 수 있다. 순서를 흩트려놨기 때문에 원 데이터가 갖고 있었을지도 모를 편향 문제를 걱정할 필요가 없다. 이 예에서는 sklearn 패키지를 이용해서 더미 데이터를 생성했기 때문에 순서를 섞는 과정은 사실 필요가 없었다. 그러나 실제 데이터를 준비할 때는 항상 샘플의 순서를 섞어두는 것이 좋다.

샘플을 뒤섞을 때 특별한 방법을 사용한다. 피처 벡터와 레이블은 서로 다른 배열 변수에 저장되기 때문에 넘파이의 shuffle 메서드를 사용할 수는 없다. 피처 벡터와 레이블을 각자 따로 섞을 경우 레이블링 정보가 깨지기 때문이다. 대신 샘플 개수만큼의 난수를 발생시켜서 이것으로 새로운 벡터를 만든 다음 argsort 메서드를 이용해 난수 벡터를 정렬했을 때의 인덱스로 인덱스 벡터를 만든다. argsort는 난수 벡터의 값을 실제로 정렬하지는 않으며 단지 정렬했을 때를 가정하고 각 원소의 인덱스에 순서 값을 넣어준다. 벡터에는 난수 값이 들어있으므로 정렬에 사용된 인덱스의 순서도 뒤섞여있다. 이 인덱스를 샘플과 레이블의 인덱싱에 공통으로 사용하면 레이블과 피처 벡터 간의 연계 정보를 잃지 않으면서 데이터를 섞을 수 있다.

그런 다음 ❸에서 전체 데이터 세트로부터 90%를 꺼내 학습 데이터 세트를 만들어 준다. 앞 단계에서 데이터를 섞어놨으므로 두 개의 클래스에 속한 데이터들이 원래의 비율대로 섞여있을 것이다. 학습 데이터 세트에서 샘플은 xtrn에 저장하고 레이블은 ytrn에 저장한다. ❹에서 5%의 데이터를 꺼내 동일한 과정을 거쳐 검증 데이터 세트를 만들어주고 ❺에서 마지막 남은 5%의 데이터로 같은 방법으로 테스트 데이터 세트를 만들어준다. 클래스별로 데이터를 분할하는 것은 까다로운 일이다. 이 예제에 소개된 방법을 사용하면 각 부분 데이터 세트에서 클래스 0와 클래스 1의 비율을 정확히 동일하게 유지할 수 있다.

랜덤 샘플링

이렇게까지 정확해야 할 필요가 있을까? 일반적으로 그렇지 않다. 두 번째 방법은 랜덤 샘플링 방법으로 데이터 세트를 분할할 때 실제로 많이 사용하는 방법이다. 데이터가 충분히 준비돼 있다고 가정한다. 보통 10,000개 정도면 충분하다고 할 수 있다. 전체 데이터 세트를 먼저 랜덤화시켜 둔다면 데이터를 앞에서부터 차례대로 꺼내 부분 데이터 세트를 만들어도 아무 문제가 없다. 앞에서부터 90% 위치까지의 샘플을 추출해 학습 데이터 세트로, 그다음부터 5% 위치까지를 검증 데이터 세트로, 마지막 남은 모든 것을 테스트 데이터 세트로 만들면 된다. 리스트 4-2에 자세한 방법이 나와 있다.

리스트 4-2: 랜덤 샘플링 방식으로 학습, 검증, 테스트 데이터 세트 만들기

```
❶ x,y = make_classification(n_samples=10000, weights=(0.9,0.1))
  idx = np.argsort(np.random.random(y.shape[0]))
  x = x[idx]
  y = y[idx]

❷ ntrn = int(0.9*y.shape[0])
  nval = int(0.05*y.shape[0])

❸ xtrn = x[:ntrn]
  ytrn = y[:ntrn]
  xval = x[ntrn:(ntrn+nval)]
  yval = y[ntrn:(ntrn+nval)]
  xtst = x[(ntrn+nval):]
  ytst = y[(ntrn+nval):]
```

❶에서 x와 y에 저장된 더미 데이터 세트를 랜덤화시킨다. 각 부분 데이터 세트별로 몇 개의 샘플이 저장돼야 할지를 알고 있어야 한다. 먼저 ❷에서 학습 데이터 세트의 샘플 수는 전체 데이터 세트의 90%가 되게 지정하고, 검증용 샘플은 전체의 5%가 되게 지정한다. 나머지 5%는 테스트용 샘플로 지정한다.

이 방식은 리스트 4-1에 소개된 방식보다 훨씬 단순하다. 단점은 무엇일까? 각 데이터 세트 내에서 클래스 데이터의 비율이 원하는 대로 섞여 있지 않을 가능

성이 있다. 예를 들어 9,000개의 샘플 또는 전체 10,000개 샘플 중 90%로 학습 데이터 세트를 구축한다고 할 때 클래스 0에서 8,100개, 클래스 1에서 900개의 샘플이 선택되는 것이 바람직하다. 리스트 4-2를 10번 실행시켜 학습 데이터 세트 내 클래스 0와 클래스 1의 구성비를 출력해보면 표 4-9와 같다.

표 4-9: 랜덤 샘플링으로 생성한 학습 데이터 내 클래스 구성(10회 반복)

회차	클래스 0	클래스 1
1	8058 (89.5)	942 (10.5)
2	8093 (89.9)	907 (10.1)
3	8065 (89.6)	935 (10.4)
4	8081 (89.8)	919 (10.2)
5	8045 (89.4)	955 (10.6)
6	8045 (89.4)	955 (10.6)
7	8066 (89.6)	934 (10.4)
8	8064 (89.6)	936 (10.4)
9	8071 (89.7)	929 (10.3)
10	8063 (89.6)	937 (10.4)

클래스 1에 속한 샘플의 개수는 적게는 907개부터 많게는 955개까지 나온다. 전체 데이터 세트의 특정 클래스의 샘플 개수가 작아지면 부분 데이터 세트의 개수 범위가 들쭉날쭉해진다. 검증 데이터 세트나 테스트 데이터 세트 같이 작은 규모의 데이터 세트에서 이런 현상이 두드러진다. 테스트 데이터 세트로 같은 실험을 해보면 표 4-10의 결과가 나온다.

표 4-10: 랜덤 샘플링으로 생성한 테스트 데이터 내 클래스 구성(10회 반복)

회차	클래스 0	클래스 1
1	446 (89.2)	54 (10.8)
2	450 (90.0)	50 (10.0)
3	444 (88.8)	56 (11.2)
4	450 (90.0)	50 (10.0)
5	451 (90.2)	49 (9.8)
6	462 (92.4)	38 (7.6)
7	441 (88.2)	59 (11.8)
8	449 (89.8)	51 (10.2)
9	449 (89.8)	51 (10.2)
10	438 (87.6)	62 (12.4)

테스트 세트에서 클래스 1에 속한 샘플의 개수는 38개에서 62개까지로 다양하다.

이러한 차이가 모델 학습에 심각한 영향을 줄 수 있을까? 그렇지는 않겠지만 모델의 테스트 결과에는 영향을 줄 수 있다. 샘플 개수가 작은 클래스는 테스트 과정에서 식별이 어려울 수 있기 때문이다. 운이 없어서 특정 클래스에서 샘플이 하나도 추출되지 않는 경우도 발생할 수 있지만 실제 상황에서는 난수 발생기가 너무 엉망으로 구현된 것이 아닌 한 그럴 가능성은 매우 낮다. 그럴 가능성이 있다는 사실은 기억해둘 만하다. 그런 상황이 우려된다면 리스트 4-1에 나온 정확한 분할 방식을 사용하면 된다. 사실 더 확실한 해결 방법은 더 많은 데이터를 확보하는 것이다.

아래의 내용은 학습, 검증, 테스트 데이터 세트를 나누는 알고리듬을 단계별로 설명한 것이다.

1. 클래스가 고르게 섞일 수 있도록 전체 데이터 세트를 무작위로 섞어준다.

2. 학습 데이터와 검증 데이터의 비율을 정하고 전체 데이터 수에 비율을 곱해 학습용 데이터 세트에 들어갈 샘플의 개수(ntrn)와 검증용 데이터 세트에 들어갈 샘플의 개수(nval)를 계산한다. 나머지 샘플은 테스트용 데이터 세트로 들어갈 것이다.

3. 전체 데이터 세트의 앞에서부터 ntrn개의 샘플을 학습 데이터 세트에 넣는다.

4. 그다음에 나오는 nval개의 샘플을 검증 데이터 세트에 넣는다.

5. 마지막으로 남아있는 모든 샘플을 테스트 데이터 세트에 넣는다.

샘플의 순서는 항상 랜덤한 상태를 유지하도록 주의해야 하고 피처 벡터의 순서를 바꿀 때에는 연계된 레이블의 순서도 정확히 같은 순서로 바꾼다. 이것만 지킨다면 이 단순한 분할 방법은 좋은 결과를 가져올 것이다. 단, 데이터 세트가 너무 작거나 특정 클래스의 빈도가 너무 낮으면 문제가 생긴다.

이 접근 방식에도 문제가 하나 있다. 전체 데이터 세트가 시작부터 너무 작으면 분할한 후에는 더 작은 학습 데이터 세트가 만들어진다는 점이다. 7장에서 크기가 작은 데이터 세트를 다루는 효율적인 방법을 살펴볼 것이다. 이 방법은 딥러닝 분야에서 상당히 많이 사용된다. 그러나 우선은 작은 데이터 세트를 다루는 원초적인 방법을 살펴봄으로써 이런 상황에서 학습을 마친 모델이 새로운 데이터에 어떻게 대응하는지 알아보자.

k-Fold 교차 검증

최신 딥러닝 모델은 일반적으로 매우 큰 데이터 세트를 전제로 하기 때문에 앞서 설명한 대로 학습/검증/테스트 데이터 세트를 하나씩 사용할 수 있다. 그러나 6장에서 소개할 전통적인 머신러닝 모델에는 종종 딥러닝 모델보다 (일반적으로) 훨씬 작은 데이터 세트가 준비되는 경우가 많다. 소규모 데이터 세트를 학습/검증/테스트 데이터로 나누면 테스팅에 너무 많은 데이터가 사용돼 학습 데이터가 모자라거나 테스트 데이터가 너무 작아 모델의 성능을 제대로 측정하기가 어려울 수 있다.

이러한 이슈를 해결하는 방법으로 k-Fold 교차 검증법이 있다. 이 방법은 데이터 세트의 각 샘플을 어떤 때는 학습용으로 사용하고 어떤 때는 테스트용으로 사용한다. 이 방법은 적은 데이터 세트로 모델을 만들어야 하는 전통적인 머신러닝 모델에 적용하면 좋다. 또는 여러 모델 중 하나를 선택하는 방법으로도 유용하다.

k-Fold 교차 검증을 실행하려면, 먼저 전체 데이터 세트를 잘 섞어 겹치지 않는 k개의 그룹 x_0, x_1, x_2, ..., x_{k-1}로 나누는 작업이 필요하다. k 값은 보통 5에서 10 사이의 수로 정한다. 그림 4-4a는 전체 데이터 세트가 수평 방향으로 쭉 놓여 있다고 가정하고 k개의 그룹으로 나눈 모습을 보여준다.

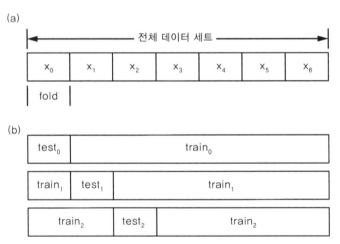

그림 4-4: k-fold 교차 검증 방법. 데이터 세트를 겹치지 않는 k개(k=7)의 영역으로 분할한 모습(a). 처음에는 x0을 테스트 세트로, 다음에는 x1을 테스트 세트로 계속 반복한 과정 중 첫 3회까지의 학습/테스트 데이터 세트 분할 모습(b)

x_0 그룹은 테스트 데이터로 남겨두고 다른 그룹들인 x_1, x_2, ..., x_{k-1}을 학습 데이터로 사용해 모델을 학습한다. 검증 데이터에 대해서는 잠깐 생각하지 않는다. 학습 데이터를 만들고 나면 원하는 시점에 언제든지 전체 데이터의 일부를 검

증용으로 만들 수 있다. 이렇게 만들어진 학습 모델을 m_0라고 하자. 처음으로 돌아가서 이번에는 x_1 그룹을 테스트 데이터로 남기고 다른 그룹들과 x_0 그룹을 합해 m_1 학습 데이터를 만든다. 새로운 학습 모델이 나온다. m_1이라고 부르자. m_0와 m_1은 내부 구조가 동일한 모델이다. 여기서 관심 있게 봐야 할 것은 하나의 데이터 세트에서 추출한 서로 다른 일부 데이터 세트로 동일한 구조의 모델을 훈련시켰을 때 나오는 여러 개의 모델 인스턴스다.

그림 4-4b와 같은 방식으로 이 과정을 모든 그룹에 대해 반복하면 k개의 학습된 모델을 얻을 수 있다. 각 모델은 전체 데이터 중 $(k-1)/k$만큼을 학습용으로 사용하고 $1/k$만큼을 테스트용으로 사용해 얻은 모델이다. k의 크기는 전체 데이터 세트의 규모에 따라 달라진다. k가 클수록 학습 데이터의 크기가 늘어나고 테스트 데이터가 작아진다. 모델 학습 시간을 줄여야 한다면 k를 크게 잡아 학습 데이터 세트의 크기를 키우는 것이 바람직하다.

k개의 모델을 모두 학습시킨 다음에는 각 모델의 성능을 평가해본다. 평가 결과 모아서 평균을 구해보면 전체 데이터 세트로 학습시켰을 때 모델이 어떤 성능을 보일지 예측해볼 수 있다. 모델 평가 방법은 11장에서 알아본다. k-fold 교차 검증법을 사용해 두 개 이상의 모델을 비교하고 그중 하나를 선택(예를 들어 k-NN과 서포트 벡터 머신[1]을 비교 선택)해야 한다면 각 모델마다 전체 학습 과정과 평가 과정을 반복 수행한 후 결과를 비교해 최종 선택을 내리면 된다. 성능 평가 결과의 평균값을 보고 모델이 얼마나 잘 작동하는지 알게 되면 학습 데이터 전체를 사용해서 선택된 유형의 모델을 처음부터 다시 학습시킬 수 있다. 이것이 k-fold 교차 검증의 장점이다. 두 마리의 토끼를 다 잡을 수 있게 해준다.

---

1. 고전적인 머신러닝 모델의 대표적인 예. 책 뒷부분에서 알아본다.

데이터 검토

피처 값을 모아 피처 벡터로 만든 다음에 바로 학습, 검증, 테스트 세트로 나누는 작업에 돌입하기 쉽지만 이때 잠깐 데이터 자체를 들여다보고 이상 없는지 확인해보는 것이 좋다. 특히 대규모 이미지 데이터나 다차원 데이터를 사용하는 딥러닝 모델을 만들 때에는 데이터를 검토하는 단계가 반드시 필요하다. 데이터 검토 과정에서 주의 깊게 봐야 할 사항은 다음과 같다.

잘못 레이블된 데이터: 여기 수십만 개 정도의 레이블된 대규모 데이터 세트가 있다고 하자. 이 데이터 세트를 사용해서 개와 고양이를 구분할 줄 아는 모델을 만들려고 한다. 보통 수많은 개 이미지와 수많은 고양이 이미지를 준비해서 모델에 입력시켜야 한다. 구글 이미지 같은 사이트에서 이미지를 잔뜩 구해오면 된다고 생각할 수 있다. 그것도 방법이긴 하다. 그러나 단순히 개와 고양이의 이미지를 검색한 결과를 다운로드하는 스크립트를 짜서 실행한다면 개나 고양이가 아닌 이미지나 개와 고양이가 다른 물체와 함께 있는 이미지 등 본래 목적에 부합하지 않는 이미지도 많이 가져오게 될 것이다. 레이블이 완벽하지 않다는 것이 큰 문제다. 딥러닝 모델은 레이블로 인한 간섭을 잘 이겨낼 수 있게 설계돼 있지만 이런 상황은 가능한 한 피하는 게 좋다.

누락 데이터나 이상 데이터: 피처 벡터를 모았는데 거기서 빠트린 피처가 얼마나 되는지 알 수 없다고 가정해보자. 어떤 피처가 대량으로 누락돼 있다면 모델이 잘못 학습될 수 있기 때문에 해당 피처를 제외시켜야 한다. 또한 데이터에 너무 이상한 값이 포함돼 있다면 그런 값도 제거해줘야 한다. 특히 데이터를 정규화시켜 사용해야 하는 상황이라면 피처 값에서 평균값을 빼는 과정에서 이상치^{outliers}가 큰 영향을 미치기 때문에 제거하는 것이 바람직하다.

데이터 점검

데이터에 문제가 있는지 어떻게 점검해볼 수 있을까? 일반적으로 규모가 그렇게 크지 않은 피처 벡터라면 스프레드시트에 올려놓고 살펴볼 수 있다. 또는 개별 피처를 하나하나 살펴볼 수 있도록 파이썬 스크립트를 작성해 데이터를 요약하거나 통계 프로그램을 사용해 데이터를 점검해볼 수도 있다.

일반적으로 통계치를 이용해 데이터를 요약하는데, 앞서 살펴본 것처럼 평균과 표준 편차, 최댓값, 최솟값을 이용하는 방법이다. 중앙값을 사용하는 경우도 있다. 중앙값은 전체 데이터를 순서대로 늘여 놓았을 때 가장 가운데에 위치하는 값을 말한다. 참고로 데이터 개수가 짝수면 가운데 위치한 2개의 수에서 평균값을 취한다. 앞에 나온 예제에서 피처 하나를 선택해 살펴보자. 데이터 값을 최솟값에서 최댓값까지 정렬한 후 다음과 같은 형식으로 요약할 수 있다.

x_2
0.0705
0.3408
0.9804
1.5362
1.7821
2.0085
2.1271
2.3190
2.3944
2.7561
2.7887
3.0150
3.9897
4.3465
4.8231

평균($\bar{x}$) = 2.3519
표준 편차(s) = 1.3128
표준 오차(SE) = 0.3390
중앙값 = 2.3190
최솟값 = 0.0705
최댓값 = 4.8231

위 요약 내용 중에 나오는 평균, 최대, 최소, 표준 편차 등의 개념은 앞 절에서 이미 살펴봤다. 중앙값도 있는데, 특별히 왼쪽 피처 목록에서는 실제 값도 강조해 표시해뒀다. 데이터는 이미 정렬돼 있으므로 중앙값은 목록의 가운데에 위치한다. 중앙값의 위치는 전체 데이터의 50%에 해당하는 지점으로 결정된다. 중앙값 위에 있는 데이터의 양과 아래에 있는 데이터의 양이 같기 때문이다.

평균의 표준 오차 또는 간단히 **표준 오차**$^{\text{SE, Standard Error}}$라고 부르는 값도 사용됐다. 이 값은 데이터 개수에 제곱근을 취한 값으로 표준 편차를 나눠준 값이다.

$$SE = \frac{\sigma}{\sqrt{n}}$$

표준 오차는 우리가 확보한 표분의 평균값 $\bar{x}$와 모분산의 평균값 간의 차이를 나타낸다. 표준 오차의 개념은 측정값이 많을수록 샘플 데이터를 생산한 모분산이 더 잘 표현되기 때문에 모분산에 더 가까운 표본 평균을 구할 수 있게 된다는 것이다.

평균값과 중앙값이 상대적으로 비슷하다는 점도 주목할 만하다. 두 값이 상대적으로 비슷하다는 사실이 수학적으로 큰 의미는 없지만 데이터가 정규 분포를 따를 확률이 높다는 암묵적 지표는 될 수 있다. 즉, 앞서 살펴본 것처럼 데이터가 정규 분포를 따른다면 평균값이나 중앙값이 결측값$^{\text{missing values}}$을 대체할 수 있는 합리적인 대안이 될 수 있다.

앞의 데이터 요약에 나오는 값들은 리스트 4-3의 넘파이 스크립트를 이용해 쉽게 구할 수 있다.

리스트 4-3: 기본 통계 값 계산하기(feature_stats.py 참조)

```
import numpy as np

❶ f = [0.3408,3.0150,4.3465,2.1271,2.7561,
       2.7887,4.8231,0.0705,3.9897,0.9804,
       2.3944,2.0085,1.7821,1.5362,2.3190]
  f = np.array(f)
```

```
  print
  print("mean    = %0.4f" % f.mean())
  print("std     = %0.4f" % f.std())
❷ print("SE      = %0.4f" % (f.std()/np.sqrt(f.shape[0])))
  print("median  = %0.4f" % np.median(f))
  print("min     = %0.4f" % f.min())
  print("max     = %0.4f" % f.max())
```

넘파이 패키지를 불러온 다음 피처 값 x_2의 개별 값을 ❶에서처럼 하나하나 입력해 배열 변수 f에 저장한 후 그것을 다시 넘파이 배열 변수로 지정해준다. 데이터가 넘파이 배열로 넘어오기만 하면 그냥 메서드나 함수를 호출함으로써 원하는 통계 값을 쉽게 구할 수 있다. 단, 표준 오차는 예외여서 앞서 설명한 공식에 따라 따로 계산해야 한다. ❷에서 넘파이가 shape 속성으로 반환하는 값 중 첫 번째 원소인 shape[0]는 벡터의 크기를 나타낸다.

숫자도 좋지만 그림이 더 나을 때가 많다. 파이썬의 박스플롯box plot으로 데이터를 시각화할 수 있다. 위의 데이터 세트에 나온 정규화된 값을 박스 플롯으로 표현해보고 각 플롯이 무슨 의미인지 알아보자. 플롯을 그리는 코드는 리스트 4-4에 나와 있다.

리스트 4-4: 정규화된 예제 데이터 세트 박스 플롯으로 그리기(box_plot.py 참조)

```
  import numpy as np
  import matplotlib.pyplot as plt

❶ d = [[ 0.6930, -1.1259, -1.5318, 0.9525, 1.1824],
       [ 0.5464, -0.0120, 0.5051, -0.0192, -0.1141],
       [ 0.8912, 1.3826, 1.5193, -1.1996, -1.1403],
       [ 1.1690, 0.4970, -0.1712, -0.5340, 0.3047],
       [-0.9221, -0.1071, 0.3079, -0.3885, -0.4753],
       [ 1.5699, -1.4767, 0.3327, 1.4714, 1.1807],
       [-0.3479, 0.4775, 1.8823, -1.4031, -0.7396],
```

```
        [ 0.0887, -0.4353, -1.7377, -1.2349,  1.7456],
        [ 1.0775,  0.9524,  1.2475,  0.7291, -1.1207],
        [-1.4657,  0.9250, -1.0446,  0.4262, -1.0279],
        [-1.3332,  1.4501,  0.0323,  1.1102, -0.8966],
        [ 0.3005, -1.4500, -0.2615,  1.7033, -0.2505],
        [-1.4377, -0.2472, -0.4340, -0.7032,  0.3362],
        [ 0.3016, -1.5527, -0.6213,  0.1780, -0.7517],
        [-1.1315,  0.7225, -0.0250, -1.0881,  1.7674]])
❷ d = np.array(d)
  plt.boxplot(d)
  plt.show()
```

데이터 값 자체는 표 4-6에 나와 있다. 리스트 4-4를 실행하면 이 데이터를 2차원 배열로 저장해 박스 플롯으로 그릴 수 있다. ❶에서 배열에 값을 하나하나 입력하고 ❷에서 플롯을 그린다. 플롯을 그리는 과정은 대화형으로 수행되므로 제공된 환경에서 마음에 들 때까지 충분히 테스트하면서 그려볼 수 있다. 원하는 플롯을 얻은 후에는 구식 플로피 디스크처럼 생긴 아이콘을 클릭해 디스크에 저장할 수 있다.

프로그램을 실행시켜 박스 플롯을 그려보면 그림 4-5와 같이 출력된다.

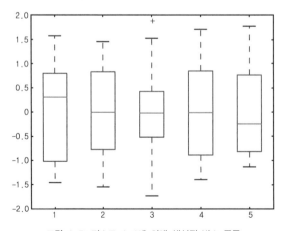

그림 4-5: 리스트 4-4에 의해 생성된 박스 플롯

박스 플롯은 어떻게 해석하면 될까? 그림 4-6은 정규화된 피처 x_2를 박스로 표현한 그림이다. 이 그림을 통해 박스 플롯의 각 요소를 하나하나 살펴보자.

박스의 밑변은 제1사분위수 Q1의 마지막을 나타낸다. 피처 데이터 중 25%가 이 값보다 작다는 의미다. 중앙값 또는 제2사분위수 Q2는 50%를 나타내며 Q2의 마지막에 해당한다. 절반의 데이터가 이 값보다 작다. 박스 윗변은 Q3, 즉 75%를 나타낸다. 나머지 25%의 데이터는 Q3 위쪽에 있다.

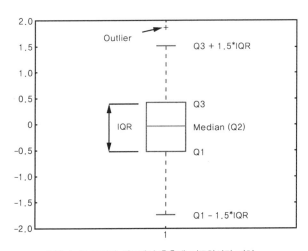

그림 4-6: 데이터 세트에서 추출해 정규화시킨 피처 x_2

박스 위아래에 줄이 하나씩 보이는데, 수염[whisker]이라고 부른다(Matplotlib에서는 플라이러[flier]라는 용어를 사용하는데, 표준은 아님). 수염은 Q1 − 1.5 × IQR과 Q3 + 1.5 × IQR에 해당하는 값이다.[2] 이 범위를 벗어난 값은 보통 이상치[outliers]로 간주된다.

이상치를 도식화해서 보여줌으로써 데이터 입력 실수를 발견할 수 있고 실수가 있었다면 해당 데이터를 데이터 세트에서 제외시킬 수도 있다. 이상치에 대해 필요한 조치를 취하는 것은 좋지만 그렇게 하는 근거는 마련해두는 것이 좋다. 해당 데이터 세트를 사용해 실험한 결과를 발표하거나 논문에 게재하는 경우

---

2. IQR은 Inter Quatile Range의 약자로, Q1과 Q3의 차이 값이다. − 옮긴이

취한 조치에 대해 정당성을 입증해야 하기 때문이다. 마찬가지로 누락된 값이 있는 샘플을 제외시킬 때에도 결측값이 시스템 에러에 의해 발생되고 있지는 않은지 확인해봐야 하고 해당 샘플을 제외시킴으로써 편향이 발생하지는 않는 지도 검증해봐야 한다. 결국 관습을 무조건적으로 따를 것이 아니라 상식적으로 판단하는 것이 중요하다.

주의할 사항

반복되는 얘기지만 데이터를 잘 살펴봐야 한다. 데이터는 들여다보면 볼수록 더 많이 이해할 수 있기 때문에 무엇이 들어가고 무엇이 나오는지, 왜 그런지에 대해 더 효과적으로 이해하고 판단을 내릴 수 있게 된다. 데이터 세트의 목표는 모분포를 충실하고 완전하게 포착해 모델이 현장에서 운용될 때 만나게 될 데이터에 대비하는 것임을 기억하자.

여기 두 가지 일화를 소개한다. 두 일화 모두 모델이 프로그래머의 의도와 달리 전혀 고려하지도 않은 것을 너무나 쉽게 학습했던 얘기에 관한 것이다.

첫 번째는 필자가 대학생이었던 1980년대에 들은 얘기다. 초기 형태의 신경망을 이용해 탱크와 탱크가 아닌 것을 탐지하는 기능을 개발하는 과제에 대한 것이었다. 테스팅할 때는 꽤 괜찮은 성능을 보였지만 현장에서 사용해보면 탐지율이 현격히 떨어졌다. 원인 분석 과정에서 연구원들은 탱크 사진은 흐린 날에 찍었고 탱크가 아닌 것들에 대한 사진은 맑은 날에 찍었다는 사실을 깨달았다. 탐지 시스템은 탱크와 탱크가 아닌 것을 구분하는 방법을 학습한 것이 아니었다. 대신 흐린 날과 맑은 날을 구분하는 방법을 학습했던 것이다. 이 이야기를 통해 얻을 수 있는 교훈은 학습 데이터를 준비할 때는 모델이 현장에서 만나게 될 모든 조건을 데이터에 포함시켜야 한다는 것이다.

두 번째 일화는 비교적 최근의 일이다. 2016년에 스페인 바르셀로나에서 열린 NIPS^{Neural Information Processing Systems} 학회에서 있었던 강연 내용인데, 이 내용은 나중

에 논문으로도 발표됐다.[3]

그들의 연구는 학습된 모델이 내리는 판단이 얼마나 신뢰할만한 것인지를 알게 해주는 기술에 관한 것이었다. 기술 설명을 위해 허스키와 개의 이미지를 분류하는 모델을 학습시키는 과정을 보여줬다. 모델은 잘 작동하는 것처럼 보였는데, 강연 중에 연사들이 청중을 대상으로 설문을 실시했다. 청중은 대부분 머신러닝 연구자였고 설문의 내용은 모델이 얼마나 믿을만한가에 대한 것이었다. 대부분은 좋은 모델인 것 같다고 답했다. 그러자 연사들은 연구한 기술을 이용해 그 모델이 허스키와 늑대의 차이점을 거의 학습하지 못했다는 것을 알려줬다. 모델은 늑대 사진에는 하얀 눈 배경이 있다는 것과 허스키 사진에는 눈 배경이 없다는 것을 학습했던 것이다.

데이터에 대해 더 많이 생각해보고 의도치 않은 결과가 나오지 않도록 주의해야 한다. 모델은 인간이 아니기 때문이다. 데이터 세트를 만들 때 인간이 갖는 선입견이나 편견이 개입될 여지가 항상 존재한다는 사실을 잊지 말자.

요약

4장에서는 데이터 세트의 구성 요소(클래스, 레이블, 피처, 피처 벡터)를 설명한 다음 좋은 데이터 세트가 갖춰야 할 특성을 알아봤다. 무엇보다 데이터 세트는 모분포를 잘 표현하게 만드는 것이 중요하다는 사실을 배웠다. 다음으로 데이터 값의 크기를 조정하는 방법과 누락된 피처 값을 처리하는 방법 등 기본적인 데이터 준비 기술을 알아봤다. 그다음에는 전체 데이터 세트를 학습, 검증, 테스트 데이터 세트로 분리하는 방법과 원 데이터의 규모가 작을 때 특히 유용한 k-fold 교차 검증법을 배웠다. 마지막으로 데이터가 제대로 준비됐는지 간단히

---

3. 리베로(Ribeiro), 마르코 툴리오(Marco Tulio), 사미르 싱(Sameer Singh), 카를로스 거스트린(Carlos Guestrin)이 공동 발표한 「Why Should I Trust You?: Explaining the Predictions of Any Classifier(당신을 믿어야 할 이유? 분류기의 예측 결과 설명하기)」, 지식 발견 및 데이터 마이닝에 관한 제22회 ACM SIGKDD 국제 학술대회 발표집. pp. 1135~1144, 2016년 ACM 출판

조사하는 방법의 설명으로 마무리했다.

5장에서는 4장에서 배운 모든 내용을 적용해 이 책의 나머지 부분에서 사용할 데이터 세트를 만들어볼 것이다.

5

데이터 세트 구축

4장에서는 데이터 세트를 준비하는 방법을 전반적으로 알아봤다. 5장에서는 앞 장에서 알아본 내용을 바탕으로 이 책의 나머지 부분에서 사용할 데이터 세트를 실제로 구축해본다. 피처 벡터의 형태로 구성돼 전통적인 머신러닝 모델에 적합한 데이터 세트도 있고 다차원 입력 데이터의 형태로 돼 있어 딥러닝에 적합한 데이터 세트도 있다. 이미지 데이터나 이미지 형태로 시각화될 수 있는 데이터를 대표적인 다차원 입력 데이터라 할 수 있다.

원본 데이터를 확보하는 과정부터 시작해 데이터를 사용 목적에 맞게 전처리하는 과정까지의 전 과정을 살펴본다. 학습/검증/테스트용 부분 데이터 세트로 분할하는 작업은 특정 모델이 정해지기 전까지는 일단 미루기로 한다. 데이터를 대상 모델에 적합한 형태로 전처리하는 작업은 머신러닝 작업 중 가장 노동 집약적인 과정임을 기억하자. 다시 한 번 강조하지만 전처리를 하지 않거나 하더라도 대충 할 경우 해당 데이터로 학습된 모델은 기대했던 것보다 훨씬 낮은 성능을 보이게 될 것이다.

아이리스 꽃 데이터

머신러닝 분야에서 가장 유명하면서도 고전적인 데이터 세트는 아이리스 꽃 데이터 세트일 것이다. 이 데이터 세트는 1936년 피셔^{R. A. Fisher}가 「The Use of Multiple Measurements in Taxonomic Problems^{다중 계측 방식을 이용한 분류 문제의 해법}」이라는 논문을 통해 제출한 데이터다. 총 3개의 클래스로 구성돼 있고 한 클래스당 50개의 샘플이 있는 작은 규모의 데이터 세트다. 각 샘플은 꽃받침 너비, 꽃받침 길이, 꽃잎 너비, 꽃잎 길이라는 4개의 피처로 묘사돼 있다. 세 가지 클래스의 이름은 각각 I.setosa, I.versicolour, I.virginica다. 이 데이터 세트는 이미 sklearn 패키지에 포함돼 있지만 외부에 존재하는 데이터를 다루는 작업을 직접 체험해본다는 차원에서 캘리포니아 대학교 어바인 캠퍼스에 있는 머신러닝 저장소에서 직접 다운로드해보자. 이 저장소에는 전통적인 머신러닝 모델용 다양한 데이터 세트가 다수 저장돼 있다. 저장소의 위치는 https://archive.ics.uci.edu/ml/index.php다. 아이리스 꽃 데이터 세트를 바로 다운로드하려면 URL http://archive.ics.uci.edu/ml/machine-learning-databases/iris/에 직접 접속하면 된다.[1]

이 글을 쓰는 시점에서 확인한 총 다운로드 수는 거의 180만 회에 달한다. 페이지 윗부분에 있는 데이터 폴더 링크를 선택한 후 오른쪽 클릭해 iris.data 파일을 저장한다. 가능하면 iris라는 이름으로 새로운 폴더를 만든 후 그곳에 저장해보자. 다운로드한 파일의 앞부분만 출력해보면 다음과 같다.

```
5.1,3.5,1.4,0.2,Iris-setosa
```

---

1. 원서에는 https://archive.ics.uci.edu/ml/datasets/iris/로 기재돼 있지만 현재 위치가 바뀌었음 - 옮긴이

```
4.9,3.0,1.4,0.2,Iris-setosa
4.7,3.2,1.3,0.2,Iris-setosa
4.6,3.1,1.5,0.2,Iris-setosa
5.0,3.6,1.4,0.2,Iris-setosa
5.4,3.9,1.7,0.4,Iris-setosa
4.6,3.4,1.4,0.3,Iris-setosa
```

각 행의 마지막에 있는 클래스 이름이 모두 같은 것을 보면 샘플이 클래스 기준으로 정렬돼 있음을 바로 알아챌 수 있다. 파일의 나머지 부분을 살펴보면 그렇다는 것을 확인할 수 있다. 4장에서 강조한 대로 모델을 학습시키기 전에 데이터를 반드시 무작위로 섞어줘야 한다. 클래스 이름도 정수 레이블로 바꿔줘야 한다. 리스트 5-1에 있는 스크립트를 이용해 데이터 세트를 파이썬으로 불러들일 수 있다.

리스트 5-1: 아이리스 꽃 데이터 세트 원본 로딩 후 표준 형식으로 매핑

```
import numpy as np

❶ with open("iris.data") as f:
       lines = [i[:-1] for i in f.readlines()]

❷ n = ["Iris-setosa","Iris-versicolor","Iris-virginica"]
   x = [n.index(i.split(",")[-1]) for i in lines if i != ""]
   x = np.array(x, dtype="uint8")

❸ y = [[float(j) for j in i.split(",")[:-1]] for i in lines if i != ""]
   y = np.array(y)

❹ i = np.argsort(np.random.random(x.shape[0]))
   x = x[i]
   y = y[i]

❺ np.save("iris_features.npy", y)
   np.save("iris_labels.npy", x)
```

우선 ❶에서 데이터가 저장된 텍스트 파일을 로드한 다음 리스트 내포문을 이용해 행 마지막에 있는 개행문자를 지운다. 다음으로 ❷에서 텍스트 레이블을 0에서 2 사이의 정수로 변환해 레이블 벡터를 만든다. 리스트의 마지막 요소는 쉼표를 따라 줄을 분할해 생성되며 텍스트 레이블이다. 데이터의 한 행을 콤마 기준으로 분해하면 맨 마지막에 나오는 요소가 바로 텍스트 레이블이다. 현재 데이터는 파이썬 리스트 타입으로 저장돼 있으므로 넘파이 배열에 변경시켜준다. 타입 지정자 uint8은 꼭 필요한 것은 아니지만 변환된 정수 레이블은 음수가 아니고 2보다 크지도 않으므로 부호 없는 8비트 정수형으로 저장함으로써 메모리 공간을 조금이나마 절약할 수 있다.

다음으로 이중 리스트 내포문을 통해 피처 벡터를 150행 × 4열 크기의 행렬로 생성한다. 바깥쪽 리스트 내포문(i)은 파일에서 행을 하나씩 가져오는 역할을 하고 안쪽 리스트 내포문(j)은 각 샘플을 구성하는 측정값을 하나씩 가져와 부동소수점 숫자로 바꿔준다. ❸에서는 리스트의 리스트를 넘파이 2차원 배열로 바꿔준다. ❹에서는 전에 했던 것처럼 데이터 세트를 무작위로 섞어준 다음 마지막으로 ❺)에서는 나중에 사용할 수 있도록 최종 넘파이 배열을 디스크에 저장한다.

그림 5-1은 피처 값을 박스 플롯으로 표현한 것이다. 잘 작동하는 데이터 세트임에도 불구하고 두 번째 피처에는 몇 가지 이상치가 포함돼 있다. 피처 값들이 모두 비슷한 범위 내에 있으므로 별도의 범위 조정 작업은 불필요하다.

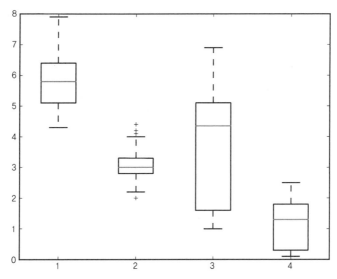

그림 5-1: 아이리스 꽃 데이터 세트의 네 가지 피처 값에 대한 박스 플롯

유방암 데이터 세트

두 번째 데이터 세트는 위스콘신 유방암 진단 데이터 세트다. 이것 역시 sklearn 패키지에 포함돼 있지만 캘리포니아 대학교 어바인 캠퍼스에 있는 머신러닝 저장소에서 직접 다운로드할 수도 있다.

외부 데이터를 얻는 방법을 숙지하고자 앞에서 설명한 절차대로 해당 위치에서 데이터 세트를 다운로드한다. 필요 없는 과정처럼 보일 수도 있지만 원하지 않는 형태로 저장된 불친절한 외부의 데이터를 다루는 방법을 배우는 것은 좋은 모델을 학습시키고자 좋은 데이터 세트를 구축하는 것만큼 중요하다. 머신러닝이나 데이터 과학 분야에서 일하게 된다면 거의 매일 이런 문제에 직면하게 될 것이다.

https://archive.ics.uci.edu/ml/datasets/Breast+Cancer+Wisconsin+(Diagnostic)/ 웹 사이트에 접속해 데이터 세트를 가져온다.

Data Folder라는 링크를 클릭한 다음 'wdbc.data'라는 파일명으로 저장하면 된다. 이 데이터 세트에는 유방 종괴의 세침 생검 슬라이드에서 가져온 세포 측정 값이 들어 있다. 30개의 연속적인 피처와 2개의 클래스가 있다. 악성 클래스에 속하는 암 샘플 212개와 양성 클래스에 속하는 정상 샘플 257개로 구성돼 있다. 이 데이터 세트도 이 책을 쓰는 시점을 기준으로 67만 번의 다운로드를 기록하고 있다. 파일의 앞부분만 출력해보면 다음과 같다.

```
842302,M,17.99,10.38,122.8,1001,0.1184, ...
```

첫 번째 요소는 환자 ID 번호를 나타내며 여기서는 무시해도 좋다. 두 번째 요소는 레이블 값으로, M은 악성을 나타내고 B는 양성을 나타낸다. 그다음에 나오는 숫자는 세포의 크기를 나타내는 30개의 측정값이다. 피처별로 값의 범위가 서로 차이 나기 때문에 원시 데이터 세트를 생성하면서 동시에 값을 표준화시킨 정규화 버전의 데이터 세트도 따로 만들어준다. 이렇게 처음에 만든 데이터 세트는 전체 데이터 세트고 나중에 테스팅 목적으로 조금 떼어내기도 해야 하기 때문에 지금 당장 피처별 평균과 표준 편차를 기록해 둘 필요는 없다. 동일한 방식으로 만들어뒀던 비슷한 데이터를 더 많이 확보해야 하는 상황이 예견된다면 그 통계치를 따로 기록해두는 것이 도움이 될 수 있다. 어딘가 묻어뒀던 오래된 파일에서 데이터를 가져와야 하는 상황이 될 것이다. 그런 경우라면 해당 데이터의 평균이나 표준 편차를 기억해뒀다가 새로운 입력값을 정규화하는 데 사용할 수 있을 것이다. 데이터 세트를 만들고 요약용으로 박스 플롯을 그리는 스크립트가 리스트 5-2에 나와 있다.

리스트 5-2: 유방암 원시 데이터 세트 로딩하기

```
import numpy as np
import matplotlib.pyplot as plt
```

```
❶ with open("wdbc.data") as f:
       lines = [i[:-1] for i in f.readlines() if i != ""]

❷ n = ["B","M"]
  x = np.array([n.index(i.split(",")[1]) for i in lines],dtype="uint8")
  y = np.array([[float(j) for j in i.split(",")[2:]] for i in lines])
  i = np.argsort(np.random.random(x.shape[0]))
  x = x[i]
  y = y[i]
  z = (y - y.mean(axis=0)) / y.std(axis=0)

❸ np.save("bc_features.npy", y)
  np.save("bc_features_standard.npy", z)
  np.save("bc_labels.npy", x)
  plt.boxplot(z)
  plt.show()
```

처음 할 일은 ❶에서처럼 원시 텍스트 데이터를 읽는 것이다. 먼저 레이블을 꺼내 양성이면 0으로, 악성이면 1로 매핑한다. 일반적으로 1을 최종 목표 값으로 사용하는 것이 자연스럽기 때문에 ❷에서 모델이 산출하는 확률 값이 1에 가까울수록 암이 발견될 우도가 높은 것으로 취급한다. 샘플당 30개의 피처가 있는데, 리스트 내포 명령을 이용해 각 피처 값을 부동소수점 타입으로 추출한다. 리스트 내포문은 각 피처 텍스트(i)를 하나씩 꺼내 부동소수점(j)에 매핑한다. 이와 같이 중첩된 리스트를 사용해 소스에서 가져온 대규모 데이터를 569행 30열의 행렬로 편리하게 변환시킬 수 있다.

다음으로 데이터 세트의 데이터를 무작위로 섞고 정규화시킨다. 정규화시키는 방법은 각 피처별로 평균값을 빼주고 그 값을 다시 표준 편차로 나눠주면 된다. ❸에서는 이렇게 가공된 데이터 세트를 그림 5-2와 같이 박스 플롯으로 그려주는 작업을 한다. 이 그래프는 정규화된 30개의 피처를 보여준다.

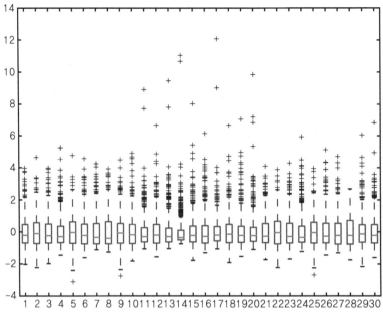

그림 5-2: 유방암 데이터 세트의 30가지 피처별 박스 플롯

여기서는 각 피처의 의미까지 파악할 필요는 없다. 이 데이터 세트로 작업할 때는 기본적으로 데이터 세트의 30개 피처가 악성 여부를 판정하는 데 필요한 충분한 정보를 갖고 있다고 가정한다. 이 가정이 맞는지는 모델을 시험해보면서 알게 될 것이다. 그래프의 y축을 기준으로 박스들을 살펴보면 피처 값은 모두 비슷한 범주를 갖는다. 기본적으로 동일한 범위를 점유하고 있기 때문이다. 데이터 특성 중 한 가지는 아주 명확하다. 즉, Q1부터 Q3까지의 범위인 InterQuartile 범위(4분위 범위) 바깥에 존재하는 이상치가 많다는 것이다. 이 값들이 반드시 나쁜 값이라는 뜻은 아니지만 정규 분포, 즉 종 모양의 분포를 따르지 않는 것은 사실이다.

MNIST 숫자

다음에 살펴볼 데이터는 피처 벡터로 구성된 데이터 세트가 아니라 손으로 직접 쓴 수천 개의 작은 숫자 이미지로 구성된 대규모 데이터 세트다. 이 데이터 세트는 현재 머신러닝 분야에서 가장 중요한 데이터 세트로 알려져 있고 딥러닝 연구자가 새로운 아이디어를 테스트할 때 가장 먼저 시도하는 데이터 세트다. 너무 많이 사용되는 경향이 있지만 이 데이터 세트가 이해하기 쉽고 간단히 다룰 수 있기 때문에 많이 서용되는 것이 당연하다.

이 데이터 세트는 역사가 길어 여러 버전이 있을 수 있지만 여기서 사용할 버전은 가장 많이 사용되는 모델로, 단순히 MNIST 데이터 세트라고 부른다. 이 데이터의 표준 저장소인 http://yann.lecun.com/exdb/mnist/에는 몇 가지 배경자료도 저장돼 있다. 시간 절약을 위해 케라스^{Keras}로 데이터를 다운로드하고 형식을 맞춘다.

케라스는 넘파이 3차원 배열 형태로 데이터 세트를 반환해줄 것이다. 첫 번째 차원은 이미지의 개수를 나타내며 학습용 이미지 60,000개와 테스트용 이미지 10,000개로 구성돼 있다. 두 번째와 세 번째 차원은 이미지를 구성하고 있는 픽셀 값을 나타낸다. 이미지의 크기는 28 × 28이며 각 픽셀은 [0, 255] 범위의 부호 없는 8비트 정수 값으로 표현돼 있다.

벡터 형태로 데이터를 입력해야 하는 초보적인 신경망 모델도 다뤄야 하고 주로 이 책 뒷부분에 나오는 개선된 신경망 모델의 속성도 설명해야 하므로, 케라스로 만든 초기의 데이터 세트를 기반으로 추가 데이터 세트를 준비한다. 이를 위해 먼저 이미지를 숫자로 해독한 다음 피처 벡터를 만든다. 이는 벡터 입력이 필요한 초보적인 모델을 위한 데이터 세트로 사용될 것이다. 두 번째로 데이터 세트 내의 이미지 순서를 뒤섞어준다. 각 이미지를 구성하고 있는 픽셀도 같은 방식으로 뒤섞어준다. 픽셀이 뒤섞인 후에는 더 이상 원래의 숫자 이미지를 만들어낼 수 없다. 여기서 순서를 뒤섞는 방식은 결정론적인 방식이고 모든 이미지에 동일하게 적용된다. 세 번째로는 이렇게 뒤섞인 이미지를 1차원으로 길게 펼쳐놓은 형태의 피처 벡터를 생성한다. 이렇게 만들어진 추가 데이터 세트를 사용해 기초적인 신경망과 컨볼루션 신경망 간의 차이점을 알아볼 것이다.

리스트 5-3을 사용해 데이터 세트 파일을 만들어보자.

리스트 5-3: 여러 가지 MNIST 데이터 세트를 불러들이고 구축하기

```
    import numpy as np
    import keras
    from keras.datasets import mnist

❶ (xtrn, ytrn), (xtst, ytst) = mnist.load_data()
    idx = np.argsort(np.random.random(ytrn.shape[0]))
    xtrn = xtrn[idx]
    ytrn = ytrn[idx]
    idx = np.argsort(np.random.random(ytst.shape[0]))
    xtst = xtst[idx]
    ytst = ytst[idx]

    np.save("mnist_train_images.npy", xtrn)
    np.save("mnist_train_labels.npy", ytrn)
    np.save("mnist_test_images.npy", xtst)
    np.save("mnist_test_labels.npy", ytst)

❷ xtrnv = xtrn.reshape((60000,28*28))
    xtstv = xtst.reshape((10000,28*28))
    np.save("mnist_train_vectors.npy", xtrnv)
    np.save("mnist_test_vectors.npy", xtstv)

❸ idx = np.argsort(np.random.random(28*28))
    for i in range(60000):
        xtrnv[i,:] = xtrnv[i,idx]
    for i in range(10000):
        xtstv[i,:] = xtstv[i,idx]
    np.save("mnist_train_scrambled_vectors.npy", xtrnv)
```

```
    np.save("mnist_test_scrambled_vectors.npy", xtstv)

❹ t = np.zeros((60000,28,28))
  for i in range(60000):
      t[i,:,:] = xtrnv[i,:].reshape((28,28))
  np.save("mnist_train_scrambled_images.npy", t)
  t = np.zeros((10000,28,28))
  for i in range(10000):
      t[i,:,:] = xtstv[i,:].reshape((28,28))
  np.save("mnist_test_scrambled_images.npy", t)
```

❶에서 케라스 명령으로 MNIST 데이터 세트를 로드한다. 케라스는 처음 한 번만 데이터 세트를 다운로드한다고 알려주고 그다음부터는 다운로드 관련 메시지가 나오지 않을 것이다.

로드한 데이터 세트는 4개의 서로 다른 넘파이 배열 변수에 저장된다. 첫 변수인 **xtrn**에는 60,000개의 학습 이미지가 (60000, 28, 28) 형태로 저장되며 각 이미지는 28 × 28개의 픽셀로 구성된다. 이미지와 연계해 [0, 9] 사이의 레이블 값이 **ytrn** 변수에 저장된다. 다음으로 10,000개의 테스트용 이미지가 **xtst** 변수에 저장되고 그와 연계된 레이블 데이터는 **ytst** 변수에 저장된다. 샘플의 순서를 무작위로 바꿔주고 다음에 사용할 수 있게 배열의 내용을 디스크에 저장한다.

다음으로 ❷에서 학습 이미지와 테스트 이미지를 숫자로 풀어 784개의 원소를 갖는 벡터 형태로 변환해준다. 첫 번째 이미지의 모든 픽셀을 숫자로 바꿔서 한 줄로 구성한 다음 두 번째 이미지도 같은 방식으로 두 번째 줄을 구성한다. 이런 방식으로 마지막 이미지까지 모두 한 줄의 숫자로 변환한다. 이미지의 크기는 28 × 28 = 784이므로 한 줄은 784개의 원소로 구성된다.

다음으로 ❸에서 784개의 숫자 형식으로 풀어진 벡터를 난수 처리된 (**idx**) 변수를 이용해 뒤섞어준다.

❹에서 뒤섞인 벡터를 사용해 뒤섞인 새로운 숫자 이미지를 만든 다음 그것을 디스크에 저장한다. 뒤섞인 벡터의 숫자 원소들을 재조합해 뒤섞인 이미지를 만들어낸다. 넘파이에서 벡터 배열의 reshape 메서드를 호출하면 간단하게 이를 실행할 수 있다. 이미지의 상대적 순서를 변경하지 않으므로 학습 및 테스트 레이블에 대해 각각 하나의 파일만 저장하면 된다.

그림 5-3은 MNIST 데이터 세트의 대표적인 숫자들을 보여준다.

그림 5-3: 대표적인 MNIST 숫자 이미지

이미지는 이미 정규화된 상태다. 이미지를 구성하고 있는 픽셀들이 동일한 범위의 값들로 이뤄져있기 때문이다. 가끔 범위 조정을 하기도 하지만 지금은 흑백을 나타내는 바이트로 구성된 이미지 상태 그대로 디스크에 저장해두자. 데이터 세트는 합리적으로 균형이 잘 맞춰져 있다. 표 5-1에 나온 학습 데이터의 구성비를 보면 균형이 잘 맞춰져 있음을 알 수 있다.

표 5-1: MNIST 학습 데이터 세트에서 숫자별 샘플 수

디지트	개수
0	5,923
1	6,742
2	5,958
3	6,131
4	5,842
5	5,421
6	5,918
7	6,265
8	5,851
9	5,949

CIFAR-10

CIFAR-10 데이터 세트는 딥러닝 분야에서 또 하나의 표준 데이터 세트로서 규모가 작은 편이라 짧은 시간에 학습시킬 수 있고 GPU도 필요 없다. MNIST처럼 케라스로 데이터 세트를 가져올 수 있고 처음에 한 번만 가져오고 이미 가져온 다음부터는 가져오라는 명령이 무시된다. CIFAR-10 데이터 세트의 소스 페이지는 https://www.cs.toronto.edu/~kriz/cifar.html이다.

데이터 세트를 가져온 소스 페이지의 내용을 자세히 읽어볼 필요가 있다. 전체 데이터 세트는 10개의 클래스로 구분되는 60,000개의 이미지로 구성돼 있다. 각 이미지는 32 × 32 픽셀 크기이고 RGB 타입이다. 각 클래스별로 6,000개의 샘플이 존재한다. 학습 데이터 세트에 50,000개의 이미지가 들어가고 테스트 데이터 세트에 10,000개의 이미지가 들어간다. 10개 클래스에 대한 설명이 표 5-2에 나와 있다.

표 5-2: CIFAR-10 데이터 세트의 클래스 레이블과 클래스 이름

레이블	클래스
0	airplane
1	automobile
2	bird
3	cat
4	deer
5	dog
6	frog
7	horse
8	ship
9	truck

그림 5-4는 한 줄 한 줄이 각 클래스별 대표 이미지로 채워져 있다.

그림 5-4: 대표적인 CIFAR-10 이미지

MNIST에서처럼 데이터 세트를 뽑아내고, 나중에 다시 사용하고자 디스크에 저장하고 피처 벡터를 생성하는 작업을 수행한다.

작업 방법은 리스트 5-4에 나와 있다.

리스트 5-4: CIFAR-10 데이터 세트 로딩과 구축

```
import numpy as np
import keras
from keras.datasets import cifar10

❶ (xtrn, ytrn), (xtst, ytst) = cifar10.load_data()
  idx = np.argsort(np.random.random(ytrn.shape[0]))
  xtrn = xtrn[idx]
  ytrn = ytrn[idx]
  idx = np.argsort(np.random.random(ytst.shape[0]))
  xtst = xtst[idx]
  ytst = ytst[idx]

  np.save("cifar10_train_images.npy", xtrn)
  np.save("cifar10_train_labels.npy", ytrn)
  np.save("cifar10_test_images.npy", xtst)
  np.save("cifar10_test_labels.npy", ytst)

❷ xtrnv = xtrn.reshape((50000,32*32*3))
  xtstv = xtst.reshape((10000,32*32*3))
  np.save("cifar10_train_vectors.npy", xtrnv)
  np.save("cifar10_test_vectors.npy", xtstv)
```

❶에서 케라스를 이용해 CIFAR-10 데이터를 로딩한다. MNIST처럼 코드를 실행하면 처음 한 번만 데이터 세트가 다운로드된다. 다음으로 학습 데이터 세트와 테스트 데이터 세트에 있는 데이터의 순서를 뒤섞어준다. 학습 데이터는 (50,000; 32; 32; 3) 크기의 배열 형태며 **xtrn** 변수에 저장된다. 마지막 차원인 3은 픽셀별로 세 가지 색상 요소인 빨간색, 녹색, 파란색 값을 나타낸다. 마찬가

지 방식으로 테스트 데이터는 (10,000; 32; 32; 3) 크기의 배열 형태며 xtst 변수에 저장된다. 마지막으로 학습 데이터와 테스트 데이터 내의 이미지 순서를 섞어 디스크에 저장한다. 다음으로 ❷에서 각 이미지를 숫자로 풀어 32 × 32 × 3 = 3072개의 원소로 구성된 피처 벡터의 형태로 디스크에 저장한다.

데이터 증강

4장에서 설명했듯이 머신러닝에서 가장 중요한 것은 바로 데이터다. 데이터는 항상 최대한 완벽할수록 유리하다. 데이터를 완벽하게 준비하려면 모델이 실제 운용 환경에서 처리할 입력 데이터의 범위를 잘 묘사해주는 샘플 데이터들을 선택해 사용해야 한다. 앞서 비유로 설명했던 것처럼 모델은 외삽이 아니라 내삽을 수행하도록 학습돼야 한다. 하지만 선택 가능한 샘플의 범위는 넓은데도 불구하고 실질적으로 사용할 수 있는 샘플은 많지 않은 경우가 있다. 이런 경우 데이터 증강법이 도움이 된다.

데이터 증강법은 데이터 세트 내에 포함돼 있는 기존 데이터를 사용해 새로운 데이터 샘플을 만들어내는 방법이다. 새로운 샘플은 어떤 방식이든 기존 데이터를 바탕으로 만들어진다. 데이터 증강법은 실제 사용할 데이터 세트가 소규모일 경우 특별히 도움이 되는 강력한 기술이다. 실무적인 차원에서 말하자면 데이터 증강법은 필요하다면 언제든지 최대한 활용하는 것이 좋다.

데이터 증강법은 이미 확보한 데이터를 약간 수정해 새로운 샘플을 만들어내는 방식이다. 이 방식으로 새롭게 만들어진 샘플은 실제 데이터의 모분포에서 뽑아내는 값이기 때문에 실제 데이터와 비슷한 데이터의 특성을 갖는다. 실제로 이상적인 상황에서 구할 수 있는 데이터를 전부 모으면 데이터 증강법으로 만들어낸 데이터를 포함하게 될 것이다. 가끔은 데이터 증강법으로 생성한 데이터가 현실의 범위를 넘어설 수도 있지만 그래도 여전히 모델이 일반적인 실제 데이터를 학습하는 것을 도와준다. 예를 들어 이미지를 입력으로 받아들이는 모델을 학습시킬 때 실제 상황에서는 절대 나타나지 않을 비현실적인 색상과 배경으로 구성된 이미지를 사용해도 학습에 도움을 줄 수 있다.

데이터 증강법은 여러 가지 상황에 적용할 수 있고 딥러닝의 핵심 기술에 속하지만 모든 데이터가 무조건 다 향상되지만은 않기 때문에 사용이 불가능한 경우도 있다.

이 절에서는 데이터 증강법을 고려하는 이유와 이를 수행하는 방법을 살펴본다. 그런 다음에는 앞에서 만들었던 몇 가지 데이터 세트를 증강시켜 모델 학습에 사용함으로써 데이터 증강법이 모델 학습에 어떤 영향을 미치는지 확인해본다. 데이터 증강법은 적용할 수 있는 상황이라면 언제든지, 특히 데이터 세트가 작다면 적극적으로 시도하는 것이 원칙적으로 유리하다.

학습 데이터를 증강시키는 이유

4장에서 차원의 저주에 대해 언급한 바 있다. 해법은 바로, 더 많은 학습 데이터를 확보해 입력 데이터 공간의 빈 곳을 채워주는 것이었다. 이 빈 공간을 채울 수 있는 방법 중 하나로 데이터 증강법을 사용할 수 있다. 뒤에서 몇 차례 이 방법을 적용하게 될 것이다. 예를 들어 6장에는 k-최근접 이웃 분류기가 나온다. 아마 분류기 중에 가장 간단한 형태일 것이다.

입력 피처 공간을 적절하게 채우는 데 충분한 양의 훈련 데이터가 있는지가 이 모델의 성능에 결정적인 영향을 준다. 3개의 피처가 있다면, 전체 피처 공간은 3차원이 되고 학습 데이터는 공간 안에서 어떤 정육면체 형태의 공간을 차지할 것이다. 학습 데이터가 많을수록 그 정육면체 안에 더 많은 샘플이 존재할 것이고 분류 모델의 성능은 더 좋아질 것이다. 분류기가 학습 데이터 내의 점과 새로 들어오는 알려지지 않은 피처 벡터와의 거리를 측정한 다음 적절한 레이블을 할당하는 방식으로 작동하기 때문이다. 학습 데이터의 점이 공간에 더

촘촘할수록 레이블 할당이 성공하는 경우가 많아진다. 요점은 데이터 증강법으로 피처 공간을 채울 수 있다는 것이다. 대부분의 데이터 세트에서 더 많은 데이터를 확보하고 모분포에 대한 더 많은 샘플을 모으더라도 피처 공간의 전 영역이 모두 채워지지는 않겠지만 피처 공간에서 모분포가 어떤 모양으로 분포돼 있는지에 대한 좀 더 완전한 그림을 그려낼 수 있을 것이다.

12장에서 다룰 최신 딥러닝 모델을 학습시킬 경우 데이터 증강법은 또 다른 장점을 보여준다. 학습 과정에서 신경망은 학습 데이터의 피처를 학습하도록 조정된다. 신경망이 주의를 기울여 학습한 피처가 실제로 클래스를 구별하는 데 사용되는 것이라면 아무런 문제도 없다. 그러나 4장의 늑대와 허스키의 예에서 본 것처럼 때때로 신경망은 엉뚱한 것을 학습할 수도 있다. 4장의 예에서 모델은 늑대 이미지 배경에는 눈이 있고 허스키 이미지 배경에는 눈이 없다는 것을 학습했다. 이 모델은 나중에 일반적인 새로운 입력 데이터가 들어 왔을 때 적용할 수 없는 엉뚱한 피처에 주의를 기울이게 된다.

이런 경향을 피하고자 정규화 작업을 수행한다. 정규화 작업은 모델이 나중에 일반적인 데이터를 처리할 때 주의해서 봐야 할 중요한 피처를 학습할 수 있게 도와준다. 데이터 증강법은 실제 학습 데이터는 모자라는데 모델은 정규화시키고 싶을 때 사용할 수 있는 가장 간단한 방법이다. 데이터 증강법은 학습 데이터 중 일부 특정 샘플의 이상한 피처에 주의를 기울이지 않고 데이터의 일반적인 피처에 초점을 맞추도록 학습 과정을 제어한다. 물론 제대로 작동하지 않는 경우도 있지만 어느 정도 희망을 가질 수는 있다.

데이터 증강법의 또 다른 이점은 학습 과정에서 발생할 수 있는 과적합[overfitting] 가능성을 줄인다는 것이다. 9장에서 과적합을 더 자세히 알아보고 이 장에서는 간략한 설명만 곁들인다. 과적합이란 모델이 나중에 처리할 실제 입력 데이터의 일반적인 특성은 학습하지 않고 학습 데이터만 거의 완벽하게 학습할 때 발생하는 현상이다. 모델이 훈련 데이터를 기억할 수 있을 정도로 크고 그에 반해 학습 데이터 세트가 작다면 과적합이 일어날 수 있다. 데이터 증강법은 데이터 세트의 크기를 키워 과적합 가능성을 줄이고 더 큰 용량의 모델을 학습할 수 있게 해준다(용량이라는 개념만으로는 설명이 불충분하다. 여기서 '크다'의 의미는 모델이 학습 데이터에서 중요한 피처를 학습하는 동시에 나중에 실제 입력될 데이터의 일반적인 특성도 잘 인식한다는 의미다).

데이터 증강법을 적용하기 전에 전체 데이터 세트를 학습/검증/테스트 데이터 세트로 분할하는 작업과 관련해 매우 중요한 작업이 있다. 증강법으로 추가된 샘플이 동일한 데이터 세트에 포함됐는지 확인해야 한다. 예를 들어 샘플 X_{12345} 를 추가해 학습 데이터 세트에 할당한 경우 X_{12345}를 기반으로 추가된 모든 증강 샘플이 학습 데이터 세트에 포함돼야 한다. 이는 반복해서 얘기할 가치가 있을 만큼 매우 중요하다. 학습/검증/테스트 데이터 세트 내에 포함된 원본 샘플을 기반으로 증강 샘플을 추가할 때 이들을 다른 데이터 세트의 데이터들과 섞지 않도록 주의하자.

이 규칙을 따르지 않으면 모델의 품질에 대한 신뢰 근거가 약해지거나 적어도 일부 보장할 수 없는 부분이 생길 것이다. 학습 데이터를 기반으로 증강 데이터를 생성한 후 검증 및 테스트 데이터에 포함시킨다면 그것은 학습 데이터를 직접 검증 및 테스트 데이터에 섞은 것과 같은 효과를 낼 것이다. 이 경고가 불필요해 보일 수도 있지만 다른 사람과 작업을 하거나 특정 종류의 데이터베이스를 사용할 때 이런 실수가 자주 발생하므로 조심해야 한다.

데이터 증강법은 학습/검증/테스트 데이터 세트의 분할이 이뤄진 후에 적용하는 것이 올바른 방법이다. 데이터 세트를 분할한 다음 먼저 학습 데이터를 증강시키고 추가된 데이터를 학습 데이터로 지정해둔다.

검증 및 테스트 데이터 세트에 대해 데이터 증강법을 적용하는 것은 어떨까? 이 경우에도 적용할 수 있으며, 특히 두 데이터 세트 중 하나가 많지 않은 경우 효과적인 방법이 된다. 검증 및 테스트 데이터를 증강했을 때의 효과에 대해 자세히 연구한 사례는 없지만 개념적으로 생각해볼 때 문제가 될 가능성보다는 도움이 될 가능성이 많다.

학습 데이터 증강법

데이터 세트를 증강하려면 원본 데이터 세트에 실제 포함될 수 있는 적절한 새로운 샘플을 생성해야 한다. 데이터가 이미지라면 적용이 간단하다. 이미지를 회전하거나 수평 또는 수직으로 뒤집어주면 된다. 또는 픽셀 자체를 조작해 색 대비 값을 변경하거나 색상 자체를 변경할 수도 있다. 또는 단순히 빨간색 채널을 파란색 채널로 바꾸는 등 전체 색상 밴드를 바꿔주는 경우도 있다.

물론 데이터 증강을 위해 수행하는 작업은 상식적으로 이해할 수 있는 의미 있는 작업이어야 한다. 미묘한 회전은 카메라 방향의 변화를 모방할 수 있고 왼쪽과 오른쪽으로 뒤집는 것은 거울을 보는 경험을 표현하는 것일 수 있다. 그러나 위아래를 뒤집는 것은 현실적이지 않을 것이다. 사진 속의 원숭이는 거꾸로 매달려 있을 수도 있겠지만 그 효과를 기대하고 똑바로 선 원숭이 사진을 뒤집으면 나무와 땅도 뒤집힌다. 반면 임의의 방향으로 물체를 보여주는 항공사진에서는 위아래를 뒤집는 것이 가능하다.

이와 같이 이미지 데이터를 증강시키는 것은 간단한 편이며 증강 작업이 제대로 된 것인지를 이해하는 것도 쉽다. 피처 벡터를 증강시키는 것은 좀 더 미묘한 문제다. 어떻게 작업을 해야 할지, 또는 그것이 가능할지 여부가 항상 명확하지는 않다. 이 경우에는 어떤 방법을 적용할 수 있을까?

다시 말하지만 데이터 증강 작업은 설명할 수 있는 합리적인 방법이어야 한다. 예를 들어 빨간색, 녹색, 파란색의 3색 원핫 벡터one-hot vector 형식으로 표현하는 이미지가 있다고 가정하자. 각 클래스별 인스턴스는 빨간색, 녹색, 파란색 중 한 가지일 수 있다고 할 때 생각해볼 수 있는 데이터 증강법은 빨간색, 녹색, 파란색 간의 색상 값을 서로 바꿔shift 써보는 것이다. 샘플에 성별 정보가 포함된 경우에는 남녀 성별 값을 변경해 해당 샘플의 클래스는 동일하지만 성별이 다른 새로운 샘플을 얻을 수도 있다.

이러한 이산형 데이터에 데이터 증강법을 적용해 새로운 데이터를 만들어내는 것은 특이한 일이다. 보통은 연속형 데이터에 대해 데이터 증강법을 적용해 새로운 데이터를 생성한다. 증강된 연속형 데이터는 원래 클래스의 피처를 그대로 보유한 새로운 피처 벡터가 된다. 다음에 아이리스 꽃 데이터 세트를 증강시키면서 이 방법을 자세히 알아보자. 그런 다음에는 CIFAR-10 데이터 세트를 증강시키면서 이미지에 어떻게 적용되는지 확인하게 될 것이다.

아이리스 꽃 데이터 세트 증강시키기

아이리스 꽃 데이터 세트에는 3개의 클래스, 150 샘플이 들어 있다. 각 샘플은 4개의 연속형 피처 값으로 구성돼 있다. **주성분 분석**PCA, Principal Component Analysis을 이용해 데이터를 증강시킨다. 주성분 분석은 100년 넘게 사용된 기술이다. 데이터 세트의 피처 수를 줄일 수 있기 때문에 차원의 저주를 해소하고자 자주 사용됐다. 딥러닝 훨씬 이전부터 머신러닝에서 일반적으로 사용됐고 머신러닝 외의 다른 분야에서도 다양한 용도로 사용된다.

예를 들어 아이리스 꽃 데이터 세트에서 맨 앞의 두 가지 피처만으로 데이터 세트를 구성한다고 가정해보자. 이 피처들의 산점도scatter plot를 그려보면 샘플이 2차원 공간에 표시됨을 볼 수 있다. 그림 5-5는 클래스 1과 2에 대한 아이리스 꽃 데이터 세트의 맨 처음 두 피처의 플롯을 보여준다. 각 피처 값에서 평균값을 빼서 전체 플롯을 원점을 (0,0)으로 이동시켰다. 이는 데이터의 분산이나 산포를 변경하지 않고 중심점만 변경하는 역할을 한다.

그림 5-5의 플롯에는 두 개의 화살표도 표시된다. 화살표는 전체 데이터의 두 가지 주요 구성 요소를 표시한다. 2차원 데이터이므로 두 가지 구성 요소가 있다. 100개의 피처가 있다면 최대 100개의 주요 구성 요소를 갖게 된다. 이것

은 주성분 분석의 중요한 기능이다(이를 통해 데이터가 분산된 방향을 알려준다). 두 화살표 방향이 이 데이터 세트의 주요 구성 요소다.

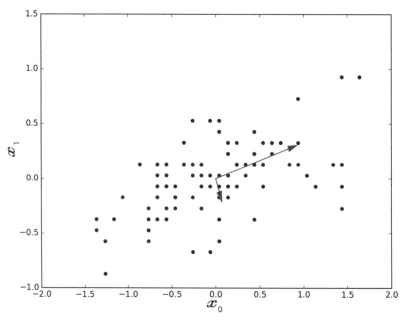

그림 5-5: 클래스 1과 2에 대한 처음 두 개의 아이리스 꽃 피처 및 주성분

주성분 요소는 데이터가 어느 방향으로 얼마나 퍼져 있는지를 알려준다. 화살표의 길이는 각 주성분 요소가 나타내는 총 분산의 크기에 비례한다. 그래프에서 볼 수 있듯이 가장 큰 주성분 요소는 점들이 가장 넓게 퍼져있는 영역을 가로질러 그려져 있다. 전통적인 머신러닝 방식에서는 주성분 분석 기법이 필요한 피처 수를 줄이는 목적으로 사용된다. 피처 수는 줄더라도 데이터 세트 자체는 여전히 잘 표현되기를 바랄 것이다. 주성분 분석 기법은 주성분 요소를 찾아낸 다음 그중에서 영향을 덜 주는 것은 버리는 방식으로 차원의 저주에 대응할 수 있게 도와준다. 하지만 데이터 증강법을 사용할 때는 모든 주성분 요소를 유지하는 편이 유리하다.

그림 5-5의 그래프를 그려주는 코드는 리스트 5-5에 있다.

리스트 5-5: 아이리스 꽃 데이터 세트에 대한 주성분 요소 플로팅

```
import numpy as np
import matplotlib.pylab as plt
from sklearn import decomposition

❶ x = np.load("../data/iris/iris_features.npy")[:,:2]
  y = np.load("../data/iris/iris_labels.npy")
  idx = np.where(y != 0)
  x = x[idx]
  x[:,0] -= x[:,0].mean()
  x[:,1] -= x[:,1].mean()

❷ pca = decomposition.PCA(n_components=2)
  pca.fit(x)
  v = pca.explained_variance_ratio_

❸ plt.scatter(x[:,0],x[:,1],marker='o',color='b')
  ax = plt.axes()
  x0 = v[0]*pca.components_[0,0]
  y0 = v[0]*pca.components_[0,1]
  ax.arrow(0, 0, x0, y0, head_width=0.05, head_length=0.1, fc='r', ec='r')
  x1 = v[1]*pca.components_[1,0]
  y1 = v[1]*pca.components_[1,1]
  ax.arrow(0, 0, x1, y1, head_width=0.05, head_length=0.1, fc='r', ec='r')
  plt.xlabel("$x_0$", fontsize=16)
  plt.ylabel("$x_1$", fontsize=16)
  plt.show()
```

코드 전반부는 ❸에서 플롯을 그리고자 준비하는 과정이다. 패키지를 도입하는 **import** 부분은 기본적인 것을 로딩하고 있고 별도로 sklearn 패키지에서 분해 decomposition 모듈을 가져온다. 앞서 저장해뒀던 아이리스 꽃 데이터 세트를 로딩한 다음 맨 처음 피처 2개를 x에 그리고 해당 샘플의 레이블을 y에 저장한다. 그런 다음 클래스 0을 제외시키고 클래스 1과 클래스 2의 피처만 유지한다. 다음으로 ❶에서는 각 피처 값에서 평균값을 빼서 전체 데이터가 점 (0,0) 주변

으로 모이게 만든다.

❷에서 주성분 분석 객체를 만들고 아이리스 꽃 데이터를 사용해 주성분 값을 찾아낸다. 피처의 개수가 2이므로 이 경우 주성분 요소의 수도 2가 된다. 주성분 분석 파이썬 클래스는 sklearn 패키지의 표준 접근 방식을 모방하고 있다. 모델을 정의한 다음 데이터를 이용해서 주성분 분석 값을 찾아낸다. 한 번 이일을 해치우고 나면 변수 pca에 저장된 주성분 요소를 얻을 수 있으며 components_라는 멤버 변수를 경유해 접근할 수 있다. 벡터에 대한 변수는 v로 지정하는데, 이는 각각의 주성분 방향에 따라 설명되는 데이터 내의 분산 비율을 표시하기 위한 조치다. 두 개의 주성분 요소가 있기 때문에 이 벡터에도 두 개의 요소가 있다.

주성분 요소는 항상 내림차순으로 나열된다. 첫 번째 요소는 데이터가 가장 많이 분포된 방향을 나타낸다. 두 번째 요소는 그다음으로 데이터가 많이 분포된 방향을 나타내고 그다음 요소가 있다면 그것도 같은 방식이다. 위 예제의 경우 첫 번째 성분은 전체 분산 중 84%의 데이터가 분포된 방향을 나타내고 두 번째 성분은 나머지 16%의 데이터가 분포된 방향을 나타낸다. 새로운 샘플을 증강시킬 때 이 순서에 맞게 샘플을 생성해야 한다. 플롯 그래프를 보면 주성분 요소의 방향과 상대적 중요성에 비례해 화살표의 길이를 조정한 것을 알 수 있다.

그림 5-5의 정보는 데이터 증강 작업에 어떤 도움을 줄 수 있을까? 주성분을 알고 나면 PCA를 사용해 파생 변수를 만들 수 있다. 즉, 데이터를 회전해 주성분 요소와 유사한 방향성을 갖게 정렬할 수 있다. 패키지 sklearn 내에 정의된 PCA 클래스의 transform 메서드는 입력 데이터를 새로운 표현 영역으로 매핑시킨다. 여기서 입력 데이터는 원본 데이터를 의미하며 새로운 표현 영역은 생성된 데이터의 분산이 원본 데이터의 주성분 요소에 정렬함을 의미한다. 정확한 매핑이 수행되기 때문에 나중에 inverse_transform 메서드를 사용해 원래 상태

190

로 되돌릴 수 있다.

이 작업만으로는 새로운 샘플이 생성되지 않는다. 원래 데이터 x를 가져와 새로운 표현으로 변환한 다음 다시 역변환하면 처음 시작 x로 돌아오게 돼 있다. 그러나 x를 변환한 다음 역변환을 호출하기 전에 일부 주요 구성 요소를 수정하면 x는 아니지만 x를 기반으로 하는 새로운 샘플 세트가 생성될 것이다. 이것이 바로 데이터 증강법에서 수행해야 할 일이다. 다음으로 어떤 구성 요소를 어떻게 수정해야 하는지 살펴보자.

주성분 요소는 중요한 것부터 차례대로 pca 안에 정렬된다. 역변환시켰을 때 원본 데이터와 매우 유사한 데이터가 만들어지게 하고자 가장 중요한 주성분 요소는 원래 상태를 그대로 유지하는 편이 좋다. 너무 많은 변형을 주면 새로운 샘플을 만들었을 때 그 샘플이 표현해야 할 클래스의 인스턴스의 모습과는 전혀 다른 모습이 나타날 수도 있기 때문이다. 보통은 데이터 세트 전체에 대한 분산의 90~95%를 누적 합으로 나타내는 주성분 요소는 그대로 유지하는 편이 좋다. 실제로 이 요소들은 거의 수정하지 않는다. 나머지 요소들은 정규 분포 노이즈를 추가해 수정된다. 정규 분포를 따른다는 것은 데이터 값이 분포의 중간에 많이 몰려 전체적으로 종형 곡선의 모양이 나타난다는 것을 의미한다. 평균값을 0으로 설정하면 주성분 요소가 변경되지 않을 뿐 아니라 큰 값으로 변경되는 일은 점점 희박해질 것이다. 기존 구성 요소에 노이즈를 추가하고 역변환을 호출해 원본과 매우 유사하지만 동일하지 않은 새 샘플을 생성한다.

설명이 너무 길어 난해해 보이지만 코드를 보면 좀 더 쉽게 이해할 수 있을 것이다. 리스트 5-6에는 증강 데이터를 생성하는 방법이 잘 나와 있다.

리스트 5-6: PCA 기반으로 아이리스 꽃 데이터 증강시키기(iris_data_augmentation.py 파일 참조)

```
import numpy as np
```

```
from sklearn import decomposition

❶ def generateData(pca, x, start):
      original = pca.components_.copy()
      ncomp = pca.components_.shape[0]
      a = pca.transform(x)
      for i in range(start, ncomp):
          pca.components_[i,:] += np.random.normal(scale=0.1, size=ncomp)
      b = pca.inverse_transform(a)
      pca.components_ = original.copy()
      return b

  def main():
❷   x = np.load("../../../data/iris/iris_features.npy")
      y = np.load("../../../data/iris/iris_labels.npy")

      N = 120
      x_train = x[:N]
      y_train = y[:N]
      x_test = x[N:]
      y_test = y[N:]

      pca = decomposition.PCA(n_components=4)
      pca.fit(x)
      print(pca.explained_variance_ratio_)
      start = 2
❸   nsets = 10
      nsamp = x_train.shape[0]
      newx = np.zeros((nsets*nsamp, x_train.shape[1]))
      newy = np.zeros(nsets*nsamp, dtype="uint8")

❹   for i in range(nsets):
          if (i == 0):
              newx[0:nsamp,:] = x_train
              newy[0:nsamp] = y_train
          else:
```

```
                newx[(i*nsamp):(i*nsamp+nsamp),:] =
                                generateData(pca, x_train, start)
                newy[(i*nsamp):(i*nsamp+nsamp)] = y_train

  ❺  idx = np.argsort(np.random.random(nsets*nsamp))
     newx = newx[idx]
     newy = newy[idx]
     np.save("iris_train_features_augmented.npy", newx)
     np.save("iris_train_labels_augmented.npy", newy)
     np.save("iris_test_features_augmented.npy", x_test)
     np.save("iris_test_labels_augmented.npy", y_test)

  main()
```

아이리스 꽃 데이터를 로딩하는 함수가 ❷에 나와 있다. 아이리스 꽃 데이터는
변수 x로 들어가고 각 레이블은 변수 y로 들어간다. 그런 다음 PCA를 호출하는
데, 이번에는 데이터 세트의 4가지 피처 모두를 사용한다. 4가지 피처를 사용했
기 때문에 그에 상응하는 4가지 주성분 요소가 생성되며 각 주성분 요소의 크기
에 비례하는 양만큼의 분산을 담당하게 된다.

```
0.92461621 0.05301557 0.01718514 0.00518309
```

맨 앞에 있는 2개의 주성분 요소는 총 97%의 분산을 차지하기 때문에 변형시키
지 않고 그대로 둔다. 맨 앞 2개 요소의 인덱스는 0과 1이다. 새로운 샘플을
만들 때는 인덱스 2 이후의 주성분 요소만을 변형시켜 새로운 샘플을 생성한다.

다음으로 ❸에서는 새로운 샘플이 저장될 세트 수를 선언한다. 여기서 세트는
새로운 샘플들의 집합을 의미한다. 새로운 샘플은 원본 데이터 x를 바탕으로
생성되기 때문에 원본 데이터의 크기와 모양을 그대로 따른다. 원본 데이터에
150개의 샘플이 저장되므로 새로 생성될 세트도 150개의 샘플이 저장될 수 있

게 준비한다. 새로 생성될 샘플의 순서가 원본의 샘플과 동일하기 때문에 각 샘플이 속한 클래스의 레이블 순서도 원본 데이터의 레이블인 y의 순서와 동일하다. 여러 세트의 새로운 데이터를 만들 때 그중 한 세트는 원본 데이터를 보존할 목적으로 사용한다. 즉, nsets=10으로 총 10개의 데이터 세트를 생성할 때 한 세트에는 원본 데이터를 저장하고 나머지 9개의 세트에는 원본 데이터에서 생성한 새로운 샘플 데이터를 저장한다. 새로운 데이터 세트 전체에 저장될 샘플의 총 개수는 1,500이다. 데이터 세트 내의 각 세트별로 변수 x를 통해 저장할 샘플의 수는 150이다. 새로운 피처 벡터와 그에 해당하는 레이블을 저장하고자 배열 변수 newx와 newy를 각각 정의한다.

다음으로 ❹에서 새로운 샘플을 생성하는 반복문을 수행한다. 한 번 반복할 때마다 150개의 샘플을 생성해 하나의 세트를 완성한다. 맨 처음 회차에서는 원본 데이터를 출력 배열에 그대로 복사해준다. 나머지 회차의 작업도 원본 데이터의 인덱스와 출력 배열의 인덱스를 갱신한다는 점에서는 첫 회차와 유사하다. 그러나 나머지 회차에서는 x의 값을 그대로 할당하는 대신 generateData 함수를 호출해 그 반환값을 할당해준다는 점이 다르다. ❺에서 반복문이 종료되면 전체 데이터 세트를 섞어준 후 디스크에 저장한다.

마법은 ❶에 나오는 generateData 함수에서 발생한다. 이 함수의 인자로는 주성분 분석 객체인 pcs, 원본 데이터 x, 주성분 인덱스 중 시작 인덱스 변수인 start를 전달한다. 즉, 마지막 인수인 start를 2로 설정해 가장 중요한 맨 앞의 요소 2개는 변형시키지 않고 그대로 둔다. 실제 주성분 요소 값은 일단 복사해뒀다가 함수 실행이 완료되기 바로 전에 pca 객체를 복구하는 데 사용한다. 다음으로 편의를 위해 주성분 요소의 개수를 ncomp라는 변수로 정의하고 주성분 요소를 따라 원본 데이터를 매핑하는 순방향 변환 메서드를 호출한다.

반복 과정에서 영향력이 적은 두 개의 주성분 요소에는 평균 0, 표준 편차 0.1인 정규 분포형 난수를 더해준다. 표준 편차로 0.1을 채택한 특별한 이유는 없다.

표준 편차가 작으면 작을수록 새로 생성되는 샘플은 원본 샘플에 가까운 데이터가 될 것이고, 크면 클수록 원본 샘플에서 멀어져 원본 데이터가 속한 클래스를 더 이상 표현하지 못하게 될 것이다. 다음으로 수정된 주성분 요소를 사용해 역변환 함수를 호출함으로써 실제 사용될 주성분 요소를 얻는다. 마지막으로 새로운 샘플 집합을 반환한다.

그림 5-6에 표시된 새로운 데이터 세트를 살펴보자. 큰 회색 점은 원래 데이터 세트에서 가져온 것이고 작은 검은색 점은 새로 증강된 샘플이다. 새로 생성된 샘플이 모두 기존 샘플 근처에 있다는 것을 금방 알아챌 수 있다. 이는 주성분 요소 중 영향력이 약한 것들만 수정했기 때문에 얻어진 결과다. 10개의 세트를 만들면서 첫 번째 세트는 원본 데이터를 증강 데이터 세트에 그대로 복사하는 방식으로 만들었기 때문에 각각의 큰 점 중앙에는 작은 점이 있다.

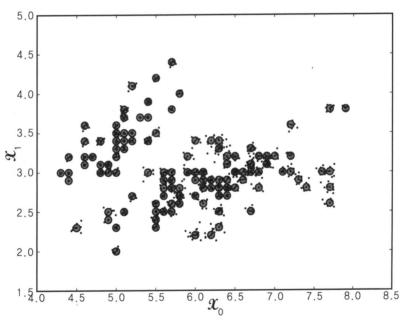

그림 5-6: 원본 아이리스 꽃 데이터 세트의 처음 두 개 피처(큰 점)와 리스트 5-6으로 만들어낸 증강 피처(작은 점)

이 방식은 앞에서 언급했듯이 연속 값을 갖는 피처에 적합하다. 가장 약한 주성분 요소만 수정해야 하며 소량만 수정해야 한다. 실험으로 경험을 쌓는 것이 중요하다. 이 기술을 적용해 연속 값을 갖는 피처로 구성된 유방암 데이터 세트를 증강시키는 프로그램을 작성해보자.

CIFAR-10 데이터 세트 증강시키기

아이리스 꽃 데이터 세트를 증강시키는 데는 장황한 설명이 필요했고 이해가 쉽지 않은 약간의 수학도 필요했다. 다행스럽게도 이미지 데이터를 증강시키는 것은 일반적으로 훨씬 간단하다. 특히 최신 모델을 학습시킬 때는 매우 효과적이다. 이 책의 12장에서 컨볼루션 신경망 모델을 구축할 때 모델 학습 과정에 데이터 증강법을 포함시키는 매우 유용한 접근 방법을 살펴본다. 하지만 지금은 먼저 데이터 증강법을 수행하고 기존 이미지의 추가 버전으로 새로운 데이터 세트를 구축하는 방법을 알아보자.

그림 5-4는 CIFAR-10 데이터 세트에 있는 각 클래스의 대표 이미지를 보여준다. 빨간색, 녹색, 파란색 채널에 대한 RGB 데이터로 저장된 컬러 이미지다. 지상에 놓은 객체를 찍은 사진 이미지이므로 위아래를 뒤집는 것은 의미가 없지만 좌우측을 뒤집는 것은 의미가 있다. 데이터 증강을 위해 이미지를 x 또는 y 방향이나 둘 다로 이동하는 변환 기술이 자주 사용된다. 객체를 약간 회전시키는 것도 많이 사용되는 기술이다.

그러나 이러한 기술을 적용하면 약간의 문제가 발생한다. 이동이나 회전 후에 데이터가 없는 픽셀은 어떻게 처리해야 할 것인가? 이미지를 왼쪽으로 3 픽셀 이동하면 오른쪽에 있는 세 개의 열은 무언가로 채워야 한다. 마찬가지로 이미지를 오른쪽으로 회전시키면 오른쪽 상단과 왼쪽 하단의 픽셀을 무언가로 채워야 한다. 다행히 이 문제를 해결할 수 있는 몇 가지 방법이 있다. 하나는 단순히 픽셀을 검은색으로 두거나 모두 0 값으로 채움으로써 모델에게 그 곳에는 유용한 정보가 없다는 것을 알리는 방법이다. 또 다른 방법으로는 픽셀을 이미지의 평균값으로 대체하는 것이다. 평균값은 모델에게 특별한 정보를 제공하지 않으므로 모델이 이 위치를 무시하고 학습하기를 기대할 수 있다. 하지만 가장 많이 사용되는 해결책은 역시 이미지를 적당한 크기로 자르는 것이다.

CIFAR-10 데이터 세트의 이미지는 32 × 32 픽셀 크기다. 데이터 증강을 위해 패치용 이미지의 크기를 28 × 28로 정하면 편리하다. 원본 이미지의 임의의 위치에서 패치를 취하는 것은 원본 이미지를 x 또는 y 위치로 4 픽셀만큼 이동하는 것과 같다. 원본 이미지의 크기가 32 × 32이므로 패치를 위해 비어있는 픽셀은 없다. 무언가로 채워야 할 픽셀이 없다는 뜻이다. 이미지를 회전시킬 때도 비어있는 픽셀은 없으므로 걱정할 필요가 없다. 다만 회전에 따른 픽셀 보간 작업과 원본 이미지 바깥으로 삐져나간 영역을 제거하는 작업은 필요하다. 케라스에는 모델 학습 과정 중에 이미지 생성기 객체를 추가해 데이터 증강을 수행하는 도구가 있다. 실전에서 케라스를 사용해 모델을 구축할 때는 당연히 이 기능을 활용하겠지만 지금은 데이터 증강법의 개념과 과정을 이해하려고 세부 작업을 직접 수행해본다.

여기서 한 가지 짚고 넘어갈 사항이 있다. 지금까지는 모델 학습용 데이터 세트 구축만 설명했다. 모델을 사용할 때는 어떻게 해야 할까? 테스트용으로 입력할 이미지도 무작위로 잘라내 모델에 전달해야 할까? 그럴 필요는 없다. 대신 이미지의 정중앙 부분을 잘라내 모델에 전달한다. 따라서 CIFAR-10의 경우 32 × 32 픽셀 크기의 테스트 입력을 가져와 가장자리의 4 픽셀을 드롭시킨 후 가운데 부분에서 28 × 28 크기의 이미지를 잘라내 모델에 전달하면 된다. 이미지 중앙 부분을 잘라 사용하는 이유는, 이 부분은 일부 증강된 버전의 이미지가 아니라 실제 테스트 이미지를 나타내기 때문이다.

그림 5-7은 모델 학습 데이터를 증강시키기 위한 회전, 뒤집기, 무작위 자르기 기술과 나중에 모델을 테스트하기 위한 중앙 자르기 모습을 보여준다. (a)는

이미지를 회전시키고 중앙 부분에서 자르는 모습이다. 출력 이미지는 흰색 사각형 안에 있다. (b)에서는 이미지를 좌우 방향으로 뒤집고 무작위로 자른다. (c)에서는 뒤집기 변환은 하지 않고 무작위로 두 번 자르기를 수행한다. (d)는 테스트용 이미지를 준비하는 과정으로, 회전이나 뒤집기 없이 가운데 자르기만 수행한다. 테스트 이미지를 데이터 증강법으로 추가하는 사례도 있지만 이 책에서 그런 방법은 채택하지 않는다.

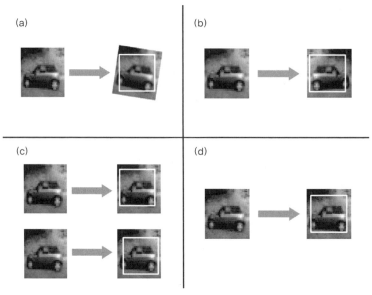

그림 5-7: (a) 회전한 다음 가운데 자르기. (b) 좌우 방향으로 뒤집은 다음 무작위로 자르기. (c) 학습 과정 중 무작위로 두 번 자르기. (d) 테스트용으로 회전 또는 뒤집기 없이 가운데 자르기

리스트 5-7은 무작위 자르기, 회전 및 뒤집기로 CIFAR-10 학습 데이터 세트를 보강하는 방법을 보여준다.

리스트 5-7: CIFAR-10 데이터 세트 증강(cifar10_augment.py 참조)

```
import numpy as np
from PIL import Image
```

```
❶ def augment(im, dim):
    img = Image.fromarray(im)
    if (np.random.random() < 0.5):
        img = img.transpose(Image.FLIP_LEFT_RIGHT)
    if (np.random.random() < 0.3333):
        z = (32-dim)/2
        r = 10*np.random.random()-5
        img = img.rotate(r, resample=Image.BILINEAR)
        img = img.crop((z,z,32-z,32-z))
    else:
        x = int((32-dim-1)*np.random.random())
        y = int((32-dim-1)*np.random.random())
        img = img.crop((x,y,x+dim,y+dim))
    return np.array(img)

def main():
❷  x = np.load("../data/cifar10/cifar10_train_images.npy")
    y = np.load("../data/cifar10/cifar10_train_labels.npy")
    factor = 10
    dim = 28
    z = (32-dim)/2
    newx = np.zeros((x.shape[0]*factor, dim,dim,3), dtype="uint8")
    newy = np.zeros(y.shape[0]*factor, dtype="uint8")
    k=0
❸  for i in range(x.shape[0]):
        im = Image.fromarray(x[i,:])
        im = im.crop((z,z,32-z,32-z))
        newx[k,...] = np.array(im)
        newy[k] = y[i]
        k += 1
        for j in range(factor-1):
            newx[k,...] = augment(x[i,:], dim)
            newy[k] = y[i]
            k += 1
    idx = np.argsort(np.random.random(newx.shape[0]))
```

```
    newx = newx[idx]
    newy = newy[idx]
    np.save("../data/cifar10/cifar10_aug_train_images.npy", newx)
    np.save("../data/cifar10/cifar10_aug_train_labels.npy", newy)
❹  x = np.load("../data/cifar10/cifar10_test_images.npy")
    newx = np.zeros((x.shape[0], dim,dim,3), dtype="uint8")
    for i in range(x.shape[0]):
        im = Image.fromarray(x[i,:])
        im = im.crop((z,z,32-z,32-z))
        newx[i,...] = np.array(im)
    np.save("../data/cifar10/cifar10_aug_test_images.npy", newx)
```

함수 main의 ❷에서 원본 데이터 세트를 로드하고 데이터를 증강시킬 비율 계수, 자르기 크기 및 중앙 자르기를 정의하기 위한 상수를 지정한다.

새로 생성될 이미지의 크기는 (500, 000; 28; 28; 3)이고 생성된 후에는 변수 newx에 저장된다. 학습용 원본 데이터는 50,000개의 이미지로 구성돼 있으며, 각 이미지는 32 × 32 픽셀 크기이고 픽셀당 3개의 컬러 밴드가 있다. 증강 계수를 10으로 지정했기 때문에 총 500,000개의 레이블이 준비될 것이다. 카운터 변수 k는 새로 생성될 데이터 세트를 인덱싱하는 변수다. ❶과 ❸에서 원본 데이터 세트의 이미지로부터 완전히 새로운 버전의 이미지 세트 9개를 만들고 원본 이미지의 가운데 부분을 잘라낸다.

데이터 세트는 이미지로 구성돼 있으므로 이미지 형식으로 직접 작업하는 것이 유리하다. 현재 상태의 이미지 샘플을 실제 PIL 이미지로 변환해 자르기 작업이 쉬워지게 준비한다. 이는 원본 이미지의 중앙 부분을 잘라내기 위한 작업이다. 잘라낸 이미지는 새로운 출력 배열에 저장한다.

리스트 5-7에 두 번 정도 나오는 파이썬 명령문이 있다. 첫 번째는 이미지를 담고 있는 넘파이 배열을 PIL 이미지로 바꾸는 것이다.

```
im = Image.fromarray(arr)
```

두 번째는 반대 방향인 PIL 이미지를 넘파이 배열로 바꾸는 명령문이다.

```
arr = np.array(im)
```

넘파이 배열이 부호 없는 바이트 (uint8)와 같이 유효한 이미지 데이터 타입인지 확인한다. 데이터 타입을 변경하려면 **astype**이라는 넘파이 배열 메서드를 사용하면 된다. 데이터 타입을 변환할 때는 그로 인해 발생하는 모든 결과에 책임을 져야 하므로 주의해야 한다.

리스트 5-7에서 원본 이미지를 바탕으로 9개의 새로운 이미지 버전을 생성하는 부분을 다시 살펴보자. 새로 생성된 각 버전의 이미지에 대해 레이블은 그대로 복사하고 증강된 버전의 이미지는 출력 배열에 저장한다. 증강 함수에 대해서는 곧 설명할 것이다. ❸에서 증강된 데이터 세트가 완성되면 샘플 순서를 뒤섞어 디스크에 저장한다.

하지만 작업이 완전히 끝난 것은 아니다. 원본 이미지의 크기는 32 × 32 픽셀인데, 증강 학습 세트를 만드는 과정에서 28 × 28 픽셀 크기의 이미지가 생성됐다. 따라서 ❹에서처럼 최소한 원본 테스트 세트를 잘라내야 한다. 앞서 언급했듯이 테스트용 데이터는 증강시키지 않으며 중앙 부분을 잘라 사용한다. 따라서 테스트 데이터 세트를 로드하고 새로운 출력 테스트 데이터 세트를 정의한 다음 32 × 32 이미지를 28 × 28로 자르는 반복 루프를 실행한다. 변환이 완료되면 크기가 조정된 테스트 데이터를 디스크에 저장한다. 테스트 세트의 이미지 순서는 수정하지 않았다는 점에 유의하자. 단순히 이미지의 가운데 부분을 잘라내는 작업만 했기 때문에 테스트용 레이블 파일을 새로 만들 필요는 없다.

증강 함수가 정의된 ❶ 부분은 전체 코드에서 가장 핵심이 되는 부분이다. 우선 입력 넘파이 배열을 실제 PIL 이미지 객체로 변경한다. 다음으로 50-50의 확률로 이미지를 좌우 변환할지 여부를 결정한다. 아직 이미지를 자르지는 않는다.

다음으로 이미지를 회전할지 여부를 묻는다. 33%(3분의 1)의 확률로 회전을 선택한다. 왜 33%일까? 특별한 이유는 없지만 회전 작업보다는 무작위로 자르는 작업을 더 자주 수행할 것 같다. 회전 확률을 20%(5분의 1)까지 떨어뜨릴 수도 있다. 회전 작업을 할 때 회전 각도를 [-5, 5]로 선택한 다음 양선형 보간법^{bilinear interpolation}을 사용해 rotate 메서드를 호출하면 회전 후 생성된 이미지가 단순히 최근접 이웃 알고리듬(PIL의 디폴트 방식)을 사용하는 것보다는 약간 더 멋지게 보이게 할 수 있다. 다음으로 회전된 이미지를 중앙에서 잘라준다. 이렇게 하면 회전할 때 사용할 이미지 정보가 없어 가장자리에 검은색으로 남아있는 픽셀이 나타나지 않는다.

회전 변환을 하지 않았다면 꼭 중앙이 아니라 임의의 위치에서 이미지를 잘라서 쓸 수 있다. 앞 예제에서는 이미지를 자르는 위치를 왼쪽 상단 모서리로 선택해 잘린 정사각형이 원본 이미지의 크기를 초과하지 않게 했다. 마지막으로 데이터를 넘파이 배열로 환원해 반환한다.

요약

5장에서는 책의 나머지 부분에서 예제로 사용할 4개의 데이터 세트를 만들었다. 처음에 소개된 아이리스 꽃 데이터 세트와 유방암 조직 데이터 세트는 피처 벡터를 기반으로 만들어졌다. 소개된 MNIST와 CIFAR-10 데이터 세트는 이미지 데이터로 구성돼 있다. 다음으로 두 가지 데이터 증강법을 살펴봤는데, 주성분 분석^{PCA}을 사용해 연속적인 값을 갖는 피처 벡터를 증강시키는 방법과 기본 변환으로 이미지를 증가시키는 방법이다. 딥러닝 분야에서 더 중요하게 받아들여지는 것은 후자의 방법이다.

6장에서는 고전적인 머신러닝 모델을 설명하고 7장에서는 이번 장에서 구축한 데이터 세트를 해당 모델과 함께 사용할 것이다.

6

고전적인 머신러닝

머신러닝 앞에 '고전적인'이라는 수식어가 붙었는데, 기존의 기술들을 '고전적'이라고 묘사한다는 것은 뭔가 더 좋은 것이 나타났음을 의미한다. 물론 후반부에서 다룰 딥러닝 얘기다. 그러나 먼저 이전의 기술들을 자세히 살펴봄으로써 직관력을 키울 필요가 있다. 개념을 확실하게 잡는 데는 오래된 기술이 도움이 된다. 사실 옛날 기술들은 특정 상황에서는 아직도 매우 유용하게 사용된다.

이 부분에 역사 얘기를 좀 쓰고 싶은 유혹이 있다. 이 책의 성격이 실제적인 내용을 추구하는 것이므로 여기에 역사를 쓸 수는 없겠지만 누군가는 반드시 머신러닝의 전 역사를 기술해줬으면 좋겠다. 나는 아직 그런 책을 만나보지 못했다. 역사가가 이 글을 읽는다면 메모해두라고 부탁하고 싶다. 머신러닝은 새로운 기술이 아니다. 6장에서 다룰 기술들은 수십 년 전부터 사용해온 것들이며 이미 상당한 성공을 거뒀다.

하지만 머신러닝의 성공도 곧 한계점에 다다르게 됐고 머신러닝이 해결하지 못한 부분을 딥러닝이 나타나서 대부분 해결해줬다. 그러나 손에 망치가 쥐어져 있다고 다른 모든 것을 못이라고 생각할 수는 없는 노릇이다. 딥러닝이 강력한 기술임에는 틀림없지만 오래된 기술이 더 잘 들어맞는 문제를 현장에서 반드시 만나게 될 것이다. 딥러닝 모델 학습에 필요한 데이터를 충분히 확보할 수 없는 경우도 있고 문제 자체가 그리 복잡하지 않아 고전적인 기술로도 쉽게 해결되는 경우도 있고(마이크로컨트롤러에서 모델을 실행해야 하는 상황 등) 모델 운용 환경이 대형 딥러닝 모델에 적합하지 않을 수도 있다. 게다가 고전적인 기술은 개념적으로 딥러닝 모델보다 이해하기 쉬우며 데이터 세트 구축에 대한 이전 장의 내용과 모델 평가에 대한 11장의 내용도 더 명확하게 적용할 수 있다는 장점이 있다.

다음 절에서 유명한 고전 모델 몇 가지를 소개한다. 아주 자세히 설명하지는 않지만 본질적인 내용을 살펴볼 것이다. 소개하는 모델은 모두 sklearn 패키지에서 지원하는 것이다. 이번 장에 나오는 모델에 5장에서 구축한 데이터 세트를 적용하는 내용을 7장에서 소개할 것이다. 이러한 접근 방식을 통해 고전 모델 간의 상대적 성능을 비교해볼 수 있을 뿐 아니라 다음 장들에서 소개할 딥러닝 모델들의 성능 비교를 위한 기준선을 그려볼 수도 있다.

모두 6개의 고전 모델을 소개한다. 모델 유형이 간단한 것부터 복잡한 것 순으로 살펴볼 것이다. 먼저 소개하는 최근접 센트로이드 방식, k-최근접 이웃 방식, 나이브 베이즈 방식은 이해하고 구현하기가 매우 간단하다. 나머지 방식인 의사결정 트리, 랜덤 포레스트, 서포트 벡터 머신은 작동 원리가 좀 더 복잡하므로 자세한 설명이 필요하다.

최근접 센트로이드

분류기 하나를 만든다고 가정해보자. n개의 클래스를 가진 데이터 세트도 적절히 잘 준비돼 있다고 하자(4장 참조). 표기를 간단히 하고자 n개 클래스 각각에 m개의 샘플이 있다고 가정한다. 꼭 필요한 것은 아니지만 이렇게 가정하면 아래 첨자를 많이 사용하지 않아도 된다. 제대로 설계된 데이터 세트를 준비해뒀기 때문에 학습 샘플과 테스트 샘플도 따로 구분돼 있다. 여기서 검증 샘플은 사용하지 않기로 한다. 검증 샘플은 학습 샘플 안에 포함된 것으로 간주하자. 작업의 목표는 학습 데이터 세트를 사용해 모델을 적절히 학습시킨 후 테스트 데이터 세트를 사용해 학습된 모델이 새로운 미지의 샘플에도 잘 작동하는지를 검사해보는 것이다. 여기서 샘플은 부동소수점 타입의 피처 벡터 형태로 표현된다.

피처 벡터의 구성 요소를 고를 때는 각 피처 벡터가 피처 공간에서 서로 다른 클래스를 잘 구분할 수 있게 골라야 한다. 피처 벡터에 w개의 피처가 있다고 가정해보자. 이는 피처 벡터를 w차원 공간에서 한 점의 좌표로 생각할 수 있음을 의미한다. $w = 2$ 또는 $w = 3$이라면 피처 벡터를 화면상에 그래프로 나타낼 수 있다. 그러나 수학적으로 w를 2 또는 3으로 제한할 이유는 없다. 여기에서 설명하는 모든 내용은 100, 500, 1000차원에서 작동한다. 모두 다 똑같이 잘 작동하지는 않을 것이다. 무서운 차원의 저주가 기어들어와 결국에는 기하급수적으로 큰 학습 데이터 세트가 필요해지겠지만 잠깐 동안은 이 문제를 존재하지 않는 것처럼 무시하고 넘어가자.

피처를 잘 선택해놓으면 w차원 공간에 존재하는 점들이 클래스별로 그룹화돼 클래스 0에 속한 모든 샘플끼리 서로 뭉치고 클래스 1에 속한 모든 샘플끼리 서로 뭉치면서 동시에 다른 클래스와는 뚜렷하게 구분될 것이다. 기대한 대로 그룹화가 잘 수행된다면, 이 지식을 활용해 새로운 미지의 샘플이 들어와도 특정 클래스에 잘 할당할 수 있지 않을까? 당연히 그렇게 만드는 것이 분류 알고리들의 목표지만 이와 같이 모든 클래스가 피처 공간에서 잘 구분된다는 가정하에서는 추가로 간단한 시도를 해볼 수 있을 것 같다.

그림 6-1은 4개의 클래스가 있는 가상 2차원 피처 공간을 보여준다. 이 간단한 예제에서는 서로 다른 클래스가 명확하게 구분된다. 새로운 미지의 피처 벡터가 이 공간에 한 점으로 떨어질 경우 그 점에 정사각형, 별, 원, 삼각형 클래스 중 해당 점이 소속된 클래스 레이블을 정확히 골라서 할당하는 것이 이 알고리즘의 목표다.

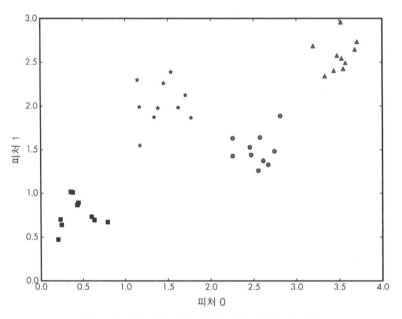

그림 6-1: 4개의 개별 클래스가 있는 가상 2차원 피처 공간

그림 6-1에서 모든 점은 명확하게 그룹화돼 있기 때문에 그룹 내에 있는 점들의 평균 위치를 구해 각 그룹의 대표 위치로 사용할 수 있다. 예를 들어 10개의 정사각형 점 대신 커다란 정사각형 하나를 평균 위치로 사용하는 방식이다. 이는 매우 합리적인 방식이다.

그룹별로 해당 그룹에 속한 점들의 평균 위치를 **센트로이드**centroid 또는 **중심점**이라고 부른다. 수의 집합에 대해 평균을 구하는 방법은 간단하다. 집합에 속한 수를 모두 더하고 더한 개수로 나눠주면 된다. 2차원 공간에 펼쳐진 점들의 집합에 대해 센트로이드를 구하는 방법은 먼저 모든 점의 x축 좌표의 평균을 구하고 다음으로 모든 점의 y축 좌표의 평균을 구하면 된다. 3차원 공간인 경우에는 x, y, z의 3개 축에 대해 같은 방식으로 구할 수 있다. 임의의 w차원의 경우에도 각 차원에 대해 동일한 방식을 적용해 센트로이드를 구할 수 있다. 이렇게 계산한 결과 각 그룹을 대표할 수 있는 하나의 점을 얻게 된다. 그림 6-2는 앞의 간단한 예제에 대해 이 방식을 적용한 결과를 표시한 것이다. 각 그룹의 센트로이드 위치가 큰 기호로 표시돼 있다.

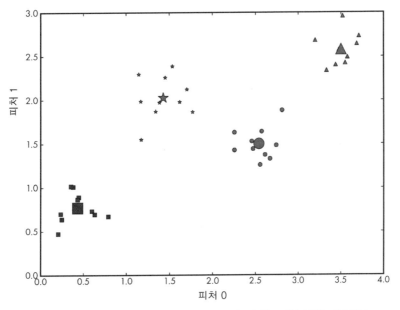

그림 6-2: 4개의 개별 클래스와 클래스별 센트로이드가 있는 가상 2차원 피처 공간

센트로이드를 무엇에 적용할 수 있을까? 앞서 설명했듯이 새로운 미지의 샘플이 입력되면 이 샘플은 피처 공간에 특정한 점으로 표현된다. 이 점으로부터 각 센트로이드까지의 거리를 측정해보고 가장 가까운 센트로이드의 클래스 레이블을 그 점의 레이블로 할당한다. 거리라는 개념이 조금 모호한 면이 있어서

거리를 정의하는 방법도 여러 종류가 있다. 그중 가장 간단한 방법은 두 점 사이에 직선을 그리는 것이다. 이런 방식으로 측정하는 거리 개념을 유클리디안 거리$^{Euclidean\ distance}$라고 부르며 계산이 쉽다.

두 점 (x_0, y_0)와 (x_1, y_1) 사이의 유클리디안 거리는 다음과 같이 구한다.

$$d = \sqrt{(x_0 - x_1)^2 + (y_0 - y_1)^2}$$

3차원에서 두 점 사이의 거리는 다음의 식으로 구한다.

$$d = \sqrt{(x_0 - x_1)^2 + (y_0 - y_1)^2 + (z_0 - z_1)^2}$$

이 식을 w차원에 대해 일반화시키면 두 점 x_0와 x_1 사이의 거리는 다음과 같다.

$$d = \sqrt{\sum_{i=0}^{w-1}(x_0^i - x_1^i)^2}$$

여기서 x_0^i는 점 x_0의 i번째 요소를 가리킨다. 즉, 두 점의 좌표를 구성하는 요소 각각에 대해 차례대로 차이 값을 구하고 그 값을 제곱한 후 모두 더한 다음 마지막으로 제곱근을 취하면 된다.

그림 6-3은 피처 공간에 검은색 점으로 표시된 특정 샘플과 각 클래스별 센트로이드까지의 거리를 보여준다. 가장 짧은 거리에 있는 센트로이드는 원 클래스의 센트로이드이므로 샘플은 원 클래스에 할당된다.

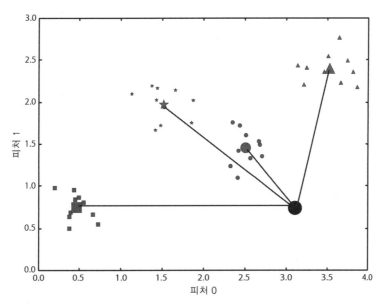

그림 6-3: 4개의 개별 클래스와 클래스별 센트로이드, 및 새로운 미지의 샘플이 있는 가상 2차원 피처 공간

이런 방식으로 구현된 알고리듬을 최근접 센트로이드 분류기라고 부른다. 템플 릿 매칭이라고 부르는 경우도 있다. 학습 데이터로 학습한 클래스의 센트로이 드는 전체 클래스에 대한 프록시로 사용된다. 나중에 실제로 새로운 샘플이 입력되면 센트로이드들을 이용해 해당 샘플에 대한 레이블을 결정한다.

이 방식은 매우 간단하고 명백해 보이는데도 불구하고 생각만큼 많이 사용되지 는 않는다. 거기에는 몇 가지 이유가 있다. 앞에서도 언급됐던 차원의 저주가 첫 번째 이유다. 피처의 개수가 증가함에 따라 피처 공간도 점점 커지고 센트로 이드의 위치를 알아내는 데 필요한 학습 데이터의 양도 기하급수적으로 늘어난 다. 피처 공간이 크다는 것은 이 방식이 적합하지 않음을 뜻한다.

좀 더 심각한 문제도 있다. 위 예제에 나오는 데이터는 그룹별로 잘 뭉쳐져 있다. 그룹별로 덜 뭉쳐져 있고 그룹 간의 영역이 겹치면 어떻게 될까? 이와 같은 상황이 오면 최근접 센트로이드 방식은 제대로 작동하지 않게 된다. 가장 가까운 센트로이드가 클래스 A인지 클래스 B인지 어떻게 알 수 있겠는가?

더 심각한 것은 특정 클래스가 서로 다른 두 개 이상의 그룹에 속할 수 있다는 것이다. 어느 한 클래스만을 대상으로 계산한 센트로이드는 여러 그룹 사이에 끼어 어느 클러스터도 적절히 표현하지 못할 수 있다. 이런 경우에는 그 클래스가 여러 그룹으로 나눠져 있다는 사실을 알아챌 수 있어야 하고 해당 클래스에 대해 여러 개의 센트로이드를 사용할 수 있어야 한다. 피처 공간이 작으면 이를 플로팅해 해당 클래스가 여러 그룹으로 나눠져 있음을 확인할 수 있다. 그러나 피처 공간이 비교적 큰 경우에는 클래스가 여러 그룹으로 나눠져 있고 각 그룹별로 여러 개의 센트로이드가 필요하다는 사실을 쉽게 파악할 수 있는 방법이 없다. 그래도 기초적인 문제에는 이 접근 방식이 이상적 일 수 있다. 모든 애플리케이션이 어려운 데이터만 처리하는 것은 아니기 때문이다. 때로는 새로 입력되는 샘플에 대해 간단하고 쉬운 결정을 내려 레이블링을 수행하는 자동화 시스템을 구축해야 할 경우도 있다. 그런 경우라면 이 간단한 분류기가 완벽한 솔루션이 될 것이다.

k-최근접 이웃

앞서 살펴본 것처럼 센트로이드 접근 방식의 한 가지 문제는 피처 공간에서 클래스가 여러 그룹으로 나눠질 수 있다는 것이다. 그룹 수가 증가함에 따라 클래스를 지정하는 데 필요한 센트로이드의 수도 증가한다. 이 문제를 해결할 수 있는 다른 방법을 생각해보자. 클래스별 중심을 계산하는 대신 학습 데이터를 있는 그대로 사용하고 학습 데이터 세트에서 가장 가까운 구성 요소를 찾아서 해당 레이블로 새 입력 샘플에 대한 클래스 레이블을 선택하면 어떻게 될까?

이러한 유형의 분류기를 최근접 이웃Nearest Neighbors 분류기라고 부른다. 특히 학습 데이터 세트에서 가장 가까운 샘플 하나만 찾아 사용하는 분류기를 1-최근접 이웃 또는 간단히 1-NNNearest Neighbor 분류기라고 부른다. 하지만 반드시 가장 가까운 학습 데이터 샘플만 사용할 필요는 없다. 대상 샘플에 근접한 여러 개의 학습 데이터를 후보로 놓고 가장 많이 나온 레이블을 해당 샘플에 대한 클래스 레이블로 채택할 수도 있다. 가장 많이 나온 레이블의 개수가 동점인 경우 해당 레이블 중 하나를 무작위로 선택할 수 있다. 세 개의 최근접 이웃을 사용하면 3-NN 분류기가 되고 k개의 이웃을 사용하면 k-NN 분류기가 된다.

그림 6-1의 가상 데이터 세트를 다시 보면서 조밀하게 뭉쳐진 각각의 클러스터들이 더 넓게 분포된 새로운 버전을 상상해보자. 여전히 2개의 피처 값을 갖는 10개의 샘플이 4개의 클래스로 나눠져 있다고 가정한다. k 값으로는 흔히 사용되는 3을 지정한다. 새로 입력되는 샘플에 레이블을 할당하고자 피처 공간에 해당 샘플을 플로팅한 다음 가장 가까운 세 개의 학습 데이터를 찾는다. 그림 6-4는 세 개의 새로 입력된 샘플에 대한 세 개의 최근접 이웃을 보여준다.

샘플 A로부터 가장 가까운 3개의 학습 데이터 포인트는 정사각형 2개와 별표 1개다. 따라서 과반수 투표로 샘플 A를 정사각형 클래스에 할당한다. 마찬가지로 샘플 B로부터 가장 가까운 3개의 학습 데이터 포인트는 원 1개와 삼각형 2개다. 따라서 샘플 B는 삼각형 클래스에 할당된다. 샘플 C의 경우 난감한 상황이 발생한다. 샘플 C로부터 가장 가까운 세 개의 학습 데이터 포인트는 원, 별, 삼각형 1개씩이다. 투표 결과는 동률이 된다.

이런 경우에는 k-NN 알고리듬에 적당한 선택권을 부여해줘야 한다. 가장 간단한 방법은 클래스 레이블을 무작위로 선택하는 것이다. 세 가지 중 어느 것이든 똑같은 가능성을 갖고 있기 때문이다. 또 다른 방법으로는 샘플과 각 학습 데이터 포인트 간의 거리를 측정해 좀 더 가까운 거리에 있는 학습 데이터의 클래스를 선택하는 방법이 있다. 이 경우 샘플 C로부터 가장 가까운 학습 데이터는 별표로 표시된 포인트이므로 별표 클래스로 할당한다.

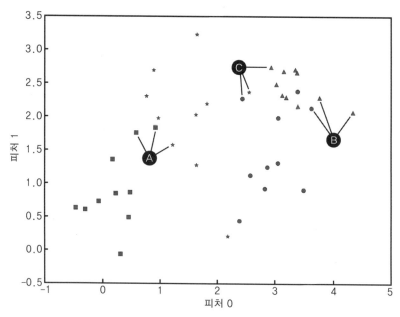

그림 6-4: 3개의 신규 샘플 A, B, C에 대한 k = 3인 k-NN 알고리듬의 적용

k-NN 분류기의 장점은 학습 데이터 자체가 모델의 역할을 하며 따로 모델을 학습시킬 필요가 없다는 것이다. k-NN 모델을 사용할 때는 항상 학습 데이터를 함께 갖고 있어야 한다는 점과 학습 데이터 세트의 크기에 따라 새로운 입력 샘플에 대한 k개의 최근접 이웃을 찾고자 많은 계산량이 필요해질 수도 있다는 점은 단점이라 할 수 있다. 계산량 폭증의 문제를 풀고자 최근접 이웃을 검색하는 속도를 높이거나 학습 데이터를 효율적으로 저장하기 위한 연구가 수십 년 간 이어져 왔지만 결국 차원의 저주를 극복하지 못하고 미제로 남아 있다.

일부 성능이 좋은 k-NN 분류기도 있다. 피처 공간의 차원이 충분히 작으면 k-NN이 매력적인 방안이 되는 경우가 있다. 학습 데이터가 많으면 정확도는 높아지겠지만 더 많은 저장 공간과 더 많은 근접 이웃 검색이 필요해진다. 그러므로 학습 데이터의 크기와 피처 공간의 차원 사이에 어느 정도 균형을 맞춰 줘야 한다. 최근접 센트로이드에 적합한 시나리오는 k-NN에도 적합하다. 그러나 k-NN 알고리듬은 클래스 그룹이 더 넓게 흩어져 있거나 겹치는 부분이 있는 상황에서는 최근접 센트로이드보다 전반적으로 우수하다. 또한 클래스에 대한 샘플이 여러 그룹으로 분할된 경우에는 k-NN이 최근접 센트로이드보다 월등히 우수하다.

나이브 베이즈

자연어 처리 연구 분야에 널리 사용되는 나이브 베이즈^{Naïve Bayes} 분류기는 구현이 간단하고 이해하기 쉬운 알고리듬이지만 몇 가지 수학적 개념을 알고 있어야 한다.

걱정할 필요는 없다. 수학적 표기법에 익숙하지 않더라도 무슨 일이 일어나고 있는지 이해하면 근간이 되는 수학도 이해할 수 있다.

나이즈 베이즈 알고리듬은 베이즈 정리에 뿌리를 두고 있다(1763년에 출판된 토마스 베이즈의 『An Essay Towards Solving a Problem in the Doctrine of Chances^{확률론의 문제 해결을 위한 에세이}』 참조). 이 정리는 확률론과 관련이 있으며 다음과 같은 공식으로 많이 알려져 있다.

$$P(A \mid B) = \frac{P(B \mid A)P(A)}{P(B)}$$

몇 가지 확률론 개념을 사용해 나이브 베이즈 분류기를 구현하는 방법을 알아보자.

표현식 $P(A \mid B)$는 사건 B가 발생한 상황에서 사건 A가 발생할 확률이다. 특정 사건이 발생한 이후의 확률이므로 **사후 확률**^{posterior probability}이라고 부른다. 마찬가지로 $P(B \mid A)$는 사건 A가 발생한 상황에서 사건 B가 발생할 확률이다. 위 식에서 $P(B \mid A)$는 A가 주어진 상황에서의 B의 우도^{likelihood}라고 부른다. 마지막으로 $P(A)$는 사건 B에 관계없이 사건 A가 발생했을 확률이며, $P(B)$는 사건 A에 관계없이 사건 B가 발생할 확률이다. $P(A)$는 A의 사전 **확률**prior probability이라 부른다.

베이즈 정리는 이미 어떤 사건(사건 B)이 발생했다는 사실이 알려져 있다면 그 상황에서 또 다른 사건(사건 A)이 일어날 확률을 알려준다. 이런 개념이 어떻게 나이브 베이즈 분류기 구현에 사용될 수 있을까? 분류기의 기본적인 역할은 임의의 피처 벡터가 어떤 클래스에 속하는지 알아내는 것이다. 피처 벡터는 주어지지만 클래스는 알아내야 할 대상이다. 예를 들어 n개의 피처를 갖는 m개의 피처 벡터로 구성된 데이터 세트가 있다고 하자. 편의상 이 데이터 세트를 x = {x_1, x_2, x_3, ..., x_n}으로 표현하자. 이때 피처 벡터의 각 피처는 위의 베이즈 정리에서 B에 해당한다고 볼 수 있다. 또한 새로운 미지의 피처 벡터 x에 할당할 클래스 레이블 y는 위의 베이즈 정리에서 A에 해당한다고 볼 수 있다. 이를 적용하면 베이즈 정리는 다음과 같이 표현된다.

$$P(y|x_1, x_2, x_3, \ldots, x_n) = \frac{P(x_1, x_2, x_3, \ldots, x_n|y)P(y)}{P(x_1, x_2, x_3, \ldots, x_n)}$$

위 식을 자세히 해석해보자. 베이즈 정리를 통해 알 수 있는 것은 대상 클래스가 y인 상황에서 피처 벡터가 x가 될 우도를 알고 있고 클래스 y가 나타날 확률, 즉 y의 사전 확률 $P(y)$를 알고 있다면 피처 벡터 x의 클래스가 y가 될 확률을 계산할 수 있다는 사실이다. 가능한 모든 클래스, 즉 각각의 모든 y 값에 대해 이 계산을 수행할 수 있다면 가장 높은 확률을 갖는 y 값을 찾아낼 수 있고 해당 클래스 y에 속하는 레이블을 피처 벡터 x에 지정할 수 있다.

학습 데이터 세트는 이미 알고 있는 피처 벡터 x^i와 그것이 속한 클래스 y^i에 대한 쌍 집합 (x^i, y^i)임을 기억하자. 여기서 위 첨자인 i는 학습 데이터 세트 내에서 피처 벡터와 레이블 쌍의 순서를 나타낸다. 이제 이와 같은 데이터 세트가 주어지면 각 클래스 레이블이 학습 데이터 세트에 표시되는 빈도에 대한 히스토그램을 만들어 $P(y)$를 계산할 수 있다. 학습 데이터 세트는 가능한 피처 벡터의 모분포를 잘 반영해주고 있어 해당 학습 데이터를 사용해 베이즈의 정리를 사용하는 데 필요한 값을 계산할 수 있다(좋은 데이터 세트가 잘 구성됐는지 알아보는 기술은 4장에서 다뤘다).

$P(y)$를 계산한 다음에는 우도 $P(x_1, x_2, x_3, \ldots, x_n|y)$를 계산해야 한다. 안타깝지만 이것을 직접 구할 수 있는 방법은 없다. 그러나 실망할 필요는 없다. 몇 가지를 가정하면 계산을 이어갈 수 있다. 우선 x의 각 피처는 통계적으로 독립적이라고 가정하자. 이는 피처 값 중 하나의 x_1을 측정한다는 사실이 다른 $n - 1$개의 피처 값과 아무 관련이 없음을 뜻한다. 이 가정이 항상 적용되는 것은 아니고 맞지 않는 경우도 꽤 있지만 실제 현장의 문제를 다룰 때에는 거의 믿을만할 정도로 사실에 가깝다고 알려져 있다. 항상 참인 것이 아님에도 피처 값들이 서로 독립적이라고 가정하는 것은 순진한 접근 방법이기 때문에 이 알고리듬을 나이브 베이즈라고 부르게 됐다. 예를 들어 입력 데이터가 이미지인 경우 이 가정은 거의 사실이 아니다. 이미지 내의 픽셀들은 서로 많이 의존하기 때문이다. 무작위로 픽셀 하나를 선택하면 그 옆의 픽셀은 거의 확실히 몇 가지 값 중 하나의 값을 갖는다.

두 사건이 독립이라면 두 사건이 동시에 발생할 확률인 **결합 확률**^{joint probability}은 각 사건의 확률을 단순히 곱함으로써 구할 수 있다. 각 사건이 독립일 것이라고 가정함으로써 베이즈 정리의 우도 부분을 다음과 같이 변경할 수 있다.

$$P(x_1, x_2, x_3, \ldots, x_n|y) \approx \prod_{i=1}^{n} P(x_i|y)$$

Π 기호는 뒤에 나오는 항목을 모두 곱해준다는 뜻이다. $\sum$ 기호가 뒤에 나오는 항목을 모두 더해준다는 것을 의미하는 것과 비슷하다. 방정식의 우변이 의미하는 것은 클래스 레이블이 y로 주어진 상황에서 피처 x_i의 값이 어떤 특정한 값이 될 확률을 알고 있다면 각 피처의 확률을 모두 곱해줌으로써 주어진 클래스 레이블 y에 대한 전체 피처 벡터 x의 우도를 구할 수 있다는 것이다.

데이터 세트가 범주형 값 또는 정수(예, 연령)와 같은 이산 값으로 구성된 경우 해당 데이터 세트를 사용해 각 클래스의 각 특성에 대한 히스토그램을 작성함으로써 $P(x_i|y)$ 값을 계산할 수 있다. 예를 들어 다음과 같은 값을 갖는 클래스 1에 속한 피처 x_2가 있다고 하자.

```
7, 4, 3, 1, 6, 5, 2, 8, 5, 4, 4, 2, 7, 1, 3, 1, 1, 3, 3, 3, 0, 3,
4, 4, 2, 3, 4, 5, 2, 4, 2, 3, 2, 4, 4, 1, 3, 3, 3, 2, 2, 4, 6, 5,
2, 6, 5, 2, 6, 6, 3, 5, 2, 4, 2, 4, 5, 4, 5, 5, 2, 5, 3, 4, 3, 1,
6, 6, 5, 3, 4, 3, 3, 4, 1, 1, 3, 5, 4, 4, 7, 0, 6, 2, 4, 7, 4, 3,
4, 3, 5, 4, 6, 2, 5, 4, 4, 5, 6, 5
```

각 값이 나올 확률은 다음과 같이 구할 수 있다.

```
0: 0.02
1: 0.08
2: 0.15
3: 0.20
4: 0.24
5: 0.16
6: 0.10
7: 0.04
8: 0.01
```

각 확률은 해당되는 값이 발생한 횟수를 데이터 세트 내 값의 총 개수인 100으로 나누는 방식으로 계산된 것이다.

이 히스토그램을 사용하면 $P(x_2|y = 1)$을 구할 수 있다. $P(x_2|y = 1)$은 클래스 레이블이 1로 지정됐을 때 피처 2가 나올 확률을 의미한다. 예를 들어 새로운 미지의 피처 벡터 x_2가 입력됐고 이 벡터가 클래스 1에 속한다고 가정하면 x_2 = 4일 확률은 24%고 x_2 = 1일 확률은 8%가 된다.

각각의 피처와 클래스 레이블에 대해 이와 같은 테이블을 작성함으로써 범주형 또는 이산형 데이터를 처리하기 위한 분류기를 만들 수 있다. 새로운 미지의 피처 벡터가 입력될 때 테이블의 내용을 참조하면 해당 피처 벡터가 특정 값을 갖게 될 확률을 찾아낼 수 있다. 이렇게 구한 각각의 확률을 모두 곱한 값에 해당 클래스의 사전 확률을 곱해준다. 이 과정을 데이터 세트의 m개 클래스 각각에 대해 반복하면 m개의 사후 확률 집합이 완성된다. m개의 확률 값 중 가장 큰 값을 선택해 이에 해당하는 클래스 레이블을 할당하는 방식으로 새로운 피처 벡터를 분류할 수 있게 된다.

피처 값이 연속형이라면 $P(x_i|y)$를 어떻게 계산할 수 있을까? 우선 떠오르는 방안은 연속형 값을 일정 단위로 잘라 이산형처럼 만든 다음 테이블을 작성하는 방법이다. 또 다른 방안이 있는데, 그 방안은 일단 가정이 하나 필요하다. 이 가정은 측정 대상인 피처 값 x_i의 분포에 대한 가정이다. 대부분의 자연 현상은 정규 분포를 따르는 경향이 있다. 정규 분포에 대해서는 이미 1장에서 다뤘다. 정규 분포는 평균값(μ, 뮤)과 표준 편차(σ, 시그마)로 정의된다. 평균값은 분포로부터 샘플을 반복적으로 추출할 경우 예상되는 평균값이다. 표준 편차는 분포가 얼마나 넓게 퍼져 있는지, 즉 평균값 주변에 어떻게 분포돼 있는지를 측정한 것이다.

원래의 이산형 베이즈 수식에서 피처 벡터의 각 피처 값을 나타내는 $P(x_i|y)$를 다음과 같이 바꿔보자.

$$P(x_i|y) \approx \mathrm{N}(\mu_i, \sigma_i)$$

여기서 $N(\mu_i, \sigma_i)$는 어떤 평균값(μ)을 중심으로 표준 편차(σ)만큼 퍼져있는 정규 분포를 의미한다.

μ와 σ 값을 정확히 구할 수는 없지만 학습 데이터를 사용해 근삿값을 계산할 수는 있다. 예를 들어 클래스 레이블이 0인 25개의 샘플로 구성된 학습 데이터

가 있다고 하자. 이 샘플들은 피처 3의 값, 즉 x_3의 값들이며 실제 값은 다음과 같이 측정됐다고 가정해보자.

```
0.21457111,  4.3311102,   5.50481251,   0.80293956,  2.5051598,
2.37655204,  2.4296739,   2.84224169,  -0.11890662,  3.18819152,
1.6843311,   4.05982237,  4.14488722,   4.29148855,  3.22658406,
6.45507675,  0.40046778,  1.81796124,   0.2732696,   2.91498336,
1.42561983,  2.73483704,  1.68382843,   3.80387653,  1.53431146
```

위 샘플들의 평균을 계산해보면 2.58이 나오고 평균값 주변의 산포인 표준 편차는 1.64로 계산된다. 이를 이용해 클래스 0에 대한 피처 3을 표현하는 정규 분포의 파라미터를 μ_3 = 2.58과 σ_3 = 1.64로 지정해둔다.

새로운 미지의 샘플이 분류기에 입력되면 다음 식을 이용해 실제 클래스가 클래스 0인 경우에 대한 피처 x_3이 발생할 확률을 계산할 수 있다.

$$P(x_3 \mid y = 0) = \frac{1}{\sigma_3 \sqrt{2\pi}} e^{-\frac{1}{2}\left(\frac{x_3 - \mu_3}{\sigma_3}\right)^2}$$

이 방정식은 평균 μ와 표준 편차 σ를 갖는 정규 분포 공식에서 도출된 것이다. 클래스가 y인 경우 특정 피처 값의 우도는 정규 분포에 따라 학습 데이터에서 측정한 평균값을 중심으로 그 주위에 분포돼 있다. 이 가정은 피처 값들이 서로 독립이라는 가정에 추가되는 가정이다.

위 식을 이용해 미지의 피처 벡터 내의 각 피처 값을 추정할 수 있다. 추정한 모든 값을 다 곱한 다음 그 결과를 클래스 0이 발생할 사전 확률에 곱해준다. 모든 클래스에 대해 이 과정을 반복한다. 최종적으로 분류하고자 하는 피처 벡터가 m개의 클래스 각각에 속할 확률인 m개의 숫자를 얻게 된다. 최종 결정을 내리고자 이전에 했던 작업을 수행해준다. 즉, m개의 확률 중 가장 큰 확률을 선택하고 그에 해당하는 클래스 레이블을 지정한다.

베이즈 정리의 분모 부분을 다루지 않아 불안할 수 있다. 사실 분모 부분은 상수 값으로 고정돼 있기 때문에 특별히 신경 쓰지 않아도 된다. 분모 값으로는 항상 가장 큰 사후 확률이 선택되기 때문에 각각의 분자 값을 상수 값으로 고정된 분모 값으로 나누는 것이 큰 의미가 없다. 분모로 나눠주는 지와 상관없이 결국은 동일한 클래스 레이블이 선택된다.

이산형 데이터의 경우 실제로 잘 나타나지 않는 샘플은 학습 데이터 세트에 포함되지 않는 경우가 발생할 수도 있다. 알고리듬의 핵심 개념에 집중하고자 이런 상황은 무시하고 넘어갔지만 학습 데이터에서 누락된 샘플은 $P(x_i|y)$ 값을 0으로 만들게 되고 결과적으로 전체 사후 확률을 0으로 만들기 때문에 문제가 된다.

이런 문제는 자연어 처리 분야에서 종종 발생한다. 잘 사용되지 않는 단어가 입력될 경우가 있을 수 있기 때문이다. **라플라스 평활화**Laplace smoothing 기법을 사용하면 이 문제를 회피할 수 있지만 이 책에서는 단순히 좋은 학습 데이터 세트는 가능한 모든 값을 포함한다고 가정한다. sklearn 패키지에 포함된 나이브 베이즈 분류기인 `MultinomialNB`는 이산형 데이터를 처리하는 분류기로, 기본적으로 라플라스 평활화 기법을 사용한다.

의사결정 트리와 랜덤 포레스트

그림 6-5의 왼쪽 사진은 우측 둔부 소켓이 기형인 강아지의 엑스레이 이미지를 보여준다. 엑스레이 촬영 시에는 강아지가 누워 있는 상태이므로 우측 둔부 소켓이 이미지의 왼쪽에 나타난다. 그림 6-5의 우측에는 각 픽셀의 강도(8비트 값, [0, 255])별 히스토그램을 보여준다. 이 히스토그램에는 어두운 배경과 약간 밝은 강도로 나타나는 X선 데이터에 해당하는 두 가지 모드가 있다. 이미지의 각 픽셀이 배경 화면인지 엑스레이 데이터인지를 분류하려면 다음 규칙을 따르면 된다. 즉, "픽셀 강도가 11 미만이면 그 픽셀은 배경 화면이다."

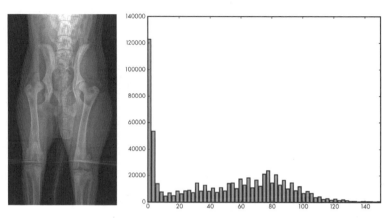

그림 6-5: (왼쪽) 강아지의 엑스레이 사진. (오른쪽) 8비트 픽셀 값 [0, 255]에 대한 히스토그램

이 규칙을 통해 피처 값 중 하나(이 경우 픽셀 강도 값)를 근거로 데이터를 판정할 수 있는 방안을 마련해준다. 이와 같은 간단한 결정 방식은 이 절에서 살펴볼 분류 알고리듬인 의사결정 트리decision tree의 핵심 아이디어다. 이미지의 각 픽셀에 대해 앞서 수립한 결정 규칙을 적용해 픽셀이 배경이면 0으로 지정하고 엑스레이 데이터라면 255(최대 픽셀 값)를 출력하면 강아지 형상이 차지하고 있는 이미지 영역만 보여줄 수 있는 마스크를 얻을 수 있다. 그림 6-6을 살펴보자.

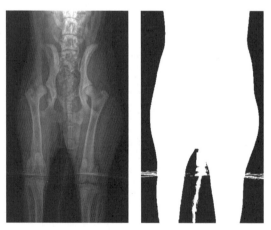

그림 6-6: (왼쪽) 강아지의 엑스레이 이미지 원본. (오른쪽) 결정 규칙에 의해 생성된 마스크. 흰색 픽셀은 강아지 형상이 차지하고 있는 이미지 영역

222

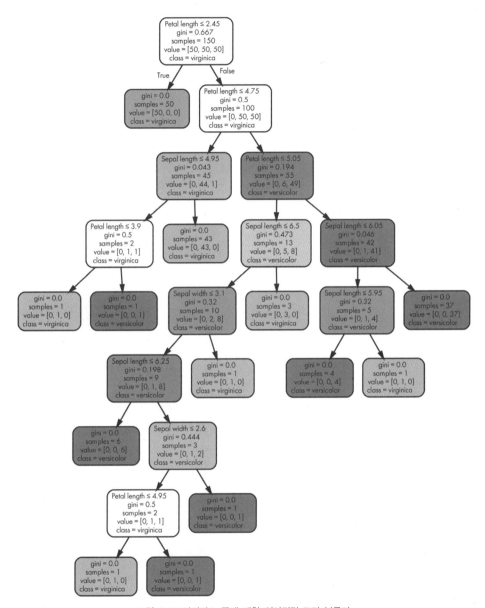

그림 6-7: 아이리스 꽃에 대한 의사결정 트리 분류기

의사결정 트리는 노드의 집합이다. 노드는 조건식을 판별하고 결과가 참인지 거짓인지에 따라 적정한 분기를 수행하거나 특정 클래스를 선택한다. 더 이상

분기할 대상이 없는 노드를 리프 노드leaf node라고 한다. 의사결정 트리를 트리라고 부르는 이유는 분기 가지들이 나무처럼 보이기 때문이다. 여기서는 2개의 분기를 갖는 바이너리 케이스만 다루고 있기 때문에 나무 가지가 2개밖에 나타나지 않는다. 그림 6-7은 아이리스 꽃 데이터 세트 전체에서 첫 세 가지 피처를 사용해 sklearn 패키지의 DecisionTreeClassifier 클래스로 학습한 의사결정 트리를 보여준다. 자세한 내용은 5장에서 확인할 수 있다.

통상 트리의 첫 번째 노드인 루트 노드를 맨 위에 놓고 시작한다. 트리에 대해 루트 노드는 "대상 꽃잎의 길이petal length가 2.45 이하인가?"라는 질문을 한다. 그렇다면 왼쪽 가지로 분기하게 되고 트리는 즉시 리프 노드에 도달해 '아이리스 버지니카virginica'(클래스 0)라는 레이블을 할당한다. 노드가 갖고 있는 다른 정보들에 대한 설명은 잠깐 뒤로 미루자. 꽃잎 길이가 2.45 이하가 아니라면 오른쪽 가지로 분기해서 "꽃잎 길이가 4.75 이하인가?"라고 묻는 노드에 도착한다. 그렇다면 꽃받침 길이sepal length에 대한 질문을 하는 노드로 이동한다. 그렇지 않은 경우라면 오른쪽 노드로 이동해 꽃잎 길이를 다시 고려한다. 클래스 레이블을 결정할 수 있는 리프 노드에 도달할 때까지 이 과정을 계속 반복한다.

방금 설명한 프로세스는 의사결정 트리가 생성된 후 사용되는 방식이다. 새로운 미지의 피처 벡터가 입력되면 루트 노드부터 시작해 일련의 질문을 하고 리프 노드에 도달할 때까지 트리를 탐색해 최종적으로 클래스 레이블을 결정한다. 이렇게 절차에 따라 분류해 나가는 방식을 따르기 때문에 이 방식을 인간 친화적인 방식이라 할 수 있다. 의사결정 트리 방식은 클래스 판정 결과만큼이나 판정의 이유를 밝히는 것이 중요한 경우 매우 편리하다. 의사결정 트리는 분류 결과에 대해 스스로 설명할 수 있는 방식이다.

만들어진 의사결정 트리를 사용하면 매우 간단하지만 그것을 사용하지 않고 트리를 처음부터 만들려면 어떻게 해야 할까? 트리 구축 과정은 앞 절에서 다룬 간단한 알고리듬보다는 약간 더 복잡하지만 트리 구축의 주요 단계를 이해하지 못할 정도로 복잡하지는 않다. 트리를 정의하는 데 필요한 직관적인 지식을 축적하기에 적당한 수준의 난이도다.

재귀의 개념

그러나 의사결정 트리 알고리듬을 이야기하기 전에 재귀^{recursion} 개념을 알아보자. 컴퓨터 과학 분야에 어느 정도 지식이 있다면 트리 형태의 자료 구조와 재귀 개념이 밀접한 관련이 있다는 것을 알고 있을 것이다. 그렇지 않더라도 걱정할 필요는 없다. 재귀는 간단하지만 강력한 개념이다. 재귀 알고리듬의 핵심 개념은 같은 알고리듬이 다른 수준에서 반복 적용된다는 것이다. 재귀 알고리듬을 프로그래밍 언어에서 함수로 구현할 때는 먼저 반복을 통해 큰 문제를 해결할 수 있는 더 작은 버전의 문제로 정의한 다음 각각의 작은 문제에 해당 함수 자신을 반복해서 호출하는 방식으로 구현하게 된다. 당연한 얘기지만 함수가 자신을 끝없이 호출하면 무한 루프가 생기므로 재귀 알고리듬을 구현할 때에는 문제를 해결한 시점에서 재귀를 중지할 수 있는 중지 조건이 필요하다.

재귀의 개념을 수학적으로 간단히 알아보자. 정수 n의 계승^{factorial} $n!$는 다음과 같이 정의된다.

$$n! = n(n-1)(n-2)(n-3)\ldots(n-n+1)$$

이는 1에서 n까지의 모든 정수를 함께 곱하는 것을 의미한다. 정의상 $0! = 1$이다. 따라서 5의 계승은 다음과 같이 120으로 계산된다.

$$5! = 5 \times 4 \times 3 \times 2 \times 1 = 120$$

위의 계산식을 보면 5!가 $5 \times 4!$임을 알 수 있다. 일반화시켜보면 $n! = n \times (n-1)!$가 성립한다. 이런 점에 착안해 계승을 재귀적으로 계산할 수 있는 파이썬 함수를 작성해보자. 계승을 구하는 재귀 함수는 코드가 간단하고 재귀 함수의 대표격인 함수다. 리스트 6-1을 보자.

리스트 6-1: 계승 계산하기

```
def fact(n):
    if (n <= 1):
        return 1
    else:
        return n*fact(n-1)
```

이 코드는 n의 계승이 $n - 1$의 계승 곱하기 n이라는 규칙을 직접적으로 구현한 것이다. n의 계승을 찾고자 먼저 n이 1인지 체크해본다. 그렇다면 계승이 1이라는 의미이므로 1을 반환한다. 그리고 이것이 재귀 함수 fact의 중지 조건이 된다. n이 1이 아니라면 n의 계승이 n-1의 계승 곱하기 n이라는 규칙을 이용하고자 자기 자신, 즉 함수 fact를 다시 호출하면서 n-1을 인수로 전달한다.

의사결정 트리 만들기

의사결정 트리를 구축하는 알고리듬도 재귀적이다. 어떤 일이 일어나는지 개념적인 수준에서 먼저 살펴보자. 알고리듬은 루트 노드에서 시작해 해당 노드에 대한 적절한 규칙을 결정한 다음 왼쪽 또는 오른쪽으로 분기해 도착한 노드에서 자신을 다시 호출한다. 왼쪽으로 분기한 후 도착한 노드가 루트 노드인 것처럼 취급해 다시 시작한다. 이 과정을 중지 조건이 충족될 때까지 반복한다.

의사결정 트리의 중지 조건은 도착한 노드가 리프 노드인지의 여부다(의사결정 트리가 다음 단계에서 리프 노드를 생성할지 여부를 확인하는 방법은 나중에 설명한다). 리프 노드가 생성되면 재귀가 종료되고 알고리듬은 리프의 상위 노드로 돌아가 오른쪽 분기점에 있는 노드에서 자신을 다시 호출한다. 그런 다음 알고리듬은 오른쪽 분기점이 루트 노드인 것처럼 처음부터 다시 시작한다. 양쪽 방향으로 진행했던 두 재귀 호출이 모두 종료되고 노드의 왼쪽 및 오른쪽 하위 트리가 생성되면 상위의 부모 노드로 돌아가는 일련의 과정을 알고리듬이 전체 트리를 구성할 때까지 반복 수행한다.

이제 좀 더 구체적으로 알아보자. 학습 데이터는 트리를 만드는 데 어떻게 사용될까? 루트 노드가 정의되면 모든 학습 데이터(n개의 모든 샘플)를 사용해서 시험해본다. 이 샘플 집합을 사용해 루트 노드 안에 구현될 규칙을 선택하는 것이다. 해당 규칙이 선택돼 학습 샘플에 적용되면 두 개의 새로운 샘플 집합을 생성한다. 하나는 왼쪽(참) 분기 방향으로 생성되고 다른 하나는 오른쪽(거짓) 분기 방향으로 생성된다.

다음으로 각 노드에 할당된 학습 샘플 집합을 사용해 왼쪽과 오른쪽 분기점에서 작동할 규칙을 정의한다. 분기 노드가 생성될 때마다 해당 분기 노드의 학습 데이터 세트는 규칙을 충족하는 샘플과 규칙을 충족하지 않는 샘플로 분할된다. 학습 샘플 세트가 너무 작거나, 한 클래스의 비율이 충분히 높거나, 최대 트리 깊이에 도달했을 때 해당 노드는 리프 노드로 선언된다.

이쯤이면 "각 분기 노드에 대한 규칙은 어떻게 선택할 것인가?"라는 질문이 생길 것이다. 규칙은 꽃잎 길이와 같은 각 입력 피처를 특정 값에 연관 짓는 방식으로 만들어진다. 의사결정 트리는 **탐욕 알고리듬**에 해당한다. 탐욕 알고리듬이라는 것은 모든 노드에서 현재 사용할 수 있는 모든 정보를 바탕으로 항상 최선의 규칙을 선택하는 알고리듬이라는 의미다. 여기에서는 현재 노드에서 사용할 수 있는 학습 샘플 세트가 가용한 정보에 해당한다. 가장 좋은 규칙은 클래스를 두 그룹으로 잘 분리해주는 것이다. 이는 가능한 후보 규칙들을 선택할 방법과 후보 규칙 중 어떤 것이 '최적'인지 결정할 방법이 필요하다는 뜻이다. 의사결정 트리 알고리듬은 무차별 대입 방법을 사용해 후보 규칙을 찾는다. 가능한 모든 피처와 값의 조합을 대입해가면서 어떤 규칙을 적용했을 때 왼쪽과 오른쪽의 학습 세트를 순도 높게 분류할 수 있는지 평가한다. 데이터가 연속형 값을 가질 경우에는 범주로 나눠 이산형으로 만드는 작업을 병행한다. 성능이 가장 좋게 나온 규칙을 해당 노드에 적용한다.

'최고 성능'은 학습 샘플 집합을 왼쪽과 오른쪽으로 얼마나 순도 높게 분할하는 가를 기준으로 결정된다. 순도를 측정하는 한 가지 방법은 **지니 계수**^{Gini index}를 사용하는 것이다. sklearn 패키지에서도 이 방법을 사용한다. 그림 6-7의 아이리스 꽃 분류 예에서 각 노드마다 지니 계수가 표시돼 있다. 지니 계수의 계산 방법은 다음과 같다.

$$\text{Gini} = \sum_{i \neq j} P(y_i)P(y_j) = 1 - \sum_i P^2(y_i)$$

여기서 $P(y_i)$는 클래스 i의 현재 노드에 대한 부분집합 내에서 해당 학습 샘플이 차지하는 비율이다. 하나의 클래스와 다른 클래스가 교집합 없이 완벽히 분류될 경우 지니 계수 값은 0이 된다. 50-50의 비율로 분류할 수 있다면 지니 계수는 0.5가 된다. 알고리듬은 가장 작은 지니 계수를 생성하는 후보 규칙을 선택함으로써 각 노드에서의 지니 계수를 최소화시킨다.

예를 들어 그림 6-7에서 루트 노드 바로 아래 오른쪽 노드의 지니 계수는 0.5의 값이 주어져 있다. 즉, 이 노드의 상위 노드인 루트 노드에 적용된 규칙을 보면 꽃잎 길이 2.45를 기준으로 학습 데이터의 부분집합을 나눴는데, 나눠진 부분집합이 클래스 1과 2에 동일한 비율로 할당됐다는 의미다. 이는 노드 내에 기술된 여러 가지 텍스트 중 '값'이 의미하는 것이다. 이 값은 노드를 정의한 부분집합의 학습 샘플 수를 보여준다. '클래스' 행은 해당 노드에서 트리가 중지된 경우에 할당되는 클래스를 나타낸다. 간단히 말해 특정 노드의 부분집합 중에서 학습 샘플의 수가 가장 많은 클래스의 클래스 레이블이 할당된다. 새로운 미지의 샘플에 의사결정 트리 알고리듬을 적용하면 해당 샘플은 항상 루트 노드에서 시작해 리프 노드로 이동한다.

랜덤 포레스트

의사결정 트리는 데이터가 이산형이거나 범주형이거나 결측값이 있는 경우 유용하다. 연속 데이터를 먼저 범주형으로 변경해야한다(sklearn 패키지가 자동으로 수행해준다). 그러나 의사결정 트리는 학습 데이터에 과적합하는 좋지 않은 특성이 있다. 대상 데이터의 일반적인 특징을 학습해둬야 새로운 미지의 데이터 샘플이 입력됐을 때 올바른 판단을 내릴 수 있는데, 학습 과정에서 사용한 학습 데이터의 의미 없는 통계적 뉘앙스에 집착할 가능성이 있다는 뜻이다. 의사결정 트리는 피처 수가 증가함에 따라 모델의 크기가 엄청나게 커질 수 있기 때문에 트리의 깊이를 나타내는 변수로 관리해줘야 한다.

랜덤 포레스트random forests 알고리듬을 사용하면 의사결정 트리의 과적합 문제를 어느 정도 완화시킬 수 있다. 주어진 문제가 단순한 문제가 아니라면 시작 단계부터 랜덤 포레스트를 고려하는 것이 좋다. 다음 세 가지 개념을 사용해 의사결정 트리를 랜덤 포레스트 알고리듬으로 바꿀 수 있다.

- 여러 개의 분류기로 앙상블을 구성하고 투표를 통해 최종 판정
- 복원 추출 방식으로 학습 데이터 세트를 리샘플링
- 피처들의 부분집합을 무작위로 선택

각기 다른 데이터나 유형으로 학습된 몇 가지 분류기가 있다고 하자. 예를 들어 k-NN이나 나이브 베이즈와 같이 종류가 다른 분류기가 존재하는 상황을 상상해볼 수 있다. 새로 샘플이 입력되면 여러 종류의 분류기로 분류를 시도하고 그 결과를 바탕으로 투표를 통해 이 샘플의 카테고리를 최종 결정하게 할 수 있다. 이런 방식을 앙상블ensemble이라고 하며 분류기 수가 증가함에 따라 일반적으로 개별 분류기보다 성능이 향상된다. 물론 수확 체감의 법칙diminishing returns이 작용하기 때문에 무한정 향상되지는 않는다. 비슷한 아이디어를 의사결정 트리에 적용해 앙상블이나 포레스트를 형성할 수 있다. 그러나 학습 데이터 세트에 특별한 추가 작업을 수행하지 않는 한 정확히 동일한 결과를 산출하는 트리로

구성된 포레스트를 갖게 될 것이다. 특정 학습 샘플 집합이 항상 똑같은 의사결정 트리를 만들어낼 것이기 때문이다. 의사결정 트리를 생성하는 알고리듬은 결정론적이기 때문에 항상 동일한 결과를 산출하게 돼 있다.

작업 대상 학습 데이터 세트가 갖는 특정한 통계적 뉘앙스를 처리하는 방법은 원본 학습 데이터 세트에서 새로운 학습 데이터 세트를 추출하되 동일한 학습 데이터 세트가 두 번 이상 선택될 수 있게 하는 것이다. 확률 시간에 배운 복원 추출 방식을 떠올려보자. 가방에서 색깔 있는 구슬을 고르는 것으로 생각하되 다음 구슬을 선택하기 전에 방금 선택한 구슬을 다시 가방에 넣고 골라본다. 주머니 안에 색깔 있는 구슬들이 있고 그중에서 구슬 하나를 꺼내는 실험이다. 복원 추출 방식은 한 번 꺼냈던 구슬을 주머니 안으로 집어넣어 실험을 계속하는 방식이다. 이러한 방식으로 선택된 새 데이터 세트를 **부트스트랩 샘플**이라 하고 새로운 데이터 세트 집합을 구축하는 것을 **배깅**bagging한다고 표현한다. 새로 샘플링된 데이터 세트의 집합을 사용해 구축한 모델들을 합치면 랜덤 포레스트 모델을 만들 수 있다.

복원 추출의 개념을 적용해 학습 데이터 세트를 새로 구성한 뒤 여러 개의 의사결정 트리를 학습시키면 약간씩 다른 트리들로 구성된 포레스트를 얻을 수 있다. 앙상블 투표를 할 수 있기 때문에 이것만으로도 성능이 개선될 것이다. 그러나 한 가지 문제가 있다. 어떤 피처가 예측 가능성이 매우 높아 학습 과정을 지배하게 되면 그 결과로 포레스트 내의 트리들이 해당 피처에 관해 거의 비슷한 정도의 약점을 공유하게 된다. 이 약점을 해결하고자 랜덤 포레스트 알고리듬이 사용된다.

배깅 방식은 트리별로 사용할 학습 데이터 세트의 분포를 다르게 만들어주긴 하지만 측정 대상인 피처 집합에 대해서는 아무런 조치도 하지 않는다. 대신에 트리별로 피처들의 부분집합을 각기 다르게 무작위로 할당해주고 각 트리는 할당받은 피처만을 학습한다면 어떨까? 이렇게 하면 트리 사이의 상관관계가 깨지고 포레스트의 전반적인 성능이 안정화된다. 실제로 어떤 피처 벡터가 n개의 피처로 구성돼 있다면 각 트리에는 $\sqrt{n}$개의 피처를 무작위로 할당해준다. 랜덤 포레스트는 sklearn 패키지에 포함돼 있다.

서포트 벡터 머신

마지막으로 살펴볼 전통적인 머신러닝 모델은 1990년대 대부분의 기간 동안 신경망을 저지하며 활약했던 **서포트 벡터 머신**SVM, Support Vector Machine이다. 신경망은 데이터에 크게 의존하는 경험적 접근 방식으로 모델을 생성하는 반면 SVM은 매우 우아한 수학적 기반의 접근 방식을 택하고 있다. SVM의 배경이 되는 수학적 내용을 여기에서 소개하는 것은 적절치 않으므로 개념적 수준에서 SVM의 성능을 위주로 살펴보자. 자세한 내용은 코르테스Cortes와 배프닉Vapnik이 1995년에 출판한 「Support-Vector Networks서포트 벡터 네트워크」라는 유명한 논문을 참조하기 바란다.

서포트 벡터 머신의 작동 원리를 알아보기 전에, 먼저 마진Margins, 서포트 벡터, 최적화, 커널이라는 개념을 직관적으로 이해하는 것이 중요하다. 각각의 개념을 차례대로 살펴보자.

마진

그림 6-8은 두 가지 피처로 구성된 데이터 세트가 2개의 클래스로 나눠져 상황을 보여준다. 데이터 세트의 각 샘플별로 x축에는 피처 1을 표시하고 y축에는 피처 2를 표시해 플로팅했다. 클래스 0은 원으로, 클래스 1은 다이아몬드로 표시했다. 분포를 보면 알 수 있듯이 설명을 위해 인위적으로 만든 데이터 세트며 원과 다이아몬드 사이에 선을 그어 쉽게 구분할 수 있게 구성했다.

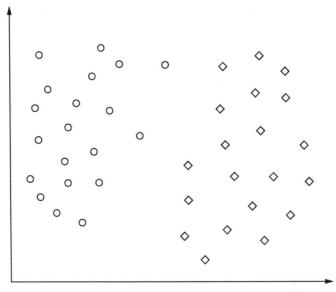

그림 6-8: 원과 다이아몬드로 표현된 두 개의 클래스를 갖는 예제 데이터 세트. x축과 y축은 데이터의 두 가지 피처 값을 나타낸다.

분류기는 학습 데이터 공간을 서로 다른 그룹들로 분할해주는 하나 이상의 평면을 찾는 알고리듬이라고 생각할 수 있다. 그림 6-8의 경우 양측 데이터를 가르는 선이 분리 '평면'에 해당한다. 세 가지 피처로 구성된 데이터 세트 공간에 대한 분리 평면은 2차원 평면이 될 것이다. 4개의 피처를 사용하면 분리 평면은 3차원이 되고 n차원의 피처를 사용하면 분리 평면은 $n - 1$ 차원이 된다. 평면이 다차원이기 때문에 **초평면**hyperplane이라고 하며 분류기의 목표는 초평면을 사용해 학습 데이터 세트의 피처 공간을 그룹으로 분리하는 것이라고 할 수 있다.

그림 6-8을 다시 살펴보면 학습 데이터를 두 그룹으로 분리하는 무한한 선이 있음을 상상할 수 있다. 상상 속의 모든 선은 한쪽에는 클래스 0만 있고 다른 쪽에는 클래스 1만 있게 그어질 것이다. 그중 어떤 것을 사용해야 할까? 자, 두 클래스를 구분하는 선의 위치가 의미하는 것을 좀 더 생각해보자. 다이아몬드 바로 앞으로 더 오른쪽에 선을 그리면 학습 데이터를 간신히 분리할 수는

있다. 여기서 학습 데이터는 각 클래스의 실제 샘플 분포에 대한 대리자로 사용하고 있다는 사실을 기억해야 한다. 학습 데이터가 많을수록 실제 분포를 더욱 충실히 추정할 수 있다. 그러나 여전히 실제 분포를 정확히 알 수는 없다.

클래스 0인지 아니면 클래스 1인지 알 수 없는 새로운 샘플이 나타나면 그래프의 어딘가에 새롭게 표시될 것이다. 상식적으로 생각해보면 학습 데이터 세트 내의 다른 샘플에 비해 원 쪽으로 더 가깝게 떨어지는 클래스 1(다이아몬드) 샘플이 분명히 존재할 것이다. 분리선이 다이아몬드에 너무 가깝게 그어지면 대상 샘플이 클래스 1에 속하는 샘플인데도 클래스 0라고 잘못 판정될 위험이 있다. 분리선을 클래스 0점(원)에 매우 가깝게 배치해도 동일한 문제가 발생한다. 그러한 경우에는 클래스 0 샘플을 클래스 1(다이아몬드)로 잘못 표시할 위험이 있다.

따라서 추가적인 학습 데이터가 없다는 가정하에 현재 상태에서 두 클래스로부터 가능한 한 멀리 떨어져있는 구분선을 선택하는 것이 가장 합리적인 방안이될 것이다. 그 선은 다이아몬드의 왼쪽으로 가능한 한 가장 멀리 있으면서 동시에 원의 오른쪽으로도 가장 멀리 있어야 한다. 이 선의 위치를 **최대 여백**maximal margin 위치라고 부른다. 여기서 여백은 가장 가까운 샘플 지점으로부터의 거리로 정의된다. 그림 6-9는 굵은 선으로 표시된 최대 여백 구분선과 점선으로 표시된 최대 여백을 보여준다. SVM의 목표는 최대 여백의 위치를 찾는 것이다. 이 위치는 학습 데이터 세트에서 얻은 지식을 바탕으로 새 샘플을 분류할 때 실수를 줄일 수 있는 가장 유리한 위치다.

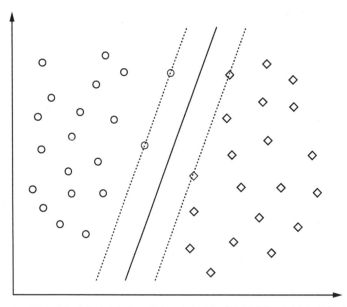

그림 6-9: 그림 6-8의 예제 데이터 세트 위에 표시된 최대 여백 구분선(굵은 선)과 최대 여백(점선)

서포트 벡터

그림 6-9를 다시 보면 여백에 4개의 학습 데이터 포인트가 걸려 있음을 알 수 있다. 이 점들은 마진을 정의하는, 다시 말해 마진을 서포트하는 학습 샘플이다. 그 점들을 **서포트 벡터**라고 부른다. 여기에서 서포트 벡터 머신이라는 이름이 유래한 것이다. 서포트 벡터가 여백을 정의해준다는 것은 알겠는데, 여백의 위치를 찾는 데는 어떻게 사용되는 것일까? 개념 이해를 방해하는 복잡한 벡터 수학은 가능하면 피하고 문제를 약간 단순화시켜 설명을 이어가겠다. 더 자세한 수학적인 내용에 대해서는 크리스토퍼 버지스^{Christopher Burges}가 1998년에 발표한 『A Tutorial on Support Vector Machines for Pattern Recognition^{패턴 인식을 위한 서포트 벡터 머신에 대한 자습서}』를 참조하기 바란다.

최적화

수학적으로는 최적화 문제를 풀기만 하면 최대 마진 초평면을 찾을 수 있다. 최적화 문제는 특정 파라미터에 의존하는 수량에 대해 목표 수량을 최대한 작게 또는 크게 만드는 파라미터 값 세트를 찾는 문제라고 할 수 있다.

SVM의 경우 초평면의 방향은 벡터 $\vec{w}$를 구함으로써 알아낼 수 있다. 오프셋 b도 찾아야 한다. 최적화를 수행하기 전에 마지막으로 클래스 레이블을 지정하는 방식을 변경해야 한다. i번째 학습 샘플 x_i의 레이블인 y_i에 0이나 1을 사용하는 대신 −1 또는 +1을 사용한다. 이렇게 함으로써 최적화 문제의 조건을 좀 더 간단하게 정의할 수 있다.

여기서 수학적으로 풀어야 할 것은 수량 $\frac{1}{2}||\vec{w}||^2$의 값을 최소로 만들어주는 $\vec{w}$와 b를 찾는 것이다. 단, 데이터 세트 내의 모든 레이블과 학습 벡터에 대해 $y_i(\vec{w} \cdot \vec{x} - b) \geq 1$을 만족한다고 가정한다. 이러한 종류의 최적화 문제는 2차 계획법을 적용하면 쉽게 해결된다(또 다른 중요한 수학적 과정을 건너뛰고 있다. 실제로 최적화 문제가 해결되려면 쌍대 문제를 푸는 데 필요한 라그랑지안Lagrangian 개념을 사용하지만 SVM의 핵심 개념에 집중하고자 더 이상 깊이 다루지는 않는다).

위의 공식은 두 개의 클래스로 구성된 데이터 세트가 초평면에 의해 두 개의 그룹으로 분리될 수 있는 경우에 적용할 수 있다. 즉, 선형적으로 분리할 수 있는 경우에 해당한다는 의미다. 앞에서 살펴봤듯이 모든 데이터 세트를 이 방식으로 분리할 수 있는 것은 아니다. 최적화 문제를 전체적인 관점에서 바라보면 발견된 여백의 크기에 영향을 미치는 퍼지 팩터fudge factor C가 문제 속에 포함돼 있음을 알 수 있다. sklearn 패키지의 SVM 클래스에 이 팩터가 이미 구현돼 있으므로 어느 수준으로 영향을 주게 할 것인지만 지정해주면 사용할 수 있다. 실제 프로그램의 관점에서 C는 SVM의 하이퍼파라미터 중 하나로 볼 수 있으며, SVM을 제대로 학습시키고자 설정해야 하는 값에 해당한다. C의 값을 얼마로 정할 것인가는 문제에 따라 다르다. 일반적으로 모델에 의해 학습되지 않았지만 모델을 사용하려면 반드시 설정해야 하는 파라미터를 하이퍼파라미터라고 부른다. 예를 들어 SVM의 경우 퍼지 팩터 C가 이에 해당하며 k-NN의 경우 k 값이 이에 해당한다.

커널

적절한 비유를 들어 설명해야 할 수학적 개념이 하나 더 있다. 앞의 설명은 선형 SVM에 대한 것이며 학습 데이터 $\vec{x}$들을 직접 사용한다. 비선형 SVM의 경우에는 학습 데이터를 통상 $\phi(\vec{x})$라고 하는 함수를 통해 다른 공간으로 매핑시킨다. $\phi(\vec{x})$ 함수는 원본 학습 데이터 $\vec{x}$를 바탕으로 새로운 버전의 학습 데이터를 생성해준다. SVM 알고리듬은 내적 $\vec{x}^T\vec{z}$을 계산해 이용하는데, 매핑된 버전에서는 내적을 구하는 식이 $\phi(\vec{x})^T\phi(\vec{z})$로 표현된다. 이 표기법에서 벡터는 숫자 열로 간주되기 때문에 전치^{transpose}를 나타내는 T 연산을 이용해 행벡터를 생성한다. 전치 연산 후에 행렬 곱을 취하면 $1 \times n$ 행벡터와 $n \times 1$ 열벡터의 행렬 곱셈 꼴이 돼 스칼라 값인 1×1 출력이 생성된다. 내적은 일반적으로 다음과 같이 계산한다.

$$K(\vec{x}, \vec{z}) = \phi(\vec{x})^T \phi(\vec{z})$$

이 함수 $K(\vec{x}, \vec{z})$를 커널^{kernel}이라고 부른다. 선형 커널은 단순히 $\vec{x}^T\vec{z}$로 계산되지만 다른 형태의 커널도 가능하다. 가우시안 커널은 방사형 기저 함수^{RBF, Radial Basis Function} 커널이라고도 하는 인기 있는 커널이다. 가우시안 커널^{Gaussian kernel}을 실제로 사용할 때는 기본 C 파라미터 외에 γ라는 새로운 파라미터가 필요하다. 이 파라미터는 가우시안 커널이 특정 훈련 포인트 주변에 얼마나 퍼져 있는지와 관련이 있으며, 더 작은 값으로 학습 샘플의 영향 범위를 확장시키는 역할을 한다. 일반적으로 모델의 성능을 최고로 높여주는 C 값을 찾고자 RBF 커널을 사용하는 경우에는, 값을 찾을 때 그리드 검색을 이용한다.

요약하면 서포트 벡터 머신은 커널 함수를 통해 매핑된 학습 데이터를 사용해 초평면과 학습 데이터의 서포트 벡터 사이에 최대 마진을 생성하는 초평면의 방향과 위치를 최적화한다. 사용자는 모델이 학습 데이터를 가장 잘 학습하도록 커널 함수와 관련 파라미터인 C나 γ 등을 선택해야 한다.

서포트 벡터 머신 모델은 딥러닝이 등장하기 전인 1990년대와 2000년대 초에 머신러닝 분야를 지배했다. 학습 과정이 매우 효율적으로 수행될 수 있었고 성공적인 모델을 만들고자 방대한 양의 컴퓨팅 리소스를 투입하지 않아도 되는 모델이었기 때문이다. 그러나 딥러닝이 도입되면서 SVM은 주인공 자리에서 밀려나게 됐다. 강력한 컴퓨팅 자원의 지원을 받게 된 신경망이 이전에 제한된 컴퓨팅 리소스만으로는 불가능했던 작업을 수행할 수 있게 됐기 때문이다. 그래도 SVM은 여전히 테이블의 한 자리를 차지하고 있다. 한 가지 인기 있는 접근 방식은 특정 데이터 세트로 학습시킨 대규모 신경망을 다른 데이터 세트를 만들어내기 위한 전처리기로 사용하고 그 신경망(최상위 계층은 제외한 형태)의 출력 데이터로 학습시킨 SVM을 주 모델로 사용하는 방식이다.

요약

6장에서는 가장 보편적인 6가지 고전 머신러닝 모델인 최근접 센트로이드, k-NN, 나이브 베이즈, 의사결정 트리, 랜덤 포레스트, SVM을 알아봤다. 이 모델들을 고전적이라고 소개한 이유는 수십 년 동안 사용됐기 때문이다. 적절한 조건이 갖춰진 상황이라면 이 고전 모델들이 여전히 잘 작동한다. 때로는 고전 모델을 사용하는 것이 올바른 선택인 경우도 있다. 경험이 풍부한 머신러닝 실무자는 언제 고전 모델을 사용해야 할지 알 것이다.

7장에서는 sklearn 패키지를 사용해 여러 가지 실험한다. 실험을 통해 이 장에서 배운 고전 모델이 어떻게 작동하는지, 언제 이 모델들을 사용해야 하는지에 대한 직관적인 지식을 얻게 될 것이다.

7

고전 모델 실습

6장에서는 고전적인 머신러닝 모델을 알아봤다. 7장에서는 5장에서 구축한 데이터 세트를 적용해 6장의 모델들이 얼마나 잘 작동되는지 살펴본다. sklearn 패키지를 사용해 모델을 구축한 다음 검증을 거친 테스트 세트를 준비해 모델에 적용함으로써 모델별 성능을 비교할 것이다.

이런 작업을 통해 sklearn 패키지의 사용법 개념을 익힐 수 있고, 여러 가지 모델들이 서로 어떻게 연관돼 작동하는지 직관적으로 이해할 수 있다. 사용할 데이터는 아이리스 꽃 데이터(원본 데이터와 증강된 데이터), 유방암 데이터, MNIST 필기체 숫자 데이터, 이렇게 세 가지 데이터 세트다.

아이리스 꽃 데이터 세트 실험

아이리스 꽃 데이터 세트부터 시작해보자. 이 데이터 세트에는 꽃받침 길이, 꽃받침 너비, 꽃잎 길이, 꽃잎 너비라는 네 가지의 연속형 피처 값과 세 가지 아이리스 꽃 종류를 나타내는 세 개의 클래스가 있다. 총 150개의 샘플이 준비돼 있으며 3개 클래스에 각각 50개씩 나눠져 있다. 5장에서 봤듯이 원래의 데이터 세트에 PCA 증강 기법을 적용해 새로운 데이터 세트 하나를 추가했다. 따라서 실제로 작업할 수 있는 데이터 세트에는 150개의 샘플로 구성된 원본 데이터 세트와 1,200개로 구성된 증강 데이터 세트의 두 가지 버전이 있다. 둘 다 동일한 테스트 세트로 실험해볼 수 있다.

sklearn 패키지를 사용해 5장에서 설명한 최근접 센트로이드, k-NN, 나이브 베이즈, 의사결정 트리, 랜덤 포레스트, SVM 모델을 구현해본다. 모델을 테스트할 때 거의 동일한 시험 방식을 사용하기 때문에 sklearn 툴킷이 얼마나 강력하고 명쾌한지 바로 확인할 수 있다. 모델링 목적에 따라 클래스를 어떻게 나눠줄 것인지만 변경하면 된다.

고전 모델 테스팅

첫 번째 테스팅용 코드가 리스트 7-1에 나와 있다.

리스트 7-1: 아이리스 꽃 데이터 세트를 이용한 고전 모델(iris_experiments.py 참조)

```
import numpy as np
from sklearn.neighbors import NearestCentroid
from sklearn.neighbors import KNeighborsClassifier
from sklearn.naive_bayes import GaussianNB, MultinomialNB
from sklearn.tree import DecisionTreeClassifier
from sklearn.ensemble import RandomForestClassifier
from sklearn.svm import SVC
```

```
❶ def run(x_train, y_train, x_test, y_test, clf):
      clf.fit(x_train, y_train)
      print("    predictions :", clf.predict(x_test))
      print("    actual labels:", y_test)
      print("    score = %0.4f" % clf.score(x_test, y_test))
      print()

  def main():
❷   x = np.load("../data/iris/iris_features.npy")
    y = np.load("../data/iris/iris_labels.npy")
    N = 120
    x_train = x[:N]; x_test = x[N:]
    y_train = y[:N]; y_test = y[N:]
❸   xa_train=np.load("../data/iris/iris_train_features_augmented.npy")
    ya_train=np.load("../data/iris/iris_train_labels_augmented.npy")
    xa_test =np.load("../data/iris/iris_test_features_augmented.npy")
    ya_test =np.load("../data/iris/iris_test_labels_augmented.npy")

    print("Nearest Centroid:")
❹   run(x_train, y_train, x_test, y_test, NearestCentroid())
    print("k-NN classifier (k=3):")
    run(x_train, y_train, x_test, y_test,
        KNeighborsClassifier(n_neighbors=3))
    print("Naive Bayes classifier (Gaussian):")
❺   run(x_train, y_train, x_test, y_test, GaussianNB())
    print("Naive Bayes classifier (Multinomial):")
    run(x_train, y_train, x_test, y_test, MultinomialNB())
❻   print("Decision Tree classifier:")
    run(x_train, y_train, x_test, y_test, DecisionTreeClassifier())
    print("Random Forest classifier (estimators=5):")
    run(xa_train, ya_train, xa_test, ya_test,
        RandomForestClassifier(n_estimators=5))

❼   print("SVM (linear, C=1.0):")
    run(xa_train, ya_train, xa_test, ya_test, SVC(kernel="linear", C=1.0))
    print("SVM (RBF, C=1.0, gamma=0.25):")
```

```
    run(xa_train, ya_train, xa_test, ya_test,
        SVC(kernel="rbf", C=1.0, gamma=0.25))
    print("SVM (RBF, C=1.0, gamma=0.001, augmented)")
    run(xa_train, ya_train, xa_test, ya_test,
        SVC(kernel="rbf", C=1.0, gamma=0.001))
❽  print("SVM (RBF, C=1.0, gamma=0.001, original)")
    run(x_train, y_train, x_test, y_test,
        SVC(kernel="rbf", C=1.0, gamma=0.001))
```

먼저 필요한 클래스와 모듈을 sklearn 패키지에서 가져온다. 각 클래스에는 해당 유형의 모델(분류기)이 구현돼 있다. 나이브 베이스 분류기로는 두 개의 버전, 즉 가우시안 버전인 GaussianNB와 이산 버전인 MultinomialNB가 사용된다. GaussianNB는 연속형 피처 값을 담당하는 모델이고 MultinomialNB는 이산형 피처 값을 담당하는 모델이다. MultinomialNB를 소개하는 이유는 작업 대상 데이터 세트에 적합하지 않은 모델을 선택했을 때 어떤 결과가 발생하는지 보여주기 위함이다. sklearn 패키지에 포함된 분류기들은 입력 데이터에 대한 인터페이스가 통일돼 있기 때문에 각각의 분류기를 학습시키고 테스팅하는 작업을 동일한 함수로 묶어 단순화할 수 있다. ❶에 이 목적으로 만들어진 함수 run이 코딩돼 있다. 테스트용 피처 값 및 레이블(x_test, y_test)과 학습용 피처 값 (x_train) 및 레이블(y_train)이 run 함수로 전달된다. 또한 각 분류기의 객체인 clf(classifier의 약자)도 함께 전달된다.

run 함수에서 가장 먼저 수행하는 작업은 학습 데이터 샘플과 레이블을 입력값으로 사용해 fit 모듈을 실행하는 것이다. fit 모듈은 모델을 데이터에 적합화 fitting시켜준다. 이 부분이 학습에 해당하는 과정이다. 모델이 학습된 후 보관하고 있던 테스트 데이터로 predict 메서드를 호출해 모델이 얼마나 잘 수행되는지 테스트할 수 있다. 이 메서드는 테스트 데이터의 각 샘플이 어떤 클래스 레이블을 갖는지를 예측해내고 그 값을 반환한다. 원본 150개 샘플 중 30개의 샘플이 테스트용으로 보관돼 있으므로 predict 함수는 30개의 클래스 레이블 할당 벡터를 계산하고 결과를 출력해준다. 예측 결과가 산출됐으므로 실제 테스트 레이블을 출력해 예측 결과와 시각적으로 비교할 수 있다. 마지막으로 score 메서드를 사용해 분류기가 테스트 데이터(x_test)를 대상으로 해당 테스트 레이블(y_test)을 맞춘 정확도를 계산할 수 있다.

정확도는 0과 1 사이의 실수 값으로 표현된다. 테스트 샘플에 대해 예측한 레이블이 모두 틀리게 나오면 정확도는 0이다. 무작위로 추측해도 그보다 더 나은 결과가 나올 것이므로 정확도가 0이 나온다면 무언가 잘못됐다는 뜻으로 해석할 수 있다. 아이리스 꽃 데이터 세트에는 3개의 클래스가 있으므로 무작위로 추측만 하는 분류기라 할지라도 1/3은 바르게 예측할 것이므로 0.3333에 가까운 정확도를 보일 것이다. 실제 점수는 다음과 같이 계산된다.

$$\text{score} = N_c/(N_c + N_w)$$

여기서 N_c는 클래스를 정확하게 예측한 개수, 즉 y_test의 클래스 레이블과 일치한 테스트 샘플의 개수다. N_w는 예측된 클래스가 실제 클래스 레이블과 일치하지 않는 테스트 샘플의 수다.

분류기를 학습시키고 테스트하는 방법이 마련됐으므로 데이터 세트를 읽어 분류기별로 실험을 해보자. 각 분류기별로 객체를 생성해 함수에 전달하게 한다. 함수 ❷부터 원본 아이리스 꽃 데이터 세트를 읽어 학습용 데이터 세트와 테스팅용 데이터 세트로 분리하는 작업을 시작한다. ❸에서는 5장에서 만들었던 증강 데이터 세트도 읽어온다. 설계할 때 의도한 대로, 두 테스트 세트는 동일하게 구성돼 있으므로 어느 데이터 세트를 사용하든지 테스트 세트는 동일하다. 이렇게 구성한 덕분에 비교 작업이 간단해진다.

다음으로 ❹에서 최근접 센트로이드 분류기를 정의하고 실행한다. 출력 결과는 다음과 같다.

```
Nearest Centroid:
 predictions :[0112021202111122022011101102211]
 actual labels:[0112021202111122022011101102211]
 score = 1.0000
```

예측된 클래스 레이블과 실제 클래스 레이블을 더 쉽게 시각적으로 비교할 수 있도록 공백을 제거했다. 예측이 틀린 경우 0-2로 실제 값이 표현된 두 행 사이에 일치하지 않는 원소가 나타날 것이다. 최종 예측 점수도 표시해준다. 위의 예에서는 최종 예측 점수가 1.0으로 집계됐는데, 이는 분류기가 테스트 대상 데이터 세트에 대해 완벽한 예측을 수행하고 있음을 의미한다. 아이리스 꽃 데이터 세트는 간단한 편이라 그다지 놀랄 일은 아니다. 아이리스 꽃 데이터 세트는 5장에서 생성될 때 무작위로 섞어놓았기 때문에 예측 점수가 서로 다를 수는 있다. 그러나 운이 나빠 이상하게 섞인 경우가 아니라면 전반적으로 높은 점수가 나와야 한다.

6장에서 다룬 내용을 되새겨보면 최근접 센트로이드 분류기가 테스트 데이터에 대해 완벽한 성능을 보인다면 더 정교한 다른 모델들도 마찬가지로 완벽할 것이라고 예상할 수 있다. 일반적으로는 이 예상이 맞지만 모델 유형이나 하이퍼파라미터 값을 잘못 선택하면 더 고도화된 모델을 사용하더라도 그 성능이 저하될 수 있다는 사실을 추후 설명을 통해 알게 될 것이다.

리스트 7-1의 ❺에는 GaussianNB 인스턴스를 run 함수에 전달해 가우시안 나이브 베이즈 분류기를 학습시키는 과정이 구현돼 있다. 이 분류기는 예측 점수가 1.0점으로 완벽한 분류 성능을 보인다. 연속형 데이터를 나이브 베이즈 분류기로 분류할 때는 이 방법을 사용하는 것이 좋다. 연속적 피처 값을 가진 데이터에 이산형 분류기를 적용하면 어떤 일이 발생할까? 모집단이 이산형 분포를 가진 데이터 세트인 경우 MultinomialNB 분류기를 사용하는 것이 적절하다. 아이리스 꽃 데이터 세트에는 피처 값이 음수인 경우는 없기 때문에 이 분류기를 사용해도 별 문제 없이 실행은 될 것이다. 하지만 실제로는 피처 값이 이산형 데이터는 아니기 때문에 이 모델은 다음과 같이 완벽한 성능 점수를 내지 못한다.

```
Naive Bayes classifier (Multinomial):
 predictions :[0112022202111222022021101102221]
 actual labels:[0112021202111122022011011022211]
 score = 0.8667
```

동일한 테스트 샘플에 대해 이 분류기를 적용했을 때의 정확도는 86.7%로 이전 보다 저하됐음을 알 수 있다. 확률을 이산형으로 계산해야 함에도 불구하고 이 방법이 작동하는 이유는 무엇일까? sklearn 소스코드에서 **MultinomialNB** 분류기가 코딩된 내용을 보면 답을 알 수 있다. 클래스별 피처 값의 빈도는 **np.dot**를 이용해 계산되므로 피처 값이 연속형 값일지라도 정수는 아니지만 유효한 결과를 얻을 수 있다. 분류기를 잘못 고르는 실수가 있었기 때문에 결과가 유효하다고 해서 마냥 행복할 수는 없다. 항상 실제 작업할 데이터를 자세히 보고 그에 적합한 분류기 유형을 신중하게 선택해야 한다.

다음으로 학습할 모델은 리스트 7-1의 ❻에 나오는 의사결정 트리다. 이 분류기는 이어서 학습할 랜덤 포레스트와 마찬가지로 이 대상 데이터 세트를 완벽히 분류한다. 랜덤 포레스트에서는 5개의 추정 모듈을 사용한다. 즉, 5개의 랜덤 트리를 생성해 학습시킨다. 5개의 추정 결과를 투표 방식으로 조사해 최종 클래스 레이블을 결정한다. 랜덤 포레스트는 아이리스 꽃 데이터 세트 중 증강 데이터 세트(xa_train)를 사용해 훈련시키는데, 원본 데이터 세트의 학습 샘플 수가 너무 작기 때문이다.

다음으로 ❼에서 학습시킬 분류기는 SVM이며 증강 데이터 세트를 사용한다. SVM 분류기는 두 개의 파라미터를 필요로 한다. 마진 상수 C와 가우시안 커널에서 사용하는 **gamma**다.

첫 번째 SVM은 선형 SVM으로 마진 상수(C) 값이 필요하다. 여기서는 C를 sklearn의 기본값인 1.0으로 정의한다. 이 분류기도 앞에서 사용한 것과 동일한 테스트 데이터에 적용했을 때 완벽한 성능을 보인다. 이어지는 가우시안 커널을 사용한 분류기도 γ를 0.25로 설정했을 때 완벽한 성능을 나타낸다. SVC 클래스는 기본적으로 gamma 값을 자동으로 설정하게 auto로 지정돼 있으며 γ는 $1/n$로 설정된다. 여기서 n은 피처의 개수를 나타낸다. 아이리스 꽃 데이터 세트의 경우 $n = 4$이므로 $\gamma = 0.25$로 설정된 것이다.

다음으로 학습시킬 모델은 값이 매우 작은 모델이다. 이 경우에도 분류기는 동일 테스트 데이터에 대해 여전히 완벽한 성능을 보인다. 마지막으로 ❽에서는 동일한 유형의 SVM을 증강 데이터 대신 원본 데이터를 사용해 학습시킨다. 이 분류기의 성능은 완벽하지 않다.

```
SVM (RBF, C=1.0, gamma=0.001, original)
 predictions   :[0222020202222222202202202202220]
 actual labels :[0112021202111122022011011102211]
 score = 0.5667
```

실망스러운 결과다. 클래스 1이라고 예측한 경우는 단 한 번도 없고 전체적으로도 56.7%의 정확도를 보인다. 이 결과를 바탕으로 유추해볼 수 있는 것은 성능이 좋지 않은 분류기라도 증강 데이터 세트를 활용한다면 성능이 우수한 분류기로 개선시킬 여지가 있다는 사실이다. 최소한 여기서 사용된 작은 테스트 세트에서는 확실히 개선되는 것을 확인할 수 있다.

최근접 센트로이드 분류기의 구현

무인도에 좌초돼 sklearn을 이용할 수 없다면 어떨까? sklearn 패키지를 전혀 사용할 수 없는 상황에서는 어떻게 해야 할까? 아이리스 꽃 데이터 세트에 적합한 분류기를 여전히 신속하게 구축할 수 있을까? 리스트 7-2에서 그 해법을 찾아볼 수 있다. 이 코드는 아이리스 꽃 데이터에 대한 최근접 센트로이드 분류기를 완벽하지는 않지만 신속하게 구현한 것이다.

리스트 7-2: 아이리스 꽃 데이터 세트에 대한 최근접 센트로이드 분류기의 대략적인 구현 (iris_centroids.py 참조)

```python
import numpy as np

❶ def centroids(x,y):
     c0 = x[np.where(y==0)].mean(axis=0)
     c1 = x[np.where(y==1)].mean(axis=0)
     c2 = x[np.where(y==2)].mean(axis=0)
     return [c0,c1,c2]

❷ def predict(c0,c1,c2,x):
     p = np.zeros(x.shape[0], dtype="uint8")
     for i in range(x.shape[0]):
         d = [((c0-x[i])**2).sum(),
             ((c1-x[i])**2).sum(),
             ((c2-x[i])**2).sum()]
         p[i] = np.argmin(d)
     return p

  def main():
❸    x = np.load("../data/iris/iris_features.npy")
     y = np.load("../data/iris/iris_labels.npy")
     N = 120
     x_train = x[:N]; x_test = x[N:]
     y_train = y[:N]; y_test = y[N:]
     c0, c1, c2 = centroids(x_train, y_train)
     p = predict(c0,c1,c2, x_test)
     nc = len(np.where(p == y_test)[0])
     nw = len(np.where(p != y_test)[0])
     acc = float(nc) / (float(nc)+float(nw))
     print("predicted:", p)
```

```
print("actual :", y_test)
print("test accuracy = %0.4f" % acc)
```

❸에서 아이리스 꽃 데이터를 로드하고 이전과 같이 학습 및 테스트 세트로 분리한다. ❶에서는 centroids 함수가 세 가지 클래스별 중심점들을 반환한다. 원하는 클래스의 학습용 샘플 데이터 세트에서 피처별 평균을 구하면 중심점을 쉽게 찾아낼 수 있다. 모델 학습에 필요한 사항은 이것으로 충분하다. 이렇게 구한 중심점들을 이전에 학습시켰던 NearestCentroid 분류기의 중심점들과 비교하면 정확히 동일하다는 것을 알 수 있다(centroids_ 멤버 변수 참조).

❷에서 구현된 predict 함수를 보면 분류기를 사용한다는 것이 생각보다 간단한 일임을 알 수 있다. 먼저 테스트 샘플(x)당 하나씩 예측 벡터를 정의한다. for 루프를 반복하면서 현재 테스트 샘플 x[i]에서 세 개의 클래스 중심까지의 유클리드 거리 벡터인 d를 정의한다. d에서 가장 작은 거리의 인덱스는 예측된 클래스 레이블(p[i])이다.

d를 좀 더 자세히 분석해보자. d를 3개의 값 목록, 즉 중심에서 현재 테스트 샘플까지의 거리로 설정한다. 수식이 약간 복잡하다.

```
((c0-x[i])**2).sum()
```

c0-x[i]는 4개의 숫자로 구성된 벡터를 반환한다. 4개의 피처가 있기 때문이다. 이 벡터는 클래스 0의 중심점과 테스트 샘플 피처 값 간의 차이다. 이 양은 네 가지 값을 각각 제곱한 형태로 계산된다. 요소별로 제곱한 값은 최종 합산돼 거리 측정 결괏값으로 사용된다.

엄밀히 말해 계산의 마지막 단계가 빠져있다. c0와 x[i] 사이의 실제 거리는 이 값의 제곱근이어야 한다. 하지만 여기서는 단순히 각 중심까지의 거리 중 가장 짧은 거리를 찾고 있기 때문에 제곱근을 계산할 필요가 없다. 제곱근을 계산 여부와 상관없이 가장 작은 값은 여전히 가장 작은 값이다. 이 코드를 실행하면 전에 최근접 센트로이드 분류기로 분류한 것과 동일한 결과를 얻을 수 있다. 고무적인 결과라고 할 수 있다.

아이리스 꽃 데이터 세트는 매우 간단하기 때문에 이렇게 훌륭한 성능이 나오는 것에 놀랄 필요는 없다. 간간히 모델 타입이나 하이퍼파라미터를 잘못 선택해 문제가 생겼을 경우를 제외하면 대부분의 경우 예측 성능이 우수하게 나오는 것이 당연하다. 이제 소규모 예제 데이터 세트 말고 대규모의 피처 값을 갖는 더 큰 데이터 세트를 살펴보자.

유방암 데이터 세트 실험

5장에서 준비한 2 클래스 유방암 데이터 세트에는 569개의 샘플이 있으며 각 샘플에는 30개의 피처 값이 있다. 모든 피처 값은 조직학 슬라이드를 보고 측정한 값이다. 악성 사례 212건(클래스 1)과 양성 사례는 357건(클래스 0)으로 구성돼 있다. 이 데이터 세트로 고전 모델들을 학습시켜 어떤 결과가 나오는지 살펴보자. 피처 값은 모두 연속형이기 때문에 정규화된 데이터 세트 버전을 사용하게 한다. 데이터 세트를 정규화시키는 방법은 피처 벡터의 모든 피처 값에 대해 해당 피처 값에 대한 평균값을 뺀 다음 표준 편차로 나눠주는 것이다.

$$x' = \frac{x - \bar{x}}{\sigma}$$

정규화 작업은 데이터 세트 내의 모든 피처 값을 전체적으로 동일한 범위 안으로 이동시키는 효과를 가져 오기 때문에 한 피처 값이 다른 피처 값과 비슷해지는 현상이 발생한다. 4장에서 다룬 것처럼 정규화 작업은 전형적인 데이터 전처리 단계에 해당하며, 이 작업을 통해 데이터를 더 많은 모델에 투입할 수 있게 된다.

두 개의 초기 테스트 실행

먼저 앞 절에서 했던 것처럼 동일한 테스트 세트를 사용해서 모델들을 간단히 실행해본다. 코드는 리스트 7-3에 있으며 앞에서 설명한 소스코드를 거의 비슷하게 따라 했다. 모델 인스턴스를 전달하고 학습시킨 다음 테스트 데이터를 적용해 올바르게 예측한 점수를 측정한다.

리스트 7-3: 유방암 데이터 세트를 처리하는 초기 모델들(bc_experiments.py 참조.)

```python
import numpy as np
from sklearn.neighbors import NearestCentroid
from sklearn.neighbors import KNeighborsClassifier
from sklearn.naive_bayes import GaussianNB, MultinomialNB
from sklearn.tree import DecisionTreeClassifier
from sklearn.ensemble import RandomForestClassifier
from sklearn.svm import SVC

def run(x_train, y_train, x_test, y_test, clf):
    clf.fit(x_train, y_train)
    print(" score = %0.4f" % clf.score(x_test, y_test))
    print()

def main():
    x = np.load("../data/breast/bc_features_standard.npy")
    y = np.load("../data/breast/bc_labels.npy")
❶  N = 455
    x_train = x[:N]; x_test = x[N:]
    y_train = y[:N]; y_test = y[N:]

    print("Nearest Centroid:")
    run(x_train, y_train, x_test, y_test, NearestCentroid())
```

250

```
print("k-NN classifier (k=3):")
run(x_train, y_train, x_test, y_test,
    KNeighborsClassifier(n_neighbors=3))
print("k-NN classifier (k=7):")
run(x_train, y_train, x_test, y_test,
    KNeighborsClassifier(n_neighbors=7))
print("Naive Bayes classifier (Gaussian):")
run(x_train, y_train, x_test, y_test, GaussianNB())
print("Decision Tree classifier:")
run(x_train, y_train, x_test, y_test, DecisionTreeClassifier())
print("Random Forest classifier (estimators=5):")
run(x_train, y_train, x_test, y_test,
    RandomForestClassifier(n_estimators=5))
print("Random Forest classifier (estimators=50):")
run(x_train, y_train, x_test, y_test,
    RandomForestClassifier(n_estimators=50))
print("SVM (linear, C=1.0):")
run(x_train, y_train, x_test, y_test, SVC(kernel="linear", C=1.0))
print("SVM (RBF, C=1.0, gamma=0.03333):")
run(x_train, y_train, x_test, y_test,
    SVC(kernel="rbf", C=1.0, gamma=0.03333))
```

이전과 마찬가지로 데이터 세트를 로드하고 학습용 데이터와 테스트용 데이터로 분할한다. 569개 샘플 중 455개(80%)를 학습용으로 저장하고 나머지 114개 샘플은 테스트용 세트(74개 양성, 40개 악성)으로 저장한다. 데이터 세트는 이미 무작위로 섞여 있으므로 다시 섞을 필요는 없다. 다음으로 최근접 센트로이드(1), k-NN(2), 나이브 베이즈(1), 의사결정 트리(1), 랜덤 포레스트(2), 선형 SVM(1), RBF SVM(1)의 9가지 모델을 학습한다. 서포트 벡터 머신의 경우 C 값으로는 기본으로 주어진 값을 사용하고, γ 값으로는 0.033333을 사용한다. 30개의 피처 값이 있으므로 1/30 = 0.033333을 사용하는 것이 바람직하다. 이 코드를 실행하면 표 7-1과 같은 점수표를 얻을 수 있다.

표 7-1: 유방암 모델 점수

모델 유형	예측 점수
최근접 센트로이드	0.9649
3-NN 분류기	0.9912
7-NN 분류기	0.9737
나이브 베이즈(가우시안)	0.9825
의사결정 트리	0.9474
랜덤 포레스트(5)	0.9298
랜덤 포레스트(50)	0.9737
선형 SVM(C=1)	0.9737
RBF SVM(C=1, γ =0.03333)	0.9825

표에서 랜덤 포레스트 분류기 옆 괄호 안의 숫자는 추정 모듈(포레스트에 포함된 트리)의 개수다.

몇 가지 주목할 사항이 있다. 먼저 간단한 형태인 최근접 센트로이드 분류기가 97%의 정확도를 보인다는 것이 흥미롭다. 또한 의사결정 트리와 트리 5개짜리 랜덤 포레스트를 제외하고는 다른 모든 분류기가 최근접 센트로이드보다 더 좋은 성능을 보이고 있다. 놀랍게도 나이브 베이즈 분류기가 RBF SVM과 동일한 정확도를 보일 정도로 성능이 우수하다. k = 3짜리 최근접 이웃 분류기(5-NN)가 99%의 정확도로 가장 우수한 성능을 보인다. 30개의 피처 값을 갖는 569개의 샘플이 있으므로 30차원 공간에 각 샘플이 흩어져 있는 상황에서 이런 성능이 나온다는 것이 놀랍다. k-NN은 차원의 저주라는 단점을 갖고 있다. 피처 개수가 많아질수록 더 많은 학습 샘플이 필요하다. 모든 분류기가 양호한 성능을 보이므로 이 데이터 세트의 경우 악성과 양성의 구분이 매우 명확하다고 볼 수 있다. 주어진 피처들을 사용해 분류했을 때 두 클래스 간에 겹치는 부분이 별로 없다는 의미다.

이것으로 주어진 데이터 세트에 대한 모든 작업이 끝난 것일까? 사실은 이제

막 시작한 것에 불과하다. 코드를 한 번 더 실행시키면 어떻게 될까? 첫 번째
실행한 결과와 동일할까? 다를까? 두 번째 실행한 결과가 표 7-2에 표시돼 있다.

표 7-2: 유방암 점수, 두 번 실행

모델 유형	예측 점수
최근접 센트로이드	0.9649
3-NN 분류기	0.9912
7-NN 분류기	0.9737
나이브 베이즈(가우시안)	0.9825
의사결정 트리	0.9386
랜덤 포레스트(5)	0.9474
랜덤 포레스트(50)	0.9649
선형 SVM(C=1)	0.9737
RBF SVM(C=1, γ =0.03333)	0.9825

첫 번째 결과와 다른 점수는 강조해서 표현했다. 왜 달라졌을까? 조금만 깊이
생각해보면 한 가지를 힌트를 떠올릴 수 있다. 랜덤 포레스트는 단순히 무작위
로 구성되므로 다른 결과가 나오는 것이 자연스러운 결과다. 의사결정 트리는
어떨까? sklearn 패키지의 의사결정 트리 분류기는 필요한 피처를 무작위로 선
택하고 가장 적합한 분할 형태를 찾는 방식으로 실행되기 때문에 매번 실행할
때마다 다른 트리가 구성된다. 이는 6장에서 다룬 기본적인 의사결정 트리 알고
리듬을 약간 변형시켜 적용한 형태다.

다른 알고리듬들은 변경되는 경우가 없다. 주어진 학습 데이터 세트에 대해
처음 실행했던 모델 그대로 반복 사용된다. sklearn의 SVM 모델은 약간 예외적
인 사항이 있다. SVM 모델 내에 난수 생성기를 이용하는 부분이 있기 때문에
실행할 때마다 약간씩 다른 결과가 나올 수 있다. 그러나 개념적으로 동일한
입력 데이터에 대해 동일한 모델을 사용하고 있는 것으로 봐도 무방하다. 트리
기반 분류기는 학습을 실행할 때마다 모델 자체가 변형된다. 모델 변형에 관한

자세한 사항은 나중에 살펴보기로 하고 지금은 실험 결과 분석에 집중하자.

랜덤 분할의 효과

학습 데이터와 테스트 데이터의 분할 방식을 변경하면 결과가 어떻게 바뀌는지 살펴보자. x_train 및 x_test가 정의되는 방식만 변경하면 되기 때문에 이전 코드를 다시 나열할 필요는 없다. 분할 작업 전에 전체 데이터 세트를 무작위로 섞어준다. 먼저 의사 난수 시드를 수정해 모델을 실행할 때마다 데이터 세트가 동일한 순서를 유지하도록 조치한다.

리스트 7-3의 ❶ 앞에 다음과 같은 코드를 추가해 데이터 세트를 섞을 수 있는 첨자(idx)를 생성한다.

```
np.random.seed(12345)
idx = np.argsort(np.random.random(y.shape[0]))
x = x[idx]
y = y[idx]
```

첫 번째 줄에서 의사 난수 생성기 시드 값을 지정하기 때문에 이후 발생시킬 난수의 순서는 미리 정해져 있다. 난수 순서에 따라 샘플(x)과 레이블(y)을 섞은 다음 학습 데이터와 테스트 데이터로 나눠준다. 데이터를 수정한 코드에 적용해 실행한 결과가 표 7-3에 나와 있다.

표 7-3: 데이터 순서를 섞어서 적용했을 때의 유방암 예측 점수

모델 유형	예측 점수
최근접 센트로이드	0.9474
3-NN 분류기	0.9912
7-NN 분류기	0.9912

(이어짐)

모델 유형	예측 점수
나이브 베이즈(가우시안)	0.9474
의사결정 트리	0.9474
랜덤 포레스트(5)	0.9912
랜덤 포레스트 (50)	1.0000
선형 SVM(C=1)	0.9649
RBF SVM(C=1, γ =0.03333)	0.9737

앞선 실험 결과와는 완전히 다른 양상이다. k-NN 분류기는 둘 다 같은 점수대로 우수하고 SVM 분류기는 더 나빠졌고 50개 트리로 구성된 랜덤 포레스트는 만점이 나왔다. 무슨 일이 일어나는 걸까? 매번 실행할 때마다 왜 이렇게 결과가 나오는 것일까?

학습 데이터와 테스트 데이터를 구성할 때 무작위로 샘플링하는 방식으로 구성했기 때문에 좋은 결과가 나온 것이라고 볼 수 있다. 첫 번째 실험에서는 데이터를 분할할 때 한 모델 유형에 대해 좋은 결과를 제공하고 다른 모델 유형에 대해 덜 좋은 결과를 제공하는 샘플 순서를 사용했다. 새로운 분할은 다양한 모델 유형에 적합하게 구성돼 있다. 어느 것이 맞을까? 둘 다 맞다. 데이터 세트의 의미를 다시 한 번 생각해보자. 데이터 세트는 알려지지 않은 모분포에서 무작위로 샘플링해 얻어낸 것이다. 이런 맥락에서 생각해보면 현재의 데이터 세트는 실제 모분포를 불완전하게 묘사한 그림이라고 할 수 있다. 데이터 세트에는 편향이 포함돼 있고 그 편향이 꼭 필요한 것인지 아닌지조차 알 수 없다는 문제가 있다. 또 다른 문제는 모분포의 특정 부분을 데이터 세트가 잘 표현하지 못하는 경우도 있다는 것이다.

또한 순서를 무작위로 섞은 후 데이터를 분할하다 보면 학습 데이터와 테스트 데이터가 나쁜 조합으로 구성될 가능성이 있다. 나쁜 조합이라는 것은 실제 모분포를 제대로 나타내지 못하는 조합이라는 의미다. 학습 데이터가 나쁜 경우에는 모델이 조금 다른 분포를 학습하게 되고 결과적으로 실제 모분포를 제대로 학습하지 못하게 된다. 테스트 데이터가 나쁜 경우에는 모델이 학습한 것을 제대로 표현할 수 없게 된다. 이러한 양상은 비중이 1 이상인 클래스가 드물고 학습 데이터나 테스트 데이터에 특정 클래스의 데이터가 포함되지 않는 경우가 있으면 더욱 두드러지게 나타난다. 이러한 문제에 대처하기 위한 방법으로 4장에서 k-폴드 교차 검증법이라는 아이디어를 소개했다. k-폴드 교차 검증법을 통해 특정 시점에 따라 모든 샘플을 학습용과 테스트용으로 활용할 수 있고 모든 폴드에 대해 평균값을 찾음으로써 나쁜 분할이 발생하는 것을 방지할 수 있게 된다.

그러나 k-폴드 교차 검증법을 유방암 데이터 세트에 적용하기 전에 한 가지 중요한 사실을 짚고 넘어가야 한다. 리스트 7-3을 수정할 때 의사 난수 시드를 고정시키는 방식으로 수정했기 때문에 모델 실험이 수행될 때마다 정확히 동일한 순서로 데이터 세트가 재정렬된다는 점이다. 재정렬 후에 코드를 실행했고 결과를 확인했다. 코드를 다시 실행하면 심지어 트리 기반 분류기에 대해서도 정확히 동일한 출력을 얻을 것이다. 이전에는 이런 현상이 발생하지 않았다. 트리 분류기는 확률론적인 특성을 갖는다. 실험할 때마다 새로운 트리나 포레스트를 생성한다. 따라서 실행 결과는 매번 조금씩 다르다. 하지만 이번 경우에는 실행 결과가 다양하지 않고 매번 동일하다. 넘파이의 의사 난수 시드를 명시적으로 지정하는 바람에 데이터 세트의 정렬 순서가 고정됐을 뿐 아니라 트리 모델을 생성하고자 sklearn 패키지에서 사용되는 의사 난수의 순서도 고정됐다. 이는 sklearn이 넘파이의 의사 난수 생성기를 사용하기 때문이다. 이 문제는 잠재적으로 심각한 결과를 초래할 수 있는 미묘한 문제며 특히 대규모 프로젝트에서는 이런 유형의 버그를 잡아내기가 매우 어려울 수 있다. 해결책은 데이터 세트를 재정렬한 뒤에는 반드시 시드를 임의의 값으로 재설정해두는 것이다. y = y[idx] 뒤에 다음과 같은 명령을 추가해준다.

```
np.random.seed()
```

이 명령은 시스템의 현재 상태를 참조해 의사 난수 생성기를 재설정해준다. 시스템의 상태는 보통 /dev/urandom를 참조하면 알 수 있다. 수정한 코드를 다시 실행해보면 예전 코드처럼 트리 모델에 대해 다른 결과를 얻을 수 있다.

k-폴드 검증 추가

k-폴드 검증법을 구현하고자 우선 k 값을 선택해준다. 데이터 세트에는 총 569개의 샘플이 있다. 테스트 세트가 데이터를 합리적으로 표현하게 만들고자 각각의 폴드에 적정한 개수의 샘플들을 할당해야 한다. 이는 k를 작게 만드는 경향이 있다. 폴드 개수 k를 작게 만들어야 좋을 것 같기도 하고 오히려 k를 크게 잡아 분할이 잘못 구성될 가능성을 평균화를 통해 줄여볼 수 있을 것 같기도 하다. 인생에서 만나는 대부분의 문제가 그렇듯이 여기서도 균형이 필요하다. 실험에 별로 영향을 끼치지 않는 마지막 4개의 샘플을 제외시킨다면 k = 5로 정했을 때 스플릿당 113개의 샘플을 할당할 수 있다. 이런 방식으로 구성된 각 폴드 조합에 대해 학습용으로 80%, 테스트용으로 20%를 할당한다. k = 5가 합리적이므로 이 값을 그대로 사용하되 추후 다른 값을 지정해볼 수 있도록 k를 변수로 놓고 코드를 작성한다.

학습 및 테스트 세트에 대해 여러 가지 모델을 학습하는 코드는 이미 만들어봤다. 추가할 부분은 각각의 k 폴드를 생성한 다음 모델을 학습시키는 코드다. 상세 코드는 리스트 7-4와 리스트 7-5에 나와 있으며, 리스트 7-4는 보조함수, 리스트 7-5는 주 함수를 보여준다. 리스트 7-4부터 살펴보자.

리스트 7-4: k-폴드 검증법을 활용한 유방암 데이터 세트 평가용 보조 함수(bc_kfold.py 참조)

```
import numpy as np
from sklearn.neighbors import NearestCentroid
from sklearn.neighbors import KNeighborsClassifier
from sklearn.naive_bayes import GaussianNB, MultinomialNB
from sklearn.tree import DecisionTreeClassifier
from sklearn.ensemble import RandomForestClassifier
from sklearn.svm import SVC
import sys

def run(x_train, y_train, x_test, y_test, clf):
    clf.fit(x_train, y_train)
    return clf.score(x_test, y_test)

def split(x,y,k,m):
❶   ns = int(y.shape[0]/m)
    s = []
    for i in range(m):
❷     s.append([x[(ns*i):(ns*i+ns)],
                 y[(ns*i):(ns*i+ns)]])
    x_test, y_test = s[k]
    x_train = []
    y_train = []
    for i in range(m):
        if (i==k):
            continue
        else:
            a,b = s[i]
            x_train.append(a)
            y_train.append(b)
❸   x_train = np.array(x_train).reshape(((m-1)*ns,30))
    y_train = np.array(y_train).reshape((m-1)*ns)
    return [x_train, y_train, x_test, y_test]

def pp(z,k,s):
    m = z.shape[1]
```

```
print("%-19s: %0.4f +/- %0.4f | " % (s, z[k].mean(),
        z[k].std()/np.sqrt(m)), end='')
for i in range(m):
    print("%0.4f " % z[k,i], end='')
print()
```

리스트 7-4는 전에 사용한 모든 모듈을 불러들이는 명령으로 시작해 run, split, pp라는 세 가지 함수를 정의한다. run 함수는 이전 코드에서도 봤던 것이라 익숙할 것이다. 학습 데이터 세트, 테스트 데이터 세트, 모델 인스턴스를 사용해 모델을 학습한 다음 테스트 세트를 적용해 모델의 점수를 평가한다. pp 함수는 전체 스플릿의 평균 점수와 함께 스플릿별 점수를 보기 좋게 출력해준다. 평균 값은 (평균) ± (평균의 표준 오차) 형태로 표시된다. sklearn이 계산해주는 모델 점수는 테스트 세트에 대한 모델의 평균 정확도 또는 테스트 샘플에 대해 모델이 실제로 클래스를 정확히 예측해낸 비율을 나타낸다. 다 맞히면 1.0점이고 하나도 못 맞히면 0.0점이다. 무작위로 추측만 하더라도 일정 정도는 맞히는 결과가 나오기 때문에 하나도 못 맞히기는 어렵다.

리스트 7-4에서 관심 있게 볼 함수는 split 함수다. split 함수에서 사용하는 인수로는 전체 데이터 세트 x, 해당 레이블 y, 현재 폴드 번호 k, 총 폴드 수 m이 있다. 전체 데이터 세트를 m개의 폴드로 나눈 다음 k번째 폴드는 테스트용으로 사용하고, 나머지 $m - 1$개의 폴드는 병합해 새로운 학습 데이터 세트로 사용한다. 먼저 ❶에서 폴드당 샘플 수를 지정해준다. 그런 다음 반복적으로 폴드 리스트 s를 만들어준다. ❷에서 이 리스트의 각 요소에 해당 폴드의 피처 벡터와 레이블을 저장한다.

테스트 세트는 쉽게 구할 수 있다. k번째 폴드가 바로 테스트 세트다. k번째 폴드를 (x_test, y_test)에 저장한다. 그런 다음 반복문으로 들어가서 남아있는 $m - 1$개의 폴드를 모두 합쳐 새로운 학습 데이터 세트를 만든다. 학습 데이터 세트는 피처 벡터인 x_train과 레이블인 y_train으로 구성된다.

반복문 다음 ❸에 나오는 두 줄의 명령문은 조금 복잡하다. 반복문을 실행하고 나면 x_train에 리스트 하나가 저장되는데, 이 리스트의 각 원소도 역시 리스트 형태며 여기에는 학습에 사용될 폴드별 피처 벡터가 담겨 있다. 먼저 이 리스트를 넘파이 배열로 변환시키면서 x_train이 30개의 열을 갖도록 재구성한다. 30개는 벡터당 피처 값의 개수를 나타낸다. 총 행수는 $n_s(m-1)$행으로 구성되며 n_s는 폴드당 샘플의 개수를 의미한다. 이와 같이 x_train은 x에서 테스트 폴드로 지정한 샘플, 즉 k번째 폴드의 샘플을 뺀 나머지 샘플로 구성된다. 변수 y_train에는 레이블 데이터가 저장되는데, 이때 x_train의 각 피처 벡터와 순서가 일치하도록 저장한다.

리스트 7-5는 보조 함수를 사용하는 방법을 보여준다.

리스트 7-5: k-폴드 검증법을 활용한 유방암 데이터 세트 평가를 위한 주 함수(bc_kfold.py 참조)

```
def main():
    x = np.load("../data/breast/bc_features_standard.npy")
    y = np.load("../data/breast/bc_labels.npy")
    idx = np.argsort(np.random.random(y.shape[0]))
    x = x[idx]
    y = y[idx]
 ❶ m = int(sys.argv[1])
    z = np.zeros((8,m))

    for k in range(m):
        x_train, y_train, x_test, y_test = split(x,y,k,m)
        z[0,k] = run(x_train, y_train, x_test, y_test,
                    NearestCentroid())
        z[1,k] = run(x_train, y_train, x_test, y_test,
                    KNeighborsClassifier(n_neighbors=3))
```

```
        z[2,k] = run(x_train, y_train, x_test, y_test,
                     KNeighborsClassifier(n_neighbors=7))
        z[3,k] = run(x_train, y_train, x_test, y_test,
                     GaussianNB())
        z[4,k] = run(x_train, y_train, x_test, y_test,
                     DecisionTreeClassifier())
        z[5,k] = run(x_train, y_train, x_test, y_test,
                     RandomForestClassifier(n_estimators=5))
        z[6,k] = run(x_train, y_train, x_test, y_test,
                     RandomForestClassifier(n_estimators=50))
        z[7,k] = run(x_train, y_train, x_test, y_test,
                     SVC(kernel="linear", C=1.0))

    pp(z,0,"Nearest"); pp(z,1,"3-NN")
    pp(z,2,"7-NN"); pp(z,3,"Naive Bayes")
    pp(z,4,"Decision Tree"); pp(z,5,"Random Forest (5)")
    pp(z,6,"Random Forest (50)"); pp(z,7,"SVM (linear)")
```

주 함수인 main 함수에서 가장 먼저 해야 할 일은 전체 데이터 세트를 로딩하고 데이터의 순서를 무작위로 섞는 일이다. 커맨드라인 ❶에서 폴드 개수 m을 읽어서 그 개수만큼의 출력 배열 z를 만드는 데 사용한다. 학습시켜야 할 모델이 총 8개이므로 각 폴드별로 8개 모델에 대한 스코어를 저장하고자 $8 \times m$의 형태로 배열을 준비한다. 여기서 한 가지 기억할 것은 커맨드라인에서 파이썬 스크립트를 실행할 때 스크립트 이름 다음에 적어주는 모든 인수는 문자열 리스트인 sys.argv에서 저장된다는 점이다. 인수가 문자열로 지정되기 때문에 그 값을 정수로 변환하고자 ❶에서 int 함수를 사용했다.

다음으로 m개의 폴드에 대해 모델 학습을 반복 실행해본다. 여기서 k는 반복 실행 중 현재 테스트 데이터에 해당하는 폴드 번호다. 매 반복 시마다 스플릿을 만들어서 이전에 학습시켜둔 8개의 모델을 학습하는 데 사용한다. run 함수가 실행될 때마다 전달된 모델을 학습시키고 k번째 폴드를 테스트 데이터를 사용해 측정한 점수로 반환한다. 측정 결과는 z에 저장된다. 마지막으로 pp 함수를 사용해 모든 폴드에 대한 평균 점수와 함께 모델별, 폴드별 점수를 출력한다.

$k = 5$에 대해 이 코드를 실행하고 폴드 전체의 평균 점수만 표시해보면 표 7-4 와 같은 결과를 얻을 수 있다.

표 7-4: 5 폴드 데이디로 테스트한 유방암 예측 점수 평균

모델	평균 ± 평균의 표준 오차
최근접 센트로이드	0.9310 ± 0.0116
3-NN 분류기	0.9735 ± 0.0035
7-NN 분류기	0.9717 ± 0.0039
나이브 베이즈(가우시안)	0.9363 ± 0.0140
의사결정 트리	0.9027 ± 0.0079
랜덤 포레스트(5)	0.9540 ± 0.0107
랜덤 포레스트(50)	0.9540 ± 0.0077
선형 SVM(선형)	0.9699 ± 0.0096

모든 폴드를 각각 적용해서 측정한 성능치의 평균이 표에 나와 있다. 주어진 데이터 세트의 모든 데이터를 활용해 모델을 학습시킨 다음 그 모델로 모분산을 따르는 새로운 샘플들을 테스트했을 때 각 모델이 보여줄 수 있는 성능치라고 이해하면 된다. 모델을 만드는 이유가 앞으로 그 모델을 실제 환경에서 사용할 것을 가정하고 만드는 것이기 때문에 이런 테스트 과정을 현장에서 자주 수행하게 된다.

폴드 값 $k = 5$를 유지한 채 같은 코드를 한 번 더 실행해보면 다른 결과가 나타난다. 이는 리스트 7-5에서와 같이 매 실행 시마다 데이터 세트의 순서를 무작위로 지정하기 때문이다. 매 실행 시마다 전체 데이터 세트를 무작위로 분할해 새로운 조합으로 구성하고 그 조합을 사용해 각 모델을 학습시키게 된다. 따라서 매번 다른 결과가 나오게 돼 있다. $k = 5$로 유지하고 같은 코드를 1,000번

실행해보자. 적당한 성능을 갖춘 데스크톱 컴퓨터에서 이만한 개수의 모델을 모두 학습시키려면 약 20분 정도가 걸린다. 매 실행 시마다 5 폴드 데이터에 대해 테스트한 평균 점수가 산출된다. 반복 실행을 모두 마치면 각각의 평균을 모두 합쳐 총 평균값을 계산한다. 표 7-5에서 결과를 보여준다.

표 7-5: 5 폴드 데이터로 1,000회 테스트한 유방암 예측 점수 총 평균

모델	평균 ± 평균의 표준 오차
최근접 센트로이드	0.929905 ± 0.000056
3-NN 분류기	0.966334 ± 0.000113
7-NN 분류기	0.965496 ± 0.000110
나이브 베이즈(가우시안)	0.932973 ± 0.000095
의사결정 트리	0.925706 ± 0.000276
랜덤 포레스트(5)	0.948378 ± 0.000213
랜덤 포레스트(50)	0.958845 ± 0.000135
선형 SVM(선형)	0.971871 ± 0.000136

총 평균값은 각 모델이 새로운 미지의 피처 벡터 세트에 대해 얼마나 정확히 예측할 수 있는지를 알려주는 척도가 된다. 평균값에 대한 표준 오차는 평균값이 얼마나 잘 파악됐는지 알려주는 값이며 해당 데이터 세트로 학습한 모델 자체의 성능과는 관련이 없다. 총 평균을 기준으로 모델 성능 간에 순서를 매길 수 있으며 특정 모델이 다른 모델보다 좋다고 평가할 수 있다.

점수가 높은 모델부터 차례로 나열하면 다음과 같다.

1. SVM(선형)
2. k-NN(k = 3)
3. k-NN(k = 7)
4. 랜덤 포레스트(50)
5. 랜덤 포레스트(5)

6. 나이브 베이즈(가우시안)
7. 최근접 센트로이드
8. 의사결정 트리

SVM 모델이 최고의 성능을 낸 것은 인정할 수 있지만 랜덤 포레스트가 k-NN보다 성능이 나쁘게 나온 것은 의외다. 의사결징 트리는 생각만큼 좋지 않다. 최근접 센트로이드 분류기보다도 정확도가 떨어진다.

몇 가지 상황 설명이 필요할 것 같다. 첫째, 위의 수치는 하나의 데이터 세트를 다른 순서로 조합한 1,000가지 데이터 세트에 대해 8,000개의 모델을 학습시킨 결과다. 신경망이었다면 학습 시간이 훨씬 더 길어졌을 것이다. 고전적인 머신 러닝 모델이었기 때문에 파라미터 조정 후 새로운 학습 세션을 실행하는 것이 그다지 긴 시간을 필요로 하지도 않았고 실험 자체도 매우 간단하게 끝났다.

둘째, 모델의 하이퍼파라미터 최적화에 대해 고려하지 않았다. 하이퍼파라미터는 피처 값의 분포에 관한 간접적인 내용이 될 수도 있고 특정 수치와 같은 직접적인 내용이 될 수도 있다. 예를 들어 피처 값이 정규 분포를 따른다고 가정하는 간접적인 하이퍼파라미터가 설정된다면 가우시안 나이브 베이즈 분류기를 선택하는 것이 합리적인 선택이 될 것이다. 직접적인 값을 하이퍼파라미터로 설정하는 예로는 k-NN의 이웃 수 또는 랜덤 포레스트의 트리 수처럼 숫자를 지정하는 것을 들 수 있다. 고전 모델을 사용해 이 데이터 세트에 대해 완벽하게 작동하는 분류기를 구현하려면 하이퍼파라미터 변수에 대한 사전 조사가 필수적이다. 이상적으로는 앞서 1,000회에 걸쳐 실험한 결과로 총 평균값을 얻었듯이 하이퍼파라미터 변수도 여러 가지 설정 값에 대해 예측 점수가 최적의 평균값에 도달할 때까지 여러 번 실험을 반복해야 한다. 다음 절에서 주어진 데이터 세트를 잘 학습하는 최적의 하이퍼파라미터를 찾는 방법을 알아보자.

하이퍼파라미터 분석

하이퍼파라미터가 모델에 어떤 영향을 주는지 알아보고자 몇 가지 사례를 분석해보자.

대표적인 사례로 k-NN에서 k 값, 랜덤 포레스트에서 포레스트의 크기, 선형 SVM에서 C 마진의 크기를 최적화할 수 있는지 살펴본다.

k-NN 분류기 미세 조정

k-NN 분류기의 이웃 수는 보통 홀수를 선택하기 때문에 k 값의 후보를 $k \in$ {1, 3, 5, 7, 9, 11, 13, 15}로 보고 각 k 값에 대해 5 폴드 교차 검증 실험을 반복해보면 최적의 k 값을 쉽게 알아낼 수 있다. 리스트 7-5의 주 반복문 내에서 run 함수를 호출할 때 매 반복 시마다 이웃 개수를 다르게 설정해 KNeighborsClassifier를 넘겨주도록 코드를 수정한다. 수정된 코드는 다음과 같다.

```
for k in range(m):
    x_train, y_train, x_test, y_test = split(x,y,k,m)
    z[0,k] = run(x_train, y_train, x_test, y_test,
                KNeighborsClassifier(n_neighbors=1))
    z[1,k] = run(x_train, y_train, x_test, y_test,
                KNeighborsClassifier(n_neighbors=3))
    z[2,k] = run(x_train, y_train, x_test, y_test,
                KNeighborsClassifier(n_neighbors=5))
    z[3,k] = run(x_train, y_train, x_test, y_test,
                KNeighborsClassifier(n_neighbors=7))
    z[4,k] = run(x_train, y_train, x_test, y_test,
                KNeighborsClassifier(n_neighbors=9))
    z[5,k] = run(x_train, y_train, x_test, y_test,
                KNeighborsClassifier(n_neighbors=11))
    z[6,k] = run(x_train, y_train, x_test, y_test,
                KNeighborsClassifier(n_neighbors=13))
```

```
z[7,k] = run(x_train, y_train, x_test, y_test,
            KNeighborsClassifier(n_neighbors=15))
```

5 폴드 교차 검증 방식을 사용해 전체 데이터 세트를 매회 무작위로 섞어서 1,000회 반복 테스트한 총 평균 점수가 표 7-6에 나와 있다.

표 7-6: 유방암 예측을 위해 5 폴드 교차 검증 방식을 사용해 여러 가지 k 값을 테스트한 총 평균 결과

k	총 평균 ± 표준 오차
1	0.951301 ± 0.000153
3	0.966282 ± 0.000112
5	0.965998 ± 0.000097
7	0.96520 ± 0.000108
9	**0.967011 ± 0.000100**
11	0.965069 ± 0.000107
13	0.962400 ± 0.000106
15	0.959976 ± 0.000101

표에서 $k = 9$가 가장 높은 점수를 기록했기 때문에 굵게 표시돼 있다. 주어진 데이터 세트에 대해 $k = 9$를 사용하는 것이 가장 유리하다는 의미다.

랜덤 포레스트 미세 조정

랜덤 포레스트 모델을 살펴보자. sklearn 패키지의 **RandomForestClassifier** 클래스에는 설정 가능한 몇 가지 하이퍼파라미터가 있다. 모든 하이퍼파라미터를 고려하기보다는 포레스트 내의 트리 수를 최적화하는 문제만 살펴보자. 트리의 개수는 **n_estimators** 파라미터를 통해 지정할 수 있다. k-NN에서 k를 바꿔가면서 테스트했던 것처럼 여기서도 여러 가지 크기의 포레스트 크기를 테스트해보자. 매 테스트마다 5 폴드 방식으로 1,000회씩 실행해 총 평균 점수가 가장 높은

것을 선택한다.

k-NN에서는 k를 1씩 변화시키면서 테스트를 했지만 포레스트 내 트리의 수는 스케일이 좀 더 크기 때문에 1씩 변화시키는 것이 맞지 않다. 포레스트 내 트리의 수가 10개인 경우와 11개인 경우 사이에 큰 차이는 없다고 볼 수 있다. 트리의 수를 고정시켜놓아도 각 랜덤 포레스트 학습 세션마다 트리 집합이 달라진다는 점도 고려 사항이다. 이 점에 대해서는 이전에 여러 번 설명했다. 트리(추정자)의 개수 n_t를 $n_t \in \{5, 20, 50, 100, 200, 500, 1000, 5000\}$ 중에서 선택해 실험을 진행해보자. 실험 결과 도출된 총 평균값들이 표 7-7에 나와 있다.

표 7-7: 유방암 예측을 위해 5 폴드 교차 검증 방식을 사용해 여러 가지 랜덤 포레스트 크기의 성능을 테스트한 총 평균 결과

n_t	총 평균 ± 표준 오차
5	0.948327 ± 0.000206
20	0.956808 ± 0.000166
50	0.959048 ± 0.000139
100	0.959740 ± 0.000130
200	0.959913 ± 0.000122
500	0.960049 ± 0.000117
750	0.960147 ± 0.000118
1000	0.960181 ± 0.000116

표를 보면 전반적으로 각 실험별 점수 차이가 매우 작은 편이지만 맨 휘트니 Mann-Whiteny의 U 검정을 적용해보면 가장 나쁘게 나온 n_t = 5의 경우와 가장 좋게 나온 n_t = 1000의 경우의 차이가 통계적으로 유의미하다는 것을 알 수 있다. 하지만 n_t = 200과 n_t = 1000 사이의 차이는 유의미하지 않다. 여기서 우리는 판단을 내릴 필요가 있다. n_t = 1000으로 설정하면 최상의 결과가 나오겠지만 현실적인 대안이라 할 수 있는 n_t = 500과 n_t = 100 간의 성능 차이는 구별하기 어려운 정도다. 랜덤 포레스트의 실행 속도는 트리의 개수에 따라 증가하므로

n_t = 100으로 설정된 분류기는 n_t = 1000으로 설정된 분류기보다 평균 10배 빠르다. 이러한 이유로 작업의 특성에 따라 n_t = 1000 대신 n_t = 100을 선택할 수도 있다.

SVM 미세 조정

선형 SVM의 하이퍼파라미터를 살펴보자. 선형 커널의 경우 C 값을 조정할 수 있다. 참고로 sklearn의 SVM 모델은 랜덤 포레스트와 마찬가지로 값을 조정할 수 있는 여러 가지 파라미터를 갖고 있지만 여기서는 C 이외의 파라미터들은 기본값을 유지하게 한다.

테스트할 C의 범위를 어떻게 설정해야 할까? 주어진 문제에 따라 다르겠지만 sklearn에서 디폴트로 설정한 C = 1에서 시작해보는 것도 나쁘지 않다. 우선 1 근방의 값을 선택하는 것이 좋을 것 같고 몇 배 이상의 값도 선택해볼 수 있다. 여기서는 $C \in$ {0.001, 0.01, 0.1, 1.0, 2.0, 10.0, 50.0, 100.0}에 대해 테스트하기로 한다. 5 폴드 교차 검증 방식을 사용해 전체 데이터 세트를 매회 무작위로 섞어 1,000회 반복 테스트한 총 평균 점수가 표 7-8에 나와 있다.

표 7-8: 유방암 예측을 위해 5 폴드 교차 검증 방식을 사용해 여러 가지 SVM C 값을 테스트한 총 평균 결과

C	총 평균 ± 표준 오차
0.001	0.938500 ± 0.000066
0.01	0.967151 ± 0.000089
0.1	0.975943 ± 0.000101
1.0	0.971890 ± 0.000141
2.0	0.969994 ± 0.000144
10.0	0.966239 ± 0.000154
50.0	0.959637 ± 0.000186
100.0	0.957006 ± 0.000189

$C = 0.1$일 때 최고의 정확도가 나온다. 통계적으로는 $C = 0.1$과 $C = 1$의 차이가 유의미하지만 실제 차이는 약 0.4%에 불과하므로 기본값 $C = 1$도 합리적인 선택이 될 수 있다. $C = 0.01$과 $C = 2$는 비슷한 정확도를 보이는 반면 $C = 0.1$은 이 둘보다 더 높은 정확도를 보이고 있다. 표에 나오는 총 평균값들이 곡선으로 이어진다면 최댓값에 해당하는 C가 [0.01, 2.0] 구간에 존재한다고 볼 수 있다.

주어진 데이터 세트에 대한 최적의 C를 찾아내는 것은 선형 SVM을 성공적으로 사용하기 위한 필수적인 작업이다. 앞에서 실행한 대략적인 방법은 후보 값들을 1차원으로 늘어놓고 하나씩 검토하는 것(1차원 그리드 검색 방식)이었다. C가 연속이기 때문에 C의 함수 꼴로 나타낼 수 있는 정확도 그래프도 연속일 것이라고 가정할 수 있다. 이 가정이 옳다면 1차원 그리드 검색 방식으로 모든 값을 차례로 검토하는 대신 최적화 알고리듬을 사용해 C를 정확히 알아내는 방법을 생각할 수 있다. 그러나 실제로는 데이터 세트의 순서가 무작위로 구성된다는 점과 이로 인해 k-폴드 교차 검증 방식을 적용한 결과가 영향을 받는다는 점 때문에 최적화 알고리듬으로 찾아낸 C 값은 처리할 문제가 어떤가에 따라 매번 달라질 수 있다. 큰 규모의 하이퍼파라미터 집합에서 그리드 검색 방식으로 최적 값을 찾아낼 경우 한 수준의 미세 조정 단계만 더 갖춰도 대부분의 경우 충분하다. 선형 SVM의 효율성을 최대로 높이려면 적절한 C 값을 찾고자 어느 정도 시간을 들여야 한다.

눈치가 빠른 독자라면 위 분석 과정에서 RBF 커널 SVM을 빼놓고 지나갔다는 사실을 알아챘을 것이다. 이제 RBF 커널 SVM을 다시 살펴보고 C와 γ에 대해 간단한 2차원 그리드 검색을 수행하는 방법을 알아보자. 여기서 γ는 RBF(가우시안) 커널과 관련이 있는 파라미터다. sklearn에는 정교한 그리드 검색을 수행하는 GridSearchCV 클래스가 준비돼 있다. 개념만 짚어주고 넘어가는 것이 아니라 실제로 간단한 그리드 검색을 직접 수행하는 방법을 보여주려고 한다. 주어진 커널이 해당 파라미터들에 대해 좋은 값을 선택하도록 조치하는 것이 중요하다.

검색을 위해 선형 SVM에서 사용한 범위와 동일하게 C 값의 범위를 사용한다. γ 값은 2의 거듭제곱인 2^p와 sklearn에서 기본값으로 갖고 있는 $1/30 = 0.03333$ 을 곱한 값으로 지정한다. p 값은 $p \in [-4, 3]$의 범위를 갖는다. C 값 하나를 지정해두고 5 폴드 검증법을 적용한 데이터 세트에 대해 모든 γ 값을 테스트해 본다. 테스트가 끝나면 다음 C 값에 대해 같은 작업을 반복하는 방식으로 모든 (C, γ) 쌍이 테스트되도록 검색을 진행한다. 가장 큰 점수(정확도)를 산출하는 쌍을 결괏값으로 출력한다. 자세한 코딩 내용은 리스트 7-6에 나와 있다.

리스트 7-6: RBF 커널 SVM의 두 파라미터 C와 γ에 대한 2차원 그리드 검색. 유방암 데이터 세트 (bc_rbf_svm_search.py 참조)

```python
import numpy as np
from sklearn.svm import SVC

def run(x_train, y_train, x_test, y_test, clf):
    clf.fit(x_train, y_train)
    return clf.score(x_test, y_test)

def split(x,y,k,m):
    ns = int(y.shape[0]/m)
    s = []
    for i in range(m):
        s.append([x[(ns*i):(ns*i+ns)], y[(ns*i):(ns*i+ns)]])
    x_test, y_test = s[k]
    x_train = []
    y_train = []
    for i in range(m):
        if (i==k):
            continue
        else:
            a,b = s[i]
            x_train.append(a)
            y_train.append(b)
    x_train = np.array(x_train).reshape(((m-1)*ns,30))
```

```
            y_train = np.array(y_train).reshape((m-1)*ns)
            return [x_train, y_train, x_test, y_test]

        def main():
            m = 5
            x = np.load("../data/breast/bc_features_standard.npy")
            y = np.load("../data/breast/bc_labels.npy")
            idx = np.argsort(np.random.random(y.shape[0]))
            x = x[idx]
            y = y[idx]

❶          Cs = np.array([0.01,0.1,1.0,2.0,10.0,50.0,100.0])
            gs = (1./30)*2.0**np.array([-4,-3,-2,-1,0,1,2,3])
            zmax = 0.0
❷          for C in Cs:
                for g in gs:
                    z = np.zeros(m)
                    for k in range(m):
                        x_train, y_train, x_test, y_test = split(x,y,k,m)
                        z[k] = run(x_train, y_train, x_test, y_test,
                            SVC(C=C,gamma=g,kernel="rbf"))
❸                  if (z.mean() > zmax):
                        zmax = z.mean()
                        bestC = C
                        bestg = g
            print("best C = %0.5f" % bestC)
            print(" gamma = %0.5f" % bestg)
            print(" accuracy= %0.5f" % zmax)
```

보조 함수 run과 split은 이전에 사용한 것과 동일하다(리스트 7-4 참조). 주요 작업은 모두 main 함수에서 수행된다. 폴드 수를 5개로 수정한 다음 전체 데이터 세트를 로드하면서 데이터 순서를 무작위로 섞어준다.

그런 다음 ❶에서 검색할 C 값과 γ 값의 범위를 지정해준다. 변수 gs를 정의하는 절차는 조금 복잡하다. 첫 번째 부분은 피처 값 개수의 역수인 1/30이다. sklearn에서 지정한 디폴트 γ 값이다. 이 값에 배열 $(2^{-4}, 2^{-3}, 2^{-1}, 2^0, 2^1, 2^2, 2^3)$을 곱해 검색할 최종 γ 값의 배열을 구한다. γ 배열의 원소 중 $2^0 = 1$이 포함돼 있는데, 이 값은 정확히 sklearn이 사용하는 기본값(1/30)에 해당한다.

❷에서 시작되는 이중 반복문을 통해 모든 C 및 γ 쌍을 차례로 테스트한다. 각 테스트마다 5 폴드 검증을 통해 5개의 점수로 구성된 집합을 구해 z에 저장한다. 그런 다음 ❸에서 이 집합의 평균이 현재까지 산출된 최댓값(z_{max})보다 큰지 조사해본다. 더 큰 값이 나왔다면 최댓값을 새로 업데이트하고 방금 구한 C 값과 γ 값을 최적 값으로 놓는다. C와 γ에 대한 반복문이 종료되면 최적의 파라미터 값이 bestC와 bestg에 남게 된다.

이 코드를 반복 실행해보면 매번 다른 결과가 나올 것이다. 이는 전체 데이터 세트에 포함된 데이터들의 순서를 무작위로 섞어주기 때문이다. 폴드의 부분집합이 변경돼 각 폴드별 평균값이 서로 다르게 나온다. 예를 들어 위 코드를 10회 실행하면 표 7-9과 같은 결과가 도출된다.

표 7-9: 서로 다른 C 값과 γ 값의 조합을 10번 반복 적용한 RBF SVM 모델의 유방암 예측 정확도 평균.

C	γ	정확도
1	0.03333	0.97345
2	0.03333	0.98053
10	0.00417	0.97876
10	0.00417	0.97699
10	0.00417	0.98053
10	0.01667	0.98053
10	0.01667	0.97876
10	0.01667	0.98053
1	0.03333	0.97522
10	0.00417	0.97876

결과를 보면 $(C, \gamma) = (10, 0.00417)$가 좋은 조합이 될 수 있다는 것을 알 수 있다. 이 조합을 사용해 전과 동일하게 5 폴드 검증법으로 1,000회 실행시켜 얻은 정확도의 총 평균값은 0.976991, 즉 97.70%이다. 이는 유방암 조직학 데이터 세트에 대해 학습시킨 모든 모델 유형 중 가장 높은 총 평균 정확도에 해당한다.

유방암 데이터 세트는 그다지 큰 규모의 데이터 세트는 아니다. 작은 규모의 데이터 세트임에도 잘 작동하는 좋은 모델을 찾을 수 있었던 것은 k-폴드 검증법의 도움을 받았기 때문이다. 이제 순수하게 벡터만으로 이뤄진 작은 데이터 세트가 아닌 이미지 기반이며 규모가 훨씬 더 큰 MNIST 데이터 세트로 실험해 보자.

MNIST 데이터 세트 실험

이 장에서 실험해볼 마지막 데이터 세트는 MNIST라는 손으로 쓴 숫자 데이터 세트의 벡터 버전이다(5장 참조). 이 데이터 세트는 손으로 쓴 [0, 9] 사이의 숫자로서 28 × 28 픽셀 크기며 그레이스케일 이미지로 구성된다. 각 이미지 중앙에 해당하는 숫자가 놓여있다. 이 데이터 세트는 머신러닝, 특히 딥러닝 분야에서 독보적으로 많이 사용되는 데이터 세트며 이 책의 나머지 부분에서도 자주 사용할 것이다.

고전 모델 테스팅

MNIST에는 60,000개의 학습용 이미지와 10,000개의 테스트용 이미지가 있고, 각 숫자별로 비슷한 개수의 이미지들이 준비돼 있다. 학습 데이터의 양이 충분하기 때문에 이 책에서 실험할 고전 모델에 대해 추가로 k-폴드 검증법을 적용할 필요는 없다. 학습 데이터로 학습하고 테스트 데이터로 테스트를 실행하면 된다. 이 두 데이터 세트는 동일한 모분포에서 나온 것이라고 가정하자(실제로 그렇다).

고전 모델은 벡터 값을 입력으로 받으므로 5장에서 생성한 MNIST 데이터 세트의 벡터 버전을 사용한다. 이미지 벡터는 28행 28열로 배열돼 있으며 28 × 28 = 784개의 원소로 구성된다. 벡터의 처음 28개 요소부터 0행, 다음 28개 요소를 1행, 마지막 28개 요소를 27행으로 부른다. 이미지는 8비트 그레이스케일 형태로 저장되므로 0에서 255까지의 데이터 값이 저장된다. 세 가지 버전의 데이터 세트를 준비한다. 첫 번째는 원시 바이트 버전이다. 두 번째는 원시 바이트 값을 바이트로 표현할 수 있는 최댓값인 256으로 나눠 데이터를 [0, 1)로 스케일링하는 버전이다. 세 번째는 '피처'(실제로는 픽셀)별로 데이터 세트에서 해당 피처의 평균을 뺀 다음 표준 편차로 나누는 정규화된 버전이다. 이를 통해 피처 값의 범위 설정 방식이 바뀜에 따라 각 실험이 어떤 영향을 받게 되는지 살펴볼 수 있다.

그림 7-1은 원본 이미지와 정규화된 벡터에서 복구된 이미지의 예를 보여준다. 복구된 이미지의 각 픽셀은 [0, 255] 크기로 다시 조정됐다. 정규화는 이미지의 외양에 영향을 주기는 하지만 각 숫자 이미지를 구성하고 있는 부분 요소 간의 공간 관계를 파괴하지는 않는다. 데이터를 [0, 1)로 조정하면 그림 7-1 상단의 이미지가 생성된다.

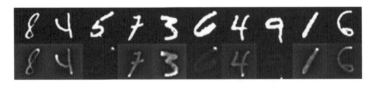

그림 7-1: MNIST 원본 숫자(위)와 모델에서 사용될 정규화된 버전(아래)

실험할 코드는 이전에 사용한 코드와 거의 동일하지만 다음에 설명할 내용 때문에 SVC 클래스를 새로운 SVM 클래스인 LinearSVC로 대체한다. 먼저 리스트 7-7의 보조 함수를 살펴보자.

리스트 7-7: MNIST 데이터 세트를 여러 가지 크기로 변환해 학습시킨 고전 모델. 보조 함수 (mnist_experiments.py 참조)

```python
import time
import numpy as np
from sklearn.neighbors import NearestCentroid
from sklearn.neighbors import KNeighborsClassifier
from sklearn.naive_bayes import GaussianNB, MultinomialNB
from sklearn.tree import DecisionTreeClassifier
from sklearn.ensemble import RandomForestClassifier
from sklearn.svm import LinearSVC
from sklearn import decomposition

def run(x_train, y_train, x_test, y_test, clf):
    s = time.time()
    clf.fit(x_train, y_train)
    e_train = time.time() - s
    s = time.time()
    score = clf.score(x_test, y_test)
    e_test = time.time() - s
    print("score = %0.4f (time, train=%8.3f, test=%8.3f)"
          % (score, e_train, e_test))

def train(x_train, y_train, x_test, y_test):
    print("    Nearest Centroid : ", end='')
    run(x_train, y_train, x_test, y_test, NearestCentroid())
    print("    k-NN classifier (k=3) : ", end='')
    run(x_train, y_train, x_test, y_test,
        KNeighborsClassifier(n_neighbors=3))
    print("    k-NN classifier (k=7) : ", end='')
    run(x_train, y_train, x_test, y_test,
        KNeighborsClassifier(n_neighbors=7))
    print("    Naive Bayes (Gaussian) : ", end='')
    run(x_train, y_train, x_test, y_test, GaussianNB())
    print("    Decision Tree : ", end='')
    run(x_train, y_train, x_test, y_test, DecisionTreeClassifier())
```

```
print("   Random Forest (trees= 5) : ", end='')
run(x_train, y_train, x_test, y_test,
    RandomForestClassifier(n_estimators=5))
print("   Random Forest (trees= 50) : ", end='')
run(x_train, y_train, x_test, y_test,
    RandomForestClassifier(n_estimators=50))
print("   Random Forest (trees=500) : ", end='')
run(x_train, y_train, x_test, y_test,
    RandomForestClassifier(n_estimators=500))
print("   Random Forest (trees=1000): ", end='')
run(x_train, y_train, x_test, y_test,
    RandomForestClassifier(n_estimators=1000))
print("   LinearSVM (C=0.01) : ", end='')
run(x_train, y_train, x_test, y_test, LinearSVC(C=0.01))
print("   LinearSVM (C=0.1) : ", end='')
run(x_train, y_train, x_test, y_test, LinearSVC(C=0.1))
print("   LinearSVM (C=1.0) : ", end='')
run(x_train, y_train, x_test, y_test, LinearSVC(C=1.0))
print("   LinearSVM (C=10.0) : ", end='')
run(x_train, y_train, x_test, y_test, LinearSVC(C=10.0))
```

리스트 7-7의 run 함수도 이전 코드와 거의 동일하며 학습 및 테스트에 걸리는 시간을 체크하는 기능만 추가됐다. 체크된 시간은 점수와 함께 출력된다. 아이리스 꽃 데이터 세트와 유방암 데이터 세트는 규모가 작아 실행 시간이 거의 같지만 MNIST는 대규모 데이터 세트이기 때문에 모델 유형 간 실행 시간 차가 존재해서 이 기능이 추가된 것이다. 새로운 함수 train이 추가됐는데, 이 함수는 단순히 모델 유형별로 run 함수를 호출하는 명령을 감싸주는 역할만 수행한다.

이제 주 함수가 있는 리스트 7-8을 살펴보자.

276

리스트 7-8: 다양한 스케일로 조정한 MNIST 데이터 세트를 이용한 고전 모델 학습. 주 함수 (mnist_experiments.py 참조)

```
def main():
    x_train = np.load("mnist_train_vectors.npy").astype("float64")
    y_train = np.load("mnist_train_labels.npy")
    x_test = np.load("mnist_test_vectors.npy").astype("float64")
    y_test = np.load("mnist_test_labels.npy")

    print("Models trained on raw [0,255] images:")
    train(x_train, y_train, x_test, y_test)
    print("Models trained on raw [0,1) images:")
    train(x_train/256.0, y_train, x_test/256.0, y_test)

❶  m = x_train.mean(axis=0)
    s = x_train.std(axis=0) + 1e-8
    x_ntrain = (x_train - m) / s
    x_ntest = (x_test - m) / s

    print("Models trained on normalized images:")
    train(x_ntrain, y_train, x_ntest, y_test)

❷  pca = decomposition.PCA(n_components=15)
    pca.fit(x_ntrain)
    x_ptrain = pca.transform(x_ntrain)
    x_ptest = pca.transform(x_ntest)

    print("Models trained on first 15 PCA components of normalized images:")
    train(x_ptrain, y_train, x_ptest, y_test)
```

리스트 7-8의 주 함수는 데이터를 로딩한 다음 원시 바이트 값을 사용해 모델을 학습시킨다. 그런 다음 [0, 1) 범위로 스케일된 버전의 학습 데이터와 테스팅 데이터로 학습을 반복한다. 이 두 가지 데이터 세트, 즉 원본 바이트 데이터 세트와 스케일된 데이터 세트로 실험을 실행한다.

데이터 정규화를 위해 ❶에서 특성별 평균과 표준 편차에 대한 정보를 얻어낸다. 표준 편차가 0인 픽셀은 계산상의 편의를 위해 표준 편차에 작은 값을 추가한다. 계산 과정 중 표준 편차로 나누는 단계에서 에러가 발생하기 때문이다. 테스트 데이터를 정규화하려면 어떤 평균과 표준 편차를 사용해야 할지 고민해봐야 한다. 일반적으로 테스트 데이터보다 학습 데이터가 더 많으므로 학습 데이터의 평균과 표준 편차를 사용하는 것이 합리석이다. 학습 데이터의 평균과 표준 편차가 처음에 샘플 데이터를 채취했던 모분포의 평균과 표준을 더 잘 표현하고 있다고 볼 수 있기 때문이다. 가끔 학습 데이터와 테스트 데이터 간에 약간의 차이가 존재할 수 있는데, 이때는 테스트 데이터의 평균과 표준 편차 값을 고려하는 것이 합리적일 수 있다. 이 예제에서 사용하고 있는 MNIST 데이터는 학습 데이터 세트와 테스트 데이터 세트가 함께 생성됐기 때문에 차이가 없으므로 학습 데이터 세트의 평균과 표준 편차 값을 이용하기로 한다. 피처별 평균값과 표준 편차 값은 새로 입력되는 미지의 샘플에도 동일하게 적용돼야 한다.

다음으로 ❷에서는 5장에서 아이리스 꽃 데이터에 대해 적용했던 알고리듬인 PCA 알고리듬을 적용한다. 여기서는 처음 15개의 요소만을 대상으로 삼는다. 이는 전체 데이터 분산량의 33%를 약간 넘게 차지하며 피처 벡터를 784개 피처(픽셀)에서 15개 피처(주성분)로 줄여주는 효과가 있다. 이제 이 피처들을 사용해 모델을 학습시킨다.

코드를 실행시켜보면 여러 가지 유용한 정보가 출력된다. 모델 유형과 데이터 소스별로 산출된 예측 점수를 살펴보자. 표 7-10에서 확인할 수 있다. 괄호 안의 값은 랜덤 포레스트의 트리 수를 나타낸다.

표 7-10: 여러 가지 전처리 과정별 MNIST 모델 예측 점수

모델	원본[0,255]	범위 조정[0,1)	정규화	PCA
최근접 센트로이드	0.8203	0.8203	0.8092	0.7523
k-NN(k = 3)	0.9705	0.9705	0.9452	0.9355
k-NN (k = 7)	0.9694	0.9694	0.9433	0.9370
나이브 베이즈	0.5558	0.5558	0.5239	0.7996
의사결정 트리	0.8773	0.8784	0.8787	0.8403
랜덤 포레스트(5)	0.9244	0.9244	0.9220	0.8845
랜덤 포레스트(50)	0.9660	0.9661	0.9676	0.9215
랜덤 포레스트(500)	0.9708	0.9709	0.9725	0.9262
랜덤 포레스트(1000)	0.9715	0.9716	0.9719	0.9264
선형 SVM(C = 0.01)	0.8494	0.9171	0.9158	0.8291
선형 SVM(C = 0.1)	0.8592	0.9181	0.9163	0.8306
선형 SVM(C = 1.0)	0.8639	0.9182	0.9079	0.8322
선형 SVM(C = 10.0)	0.8798	0.9019	0.8787	0.7603

최근접 센트로이드의 점수를 보자. 왼쪽부터 오른쪽으로 서로 다른 버전의 데이터 세트별로 산출된 예측 점수가 나열돼 있다. 원시 데이터에 대해 10개의 클래스별 중심 위치는 정확도가 82%인 간단한 분류기를 만들어낸다. 임의로 추측할 경우 정확도가 약 10%가 나올 것이므로(10개 클래스 중 하나를 무작위로 선택) 이 점수는 그리 나쁜 점수는 아니다. 특정 상수 값으로 데이터 크기를 조정해도 클래스별 중심 간의 상대적 관계가 변경되지 않으므로 표 7-10의 열 2와 열 1이 동일한 성능을 보이는 것은 당연하다.

하지만 정규화 작업은 데이터를 상수로 나누는 것 이상의 연산을 수행한다. 그 효과에 대해서는 그림 7-1에서 확인했다. 정규화 작업은 최소한 MNIST 데이터 세트에 대해서만큼은 센트로이드 간의 상대적 관계에 영향을 줬고 결과적으로 예측 정확도가 80.9%로 떨어졌다.

마지막으로 PCA를 사용해 피처 수를 784개에서 15개로 줄이면 심각한 영향을 미치게 돼 정확도가 고작 75.2%를 기록하는 것을 볼 수 있다. '고작'이라는 단어에 유의하자. 딥러닝이 등장하기 이전에는 10개 클래스의 문제에 대해 75%의 정확도를 보이는 모델은 일반적으로 꽤 좋은 모델로 간주됐다. 물론 현실은 그렇지가 않다. 자율 주행차를 몰고 나갔을 때 4번 나가서 1번 사고가 난다면 큰 문제일 것이다. 더 높은 성능의 모델이 필요하다.

다음으로 k-NN 분류기를 살펴보자. $k = 3$ 및 $k = 7$ 모두에 대해 유사한 성능과 최근접 센트로이드 분류기에서 본 것과 동일한 추세를 확인할 수 있다. 이는 이 두 가지 모델이 실제로 얼마나 비슷한 유형인지를 생각해보면 충분히 예상할 수 있는 결과다. 그러나 둘(센트로이드와 k-NN)의 정확도 차이는 꽤 크다. 97%의 정확도는 일반적으로 꽤 좋은 것으로 간주된다. 그러나 여전히 실패율이 3%인 수술이 있다면 쉽게 수술을 선택하지 못할 것이다.

나이브 베이즈 분류기의 경우 상황이 좀 더 복잡해진다. 무작위로 추측한 것보다는 5배 정도 우수하지만 모든 데이터 세트 버전에 대해 전반적으로 성능이 좋지 않다. PCA를 적용한 데이터 세트에 대한 정확도는 다른 데이터 세트에 대한 정확도인 56%에 비해 80%로 크게 향상됐다. 이 모델이 PCA 적용 후 성능이 개선된 유일한 모델 유형이다. 왜 그럴까? 가우시안 나이브 베이즈 모델의 특성 때문이다. 이 모델에서는 독립 가정과 또 다른 가정, 즉 연속형 피처 값이 각 피처별로 해당 정규 분포에서 도출됐다는 가정과 결합된다. 여기서 정규 분포의 파라미터인 평균과 표준 편차는 주어진 데이터 내의 피처 값으로부터 계산할 수 있는 값들이다.

이제 PCA의 기하학적 측면을 생각해보자. 데이터 세트에서 도출된 가장 직교 방향에 맞춘 새로운 좌표계로 회전 이동시키는 것과 동일하다. 직교한다는 말은 특정 방향성이 다른 방향성과 전혀 겹치지 않는다는 뜻이다. x축, y축, z축으로 이뤄진 삼차원 좌표계를 떠올려보자. x축은 y축이나 z축과 겹쳐서 가는 부분이 없다(원점 제외). 이것이 바로 PCA가 수행하는 연산이다. 그러므로 PCA는 새로운 피처들이 각각에 대해 서로 독립이라는 나이브 베이즈의 첫 번째 가정에 정확히 부합한다. 여기에 각각의 픽셀 값에 대한 분포가 가우시안 분포라는 가정을 추가하면 표 7-10에 나온 값들을 이해할 수 있게 된다.

의사결정 트리나 랜덤 포레스트 같은 트리 기반의 분류기들은 PCA 버전 이전까지의 데이터 세트에 대해서는 처리 방법이 거의 동일하다. 실제로 원시 데이터와 256으로 스케일링된 데이터 사이에는 차이가 없음을 볼 수 있다. 특정 상수 값만큼 스케일링을 수행한다는 얘기는 트리의 본체를 구성하고 있는 각 노드의 결정 임계치를 스케일링한다는 것이므로 두 데이터 사이에 차이가 없다는 사실은 충분히 예상했던 결과다. 이전과 마찬가지로 PCA를 통해 축소된 차원 벡터로 작업하면 중요하게 반영될 가능성이 있는 정보가 버려지는 경우도 있기 때문에 전체적인 정확도는 떨어진다.

모든 데이터 소스에 대해 산출된 예측 점수들은 상호 간에 상대적인 의미를 지닌다. 앞서 봤듯이 트리 한 개만으로 구성한 의사결정 트리는 최악의 성능을 보인다. 주어진 문제가 특별히 간단한 경우가 아니라면 보통은 랜덤 포레스트의 형태를 갖춘 다수의 트리 집합과 경쟁을 해야 하기 때문에 당연한 결과다. 역시 예상했던 대로지만 랜덤 포레스트의 경우 포레스트를 구성하고 있는 트리의 수가 증가할수록 예측 점수가 향상된다. 그러나 예측 점수의 향상은 보상이 감쇄되는 효과를 동반한다. 트리 수가 5개에서 50개로 증가할 때는 예측 점수가 크게 향상되지만 500개에서 1,000개로 증가할 때는 향상 폭이 매우 줄어든다.

SVM의 예측 결과를 보기 전에 SVC 클래스를 LinearSVC로 바꾼 이유를 살펴보자. 이름에서 알 수 있듯이 LinearSVC는 선형 커널만 구현한 모델이다. 반면 SVC 클래스는 더 일반적이며 다른 커널도 구현할 수 있는 모델이다. 그렇다면 왜 바꾼 것일까?

그 이유는 알고리듬의 실행 시간과 관련이 있다. 컴퓨터 과학에서는 복잡성에 대한 특별한 정의가 있으며 복잡성만 연구하는 전문 분야가 있다. 주로 알고리듬이 분석과 관련돼 있으며, 구체적으로는 입력의 규모가 커질 때 해당 알고리듬의 성능이 어떻게 변화하는지를 연구하는 분야다. 여기서는 빅-O 표기법만 이해하고 넘어가자. 빅-O 표기법은 입력(또는 입력의 개수)이 점점 커짐에 따라 알고리듬의 실행 시간이 어떻게 변하는지 묘사하는 방법이다.

예를 들어 고전적인 버블 정렬 알고리듬은 정렬 대상 숫자가 수십 개 단위인 경우에는 잘 작동한다. 그러나 정렬 대상 숫자가 많아져서 입력 규모가 커지면 실행 시간은 선형으로 증가하는 것이 아니라 제곱에 비례하는 속도로 증가한다. 즉, 숫자를 정렬하는 데 소요되는 시간 t가 정렬 대상 숫자들의 개수의 제곱에 비례해 늘어나는 것이다($t \propto n^2$). 이 성능을 빅-O 표기법으로 $O(n^2)$라고 표기한다. 따라서 버블 정렬은 차수가 n^2인 알고리듬이다. 일반적으로 n^2보다는 더 우수한 알고리듬을 선택하게 된다. $O(n)$, 즉 n과 비슷한 성능을 내거나 또는 $O(1)$, 즉 n과 무관한 알고리듬이면 더 좋다. 사실상 SVM 모델을 학습하기 위한 커널 알고리듬은 $O(n^2)$보다 성능이 더 나쁜 것으로 판명됐다. 학습 샘플 개수가 증가함에 따라 실행 시간이 폭발적으로 증가하게 되는 알고리듬인 것이다. 이것이 SVC 클래스 대신 커널을 사용하지 않는 LinearSVC 클래스를 사용하게 된 한 가지 이유다.

두 번째 이유는 SVM이 이진 분류, 즉 두 개의 클래스만을 구분하게 구현됐기 때문이다. MNIST 데이터 세트에는 10개의 클래스가 있기 때문에 뭔가 특별한 조치가 필요하다. 문제 해결을 위해 몇 가지 방법을 생각해볼 수 있다. sklearn 문서에 따르면 SVC 클래스는 여러 개의 분류기 쌍을 학습시켜 각각의 분류 결과를 비교하는 방식을 사용하고 있다. 즉, 클래스 0 대 클래스 1, 클래스 1 대 클래스 2, 클래스 0 대 클래스 2 등 분류기 쌍을 비교하는 방식이다. 결국 필요한 분류기의 개수는 분류 대상 클래스의 개수를 m이라 할 때 총 $m(m - 1)/2$개가 필요하다. MNIST의 경우 $m = 10$이므로 $10(10 - 1)/2 = 45$개의 분류기를 학습시켜야 한다. 이 방법은 전혀 효율적이지 않다. 반면에 LinearSVC 분류기는 1대의 분류기와 다른 모든 분류기를 비교하는 방식을 사용한다. 즉, 클래스 '0'를 분류하는 분류기 대 '1-9'를 분류하는 분류기, 클래스 '1'을 분류하는 분류기 대 '0, 2-9'를 분류하는 분류기 등으로 학습시켜 총 10개의 분류기를 각 숫자에 대해 하나씩 학습시키는 방식이다.

이 예제를 통해 SVM 분류기를 사용하면 원본 바이트 형태의 입력값 대신 용도에 맞게 스케일링한 데이터를 사용할 수 있다는 확실한 이점이 생긴다는 것을 알 수 있다. 또한 최적의 C 값이 $C = 0.1$과 $C = 1.0$ 사이에 있음도 알 수 있다. MNIST 데이터 세트에 한정된 얘기일 수 있지만 데이터를 단순히 [0, 1) 크기로 스케일링했을 뿐인데도 해당 SVM 모델의 성능이 정규화된 데이터를 학습한 것보다 더 좋게 나온다. 작은 효과지만 다른 C 값에 대해서도 이 효과는 일관되게 나타난다. 그리고 이전에 봤듯이 PCA를 적용해 784개 피처를 15개로 줄여서 차원을 낮추면 정확도가 다소 떨어진다. PCA는 이 경우에 별 도움을 주지 못하고 있다. 이 장 뒷부분에서 그 이유를 다시 알아본다.

실행 시간 분석

이제 실행 시간과 관련한 알고리듬 성능을 알아보자. 표 7-11은 각 모델 유형 및 데이터 세트 버전에 대해 학습 및 테스트 실행 시간을 초 단위로 보여준다.

먼저 테스트 실행 시간을 살펴보자. 각 모델이 테스트 세트에 포함된 10,000개의 숫자 이미지를 모두 분류하는 데 걸리는 시간이 표시돼 있다. 가장 먼저 눈에 띄는 것은 k-NN이 느리다는 것이다. 피처 벡터를 전부 사용하면 테스트 세트 분류에 10분 이상 걸린다. k-NN 알고리듬이 15개의 피처로 축소시킨 PCA 데이터 세트에 대해 처음으로 합리적인 수준의 실행 시간을 보여준다. 단순해 보이는 아이디어를 구현하고자 지불하는 대가가 어떤 것인지를 보여주는 좋은 사례다. k-NN 분류기는 미지의 분류 대상 샘플이 제시됐을 때 그것과 가장 가까운 k개의 학습된 샘플을 찾아준다. 여기서 가장 가깝다는 것은 그래프상의 두 점 사이의 유클리디안 거리를 기준으로 판정한다. 이 예제에서는 2차원 혹은 3차원을 배제하고 784라는 1차원적 거리 값을 사용한다.

표 7-11: 모델 유형별 학습 시간과 테스팅 시간(단위: 초)

모델	원본[0,255]		범위 조정[0,1]		정규화		PCA	
	학습	테스트	학습	테스트	학습	테스드	학습	테스트
최근접 센트로이드	0.23	0.03	0.24	0.03	0.24	0.03	0.01	0.00
k-NN(k = 3)	33.24	747.34	33.63	747.22	33.66	699.58	0.09	3.64
k-NN(k = 7)	33.45	746.00	33.69	746.65	33.68	709.62	0.09	4.65
나이브 베이즈	0.80	0.88	0.85	0.90	0.83	0.94	0.02	0.01
의사결정 트리	25.42	0.03	25.41	0.02	25.42	0.02	2.10	0.00
랜덤 포레스트(5)	2.65	0.06	2.70	0.06	2.61	0.06	1.20	0.03
랜덤 포레스트(50)	25.56	0.46	25.14	0.46	25.27	0.46	12.06	0.25
랜덤 포레스트(500)	252.65	4.41	249.69	4.47	249.19	4.45	121.10	2.51
랜덤 포레스트(1000)	507.52	8.86	499.23	8.71	499.10	8.91	242.44	5.00
선형 SVM(C = 0.01)	169.45	0.02	5.93	0.02	232.93	0.02	16.91	0.00
선형 SVM(C = 0.1)	170.58	0.02	36.00	0.02	320.17	0.02	37.46	0.00
선형 SVM(C = 1.0)	170.74	0.02	96.34	0.02	488.06	0.02	66.49	0.00
선형 SVM(C = 10.0)	170.46	0.02	154.34	0.02	541.69	0.02	86.87	0.00

따라서 각 테스트 샘플에 대해 훈련 데이터 내에 있는 샘플 중 $k = 3$ 또는 $k = 7$개의 가장 가까운 점을 찾아야 한다. 가장 간단한 방법은 각각의 미지의 샘플과 60,000개의 학습용 샘플 간의 거리를 모두 계산한 후 정렬해서 가장 작은 거리 값을 갖는 k개의 샘플을 선별한 다음 선별된 샘플들이 가장 많이 속한 클래스를 최종 레이블로 정하는 것이다. 60,000개의 학습 샘플과 10,000개의 테스트 샘플이 있기 때문에 총 600,000,000번의 거리 계산이 필요하다. sklearn 이 가장 가까운 이웃을 찾는 데 사용되는 알고리듬을 자동으로 선택해줄 것이고 수십 년간의 연구를 통해 '단순 계산보다 나은' 여러 가지 접근 방식을 발견

했기 때문에 k-NN의 성능이 그렇게 나쁘지는 않다. K-D-트리 및 볼^{Ball} 트리 (메트릭 트리라고도 함)에도 관심이 있다면 키브리야^{Kibriya}와 프랭크^{Frank}가 2007년에 쓴 「An Empirical Comparison of Exact Nearest Neighbor Algorithms」이라는 논문을 참조하기 바란다. 하지만 다른 모델들과 비교해볼 때 k-NN 모델의 실행 시간이 상대적으로 너무 크기 때문에 데이터 세트가 더 커질 경우 k-NN이 매우 느려질 수 있다는 사실을 기억해야 한다.

다음으로 가장 느린 테스트 실행 시간을 보이는 모델은 랜덤 포레스트 분류기다. 500개의 트리로 구성된 포레스트가 50개의 트리로 구성된 포레스트보다 10배 더 긴 시간이 필요하다는 것은 쉽게 이해할 수 있다. 계산을 수행하는 트리가 10배 더 많기 때문이다. 학습 시간도 선형으로 증가한다. PCA를 사용해 피처 벡터의 크기를 줄이면 상황이 개선되지만 50배(784개의 피처를 15개의 PCA 피처로 축소 ≈ 50배)까지 향상되지는 않으므로 전반적인 성능이 피처 벡터의 크기에 크게 영향을 받는다고 보기는 어렵다.

선형 SVM은 랜덤 포레스트 다음으로 학습 속도가 느린 모델이지만 테스팅 실행 시간은 매우 빠르다. 긴 학습 시간과 짧은 분류(추론) 시간은 많은 모델 유형의 피처다. 최근접 센트로이드나 나이브 베이즈와 같은 가장 간단한 형태의 모델은 학습 속도도 빠르고 실행 시간도 짧다. 그러나 다른 일반적인 모델은 학습 속도가 느리고 사용 속도는 빠를 것이라고 가정하는 것이 안전하다. 특히 신경망에서 이 가정이 잘 맞는다.

PCA를 사용하면 나이브 분류기를 제외한 다른 모든 모델에서 성능 저하가 나타난다. PCA 구성 요소 수가 변경됨에 따라 PCA의 효과가 어떻게 달라지는지 확인하는 실험을 해보자.

PCA 구성 요소 실험

표 7-10과 표 7-11에서는 데이터 세트 전체 분산의 33%를 차지하는 15개의 PCA 요소를 선택해 실험했다. 이 값은 무작위로 선택된 값이다. 주성분 요소의 개수를 다른 값으로 설정해 모델을 학습시키는 것도 생각해보자.

PCA 요소의 개수가 최종 모델의 성능에 어떤 영향을 미치는지 살펴보자. PCA 성분 요소의 개수를 10개부터 780개까지 변경시켜가면서 실험해본다. 여기서 780개는 기본적으로 원본 이미지의 모든 피처를 PCA 요소로 사용한다는 의미가 된다. 각 구성 요소 수에 대해 나이브 베이즈 분류기, 50개 트리로 구성된 랜덤 포레스트, $C = 1.0$인 선형 SVM을 각각 학습시킨다. 위 내용을 수행하는 코드가 리스트 7-9에 나와 있다.

리스트 7-9: PCA 성분 요소 개수에 따른 모델 정확도(mnist_pca.py 참조)

```python
def main():
    x_train = np.load("../data/mnist/mnist_train_vectors.npy")
                        .astype("float64")
    y_train = np.load("../data/mnist/mnist_train_labels.npy")
    x_test = np.load("../data/mnist/mnist_test_vectors.npy").astype("float64")
    y_test = np.load("../data/mnist/mnist_test_labels.npy")
    m = x_train.mean(axis=0)
    s = x_train.std(axis=0) + 1e-8
    x_ntrain = (x_train - m) / s
    x_ntest = (x_test - m) / s

    n = 78
    pcomp = np.linspace(10,780,n, dtype="int16")
    nb=np.zeros((n,4))
    rf=np.zeros((n,4))
    sv=np.zeros((n,4))
    tv=np.zeros((n,2))

    for i,p in enumerate(pcomp):
```

```
❶ pca = decomposition.PCA(n_components=p)
  pca.fit(x_ntrain)
  xtrain = pca.transform(x_ntrain)
  xtest = pca.transform(x_ntest)
  tv[i,:] = [p, pca.explained_variance_ratio_.sum()]
❷ sc,etrn,etst =run(xtrain, y_train, xtest, y_test, GaussianNB())
  nb[i,:] = [p,sc,etrn,etst]
  sc,etrn,etst =run(xtrain, y_train, xtest, y_test,
                RandomForestClassifier(n_estimators=50))
  rf[i,:] = [p,sc,etrn,etst]
  sc,etrn,etst =run(xtrain, y_train, xtest, y_test, LinearSVC(C=1.0))
  sv[i,:] = [p,sc,etrn,etst]

np.save("mnist_pca_tv.npy", tv)
np.save("mnist_pca_nb.npy", nb)
np.save("mnist_pca_rf.npy", rf)
np.save("mnist_pca_sv.npy", sv)
```

먼저 MNIST 데이터 세트를 로드하고 정규화된 버전을 만든다. 이 버전은 PCA
와 함께 사용될 버전이다. 다음으로 결과를 저장할 기억 장소를 지정한다. 10에
서 780까지 10씩 증가시키면서 변수 **pcomp**에 저장될 PCA 성분 요소의 개수를
설정한다. 다음으로 각 PCA 성분 요소 개수별로 반복문을 실행한다. ❶에서 필
요한 성분 요소의 개수(p)를 알아낸 다음 대상 데이터 세트를 실제 학습 및 테스
트 데이터 세트인 (**xtrain, xtest**)에 매핑한다.

또한 현재 주성분 요소의 개수(tv)에 해당하는 데이터 세트 내의 실제 분산량을
저장한다. 나중에 이 값을 플로팅해보면 성분 요소의 개수가 데이터 세트 내의
주요 분산을 얼마나 빨리 처리하는지 확인할 수 있다.

다음으로 ❷에서 현재 피처 수를 사용해 가우시안 나이브 베이즈 분류기를 학습
및 테스팅한다. 여기서 호출되는 **run** 함수는 점수, 학습 시간 및 테스트 시간을
반환한다는 점을 제외하면 리스트 7-7에서 사용된 것과 거의 동일하다. 반환할

값들이 계산되면 해당 출력 배열(nb)에 저장된다. 그다음에 수행되는 작업은 랜덤 포레스트와 선형 SVM에서 수행한 것과 동일하다.

반복문이 성공적으로 종료돼 필요한 모든 데이터가 확보됐다면 플로팅을 준비하고자 넘파이 배열을 디스크에 저장한다. 이 코드를 실행하는 데는 다소 시간이 걸린다. 최종 출력된 플로딩 화면은 그림 7-2와 같다.

실선으로 표시된 곡선은 현재 PCA 성분 요소의 개수(x축)에 해당하는 데이터 세트의 총 분산 비율을 보여준다. 이 곡선은 데이터 세트의 모든 피처가 PCA 성분 요소로 사용될 때 최댓값인 1.0에 도달한다. 이 곡선은 새로운 PCA 성분 요소를 추가함에 따라 데이터의 향방이 어떻게 바뀌는지 보여주기 때문에 도움이 된다. MNIST의 경우 가능한 총 PCA 성분 요소의 절반만 사용해도 총 분산의 약 90%를 표현할 수 있다.

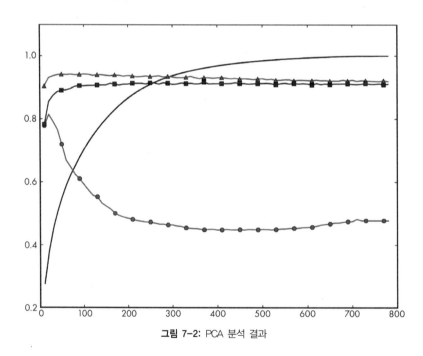

그림 7-2: PCA 분석 결과

나머지 3개의 곡선은 테스트 데이터에 대한 결과 모델의 정확도를 표시해준다. 이 실험에서 가장 성능이 우수한 모델은 50개의 트리로 구성된 랜덤 포레스트 모델로, 그래프상에서 삼각형을 이은 곡선으로 표시돼 있다. 다음으로 선형 SVM(정사각형)과 나이브 베이즈(원)가 그 뒤를 따른다. 이 곡선은 PCA 성분 요소의 수와 정확도 간의 관계를 보여준다. 랜덤 포레스트와 SVM은 PCA가 변경돼도 정확도가 느리게 반응하지만 나이브 베이즈 분류기의 경우 PCA 성분 요소 개수를 증가시키면 정확도가 급속히 떨어지는 것을 볼 수 있다. 랜덤 포레스트와 SVM의 정확도도 PCA 성분 요소의 수가 증가함에 따라 감소하기는 하지만 이 부분은 차원의 저주가 결국 영향을 줄 것으로 미리 예상할 수 있는 현상이라고 볼 수 있다. 나이브 베이즈 분류기가 극적으로 다른 양상을 보이는 것은 PCA 성분 요소를 많이 사용하면 할수록 독립성에 대한 가정이 훼손되기 때문인 것으로 보인다.

표 7-12에 PCA 성분 요소의 개수와 그에 따른 최대 정확도가 표시돼 있다.

표 7-12: MNIST 데이터에 대한 모델별, PCA 성분 요소 개수별 최대 정확도

모델	정확도	주성분 요소 개수	분산
나이브 베이즈	0.81390	20	0.3806
랜덤 포레스트(50)	0.94270	100	0.7033
선형 SVM(C=1.0)	0.91670	370	0.9618

표 7-12는 그림 7-2의 플롯을 표로 나타낸 것이다. 흥미롭게도 SVM은 원본 데이터 세트의 거의 모든 피처를 사용해도 최댓값에 도달하지 못한다. 또한 랜덤 포레스트와 SVM에 대해 도출한 최고의 정확도는 이전에 PCA를 사용하지 않은 다른 데이터 세트 버전으로 도출한 모델보다 성능이 좋지 않다. 그러므로 PCA는 이 두 모델에 도움이 되지 않지만 나이브 베이즈 분류기에는 분명한 도움이 된다.

데이터 세트 스크램블링

이 절을 마무리하기 전에 한 가지 실험을 더 해보자. 이 실험에 대한 얘기는 나중에 9장과 12장에서 다시 다룬다.

5장에서는 MNIST 데이터 세트에서 숫자 이미지의 픽셀 순서를 뒤섞은 스크램블링 데이터 세트를 만들었다. 이때의 스크램블링은 무작위로 섞는 방식은 아니었다. 각 입력 이미지의 특정 픽셀이 출력 이미지의 동일 위치로 이동하는 방식이었고 최종 이미지는 그림 7-3처럼 원본 숫자 이미지와는 많이 다른 이미지가 됐다. 이러한 스크램블링 작업이 이 장에서 사용한 모델의 정확성에 어떤 영향을 미칠 수 있을까?

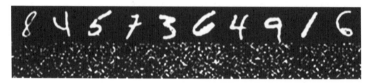

그림 7-3: MNIST 원본 숫자 이미지(위쪽)와 스크램블된 버전의 이미지(아래쪽)

리스트 7-3에 나오는 실험 코드를 다시 한 번 실행해보자. 이번에는 스크램블된 MNIST 이미지를 [0, 1) 범위로 스케일한 버전을 사용한다. 원래의 코드를 그대로 사용하면 되기 때문에 이전 소스코드를 전부 다시 쓸 필요는 없을 것 같다. 원본과 다른 점은 새로운 소스 파일명을 사용한다는 것과 run 함수를 한 번만 호출한다는 것이다.

정확도를 측정한 결과를 나란히 배치하면 표 7-13과 같다.

표 7-13: 스크램블되지 않은 숫자와 스크램블된 숫자에 대한 모델 유형별 MNIST 예측 점수

모델	스크램블[0, 1)	언스크램블[0, 1)
최근접 센트로이드	0.8203	0.8203
k-NN(k = 3)	0.9705	0.9705

(이어짐)

모델	스크램블[0, 1)	언스크램블[0, 1)
k-NN(k = 7)	0.9694	0.9694
나이브 베이즈	0.5558	0.5558
의사결정 트리	0.8784	0.8772
랜덤 포레스트(5)	0.9244	0.9214
랜덤 포레스트(50)	0.9661	0.9651
랜덤 포레스트(500)	0.9709	0.9721
랜덤 포레스트(1000)	0.9716	0.9711
선형 SVM(C = 0.01)	0.9171	0.9171
선형 SVM(C = 0.1)	0.9181	0.9181
선형 SVM(C = 1.0)	0.9182	0.9185
선형 SVM(C = 10.0)	0.9019	0.8885

표를 보면 스크램블된 결과와 스크램블되지 않은 결과 사이에 거의 차이가 없음을 알 수 있다. 실제로 많은 모델에서 두 결과가 동일하게 나온다. 랜덤 포레스트와 같은 확률 모델의 경우에도 결과는 여전히 매우 유사하다. 이게 의외의 결과일까? 처음에는 그렇게 생각할 수도 있지만 조금만 생각해보면 이런 결과를 쉽게 받아들이게 된다.

모든 고전 모델은 대상 데이터에 대해 전체론적인 접근 방식을 취한다. 피처 벡터 전체를 단일한 엔티티로 보고 작동하는 방식이다. 인간의 시각이 전체론적으로 작동하지 않기 때문에 스크램블된 데이터를 보고 숫자를 인지할 수는 없지만 이미지에 있는 정보는 여전히 그 안에 존재하기 때문에 모델들은 스크램블되지 않은 데이터와 마찬가지로 스크램블된 데이터도 인식할 수 있다. 12장에서 이 문제를 다시 다룰 것인데, 그 때는 조금 다른 실험 결과를 접하게 될 것이다.

고전 모델 요약

이 절에서는 지금까지 살펴본 각 고전 모델의 장단점을 요약해 정리해본다. 나중에 참조할 일이 생기면 빠르게 찾아볼 수 있는 목록으로 사용할 수 있다. 실험을 통해 얻은 몇 가지 사실을 좀 더 구체화시킨 내용도 포함돼 있다.

최근접 센트로이드

이 모델은 가장 단순한 구조로 구성돼 있으며 다른 모델에 대한 기준선으로 사용할 수 있다. 아주 쉬운 문제 외에는 잘 작동하지 않는다. 클래스당 한 개씩의 센트로이드를 두는 기본 전략은 너무 제한적이다. 먼저 각 클래스에 대해 적절한 개수의 센트로이드를 찾은 다음 그것을 그룹으로 묶어 클래스별 분류기를 만드는 방식으로 성능을 개선할 수 있다. 이 방식을 최대한 발전시키면 k-NN 방식에 가까워진다. k-NN 방식과 다른 점은 센트로이드의 수가 학습 데이터의 수보다 훨씬 적어서 구조가 간단하다는 것뿐이다. 관심 있는 독자는 이 개선된 모델을 직접 구현해보기를 권한다.

장점

앞부분에서 봤듯이 최근접 센트로이드 분류기는 코드 몇 줄만으로 간단히 구현된다. 또한 최근접 센트로이드는 이진 모델로만 국한되지 않으며 아이리스 꽃 데이터와 같은 다중 클래스 문제에도 쉽게 적용할 수 있다. 학습 속도도 매우 빠르고 클래스당 하나의 센트로이드만 있으면 되기 때문에 메모리 오버헤드도 매우 작다. 미지의 샘플을 레이블링할 때에도 해당 샘플에서 각 클래스별 센트로이드까지의 거리만 계산하면 되기 때문에 실행 시간이 매우 짧다.

292

단점

최근접 센트로이드 모델은 피처 공간상에서 클래스의 분포에 관한 가정이 너무 단순하다. 그러나 실제로는 그런 가정이 충족되는 상황은 거의 없다고 봐야 한다. 최근접 센트로이드 분류기는 이와 같은 가정을 근간으로 하기 때문에 피처 공간에서 각 클래스별로 그룹핑이 명확하고 각 그룹 간의 거리가 마치 고립된 섬처럼 멀리 떨어져 있을 때만 높은 정확도를 보인다.

k-최근접 이웃

이 모델은 따로 모델을 학습시키는 과정이 없다. 학습용 데이터 세트는 모델 학습에 사용하는 것이 아니라 새로운 인스턴스를 분류하고자 사용한다. 새로운 인스턴스에 가장 가까운 k개의 학습 데이터 벡터를 찾아낸 다음 가장 많은 벡터를 포함하는 클래스로 해당 인스턴스의 최종 레이블을 결정하게 된다.

장점

앞서 언급한 대로 k-NN 모델은 학습 과정이 불필요하다는 점이 매력적이다. 특히 학습 샘플의 개수가 피처 공간의 차원 수(피처 벡터에 포함된 피처의 개수)에 비해 상대적으로 큰 경우에 잘 작동한다. 기본적으로 다중 클래스를 지원하고 있기 때문에 별도의 조작을 필요로 하지 않는다.

단점

학습 과정이 단순하다는 것은 장점이지만 그에 상응하는 대가를 치러야 한다. 미지의 피처 벡터가 입력됐을 때 최근접 이웃들을 찾아내고자 모든 학습 데이터를 일일이 비교해봐야 하기 때문에 분류 속도가 떨어진다. 매번 모든 학습 샘플을 비교해보는 기본적인 알고리듬을 개선하기 위한 연구가 수십 년간 이어져

왔고 지금도 진행 중이지만 이 장에서 살펴본 것처럼 분류 속도는 여전히 느리다. 특히 SVM 같은 다른 유형의 모델과 비교할 때 성능이 떨어지는 편이다.

나이브 베이즈

이 모델은 개념이 간단하면서도 효율적인 모델이다. 피처 사이의 독립성에 관한 핵심 가정이 충족되지 않는 경우에도 매우 잘 작동한다.

장점

나이브 베이즈는 학습 속도와 분류 실행 속도가 모두 우수한 편이다. 개별 피처 값에 대한 확률을 계산할 수 있다면 나이브 베이즈 모델을 적용할 수 있다.

단점

나이브 베이즈의 근간이 되는 피처 간 독립에 관한 가정은 실제 상황에서는 거의 유지되지 않는다. 피처 간의 상관관계가 긴밀할수록 모델의 성능은 떨어진다. 예를 들어 피처 x_2가 변화할 때 피처 x_3도 따라서 변화하는 상황에서는 모델의 성능, 특히 우도 관련 성능이 저하되는 현상이 발생한다. 나이브 베이즈 모델은 이산형 피처 값을 사용하는 경우 원형 그대로 사용하면 되지만 연속형 피처 값을 사용하려면 추가로 다른 가정이 필요하다. 앞서 유방암 데이터 세트의 경우 피처 값으로 연속형 값을 사용했기 때문에 가우시안 분포에서 샘플을 추출해온다는 추가적인 가정을 한 바 있다. 두 번째 가정도 실제 상황에서는 거의 적용되지는 않는다. 즉, 히스토그램을 사용해 실제로 해당 피처가 발생할 확률을 표현하는 대신 데이터의 분포를 나타내는 파라미터를 추정함으로써 구체적인 피처 값을 산출한다.

의사결정 트리

이 모델은 특정 클래스가 선택된 이유를 인간의 관점에서 이해할 필요가 있을 때 유용하다.

장점

의사결정 트리는 학습 속도가 상당히 빠르고 분류 속도 역시 빠르다. 다중 클래스 모델도 문제없이 구현할 수 있으며 연속형 피처 값만 사용하게 제한되지도 않는다. 의사결정 트리는 첫 질문부터 최종 결론에 이르기까지 전 과정을 보여줄 수 있기 때문에 판정의 정당성을 확인하기가 용이하다.

단점

의사결정 트리는 학습 데이터의 내용 중 모분포를 따르지 않는 학습 요소에 과적합^{overfitting}되는 경향이 있다. 또한 트리 크기가 커지면 해석 가능성이 낮아진다. 트리의 깊이는 트리 종단의 **리프 노드**^{leaf node}로 표현되는 판정 결과(레이블)의 품질과 균형을 이루도록 설정돼야 한다. 균형이 맞지 않을 경우 판정 에러율이 높아진다.

랜덤 포레스트

랜덤 포레스트 모델은 무작위성을 사용해 과적합 문제를 상쇄시키는 방식으로서 의사결정 트리를 개선시킨 형태로 볼 수 있다. 랜덤 포레스트는 고전 모델 유형 중 최고의 성능을 보이는 것으로 알려져 있으며 광범위한 문제에 적용된다.

장점

랜덤 포레스트는 의사결정 트리와 마찬가지로 다중 클래스 모델과 그 밖의 연속형 피처들을 지원한다. 학습 및 추론 속도도 상당히 빠르다. 랜덤 포레스트의 또 다른 장점은 피처 벡터 내 피처 값들 간에 스케일이 다르더라도 안정적으로 작동한다는 것이다. 일반적으로 포레스트의 크기에 따른 모델의 예측 정확도 향상 속도는 수확 체감 특성에 따라 점점 작아진다.

단점

의사결정 트리의 뛰어난 해석 가능성이 랜덤 포레스트에서는 사라진다. 포레스트의 각 트리별로는 각각의 결정 사항을 설명할 수 있지만 모든 트리가 결합된 포레스트 수준에서는 결과를 이해하기 어려울 수 있다.

추론 실행 시간은 포레스트 내의 트리 수에 비례해 선형으로 증가한다. 그러나 포레스트의 최종 결정 단계 이전까지는 각 트리가 독립적으로 추론을 수행할 수 있기 때문에 트리 병렬화를 통해 전체 실행 시간을 단축시킬 수 있다.

랜덤 포레스트 모델은 확률 모델이기 때문에 동일한 데이터 세트를 사용하더라도 학습 세션마다 포레스트의 전체적인 성능이 달라진다. 일반적으로 큰 문제가 되는 경우는 거의 없지만 특이하게 잘못 학습되는 경우가 발생할 수 있으므로 가능하면 포레스트를 여러 번 학습시켜 실제 성능을 파악하는 것이 바람직하다.

서포트 벡터 머신(SVM)

신경망 기술이 부활하기 직전까지 서포트 벡터 머신이 최고의 기술로 자리 잡고 있었다. 주어진 문제에 맞게 잘 튜닝해서 사용할 경우 최고의 성능을 보이곤 했다.

장점

SVM은 적절하게 튜닝할 경우 훌륭한 성능을 보인다. 일단 학습이 되고 나면 추론 속도도 매우 빠르다.

단점

SVM의 기본 형태만으로는 다중 클래스 모델을 구현할 수 없다. 다중 클래스 모델로 확장시키려면 하나의 모델을 다른 모델과 연계해 학습시키는 방법 또는 하나의 모델을 나머지 모든 모델과 연계해 학습시키는 방법을 사용해야 한다. 또한 연속형 피처 값만 사용할 수 있다는 점과 피처 값의 스케일링 정도에 따라 모델이 영향을 받는다는 점을 단점으로 들 수 있다. 이런 문제를 극복하고 좋은 성능을 얻으려면 정규화나 다른 형태의 스케일링 방법을 적용해야 한다.

데이터 세트가 대규모인 경우 선형 커널이 아니고서는 학습 자체가 어려워진다는 약점도 있다. 그리고 SVM은 사용 전에 마진과 커널 파라미터(C, γ)에 대한 세심한 튜닝이 필요하다. 최고의 하이퍼파라미터 값을 찾기 위한 탐색 알고리듬을 사용해야 하기 때문에 이 튜닝 작업의 효과도 어느 정도 상쇄돼 버린다.

고전 모델의 사용

오래된 모델이긴 하지만 고전 모델도 적합한 조건하에서는 여전히 유용하다. 이 절에서는 최신 방식보다 고전 모델을 고려해야 하는 상황을 살펴보자.

데이터 세트가 소규모인 경우

고전 모델은 대상 데이터 세트의 규모가 작을 때 사용하면 효과가 좋다. 고전 모델은 데이터 샘플 수가 수십 또는 수백 개 규모인 경우에도 학습이 가능하지만 딥러닝 모델은 이 정도 규모로는 학습이 어렵다. 물론 예외는 있다. 심층 신경망 모델도 전이학습transfer learning 방식을 이용하면 상대적으로 적은 샘플만으로도 학습할 수 있다. 제로샷zero-shot 또는 퓨샷few shot 학습 방식도 심층 신경망이 작은 데이터 세트로 학습하는 것을 가능하게 해준다. 그러나 이러한 기술들은 이 책에서 다루고자 하는 범위를 훨씬 벗어나는 주제다. 여기서 기억할 사항은 데이터 세트의 규모가 작을 때에는 고전 모델을 고려하라는 것이다.

컴퓨팅 자원의 제약이 심한 경우

사용할 수 있는 컴퓨팅 사원이 매우 제한적인 경우에도 고전 모델을 사용하면 좋은 효과를 얻을 수 있다. 심층 신경망은 너무나 많은 컴퓨팅 자원을 필요로 한다. 심층 신경망을 구성하는 수천, 수백만, 심지어 수십억 개의 연결은 그 각각이 엄청난 양의 계산을 필요로 한다. 이러한 모델을 소형 휴대장치나 내장형 마이크로컨트롤러에 구현하는 작업은 거의 불가능에 가깝다. 억지로 구현한다고 해도 합리적인 시간 내에 작업 결과를 얻을 수는 없을 것이다.

이러한 경우 고전 모델을 고려하면 큰 오버헤드 없이 시스템을 구현할 수 있다. 최근접 센트로이드나 나이브 베이즈 같은 간단한 모델이 좋은 후보 모델일 것이다. 의사결정 트리나 서포트 벡터 머신도 일단 학습을 시킨 후에는 좋은 후보 모델이 된다. 이전 실험에서 확인했지만 k-NN 모델은 피처 공간이나 학습 데이터 세트가 소규모가 아니라면 좋은 후보라고 볼 수 없다. 여기서 다음으로 기억해야 할 사항은 계산량을 최소한으로 유지해야 하는 경우에는 고전 모델을 사용하는 것이 좋다는 것이다.

판정 결과를 설명할 수 있는 모델이 필요한 경우

일부 고전 모델은 주어진 미지의 입력에 대해 어떤 과정을 거쳐 최종 판정에 이르게 되는지 정확하게 설명할 수 있는 구조를 갖고 있다. 설계 자체가 그렇게 돼 있는 의사결정 트리뿐 아니라 k-NN(k개 노드들의 레이블 비교), 최근접 센트로이드(결정된 센트로이드의 레이블 확인), 나이브 베이즈(사후 확률 해석)도 설명이 가능한 모델로 간주된다. 대조적으로 심층 신경망은 스스로를 설명할 수 없는 블랙박스와 같다. 심층 신경망이 판정한 최종 결정에 대해 그 이유를 스스로 설명할 수 있도록 구현하기 위한 연구가 현재 활발히 진행 중이다. 현재까지의 연구가 완전히 실패한 것은 아니지만 여전히 의사결정 트리 분류기가 결정 경로를 보여주듯이 명확하게 스스로를 설명하는 수준에는 이르지 못하고 있다. 여기서 다음과 같은 유용한 원칙 하나를 추가할 수 있겠다. 즉, 분류기가 어떻게 그런 결정을 내리게 됐는지에 대한 설명이 필요한 경우에는 고전 모델을 사용해보자는 것이다.

벡터 입력 작업

찾아보면 다른 원칙들도 있겠지만 여기서 언급하고자 하는 마지막 원칙은 모델이 입력되는 데이터의 형식에 대한 것이다. 최신 딥러닝 시스템에 입력되는 데이터는 데이터 내부의 개별 피처들이 단일한 형태의 벡터로 병합돼 들어오는 것이 아니라 이미지 데이터와 같이 다차원 데이터의 형태를 취한다. 여기서 피처(픽셀)는 같은 종류의 데이터 유형이며 상호 연관성이 매우 높다. 예를 들어 사과 이미지에서 빨간색 픽셀 옆에는 또 다른 빨간색 픽셀이 있을 가능성이 높다. 컬러 이미지는 3차원의 값으로 표현된다. 3개 차원 각각에 대해 빨간색 채널, 파란색 채널, 녹색 채널이 할당된다. 입력 데이터가 위성과 같은 다른 소스에서 오는 이미지인 경우 이미지당 4~8개 이상의 채널이 있을 수도 있다. 컨볼루션 신경망은 바로 이러한 유형의 입력 데이터를 처리하고자 설계됐으며 모델이 학습하고자 하는 대상 클래스의 공간적 패턴 특성을 찾아낼 수 있다. 자세한 내용은 12장에서 다시 다룬다.

그러나 모델에 입력되는 데이터가 벡터 형태라면, 특히 개별 피처가 서로 관련이 없는 벡터(이것은 나이브 베이즈 분류기의 핵심 가정이기도 하다)인 경우에는 고전 모델을 사용하는 것이 바람직하다. 피처들이 서로 얽혀 어떤 구조를 형성하고 있는지 알아내려 노력할 필요가 없다. 고전 모델은 입력 데이터가 하나의 단일체 형식의 엔티티로 들어온다고 가정한다는 전체적인 이해만으로 충분하다. 이를 근거로 마지막 원칙을 정리해보자면 이미지 데이터처럼 입력 데이터가 공간적인 구조를 갖지 않는 벡터 형태의 데이터라면, 더구나 각 피처 간에 상호 연관성이 없다면 고전 모델을 사용하는 것이 좋다.

지금까지 열거한 원칙들은 경험에 근거한 제안일 뿐이며 모든 문제에 무조건 다 적용할 수 있는 것은 아니라는 사실을 기억하자. 앞의 원칙들이 잘 들어맞는 상황인데도 심층 신경망을 고집하는 경우도 있을 수 있다. 그렇게 할 경우에는 최고의 성능이 나오지 않을 가능성이 높고, 성능은 나온다고 해도 파리 한 마리를 잡으려고 산탄총을 쏘아댄 듯한 느낌을 갖게 될 수도 있다. 이 책의 요점은 직관력을 길러 어떤 상황에 놓이더라도 여기서 배운 기술을 최대한으로 활용해 해당 상황에 가장 적합한 방법을 찾아 사용하자는 것이다.

1854년 12월, 파스퇴르는 릴 대학교^{University of Lille}의 한 강의에서 "관찰 분야에서 우연이란 준비된 사람에게만 호의를 베푼다."는 말을 했다. 전적으로 동의한다.

요약

7장에서는 대표적인 고전 모델 6가지를 살펴봤다. 즉, 최근접 센트로이드, k-최근접 이웃, 나이브 베이즈, 의사결정 트리, 랜덤 포레스트, 서포트 벡터 머신이다. 이 6개의 모델을 5장에서 만들어둔 3개의 데이터 세트에 적용해봤다. 3개의 데이터 세트는 아이리스 꽃 데이터, 유방암 데이터, MNIST 숫자 이미지 데이터다. 이 데이터 세트를 사용한 실험 결과를 토대로 다양한 데이터 전처리 과정이 어떤 효과를 갖고 있는지, 각 모델은 유형별로 어떤 강점과 약점이 있는지 알아봤다. 마지막으로 어떤 조건일 때 고전 모델을 사용하는 것이 적절한가에 대해 각 모델별 피처를 연관 지어 설명하면서 마쳤다.

8장부터는 고전 모델에서 벗어나 현대적인 딥러닝의 근간인 신경망에 대한 탐색을 시작한다.

8

신경망 소개

신경망은 딥러닝의 핵심이 되는 개념이다. 전통적인 신경망에 대한 내용은 9장에서 상세히 다룰 것이다. 그 전에 신경망의 기본 원리를 간단한 예제와 함께 살펴보자.

먼저 완전 연결 피드포워드 신경망의 구성 요소를 하나씩 알아보자. 시각적으로 표현하자면 그림 8-1과 같은 네트워크를 생각해볼 수 있다. 8장과 9장에서 이 그림을 자주 언급할 것이다. 책을 읽는 동안에 이 그림을 머릿속에 잘 기억해두자.

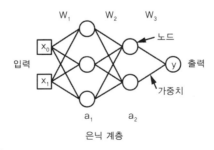

그림 8-1: 간단한 신경망 구조

신경망의 구조와 구성 요소를 살펴본 후 실제로 아이리스 꽃 데이터를 분류하는 샘플 신경망을 학습시켜보자. 이 실험에서 출발해 9장에서는 경사 하강 알고리듬과 역전파 알고리듬을 배울 것이다. 이 두 알고리듬은 최신의 고급 신경망을 포함한 모든 신경망에서 학습을 수행하는 표준 방식이다. 사실 8장은 워밍업에 해당한다고 볼 수 있다. 본격적인 내용은 9장부터 시작된다.

신경망의 구조

신경망은 그래프 형식으로 표현된다. 컴퓨터 과학에서 그래프는 일반적으로 원으로 표현된 노드들을 에지^{edge}라고 부르는 짧은 선으로 연결한 모습이다. 이러한 형태의 추상화는 여러 가지 관계를 표현하는 데 매우 유용하다. 예를 들어 여러 도시를 연결하는 도로, 소셜 미디어에서 친분 관계, 인터넷의 구조, 수학 함수를 근사하는 데 사용할 수 있는 기본 계산 단위 등은 그래프로 간단히 표현할 수 있다.

마지막으로 든 예는 다음 설명을 위해 일부러 넣어둔 것이다. 신경망은 범용 함수 근사기^{universal function approximator}라고 할 수 있다. 신경망은 그래프 구조를 사용해 입력 피처 벡터를 확률 형식의 출력값으로 매핑하는 일련의 계산 과정을 나타낸다. 신경망은 여러 계층으로 구성돼 있다. 개념상 좌측에서 우측으로 진행하면서 각 에지를 따라 해당 노드에 값을 전달함으로써 입력 피처 벡터를 출력값에 매핑시켜 나간다. 신경망의 노드는 보통 뉴런^{neurons}이라고 부른다. 이렇게 부르는 이유를 곧 알게 될 것이다. 각 노드는 입력된 값을 사용해 새로운 값을 계산한다. 새로 계산된 값은 다음 계층의 노드로 계속 전달돼 마지막 출력 계층의 노드까지 도달하게 된다. 그림 8-1을 보면 제일 왼쪽에는 입력 계층이 있고 이어서 오른쪽으로 은닉 계층 2개가 있으며, 마지막에는 단일 노드로 구성된 출력 계층이 배치돼 있다.

앞서 자세한 설명 없이 '완전 연결 피드포워드 신경망'이라는 용어를 사용했었다. 이 용어를 살펴보자. '완전 연결'이라는 문구는 한 계층의 모든 노드가 다음 계층의 모든 노도에 출력을 전달한다는 의미다. '피드포워드'는 정보가 신경망의 좌측에서 우측으로만 흘러간다는 뜻이다. 반대 방향으로는 흐르지 않는다. 이러한 형태의 신경망 구조에서는 피드백도 없고 루핑^{looping}도 없다. '신경망' 개념은 다음 절에서 설명한다.

뉴런

필자는 개인적으로 신경망이라는 용어를 좋아하는 동시에 싫어한다. 이 용어는 신경망의 기본 요소인 개별 노드가 뇌의 뉴런과 유사한 형태라는 매우 허술한 유추에 기인해 생겨난 것이다. 그림 8-2를 보면서 자세히 살펴보자.

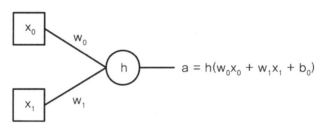

그림 8-2: 신경망 노드 구조

앞서 신경망을 시각화할 때 정보가 좌측에서 우측으로 흘러간다고 가정했다. 위 그림에서 원으로 표시된 노드는 좌측에서 들어오는 입력을 받아 우측의 단일 출력으로 보낸다. 이 예에서는 입력이 단 두 개로 구성돼 있지만 실제로는 수백 개도 가능하다.

여러 개의 입력이 단일 출력으로 매핑되는 모습은 뇌 속의 뉴런이 작동하는 모습을 연상시킨다. 수상돌기라고 부르는 구조물은 여러 개의 다른 뉴런에서 입력을 받아 **축색돌기**라고 부르는 곳으로 출력값을 내보낸다. 이런 방식의 비유는 신경망에 대한 토론이나 생각을 멋들어지게 만들어주는 면이 있다. 그러나 인공 뉴런은 실제 뇌의 뉴런과는 완전히 다른 방식으로 작동하기 때문에 비유가 정확하다고는 할 수 없다. 실제 뉴런과 해부학적 유사성이 있기는 하지만 동일하지는 않기 때문에 머신러닝에 익숙하지 않은 사람을 혼란스럽게 만들기도 한다. 어떤 사람은 컴퓨터 과학자가 정말로 인공적인 두뇌를 만들었다거나 신경망이 정말로 생각을 한다고 오해할 수도 있다. 생각이라는 단어의 뜻을 하나로 고정시킬 수는 없지만 신경망이 생각을 하고 있다고 말하기는 어렵다.

그림 8-2를 다시 보자. 왼쪽에 두 개의 사각형이 있고 몇 개의 선이 있으며 원과 오른쪽으로 이어진 선 하나가 있다. 각 도형에는 첨자가 달린 레이블이 붙어 있다. 정리해보자. 그림 8-2를 이해하면 신경망도 잘 이해할 수 있게 된다. 나중에 시각적으로 표현된 이 모델을 실제 코드로 구현해보면 놀랄 만큼 단순하다는 것을 알게 될 것이다.

그림 8-2의 모든 요소는 원을 중심으로 그려져 있다. 원은 노드를 표현한 것이다. 실제로는 **활성화 함수**라는 수학 함수를 구현한 것이며 노드의 출력은 단일 숫자다. 두 개의 사각형은 노드로 들어가는 입력값이다. 노드는 입력되는 피처 벡터에서 피처 값을 받아들인다. 원과 구별하고자 사각형으로 표시된 입력은 이전 계층에서 원으로 표시된 노드에서 나온 값일 수 있다.

각 입력은 스칼라 값에 해당하는 수의 형식이며 x_0, x_1이라고 부른다. 이들 입력은 w_0와 w_1로 표시된 두 개의 선을 따라 노드로 이어진다. 이 선들은 연결 강도에 해당하는 가중치 값을 나타낸다. 계산 과정을 보면 입력 (x_0, x_1)에 가중치 (w_0, w_1)을 곱한 뒤 결괏값을 모두 더한 다음에 노드 안에 구현된 활성화 함수로 최종값을 전달하게 된다. 일반적으로 활성화 함수는 h로 표시된다.

활성화 함수의 결괏값이 곧 노드의 출력값이다. 그림에서 출력값은 a로 표시돼 있다. 입력값을 가중치 값과 곱해 그 결괏값을 모두 더한 다음 더한 결과를 활성화 함수로 보내 최종 출력값을 산출한다. b_0 값에 대한 설명이 남았다. 활성화 함수로 값을 보낼 때 추가로 더해지는 값이며 **편향**bias이라고 부른다. 편향은 입력값의 범위를 조정해 활성화 함수에 적합하게 만들어주는 오프셋이다. 그림 8-2에서는 첨자가 0으로 표시돼 있다. 계층별로 노드마다 편향 값이 주어진다. 첨자가 0이라는 것은 이 노드가 해당 계층의 첫 번째 노드라는 뜻이다. 컴퓨터 분야에서는 보통 시작 숫자가 1이 아니라 0이다.

지금까지 설명한 내용이 신경망의 노드가 수행하는 내용 전부다. 즉, 여러 개의 입력값 x_0, x_1, ...을 받아들인 다음 해당 가중치 w_0, w_1, ...을 곱한 뒤 그 결과를 모두 더해준다. 이때 편향 값도 함께 더한다. 더해진 값은 활성화 함수 h로 보내지고 마침내 단일 스칼라 출력인 a를 산출한다.

$$a = h(w_0x_0 + w_1x_1 + \cdots + b)$$

이것이 전부다. 여러 노드를 묶어 적절히 연결한 다음 잘 학습시켜 적정한 가중치와 편향 값을 갖게 만들면 유용한 신경망을 얻게 되는 것이다. 9장에서 얘기하겠지만 신경망을 학습시키는 것은 쉬운 작업이 아니다. 그러나 일단 학습이 완료되면 사용하기는 쉽다. 피처 벡터를 공급해주면 분류 결과가 바로 나온다.

여담으로 이런 형태의 그래프를 신경망이라고 불렀고 계속 그렇게 부를 예정이다. 때로는 약자로 NN이라고 쓰기도 한다. 다른 책이나 논문에서는 인공 신경망 ANN, Artificial Neural Networks이나 다중 계층 퍼셉트론MLP, Multi-Layer Perceptrons으로 부르기도 한다. sklearn 패키지에서는 MLPClassifier라는 클래스명이 사용된다. 이 책에서는 신경망으로 통일해 부르기로 한다.

활성화 함수

활성화 함수activation function를 알아보자. 노드 내의 활성화 함수는 단일 스칼라 값을 입력으로 받아 어떤 연산을 수행한다. 입력으로 받은 단일 값은 사실 여러 입력 값에 각각의 가중치를 곱한 다음 편향 값을 추가해 얻은 값이다. 모델이 복잡한 함수를 학습해야 하기 때문에 활성화 함수는 비선형 함수nonlinear function를 사용한다. 수학적으로 비선형 함수를 이해하는 가장 빠른 길은 선형 함수^{linear function}를 이해하는 것이다. 선형 함수를 알게 된 다음 선형이 아닌 모든 것은 비선형으로 취급하면 되기 때문이다.

선형 함수 g가 있다고 하자. 그러면 $g(x)$는 입력 x에 비례한다. 이를 수학적으로 표현하면 $g(x) \propto x$가 되는데, 여기서 $\propto$의 의미는 비례한다는 뜻이다. 다른 방식으로 선형 함수의 그래프는 직선의 형태로 표현된다. 그러므로 임의의 함수에 대한 그래프가 직선이 아니라면 그 함수는 비선형 함수다.

예를 들어 다음 함수는 그 그래프가 직선으로 표현되므로 선형 함수다.

$$g(x) = 3x + 2$$

$g(x) = 1$ 같은 상수 함수도 선형 함수에 속한다. 하지만 다음 함수는 비선형이다.

$$g(x) = x^2 + 2$$

입력 변수 x의 지수가 2이기 때문이다. **초월 함수**^{transcendental functions}도 비선형이다. 초월 함수는 $g(x) = \log x$ 또는 $g(x) = e^x$ 같은 함수를 말한다. 여기서 e는 자연로그의 밑에 해당하며 $e = 2.718...$이다. 사인, 코사인 같은 삼각함수와 그들의 역함수, 사인과 코사인으로 만들 수 있는 탄젠트 등도 초월 함수에 속한다. 이들 함수는 유한개의 기본 대수 연산을 조합함으로써 만들어지지 않기 때문에 초월적이다. 이들 함수의 그래프를 그려보면 직선이 아니기 때문에 비선형임을 확인할 수 있다.

신경망에는 비선형 활성화 함수가 필요하다. 활성화 함수가 비선형이 아니라면 선형 매핑만 학습할 수 있기 때문에 일반적으로 유용한 신경망을 만들어낼 수 없다. 각각 하나의 입력을 갖는 두 노드로 구성된 간단한 신경망을 생각해보자. 즉, 각 노드별로 한 개의 가중치와 한 개의 편향 값이 할당돼 있으며 첫 번째 노드의 출력은 두 번째 노드의 입력으로 연결돼 있다. 예를 들어 활성화 함수를 선형 함수 $h(x) = 5x - 3$로 설정한다면 신경망에 x라는 입력을 줬을 때 출력 a_1은 다음과 같은 방식으로 계산될 것이다.

$$a_1 = h(w_1 a_0 + b_1)$$

$$= h(w_1 h(w_0 x + b_0) + b_1)$$

$$= h(w_1(5(w_0 x + b_0) - 3) + b_1)$$

$$= h(w_1(5w_0 x + 5b_0 - 3) + b_1)$$

$$= h(5w_1 w_0 x + 5w_1 b_0 - 3w_1 + b_1)$$

$$= 5(5w_1 w_0 x + 5w_1 b_0 - 3w_1 + b_1) - 3$$

$$= (25w_1 w_0)x + (25w_1 b_0 - 15w_1 + 5b_1 - 3)$$

$$= Wx + B$$

여기서 $W = 25w_1 w_0$이고 $B = 25w_1 b_0 - 15w_1 + 5b_1 - 3$이다. W와 B는 x에 의존하지 않기 때문에 수식을 그래프로 그려보면 경사도(기울기)는 W이고 절편이 B인 선형 함수가 나온다. 어떤 신경망의 활성화 함수를 선형 함수로 지정할 경우 선형 모델만 학습할 수 있다. 선형 함수의 조합은 그대로 선형 함수가 되기 때문이다. 1970년대에 처음으로 신경망의 '겨울'을 초래했던 원인이 바로 이 선형 활성화 함수의 한계 문제였다. 이로 인해 당시 신경망은 복잡한 함수를 학습하기에는 너무 단순화된 구조를 갖고 있다고 판단됐기 때문에 관련 연구들은 사실상 중단될 수밖에 없었다.

자, 이제 비선형 활성화 함수를 찾아보자. 어떤 것을 사용해야 하는가? 선택의 폭은 무한하다. 사실상 유용성이 입증됐거나 우수한 특성을 갖고 있는 것으로 증명된 몇 가지 후보 함수가 이미 있다. 전통적인 신경망은 시그모이드 활성화 함수나 쌍곡 탄젠트 함수를 사용해왔다. 시그모이드 함수는 다음과 같이 기술할 수 있다.

$$\sigma(x) = \frac{1}{1 + e^{-x}}$$

쌍곡 탄젠트 함수는 다음과 같다.

$$\tanh(x) = \frac{e^x - e^{-x}}{e^x + e^{-x}} = \frac{e^{2x} - 1}{e^{2x} + 1}$$

이 두 함수의 플롯이 그림 8-3에 나와 있다. 위쪽은 시그모이드이고 아래쪽은 쌍곡 탄젠트다.

가장 먼저 주목할 점은 이 두 함수가 거의 동일한 'S'자 모양을 갖고 있다는 것이다. 시그모이드는 x축을 따라 왼쪽으로 이동하면 0에 가까워지고 오른쪽으로 이동하면 1에 가까워진다. 0에서의 함수 값은 0.5다. 쌍곡 탄젠트 함수도 동일한 형태지만 −1부터 +1의 범위에서 움직이며 $x = 0$에서의 값이 0이다.

최근에는 시그모이드와 쌍곡 탄젠트 대신 ReLU[Rectified Linear Unit](정류 선형 유닛) 함수가 주로 사용된다. ReLU는 간단하고 신경망 구현을 간편하게 해주는 우수한 속성을 갖고 있다. 이름에 선형이라는 단어가 포함돼 있지만 ReLU는 비선형 함수다. 그래프가 직선이 아니기 때문이다. 9장에서 신경망의 역전파 학습을 다룰 때 ReLU가 주류 활성화 함수로 채택된 이유를 알게 될 것이다.

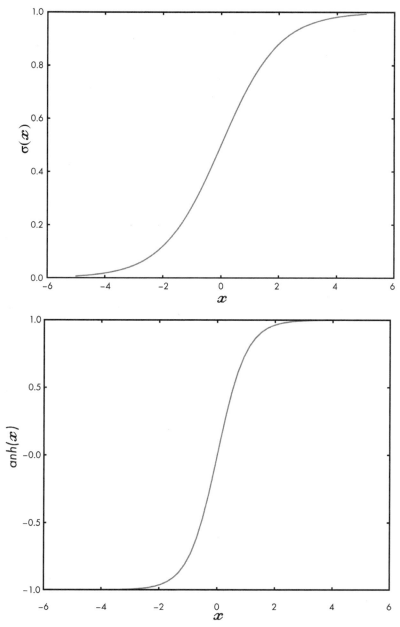

그림 8-3: 시그모이드 함수(위)와 쌍곡 탄젠트 함수(아래). y축의 스케일이 서로 다름에 주의할 것

ReLU 함수는 다음과 같이 정의되며 그래프는 그림 8-4와 같다.

$$\text{ReLU}(x) = \max(0, x) = \begin{cases} 0, & \text{if } x < 0 \\ x, & \text{otherwise} \end{cases}$$

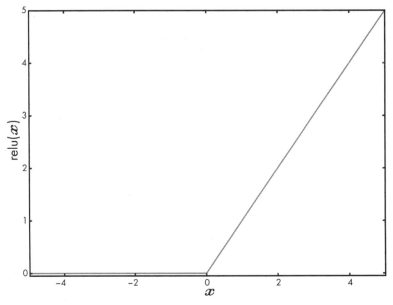

그림 8-4: 정류 선형 활성화 함수, ReLU(x) = max(0,x)

ReLU 함수의 이름에 정류라는 용어가 포함된 이유는 입력값으로 음수가 들어올 경우 이를 제거하고 0으로 대체하기 때문이다. 실제로 머신러닝 분야에서 사용되는 ReLU 함수의 버전은 여러 가지가 있지만 음수 입력값을 상수나 다른 값으로 대체한다는 점은 동일하다. 이러한 ReLU의 부분적 특성은 함수 자체를 비선형으로 만들어주기 때문에 신경망 활성화 함수로 사용하기에 적합하다. 또한 시그모이드 또는 쌍곡 탄젠트보다 계산이 간단하고 계산 속도도 훨씬 빠르다. 시그모이드와 쌍곡 탄젠트는 e^x 항이 포함돼 있기 때문에 프로그램에서 exp 함수를 호출해야 한다. exp 함수는 일반적으로 다수의 급수 전개 항을 전부 더하는 방식으로 구할 수 있는데, 실제 프로그램에서는 수십 개의 부동소수점 연산이 필요하다. 그런데 ReLU를 사용하면 **if**문 하나만 사용하면 끝난다. 작은 차이 같지만 수천 개 이상의 노드들로 구성된 대규모 신경망에서는 큰 차이를 가져온다.

네트워크의 구조

지금까지 노드 구조와 작동 원리를 알아봤다. 노드는 네트워크로 상호 연결돼 있다. 이제는 노드가 연결되는 방식과 구조를 자세히 살펴보자.

이 장에서 살펴보고 있는 표준형 신경망은 그림 8-1에서와 같이 여러 계층^{layer} (레이어)으로 구성된다. 이와 같은 계층형 네트워크 구조가 반드시 필요한 것은 아니지만 이를 통해 계산이 간단해지고 학습 과정이 매우 단순화된다. 피드포워드 네트워크는 한 개의 입력 계층, 하나 이상의 은닉 계층, 한 개의 출력 계층으로 구성된다. 입력 계층은 피처 벡터 자체이고 출력 계층은 확률로 표현되는 예측 결괏값이다. 네트워크가 다중 클래스 문제를 다루고 있다면 출력 계층에 두 개 이상의 노드가 있을 수 있으며 각 노드는 가능한 각 입력 클래스에 대한 모델의 예측 결과를 확률로 나타낸다.

은닉 계층은 여러 개의 노드로 구성되며 i번째 계층의 노드는 $i-1$번째 계층의 노드 출력을 입력으로 받아들이고 해당 출력을 $i+1$번째 계층의 노드에 입력으로 전달한다. 계층 간의 연결은 일반적으로 완전 연결의 형식을 따른다. 완전 연결은 $i-1$번째 계층에 속한 노드들의 모든 출력이 i번째 계층에 속한 모든 노드의 입력으로 사용되는 형태를 말한다. 이러한 작업을 반드시 수행할 필요는 없지만 이런 방식을 따르면 구현이 단순해진다.

은닉 계층의 수와 각 계층당 노드 수에 따라 네트워크의 구조가 규정된다. 특정 은닉 계층에 노드 수가 충분히 많다면 그 계층 하나만으로도 임의의 함수 매핑을 학습할 수 있다는 사실이 증명됐다. 이러한 사실은 신경망을 머신러닝 문제에도 적용할 수 있다는 것을 의미하기 때문에 장점이다. 결국 최종적으로는 모델이 입력을 출력 레이블과 확률 값으로 매핑하는 복잡한 함수의 역할을 하기 때문이다. 하지만 대부분의 이론 중심 방법이 그렇듯이 단일 계층 형태의 네트워크가 모든 상황에서 실용성을 보이는 것은 아니다. 네트워크의 노드나 계층의 수가 증가하면 그에 따라 학습시킬 파라미터(가중치와 편향)의 수도 증가하게 되고 이는 학습에 필요한 데이터의 양을 증가시키는 결과를 낳는다. 이 또한 차원의 저주에 해당한다.

1980년대에 다시 이런 형태의 변형된 신경망의 문제가 제기됐다. 컴퓨터는 대규모 네트워크를 학습시키기에는 너무 느렸다. 어떻게든 네트워크를 학습시키려 하면 일반적으로 사용할 수 있는 데이터가 너무 적다는 문제가 기다리고 있었다. 실무자들은 이 두 가지만 바뀌면 당시에 사용하던 소규모 네트워크보다 훨씬 더 많은 능력을 갖춘 대규모 네트워크를 학습시킬 수 있게 될 것이라는 사실을 알고 있었다. 다행히도 2000년대 초부터 상황이 바뀌기 시작했다.

적절한 신경망 아키텍처를 선택하는 것은 모델의 성공적인 학습 여부에 큰 영향을 미친다. 경험과 직관이 필요한 부분이다. 올바른 아키텍처를 선택하는 것은 신경망을 제대로 사용하는 데 필요한 특별한 기술이다. 몇 가지 초보적인 경험 규칙을 통해 도움이 될 만한 방법을 알아두자.

- 입력값이 이미지의 일부처럼 명확한 공간적인 관계가 있는 경우에는 컨볼루션 신경망을 사용하는 것이 바람직하다(12장 참조).
- 보통 은닉 계층은 3개 이하로 설정한다. 이론적으로는 충분히 규모가 큰 은닉 계층 하나로도 학습이 가능하므로 가능하면 적은 개수의 은닉 계층을 사용하는 것이 좋다. 모델이 하나의 은닉 계층만으로도 학습이 진행되는 경우 두 번째 계층을 추가해 결과가 개선되는지 확인해본다.
- 첫 번째 은닉 계층의 노드 수는 입력 벡터의 피처 개수보다 크거나 같게 설정한다(더 크게 설정하는 것이 이상적임).
- 이전 규칙에서 언급한 대로 첫 번째 은닉 계층을 제외한 다른 모든 은닉 계층에 속한 노드 개수는 이전 계층과 다음 계층의 노드 수와 동일하거나 그 둘 사이의 어떤 값이어야 한다. $i - 1$번째 계층에 N개의 노드가 있고 $i + 1$번째 계층에 M개의 노드가 있다면 i번째 계층의 노드 개수는 $N \leq x \leq M$의 범위 내에서 정하는 것이 좋다.

첫 번째 규칙은, 전통적인 신경망은 입력 데이터가 공간적 관계성을 갖지 않는 상황, 즉 이미지 이외의 피처 벡터를 입력으로 받는 상황에 가장 적합하다는 것이다. 또한 입력 차원이 작거나 데이터가 많지 않아 규모가 큰 컨볼루션 네트워크를 학습시키기 어려운 상황에서도 전통적인 네트워크를 사용하는 것이 좋다. 전통적인 신경망을 사용해야 하는 상황이라면 처음에는 작은 규모로 시작해 성능 향상을 확인하면서 점차 크기를 늘려가는 것이 좋다.

출력 계층

신경망의 마지막 계층은 출력 계층이다. 이 책에서는 다루지 않지만 네트워크가 연속형 값을 모델링하는 경우를 회귀 모델regression model이라고 부르는데, 이 모델의 출력 계층에서는 각 노드에서 활성화 함수를 사용하지 않는다. 그림 8-2의 구조를 회귀 모델에 적용한다면 마지막 인수 값은 활성화 함수를 거치지 않고 그대로 h로 전달될 것이다. 이는 활성화 함수가 항등 함수인 $h(x) = x$를 적용하는 것과 동일하다.

여기서 예로 든 신경망은 분류 작업을 목적으로 만들었기 때문에 분류 결과가 최종 출력이 된다. 0과 1로 레이블된 두 개의 클래스가 있을 때 최종 노드의 활성화 함수로는 시그모이드 함수를 채택한다. 최종 출력은 0에서 1 사이의 값을 갖게 되며 이 값은 입력이 클래스 1에 속할 우도나 확률로 해석할 수 있다. 다음과 같이 간단한 규칙을 적용해 출력값에 대한 분류 결과를 결정할 수 있다. 활성화 함수의 결괏값이 0.5보다 작으면 입력이 클래스 0에 속한다고 판정하며 0.5보다 크거나 같으면 클래스 1에 속한다고 판정한다. 11장에서 이 임곗값 0.5를 변경해 주어진 작업에 대한 모델의 성능을 조정하는 방법을 살펴볼 것이다.

두 개 이상의 클래스가 있는 경우에는 다른 접근 방식을 취해야 한다. 출력 계층에서 한 개의 노드 대신 N개의 출력 노드를 사용한다. 각 출력 노드마다 하나의 클래스를 담당하게 되는데, 여기서 출력 노드는 항등 함수를 사용해 구현한다. 다음으로 N개의 출력에 소프트맥스^{Softmax} 연산을 적용해 가장 큰 소프트맥스 값을 가진 출력값을 최종 결괏값으로 선택한다.

소프트맥스의 작동 방식을 알아보자. 4개의 클래스를 가진 데이터 세트가 있다고 가정한다. 여기서 클래스의 의미는 중요하지 않고 네트워크도 클래스가 무엇을 나타내는지 알 필요가 없다. 클래스의 레이블은 0, 1, 2, 3으로 지정된다. $N = 4$이므로 네트워크에 총 4개의 출력 노드가 있고 각 노드는 h에 대한 항등함수를 사용한다. 그림 8-5에서 이 네트워크의 구조를 보여준다. 소프트맥스 연산과 결괏값에 해당하는 출력 벡터도 나와 있다.

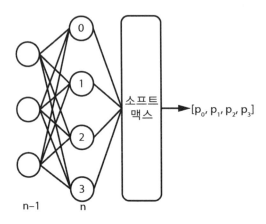

그림 8-5: 네 개의 클래스를 가진 신경망에서 n − 1번째 계층에 해당하는 마지막 은닉 계층 및 n번째 계층에 해당하는 출력 계층(노드 번호가 표시된 계층). 소프트맥스 연산이 적용돼 4개의 요소를 갖는 출력 벡터 [p₀, p₁, p₂, p₃]로 표시됨

출력 벡터 요소 중 가장 큰 요소의 인덱스를 입력 피처 벡터가 속한 클래스의 레이블로 판정한다. 소프트맥스 연산은 이 벡터의 요소들의 합이 1이 되게 보장하므로 출력 벡터의 각 요소가 나타내는 값을 편의상 해당 클래스에 속하는 확률이라고 부른다. 확률이라고 부르고는 있지만 정확히 각 클래스에 속할 확률값은 아니다. 이런 방식으로 가장 큰 값을 취해 출력 클래스 레이블을 결정한다.

소프트맥스를 계산하는 방법은 간단하다. 다음의 식을 사용해 각 출력 요소별 확률을 구하면 된다.

$$p_i = \frac{e^{a_i}}{\sum_j e^{a_j}}$$

여기서 a_i는 i번째 출력이고 분모는 모든 출력값의 합이다. 위 예에서는 $i = 0$, 1, 2, 3이며 가장 큰 값을 갖는 요소의 인덱스가 입력값이 속한 클래스의 레이블로 결정된다.

예를 들어 마지막 계층에 있는 4개 노드의 출력이 다음과 같다면

$$a_0 = 0.2$$

$$a_1 = 1.3$$

$$a_2 = 0.8$$

$$a_3 = 2.1$$

소프트맥스 함수는 다음과 같이 계산된다.

$$p_0 = e^{0.2}/(e^{0.2} + e^{1.3} + e^{0.8} + e^{2.1}) = 0.080$$

$$p_1 = e^{1.3}/(e^{0.2} + e^{1.3} + e^{0.8} + e^{2.1}) = 0.240$$

$$p_2 = e^{0.8}/(e^{0.2} + e^{1.3} + e^{0.8} + e^{2.1}) = 0.146$$

$$p_3 = e^{2.1}/(e^{0.2} + e^{1.3} + e^{0.8} + e^{2.1}) = 0.534$$

p_3가 가장 크기 때문에 클래스 3이 선택된다. 예상한 대로 값의 합은 1.0이 된다.

여기서 두 가지 주의할 사항이 있다. 앞서 나온 방정식에서는 시그모이드 함수를 사용해 네트워크의 최종 출력을 계산했다. 클래스의 개수가 2인 경우 소프트맥스 연산을 통해 두 개의 출력값을 얻는다. 하나를 p라 하면 다른 하나는 1

- p가 된다. 이는 입력이 첫 번째 클래스일 확률을 계산하고자 단 하나의 시그모이드 함수를 사용하는 것과 동일하다.

두 번째는 소프트맥스 함수의 구현 방법과 관련된 내용이다. 네트워크의 출력에 해당하는 a 값이 커지면 값은 훨씬 더 커질 수 있으므로 계산이 불안정해진다. 작게는 정밀도가 떨어질 수 있고 크게는 값이 오버플로를 유발해 무의미한 출력이 나올 수도 있다. 소프트맥스를 계산하기 전에 각 값에서 최댓값을 빼준 다음 계산을 하면 지수 값이 작아져 오버플로^{overflow}의 위험성을 대폭 줄일 수 있다. 앞의 예에 이 방식을 적용하면 새로운 a 값이 계산된다.

$$a_0' = 0.2 - 2.1 = -1.9$$

$$a_1' = 1.3 - 2.1 = -0.8$$

$$a_2' = 0.8 - 2.1 = -1.3$$

$$a_3' = 2.1 - 2.1 = 0.0$$

각각의 a 값에서 최댓값 2.1을 빼서 새로운 a 값을 구한다. 2.1이 가장 큰 a 값이기 때문에 빼는 것이다. 새로운 a 값을 사용해서 계산해도 정확히 동일한 p 값을 얻게 된다. 이 방식은 a 값이 매우 큰 경우에도 오버플로가 발생할 위험이 없다는 장점이 있다.

가중치와 편향 표현법

다음 신경망 예제로 넘어가기 전에 가중치와 편향을 살펴보자. 행렬과 벡터를 사용하면 가중치와 편향을 매우 간단하게 표현할 수 있다.

두 개의 요소로 구성된 입력 피처 벡터가 3개의 노드로 구성된 첫 번째 은닉 계층으로 매핑되고 있다는 사실을 주목하자(그림 8-1의 a_1). 입력 계층과 첫 번째 은닉 계층 간을 잇는 모든 선 위에 가중치에 해당하는 w_{ij}로 레이블이 붙여진다. 여기서 i = 0, 1로, 입력 노드 x_0와 x_1의 첨자를 가리킨다. j = 0, 1, 2로, 은닉 계층의 3개 노드에 위에서 아래 방향으로 붙여지는 첨자를 가리킨다. 그림에는 표시되지 않았지만 은닉 노드마다 하나씩 총 3개의 편향 값이 필요하다. 역시 위에서 아래 방향으로 b_0, b_1, b_2로 표시한다.

세 개의 은닉 노드에 대한 활성화 함수 h의 출력을 계산하려면 다음 과정이 필요하다.

$$a_0 = h(w_{00}x_0 + w_{10}x_1 + b_0)$$

$$a_1 = h(w_{01}x_0 + w_{11}x_1 + b_1)$$

$$a_2 = h(w_{02}x_0 + w_{12}x_1 + b_2)$$

행렬 곱셈과 벡터 덧셈 방식을 적용해 위의 식을 표시하면 다음과 같다.

$$\vec{a} = h\left(\begin{bmatrix} w_{00} & w_{10} \\ w_{01} & w_{11} \\ w_{02} & w_{12} \end{bmatrix} \begin{bmatrix} x_0 \\ x_1 \end{bmatrix} + \begin{bmatrix} b_0 \\ b_1 \\ b_2 \end{bmatrix} \right) = h(W\vec{x} + \vec{b})$$

여기서 $\vec{a}$ = (a_0, a_1, a_2), $\vec{x}$ = (x_0, x_1), $\vec{b}$ = (b_0, b_1, b_2)이며 w는 3 × 2 크기의 행렬 형태다. 활성화 함수 h에는 입력 벡터가 들어가 출력 벡터가 산출된다. $W\vec{x} + \vec{b}$의 계산 결과 산출되는 벡터의 노드마다 h를 각각 적용하는 셈이 된다. 예를 들어 세 개의 요소가 있는 벡터 $\vec{x}$에 h를 적용하면 다음과 같은 식이 성립한다.

$$h(\vec{x}) = h((x_0, x_1, x_2)) = (h(x_0), h(x_1), h(x_2))$$

여기서 함수 h는 $\vec{x}$의 모든 요소에 각각 적용된다.

넘파이 모듈은 배열 처리에 적합한 방식으로 설계돼 있고 행렬과 벡터는 배열의 형태다. 신경망의 가중치와 편향 값은 각각 행렬과 벡터 형태이므로 넘파이 배열에 간편하게 저장된다. 필요한 연산은 완전 연결 신경망에서 이뤄지는 간단한 행렬 곱셈(np.dot)과 행렬 덧셈뿐이다. 완전 연결 신경망을 사용하는 것은 이와 같은 이유로 구현이 간단해지기 때문이다.

그림 8-1의 네트워크를 저장하려면 각 계층 사이에 가중치 행렬과 편향 벡터가 필요하다. 각 계층 사이마다 가중치와 편향이 준비돼 있기 때문에 총 3개의 행렬과 3개의 벡터가 주어진다. 즉, 입력 계층과 첫 번째 은닉 계층 사이, 첫 번째 은닉 계층과 두 번째 은닉 계층 사이, 두 번째 은닉 계층과 출력 계층 사이 각각에 행렬과 벡터가 부여된다. 가중치 행렬의 차원은 각각 3×2, 2×3, 1×2이고, 편향 벡터의 길이는 3, 2, 1이 된다.

간단한 신경망의 구현

이번 절에서는 그림 8-1의 샘플 신경망을 구현한 다음 아이리스 꽃 데이터 세트의 두 가지 피처로 학습시켜본다. 네트워크 자체는 직접 구현하되 학습 과정은 sklearn 패키지를 사용해 수행한다. 이 절의 목표는 기본적으로 신경망을 구현하는 것이 얼마나 간단한지 확인해보는 것이다. 구현과 학습 과정을 통해 앞에서 다뤘던 내용 중 불분명한 부분을 명확하게 이해할 수 있을 것이다.

그림 8-1의 네트워크는 두 가지 피처로 구성된 입력 피처 벡터를 받는다. 네트워크에는 두 개의 은닉 계층이 있는데, 하나는 세 개의 노드로 구성돼 있고 다른 하나는 두 개의 노드로 구성돼 있다. 출력 계층에는 시그모이드 함수가 장착된 하나의 노드가 배치돼 있다. 은닉 노드의 활성화 함수도 모두 시그모이드 함수다.

데이터 세트 구축

신경망 코드를 살펴보기 전에 학습에 사용할 데이터 세트를 준비하고 어떤 형태로 구성되는지 먼저 살펴보자. 이 예에서는 이전에 사용한 아이리스 꽃의 전체 데이터 세트에서 2개의 클래스만 골라 사용하고 데이터의 피처도 2개만 사용한다. 아이리스 꽃 데이터의 피처는 총 4개로 구성돼 있다. 리스트 8-1에 학습 데이터 세트와 테스트 데이터 세트를 구축하는 코드가 소개돼 있다.

리스트 8-1: 간단한 예제 데이터 세트의 구축(nn_iris_dataset.py 참조)

```
  import numpy as np
❶ d = np.load("iris_train_features_augmented.npy")
  l = np.load("iris_train_labels_augmented.npy")
  d1 = d[np.where(l==1)]
  d2 = d[np.where(l==2)]
❷ a=len(d1)
  b=len(d2)
  x = np.zeros((a+b,2))
  x[:a,:] = d1[:,2:]
  x[a:,:] = d2[:,2:]
❸ y = np.array([0]*a+[1]*b)
  i = np.argsort(np.random.random(a+b))
  x = x[i]
  y = y[i]
❹ np.save("iris2_train.npy", x)
  np.save("iris2_train_labels.npy", y)
❺ d = np.load("iris_test_features_augmented.npy")
  l = np.load("iris_test_labels_augmented.npy")
  d1 = d[np.where(l==1)]
  d2 = d[np.where(l==2)]
  a=len(d1)
  b=len(d2)
  x = np.zeros((a+b,2))
  x[:a,:] = d1[:,2:]
```

```
x[a:,:] = d2[:,2:]
y = np.array([0]*a+[1]*b)
i = np.argsort(np.random.random(a+b))
x = x[i]
y = y[i]
np.save("iris2_test.npy", x)
np.save("iris2_test_labels.npy", y)
```

이 코드는 간단한 데이터 준비 과정을 보여준다. ❶에서는 증강 데이터 세트에서 샘플 데이터와 레이블 데이터를 로드한다. 클래스 1과 클래스 2만 사용할 예정이므로 해당되는 샘플의 인덱스를 찾고 인덱스를 사용해 두 클래스에 속한 데이터를 꺼내온다. ❷에서는 피처 2와 3만 골라 x에 넣는다. ❸에서는 레이블 y를 준비한다. 클래스의 레이블을 0과 1로 다시 코딩해준다. ❹에서는 샘플 순서를 스크램블하고 새롭게 만들어진 데이터 세트를 디스크에 저장한다. 마지막으로 ❺에서는 테스트 샘플에도 동일한 과정을 반복 적용해 테스트 데이터 세트를 만든다.

그림 8-6은 학습 데이터 세트를 보여준다. 이렇게 2차원 좌표 평면에 플로팅을 할 수 있는 이유는 데이터의 피처를 2개만 선택했기 때문이다.

그림을 보면 두 개의 클래스를 쉽게 구분할 수 없겠다는 생각이 든다. 학습 데이터 세트를 구성하고 있는 두 클래스를 제대로 구분하려면 한쪽에는 클래스 0만 있고 다른 쪽에는 클래스 1만 모이게 나눌 수 있는 선은 그릴 수 있어야 하는데, 실제로 그런 선을 그릴 수 있는 방법이 쉽게 떠오르지 않는다.

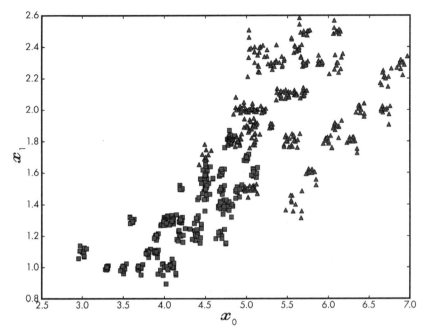

그림 8-6: 두 개의 클래스와 두 개의 피처를 갖는 학습용 아이리스 꽃 데이터 세트

신경망의 구현

파이썬에서 넘파이를 사용해 그림 8-1의 네트워크를 구현해보자. 이 신경망은 이미 학습된 상태이고 모든 가중치와 편향 값을 이미 알고 있다고 가정한다. 코드는 리스트 8-2에 나와 있다.

리스트 8-2: 학습된 가중치와 편향을 사용해 제시된 테스트 샘플 분류하기(nn_iris_evaluate.py 참조)

```python
import numpy as np
import pickle
import sys

def sigmoid(x):
    return 1.0 / (1.0 + np.exp(-x))
```

```
    def evaluate(x, y, w):
❶  w12,b1,w23,b2,w34,b3 = w
    nc = nw = 0
    prob = np.zeros(len(y))
    for i in range(len(y)):
        a1 = sigmoid(np.dot(x[i], w12) + b1)
        a2 = sigmoid(np.dot(a1, w23) + b2)
        prob[i] = sigmoid(np.dot(a2, w34) + b3)
        z = 0 if prob[i] < 0.5 else 1
❷    if (z == y[i]):
            nc += 1
        else:
            nw += 1
    return [float(nc) / float(nc + nw), prob]

❸ xtest = np.load("iris2_test.npy")
  ytest = np.load("iris2_test_labels.npy")
❹ weights = pickle.load(open("iris2_weights.pkl","rb"))
  score, prob = evaluate(xtest, ytest, weights)
  print()
  for i in range(len(prob)):
      print("%3d: actual: %d predict: %d prob: %0.7f" %
      (i, ytest[i], 0 if (prob[i] < 0.5) else 1, prob[i]))
  print("Score = %0.4f" % score)
```

코드의 길이가 짧아 의외라고 생각했을 것이다. 함수 **evaluate**에서는 네트워크의 구조가 만들어진다. 넘파이에는 시그모이드 함수가 기본으로 내장돼 있지 않으므로 따로 시그모이드 함수를 정의해줘야 한다. 주 코드 부분 중 ❸에서 테스트 샘플(xtest) 및 관련 레이블(ytest)을 로드한다. 이는 앞에서 만들었던 코드에 의해 생성된 파일이다. 23개의 테스트 샘플이 있고 각 샘플마다 2개의 특징이 있기 때문에 **xtest**의 형태는 23 × 2가 된다. 마찬가지의 이유로 **ytest**는 23개의 레이블로 구성된 벡터의 형태를 취한다.

네트워크 학습 과정에서 가중치와 편향은 넘파이 배열의 리스트 형태로 저장한다. 파이썬에서는 리스트형 데이터를 디스크에 저장하거나 불러올 때 pickle 모듈을 사용한다. ❹에서 pickle을 사용해 데이터를 로드하고 있다. 리스트형으로 저장되는 가중치는 6개의 요소로 구성돼 있다. 그중 3개는 가중치 행렬이고 나머지 3개는 편향 벡터며 이 요소들이 네트워크의 연결 형태를 규정한다. 이 숫자들은 주어진 데이터 세트에 맞게 학습 과정을 규정해주는 특별한 숫자다. 마지막으로 evaluate 함수를 호출하면 구현된 네트워크에서 각 테스트 샘플을 실행하게 된다. evaluate 함수는 평가 점수를 accuracy 변수에 담고 각 샘플별 출력 확률을 prob 변수에 담아 되돌려준다. 코드의 나머지 부분에는 샘플 번호, 실제 레이블, 예측 레이블, 클래스 1이 될 확률과 연관된 출력값을 보여준다. 마지막으로 정확도에 해당하는 평가 점수가 표시된다.

네트워크를 구현해주는 evaluate 함수를 좀 더 자세히 살펴보자. 먼저 ❶에서 제공된 가중치 리스트에서 가중치 행렬과 편향 벡터를 각각 가져온다. 이들은 넘파이 배열이다. w12는 2개의 입력 요소를 3개의 노드가 있는 첫 번째 은닉 계층으로 매핑한 것으로 2 × 3 형태의 행렬이다. w23은 첫 번째 은닉 계층에서 두 번째 은닉 계층으로 매핑한 것으로 3 × 2 형태의 행렬이다. w34는 두 번째 은닉 계층을 최종 출력 계층으로 매핑한 것으로 2 × 1 형태의 행렬이다. b1, b2, b3는 편향 벡터로서 b1은 3개의 요소, b2는 2개의 요소, b3는 1개의 요소(스칼라)로 구성돼 있다.

가중치 행렬은 이전에 설명한 것과 형태가 다른데, 자세히 보면 행렬이 전치돼 있음을 알 수 있다. 편향 벡터를 1 × 2 행렬로 놓고 뒤에서 가중치 행렬을 곱해야 하기 때문이다. 스칼라 곱셈은 $ab = ba$와 같이 교환법칙이 성립하므로 위와 같이 계산해도 활성화 함수에 대한 계산 결과는 동일하다는 것을 알 수 있다.

evaluate 함수의 다음 단계는 정답을 맞춘 개수 nc와 틀린 개수 nw를 0으로 초기화하는 것이다. 이 두 변수는 전체 테스트 세트에 대한 평가 점수 계산에 사용된다. 같은 방식으로, 각 테스트 샘플에 대한 출력 확률 값을 저장하는 벡터인 prob를 정의한다.

반복문을 돌면서 테스트 샘플이 하나씩 전체 네트워크를 반복해서 통과한다. 우선 입력 벡터를 첫 번째 은닉 계층에 매핑하고 세 개의 숫자로 구성된 벡터 a1을 계산한 다음 세 개의 은닉 노드 각각에 대해 활성화 여부를 계산한다. 그런 다음 첫 번째 은닉 계층의 활성화 결괏값으로 두 번째 은닉 계층 활성화 결과인 a2를 계산한다. 두 번째 은닉 계층은 2개의 노드로 구성돼 있으므로 요소를 2개 가진 벡터의 형태다. 다음으로 현재 입력 벡터의 출력값을 계산해 prob 배열에 저장한다. 클래스 레이블 z는 네트워크의 출력값이 0.5보다 큰지 혹은 작은지 여부를 확인해 결정된다. 마지막으로 ❷에서 현재 처리 중인 샘플 y[i]의 실제 레이블을 평가해 정답을 맞춘 경우 nc를, 틀린 경우 nw 카운터를 증가시킨다. 모든 샘플을 네트워크를 통과시켜 계산하고 나면 올바르게 분류된 샘플 수를 총 샘플 수로 나눈 값으로 전체 정확도를 구해 반환한다.

전체적으로 잘 구현됐다. 네트워크를 구성하고 이를 통해 입력 벡터를 전달해 얼마나 잘 작동하는지 확인할 수 있었다. 네트워크에 세 번째 은닉 계층이 있었다면 최종 출력값을 계산하기 전에 두 번째 은닉 계층의 출력(a2)을 세 번째 은닉 계층으로 매핑하는 과정이 추가됐을 것이다.

신경망 학습과 테스팅

리스트 8-2는 이미 학습된 모델을 테스트 데이터에 적용하는 코드였다. 모델 학습은 sklearn 패키지를 사용해 구현한다. 자세한 모델 학습 코드는 리스트 8-3에 있다.

리스트 8-3: sklearn을 사용해 아이리스 꽃 분류를 위한 신경망 학습(nn_iris_mlpclassifier.py 참조)

```
import numpy as np
```

```
import pickle
from sklearn.neural_network import MLPClassifier

xtrain= np.load("iris2_train.npy")
ytrain= np.load("iris2_train_labels.npy")
xtest = np.load("iris2_test.npy")
ytest = np.load("iris2_test_labels.npy")

❶ clf = MLPClassifier(
❷   hidden_layer_sizes=(3,2),
❸   activation="logistic",
      solver="adam", tol=1e-9,
      max_iter=5000,
      verbose=True)
  clf.fit(xtrain, ytrain)
  prob = clf.predict_proba(xtest)
  score = clf.score(xtest, ytest)

❹ w12 = clf.coefs_[0]
  w23 = clf.coefs_[1]
  w34 = clf.coefs_[2]
  b1 = clf.intercepts_[0]
  b2 = clf.intercepts_[1]
  b3 = clf.intercepts_[2]
  weights = [w12,b1,w23,b2,w34,b3]
  pickle.dump(weights, open("iris2_weights.pkl","wb"))

  print()
  print("Test results:")
  print("   Overall score: %0.7f" % score)
  print()
  for i in range(len(ytest)):
      p = 0 if (prob[i,1] < 0.5) else 1
      print("%03d: %d - %d, %0.7f" % (i, ytest[i], p, prob[i,1]))
  print()
```

먼저 디스크에서 학습 데이터와 테스트 데이터를 로드한다. 이전에 만들어둔 파일과 동일하다. 그런 다음 ❶에서 MLPClassifier의 인스턴스인 신경망 객체를 생성한다. ❷에서는 은닉 계층을 생성한다. 네트워크에는 두 개의 은닉 계층이 있는데, 첫 번째 계층은 3개의 노드로 구성되고, 두 번째 계층은 2개의 노드로 구성된다. 그림 8-1의 아키텍처를 그대로 구현한 것이다. ❸에서는 네트워크가 로지스틱 계층을 사용하고 있다. 로지스틱 계층은 시그모이드 계층의 다른 이름이다. 다른 sklearn 모델 유형과 마찬가지로 fit 함수를 호출해 모델을 학습시킨다. verbose 옵션을 True로 설정했으므로 반복문이 실행될 때마다 손실 값을 보여주는 출력이 표시된다.

predict_proba 함수를 호출하면 테스트 데이터에 대한 예측 확률이 출력된다. 이 함수는 대부분의 다른 sklearn 모델에서도 지원되고 있다. 이는 할당된 출력 레이블에 대해 모델이 확신하는 정도를 나타낸다. 그런 다음 score 함수를 호출해 이전과 동일한 방식으로 테스트 데이터 세트에 대한 예측 점수를 계산한다.

학습된 가중치와 편향을 저장해두면 테스트 코드를 실행할 때 다시 사용할 수 있다. ❹에서는 가중치와 편향 값을 저장해둔 학습 모델에서 직접 가져오고 있다. 가져온 값들은 리스트 변수인 weights에 저장된 후 파이썬 피클ᵖⁱᶜᵏˡᵉ 파일에 덤프된다.

코드의 나머지 부분은 주어진 테스트 데이터에 대해 sklearn 학습 모델을 적용해 실행한 결과를 출력하는 과정이다. 코드를 실행해보면 다음과 같은 형태의 결과를 볼 수 있다.

```
Test results:
    Overall score: 1.0000000

000: 0 - 0, 0.0705069
001: 1 - 1, 0.8066224
002: 0 - 0, 0.0308244
```

```
003: 0 - 0, 0.0205917
004: 1 - 1, 0.9502825
005: 0 - 0, 0.0527558
006: 1 - 1, 0.9455174
007: 0 - 0, 0.0365360
008: 1 - 1, 0.9471218
009: 0 - 0, 0.0304762
010: 0 - 0, 0.0304762
011: 0 - 0, 0.0165365
012: 1 - 1, 0.9453844
013: 0 - 0, 0.0527558
014: 1 - 1, 0.9495079
015: 1 - 1, 0.9129983
016: 1 - 1, 0.8931552
017: 0 - 0, 0.1197567
018: 0 - 0, 0.0406094
019: 0 - 0, 0.0282220
020: 1 - 1, 0.9526721
021: 0 - 0, 0.1436263
022: 1 - 1, 0.9446458
```

모델이 소규모의 테스트 데이터 세트에 대해 완벽하게 작동하는 것을 볼 수 있다. 출력 결과는 샘플 번호, 실제 클래스 레이블, 할당된 클래스 레이블, 클래스 1로 판정될 확률을 보여준다. 평가용 코드를 통해 sklearn 네트워크의 가중치와 편향을 포함하는 피클 파일을 실행시켜보면 출력되는 확률 값이 이전에 작성한 코드를 실행한 결과와 정확히 동일하다는 사실을 확인할 수 있다. 이는 직접 구현한 신경망이 올바르게 작동하고 있다는 증거다.

요약

8장에서는 신경망의 내부 구조를 자세히 알아봤다. 신경망의 구조와 노드의 배열, 노드 간의 연결을 주로 살펴봤다. 출력 계층에 속한 노드와 그 안에서 사용되는 활성화 함수도 설명했다. 다음으로 모든 가중치와 편향이 행렬과 벡터로 편리하게 표현될 수 있음을 확인했다. 마지막으로 아이리스 꽃 데이터를 분류하기 위한 간단한 네트워크를 제시하고 그것이 어떻게 학습되고 평가될 수 있는지 봤다. 이제 입문 과정은 거쳤으니 신경망의 중심이 되는 이론 부분으로 넘어가보자.

9

신경망 학습

9장에서는 신경망을 학습시키는 방법을 알아보자. 요즈음 인공
지능 분야에서 많이 사용되는 일반적인 방법과 편리한 기법을
살펴본다. 약간의 수학식과 해석, 완전히 새로운 용어와 개념이
소개된다. 심오한 수준의 수학이 필요한 것은 아니다. 요점을 파악하는 데 필요
한 정도로만 이해하면 된다.

9장은 개념상으로는 이 책에서 가장 어려운 부분이 될 것이다. 특히 수학적인
내용에 약간의 난이도가 있다. 직관력과 이해력을 차근차근 쌓아가는 것이 기
본이 돼야 하지만 때때로 참을성이 부족해 실체를 먼저 보고 싶을 수도 있다.
기존에 만들어진 라이브러리를 사용하면 간단하게 먼저 체험해볼 수 있다. 작
동 원리를 배우기 전에 신경망 자체를 직접 사용해보고 싶다면 먼저 10장으로
넘어갔다가 9장으로 돌아와서 이론 부분을 채우는 것도 좋은 전략이 될 것이다.
그러나 반드시 돌아오는 것이 좋다.

신경망의 작동 원리를 이해하지 못한 상태에서 sklearn이나 케라스 같은 잘 만

들어진 툴킷을 사용해 신경망을 구현해볼 수는 있다. 다만 그런 유혹에 빠져 거기에만 머물러 있지 않도록 주의하자. 알고리듬의 작동 방식을 이해하지 못하고 무작정 사용하기만 하는 것은 큰 의미가 없다.

개요

이 장에서 다룰 주요 개념의 개요부터 시작해보자. 일단 읽어보자. 개념이 명확하지 않은 부분이 있더라도 너무 걱정할 필요는 없다. 여기서는 세세한 부분보다는 전체적인 과정에 대한 느낌을 얻는 것이 중요하다.

신경망을 학습시키는 과정에서 첫 번째로 할 일은 가중치와 편향을 알맞은 값으로 초기화하는 것이다. 다음으로 경사 하강법을 이용해 가중치와 편향 값을 반복 업데이트함으로써 학습 데이터 세트에 대한 예측 오차를 줄여 나간다. 손실 함수의 평균값을 계산해 오차 값을 알아낼 수 있다. 오차 값은 현재 상태의 네트워크가 최적 상태로부터 얼마나 벗어나 있는지를 알려준다. 각 입력 샘플에 대해 예상되는 출력값은 학습 데이터 세트에 포함돼 있는 클래스 레이블을 보면 알 수 있기 때문에 네트워크의 현재 상태가 옳은지 틀린지를 바로 알 수 있다.

경사 하강법gradient descent은 경사도를 근간으로 작동하는 알고리듬이다. 경사도에 대해서는 더 복잡한 설명도 있지만 일단 얼마나 가파른지를 나타내는 척도라고 생각하자. 특정 지점에서의 경사도(기울기)가 클수록 해당 함수 값이 더 가파르게 나온다. 경사 하강법을 사용해 손실 함수의 최솟값을 찾아내려면 먼저 경사도를 계산할 수 있어야 한다. 이를 위해 역전파 알고리듬을 사용해야 한다. 역전파 알고리듬은 신경망에서 학습이 이뤄지게 하는 근본적인 알고리듬이다. 네트워크의 출력 계층에서 시작해 입력 계층 쪽으로 이동하면서 각 노드의 경사도를 차례차례 계산한다. 이 과정을 거치면서 네트워크를 구성하는 모든 가중치와 편향에 대한 경사도 값이 각각 계산된다.

계산된 경사도 값을 사용해 경사 하강 알고리듬을 적용하면 새로운 가중치와 편향을 얻을 수 있다. 새로 업데이트된 네트워크로 다음번 학습 샘플이 들어오면 손실 함수가 다시 계산되는데, 이때 손실 함수의 평균값은 이전보다 작아질 것이다. 다시 말해 네트워크가 조금씩 덜 잘못된 형태로 바뀌어간다는 뜻이 된다. 이것이 바로 학습을 수행하는 목표다. 학습된 모델은 대상 데이터의 일반적인 특징을 잘 구별하게 만들어져야 한다.

주어진 데이터 세트의 일반적인 특징을 학습하려면 먼전 정규화 과정을 거쳐야 한다. 여러 가지 정규화 방법이 있지만 여기서는 대표적인 몇 가지 방식만 살펴본다. 정규화 과정을 거치지 않으면 학습이 과적합화될 위험이 있으며 학습의 결과로 얻어진 네트워크도 충분히 일반화되지 않은 형태가 될 수 있다. 정규화를 통해 성공적으로 유용한 모델을 얻을 수 있다.

다음 절에서는 앞에서 언급한 경사 하강법, 역전파, 손실 함수, 가중치 초기화 및 정규화에 대해 더 자세히 살펴볼 것이다. 모두 성공적인 신경망 학습을 위한 중요한 구성 요소다. 수학적인 세부 사항을 너무 깊이 들여다보고 이해하려 애쓸 필요는 없다. 신경망 학습이 의미하는 바를 직관적으로 이해할 수 있을 정도로만 알고 있으면 된다. 주요 개념에 대한 직관적인 이해가 뒷받침돼야 sklearn이나 케라스를 사용해 신경망 학습을 시행할 때 필요한 파라미터를 제대로 설정할 수 있다.

경사 하강법

신경망을 학습시킬 때 사용하는 가장 대표적인 방법은 경사 하강법을 이용하는 것이다. 경사 하강법이라는 용어를 자세히 생각해보자. 하강이라는 단어는 이미 알고 있다. 높은 곳에서 낮은 곳으로 내려가는 것을 의미한다. 경사라는 단어도 알고 있을 것이다. 간단히 말해 어떤 값이 변화할 때 그에 대응하는 다른 값이 변화하는 속도를 나타낸다. 한 가지 값에 대한 변화가 다른 값의 변화에 따라 얼마나 빨리 또는 많이 변화하는지를 측정하는 것은 익숙한 개념일 것이다. 속도라는 개념도 기본적으로 알고 있다. 시간의 변화에 따라 위치가 변화한 양이다. 시속 몇 마일 또는 시속 몇 킬로미터라고 말하는 바로 그 개념이다.

경사도 개념은 이미 다른 곳에서 배워 익숙할 것이다. 다음과 같은 직선의 방정식을 떠올려보자.

$$y = mx + b$$

여기서 m은 경사도이고 b는 y축 절편이다. 경사도는 x 위치가 변화함에 따라 y 위치가 변화되는 속도다. 직선상의 두 점 (x_0, y_0) 및 (x_1, y_1)을 알고 있다면 경사도는 다음과 같이 계산된다.

$$m = \frac{y_0 - y_1}{x_0 - x_1}$$

즉, 'x당 y'라고도 말할 수 있다. 직선이 얼마나 가파른지 또는 완만한지를 측정한 것이 바로 경사도 개념이다. 수학에서 종종 변수의 변화에 대해 이야기하는데, 표기법은 앞에 Δ(델타)를 넣는 것이다. 이 표기법을 따른다면 직선의 경사도를 다음과 같이 표현할 수 있다.

$$m = \frac{\Delta y}{\Delta x}$$

표기법은 달라도 x의 변화량에 대한 y의 변화량이라는 동일한 개념을 강조해 표현하고 있다. 각 점에서의 경사도가 직선에서만 정의되는 것은 아니다. 다른 대부분의 함수에도 각 점에 대한 경사도가 존재한다. 직선에서는 어느 점에서나 경사도가 같지만 그 외의 함수에서는 각 점에서의 경사도가 달라진다. 그림 9-1을 보면 이해가 쉬울 것이다.

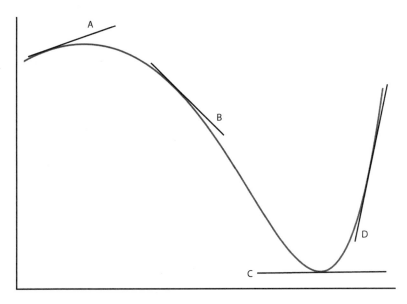

그림 9-1: 여러 접선이 표시된 함수

그림 9-1의 그래프는 다항식으로 이뤄진 함수를 나타낸다. 함수를 터치하는 부분에 그려진 선은 접선에 해당한다. 직선은 그림에서 볼 수 있듯이 경사도를 가진다. 함수의 그래프에서 한 점만 터치하도록 선의 위치를 계속 이동시킨다고 상상해보자. 변화하는 위치에 따라 직선의 경사도가 어떻게 변화하는지 생각해보자.

어떤 함수의 경사도가 어떻게 변화하는지 변화량을 표현하는 수식 자체가 또다른 함수며 이를 **미분**derivative이라 부른다. 함수와 x 값이 주어지면 미분을 통해 해당 지점 x에서 함수의 경사도를 알 수 있다. 함수가 도함수를 갖는다는 사실은 미적분학의 근간을 이루는 개념이며 신경망이 작동할 수 있게 하는 중요한 개념이기도 하다.

단일 변수 함수의 경우 점 x에서의 미분 값은 그 점에서의 경사도에 해당하기 때문에 미분을 계산하는 과정은 반드시 필요한 절차다. 미분 값이 바로 함수가 변화하는 방향을 나타내주기 때문이다. 함수의 최솟값, 즉 가장 작은 y 값에 해당하는 점 x를 찾는 것이 목표이기 때문에 경사도가 가리키는 방향의 반대 방향으로 움직여야 한다.

미분을 표현하는 방식은 여러 가지지만 x의 변화량에 대한 y의 변화량인 경사도의 개념을 잘 표현하는 표현법은 다음과 같다.

$$\frac{dy}{dx}$$

나중에 역전파 알고리듬을 다룰 때 이 식을 다시 보게 될 것이다. 경사에 대해서는 이 정도로 마치고 하강의 개념을 살펴보자.

최솟값 찾기

가능하면 모델이 판단 실수를 거의 하지 않게 만드는 것이 목표이므로 손실 함수의 결괏값을 최소화시켜주는 파라미터를 찾아내야 한다. 간단히 말해 손실 함수의 최솟값을 찾아야 한다.

그림 9-1을 다시 보자. 함수의 최솟값은 그래프의 오른쪽 부분, 접선 C가 위치한 곳에 있다. 최솟값으로 보이는 지점에서의 경사도는 0이다. 경사도가 0이라는 얘기는 그 지점이 최소(또는 최대) 위치라는 의미다. B 지점에서 보면 접선의 경사도가 음수(우하향)임을 알 수 있다. 경사도의 부호와 반대되는 방향으로 움직여야 하므로 양의 방향으로 x 값을 이동시킨다. 이 방향으로 이동하면 최소 지점인 C에 더 가깝게 이동하는 셈이 된다. 마찬가지로 D 지점에서 보면 접선의 경사도가 양수(우상향)이므로 음의 방향으로 x 값을 이동시켜 최소 지점인 C 쪽으로 이동하게 된다. 위 과정을 보면 함수의 최솟값을 찾기 위한 알고리듬을 어떤 방식으로 만들어야 할지 알 수 있다. 시작점(x 값)을 선택하고 그 점에서의 경사도 값을 사용해 함수 값이 더 낮아지는 쪽으로 이동하면 된다.

그림 9-1과 같이 변수가 x 하나뿐인 단순한 함수의 경우에는 B 또는 D와 같이

유리한 위치에서 시작할 수 있다면 이 접근 방식이 잘 작동한다. 2차원 이상의 함수에 대해서도 처음 시작점을 유리한 위치로 잘 설정하기만 한다면 여전히 효과적이다.

그림 9-1에서 시작 지점을 B로 가정한다면 그 지점에서의 경사도를 보고 점 C 방향, 즉 오른쪽 방향으로 이동해야 한다는 것을 알 수 있다. 그러나 C로 지속적으로 다가가고자 다음으로 고려할 지점 x의 위치는 어떻게 선택할 수 있을까? 스텝의 크기를 적당히 정해줘 현재의 x 위치에서 다음 x 위치로 얼마나 건너뛸지를 알려주면 된다. 스텝의 크기는 모델을 만들 때 반드시 선택해야 할 파라미터며 실제로는 **학습률**^{learning rate}이라고 부른다. 학습률은 보통 유동적이며 최솟값을 향해 갈수록 점점 더 작은 값으로 지정된다. 최솟값 근처로 가까이 갈수록 스텝 크기를 줄여야 정확한 접근이 가능하기 때문이다.

매우 좋은 방법이고 직관적이기도 하지만 이 방식에는 작은 문제가 있다. B 또는 D가 아닌 A에서 시작하면 어떻게 될까? A 지점의 경사도는 오른쪽이 아닌 왼쪽으로 가라고 알려준다. 이 경우에는 위의 알고리듬이 작동하지 않는다. 왼쪽으로 이동해 C에는 도달할 수 없게 된다. 그림을 자세히 보면 C 지점의 최솟값 외에 A의 왼쪽에 또 다른 최솟값이 존재할 수 있음을 쉽게 알 수 있다. C의 y 값만큼 작을지는 모르지만 A의 왼쪽으로 그래프가 하강하고 있으니 어딘가에 최솟값이 존재할 것이다. A를 시작점으로 잡으면 C 쪽 방향이 아닌 다른 쪽 최솟값을 향해 이동해 결국 **지역 최솟값**^{local minimum}에 빠지게 된다. 일단 지역 최솟값에 들어가면 빠져나갈 수 없기 때문에 C에 있는 **전역 최솟값**^{global minimum}을 발견할 수 없게 된다. 이것이 신경망의 근본적인 문제 중 하나라는 것은 사실이지만 의외로 간단한 해결 방법이 있으므로 큰 문제는 아니다.

지금까지 살펴본 내용이 신경망 학습에 어떻게 기여하고 있을까? 경사도는 x의 작은 변화가 y를 어떻게 변화시키는지 알려준다. x를 신경망의 파라미터라 하고 y를 손실 함수에 의해 주어지는 오차 값이라 할 때 경사도는 해당 파라미터의 변화량이 네트워크의 전체 오차에 얼마나 영향을 미치는지 알려주는 값에 해당한다. 이 사실을 감안하면 경사도 값을 보고 파라미터 값을 적절히 수정함으로써 최소 오차 지점을 찾아갈 수 있음을 알 수 있다. 학습 데이터 세트에 대한 오차가 최솟값에 도달하면 해당 네트워크가 학습됐다고 말할 수 있다.

경사도와 파라미터를 좀 더 알아보자. 지금까지의 내용은 그림 9-1을 기반으로 했기 때문에 1차원에 국한한 얘기였다. 즉, 단일 변수 x만을 인수로 받는 함수를 다뤘다. x축을 따라 움직이는 한 가지 변수만 고려했다. 변수 x를 변경함에 따라 y의 위치가 어떻게 바뀌는지가 관심사였다. 현실에서는 1차원만 고려하지는 않는다. 신경망을 구성하는 가중치와 편향은 모두 파라미터며 손실 함수 값에 의해 결정된다. 그림 8-1에 나오는 간단한 형태의 네트워크만 하더라도 20개의 파라미터를 갖고 있다. 손실 함수가 계산되는 차원 수가 20차원이라는 의미다. 차원의 수가 많아지더라도 접근 방식은 동일하다. 각 파라미터에 대한 경사도만 알고 있다면 앞에서 설명한 알고리듬을 적용해 손실 값을 최소로 만드는 파라미터들을 찾아낼 수 있다.

가중치 갱신

경사도를 구하는 방법은 나중에 설명하기로 하고 일단은 이미 경사도 값을 알고 있다고 가정하고 진행한다. 경사도는 주어진 네트워크에서 가중치와 편향의 변화가 손실 값을 얼마나 변화시키는지 말해주는 수라고 볼 수 있다. 여기까지 이해했다면 이제는 경사 하강법을 적용해볼 수 있다. 경사 하강법은 전체 손실 함수의 최솟값을 향해 접근해 갈 수 있게 경사도 값의 일정 비율만큼 가중치와 편향을 조정하는 방식이다.

수학적으로는 다음과 같이 간단한 규칙을 적용해 가중치와 편향을 갱신하게 된다.

$$w \leftarrow w - \eta\Delta w$$

여기서 w는 가중치 또는 편향 중 하나이고 η(에타)는 학습률(스텝 크기), Δw는 경사도 값이다.

리스트 9-1은 경사 하강법을 사용해 신경망을 학습시키는 알고리듬을 보여 준다.

리스트 9-1: 5단계로 단순화해 표현한 경사 하강법 알고리듬

1. 가중치와 편향의 초깃값을 학습에 유리한 값으로 설정한다.
2. 주어진 신경망의 현재 가중치와 편향으로 학습을 시행하고 평균 손실을 계산한다.
3. 손실 값을 사용해 각 가중치와 편향의 경사도를 구한다.
4. 경사도에 스텝 크기를 곱해 가중치와 편향 값을 갱신한다.
5. 손실이 **충분히** 작아질 때까지 2단계부터 반복한다.

간단해 보이는 알고리듬이지만 언제나 그렇듯 악마는 디테일에 있다. 매 단계마다 선택을 해야 하며 선택을 하고 나면 바로 다음 질문이 생겨날 것이다. 예를 들어 알고리듬의 1단계를 보면 '학습에 유리한 초깃값'을 선택한다고 돼 있다. 어떤 값을 말하는 것일까? 좋은 초깃값을 선택하는 것이 신경망 학습의 성패를 좌우하는 매우 중요한 과정이라는 것이 알려져 있다. 그림 9-1에서 이미 그러한 사례를 본 적이 있다. A 지점을 초깃값으로 잡을 경우 C 지점에 있는 최솟값을 찾을 수 없었던 상황이었다. 1단계와 관련된 수많은 연구가 오랜 기간 지속되고 있다.

2단계는 간단하다. 신경망을 순방향으로 통과해가는 과정이다. 손실 함수 자체는 아직 자세히 설명하지 않았다. 일단은 학습 데이터 세트에 대해 현재 상태의 신경망이 얼마나 실효성이 있는지 측정하는 함수라고 생각하자. 3단계는 잠시 블랙박스로 남겨 둔다. 3단계를 수행하는 방법은 곧 살펴볼 것이다. 지금은 각 파라미터에 대한 경사도 값을 찾을 수 있다고 가정한다.

4단계에서는 파라미터를 현재 값에서 전체 손실을 줄이는 새로운 값으로 갱신해준다. 이는 앞서 소개한 방정식과 동일한 방식이다. 실제로는 이런 단순한 형태의 방정식으로는 충분치 않다. 모멘텀momentum 같은 다른 개념도 필요하다. 모멘텀은 다음 반복을 수행할 때 이전 과정의 가중치 변화량의 일정 비율만큼을 보존한다. 다음 반복이란 신경망을 통과하는 학습 데이터의 다음번 과정을 의미한다. 모멘텀은 파라미터들이 너무 심하게 변경되는 것을 방지해준다. 모멘텀은 나중에 다시 살펴보기로 하고 지금은 심층 신경망을 학습시키는 데 실제로 사용되는 경사 하강법의 한 형태를 살펴본다.

확률적 경사 하강법

앞 절에서는 신경망을 경사 하강법으로 학습시키는 방법을 알아봤다. 경사 하강법이라는 기본적인 아이디어를 실제로 구현하는 방식은 매우 다양하다. 널리 사용되고 실제로 잘 작동하는 것이 확인된 방법 중 대표적인 것으로 **확률적 경사 하강법**SGD, Stochastic Gradient Descent이 있다. 확률적stochastic이라는 용어는 랜덤 프로세스를 가리킨다. 설명을 통해 확률적 경사 하강법에서 왜 경사 하강법 앞에 확률적이라는 용어를 붙이게 됐는지 알아보자.

배치와 미니배치

리스트 9-1의 두 번째 단계는 학습 세트 전체를 현재 상태의 가중치와 편향 값으로 구성된 신경망에서 한꺼번에 실행시켜보는 과정이다. **배치 학습**batch training이라고 불리며 학습 데이터 전체를 사용해 경사도를 구하기 때문에 이러한 이름을 갖게 됐다. 학습 데이터 세트를 만들 때 데이터를 생성하는 미지의 모확률 과정을 객관적으로 잘 표현할 수 있게 주의를 기울여 구축해왔기 때문에 직관적으로도 합리적인 방식이다. 모확률 과정이 바로 신경망이 성공적으로 모델링하고자 하는 대상이 된다.

5장의 아이리스 꽃 데이터 세트처럼 데이터 세트의 규모가 작으면 배치 학습이 잘 적용된다. 하지만 학습 데이터 세트가 작지 않다면 어떻게 될까? 수십만 개 또는 수백만 개의 샘플이면 어떻게 될까? 길고 긴 학습 시간을 참고 기다려야 할 것이다.

학습 데이터가 커질수록 기다리는 시간이 길어진다는 것은 심각한 문제다. 모델링 대상이 되는 미지의 모확률 과정을 더 잘 표현하려면 더 큰 학습 데이터 세트를 사용하려 할 것이기 때문이다. 그러나 학습 데이터 세트가 커질수록 각 샘플을 네트워크를 통해 전달하고 손실에 대한 평균값을 구하고 가중치와 편향을 갱신하는 데 더 오랜 시간이 소요된다. 전체 학습 데이터 세트를 네트워크를 통해 한 번 계산하는 과정을 에폭^{epoch}이라고 부르는데, 네트워크를 학습하려면 수십에서 수백 번의 에폭이 필요하다. 모델링 대상을 더 잘 표현한다는 것은 계산 시간이 더 길어진다는 것을 의미한다. 신경망에서는 모든 샘플이 신경망을 통과하면서 계산돼야 하기 때문이다.

바로 이 문제를 해결하고자 SGD가 도입됐다. 각 에폭에서 모든 학습 데이터를 전부 사용하는 대신 학습 데이터의 작은 부분집합을 선택하고 여기에서 계산된 평균 손실을 사용해 파라미터를 업데이트하는 방식으로 접근한다. 작은 샘플만 사용해 전체 학습 세트에 대한 손실을 추정하기 때문에 '부정확한' 경사도 값이 계산되지만 계산 시간은 대폭 단축된다.

간단한 예를 통해 이 샘플링이 어떻게 작동하는지 살펴보자. 넘파이를 사용해 100개의 난수 바이트로 구성된 벡터를 정의한다.

```
>>> d = np.random.normal(128,20,size=100).astype("uint8")
>>> d
130, 141, 99, 106, 135, 119, 98, 147, 152, 163, 118, 149, 122,
```

```
133, 115, 128, 176, 132, 173, 145, 152, 79, 124, 133, 158, 111,
139, 140, 126, 117, 175, 123, 154, 115, 130, 108, 139, 129, 113,
129, 123, 135, 112, 146, 125, 134, 141, 136, 155, 152, 101, 149,
137, 119, 143, 136, 118, 161, 138, 112, 124, 86, 135, 161, 112,
117, 145, 140, 123, 110, 163, 122, 105, 135, 132, 145, 121, 92,
118, 125, 154, 148, 92, 142, 118, 128, 128, 129, 125, 121, 139,
152, 122, 128, 126, 126, 157, 124, 120, 152
```

난수 바이트 값들은 평균 128인 정규 분포를 따르도록 생성한다. 위 예에서 나온 난수들의 실제 평균은 130.9로 계산된다. 생성된 100개의 난수 중 한 번에 10개씩 뽑아 부분집합을 만들고 해당 집합의 실제 평균을 구해보면 135.7, 131.7, 134.2, 128.1 등의 값이 산출된다.

```
>>> i = np.argsort(np.random.random(100))
>>> d[i[:10]].mean()
138.9
```

부분집합에 대해 산출한 평균값은 전체 평균값을 정확히 맞추지는 못했지만 거의 근접한 값이다. 전체 데이터 세트에서 무작위로 뽑아 구성한 부분집합의 평균에서 전체 평균을 추정할 수 있듯이 전체 학습 데이터 세트의 부분집합에서 손실 함수의 경사도를 추정할 수 있다. 샘플이 무작위로 선택되므로 결괏값으로 얻은 경사도 또한 무작위로 변화하는 추정치다. 이러한 성질 때문에 경사 하강법 앞에 확률적이라는 단어를 추가한 것이다. 가중치와 편향을 갱신하는 매 단계마다 학습 데이터 세트 전체를 신경망으로 보내는 방식을 배치 학습이라고 하고 학습 데이터 세트의 일부만을 사용해 한 단계의 갱신 과정을 수행하는 방식을 미니배치 학습minibatch training이라 한다. 미니배치라는 용어는 앞으로도 자주 듣게 될 것이다. 미니배치는 전체 학습 데이터 세트의 부분집합으로서 확률적 경사 하강법의 각 단계마다 새롭게 생성된다. 학습 과정은 몇 개의 에폭으로 구성된다. 에폭과 미니배치 간의 관계는 다음과 같다.

$$1 \text{ 에폭} = \left(\frac{\text{학습 데이터 세트의 샘플 수}}{\text{미니배치 크기}} \right) \text{미니배치}$$

실제로 전체 학습 데이터 세트에서 미니배치를 무작위로 선택하려 하지는 않을 것이다. 그렇게 할 경우 사용되지 않는 샘플이 나올 수 있는 위험이 있다. 어떤 것들은 선택되지 않을 수 있고 다른 것들은 너무 자주 선택될 수도 있다. 일반적으로는 학습 샘플의 순서를 무작위로 섞어놓고 미니배치가 필요할 때마다 순차적으로 고정 크기 샘플 블록을 선택하는 방식을 사용한다. 사용할 수 있는 모든 학습 샘플이 사용되고 나면 전체 학습 데이터의 순서를 다시 섞은 후 같은 과정을 반복한다. 어떤 딥러닝 툴킷은 이런 과정을 아예 수행하지 않는 경우도 있다. 대신 동일한 미니배치 세트를 다시 순환해 사용한다.

콘벡스 함수와 비콘벡스 함수

SGD는 실용성을 위해 원칙을 양보한 것처럼 보일 수 있다. SGD 방법론 자체가 학습 결과를 해칠 것 같이 보이기 때문에 이론적으로는 절대 사용하고 싶지 않은 방법론에 해당한다. 그러나 사실은 반대의 결과가 나타난다. 어떤 의미에서는 신경망의 경사 하강 학습법은 절대 작동하지 않아야 맞다. 콘벡스 함수용 알고리듬을 비콘벡스 함수에 적용하고 있기 때문이다. 그림 9-2는 콘벡스 함수convex function와 비콘벡스 함수nonconvex function의 차이를 보여준다.

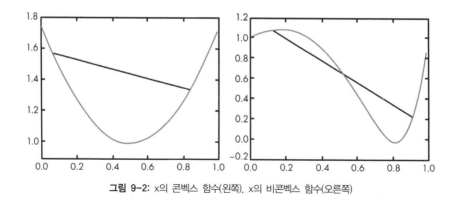

그림 9-2: x의 콘벡스 함수(왼쪽), x의 비콘벡스 함수(오른쪽)

콘벡스 함수는 함수 그래프의 두 점을 잇는 선분이 함수의 다른 부분과는 절대로 교차하지 않는 성질을 갖는다. 그림 9-2의 왼쪽 그래프를 보면 함수 위의 두 점을 연결한 직선이 함수의 다른 부분과는 교차하지 않기 때문에 콘벡스 함수라는 것을 알 수 있다. 그러나 그림 9-2의 오른쪽 그래프는 가운데 점을 관통하기 때문에 콘벡스가 아니다. 이 그래프는 그림 9-1과 동일한 그래프다. 함수상의 두 점을 잇는 직선이 다른 점을 관통하고 있다.

경사 하강법은 함수가 콘벡스일 때 최솟값을 찾아내는 방법으로 고안됐으며 1차 도함수인 경사도에만 의존하기 때문에 **1차 최적화 방법**first-order optimization method 이라고도 한다. 경사 하강법은 일반적으로 콘벡스가 아닌 함수에서는 작동하지 않는 것이 원칙이다. 전역 최솟값을 찾는 대신 로컬 최솟값에 갇힐 위험이 있기 때문이다. 이러한 위험은 그림 9-1의 예를 통해 확인했다.

확률적 경사 하강법이 이 문제에 도움을 줄 수 있다. 다중 차원 환경에서 확률적 경사 하강법을 적용할 경우 경사도가 손실 함수에서 가장 가까운 최솟값을 가리키지 않는 경우도 발생한다. 조금 잘못된 방향으로 이동하는 결과를 유발하지만 이 과정을 통해 원치 않는 지점에 갇혀버리는 상황을 피할 수 있다.

물론 이러한 상황은 복잡하다 못해 신비스럽기까지 하다. 콘벡스가 아닌 손실 함수에는 1차 최적화 알고리듬을 적용할 수 없다는 사실은 이미 이론적으로 밝혀졌다. 그럼에도 현실 세계에서는 그 알고리듬이 성공적으로 작동하고 있다. 머신러닝 커뮤니티는 이 두 가지 모순되는 사실 때문에 혼란스러워 하고 있다.

두 가지 생각이 떠오른다. 첫 번째는 방금 말한 것처럼 확률적 경사 하강법은 실제로 약간 잘못된 방향으로 이동시켜줌으로써 최적해를 찾는 데 도움을 준다. 두 번째는 현재 거의 입증 단계에 있는 가설로, 딥러닝에 사용되는 손실 함수의 경우 매우 많은 로컬 최솟값이 존재하며 최솟값들이 기본적으로 거의 같기 때문에 그중 어느 값으로 접근해가던지 결과로 얻어지는 신경망은 잘 작동하게 된다는 것이다.

대부분의 경사 하강법이 안장점^{saddle point}에서 끝난다고 주장하는 연구자들도 있다. 안장점은 실제로 최솟값이 아닌데도 그런 것처럼 보이는 지점이다. 말안장의 가운데 움푹 들어간 부분에 구슬을 놓는다고 생각해보자. 안장을 측면에서만 본다면 구슬은 앞뒤로만 움직이며 제일 낮은 곳으로 이동할 것이다. 그러나 입체적으로 보면 구슬은 그 지점에서 좌우측으로 굴러 떨어질 것이 명백하다. 대부분의 학습은 안장점에서 종료되기 때문에 더 나은 알고리듬을 사용하면 더 나은 결과를 얻을 수 있다는 주장이며 그럴 만한 근거가 있는 주장이다. 하지만 안장점이라도 하나 있기만 하다면 현실적으로는 여전히 성공적인 모델을 만들어내기에 충분하다.

그렇다면 실제로는 확률적 경사 하강법을 사용해야 할 것 같다. 이 방식이 전반적으로 더 잘 학습하기도 하거니와 데이터 세트 전체를 배치로 가져가지 않아서 학습 시간도 절약되기 때문이다. 확률적 경사 하강법을 통해 학습을 수행하려면 미니배치의 크기 지정용으로 새로운 하이퍼파라미터를 사용해야 한다.

학습 종료

중요한 질문이 하나 남아 있다. 언제 학습을 중단시켜야 할까? 5장에서 학습 세트, 검증 세트, 테스트 세트를 제대로 만들고자 고민했던 것을 기억해보자. 드디어 검증 데이터 세트를 사용할 때가 왔다. 학습 중에 검증 데이터 세트에 대한 모델의 정확도나 다른 성능치를 사용해 중지 시점을 결정할 수 있다. 확률적 경사 하강법^{SGD}의 경우 각 미니배치 또는 미니배치 세트에 대해 검증 데이터 세트를 갖고 신경망에 적용해 정확도를 계산하는 것이 일반적이다. 검증 데이터 세트에 대한 정확도를 계속 확인함으로써 중지 시점을 결정할 수 있다.

오랜 시간 학습을 시행하면 결국에는 두 가지 일이 발생한다. 첫 번째는 학습 데이터 세트에 대한 예측 오차가 0에 가까워진다는 것이다. 학습 데이터 세트에 대한 예측 성능이 점점 더 좋아진다는 얘기다. 두 번째는 검증 데이터 세트에 대한 예측 오차가 감소하다가 다시 올라가기 시작한다는 것이다.

이러한 효과는 과적합으로 인한 것이다. 모델이 학습 데이터 세트의 모분포를 학습하면 할수록 학습 오차는 점점 줄어든다. 그러다 결국 학습 데이터 세트에 대한 일반적인 사항의 학습이 끝나게 된다. 이 시점이 바로 과적합이 시작되는 시점이다. 이때부터 모델은 더 이상 일반적인 특징을 학습하지 않고 주어진 특정 학습 데이터 세트에 국한된 특이한 점을 학습하기 시작하기 때문에 여기서 학습을 끝내는 것이 좋다. 학습 과정 중 검증 데이터 세트를 사용해 이 현상을 지켜볼 수 있다. 검증 데이터 세트는 신경망의 가중치와 편향을 갱신하는 용도로는 사용하지 않고 네트워크의 현재 학습 상태를 공정하게 시험하는 용도로만 사용한다. 과적합이 시작되면 검증 데이터 세트의 오차 값이 최솟값을 떠나 증가하기 시작한다. 이러한 일련의 현상이 관측된 경우 해당 검증 데이터 세트에 대해 최솟값을 보여준 시점에서의 가중치와 편향을 저장한 다음 이것이 최상의 모델이라고 판단하면 된다.

네트워크의 최종 효율성을 측정하고자 할 때에는 학습 자체에 영향을 미친 데이터는 배제하는 것이 좋다. 검증 데이터 세트는 학습의 중단 시점을 결정하는 데 사용됐으므로 검증 데이터 세트의 샘플 특성도 일정 부분 최종 모델에 영향을 준 것으로 봐야 한다. 이는 검증 데이터 세트를 이용해 최종 학습된 모델이 실제로 입력되는 신규 데이터에 대해 어떻게 동작할 것인지를 예측하는 것은 정확하지 않다는 얘기다. 학습 과정이 성공적으로 완료됐음을 확인하기 위한 용도로 남겨둔 데이터 세트가 바로 테스트 데이터 세트다. 테스트 데이터 세트로 학습된 모델을 테스트해야만 정확하게 모델의 성능 기대치를 평가할 수 있다. 학습 데이터를 기준으로 모델의 정확도를 평가하는 것이 엄청난 오류이듯이 검증 데이터 세트의 정확도를 기준으로 정확도를 평가하는 것도 오류다.

학습률 갱신

경사도를 기반으로 가중치와 편향을 갱신하기 위한 일반적인 갱신 방정식에서 학습률 또는 스텝 크기에 해당하는 하이퍼파라미터인 η(에타)를 도입했다. 이는 경사도 값을 기반으로 가중치와 편향을 갱신할 때 얼마나 크게 반영해 갱신해야 하는지를 나타내는 스케일 팩터scale factor(비율 값)다.

앞서 학습률은 값이 고정될 필요는 없다고 얘기했다. 사실 학습률은 학습이 진행됨에 따라 더 작아지게 설계되는 것이 유리한데, 손실 함수상에서 최솟값에 근접할수록 좀 더 작은 스텝으로 조심스럽게 접근해 가야 하기 때문이다. 이제 학습률을 실제로 어떻게 업데이트해야 하는지 알아볼 준비가 됐다.

스텝 크기를 갱신하는 방법은 여러 가지가 있고 각 방법별로 성능 차이가 있다. 확률적 경사 하강법SGD 기능을 사용하는 sklearn 패키지의 `MLPClassifier` 클래스에는 세 가지 옵션이 있다. 첫 번째는 학습률을 변경하지 않는 것이다. 학습률 η를 초깃값인 η_0로 그대로 유지하는 방식이다. 두 번째는 에폭(미니배치)에 따라 감소하도록 η의 크기를 변경하는 것이다. 크기를 변경하는 식은 다음과 같다.

$$\eta = \frac{\eta_0}{t^p}$$

여기서 초깃값 η_0는 사용자가 설정하는 값이고, t는 반복 횟수(에폭, 미니배치), p는 사용자가 선택한 t의 지수 값이다. sklearn에서 사용하는 기본값 p는 0.5다. t의 0.5승이므로 $\sqrt{t}$로 스케일링된다. 합리적인 기본값이라고 할 수 있다.

세 번째 옵션은 손실 함수 값을 관찰해 학습률을 조정하는 것이다. 손실이 감소하는 동안에는 학습률을 그대로 유지하게 한다. 일정 횟수의 미니배치를 수행하는 과정에서 손실 감소가 멈춰지면 학습률을 특정 값(예를 들면 5)으로 나눠준다. 학습률을 크게 잡은 채로 그대로 두면 최솟값에 도달하지 못하고 최솟값 주위를 왔다 갔다 하면서 최솟값에 정확하게 수렴하지 못하고 그 주위를 계속해서 건너뛰는 상황이 발생할 수 있다. 그런 다음 확률적 경사 하강법^{SGD}을 사용할 때 학습률을 줄여가는 것이 좋다. 이 책의 뒷부분에서 학습률을 자동으로 조정하는 또 다른 최적화 접근 방식을 살펴볼 것이다.

모멘텀

SGD에 대해 한 가지 더 설명해야 할 주제가 있다. 앞에서 봤듯이 경사 하강법과 확률적 경사 하강법에서의 가중치 업데이트 방정식은 다음과 같은 동일한 식이 적용된다.

$$w \leftarrow w - \eta \Delta w$$

학습률(η)에 경사도를 곱해 가중치를 업데이트한다. 식에서 Δw는 경사도를 나타낸다.

여기에서 모멘텀^{momentum} 항이라는 평범하지만 강력한 방법을 도입해보자. 모멘텀 항은 이전 미니배치의 결과로 얻어진 Δw의 일정 비율만큼을 다시 더해주는 역할을 한다. 모멘텀 항은 특정 미니배치의 결과로 얻어진 w 파라미터가 너무 빠른 속도로 갱신되는 것을 막아준다. 모멘텀 항을 추가해 다음과 같은 식을 얻는다.

$$w_{i+1} \leftarrow w_i - \eta \Delta w_i + \mu \Delta w_{i-1}$$

식에서 사용된 아래 첨자는 몇 번째로 신경망을 통과하는지를 나타낸다. 현재 패스는 (i), 이전 패스는 (i − 1), 다음 패스는 (i + 1)에 해당한다. 모멘텀 항에는 이전 패스의 Δw를 사용한다. 모멘텀 μ의 값은 0.9 정도로 설정하는 것이 일반적이다. sklearn을 비롯한 거의 모든 툴킷에 모멘텀 개념이 구현돼 있다.

역전파

지금까지 각 파라미터의 경사도 값을 알고 있다는 가정하에 설명을 이어왔다. 이제 **역전파 알고리듬**[backpropagation algorithm]이 어떻게 이러한 마법의 경사도 값을 제공하는지 알아보자. 역전파 알고리듬은 수백, 수천, 수백만, 심지어 수십억 개의 파라미터가 있는 대규모 네트워크의 학습을 가능하게 만든 신경망 역사상 가장 중요한 아이디어 중 하나라고 할 수 있다. 12장에서 다룰 컨볼루션 신경망을 보면 이 알고리듬의 중요성을 실감할 수 있다.

역전파 알고리듬은 1986년 러멜하트[Rumelhart], 힌튼[Hinton], 윌리엄스[Williams]가 발표한 「Learning Representations by Backpropagating Errors[오차 역전파에 의한 표현 학습]」이라는 논문에서 소개됐다. 이 논문은 도함수에 연쇄 법칙을 세심하게 적용한 내용으로 구성돼 있다. 이 알고리듬은 손실 함수에서 시작해 네트워크의 각 파라미터로 오차를 전파한다. 네트워크의 출력 계층에서 입력 계층의 방향으로, 즉 역방향으로 작동하기 때문에 역전파라고 부른다. 이 알고리듬은 **역전파**[backprop]라는 이름으로 알려져 있으며 이 책에서도 역전파라는 용어를 준용하고 있다. 머신러닝 전문가들은 이 용어를 친숙하게 받아들일 것이다.

경사 하강을 위한 학습 알고리듬에 역전파 기능을 추가하고 이를 SGD에 적용해 리스트 9-2의 알고리듬을 얻을 수 있다.

리스트 9-2: 역전파 기반의 확률적 경사 하강법

1. 학습 성능을 감안해 적절한 값으로 가중치와 편향의 초깃값을 설정한다.
2. 네트워크의 현재 가중치와 편향을 사용해 미니배치를 실행하고 평균 손실을 계산한다.
3. 계산된 손실 값과 backprop을 사용해 각 가중치와 편향에 대한 경사도를 구한다.
4. 가중치와 편향 값을 스텝 크기와 경사도를 곱한 값으로 갱신한다.
5. 손실이 충분히 작아질 때까지 2단계부터 반복한다.

리스트 9-2의 2단계를 순방향 패스^{forward pass}라고 한다. 3단계는 **역방향 패스**^{backward pass}다. 순방향 패스는 최종 학습이 완료된 후 네트워크를 사용하는 방법이기도 하다. 역방향 패스는 4단계에서 파라미터를 갱신할 때 필요한 경사도를 계산하는 역전파 과정이다.

다음과 같이 역전파에 대한 설명을 두 단계로 나눠 진행한다. 첫 번째 단계에서는 간단한 예제를 놓고 각 도함수에 대해 계산해볼 것이다. 두 번째 단계에서는 역전파가 실제 신경망에 어떻게 적용되는지를 일반적인 관점으로 이해하고자 좀 더 추상적인 개념을 사용해 설명할 것이다. 이러한 설명 방법은 역전파 알고리듬의 이해를 돕는 가장 효율적인 방법이라 할 수 있다. 도함수는 경사 하강법을 설명할 때 이미 직관적으로 이해할 수 있는 기회가 있었기 때문에 이 장의 내용을 이해하는 데 무리가 없을 것이다.

역전파, 첫 번째 설명

두 개의 함수 $z = f(y)$와 $y = g(x)$로 합성 함수 $z = f(g(x))$를 구성해보자. 함수 g의 도함수는 x가 변할 때 y의 변화량, 즉 dy/dx를 알려준다. 마찬가지로 함수 f의 도함수는 dz/dy를 알려줄 것이다. z의 값은 f와 g의 구성에 따라 달라지는데, 여기서는 g의 출력이 f의 입력이 된다. 따라서 z가 x에 따라 어떻게 변하는지를

알려주는 표현식인 dz/dx를 구하려면 합성 함수를 통해 이 둘 사이를 연결하는 방법을 알아내야 한다. 도함수에 연쇄 법칙을 적용한 수식은 다음과 같다.

$$\frac{dz}{dx} = \frac{dz}{dy}\frac{dy}{dx}$$

이 표기법은 실제 분수식을 계산하는 것처럼 dy '항'이 소거된다고 생각할 수 있기 때문에 특히 편리하다.

이것이 신경망을 이해하는 데 어떤 도움을 줄까? 신경망에서 한 계층의 출력은 다음 계층의 입력이 된다. 즉, 합성 함수의 형태가 되므로 연쇄 법칙이 적용될 수 있음을 직관적으로 알 수 있다. 가중치와 편향에 대해 손실 함수가 얼마만큼 변화하는지 알려주는 값을 구하려 한다는 것을 기억하자. 손실 함수는 $\mathcal{L}$로 표현하고 가중치나 편향은 w라고 표기하기로 한다. 네트워크를 구성하는 모든 가중치와 편향에 대해 $\partial\mathcal{L}/\partial w$를 계산해보자.

머릿속에 경고음이 울리고 있을지도 모르겠다. 새로운 표기법이 슬며시 나타났기 때문이다. 지금까지는 도함수를 dy/dx로 표기했지만 가중치에 대한 손실 함수의 도함수는 $\partial\mathcal{L}/\partial w$로 표기했다. 이 멋지게 생긴 ∂은 무슨 뜻일까?

하나의 변수 x만을 입력으로 갖는 함수는 각 점에서 단 하나의 경사도만 존재한다. 그러나 변수가 두 개 이상이 되면 한 점에서의 경사도에 대한 개념이 모호해진다. 어떤 점에서도 함수에 접하는 접선의 수가 무한대가 된다. 따라서 하나의 변수에 대해서만 경사도를 구하는 편미분의 개념이 필요하다. 대상 변수 외의 다른 모든 변수는 고정돼 있다고 가정하는 것이다. 이렇게 함으로써 하나의 변수가 변화할 때 그에 따라 출력이 어떻게 변경되는지 알 수 있다. 편미분을 사용하고 있다는 점을 표시하기 위해 d 대신 ∂ 기호를 사용한다. 두 기호는 스크립트의 종류만 다를 뿐이고 의미는 동일하다.

간단한 네트워크를 예로 들어 연쇄 법칙이 제대로 적용돼 원하는 수식으로 만들어지는지 알아보자. 그림 9-3에 하나의 입력 계층과 두 개의 은닉 계층, 하나의 출력 계층으로 구성된 네트워크가 있다. 각 계층마다 단 한 개씩의 노드가 배정된 네트워크다.

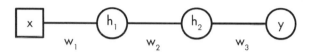

그림 9-3: 연쇄 규칙을 설명하기 위한 간단한 네트워크

설명을 간단히 하고자 편향 값은 무시한다. 또한 활성화 함수로는 항등 함수, 즉 $h(x) = x$를 사용한다. 이러한 단순화를 통해 활성화 함수의 도함수를 따로 구할 필요가 없어지고 개념이 명료해진다.

이 네트워크에 대한 순방향 패스는 다음과 같이 계산된다.

$$h_1 = w_1 x$$

$$h_2 = w_2 h_1$$

$$y = w_3 h_2$$

계산 방식은 이전에 사용한 방식과 동일하다. 한 계층의 출력을 다음 계층의 입력으로 만들어 서로 연결한다. 전체 네트워크가 하는 일은 입력 x에 대해 출력 y를 산출하는 것이다. 네트워크를 학습시키려면 학습 데이터 세트 $(x_i, \hat{y}_i)$, $i = 0, 1, \dots$을 준비해야 한다. 학습 데이터 세트는 주어진 입력값에 대해 어떤 출력값이 나와야 하는지를 보여주는 예제에 해당한다. 순방향 패스는 입력 x에서 출발해 출력 y 방향으로 계산해간다. 이어서 역방향 패스는 왜 출력에서 입력 방향으로 계산하게 되는지 알아보자.

우선 손실 함수 $\mathcal{L}$을 주어진 입력 x에 대한 네트워크 출력인 y와 계산을 통해 구해야 할 출력인 $\hat{y}$ 사이의 제곱 오차로 정의하자. 손실 함수식은 다음과 같다.

$$\mathcal{L} = \frac{1}{2}(y - \hat{y})^2$$

설명을 간단히 하고자 손실 값이 학습 데이터 세트 또는 학습 데이터 세트에서 가져온 일부 미니배치의 평균값이라는 사실은 감안하지 않기로 한다. 인수로 사용한 $\frac{1}{2}$은 반드시 필요한 항은 아니지만 도함수를 계산하는 과정에서 식을 단순화시킬 목적으로 사용한다. 특정 가중치 집합에 대해 손실 값을 최소화하는 것이 목표이므로 손실 값 자체에 $\frac{1}{2}$이라는 상수 인수를 항상 곱해 주는 것은 문제가 되지 않는다. 실제 숫자 값에 관계없이 가장 작은 손실은 여전히 가장 작은 손실이 되기 때문이다.

경사 하강법을 사용하려면 가중치에 따라 손실이 어떻게 변하는지 찾아내야 한다. 그림 9-3의 간단한 네트워크에서는 w_1, w_2, w_3에 대해 각각 하나씩 3개의 경사도 값을 찾아야 한다는 의미다. 이때 연쇄 법칙이 사용된다. 먼저 방정식을 보고 나서 더 알아보자.

$$\frac{\partial \mathcal{L}}{\partial w_3} = \frac{\partial \mathcal{L}}{\partial y} \frac{\partial y}{\partial w_3}$$

$$\frac{\partial \mathcal{L}}{\partial w_2} = \frac{\partial \mathcal{L}}{\partial y} \frac{\partial y}{\partial h_2} \frac{\partial h_2}{\partial w_2}$$

$$\frac{\partial \mathcal{L}}{\partial w_1} = \frac{\partial \mathcal{L}}{\partial y} \frac{\partial y}{\partial h_2} \frac{\partial h_2}{\partial h_1} \frac{\partial h_1}{\partial w_1}$$

이 방정식이 기술된 순서를 보면 왜 이 알고리듬이 역전파라고 불리는지 알 수 있다. 출력 계층이 파라미터에 대한 편미분 계수를 구하려면 출력값 y와 손실 값 $\mathcal{L}$만 있으면 된다. 중간 계층의 가중치에 대한 편미분 계수를 구하려면 다음과 같이 출력 계층에서 정의되는 두 개의 편미분 계수가 필요하다.

$$\frac{\partial \mathcal{L}}{\partial y}$$

$$\frac{\partial y}{\partial h_2}$$

마지막으로 입력 계층의 가중치에 대한 편미분을 얻으려면 출력 계층과 중간 계층에서의 편미분이 필요하다. 이와 같이 네트워크의 뒤쪽 계층에서 시작해 역방향으로 계산을 수행하게 된다.

이 방정식 각각에 대해 분수식에서 분모 분자의 같은 항을 소거하는 과정을 상상해보면 우변과 좌변은 일치된다. 매우 간단한 네트워크를 예제로 선택했기 때문에 실제 경사도를 손으로 계산할 수 있다. 앞서 소개한 방정식의 우변을 계산하려면 먼저 아래의 경사도를 계산해야 한다.

$$\frac{\partial \mathcal{L}}{\partial y} = (y - \hat{y})$$

$$\frac{\partial y}{\partial w_3} = h_2 = w_2 h_1 = w_2 w_1 x$$

$$\frac{\partial y}{\partial h_2} = w_3$$

$$\frac{\partial h_2}{\partial w_2} = h_1 = w_1 x$$

$$\frac{\partial h_2}{\partial h_1} = w_2$$

$$\frac{\partial h_1}{\partial w_1} = x$$

첫 번째 줄의 $\partial \mathcal{L}/\partial y$는 앞서 정의한 손실 함수에 미분 법칙을 적용해 얻을 수 있다.

이것을 가중치의 경사도에 대한 방정식에 다시 대입하면 다음과 같은 식이 나온다.

$$\frac{\partial \mathcal{L}}{\partial w_3} = (y - \hat{y})w_2 w_1 x$$

$$\frac{\partial \mathcal{L}}{\partial w_2} = (y - \hat{y})w_3 w_1 x$$

$$\frac{\partial \mathcal{L}}{\partial w_1} = (y - \hat{y})w_3 w_2 x$$

순방향 패스로 계산하고 나면 방정식의 우변에 있는 모든 변수의 값이 구해진다. 즉, 경사도의 실제 값을 구한 것이다. 경사 하강법의 갱신 규칙을 적용해 다음과 같이 가중치를 변경할 수 있다.

$$w_3 \leftarrow w_3 - \eta \frac{\partial \mathcal{L}}{\partial w_3} = w_3 - \eta(y - \hat{y})w_2 w_1 x$$

$$w_2 \leftarrow w_2 - \eta \frac{\partial \mathcal{L}}{\partial w_2} = w_2 - \eta(y - \hat{y})w_3 w_1 x$$

$$w_1 \leftarrow w_1 - \eta \frac{\partial \mathcal{L}}{\partial w_1} = w_1 - \eta(y - \hat{y})w_3 w_2 x$$

여기서 η는 가중치를 갱신하는 스텝의 크기를 정의하는 학습률 파라미터를 나타낸다.

요약하면 역전파 알고리듬의 핵심인 연쇄 규칙은 학습 과정에서 가중치 갱신을 수행할 때 필요한 경사도를 얻는 데 사용된다는 것이다. 앞의 예제와 같은 간단한 네트워크의 경우 출력에서 입력으로 네트워크를 통해 역방향으로 계산하면서 이러한 경사도의 값을 명시적으로 구할 수 있었다. 물론 이는 너무 간단한 예제 네트워크일 뿐이다. 이제는 좀 더 현실적인 크기의 네트워크에서 경사도를 계산할 때 역전파 알고리듬이 어떻게 적용되는지 다시 한 번 살펴보자.

역전파, 두 번째 설명

손실 함수를 다시 보면서 새로운 표기법을 소개하는 것으로 이번 절을 시작한다. 손실 함수는 네트워크의 모든 파라미터를 입력으로 하는 함수다. 즉, 모든 가중치와 편향 값이 손실 함수에 영향을 준다. 예를 들어 그림 8-1에 나온 네트워크는 20개의 가중치와 편향으로 구성돼 있으며 이에 대한 손실 함수는 다음과 같이 쓸 수 있다.

$$\text{loss} = \mathcal{L}(w_{00}^{(1)}, w_{01}^{(1)}, w_{02}^{(1)}, w_{10}^{(1)}, w_{11}^{(1)}, w_{12}^{(1)}, b_0^{(1)}, b_1^{(1)}, b_2^{(1)},$$

$$w_{00}^{(2)}, w_{01}^{(2)}, w_{10}^{(2)}, w_{11}^{(2)}, w_{20}^{(2)}, w_{21}^{(2)}, b_0^{(2)}, b_1^{(2)},$$

$$w_{00}^{(3)}, w_{10}^{(3)}, b_0^{(3)})$$

파라미터를 표현하는 새로운 표기법이 사용됐다.

$$w_{jk}^{(i)}$$

위의 식은 네트워크의 $i - 1$번째 계층의 출력인 j번째 입력을 i번째 계층의 k번째 노드에 연결해주는 가중치를 의미한다.

$$b_k^{(i)}$$

이 식은 i번째 계층의 k번째 노드에 대한 편향을 나타낸다. 0번 계층은 입력 계층에 해당한다. 지수로 표현된 괄호 안의 숫자는 계층 번호를 의미한다. 지수로 해석하지 않는다.

$$w_{20}^{(2)}$$

이 식은 첫 번째 계층의 세 번째 출력에서 두 번째 계층의 첫 번째 노드를 잇는 링크의 가중치다. 그림 9-4에서 굵은 선으로 표시된 부분이다. 노드 번호는 위부터 아래 방향으로 0부터 시작해 지정한다는 점을 기억하자.

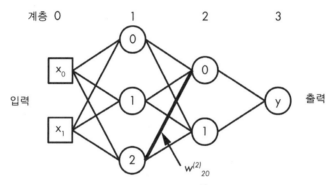

그림 9-4: 그림 8-1의 네트워크에서 가중치 $w_{20}^{(2)}$을 굵은 선으로 표시한 그래프

이 표기법은 약간 어려워 보이지만 네트워크의 가중치나 편향을 정확하게 표기할 수 있다는 장점이 있다. 역전파 알고리듬이 적용될 대상 숫자는 각각의 가중치와 편향에 대한 손실 함수의 편미분 값이다. 최종 목표로 찾고자 하는 값은 다음과 같은 수식으로 표현된다.

$$\frac{\partial \mathcal{L}}{\partial w_{jk}^{(i)}}$$

이 수식을 통해 경사도를 얻을 수 있다. 경사도 값은 i번째 계층의 k번째 노드와 $i - 1$번째 계층의 j번째 출력을 연결하는 링크에 할당된 가중치의 변화량에 대해 손실 함수가 얼마만큼 변해야 하는 지를 알려주는 양이다. 유사한 식을 적용해 편향에 대한 편미분 값도 구할 수 있다.

첨자가 너무 많이 사용되면 수식이 지저분해지기 때문에 계층 번호 이외에 유추할 수 있는 표현들은 생략한다. 예를 들면 벡터로 표현되는 편향과 활성화 값과 행렬로 표현되는 가중치의 각 링크에 대한 첨자는 생략하고 계층 번호만 표현하면 다음과 같다.

$$\frac{\partial \mathcal{L}}{\partial w^{(i)}}, \; \frac{\partial \mathcal{L}}{\partial b^{(i)}}$$

이 식은 $i - 1$번째 계층과 i번째 계층을 연결하는 모든 가중치와 편향에 대한 행렬과 벡터에 해당한다.

벡터와 행렬의 개념으로 변수를 다루기 때문에 위와 같이 표기해도 연결 정보는 잘 유지된다. 출력 계층에서 시작해 어떤 계산이 이뤄지는지 살펴보자. 출력 계층 L의 활성화 값은 다음과 같은 식으로 계산된다.

$$a^{(L)} = h(W^{(L)}a^{(L-1)} + b^{(L)})$$

여기서 활성화 값은 $L - 1$번 계층에 대한 벡터고, b는 계층 L의 편향 벡터, W는 계층 $L - 1$과 L 사이의 모든 링크에 대한 가중치 행렬이다. 활성화 함수는 h로 표기돼 있다.

추가로 h에 대한 인수를 다음과 같이 $z^{(L)}$로 정의해준다.

$$z^{(L)} \equiv W^{(L)}a^{(L-1)} + b^{(L)}$$

그리고 입력 계층으로부터 계층 l로의 손실 값에 기여한 오차 값을 표현하고자 $\partial \mathcal{L}/\partial z^{(l)}$과 같은 표현을 사용한다. 그리고 다음과 같이 δ(델타)를 정의한다.

$$\delta^{(l)} \equiv \frac{\partial \mathcal{L}}{\partial z^{(l)}}$$

이제부터 δ를 사용해 수식을 표현할 것이다.

출력 계층의 경우 δ를 적용해 다음과 같이 쓸 수 있다.

$$\delta^{(L)} = \frac{\partial \mathcal{L}}{\partial z^{(L)}} = \frac{\partial \mathcal{L}}{\partial a^{(L)}} \cdot h'(z^{(L)})$$

표기법 $h'(z^{(L)})$은 $z^{(L)}$에서 z에 대해 계산한 h의 미분을 표현하는 또 다른 방법이다. 가운데 점 $\cdot$는 두 항을 곱해준다는 뜻이다. 넘파이에서 동일한 크기의 두 배열을 곱할 때에는 이와 같이 $C = A \cdot B$를 $C_{ji} = A_{ij}B_{ij}$로 계산한다. 이러한 방식의 곱셈을 아다마르 곱셈Hadamard product이라고 부른다. 아다마르는 프랑스 수학자 쟈크 아다마르Jacques Hadamard의 이름을 딴 것이다.

지금까지의 내용은 손실 함수가 미분 가능하다는 가정에 근거하고 있다. 즉, 모든 지점에서 손실 함수의 미분 값을 구할 수 있어야 한다. 크게 부담스러운 가정은 아니다. 다음 절에서 살펴볼 손실 함수는 이 기준을 충족한다. 또한 $h'(z)$를 구할 수 있어야 하기 때문에 활성화 함수도 미분 가능해야 한다. 사실 지금까지 살펴본 모든 활성화 함수는 기본적으로 모두 미분 가능한 형태다.

> **참고** 여기서 '기본적으로' 미분 가능하다고 얘기하는 이유는 활성화 함수의 대표격인 ReLU 함수가 x = 0에서 미분 값이 정의되지 않기 때문이다. 왼쪽 방향에서 계산한 미분 값은 0이고 오른쪽 방향에서 계산한 미분 값은 1이다. 실제로 구현할 때는 ReLU의 미분식으로의 인수가 정확히 0이 되게 하는 특정한 반환값을 선택해준다. 예를 들어 텐서플로에서는 단순히 인수가 0보다 작거나 같은지를 보고 0보다 작다면 0을 미분 값으로, 그렇지 않다면 1을 미분 값으로 반환한다. 수치상으로는 계산 과정에서 부동소수점 값에 대한 반올림이 너무 많이 발생하기 때문에 ReLU 함수의 미분식에 전달된 값이 실제로 정확히 0일 가능성은 없다고 봐야 한다. 이러한 이유로 텐서플로에서 사용하는 방식은 실제로 잘 작동한다.

δ 방정식은 특정 계층으로의 입력값이 유발하는 오차 값을 계산할 때 사용한다. δ 방정식을 사용해 특정 계층의 가중치 각각에 대한 오차 값을 계산하는 방법을 구체적으로 알아보자.

다음 식의 $\delta^{(L)}$을 사용해 오차를 다음 계층으로 전파할 수 있다.

$$\delta^{(l)} = ((W^{(l+1)})^T \delta^{l+1}) \cdot h'(z^{(l)})$$

여기서 마지막 바로 전 계층의 경우 $l + 1 = L$이 된다. 첨자 T는 전치 행렬을 의미한다. 전치 연산은 행렬의 대각선을 중심으로 대칭되는 원소들의 위치를 바꿔주는 연산이다. 예를 들어 다음과 같이 A라는 행렬이 있을 때

$$A = \begin{bmatrix} 1 & 2 & 3 \\ 4 & 5 & 6 \\ 7 & 8 & 9 \end{bmatrix}$$

행렬 A에 대한 전치 행렬은 다음과 같다.

$$A^T = \begin{bmatrix} 1 & 4 & 7 \\ 2 & 5 & 8 \\ 3 & 6 & 9 \end{bmatrix}$$

역전파를 계산하는 방향은 순방향 패스의 반대 방향이기 때문에 가중치 행렬에 대해 전치 연산이 필요하다. 계층 l에 세 개의 노드가 있고 계층 $l + 1$에 2개의 노드가 있을 때 이들 사이의 가중치 행렬 W는 2×3 행렬이 되고 Wx는 2개의 원소를 가진 벡터가 된다. 역전파 알고리듬은 계층 $l + 1$에서 계층 l 방향으로 계산해나가기 때문에 가중치 행렬에 전치 연산을 취해줘야 한다. 2개의 원소를 갖는 벡터 δ를 3개의 원소를 갖는 계층 l의 벡터로 매핑시켜야 하기 때문이다.

δ 방정식은 네트워크를 통해 역방향으로 진행하면서 모든 계층에 적용된다. 출력 계층의 값은 역전파 과정을 시작하면서 $\delta^{(l)}$의 값으로 설정된다.

계층별 오차를 계산한 다음에야 필요한 경사도 값을 찾을 수 있다. 편향의 경우 경사도 값은 해당 계층에 대한 δ의 원소 형태다.

$$\frac{\partial \mathcal{L}}{\partial b_j^{(l)}} = \delta_j^{(l)}$$

위 식은 l번째 계층의 j번째 편향에 대한 경사도를 구하는 식이다. 반면 가중치를 계산하려면 다음의 식을 적용한다.

$$\frac{\partial \mathcal{L}}{\partial w_{kj}^{(l)}} = a_k^{(l-1)} \delta_j^{(l)}$$

이전 계층의 k번째 출력을 현재 계층의 j번째 오차에 연결해 주는 수식이다.

네트워크의 각 계층에 대해 위의 방정식을 적용하면 경사 하강법을 반복 계산하는 데 필요한 가중치와 편향의 경사도 값을 얻을 수 있다.

이번 절에 나온 여러 가지 중요한 개념 중 핵심은 오차를 수학적 정의를 사용해 편리한 형태로 정의함으로써 해당 오차를 네트워크의 출력 계층으로부터 입력 계층까지 역방향으로 반복 계산하는 과정이 만들어진다는 것이다. 특정 계층의 오차를 구하려면 반드시 그 이전 계층의 오차를 알고 있어야 한다. 결국 오차를 계속해서 네트워크 앞쪽으로 전파시키는 과정이 필요하다는 것을 알 수 있다. 역전파라는 이름은 여기서 유래한다.

손실 함수

손실 함수는 학습 중인 네트워크의 성능을 측정할 때 사용한다. 모델 학습의 목표는 데이터의 실제 특성을 일반화해 잘 표현하면서 동시에 손실 값을 최대한 작게 만드는 것이다. 이론적으로는 주어진 문제와 관련이 있기만 하다면 원하는 손실 함수를 마음대로 만들어 사용할 수 있다. 딥러닝 관련 논문을 보면 이런 시도가 자주 이뤄지는 것을 볼 수 있다. 그러나 대부분의 연구에서는 몇 가지 표준 손실 함수를 주로 사용한다. 이 함수들이 경험적으로 거의 항상 우수한 성능을 보이기 때문이다. 여기서는 절대 손실^{absolute loss}(L_1 손실이라고도 함), 평균 제곱 오차^{mean squared error}(L_2 손실이라고도 함), 교차 엔트로피 손실^{cross-entropy loss}의 세 가지 손실 함수를 설명한다.

절대 손실과 평균 제곱 오차 손실

절대 손실과 평균 제곱 오차 손실 함수부터 시작해보자. 이 두 함수는 수학적으로 매우 유사하기 때문에 같이 다루는 편이 유리하다.

평균 제곱 오차 개념은 역전파 알고리듬을 다루면서 이미 어느 정도 살펴봤다. 절대 손실은 처음 접하는 개념이다. 수학적으로 두 방정식은 다음과 같이 표현된다.

$$\mathcal{L}_{\text{abs}} = |y - \hat{y}|$$

$$\mathcal{L}_{\text{MSE}} = \frac{1}{2}(y - \hat{y})^2$$

여기서 절댓값은 abs로, 평균 제곱 오차는 MSE로 표시했다. 네트워크의 출력, 즉 입력 x를 갖고 순방향 패스를 거쳐 얻게 되는 최종 출력은 항상 y로 표기한다. 학습 데이터 세트에 포함된 클래스 레이블은 항상 $\hat{y}$로 표현하다. 레이블은 항상 0부터 시작하는 정수 값을 갖는다.

손실 함수의 형태는 일견 단순해 보이지만 그 값은 학습 데이터 세트나 미니배치를 대상으로 계산된 손실 값의 평균을 정확히 알려준다는 점에 유의하자. 이것이 평균 제곱 오차에서 평균이라는 말을 사용하게 된 이유다. 따라서 정확한 방정식은 다음과 같이 작성된다.

$$\mathcal{L}_{\text{MSE}} = \frac{1}{N} \sum_{i=1}^{N} \frac{1}{2}(y_i - \hat{y}_i)^2 = \frac{1}{2N} \sum_{i=1}^{N} (y_i - \hat{y}_i)^2$$

위 식은 학습 데이터 세트나 미니배치에 포함된 N개의 값에 대한 제곱 오차 손실의 평균을 구한다.

측정 목표만 놓고 +보면 이 두 손실 함수는 둘 다 합리적인 방법이다. 네트워크가 예상 출력값, 즉 샘플의 레이블을 출력하게 만드는 것이 목표다. 이 두 값 간의 차이가 네트워크의 출력이 얼마나 부정확한지를 나타내는 값이 된다. 절대 손실의 경우 차이를 찾고 절댓값이 수행하는 기호를 삭제한다. 절대 손실 방식은 차이를 구한 다음 부호를 없애 절댓값의 형태로 사용한다. MSE 손실의 경우 차이를 구한 다음 제곱해 사용한다. MSE 방식도 항상 양수가 산출된다. 음수에 자신을 곱하면 양수가 되기 때문이다. 앞서 역전파를 다룬 절에서 언급했듯이 MSE 손실에 대한 $\frac{1}{2}$ 인자는 알고리듬 작동 방식에는 영향을 주지 않고 미분 과정만 단순화시켜준다.

그러나 절대 손실과 MSE 방식에도 차이는 있다. MSE 방식이 이상치에 더 민감하다. MSE에는 차이를 제곱하는 과정이 있기 때문이다. 차이를 x라고 가정하면 MSE는 $y = x^2$의 형태가 되는데, 이를 그래프로 그려 보면 x가 커질수록 더 빠르게 증가한다는 것을 알 수 있다. 절대 손실의 경우 제곱하는 과정이 없기 때문에 이 효과가 최소화된다. 계산된 차이는 정확히 차이 값만큼만 영향을 준다.

사실 이 두 가지 손실 함수는 분류 목적의 신경망에는 잘 적용되지 않는다. 참고로 이 책에서는 분류를 신경망의 주요 목적으로 가정하고 있다. 다음 절에 나오는 교차 엔트로피 손실 방식이 분류 목적의 신경망에 더 적합한 방식이다. 궁극적으로는 네트워크가 입력을 받아 그 입력과 연결된 원래의 클래스 레이블을 정확히 산출하게 하는 것이 목표다. 실제 학습 과정에서는 정확히 옳은 레이블이 출력되는 것이 아니라 연속적인 실수 값이 출력된다. 이런 접근 방식은 회귀^{regression}라고 부르며 앞서 배운 두 가지 손실 함수는 회귀 개념을 쉽게 이해하고자 필요하다.

교차 엔트로피 손실

분류 목적으로 절대 손실 함수와 MSE 손실 함수를 사용해 신경망을 학습시키는 것이 불가능한 것은 아니지만 가장 일반적으로 사용되는 것은 교차 엔트로피 손실 함수다. 교차 엔트로피 손실 함수는 로그 손실의 개념과 밀접하게 연관돼 있다. 이 손실 함수는 네트워크의 출력이 다중 클래스인 경우에는 소프트맥스(벡터)로 가정하고, 2개의 클래스인 경우에는 시그모이드(로지스틱, 스칼라)로 가정한다. M개의 클래스로 구성된 다중 클래스에 대한 교차 엔트로피 손실 함수는 다음과 같이 작성된다.

$$\mathcal{L}_{ent} = -\sum_i^M \hat{y}_j \log y_j \text{ (다중 클래스의 경우)}$$

$$\mathcal{L}_{ent} = -\hat{y}\log(y) + (1-\hat{y})\log(1-y) \text{ (바이너리의 경우)}$$

분류 목적의 신경망을 학습시킬 때 교차 엔트로피 방식이 선호되는 이유는 무엇일까? 먼저 다중 클래스를 분류하는 신경망에서 소프트맥스 출력 방식이 어떤 역할을 하는지 생각해보자. 소프트맥스 방식은 네트워크의 출력을 확률 값으로 표현하는 방식이라고 정의할 수 있다. 주어진 입력값이 매핑 가능한 각각의 클래스별로 얼마만큼의 매핑 가능성을 갖고 있는지를 확률로 표현하는 것이다. 세 개의 클래스가 정의된 상황에서 다음과 같은 소프트맥스 출력을 얻었다고 하자.

$$y = (0.03,\ 0.87,\ 0.10)$$

이 출력은 해당 신경망이 현재 주어진 입력에 대해 클래스 0일 확률이 3%, 클래스 1일 확률이 87%, 클래스 2일 확률이 10%라고 평가하고 있다는 것을 의미한다. 이것이 출력 벡터 y의 값이다. 실제 레이블 값을 참조해 손실 값을 계산할 수 있다. 실제 레이블의 값은 입력과 연관된 클래스가 맞으면 1이고 아니면 0이다. y 값을 구할 때 사용한 입력값에 실제로 매핑된 레이블 벡터 $\hat{y}$는 다음과 같다.

$$\hat{y} = (0,\ 1,\ 0)$$

이를 적용해 전체 손실 값을 구하면 다음과 같은 계산 결과를 얻을 수 있다.

$$\mathcal{L}_{ent} = -(0(\log 0.03) + 1(\log 0.87) + 0(\log 0.10)) = 0.139262$$

신경망이 산출한 세 개의 예측값은 확률 분포라고 볼 수 있다. 이는 두 개의 주사위를 던져 나오는 주사위 눈에 대한 우도를 합쳐 분포를 얻을 수 있는 것과 같은 원리다. 그런데 이 예에서는 원본 데이터에 클래스 레이블에 대한 확률 분포가 이미 정해져 있다. 앞의 예에서 실제 클래스는 클래스 1이므로 클래스 0과 클래스 2에는 0%의 확률을 할당하고 클래스 1에만 100% 확률을 할당하는 확률 분포가 만들어진다. 이런 방식으로 해당 네트워크가 학습되는 과정에서 출력 분포가 원본 레이블의 분포인 (0, 1, 0)에 점점 더 가까워질 것이라는 것을 예상할 수 있다.

교차 엔트로피가 최소화될수록 신경망의 예측 성능도 점점 향상된다. 즉, 신경망이 학습하고자 하는 다양한 클래스에 대한 확률 분포를 더 잘 예측하게 되는 것이다. 이상적인 상황을 가정한다면 이러한 출력 분포는 실제로 출력값이 1인 클래스를 제외한 다른 모든 클래스의 레이블을 0으로 취급해 학습하는 것처럼 보일 것이다.

분류 작업의 경우 교차 엔트로피 손실을 사용하는 것이 일반적이다. sklearn `MLPClassifier` 클래스도 교차 엔트로피를 사용한다. 케라스에서는 교차 엔트로피 손실뿐 아니라 절대 오차, 평균 제곱 오차 등을 비롯한 다양한 손실 함수를 제공하고 있다.

가중치 초기화

신경망 학습을 시작하기 전에 우선 가중치와 편향을 초기화해야 한다. 경사하강법이 기술된 리스트 9-1의 첫 번째 단계를 보면 "가중치와 편향의 초깃값을 학습에 유리한 값으로 설정한다."라고 돼 있다.

지금까지 살펴본 초기화 방법은 모두 일정 범위의 난수를 발생시켜 이용하는 방법이었다. 발생한 난수는 주어진 범위에서 균등 분포나 정규 분포를 따라야 한다. 균등 분포는 대상 범위 내에서 임의의 값이 선택될 가능성이 모두 같은 분포다. 이는 공정한 주사위를 여러 번 굴릴 경우 1에서 6까지의 각 숫자에 대해 얻는 것이다. 주사위를 여러 번 던졌을 때 1에서 6까지의 각 숫자가 나올 확률을 떠올리면 된다. 정규 분포의 개념은 4장에서 소개했다. 정규 분포는 반환될 가능성이 가장 높은 값을 평균값으로 갖는 분포다. 평균에서 멀어질수록 선택될 가능성은 0에 가까운 값으로 떨어진다. 0으로 떨어지는 비율은 표준편차라는 파라미터에 의해 정해진다. 정규 분포는 고전적인 종 모양의 곡선을 그린다. 균등 분포나 정규 분포 둘 중 하나를 필요에 따라 사용할 수 있다. 주목할 점은 가중치의 초깃값이 모두 동일한 값으로 지정되면 안 된다는 점이다. 예를 들어 0 같은 값으로 가중치의 초깃값을 지정하면 역전파 과정에서 핵심적인 역할을 하는 경사도들이 모두 같아지고 결과적으로 각 가중치의 변화량이 똑같아진다. 이런 상황에서는 학습이 일어나지 않는다. 초깃값을 정할 때는 이러한 대칭 상황에 빠지지 않고 각 가중치가 학습 데이터를 잘 반영할 수 있는 서로 다른 값을 지정해줘야 한다.

신경망이 사용되기 시작한 초기에는 가중치와 편향의 초깃값으로 [0, 1) 사이의 값이 선택되곤 했다. $U(0, 1)$의 균등 분포나 $N(0, 1)$의 표준 정규 분포를 따르는 것으로 가정했다. $N(0,1)$은 평균이 0이고 표준 편차가 1인 정규 분포를 의미한다. 보통은 이 값에 0.01과 같은 작은 상수를 곱해준다. 이 방식은 간단한 네트워크에서는 그럭저럭 잘 작동하는 편이다. 하지만 복잡한 네트워크에서는 제대로 작동하지 않는 경우가 많다. 이 방식으로 초기화된 네트워크는 학습이 제대로 되지 않고 실패하는 경우가 많다.

수십 년 동안 초깃값 설정 방법에 관한 많은 연구와 진전이 있었다. 이 분야의 연구자들은 특정 계층의 가중치를 초기화하는 데 있어 무엇이 중요한지 알게 됐다. 즉, 활성화 함수의 유형과 해당 계층으로 입력되는 가중치 f_{in} 및 출력되는 가중치 f_{out}의 개수다. 이러한 발견을 기반으로 현재의 주요 초기화 방법들이 개발됐다.

sklearn **MLPClassifier** 클래스는 글로롯^{Glorot} 초기화를 사용한다. 글로롯 초기화를 자비에르^{Xavier} 초기화라고 부르는 경우도 있는데, 툴킷에 따라 전혀 다른 용도로 사용되기도 하기 때문에 주의해야 한다(자비에르와 글로롯은 동일인을 가리킨다).[1] sklearn이 글로롯 초기화를 사용하는 방법을 살펴보자. 가중치 초기화를 위한 **MLPClassifier**의 주 메서드는 **_init_coef**다. 이 메서드는 균일 분포를 사용하고 가중치의 범위를 다음과 같이 설정한다.

$$\left[-\sqrt{\frac{A}{f_{in} + f_{out}}}, \sqrt{\frac{A}{f_{in} + f_{out}}} \right]$$

여기서 대괄호는 가능한 가장 작은 값(왼쪽)부터 가능한 가장 큰 값(오른쪽)까지의 범위를 표시하는 표기법이다. 분포가 균일하므로 해당 범위의 값은 모두 동일한 확률로 나타날 수 있다.

---

1. 더 자세한 내용은 자비에르 글로롯(Xavier Glorot)과 요수아 벤지오(Yoshua Bengio)가 발표한 「Understanding the Difficulty of Training Deep Feedforward Neural Networks(심층 피드포워드 신경망 학습의 어려움에 대한 이해)」라는 논문 참조

식에서 아직 A가 무엇인지 지정하지 않았는데, 이 값은 사용된 활성화 함수에 따라 달라진다. 지금까지 연구된 바에 따르면 활성화 함수가 시그모이드(로지스틱) 함수면 $A = 2$가 바람직하고 그렇지 않으면 $A = 6$이 권장된다.

여기서 약간 복잡한 설명이 필요하다. 카페[Caffe]와 같은 일부 툴킷은 자비에르 초기화 방식을 변형해 사용한다. 표준 정규 분포에서 추출한 샘플에 자비에르 초깃값을 곱해 주는 방식이다. 즉, 다음의 식을 이용해 무작위로 선택한 값으로 초깃값을 설정한다.

$$N(0, 1)\sqrt{\frac{1}{f_{in}}} \text{ (자비에르 초기화 방법의 변형)}$$

이 후에 나온 ReLU라는 활성화 함수를 고려하면 초기화 방법이 더 복잡해진다. ReLU 활성화 함수를 사용하는 경우에는 카이밍 헤[Kaiming He] 초기화 방법이 더 효과적이라고 알려져 있다. 다음의 수식은 카이밍 헤 초기화 방식을 나타낸 것인데, 앞서 나온 자비에르 초기화 방법에서 1을 2로 대체하기만 하면 된다.

$$N(0, 1)\sqrt{\frac{2}{f_{in}}} \text{ (헤(He) 초기화, ReLU에만 적용)}$$

더 자세한 내용은 카이밍 헤가 발표한 「Kaiming He et al.의 "Delving Deep into Rectifiers: Surpassing Human-Level Performance on ImageNet Classification[정류 함수의 심층 분석: 인간을 능가하는 이미지넷 분류 기법]」이라는 논문을 참조하기 바란다. 새로 개발된 초기화 방식은 임의의 작은 값을 사용하던 옛날 방식과는 달리 f_{in}과 f_{out}을 통해 신경망의 구조를 고려하는 합리적인 방법을 채택하고 있다.

지금까지는 편향 값을 의도적으로 생략하고 설명을 진행했다. 편향 값을 모두 0이 아닌 어떤 값으로 초기화하는 것도 괜찮겠지만 현재까지 알려진 바로는 이들 모두를 0으로 초기화하는 것이 최선이다. sklearn `MLPClassifier`는 편향 값을 가중치와 동일한 방식으로 초기화한다.

과적합과 정규화

모델을 학습시키는 이유는 학습 데이터 세트를 샘플링해 온 원본 모분포의 본질적이고 일반적인 특징을 학습하기 위해서다. 그 과정을 통해 모델은 새로운 입력 데이터를 만났을 때 제대로 해석할 수 있는 능력을 갖추게 된다. 이번 장에서 설명한 것처럼 신경망 학습 방법은 기본적으로 최적화와 관련이 있다. 신경망은 학습 데이터 세트에 대해 최소한의 오차가 나올 때까지 학습을 반복한다.

그러나 학습 오차를 최소화하는 최상의 값 집합을 찾는 것만으로는 충분하지 않다. 학습 데이터를 분류해보고 거의 실수가 없다면 과적합을 의심해봐야 한다. 모분포가 가진 일반적인 특징을 제대로 학습하지 못한 경우일 수 있기 때문이다. 이런 현상은 전통적인 모델, 신경망 또는 고전 모델의 경우 자주 발생할 수 있고 12장의 컨볼루션 네트워크와 같은 딥러닝 모델의 경우에는 드물게 나타난다.

과적합의 이해

지금까지 가끔 과적합을 언급했지만 그 실체를 직관적으로 이해하기는 힘들었다. 과적합을 이해하는 방법 중 주어진 함수를 조절해 특정 점집합에 맞춰 가는 방법이 있다. 이런 작업을 커브 피팅^{curve fitting}이라고 부른다. 커브 피팅에도 여러 가지 방법이 있지만 함수가 나타내는 곡선과 대상 점들 간의 오차가 최소화되게 함수의 파라미터들을 조절하는 방법이 대표적이다. 이 개념은 앞으로 익숙해질 것이다. 신경망을 학습시킬 때 바로 이 개념이 적용되기 때문이다.

다음의 데이터를 이용해 곡선 맞춤의 예를 살펴보자.

x	y
0.00	50.0
0.61	−17.8
1.22	74.1
1.83	29.9
2.44	114.8
3.06	55.3
3.67	66.0
4.28	89.1
4.89	128.3
5.51	180.8
6.12	229.7
6.73	229.3
7.34	227.7
7.95	354.9
8.57	477.1
9.18	435.4
9.79	470.1

위 데이터를 잘 묘사하는 $y = f(x)$라는 함수를 찾는 것이 목표다. 원래는 모함수
가 있고 그 함수에서 위의 점들이 산출됐다고 생각해볼 수 있다. 찾고자 하는
함수는 오차가 있지만 모함수와 비슷한 함수가 될 것이다.

커브 피팅을 할 때 일반적으로 함수의 형태는 이미 알려져 있기 때문에 파라미
터만 구하면 된다. 하지만 함수의 정확한 형태를 모르고 일종의 다항식이라는
것만 알면 어떻게 될까? 일반적으로 다항식은 최대 지수 n에 대해 다음과 같이
표현된다.

$$y = a_0 + a_1x + a_2x^2 + a_3x^3 + \cdots + a_nx^n$$

주어진 데이터 세트에 다항식을 피팅하는 작업은 바로 파라미터 a_0, a_1, a_2, …, a_n을 찾는 것과 같다. 보통 점 x에 대한 실제 값 y와 x를 현재 함수에 대입해 얻은 값 $f(x)$ 간의 차이를 구해 그 차이의 제곱을 최소화시키는 방법을 사용한다. 앞서 신경망 학습 과정에서 이러한 유형의 손실 함수를 다뤘기 때문에 익숙하게 들릴 것이다.

이 과정이 과적합과 무슨 관계가 있을까? 앞에서 예로 들었던 데이터 세트에 2가지 함수를 적용해 커브 피팅을 수행한 결과를 그래프로 그려보자. 첫 번째 함수는 다음과 같다.

$$y = a_0 + a_1x + a_2x^2$$

이는 2차 함수로, 대수학 초반에 배우는 함수 유형이다.

두 번째 함수는 다음과 같다.

$$y = a_0 + a_1x + a_2x^2 + a_3x^3 + \cdots + a_{14}x^{14} + a_{15}x^{15}$$

첫 번째 함수보다 훨씬 복잡한 15차 다항식이다. 피팅 결과는 그림 9-5에 나와 있다.

어떤 함수가 주어진 데이터 세트의 일반적인 특성을 잘 반영하고 있는가? 2차 다항식은 명확히 데이터의 일반적인 추세를 따르고 있는 반면 15차 다항식은 주어진 모든 점을 쫓아다니고 있다. 그림 9-5를 다시 보자. 각 점의 값과 함수의 계산 값 차이를 기준으로 데이터를 얼마나 잘 예측하고 있는지 결정하려 한다면 15차 다항식이 더 좋은 함수라고 말할 수 있을 것이다. 15차 다항식은 학습 데이터의 모든 점을 통과하고 있기 때문이다. 신경망이 주어진 학습 데이터 세트에 대해 완벽하게 학습한 상황으로 볼 수 있다. 그 완벽함의 대가로 학습 데이터에 속하지 않은 새로운 입력 데이터에 대한 일반화된 예측 성능을 잃게 된다. 그림 9-5에서 2차 함수의 피팅은 데이터 점을 정확히 맞히지는 못하지만 데이터의 일반적인 추세를 포착하는 능력은 더 좋기 때문에 새로운 x에 대해 얻을 것으로 예상되는 y 값에 대한 예측을 하려는 경우 유용하다.

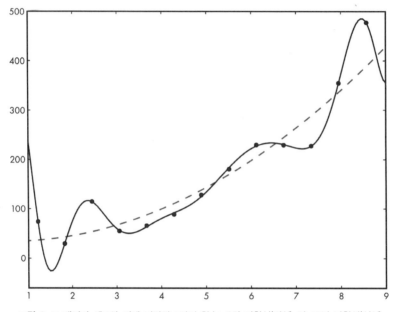

그림 9-5: 데이터 세트와 이에 피팅된 2가지 함수: 2차 다항식(점선) 및 15차 다항식(실선)

인간이 이런 유형의 샘플 데이터 세트를 피팅한다면 데이터를 훑어보고 전체적인 추세를 감안해 적당한 함수를 선택할 것이다. 경우에 따라서는 대상 함수의 형태를 이론적으로 이미 알고 있을 수도 있다. 하지만 신경망은 피팅에 적합한 함수를 전혀 모르고 있기 때문에 여러 가지 파라미터를 가진 x에 대한 함수의 공간에서 최적의 함수를 찾아야 하는 상황에 놓이게 된다.

이 예를 통해 신경망을 학습시킨다는 것이 단순한 최적화의 문제는 아니라는 사실을 인지하기 바란다. 신경망이 학습하고 있는 함수가 학습 데이터의 특정 기능에 너무 주의를 빼앗기지 않고 데이터의 본질적인 특징을 찾아내는 방향으로 학습을 진행시켜야 할 것이다. 정규화라고 부르는 이 과정은 특히 용량이 큰 대규모 네트워크의 경우 반드시 필요하다.

정규화의 이해

신경망이 학습 데이터 세트의 세부 사항이 아닌 모분포와 관련된 일반적인 특징을 학습하게 돕는 모든 작업을 정규화라고 볼 수 있다. 가장 좋은 정규화 형태는 학습 데이터의 크기와 대표성을 증가시키는 것이다. 데이터 세트의 규모가 클수록, 실제로 이용될 때 만나게 될 모든 유형의 샘플을 잘 나타낼수록 학습 성능이 좋아진다. 물론 학습 데이터 세트의 크기는 유한하다. 머신러닝 커뮤니티는 더 작은 데이터 세트에서 더 많은 것을 얻는 방법을 알아내고자 엄청난 시간과 에너지를 소비했고 지금도 노력 중이다.

5장에서 이미 모델 정규화 방법 중 차선책이라 할 수 있는 데이터 증강법을 알아봤다. 이 방법은 데이터 세트가 더 커보이게 만드는 일종의 편법으로, 이미 확보한 데이터를 사용해 모분포에서 가져온 것처럼 보이는 새로운 학습 샘플을 생성하는 방법이다. 예를 들어 주어진 학습 데이터 세트에 있는 이미지를 회전시키거나 뒤집거나 이동시킴으로써 데이터 세트의 크기를 증강시킬 수 있었다. 데이터 증강법은 강력한 방법이므로 가능하면 사용하는 것이 좋다. 이 방법은 이미지 데이터를 입력으로 받는 경우 적용이 가장 쉽지만 연속형 벡터로 구성된 데이터 세트의 증강도 5장에서 소개했다.

이제 정규화 방법 두 가지를 알게 됐다. 더 많은 데이터를 확보하는 방법과 데이터를 증강시키는 방법이다. 반드시 알고 있어야 할 최고의 방법들이지만 이것 외에도 사용할 수 있는 다른 방법들이 있다. L2 정규화와 드롭아웃^{dropout}이 라는 두 가지 방법을 더 살펴보자. L2 정규화는 이제 표준으로 자리 잡았으며 sklearn과 케라스를 비롯한 툴킷에서 널리 지원된다. 드롭아웃은 2012년 처음 소개되면서 게임 체인저로 인정받을 만큼 강력한 방법이다.

L2 정규화

소수의 가중치가 있고 각 가중치의 크기가 큰 모델은 가중치 크기가 작은 모델에 비해 학습이 더 복잡해진다. 따라서 가중치의 크기를 작게 유지함으로써 학습 작업에 더 적합한 간단한 형태의 함수가 구현되게 하는 방법이 더 효율적이다.

L2 정규화를 사용하면 가중치의 크기를 작게 만들 수 있다. L2 정규화는 손실 함수에 특정 항을 추가해 다음과 같은 식으로 변형시킨다.

$$\mathcal{L} = \mathcal{L}(x, y, w, b) + \frac{\lambda}{2} \sum_i w_i^2$$

여기서 첫 번째 항은 이미 주어진 손실 함수이고, 두 번째 항은 새로운 L2 정규화 항이다. 손실 함수는 입력 x, 레이블 y, 가중치 w 및 편향 b를 독립 변수로 갖는 함수다. 손실 함수는 네트워크의 모든 가중치와 모든 편향을 대상으로 한다. 정규화 항은 네트워크의 모든 가중치의 합으로, 가중치만을 대상으로 한다. 'L2'라는 이름은 가중치를 제곱하는 방식 때문에 붙여진 이름이다.

여기서 L2는 놈^{norm} 또는 거리를 나타내는 하나의 방식이다. 평면에서 두 점 사이의 거리를 구할 때 다음과 같은 식을 사용했던 것을 기억할 것이다.

$$d^2 = (x_2 - x_1)^2 + (y_2 - y_1)^2$$

이는 유클리드 거리를 나타내는 방정식이다. 각 항에 제곱을 취하기 때문에 L2 거리라고도 부른다. 정규화 항을 L2라고 하고 가중치의 값을 제곱한 이유가 바로 이것이다. 가중치를 제곱하는 대신 절댓값을 사용하는 L1 손실 항을 사용할 수도 있다. 실제로 L2 정규화가 더 일반적이며 적어도 경험상으로는 신경망 분류기에서도 L2 정규화가 더 잘 작동한다.

λ(람다) 승수는 두 번째 항이 얼마만큼의 중요성을 갖는지를 말해준다. 이 값이

더 클수록 네트워크를 학습하는 데 사용되는 전체 손실에서 두 번째 항의 영향력이 더 커진다. λ는 일반적으로 0.0005 수준으로 지정한다. 승수가 λ가 아니라 $\lambda/2$인 이유는 잠시 후에 살펴보자.

L2 항의 역할은 무엇일까? 손실은 학습 과정 중에 최소화하고자 하는 대상임을 기억하자. 새로운 L2 항은 네트워크 가중치의 제곱의 합이다. 가중치가 크면 손실도 커진다. 이는 학습 효율을 떨어뜨리는 요인이 된다. 가중치가 작을수록 L2 항이 작아진다. 작은 가중치는 경사 하강법의 효율을 높여준다. 가중치 값을 제곱해 사용하기 때문에 양수이든 음수이든 상관없다. 가중치 중에 전체 네트워크를 지배할 정도로 양이 큰 것이 없고 모든 가중치가 상대적으로 작게 구성된 네트워크는 전체 가중치를 고르게 사용해 데이터를 표현하기 때문에 과적합을 방지하기에 유리하다.

L2 정규화는 L2 항이 역전파 과정에서 수행하는 역할을 고려해 **가중치 감쇠**weight decay라고도 부른다. 역전파 알고리듬은 w_i에 대한 손실 함수의 편미분 함수를 기반으로 작동한다. L2 정규화를 추가한다는 것은 각각의 모든 가중치 w_i에 대해 전체 손실 함수의 편미분 값을 L2 항 자체의 편미분 값에 더한다는 의미다. $\frac{\lambda}{2}w^2$을 미분하면 λw가 된다. $\frac{1}{2}$은 미분 계수 2를 소거시키는 데 사용된다. 특정 가중치 w_i에 대한 편미분 함수를 구하는 것이기 때문에 L2 항의 다른 모든 부분은 0이 된다. 각각의 가중치 w_i에 대한 갱신 작업은 위의 계산 결과로 얻어지는 다음과 같은 식을 이용해 수행된다.

$$w_i \leftarrow w_i - \eta\frac{\partial \mathcal{L}}{\partial w_i} - \eta\lambda w_i$$

여기서 η(eta)는 학습률을 의미하며 추가 모멘텀 항은 고려하지 않기로 한다. $\eta\lambda w_i$ 항이 새로 출현했는데, 이 항은 L2 정규화 항에서 도출된 것이다. η와 λ가 모두 < 1이기 때문에 학습이 진행됨에 따라 가중치가 점점 0에 가까워질 것임을 알 수 있다. 이에 따라 미니배치가 실행될 때마다 가중치 값의 일정 부분이

차감되는 효과가 발생한다. 그럼에도 원 손실 함수의 경사도가 매우 큰 경우에는 가중치가 계속해서 증가할 수도 있다.

앞서 손실 함수의 형태는 신경망의 목적에 따라 다르게 구현될 수 있음을 밝혔다. 정규화 항만이 손실 함수에 추가될 수 있는 유일한 유형의 항은 아니다. L2 항을 원식에 추가한 것처럼 학습의 효율을 높이는 데 필요한 항을 생성해 추가시키는 것이 가능하다. 이는 신경망에게 학습시키고 싶은 다양한 특징을 필요에 따라 조절하면서 구현할 수 있게 해주는 강력한 기술이다.

드롭아웃

드롭아웃dropout은 2012년에 처음 등장한 기법으로, 당시 머신러닝 커뮤니티에 큰 반향을 일으켰다. 알렉스 크리체프스키Alex Krizhevsky 등의 「Imagenet Classification with Deep Convolutional Neural Networks심층 컨볼루션 신경망을 사용한 이미지넷 분류」 논문을 참조하기 바란다. 2020년 가을 현재, 이 논문은 70,000번 이상 인용됐으며, 당시 한 저명한 머신러닝 연구원은 '1980년대에 드롭아웃 기술이 발표됐다면 지금은 다른 세상이 됐을 것'이라고 개인적으로 언급하기도 했다. 드롭아웃은 무엇이고, 왜 모두가 그렇게 열광했을까?

질문에 답하고자 우선 모델의 앙상블ensemble 개념을 검토할 필요가 있다. 앙상블 개념은 6장에서도 간단히 다뤘다. 앙상블은 여러 모델을 묶어 그룹으로 사용하는 방법이다. 각 모델은 서로 약간씩 다른 구조로 구현되지만 동일한 데이터 세트 또는 약간 다른 버전의 데이터 세트를 사용해 학습시킨다. 아이디어는 간단하다. 대부분의 모델을 학습시키는 과정에는 무작위성이 포함되기 때문에 여러 개의 유사한 모델을 함께 학습시키면 모델끼리 상호 강화 현상이 일어나서 성능이 더 우수한 모델 집합이 생성된다는 이론이다. 실제로 여러 모델의 출력값을 결합해 사용하면 대부분의 경우 단일 모델보다 더 나은 결과를 얻을 수 있다.

앙상블 방식은 유용하고 자주 사용되지만 실행 시간이 느려진다는 단점이 있다. 어떤 모델이 샘플 한 개를 실행하는 데 걸리는 시간이 x 밀리초라고 하자. 이때 20개의 모델로 앙상블을 구성한다면 전체 모델에 대한 평가 시간(추론 시간)은 $20x$ 밀리초로 크게 증가한다. 단, 병렬 처리는 예외라고 가정한다. 상황에 따라서는 도저히 수용할 수 없는 실행 시간이다. 모델 한 개로 구성된 네트워크와 20개의 대형 네트워크 간의 스토리지 및 전력 요구 사항은 말할 필요도 없다. 앙상블 모델의 최종 결과는 전반적으로 더 좋은 성능을 보인다. 앙상블 역시 집단 지성의 원리를 따르는 방식이기 때문에 정규화 방법의 일종으로 분류되기도 한다.

드롭아웃은 앙상블 아이디어를 극단적으로 사용하지만 이 아이디어를 학습 과정에서만 적용할 뿐 아니라 다른 모델을 추가로 생성하지도 않기 때문에 한 개의 모델만 다루면 되는 방식이다. 통계 관련 대부분의 훌륭한 아이디어와 마찬가지로 드롭아웃도 무작위성을 필요로 한다. 신경망을 학습시킬 때 순방향 패스 과정은 현재의 가중치와 편향을 사용해 실행된다. 그런데 순방향 패스 동안 네트워크의 각 노드에 무작위로 0이나 1을 할당함으로써 1을 가진 노드는 다음 계층에 값을 전달하고 0을 가진 노드는 삭제된 것처럼 보이게 하면 어떻게 될까? 매번 다른 신경망 구성을 통해 학습 샘플을 효과적으로 실행하는 것과 같은 효과를 얻을 수 있을 것이다. 예를 들어 그림 9-6과 같은 상황을 가정해보자.

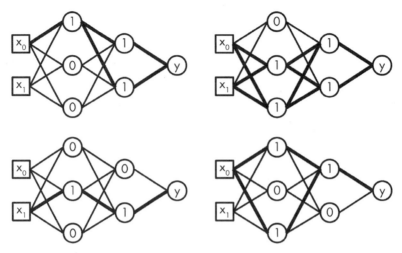

그림 9-6: 학습 과정에서 드롭아웃을 적용할 때 사용할 수 있는 네트워크

이 네트워크는 그림 8-1의 네트워크와 구조는 동일하지만 각 은닉 노드에 0이나 1이 할당돼 있다는 점이 다르다. 노드에 부여된 0이나 1은 해당 노드의 출력을 사용할 것인지의 여부를 결정한다. 네트워크에서 굵은 선은 드롭아웃에도 불구하고 여전히 유효한 연결을 표시해준다. 즉, 굵은 선은 역전파 알고리듬을 위해 축적된 출력을 생성할 때 실제로 사용된 네트워크를 나타낸다. 각 학습 샘플에 대해 드롭아웃 개념을 적용해보면 각각의 단일 샘플별로 서로 다른 구조를 가진 수많은 신경망을 따로따로 학습시키고 있다는 것을 쉽게 알 수 있다. 특정 순방향 패스에서 사용된 가중치와 편향은 다른 순방향 패스에서도 그대로 유지되기 때문에 전체적으로는 가중치가 공유되는 효과를 얻을 수 있다. 이를 통해 데이터 세트의 본질적인 특징을 더 잘 표현하는 가중치가 더 강화돼 나타날 것이다. 이번 장에서 여러 번 언급했듯이 데이터의 본질적인 특징을 잡아내는 것이 학습의 목표다. 처음에 학습 데이터 세트를 생성하는 데 사용한 가상의 모분산이 있다고 가정하면 그 모분산에서 생성한 전혀 새로운 데이터를 잘 예측할 수 있는 일반화된 모델을 만들어야 하는 것이다. 이런 면에서 드롭아웃은 대단히 강력한 정규화 방법이다.

앞서 은닉 노드에 '0이나 1을 무작위로 할당'한다는 표현을 썼다. 이때 반드시 같은 확률로 0과 1을 할당할 필요가 있을까? 특정 계층에서 노드를 죽일 확률은 따로 지정해줄 수 있다. 예를 들어 이 확률을 p라고 하자. 일반적으로 $p = 0.5$로 지정되는데, 이는 각 학습 샘플에 대해 계층별 노드 중 약 50%가 삭제됨을 의미한다. $p = 0.8$로 설정하면 노드의 80%가 삭제되고 $p = 0.1$로 설정하면 10%만 삭제된다. 때때로 네트워크의 다른 계층, 특히 첫 번째 입력 계층에 대해 다른 확률이 사용되며 은닉 노드보다 더 작은 확률이 지정된다. 입력을 너무 많이 삭제하면 네트워크가 학습하려는 신호의 소스를 상당부분 잃어버리는 셈이 된다. 입력 계층에 적용된 드롭아웃은 일종의 데이터 증강으로도 생각할 수 있다.

개념적으로 드롭아웃은 가중치를 공유하는 대단히 많은 네트워크 집합을 학습시키는 것이다. 소프트맥스 출력을 사용한다고 가정하면 이러한 각 네트워크의 출력은 기하 평균을 통해 다른 네트워크와 결합된다고 볼 수 있다. 기하 평균은 두 수의 곱에 제곱근을 적용해 구한다. n개의 숫자의 기하 평균은 모든 수를 곱한 결과에 n 제곱근을 취한 값이다. 드롭아웃의 경우 각각의 가중치에 해당 노드가 포함될 확률을 곱한 값으로 구성된 전체 네트워크를 사용해 기하 평균 값을 근사화할 수 있음이 밝혀졌다. 노드가 드롭될 확률을 p라고 하면 가중치에는 $1 - p$를 곱해준다. 노드가 포함될 확률이 필요하기 때문이다. 따라서 모든 노드에 대한 드롭아웃 비율이 $p = 0.5$로 고정돼 있다면 최종 네트워크는 모든 가중치를 2로 나눈 네트워크가 된다.

이 글을 쓰는 시점에 sklearn의 `MLPClassifier` 클래스는 드롭아웃을 지원하지 않지만 케라스는 확실히 지원하고 있다. 12장에서 드롭아웃을 다시 살펴볼 것이다.

요약

9장의 내용은 매우 중요하기 때문에 배운 내용을 좀 더 자세히 살펴보자. 이번 장에서는 경사 하강법과 역전파를 사용해 신경망을 학습시키는 방법을 알아봤다. 전체적인 실행 순서는 다음과 같다.

1. 모델의 구조를 선택한다. 모델 구조에는 계층 수, 계층 크기, 활성화 함수의 유형 등이 포함된다.

2. 학습 효율성을 고려해 선택한 초깃값으로 네트워크의 가중치와 편향을 초기화한다.

3. 네트워크를 통해 학습 샘플의 미니배치를 실행하고 미니배치에 대한 평균 손실을 계산한다. 대표적인 유형의 손실 함수도 알아봤다.

4. 미니배치마다 역전파 알고리듬을 사용해 전체 손실에 대한 각각의 가중치와 편향의 기여도를 계산한다.

5. 경사 하강법을 사용해 모델의 가중치와 편향 값을 갱신한다. 기여도, 즉 갱신할 양은 역전파 알고리듬으로 알아낸다. 추가로 확률적 경사 하강법과 미니배치 개념과의 관계도 알아봤다.

6. 필요한 횟수만큼의 에폭이나 미니배치를 처리한 경우 실행을 중단한다. 그렇지 못한 경우 **3**단계부터 반복한다. 손실 값이 미리 정해둔 한계치 이하로 떨어지거나 더 이상 큰 변화가 없어진 경우에도 실행을 중단할 수 있다. 또는 검증용 데이터 세트의 샘플들에 대해 테스트한 결과가 최솟값에 도달한 경우에도 실행을 중단한다.

7. 네트워크가 잘 학습되지 않으면 정규화를 적용하고 다시 학습을 실시한다. L2 정규화와 드롭아웃에 대해 다룬 내용을 기억하자. 데이터를 증강시키는 것이나 학습 데이터 세트 자체의 크기를 늘리는 것 또는 학습 데이터 세트의 대표성을 높이는 것도 정규화로 생각할 수 있다.

신경망 학습의 목표는 실제로 만나게 될 신규 입력을 잘 예측할 수 있도록 일반화된 모델을 찾고 해당 파라미터를 학습하는 것이다. 이는 모든 지도학습 유형의 머신러닝 기술이 갖는 목표다. 충분한 용량과 충분한 학습 데이터만 있다면 신경망으로 모든 함수를 근사할 수 있다는 것이 알려져 있다. 일반적인 최적화 작업을 수행하는 것뿐이라는 생각이 들 수도 있지만 깊이 들여다보면 매우 중요한 의미를 갖는 작업이라는 것을 알 수 있다. 대부분의 경우 학습 데이터 세트는 그다지 훌륭하지 못하다. 학습 데이터 세트가 좋지 못하다는 것은 과적합의 징후다. 부족한 학습 데이터 세트로도 원시 함수의 본질적인 특성을 잘 잡아내는 학습 함수를 알아내는 것이 목표다. 학습시킨 함수가 효용성이 있음을 확신하려면 별도의 테스트 데이터로 시험해봐야 한다.

10장에서는 sklearn을 사용한 일련의 실험을 통해 실제 적용 사례를 살펴보고 전통적인 신경망도 탐구할 것이다.

10

실용적인 신경망 예제

9장에서는 신경망의 기반이 되는 주요 이론을 살펴봤다. 10장에서는 9장의 방정식을 코드로 변환해 신경망의 필수 파라미터에 대한 직관을 높이고자 설계된 여러 가지 실험을 실행해본다. 네트워크 구조와 활성화 함수, 배치의 크기, 기본 학습률, 학습 데이터 세트의 크기, L2 정규화, 모멘텀, 가중치 초기화, 피처의 순서, 가중치와 편향의 정밀도 등을 다룬다.

공간을 절약하고 지루한 반복을 없애고자 각 실험에 대한 코드 자체는 싣지 않았다. 대부분의 코드는 이전에 다뤘던 예제와 거의 유사하다. MLPClassifier 생성자에 인수를 전달하는 과정에서 설명에 필요한 특정 인수만 변경해서 사용할 것이다. 실험에 사용되는 코드는 이 책과 함께 배포되는 파일에 포함돼 있다. 본문에서는 사용된 코드가 포함된 파일의 이름과 네트워크 파라미터들만 표시할 것이다. 특별한 접근 방식을 명확히 설명해야 할 경우에만 코드를 표시했다. 예외적으로 첫 번째 실험에 사용될 코드는 전체 코드를 나열해뒀다.

데이터 세트

먼저 5장에서 살펴봤던 MNIST 데이터 세트를 벡터 형식으로 취해 사용해보자. 이 데이터 세트는 손으로 쓴 [0, 9] 사이의 숫자를 모아놓은 것이며 각 숫자는 28 × 28 픽셀 8비트 그레이스케일 이미지로 구성돼 있다. 벡터 형식으로 읽으면 각 28 × 28 이미지는 28 × 28 = 784 요소(바이트)로 이뤄진 벡터가 된다. 각 벡터는 하나의 행을 이루면서 차례대로 나열된다. 각 샘플은 784개의 요소와 해당 샘플에 대한 레이블로 구성된다. 학습 데이터 세트는 60,000개의 샘플로 구성돼 있고 테스트 세트는 10,000개로 구성돼 있다. 실험 목적상 학습 데이터 세트 내의 모든 데이터를 다 사용하지는 않는다. 네트워크 파라미터의 효과를 설명하기 위한 목적이긴 하지만 학습 시간을 합리적으로 유지하는 데도 도움이 된다. 대표적인 MNIST 숫자는 그림 5-3에서 소개했다.

sklearn의 MLPClassifier 클래스

MLPClassifier 클래스는 다른 sklearn 분류기와 동일한 형식을 따른다. 클래스에는 생성자와 더불어 예상할 수 있는 메서드들이 준비돼 있다. 학습을 위한 fit 메서드, 분류기를 테스트 데이터에 적용하기 위한 score 메서드, 새로운 미지의 입력 데이터를 평가하는 predict 메서드 등이 포함된다. 클래스별 실제 예측 확률을 반환하기 위한 predict_proba 메서드도 사용된다. 생성자를 호출할 때 다음과 같이 다양한 옵션을 줄 수 있다.

```
MLPClassifier(hidden_layer_sizes=(100, ), activation='relu',
    solver='adam', alpha=0.0001, batch_size='auto',
    learning_rate='constant', learning_rate_init=0.001,
    power_t=0.5, max_iter=200, shuffle=True,
    random_state=None, tol=0.0001, verbose=False,
    warm_start=False, momentum=0.9, nesterovs_momentum=True,
```

```
early_stopping=False, validation_fraction=0.1, beta_1=0.9,
    beta_2=0.999, epsilon=1e-08)
```

이번 예에서는 각 파라미터에 기본값을 지정했다. 각 파라미터에 대한 자세한 설명은 http://scikit-learn.org/의 sklearn 문서 페이지를 참조하기 바란다. 파라미터 중 몇 가지는 특정 값으로 고정해두고 다른 몇 가지는 실험을 진행하면서 약간씩 변화를 줄 예정이다. 그 외의 나머지는 어떤 특별한 상황에서만 고려하면 되는 것들이다. 작업에 사용할 주요 파라미터는 표 10-1에 나와 있다.

표 10-1: MLPClassifier 생성자를 위한 주요 키워드와 실험을 위한 기본값

키워드	설명
hidden_layer_sizes	은닉 계층의 크기를 나타내는 튜플
activation	활성화 함수 유형(예, ReLU)
alpha	L2 파라미터(본문의 λ(람다)에 해당)
batch_size	미니배치의 크기
learning_rate_init	학습률, η(에타)
max_iter	학습 에폭 횟수
warm_start	연계 학습 또는 학습 새로 시작
momentum	모멘텀
solver	솔버 알고리듬(기본값은 sgd)
nesterovs_momentum	네스테로프(Nesterov) 모멘텀 사용 여부(기본값은 False)
early_stopping	조기 종료 여부(기본값은 False)
learning_rate	학습률 조정 방법(기본값은 constant)
tol	손실 값의 변화량이 지정 값 이하면 조기 종료 〈 tol(기본값은 1e-8)
verbose	학습 과정 중 콘솔에 상세 내역 출력(기본값은 False)

다음 실험을 통해 다양한 MLPClassifier 파라미터의 효과를 탐구해보자. 앞서 언급했듯이 첫 번째 실험에 사용된 코드는 전체 코드를 다 보여줄 예정이며

이후 다른 실험들은 첫 번째 코드에서 약간씩만 변경되기 때문에 전체를 보여줄 필요는 없을 것 같다. 변경 사항을 정확히 설명해야 할 경우에는 작은 부분 코드를 보여준다.

네트워크 구조와 활성화 함수

신경망을 설계할 때는 다음과 같은 두 가지 근본적인 문제를 고려해야 하는데, 신경망의 구조와 활성화 함수의 종류다. 이 두 가지가 모델의 성패를 결정짓는 가장 중요한 요소라는 데는 논란의 여지가 없다. 학습 데이터 세트는 결정이 돼 있어 변함이 없다고 가정하고 네트워크 구조와 활성화 함수를 변경해가면서 모델을 학습시킬 때 어떤 일이 발생하는지 살펴보자.

소스코드

앞서 얘기한 대로 첫 번째 실험에 사용되는 코드는 전체 코드를 리스트 10-1부터 차례로 표시할 것이다.

리스트 10-1: 네트워크 구조와 활성화 함수 실험용 보조 함수(mnist_nn_experiments.py 참조)

```
import numpy as np
import time
from sklearn.neural_network import MLPClassifier

def run(x_train, y_train, x_test, y_test, clf):
    s = time.time()
    clf.fit(x_train, y_train)
    e = time.time()-s
    loss = clf.loss_
    weights = clf.coefs_
    biases = clf.intercepts_
```

```
        params = 0
        for w in weights:
            params += w.shape[0]*w.shape[1]
        for b in biases:
            params += b.shape[0]
        return [clf.score(x_test, y_test), loss, params, e]

    def nn(layers, act):
        return MLPClassifier(solver="sgd", verbose=False, tol=1e-8,
                nesterovs_momentum=False, early_stopping=False,
                learning_rate_init=0.001, momentum=0.9, max_iter=200,
                hidden_layer_sizes=layers, activation=act)
```

리스트 10-1은 일반적으로 프로그램에 필요한 모듈을 불러들인 다음 두 개의 보조 함수 run과 nn을 정의하는 과정을 보여준다. 함수 nn에서 실행하는 내용은 은닉 계층의 크기와 주어진 활성화 함수의 유형을 지정한 후 MLPClassifier의 인스턴스를 반환하는 것이 전부다.

은닉 계층의 크기는 튜플로 지정된다. 튜플의 각 요소는 해당 계층에서의 노드 개수다. sklearn은 완전 연결 계층만을 취급하므로 하나의 숫자만 있으면 크기를 지정할 수 있다. 학습용 입력 샘플의 크기를 보면 입력 계층의 크기를 자동으로 알 수 있다. 여기서 입력 샘플은 숫자 이미지를 벡터로 표시한 것이므로 입력 계층에는 28 × 28 = 784개의 노드가 생성된다.

출력 계층은 어떻게 될까? 학습할 레이블의 클래스가 몇 가지인가에 따라 달라지기 때문에 명시적으로 지정하지 않는다. MNIST 데이터 세트에는 10개의 클래스가 있으므로 출력 계층에는 10개의 노드가 있다. 출력 확률을 얻고자 predict_proba 메서드가 호출되면 sklearn은 10개의 출력에 대해 소프트맥스를 적용한다. 주어진 모델이 0과 1의 두 가지 클래스를 갖는 이진 유형의 모델이라면 1개의 출력 노드를 갖는다. 해당 출력 노드는 로지스틱(시그모이드) 함수를 이용해 클래스 1에 속할 확률을 표시하면 된다.

이제 MLPClassifier에 전달한 파라미터를 살펴보자. 먼저 SGD 솔버^{solver}를 사용할 것임을 명시적으로 지정한다. 솔버는 학습 과정 중에 가중치와 편향을 업데이트해주는 역할을 한다. 모든 솔버는 역전파를 사용해 경사도를 계산한다. 이렇게 계산한 경사도를 사용하는 방법은 다양하지만 이번 장에서는 평범한 바닐라 SGD로 충분하다.

다음으로 허용 오차를 낮게 설정해 max_iter 변수로 지정한 에폭 수만큼 학습 과정을 반복할 수 있게 조치한다. 또한 네스테로프^{Nesterov} 모멘텀(표준 모멘텀의 변형)과 조기 종료(일반적으로 유용하지만 여기서는 바람직하지 않음) 기능을 꺼둔다. 초기 학습률은 기본값인 0.001로 설정하고 표준 모멘텀도 기본값인 0.9로 지정한다. 에폭 수는 일단 200(기본값)으로 설정한다. 에폭 수는 다음 실험에서 더 자세히 살펴볼 것이다.

파라미터를 변경할 때마다 그 선택이 결과에 어떤 영향을 미치는지 호기심을 갖고 확인하자. 일관성을 지키고자 실험하려는 파라미터 외의 다른 모든 변수의 값은 기본값을 유지한다. 다음으로 리스트 10-1의 두 번째 보조 함수 run을 알아보자. 이 함수는 표준 sklearn 패키지의 fit 메서드와 score 메서드를 통해 전달된 분류기 객체를 학습시키고 테스트한다. 이전에 보지 못한 몇 가지 다른 작업이 포함돼 있다.

특히 학습에 걸리는 시간을 측정한 후 MLPClassifier 객체에서 최종 학습 손실 값, 네트워크 가중치 및 네트워크 편향 값을 추출해 반환할 수 있다. MLPClassifier 클래스는 9장에서 설명한 로그 손실을 최소화시켜준다. 로그 손실 값은 loss_ 멤버 변수에 저장된다. 이 값의 크기와 이 값이 학습 과정 중에 어떻게 변화하는지는 네트워크가 얼마나 잘 학습하고 있는지에 대한 단서를 준다. 일반적으로 로그 손실이 작을수록 네트워크가 더 잘 작동하고 있는 것으로 판단할 수 있다. 많은 신경망을 탐험해가면서 좋은 손실 값은 어떤 특성을 가져야 하는지, 손실 값의 변화 속도에 비춰 학습 과정이 얼마나 신속히 이뤄질 것인지 직관력을 갖게 될 것이다.

가중치와 편향은 coefs_ 및 intercepts_ 멤버 변수에 저장된다. 각각 넘파이 행렬(가중치)과 벡터(편향)의 리스트 형식을 취한다. 여기서 행렬과 벡터를 구성하는 요소의 개수를 합산해 네트워크의 파라미터 개수를 계산한다. 이것이 run 함수에서 2개의 짧은 반복 구문이 수행하는 내용이다. 최종적으로 테스트 세트에 대해 시험한 예측 점수를 포함해 모든 정보를 main 함수로 반환한다. main 함수는 리스트 10-2에 나와 있다.

리스트 10-2: 네트워크 구조와 활성화 함수 실험용 main 함수(mnist_nn_experiments.py 참조)

```python
def main():
    x_train = np.load("mnist_train_vectors.npy").astype("float64")/256.0
    y_train = np.load("mnist_train_labels.npy")
    x_test = np.load("mnist_test_vectors.npy").astype("float64")/256.0
    y_test = np.load("mnist_test_labels.npy")

    N = 1000
    x_train = x_train[:N]
    y_train = y_train[:N]
    x_test = x_test[:N]
    y_test = y_test[:N]

    layers = [
        (1,), (500,), (800,), (1000,), (2000,), (3000,),
        (1000,500), (3000,1500),
        (2,2,2), (1000,500,250), (2000,1000,500),
    ]

    for act in ["relu", "logistic", "tanh"]:
        print("%s:" % act)
        for layer in layers:
            scores = []
            loss = []
            tm = []
```

```
for i in range(10):
    s,l,params,e = run(x_train, y_train, x_test, y_test,
                       nn(layer,act))
    scores.append(s)
    loss.append(l)
    tm.append(e)
s = np.array(scores)
l = np.array(loss)
t = np.array(tm)
n = np.sqrt(s.shape[0])
print("    layers: %14s, score= %0.4f +/- %0.4f,
    loss = %0.4f +/- %0.4f (params = %6d, time = %0.2f s)" % \
    (str(layer), s.mean(), s.std()/n, l.mean(),
    l.std()/n, params, t.mean()))
```

먼저 MNIST 학습 및 테스트 데이터를 x_train(샘플) 및 y_train(레이블), x_test 및 y_test로 로드한다. 모든 샘플을 256.0으로 나눠 [0, 1) 범위의 부동소수점 유형으로 변환한다. 이 정규화 작업이 이번 장에서 소개되는 유일한 전처리 작업이다.

전체 학습 데이터 세트는 총 60,000개의 샘플로 구성돼 있지만 여기서는 학습 세션을 여러 차례 실행하면서 실험하는 것이 목적이므로 처음 1,000개의 샘플 만 사용하기로 한다. 테스트 샘플도 역시 1,000개만 추출한다. 이 장의 목표는 최고의 모델을 만드는 것이 아니라 파라미터를 변경함에 따라 모델의 성능이 상대적으로 어떻게 변화하는지를 확인하는 것이므로 모델의 품질보다는 합리적인 시간 안에 결과를 얻는 데 집중하기로 한다. 1,000개의 학습 샘플을 추출했기 때문에 평균적으로 각 숫자별로 100개의 인스턴스만 갖게 된다. 실험의 목적에 따라 학습 샘플의 수는 다양하게 지정할 수 있다.

리스트 변수 layers를 통해 실험할 다양한 구조를 지정할 수 있다. 최종적으로 는 이 값을 MLPClassifier 생성자의 hidden_layer_size 인수에 전달할 것이다.

한 개의 노드만 존재하는 한 개의 은닉 계층으로 구성된 간단한 네트워크부터 계층별로 최대 2,000개 노드까지 존재하는 3개 은닉 계층으로 구성된 복잡한 네트워크에 이르기까지 다양한 구조를 실험해보자.

첫 번째 반복문은 ReLU, 로지스틱(시그모이드), 쌍곡 탄젠트의 세 가지 활성화 함수 유형을 차례로 시험한다. 이렇게 다양한 활성화 함수 유형과 아키텍처(계층)의 조합에 대해 모델 학습을 진행해본다. 신경망 학습은 확률적인 특성을 갖기 때문에 각각의 실험 조건에 대해 10개씩의 모델을 학습시켜 그 예측 결과에 대한 평균값과 표준 오차 값을 산정할 것이다. 여러 모델의 평균을 취함으로써 특별히 잘못 학습된 대표성 없는 모델을 보고 그 결과를 잘못 판정하는 실수를 막을 수 있다.

참고 실험에 사용된 코드를 실행하면 sklearn으로부터 다음과 같은 경고 메시지를 받을 수 있다.

```
ConvergenceWarning: Stochastic Optimizer: Maximum iterations (200)
reached and the optimization hasn't converged yet.
```

이 메시지는 sklearn이 내보낸 것으로서 학습 과정이 지정된 수만큼 실행됐는데도 불구하고 만족할만한 최적의 가중치로 수렴되지 않았다는 사실을 알려주고 있다. 무시해도 되는 경고이며 이런 경고를 보고 싶지 않으면 아래와 같이 실행 명령을 내릴 때 —W ignore 옵션을 주면 된다.

```
$ python3 -W ignore mnist_nn_experiments.py
```

실행 결과

몇 시간 정도 코드가 실행된 후 완료되면 다음과 같은 결과가 출력된다.

```
layers:(3000,1500), score=0.8822+/-0.0007, loss=0.2107+/-0.0006
(params=6871510, time=253.42s)
```

ReLU 활성화 함수를 사용하고 계층당 3,000개와 1,500개의 노드로 구성된 두 개의 은닉 계층을 갖는 모델을 실행시켰을 때 평균 점수는 88.2%이고 최종 평균 학습 손실 값은 0.21이라는 사실을 알 수 있다(손실 값은 작을수록 좋다). 또한 해당 네트워크는 약 690만 개의 파라미터를 갖고 있고 평균적으로 한 번 학습시키는 데 4분 정도의 시간이 소요된다는 사실도 알려준다. 표 10-2는 다양한 네트워크 아키텍처 및 활성화 함수 유형에 대한 실험 점수를 보여준다.

표 10-2: 아키텍처 및 활성화 함수의 종류별로 MNIST 테스트 세트에 대해 실험한 평균 점수(평균 ± 표준 오차)

아키텍처	ReLU	Tanh	로지스틱(시그모이드)
1	0.2066 ± 0.0046	0.2192 ± 0.0047	0.1718 ± 0.0118
500	0.8616 ± 0.0014	0.8576 ± 0.0011	0.6645 ± 0.0029
800	0.8669 ± 0.0014	0.8612 ± 0.0011	0.6841 ± 0.0030
1000	0.8670 ± 0.001	0.8592 ± 0.0014	0.6874 ± 0.0028
2000	0.8682 ± 0.0008	0.8630 ± 0.0012	0.7092 ± 0.0029
3000	0.8691 ± 0.0005	0.8652 ± 0.0011	0.7088 ± 0.0024
1000; 500	0.8779 ± 0.0011	0.8720 ± 0.0011	0.1184 ± 0.0033
3000; 1500	0.8822 ± 0.0007	0.8758 ± 0.0009	0.1221 ± 0.0001
1000; 500; 250	0.8829 ± 0.0011	0.8746 ± 0.0012	0.1220 ± 0.0000
2000; 1000; 500	0.8850 ± 0.0007	0.8771 ± 0.0010	0.1220 ± 0.0000

표에서 각 행은 학습된 10개 모델을 축소된 테스트 세트에 대해 실행한 모든 결과의 평균치를 보여준다(평균 ± 표준 오차). 이 표에는 꽤 많은 정보가 포함돼 있으므로 좀 더 자세히 살펴보자.

활성화 함수 유형 중에 이상한 결과를 보이는 것이 있다. 로지스틱 활성화 함수에 대한 결과를 보면 단일 은닉 계층일 경우 노드 수를 증가시킬수록 점수가 향상되는데, 이는 예상할 수 있는 결과이므로 이상하지 않다. 그러나 은닉 계층이 두 계층 이상이 되면 학습이 전혀 이뤄지지 않는다. 테스트 세트에 대한 실행 점수가 저렇게 낮다는 것은 학습이 실패하고 있다는 얘기다. 출력을 확인해보면 손실 값이 더 이상 작아지지 않는 것을 확인할 수 있다. 학습이 진행되는 동안에 손실 값이 줄어들지 않으면 학습이 제대로 이뤄지지 않고 있는 것이다.

로지스틱 활성화 함수를 사용했을 때 학습이 실패한 이유를 직접 규명하는 것은 어려운 일이다. 커뮤니티에서 광범위한 검증을 거친 패키지이므로 sklearn의 버그^{bug} 가능성은 배제해야 한다. 가장 의심해볼만 한 원인은 바로 네트워크 초기화 문제다. sklearn 툴킷은 8장에서 설명한 것처럼 일반적인 표준형 초기화 방식을 사용한다. 표준형 초기화 방식은 ReLU 및 tanh 활성화 함수에 맞게 조정돼 있으며 로지스틱 함수에는 잘 맞지 않을 수 있다.

이와 같은 학습 실패는 로지스틱 활성화 함수가 여러 개의 은닉 계층을 가진 모델에는 부적합하다는 사실을 확실하게 알려주는 것으로도 볼 수 있다. 신경망 초기에 널리 사용됐던 함수라서 실험 시작부터 사용해봤지만 불행히도 잘 작동하지 않는다는 사실만 확인한 셈이 됐다. 신경망이 지금과 같은 지위를 확보하기까지 그렇게 오랜 시간이 걸린 것도 이해가 간다. 이후에는 로지스틱 활성화 함수가 다시 사용되더라도 결괏값은 무시하기로 한다.

단일 은닉 계층 네트워크에 대한 점수를 다시 살펴보자(표 10-2의 1-6행 참조). ReLU 및 tanh 활성화 함수의 경우 네트워크 성능이 꾸준히 향상된다. 또한 각 행에서 은닉 계층의 동일한 수의 노드에 대해 ReLU 활성화 함수가 tanh보다 약간 더 성능이 좋게 나온다는 사실도 알 수 있다. 그러나 이러한 차이는 아키텍처당 10개 모델만을 사용했기 때문에 통계적으로 유의미하지 않을 수 있다. 작은 차이지만 머신러닝 커뮤니티에 널리 퍼져 있는 일반적인 평가와 일치하는 결과다. 보통 ReLU가 tanh보다 더 나은 것으로 알려져 있다.

표 10-2의 나머지 행을 보면 두 번째 및 세 번째 은닉 계층을 추가하면 테스트 점수는 지속적으로 향상되고 반환값은 감소한다는 것을 알 수 있다. 이 부분도 널리 알려진 현상이라 숙지해둬야 한다. 특히 표 10-2의 모델별로 파라미터의 개수를 자세히 볼 필요가 있다. 파라미터의 개수가 다른 모델 간의 비교는 불공평한 면이 있기 때문에 파라미터 수가 거의 비슷한 모델끼리 비교하는 것이 공정하다. 모델별로 전체 파라미터의 개수는 거의 비슷하게 맞춘 다음에야 비로소 모델별 성능차가 사용된 계층의 수가 다르기 때문이라고 말할 수 있다.

리스트 10-2에서 계층별 배열 요소들을 수정함으로써 표 10-3과 같이 각 아키텍처별로 여러 가지 다른 버전을 학습시켜볼 수 있다. 아키텍처별로 계층의 수가 다르더라도 총 파라미터의 수는 서로 매칭되게 각 계층의 노드 수를 조정했다.

표 10-3: 모델 아키텍처별 파라미터 개수. 그림 10-1의 그래프에 사용됨

아키텍처	파라미터 수
1000	795,010
2000	1,590,010
4000	3,180,010
8000	6,360,010
700; 350	798,360
1150; 575	1,570,335
1850; 925	3,173,685
2850; 1425	6,314,185
660; 330; 165	792,505
1080; 540; 270	1,580,320
1714; 857; 429	3,187,627
2620; 1310; 655	6,355,475

표 10-3의 계층별 노드 수가 어떻게 도출된 것인지 자세히 알아보자. 먼저 단일

계층 모델 4가지 중에서 테스트해보고 싶은 모델 1가지를 선택한다. 그리고 해당 단일 계층 모델의 아키텍처에 사용된 총 파라미터 수를 계산한다. 다음으로 8장의 원칙을 사용해 2계층 모델 아키텍처를 만든 다음 해당 모델의 파라미터 수가 앞에서 집계한 단일 계층 모델의 파라미터 수와 비슷해지도록 조정한다. 마지막으로 3계층 모델에 대해 위 과정을 반복한다. 이런 방식으로 비슷한 개수의 파라미터를 가진 다른 형태의 모델에 대한 성능 비교가 가능하다. 기본적으로는 모델의 총 파라미터 개수와 파라미터들이 서로 상호작용하는 방식만 바꿔주는 방식이다.

학습 모델 자체는 리스트 10-2에 소개된 것과 동일한 형태지만 이번에는 10개가 아닌 25개의 모델을 학습시켜 평균치를 계산해본다. 결과는 그림 10-1과 같다.

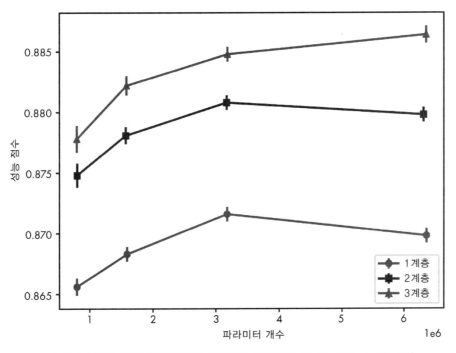

그림 10-1: MNIST 테스트 데이터 세트에 대해 모델 아키텍처별 성능 점수(평균 ± 표준 오차). 표 10-3에 나온 네트워크별 총 파라미터의 개수를 기준으로 아키텍처 성능 비교.

그림 10-1을 분석해보자. 첫째, x축은 모델의 파라미터 개수를 나타낸다. 기본 단위는 100만 개다. 둘째, 모델 형태는 다르지만 비슷한 수의 파라미터를 갖게 구성돼 있기 때문에 세 개의 그래프를 수직 방향으로 비교할 수 있다. 범례는 1개, 2개, 3개의 계층을 갖는 아키텍처별 플롯에 대한 안내다.

그래프의 맨 왼쪽 점들을 비교해보면 단일 계층의 모델보다 2계층 모델을 사용할 때 현저한 성능 향상이 일어나는 것을 볼 수 있다. 2계층 모델과 3계층 모델 간의 성능 향상 폭은 좀 더 작다. 이러한 현상은 그래프 왼쪽에서 오른쪽까지 반복적으로 나타난다. 단일 계층 및 2계층 아키텍처 그래프에서 맨 오른쪽에 보이는 가장 큰 규모의 모델에 대한 성능 저하에 대해서는 다음에 설명한다. 파라미터의 개수가 같더라도 네트워크의 깊이(계층 수)를 늘리면 성능이 향상된다. 그렇다고 해서 모델의 아키텍처를 깊게 만드는 것이 절대적인 해법은 아니다. 깊이만으로 해결되지 않는 경우가 있기 때문이다. 그렇더라도 모델을 깊게 구성하는 것이 유리하다는 점은 기억할 필요가 있다. 많은 노드를 넓게만 구성하는 것보다는 계층을 깊게 구성하는 것이 일반적으로 유리하다.

단일 계층 및 2계층의 모델을 대규모로 구성했을 때 나타난 성능 하락의 원인은 무엇일까? 그림 10-1의 가장 오른쪽에서 나타난 현상이다. 이 그래프의 모델들을 학습시키는 데 사용된 학습 데이터는 단 1,000개의 샘플로 이뤄져있다는 사실을 기억하자. 학습 데이터의 크기가 그래프 우측에 위치한 대규모의 모델을 학습하기에는 부족하다고 볼 수 있다. 학습 샘플의 수를 늘리면 성능 저하 현상을 해결할 수 있다. MNIST에는 60,000개의 샘플이 준비돼 있으므로 학습 샘플의 수를 늘리는 것이 가능하다. 이 작업은 독자가 직접 연습해볼 수 있게 남겨둔다.

배치 크기

이번에는 배치 크기가 학습에 어떤 영향을 미치는지 살펴보자. 여기서 배치 크기는 실제로는 미니배치의 크기를 의미한다. 미니배치는 전체 학습 데이터 세트의 부분집합이다. 네트워크에 대해 순방향 패스를 수행할 때 해당 미니배치 단위로 평균 손실을 계산한다. 역전파 과정에서는 이 손실 값을 이용해 가중치와 편향을 업데이트한다. 미니배치 한 개를 처리하면 그에 해당하는 한 번의 경사 하강 과정(네트워크 파라미터에 대한 업데이트)이 수행된다.

일정 크기의 MNIST 부분집합을 정해진 에폭만큼 학습시켜보고자 한다. 이때 다양한 크기의 미니배치를 사용해 최종 테스트 결과가 어떻게 달라지는지 알아보자. 먼저 sklearn 패키지를 사용해 신경망을 학습시키는 과정에서 에폭과 미니배치를 어떻게 적용하는지 살펴본다.

실제로 sklearn 패키지의 **_fit_stochastic** 메서드에 포함된 **MLPClassifier** 클래스의 소스코드를 잠깐 들여다보자. 이 코드는 https://github.com/scikit-learn/scikit-learn/blob/7389dba/sklearn/neural_network/multilayer_perceptron.py에서 확인할 수 있다.

이 메서드는 해당 패키지의 내부 구현용 메서드이므로 버전마다 다를 수 있다. 여기서는 다음의 코드를 기준으로 설명한다.

```
for it in range(self.max_iter):
    X, y = shuffle(X, y, random_state=self._random_state)
    accumulated_loss = 0.0
    for batch_slice in gen_batches(n_samples, batch_size):
        activations[0] = X[batch_slice]
        batch_loss, coef_grads, intercept_grads = self._backprop(
            X[batch_slice], y[batch_slice], activations, deltas,
            coef_grads, intercept_grads)
        accumulated_loss += batch_loss * (batch_slice.stop -
```

```
                                    batch_slice.start)
        grads = coef_grads + intercept_grads
        self._optimizer.update_params(grads)
    self.n_iter_ += 1
```

두 개의 for 루프가 있다. 첫 번째는 에폭 수(max_iter)에 대한 것이고 두 번째는 학습 데이터 세트를 구성하는 미니배치 수에 대한 것이다. gen_batches 함수는 학습 데이터 세트에서 미니배치를 구성해주는 역할을 한다. 실제로는 X[batch_slice]의 형태로 학습 샘플의 인덱스만 반환해주지만 효과는 동일하다. 다음으로 _backprop과 update_params 메서드를 호출해 주어진 미니배치에 대한 경사하강 과정을 완료한다.

에폭은 학습 데이터 세트로 준비된 모든 미니배치를 한 번씩 전부 처리하는 과정이다. 미니배치 자체는 학습 데이터를 그룹지어 나눈 것이므로 최종적으로는 모든 학습 데이터가 한 번씩 사용된다. 학습 샘플 수가 미니배치 크기의 정수배가 아닌 경우 맨 마지막 미니배치는 다른 미니배치보다 작아지지만 전체적인 학습에는 영향을 미치지 않는다.

그림 10-2를 보면 학습 데이터 세트의 미니배치가 구성되는 방식과 에폭의 개념을 이해할 수 있다. 그림 10-2에서 전체 학습 데이터 세트는 n개의 샘플이 있는 에폭으로 표시된다. 미니배치는 그림에서 표시된 대로 m개의 샘플을 갖고 있다. 마지막 미니배치는 다른 것들보다 작게 표시돼 있다. 이는 n/m이 정수가 아닐 수 있음을 의미한다.

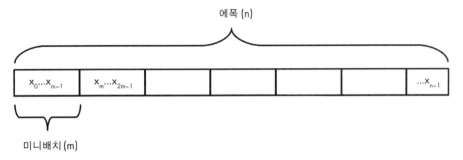

그림 10-2: 에폭(n), 미니배치(m), 샘플 $\{x_0, x_1, \ldots, x_{n-1}\}$ 간의 관계

그림 10-2는 학습 데이터 세트에서 샘플들 간에 순서가 지켜져야 한다는 것을 보여준다. 데이터 세트를 처음 만들 때 샘플들을 모두 섞어 줬던 이유이기도 하다. 필요하다면 sklearn 툴킷의 옵션을 이용해 에폭마다 샘플을 재배열하는 것도 가능하다. 미니배치가 통계적으로 전체 학습 데이터 세트의 무작위 샘플이라는 원칙만 지켜지면 문제가 없다. 미니배치가 이 원칙을 따르지 않고 특정한 방식으로 구성됐다면 역전파 과정에서 경사도의 방향이 편향성을 보이게 된다.

여기서는 MNIST 학습 샘플의 수를 16,384로 고정시켜두고 미니배치 크기만 다양하게 변화시키면서 실험을 수행해본다. 에폭 수도 100으로 고정한다. 성능 점수는 평균과 표준 오차의 형식으로 표시되며 동일한 모델을 5번씩 실행한 결과를 집계한 것이다. 매번 실행할 때마다 서로 다른 초깃값을 사용한다. 따라서 **MLPClassifier** 객체는 다음과 같이 인스턴스화된다.

```
MLPClassifier(solver="sgd", verbose=False, tol=1e-8,
    nesterovs_momentum=False, early_stopping=False,
    learning_rate_init=0.001, momentum=0.9, max_iter=100,
    hidden_layer_sizes=(1000,500), activation="relu",
    batch_size=bz)
```

코드를 보면 2개의 은닉 계층이 있고 각 계층별로 1,000개의 노드와 500개의 노드가 할당돼 있음을 알 수 있다. 입력 계층과 출력 계층을 합치면 전체 네트워크의 아키텍처가 784-1000-500-10으로 구성된다. 네트워크를 정의하는 인수 중 상수가 아닌 변수로 지정되는 유일한 인수는 batch_size다. 표 10-4에 나오는 미니배치의 크기에 에폭마다 지정되는 경사 하강법의 하강 스텝 수를 연계해 사용하게 될 것이다(그림 10-2 참조).

표 10-4: 미니배치의 크기 및 에폭당 경사 하강 스텝 수

미니배치 크기	에폭당 SGD 스텝 수
2	8,192
4	4,096
8	2,048
16	1,024
32	512
64	256
128	128
256	64
512	32
1,024	16
2,048	8
4,096	4
8,192	2
16,384	1

미니배치의 크기가 2인 경우 에폭당 8,000개 이상의 경사 하강 스텝이 설정되지만 미니배치의 크기가 8,192가 되면 경사 하강 스텝 수는 단 2개가 된다. 에폭 수를 설정할 때는 가능하면 미니배치의 크기가 작아지게 정하는 것이 좋다. 미니배치의 크기가 작아야 경사 하강 스텝의 수가 커지고 그에 따라 네트워크

파라미터의 최적 집합을 찾아낼 가능성이 커지기 때문이다.

그림 10-3은 미니배치의 크기에 따른 성능 점수의 평균값을 보여준다. 그래프 플로팅에 필요한 데이터를 생성해주는 코드는 mnist_nn_experiments_batch_size.py 파일에 있다. 데이터를 이용해 그래프를 플로팅하는 코드는 mnist_nn_experiments_batch _size_plot.py에 있다. 그림에서 주의 깊게 봐야 할 그래프는 원 기호로 표시된 곡선이다. 사각형 기호로 표시된 곡선에 대한 설명도 곧 할 것이다.

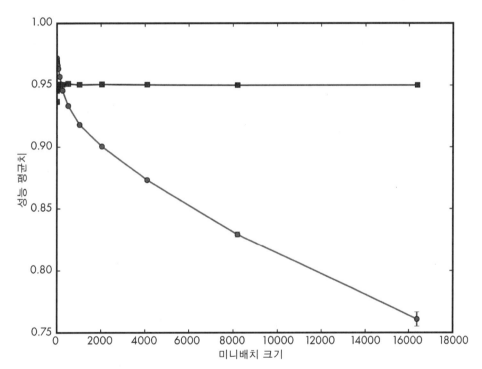

그림 10-3: MNIST 데이터 세트에 대해 다양한 미니배치 크기에 따라 테스트한 성능 평균치(평균 ± 표준 오차). 원 기호 곡선은 미니배치 크기에 관계없이 에폭 수를 100으로 고정한 그래프이며 사각형 기호 직선은 미니배치의 크기를 고정시킨 그래프다.

에폭 수를 100으로 고정시킨 경우 미니배치 크기를 변경함으로써 경사 하강 스텝 수를 변경할 수 있다. 미니배치가 클수록 경사 하강 스텝은 더 작아진다.

더 큰 미니배치를 사용하면 경사 하강 과정에서 더 확실한 실제 경사도의 방향을 사용할 수 있다. 그러나 에폭당 미니배치 수가 작아지기 때문에 경사 하강 스텝 수가 감소해 수렴성이 나빠진다. 결국 손실 함수의 최솟값에는 도달할 수 없는 상태가 된다.

미니배치의 크기에 관계없이 미니배치의 개수가 일정하게 유지되도록 에폭 수를 조정하면서 성능을 확인한다면 좀 더 '공정한' 테스트가 될 것 같다. 이 테스트를 실현하는 한 가지 방법은 에폭당 미니배치의 수가 n/m이라는 사실을 이용하는 것이다. 여기서 n은 학습 샘플의 수이고 m은 미니배치의 수다. 실행할 미니배치의 전체 수를 M이라 하면 이를 고정된 상태로 유지하고자 다음과 같은 식으로 에폭 수를 설정해야 한다.

$$E = \frac{Mm}{n}$$

이 식을 이용하면 m에 관계없이 학습 중에 총 M개의 경사 하강 스텝을 유지할 수 있다.

미니배치 개수를 일정하게 유지한 채로 앞의 방정식을 이용해 에폭 수를 변경해보자. 먼저 미니배치의 전체 수인 M(경사 하강 스텝 수)을 선택해야 한다. 에폭의 수가 항상 정수가 되도록 $M = 8,192$로 설정해보자. 미니배치 크기가 2일 때 한 에폭을 사용하면 8,192개의 미니배치를 얻을 수 있다. 그리고 미니배치 크기가 16,384일 때(n도 마찬가지로 16,384개의 샘플임) 8,192개의 에폭을 얻는다. 이러한 방식을 적용하면 그림 10-3에서 사각형 기호의 곡선과 같은 완전히 다른 결과를 얻을 수 있다. 이 곡선을 보면 성능 평균치가 거의 일정하다는 사실을 알 수 있다. 이는 학습 과정에서 일정한 횟수의 경사 하강 업데이트가 수행되고 있음을 의미한다.

그림 10-3의 사각형 기호 곡선을 좀 더 자세히 보면 0 근처, 즉 미니배치의 크기가 작을 때 성능치가 낮게 나오는 것을 볼 수 있다. 하지만 미니배치의 크기를

일정 수준 이상으로 늘리면 성능치가 향상되는데, 이는 미니배치 개수를 충분히 사용해 실제 경사도를 합리적으로 평가함으로써 경사 하강 업데이트의 횟수가 일정하게 유지되고 있음을 반영한다.

기본으로 설정된 신경망 파라미터를 사용하는 경우, 특히 일정한 학습률을 사용하는 경우에는 에폭 수를 고정시키면 sklearn의 설계 특성으로 인해 모델의 성능이 저하된다. 검사 대상 미니배치의 수를 고정시키면 대부분의 경우 성능이 일정하게 유지된다.

기본 학습률

9장에서 학습 과정 중 신경망의 가중치를 업데이트하는 기본 방정식을 살펴봤다.

$$w \leftarrow w - \eta \Delta w$$

여기서 η(eta)는 학습률을 나타내며 경사도 값 Δw에 따라 스텝의 크기를 조정하는 파라미터다. sklearn에서 η는 learning_rate_init이라는 인수로 지정된다. 일반적으로 학습이 진행되면서 최솟값에 근접해갈수록 학습률을 점차 줄여가는 방식을 사용한다. 그러나 이번 실험에서는 일정한 학습률을 사용할 것이므로 learning_rate_init에 지정한 값이 전체 학습 세션 동안 유지된다. 이 값이 학습에 어떤 영향을 미치는지 알아보자.

실험을 위해 미니배치 크기를 64개의 샘플로 지정하고 아키텍처는 (1000, 500)으로 구성한다. 2개의 은닉 계층이 있고 계층별 노드 수는 각각 1,000개와 500개라는 의미다. 그런 다음 두 가지 주요 효과를 살펴보자. 첫 번째는 기본 학습률에 관계없이 에폭 수를 고정할 때 나타나는 효과다. 에폭 수가 고정되면 학습 중에 항상 정해진 횟수만큼의 경사 하강 단계가 수행된다. 두 번째는 기본 학습률과 에폭 수의 곱을 일정한 값으로 고정시킬 때 나타나는 효과다. 단위 스텝의 크기는 크고 스텝 횟수는 적은 경우와 단위 스텝의 크기는 작고 스텝 횟수가 많은 경우에 대해 테스트 점수 결과를 알아볼 수 있어 흥미롭다. 이 실험의 코드는 mnist_experiments_base_lr.py에 있다. 학습 데이터 세트는 MNIST 데이터의 앞부분에서 추출한 20,000개의 샘플이다.

첫 번째 실험은 에폭을 50으로 고정하고 기본 학습률을 변경해가면서 학습을 반복하는 실험이다.

```
[0.2, 0.1, 0.05, 0.01, 0.005, 0.001, 0.0005, 0.0001]
```

두 번째는 동일한 기본 학습률을 고정하고 에폭 수를 변경하되 기본 학습률과 에폭의 곱이 1.5가 되도록 조정해 학습을 반복하는 실험이다. 기본 학습률에 부합하게 조정된 에폭 수는 다음과 같다.

```
[8, 15, 30, 150, 300, 1500, 3000, 15000]
```

이 두 실험을 실행하는 데 약간 긴 시간이 걸린다. 실험이 완료되면 기본 학습률 크기를 기준으로 테스트 점수를 표시할 수 있다. 그림 10-4에 실험 결과가 나와 있다.

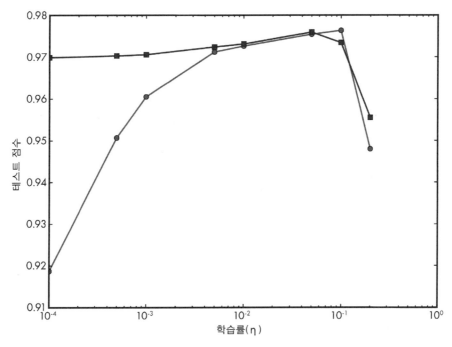

그림 10-4: 기본 학습률을 기준으로 본 MNIST 테스트 점수. 원 기호 곡선은 에폭을 고정시킨 경우며 사각형 기호 곡선은 기본 학습률과 에폭 수를 곱한 값을 고정시킨 경우다.

그림 10-4는 두 개의 플롯을 보여준다. 원 기호로 표시되는 첫 번째 플롯은 에폭 수를 50으로 고정시킨 경우다. 에폭 수를 고정하면 학습 과정 내내 경사 하강 스텝 수가 고정된다. 이 상태에서 학습률을 변경시켜본다. 학습률이 클수록 스텝 크기가 커진다.

축구장 위를 걸어 다니는 상황을 상상해보자. 축구장의 코너 위치에서 시작해 가운데 지점으로 이동하되 이동할 수 있는 스텝의 횟수는 고정돼 있다고 가정하자. 보폭을 크게 잡으면 이동 속도는 빨라지지만 정중앙에 정확히 도달하기가 쉽지 않을 것이다. 보폭을 작게 잡으면 코너에서 중앙으로 가다가 중간에 멈추게 될 것이다. 진행 방향은 정확할지 몰라도 이동할 수 있는 스텝의 수를 제한했기 때문에 중앙에 도달할 수 없다. 중앙 지점에 제대로 도달하려면 보폭과 스텝 횟수가 조화롭게 조정된 최적의 값이 필요하다는 것을 직관적으로 알 수 있다.

그림 10-4의 원 기호 곡선에서 이 효과를 확인할 수 있다. 가장 왼쪽의 점은 보폭을 아주 작게 설정한 경우를 나타낸다. 최솟값을 찾으려면 오차 공간을 충분히 탐색해야 하는데, 그렇지 못했기 때문에 상대적으로 낮은 성능을 보인다. 가장 오른쪽 지점은 보폭이 매우 큰 경우를 나타낸다. 최소 지점을 계속해서 건너뛰기 때문에 성능이 저조하다. 스텝 횟수와 보폭이 서로 조화를 이룬 상태라야 가장 좋은 성능을 얻을 수 있다. 그림에서는 기본 학습률이 0.1일 때 이런 성능이 나타난다.

이제 그림 10-4의 사각형 기호 플롯을 살펴보자. 이 플롯은 기본 학습률과 에폭 횟수의 곱을 일정하게 유지한 경우를 나타낸다. 학습률은 작게 잡고 에폭 횟수를 크게 가져간다는 의미다. 기본 학습률을 매우 크게 잡는 경우 외에는 대부분의 기본 학습률에 대해 동일한 테스트 점수가 나온다. 정사각형 기호 플롯은 축구장 위를 걷는 사고 실험을 예로 들면 보폭이 크고 스텝 수는 적은 경우와 보폭은 작고 스텝 수가 매우 많은 경우의 성능을 보여준다. 스텝 크기가 너무 커서 중앙 지점에 정확히 도달할 수 없는 경우를 제외하면 위의 두 방법 모두 운동장 중앙으로 접근하는 데에는 문제가 없어 보인다.

어떤 독자는 이 지점에서 이의를 제기할 수도 있다. 그림 10-4에서 원과 사각형 플롯의 처음 세 점을 비교하면 이들 간에 큰 차이가 있음을 알 수 있다. 원 기호 곡선의 경우 기본 학습률이 증가할수록 성능이 향상된다. 그러나 사각형 기호 곡선의 경우 기본 학습률에 관계없이 성능이 높은 상태로 일정하게 유지된다. 원 기호 플롯에서는 항상 50개의 에폭동안 학습을 진행했다. 각각의 기본 학습률에 대해 사각형 기호 플롯에서 사용된 것보다 더 많은 수의 에폭이 할당된 것이다. 즉, 원 기호 플롯의 경우 운동장 중앙 지점 근처에서 여기저기 헤매고 다녔다는 뜻이다. 그러나 사각형 기호 플롯의 경우 에폭 수를 제한했기 때문에 운동장 중앙 근처에서 걷기를 중단하게 되고 결과적으로 좋은 성능을 얻을 수 있었다. 이는 에폭 수(경사 하강 단계)를 정할 때 학습률과 조화를 이루게 잘 조정해야 함을 의미한다. 이렇게 함으로써 헤매는 과정 없이 손실 함수의 최솟

404

값 근처에 신속하게 도달할 수 있다. 그러나 과도하게 신속해 최솟값에 수렴하지 못할 정도로 스텝이 커지지 않도록 조심해야 한다.

지금까지는 학습 과정 내내 학습률을 일정하게 유지했다. 한정된 지면으로 인해 학습 과정 중 학습률을 변화시키는 실험을 충분히 시행할 수는 없다. 앞서 축구장 사고 실험을 통해 학습 과정 중에 학습률을 변경하는 것이 어떤 결과를 가져오는지에 대한 시각적인 이해가 가능하다. 네트워크가 최적화에 유리한 방향으로 무작위로 초기화됐음을 기억하자. 필드 어딘가에서 무작위로 시작한다는 것을 의미한다. 이 임의의 위치가 운동장 중앙, 즉 오차 표면의 최소 지점 근처가 될 가능성은 매우 낮다. 임의의 위치에서 시작해 운동장 중앙으로 접근해가려면 경사 하강법을 사용해야 한다. 처음에는 운동장에서 빠르게 이동하고자 보폭을 크게 하는 것이 좋다. 경사진 방향으로 이동하고 있기 때문에 중앙으로 이동하게 된다. 그러나 계속 큰 걸음을 내딛다 보면 중앙 지점을 넘어 갈 수 있다. 몇 번 큰 걸음을 내디뎠으면 이제 중앙에 도달하려는 목표에 더 가까워졌을 테니 작은 걸음을 시작하는 것이 좋을 것이다. 걸음을 걸을수록 가능한 한 중심에 가까워질 수 있도록 보폭을 더 작게 만들어준다. 이것이 일반적으로 학습 중에 학습률을 줄여가는 이유다.

학습 데이터 세트의 크기

앞서 학습 데이터 세트의 샘플 수가 성능에 상당한 영향을 미친다고 언급했다. MNIST 데이터를 사용해 이 주장을 계량적으로 확인해보자. 이 실험에서는 학습 데이터 세트의 샘플 수를 변경하는 동시에 에폭 수를 조정해 각 학습 과정마다 (약) 1,000번의 경사 하강 스텝이 수행되게 준비한다. 이 실험을 구현한 코드는 mnist_nn_experiments_samples.py에 있다. 모든 경우에 대해 미니배치 크기는 100으로 고정돼 있고 네트워크 아키텍처는 각각 1,000개 노드와 500개 노드를 갖는 두 개의 은닉 계층으로 구성돼 있다. 그림 10-5는 이 실험의 결과를 보여준다.

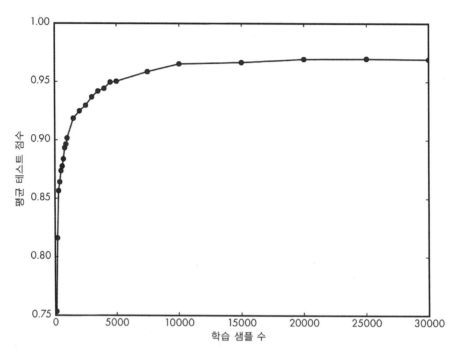

그림 10-5: 학습 샘플 수에 따른 MNIST 테스트 점수

그림 10-5는 기대한 내용을 정확히 보여주는 좋은 그래프를 보여준다. 학습 데이터가 너무 적으면 모분포에서 아주 일부의 샘플만 추출해 모델을 학습하는 상황이 되므로 일반적인 특징을 학습할 수 없다. 학습 데이터를 추가함에 따라 네트워크의 성능이 가파르게 향상될 것이라고 기대할 수 있다. 학습 데이터를 추가해 갈수록 네트워크의 성능이 가파르게 향상될 것이다. 모델이 학습하고자 하는 모분포의 특징을 점점 더 많이 포함하는 데이터 세트가 될 것이기 때문이다.

그림 10-5는 학습 데이터 세트의 크기가 증가함에 따라 수확 체감 현상이 나타난다는 것을 보여준다. 학습 데이터 세트의 크기를 1,000개에서 5,000개로 증가시키면 성능이 크게 향상되지만 5,000개에서 10,000개 샘플로 증가시키면 성능이 약간만 향상된다. 여기서 학습 데이터 세트의 크기를 더 증가시킨다 해도

성능 상한 값에 머무르게 된다. 이 수준의 영역에 도달한 것은 거의 최대 용량에 도달한 상태라고 생각할 수 있다. 즉, 모델이 데이터 세트에서 학습할 모든 것을 거의 학습한 것이라고 볼 수 있다. 이제는 충분한 양의 학습 샘플이 확보됐다는 가정하에 네트워크 아키텍처를 확장시켰을 때 테스트 세트에 대한 예측 점수가 어떻게 향상되는지 알아보자.

L2 정규화

9장에서 네트워크의 일반성을 향상시키기 위한 정규화 기술을 다뤘는데, 이때 대표적인 정규화 방법으로 L2 정규화가 있었다. 학습 과정에서 사용되는 손실 함수에 새로운 항을 추가하는 방식으로 구현되는 L2 정규화 방식은 가중치 감소 방법과 기능적으로는 동일하다. 가중치가 커지면 학습 과정에서 네트워크에 부담이 가해진다.

sklearn에서 L2 정규화의 강도를 설정하는 파라미터는 `alpha`다. 이 파라미터를 0으로 지정하면 L2 정규화가 적용되지 않으며, 이 값을 증가시키면 정규화 강도도 증가한다. L2 정규화가 MNIST 네트워크에 미치는 영향을 살펴보자.

이 실험에서는 미니배치의 크기를 64로 고정한다. 또한 모멘텀 값을 0으로 설정해 L2 정규화 효과만 나타나게 준비한다. 마지막으로 각각 100개와 50개 노드를 갖는 두 개의 은닉 계층으로 구성된 작은 네트워크와 MNIST 데이터에서 처음 3,000개의 샘플로 학습 데이터 세트를 준비한다. 소스코드는 mnist_nn_experiments_L2.py에 있다.

이전 실험과 달리 이번에는 각 학습 에폭 후에 테스트 데이터를 평가해 네트워크가 학습 프로세스를 통해 학습을 수행하는 과정을 볼 수 있다. 학습 순조롭게 진행된다면 학습 에폭의 수가 증가함에 따라 테스트 세트에 대한 오차가 줄어들 것이다. sklearn에서 학습 에폭의 횟수를 1로 지정하면 한 에폭 동안 데이터 세트 내의 모든 미니배치에 대해 반복 작업이 수행된다. 하지만 max_iter를 1로 설정하고 fit 메서드를 호출하면 다음에 fit 메서드를 호출할 때에는 새로 초기화된 네트워크로 다시 학습이 시작된다. 이 방식은 전혀 도움이 되지 않는다. 새로 fit 메서드를 호출할 때 이전에 계산된 가중치와 편향은 유지돼야 한다.

다행히 sklearn에는 이런 상황에 대비해 warm_start라는 파라미터가 준비돼 있다. 이 파라미터를 True로 설정하면 fit 호출이 실행돼도 네트워크를 다시 초기화하지 않고 기존 가중치와 편향을 사용하게 된다. max_iter를 1로 설정하고 warm_start를 True로 설정하면 각 학습 에폭 후에 score 메서드를 호출해 네트워크가 학습하는 과정을 볼 수 있다. score 메서드를 호출하면 테스트 데이터에 대한 모델의 예측 정확도를 확인할 수 있다. 오차 값을 확인하고 싶다면 1에서 정확도 점수를 빼주면 된다. 에폭 기준으로 이 값을 그래프로 플로팅해보자. 플로팅할 alpha 값은 다음과 같다.

```
[0.0, 0.1, 0.2, 0.3, 0.4]
```

효과를 확인하고자 기본값에 비해 큰 값들을 준비했다.

다음은 테스트 오차에만 초점을 두고 단일 에폭을 평가하는 코드다.

```
def epoch(x_train, y_train, x_test, y_test, clf):
    clf.fit(x_train, y_train)
    val_err = 1.0 - clf.score(x_test, y_test)
    clf.warm_start = True
    return val_err
```

여기에서 한 에폭의 학습을 수행하고자 fit 메서드가 호출된다. 그런 다음 테스트 세트에 대한 오차 값을 계산해 val_err 변수에 저장한다. fit 메서드를 호출한 후에 warm_start 인수를 True로 설정해두면 에폭에 대한 첫 호출만 네트워크를 올바르게 초기화하고 이후의 호출들은 이전 호출의 가중치와 편향 값을 유지할 것이다.

그런 다음 간단한 루프를 통해 학습이 수행된다.

```
def run(x_train, y_train, x_test, y_test, clf, epochs):
    val_err = []
    clf.max_iter = 1
    for i in range(epochs):
        verr = epoch(x_train, y_train, x_test, y_test, clf)
        val_err.append(verr)
    return val_err
```

이 루프는 에폭마다 결과를 수집해 main 함수로 반환한다. main 함수 자체도 최종 조사 대상인 α 값에 대한 반복문의 형태를 취하고 있다.

이 코드를 실행해 테스트 오차인 val_err 값을 표시해보자. 이 값은 각각의 alpha 값에 대한 에폭 수를 기준으로 표시된다. 그림 10-6에 최종 그래프가 나와 있다.

그림 10-6에서 가장 먼저 알 수 있는 사실은 α 값을 0이 아닌 임의의 값으로 지정할 경우 L2 정규화를 전혀 사용하지 않는 경우에 비해 더 낮은 테스트 오차를 얻을 수 있다는 것이다. L2 정규화가 도움이 된다고 결론지을 수 있다. 여러 가지 서로 다른 α 값에 대해 테스트 오차 값은 거의 동일하게 나온다. 그러나 α 값이 클수록 더 효과적이며 더 낮은 테스트 오차 값에 더 빠르게 도달한다. 예를 들어 $\alpha = 0.1$과 $\alpha = 0.4$를 비교해보면 알 수 있다.

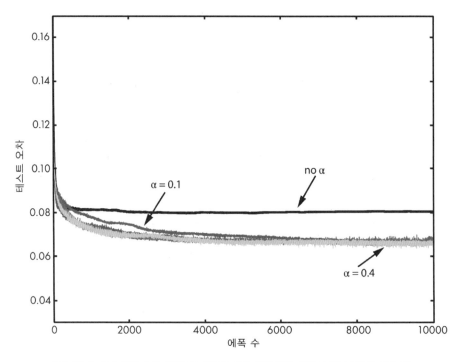

그림 10-6: 학습 에폭 수를 기준으로 측정한 여러 가지 값에 대한 MNIST 테스트 오차 값

α 값이 클수록 노이즈가 커진다는 사실도 확인된다. 더 작은 α 값과 비교해보면 오차 값이 들쭉날쭉해 플롯이 더 두꺼워졌음을 알 수 있다. 학습 과정을 통해 최소화되는 총 손실 값에 대해 생각해보면 이해하기가 쉬워진다. α를 크게 잡으면 미니배치에 대한 네트워크 오차와 관련된 L2 항이 더 중요해진다. 이는 역전파 과정에서 네트워크가 가중치와 편향을 조정할 때 학습 데이터 자체보다는 네트워크 파라미터의 크기에 더 영향을 받는다는 사실을 의미한다. 네트워크가 학습 데이터를 이용해 손실을 줄이는 데 덜 집중하기 때문에 에폭당 테스트 오차 값이 더 큰 변동 폭을 나타낼 것이라고 예상할 수 있다.

모멘텀

모멘텀은 학습 과정 중에 가중치 업데이트의 양을 추가로 변경시켜주는 값이다. 모멘텀 값은 이전 미니배치에서 가중치를 업데이트하는 데 사용한 경사도 값의 일부를 추가하는 방식으로 구한다. 추가되는 양은 [0, 1] 범위를 갖는 이전 경사도 값에 일정 값을 곱하는 형태다. 모멘텀에 대한 자세한 내용은 9장에서 확인할 수 있다.

이 파라미터가 학습 과정이 어떻게 영향을 받는지 살펴보자. 실험 설정은 간단하다. 이전에 L2 정규화에 사용된 접근 방식과 기본적으로 동일한 설정이다. L2 정규화에서는 모멘텀 파라미터 μ를 고정하고 L2 가중치 α를 변경했지만 이번에는 α = 0.0001로 고정하고 μ를 변경한다. 학습 에폭 1회, 네트워크 구성 등 다른 부분은 동일하게 유지한다. 소스코드는 mnist_nn_experiments_momentum.py에서 확인할 수 있다.

실험할 모멘텀 값은 다음과 같다.

```
[0.0, 0.3, 0.5, 0.7, 0.9, 0.99]
```

모멘텀이 없는 항(μ = 0)에서 큰 모멘텀 항(μ = 0.99)까지 다양하다. 실험을 실행하면 그림 10-7과 같은 결과가 나온다.

그림 10-7을 보면 세 개의 서로 다른 영역이 나타난 것을 볼 수 있다. 모멘텀이 없거나 상대적으로 작은 모멘텀 값(μ = 0.3, μ = 0.5)으로 표시되는 첫 번째 영역은 가장 높은 테스트 세트 오차를 보여준다. 두 번째 영역은 '표준'(sklearn 기본값) 값 0.9를 포함해 적당한 수준의 모멘텀 값(μ = 0.7, μ = 0.9)으로 개선된 것을 보여준다. 세 번째 영역은 0.99의 큰 모멘텀이 테스트 세트 오차를 약 7.5%에서 약 6%로 낮춰준 것을 보여준다. 모멘텀은 오차를 낮추는 데 도움이 되므로 가능하면 사용하는 것이 좋다. 특히 표준 0.9에 가까운 값을 사용하는 것이 유리

하다. 실제로 모멘텀이 자주 사용되지는 않지만 이 예에서 볼 수 있듯이 경우에
따라 결과에 큰 차이를 만들어낼 수도 있다.

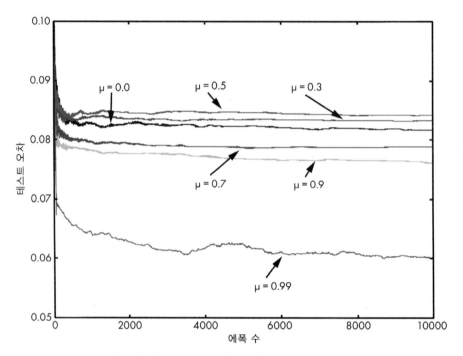

그림 10-7: 학습 에폭 수를 기준으로 측정한 다양한 μ 값에 대한 MNIST 테스트 오차

학습 데이터 세트를 3,000개 샘플, 즉 숫자당 약 300개로 엄격하게 제한했다.
이는 모멘텀이 더 큰 영향을 미칠 수 있는 조건이 된다. 학습 데이터 세트의
크기가 작아 모델이 학습하고자 하는 모분포의 작은 일부분만 샘플링하고 있기
때문이다. 학습 데이터 세트의 크기를 30,000으로 늘리면 플롯의 순서가 달라진
다. 디폴트 모멘텀인 0.9가 가장 좋은 옵션으로 나타날 것이다.

가중치 초기화

네트워크의 가중치와 편향은 한때 별 고민 없이 설정되곤 했지만 지금은 그 중요성이 잘 알려져 있다. 이 절에서 시행할 간단한 실험으로 이를 명확히 확인할 수 있다.

sklearn 툴킷에서는 `MLPClassifier` 클래스의 `_init_coef` 메서드를 사용해 신경망의 가중치와 편향을 초기화한다. 이 메서드는 9장에서 다룬 글로롯 알고리듬에 따라 가중치와 편향을 무작위로 선택한다. 이 알고리듬은 가중치와 편향을 다음의 범위에서 균등하게 샘플링한 값으로 설정한다.

$$\left[-\sqrt{\frac{A}{f_{in} + f_{out}}}, \sqrt{\frac{A}{f_{in} + f_{out}}} \right]$$

여기서 f_{in}은 입력 개수이고 f_{out}은 초기화 중인 현재 계층의 출력 개수다. 활성화 함수가 시그모이드 함수이면 $A = 2$이고 그렇지 않으면 $A = 6$이다.

약간의 트릭을 사용하면 sklearn이 네트워크를 초기화하는 방식을 변경해 다른 초기화 방식을 실험할 수 있다. 파이썬의 객체지향 프로그래밍 기능을 활용하는 방법이다. `MLPClassifier`의 하위 클래스를 만들고 간단히 `Classifier`라고 부르자. `_init_coef` 메서드를 새로 만들어 오버라이드override시키자. 파이썬에서는 클래스 인스턴스에 새로운 멤버 변수를 임의로 추가할 수 있으므로 실험에 필요한 모든 것이 준비된 셈이다.

실험의 나머지 부분은 앞에서 시행한 내용과 동일하다. MNIST 숫자 데이터 세트의 일부 부분집합에 대해 학습을 시행하되 다양한 초기화 방식을 적용해 에폭별로 테스트 오차 값이 어떻게 달라지는지를 그래프로 보여줄 것이다. 모델 자체는 처음 6,000개의 학습 샘플, 64개의 미니배치 크기, 0.01의 일정한 학습률, 0.9의 모멘텀, 0.2의 L2 정규화 파라미터, 각각 100개 및 50개 노드를 갖는 두 개의 은닉 계층으로 구성된 아키텍처를 사용한다. 이 실험의 소스코드는

mnist_nn_experiments_init.py에서 확인할 수 있다.

sklearn의 표준 글로롯^{Glorot} 접근 방식과 함께 4가지 새로운 가중치 초기화 방식을 테스트하자. 표 10-5는 이 4가지 방식을 보여준다.

표 10-5: 가중치 초기화 방식

이름	방정식	설명
글로롯	$\left[-\sqrt{\dfrac{6}{f_{in}+f_{out}}},\ \sqrt{\dfrac{6}{f_{in}+f_{out}}} \right]$	sklearn 기본값
헤	$N(0,\ 1)\sqrt{\dfrac{2}{f_{in}}}$	ReLU 함수에 대한 헤 초기화
자비에르	$N(0,\ 1)\sqrt{\dfrac{1}{f_{in}}}$	자비에르 변형
유니폼	$0.01(U(0,\ 1) - 0.5)$	고전적인 소규모 균등 분포
가우시안	$0.005N(0,\ 1)$	고전적인 소규모 가우시안 분포

$N(0,\ 1)$은 평균이 0이고 표준 편차가 1인 종형 곡선에서 샘플을 추출하는 방식이고 $U(0,\ 1)$은 [0, 1) 범위의 값 중에서 균등하게 임의의 샘플을 추출하는 방식이다. 균등 분포는 임의의 값이 1.0일 가능성은 없고 그 외 해당 범위 내의 값일 확률은 동일한 분포다. 새로 소개된 초기화 방법은 모두 편향 값을 0으로 설정한다. 그러나 sklearn의 글로롯 방식만은 예외며 가중치를 설정하는 것과 같은 방식으로 편향 값을 설정한다.

> **참고** 9장에서 언급했듯이 자비에르와 글로롯은 동일인인 자비에르 글로롯을 가리킨다. 그런데도 자비에르라고 따로 구분해 부르는 이유는 이 방식이 카페(Caffe)와 같은 일부 툴킷에서 그렇게 불리고 있기 때문이고 구현 방식도 최초 논문에서 제시한 것과는 조금 다른 방정식을 사용하기 때문이다.

모든 설명이 멋지고 깔끔하게 정리됐으니 코드로 구현해보자. 먼저 새로운 파이썬 클래스인 `Classifier`를 `MLPClassifier`의 하위 클래스로 정의한다. 하위 클래스로 정의된 이 새로운 클래스는 상위 클래스인 **MLPClassifier**의 모든 기능을 상속하는 동시에 자체적으로 구현한 메서드로 상위 클래스의 기존 메서드를 오버라이드해 자유롭게 재정의할 수 있다. 동일한 인수와 반환값을 사용해 자체 버전의 **_init_coef**를 정의하면 된다. 구현된 코드는 다음과 같다.

```
class Classifier(MLPClassifier):
    def _init_coef(self, fan_in, fan_out):
        if (self.init_scheme == 0):
            return super(Classifier, self)._init_coef(fan_in, fan_out)
        elif (self.init_scheme == 1):
            weights = 0.01*(np.random.random((fan_in, fan_out))-0.5)
            biases = np.zeros(fan_out)
        elif (self.init_scheme == 2):
            weights = 0.005*(np.random.normal(size=(fan_in, fan_out)))
            biases = np.zeros(fan_out)
        elif (self.init_scheme == 3):
            weights = np.random.normal(size=(fan_in, fan_out))* \
                         np.sqrt(2.0/fan_in)
            biases = np.zeros(fan_out)
        elif (self.init_scheme == 4):
            weights = np.random.normal(size=(fan_in, fan_out))* \
                         np.sqrt(1.0/fan_in)
            biases = np.zeros(fan_out)
```

초기화 방식은 **init_scheme**의 값에 따라 달라진다. **init_scheme**은 초기화 방법을 선택하는 데 사용하는 새로운 멤버 변수다(표 10-6 참조).

Classifier 객체를 생성한 직후에 변수를 설정한다.

네트워크를 두 번 이상 학습시키면 네트워크가 초기화되는 방식으로 인해 약간씩 다른 성능치가 나온다. 한 가지 네트워크만을 대상으로 각 초기화 유형을 시험해보는 것은 각 초기화 방식의 성능에 대한 잘못된 이해를 수반할 수 있다.

표 10-6: init_scheme 값과 그에 따른 초기화 방식

값	초기화 방식
0	sklearn 기본값
1	고전적인 소규모 균등 분포
2	고전적인 소규모 가우시안 분포
3	ReLU 함수에 대한 헤 초기화
4	자비에르 변형

운이 나쁘면 최악의 초기화 가중치와 편향을 선택하는 경우도 발생하기 때문이다. 이를 완화하려면 여러 버전의 네트워크를 학습시킨 후 성능치의 평균을 관찰해야 한다. 학습 에폭 수를 기준으로 테스트 오차를 표시하기 때문에 각 초기화 방식별로 각 학습 에폭에 대해 테스트 오차를 추적해야 한다. 이런 상황을 표현하려면 3차원 배열이 필요하다.

```
test_err = np.zeros((trainings, init_types, epochs))
```

인수 **init_types**에 따라 각각의 초기화 유형이 지정되며 각 초기화 유형에 따라 인수 **epochs**만큼 반복되는 학습 **trainings**가 정의된다. 모든 것이 준비됐고 실제 실험 결과를 생성하고 저장하는 작업이 명확해졌다. 그러나 실행 시간은 하루 종일이 걸릴 정도로 느리다.

```
for i in range(trainings):
    for k in range(init_types):
        nn = Classifier(solver="sgd", verbose=False, tol=0,
                nesterovs_momentum=False, early_stopping=False,
                learning_rate_init=0.01, momentum=0.9,
                hidden_layer_sizes=(100,50), activation="relu", alpha=0.2,
                learning_rate="constant", batch_size=64, max_iter=1)
        nn.init_scheme = k
```

```
            test_err[i,k,:] = run(x_train, y_train, x_test, y_test, nn, epochs)
np.save("mnist_nn_experiments_init_results.npy", test_err)
```

여기서 변수 nn은 학습할 분류기의 인스턴스, init_scheme은 테스트할 초기화
방식, run 메서드는 네트워크를 점진적으로 학습하고 테스트하고자 앞에서 정
의해둔 함수다.

학습 세션 수를 10으로 놓고 에폭 수를 4,000으로 설정한 다음 에폭당 평균 테스
트 오차를 플롯하면 그림 10-8과 같은 결과가 나온다.

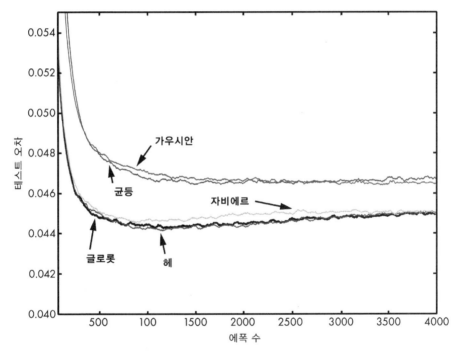

그림 10-8: 학습 에폭 수를 기준으로 측정한 다양한 가중치 초기화 방법별
MNIST 테스트 오차(평균 10회 이상의 훈련 실행)

그림을 자세히 분석해보자. 5가지 초기화 방식이 표시돼 있으며 각각의 방식은
그림의 5가지 곡선 중 하나를 가리킨다. 곡선 자체는 앞에서도 봐온 형태라

이제 친숙할 것이다. 학습 에폭 수를 기준으로 측정한 테스트 세트 오차 값을 표시하고 있다. 각 곡선별로 플로팅된 값은 동일한 네트워크 아키텍처에 대해 10번씩 학습을 수행한 후 집계한 평균 성능치다. 각각의 초기화 방식은 매번 서로 다른 임의의 값을 사용해 초기화를 수행했다.

그림에서 그래프가 두 개의 그룹으로 나눠져있음을 볼 수 있다. 위쪽 그룹에는 소규모의 균등 분포 및 정규(가우시안) 분포 값을 사용하는 고전적인 초기화 방식에 대한 테스트 오차 값이 모여 있다. 아래쪽 그룹에는 현재 많이 사용되는 좀 더 원칙적인 초기화 결과가 모여 있다. 이 기초적인 실험만으로도 현대적인 초기화 접근 방식의 효율성을 아주 명확하게 확인할 수 있다. 수십 년 전에 신경망이 나쁜 명성을 얻었던 이유 중 하나가 이들 고전적인 초기화 방식 때문이었다. 부적절한 초기화로 인해 네트워크를 학습시키는 과정 대부분이 까다롭고 어려운 작업이 됐다.

아래쪽 그룹을 보면 글로롯이라고 하는 sklearn의 기본 초기화 방식과 헤 초기화 접근 방식 간에 차이가 거의 없음을 알 수 있다. 두 플롯은 정말로 거의 동일하다. 자비에르 방식은 이 둘보다 처음 부분에서 약간 더 나쁜 결과를 보인다. 그러나 학습 실행이 끝날 무렵에는 다른 두 개와 비슷해진다. sklearn이 훌륭한 초기화 전략을 사용하고 있음을 알 수 있다.

그래프에서 또 다른 사실을 발견할 수 있다. 고전적인 초기화 방식에서는 테스트 세트 오차 수준이 수렴하기 시작한 다음부터 거의 일정하게 유지된다. 반면 현대적인 초기화 방식에서는, 학습 에폭이 진행됨에 따라 테스트 세트 오차가 약간 증가하는 양상을 보인다. 이러한 양상은 특히 글로롯과 헤 방식에서 두드러진다. 이런 식의 증가는 명백한 과적합을 암시하는 것이다. 학습이 지속되면서 모델이 더 이상 모분포의 일반적인 특징을 학습하지 못하고 학습 데이터 세트의 국지적인 특징에 집중하기 시작한다는 의미다. 학습 데이터 세트 오차는 그림에 표시되지 않았지만 테스트 세트 오차가 증가하는 구간에서도 학습 데이터 세트 오차는 감소하는 양상을 보일 것이다. 약 1,200 에폭 지점에서 가장 낮은 테스트 세트 오차를 얻을 수 있다. 이상적으로는 이 지점에서 학습을 중단해야 한다. 모델이 미지의 신규 입력 데이터를 가장 정확하게 판정할 수 있는 지점이라는 믿을 만한 증거이기 때문이다. 추가 학습은 모델 일반화를 저하시키는 경향을 보인다.

테스트 오차가 증가하는 이유는 무엇일까? 학습 데이터 세트가 단 6,000개의 샘플로 구성된 소규모 데이터라는 점이 원인일 수 있다. 또한 모델 아키텍처가 100개와 50개 노드를 가진 단 2개의 은닉 계층으로 구성돼 상대적으로 규모가 작다는 점도 원인으로 들 수 있다.

이 절에서는 최신 네트워크 초기화 방법의 이점을 극적으로 보여준다. 이 방식들은 12장에서 컨볼루션 신경망을 다룰 때 다시 한 번 자세히 살펴볼 것이다.

피처 간의 순서

이 절에서 소개되는 재미있는 실험을 마지막으로 MNIST에 대한 실험을 일단 마치자. 나중에 컨볼루션 신경망을 살펴볼 때 다시 다룰 기회가 있다. 지금까지 실험에서는 MNIST 숫자 데이터를 사용할 때 숫자 이미지의 각 행을 이어 붙여 만든 벡터의 형태로 변환해 사용했다. 변환 과정 중에도 벡터의 각 원소는 상호 연관성을 유지하기 때문에 나중에 해당 벡터를 28 × 28의 배열로 재배치하면 원래의 숫자 이미지를 재구축할 수 있다. 이는 한 행의 끝과 다음 행의 시작을 제외한 다른 부분의 픽셀은 여전히 숫자 이미지의 일부임을 의미한다. 즉, 이미지를 구성하는 원소 간의 공간적 관계는 여전히 유지된다.

그러나 이미지의 픽셀을 뒤섞는다면 항상 같은 방식으로 픽셀을 섞는다 하더라도 픽셀 간의 국지적인 공간 관계가 훼손된다. 이미지를 보고 어떤 숫자인지 판단할 때 이 국지적인 공간 관계를 근거로 판단이 가능한 것이다. 숫자 5를 찾을 때 상단 부분이 직선의 형태이고 하단 부분은 오른쪽으로 구부러진다는 특징을 찾게 되는 원리다.

그림 7-3을 보자. 그림의 위쪽 행은 원래의 MNIST 숫자 이미지를 보여주고 아래쪽 행은 원본 이미지를 스크램블한 후 동일한 숫자 이미지가 어떻게 보이는지 보여준다. 7장에서 이 스크램블 과정이 고전적인 머신러닝 모델의 정확도에 영향을 미치지 않는다는 것을 확인했었다. 인간은 이미지를 국지적인 공간 관계를 통해 인지하지만 머신러닝 모델은 입력 데이터를 전체적으로 고려한다. 이러한 현상이 신경망에서도 나타날까? 그렇다면 네트워크가 원본 이미지를 학습하는 것과 같은 속도로 스크램블된 입력을 학습할 수 있을까? 실험으로 알아보자.

실험에 대한 소스코드는 mnist_nn_experiments_scrambled.py에서 확인할 수 있다.[1] 다음과 같은 신경망 모델에 대한 간단히 정의가 포함돼 있다.

```
MLPClassifier(solver="sgd", verbose=False, tol=0,
    nesterovs_momentum=False, early_stopping=False,
    learning_rate_init=0.01, momentum=0.9,
    hidden_layer_sizes=(100,50), activation="relu",
    alpha=0.2, learning_rate="constant", batch_size=64, max_iter=1)
```

먼저 처음 6,000개의 MNIST 숫자 샘플에 대해 학습을 시행한다. 처음에는 원본 이미지로 학습하고 다음에 스크램블된 버전을 사용한다. 에폭 기준으로 테스트 세트 오차를 측정하고 이를 10회 실행한 결과의 평균치를 구해 플로팅한다. 그림 10-9에 결과가 나와 있다.

---

1. 이 코드는 저자의 깃허브 사이트에서 확인되지 않고 있다. - 옮긴이

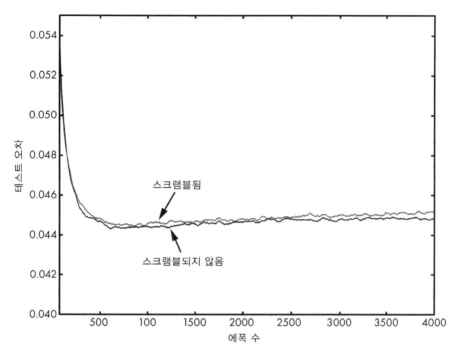

그림 10-9: 원본 이미지 숫자와 스크램블된 숫자에 대해 학습 에폭 기준으로 집계한 MNIST 테스트 오차

그림을 보면 이전 질문에 대한 답을 얻을 수 있다. 첫 번째 질문에 대한 답은 '예'다. 전통적인 머신러닝 모델처럼 신경망도 입력 벡터를 전체적으로 해석한다. 두 번째 질문에 대한 답도 역시 '예'이다. 네트워크는 스크램블되지 않은 숫자만큼 빠르게 스크램블된 숫자를 학습할 수 있다. 그림 10-9에 표시된 대로 스크램블된 곡선과 스크램블되지 않은 곡선 간의 차이는 통계적으로 유의미하지 않다.

이러한 결과는 전통적인 신경망이 입력 데이터를 전체적으로 이해하고 있으며 데이터를 구성하는 원소들의 국지적인 공간 관계에 의존하지 않고 있음을 말해 준다. 그러나 컨볼루션 신경망을 다루는 12장의 실험에서는 전혀 다른 결과를 보게 될 것이다. 이미지 데이터를 구성하는 원소 간의 공간 관계를 인식하지 못한 것이 오랜 기간 신경망의 발전을 저해했던 원인 중 하나다. 공간 관계를 인식하기 위한 노력의 일환으로 개발된 방법이 바로 컨볼루션 신경망이다.

요약

10장에서는 8장과 9장에서 개발한 개념을 MNIST 데이터 세트를 이용해 직접 실험해봤다. 네트워크 아키텍처 및 경사 하강 학습 프로세스와 관련된 주요 파라미터를 변경시켜가면서 각 파라미터가 네트워크의 전체 성능에 어떤 영향을 미치는지 직관력을 높일 수 있었다. 지면이 한정돼 모든 `MLPClassifier` 옵션을 전부 실험할 수는 없었지만 독자 스스로 더 많은 실험을 해볼 수 있으리라 믿는다. 특히 다양한 솔버 함수, 네스테로프^{Nesterov} 모멘텀, 조기 중지, 특히 컨볼루션 신경망 훈련에 중요한 가변적인 학습률은 반드시 실험을 통해 개념을 확인해두는 것이 좋다.

11장에서는 머신러닝 모델의 성능을 평가하기 위한 기법과 측정 항목을 알아본다. 컨볼루션 신경망으로 넘어가기 전에 배치된 이 막간 성격의 장은 고급 신경망 모델의 성능을 이해하는 데 도움이 되는 다양한 도구를 제시한다.

11

모델 평가

지금까지는 모델을 평가할 때 주어진 테스트 세트에 대한 모델의 예측 정확도를 기준으로 평가했다. 자연스럽고 직관적인 방식이긴 하지만 모델을 평가할 때 이 방식만 사용하는 것은 아니라는 것을 11장에서 배울 것이다.

몇 가지 기본적인 측정 항목과 가정에 대한 설명으로 11장을 시작한다. 이어서 정확도 외의 다른 측정 항목이 필요한 이유를 살펴본다. 혼동 행렬Confusion Matrix의 개념을 소개하고 혼동 행렬에서 도출할 수 있는 여러 가지 측정 항목도 알아본다. 다음으로 서로 다른 모델을 비교하는 가장 좋은 방법이라 할 수 있는 성능 곡선을 알아본다. 마지막으로 혼동 행렬의 개념을 다중 클래스 상황으로 확장시켜 설명한다. 이 영역은 계속해서 발전하고 있기 때문에 성능 측정 항목에 대한 모든 것을 다뤘다고 말하기는 어렵다. 하지만 11장을 마친 후에는 머신러닝 분야에서 통용되는 여러 종류의 수치와 친숙해져 있을 것이고 각 수치의 의미도 충분히 이해할 수 있을 것이다.

정의와 가정

모델의 성능을 평가하고자 사용되는 성능 측정 항목에는 정확도 외에도 다양한 다른 방식이 있다. 다양한 항목으로 평가함으로써 좀 더 합리적으로 모델의 성능을 비교해볼 수 있다. 먼저 성능 측정 항목을 의미하는 메트릭metric이라는 단어의 정의부터 살펴보자. 메트릭은 모델이 얼마나 잘 작동하고 있는지를 나타내는 숫자 또는 숫자 집합이다.

메트릭 값은 모델의 성능이 증가하거나 감소함에 따라 증가하거나 감소할 수도 있고 반대로 움직일 수도 있다. 조금 느슨하게 보일 수도 있지만 경우에 따라서는 그래프를 메트릭으로 참조해 모델의 성능을 판정하기도 한다.

모델 평가용으로 단 하나의 성능 측정용 테스트 세트만 준비된 상황을 생각해보자. 4장에서 배운 대로 3가지 데이터 세트를 구축한다고 하자. 모델 학습을 위한 학습 데이터 세트, 모델 학습 여부를 판단할 수 있는 검증 데이터 세트, 학습된 모델을 평가하기 위한 성능 측정용 테스트 데이터 세트를 준비한다. 학습 데이터 세트와 검증 데이터 세트를 이용해 모델을 학습시킨 후에 얼마나 잘 학습시켰는지 알고 싶다고 가정하자.

이 장에는 또 하나의 중요한 암묵적 가정이 사용되고 있는데, 성능 측정용 테스트 세트가 학습 데이터를 생성하는 데 사용된 모분포를 잘 표현하고 있다는 가정이다. 다시 말해 성능 측정용 테스트 세트는 모델이 실제 현장에서 여러 방식으로 마주치게 될 데이터를 잘 표현할 수 있어야 한다. 예를 들어 특정 클래스가 테스트 세트에 나타나는 빈도는 모델이 실제 현장에서 사용될 때 해당 클래스가 발생할 예상 비율과 일치해야 한다.

이러한 조치가 필요한 이유는 모델 학습 과정에서 사용되는 데이터의 특수한 분포와 피처 집합을 해당 모델이 학습하기 때문이다. 모델이 실제 현장에서 마주치게 될 데이터가 학습 과정에서 사용한 데이터의 특징과 다르다면 해당 모델은 제대로 된 성능을 보일 수 없다. 학습용 데이터 세트의 분포와 모델이 실제로 사용될 때 데이터 세트의 분포 간 차이를 해소하지 못하는 것이 머신러닝 모델이 실제 사용 현장에서 실패하게 되는 가장 일반적인 이유 중 하나다.

정확도만으로 충분하지 않은 이유

이진 분류기는 특정 입력값에 대해 클래스 0인지 클래스 1인지를 결정해 출력한다. 다음과 같이 정의해보자.

> N_c, 모델이 올바르게 분류한 테스트 데이터의 수
>
> N_w, 모델이 잘못 분류한 테스트 데이터의 수

이때 0과 1 사이의 숫자인 이 모델의 전체 정확도는 다음과 같이 구해진다.

$$\text{ACC} = \frac{N_c}{N_c + N_w}$$

이 책 전반에 걸쳐 사용한 정확도를 구하는 공식이다. 참고로 이 장에서는 전체 정확도를 ACC로 표기하기로 한다.

얼핏 보면 매우 합리적인 지표처럼 보이지만 이 수치를 너무 믿지 말아야 할 몇 가지 이유가 있다. 예를 들어 N_c와 N_w는 각 클래스의 상대 빈도에 대해 아무것도 알려주지 않는다. 한쪽 클래스가 다른 클래스에 비해 훨씬 적게 발생할 경우 성능에 어떤 영향을 미칠 수 있는지 생각해보자.

모델의 정확도가 95%(ACC = 0.95)라면 만족할 만한 수치라고 생각할 수 있다. 그러나 클래스 1의 빈도(사전 확률prior probability)가 5%에 불과하다고 가정해보자. 즉, 테스트 세트에서 100개의 샘플을 무작위로 추출하면 평균적으로 약 5개는 클래스 1이고 나머지 95개는 클래스 0이라는 뜻이다. 모든 입력에 대해 클래스 0이라고 예측하는 모델도 95%의 정확도를 보인다는 것을 알 수 있다. 모든 입

력에 대해 무조건 클래스 0만 반환하는 모델이 나올 수도 있다는 점이 우려된다. 전체적인 정확도만을 고려한다면 다음과 같이 파이썬 코드 두 줄로 구현할 수 있는 끔찍한 모델에 대해서도 좋은 모델이라고 평가하는 오류를 범할 수 있다.

```python
def predict(x):
    return 0
```

이 코드에서는 입력 피처 벡터 x가 무엇이건 상관없이 클래스가 0이라고 출력한다. 아무도 이런 모델에 만족하지 않을 것이다.

클래스의 사전 확률은 전체 정확도에 대해 생각하는 방법에 영향을 준다. 다음과 같은 정보를 알고 있다면 클래스별 정확도를 쉽게 계산할 수 있다.

> N_0, 테스트 세트에 포함된 클래스 0 인스턴스 수
>
> N_1, 테스트 세트에 포함된 클래스 1 인스턴스 수
>
> C_0, 모델이 찾아낸 클래스 0 인스턴스 수
>
> C_1, 모델이 찾아낸 클래스 1 인스턴스 수

각 클래스별 정확도는 다음과 같이 계산된다.

$$\mathrm{ACC}_0 = \frac{C_0}{N_0}$$

$$\mathrm{ACC}_1 = \frac{C_1}{N_1}$$

$$\mathrm{ACC} = \frac{C_0 + C_1}{N_0 + N_1}$$

최종 식은 올바르게 분류된 모든 샘플 수를 전체 테스트 샘플 수로 나눈 값으로서 전체 정확도를 계산하는 또 다른 방법이다.

클래스별 정확도는 테스트 세트에서의 클래스별 빈도 불균형을 설명할 수 있기 때문에 전체 정확도보다 유용하다. 클래스 1의 빈도가 5%로 구성된 이전의 가상 테스트 세트의 경우 분류 모델이 모든 입력에 대해 클래스 0을 예측하고 있다면 클래스별 정확도가 $ACC_0 = 1.0$ 및 $ACC_1 = 0.0$으로 나타나기 때문에 문제가 있다는 사실을 알아챌 수 있다. 모든 클래스를 무조건 클래스 0이라고 판정할 것이므로 클래스 0 샘플은 맞춘 것으로 판정되고 클래스 1 샘플은 틀린 것으로 판정될 것이다. 클래스별 정확도는 다중 클래스 모델 평가에서 다시 살펴볼 것이다.

전체 정확도를 사용하지 않는 또 다른 이유는 틀린 것이 맞는 것보다 훨씬 더 많은 비용을 초래하기 때문이다. 이는 테스트 세트 외적인 요소에 어떤 의미를 부여한다. 클래스 0과 클래스 1에 주어지는 의미에 관련한 얘기다. 5장에서 다뤘던 유방암을 테스트하는 경우를 예로 들어보자. 실제 샘플은 유방암이 아닌데, 모델은 이를 클래스 1(악성)로 판정하는 경우가 있을 수 있다. 이 검사 결과를 기다리는 환자는 잠시 불안하겠지만 추가 검사를 통해 결국 유방암이 아닌 것으로 드러날 것이므로 큰 문제는 아니다. 그러나 정반대의 경우는 문제가 심각해질 수 있다. 실제로는 유방암인데 모델의 판정 결과는 음성으로 나오는 바람에 환자가 치료를 받지 않거나 치료시기를 놓쳐 치명적인 상태가 될 수 있기 때문이다. 이와 같이 각 클래스별 상대적 비용은 동일하지 않으며 위의 예와 같이 삶과 죽음의 차이를 의미할 수도 있다. 도로 한가운데에서 노는 아이를 빈 음료수 캔이라고 생각하는 자율 주행 자동차를 포함해 실세계의 많은 예가 비슷한 유형의 문제를 유발할 수 있다.

모델을 만드는 이유는 현실 세계에서 사용하기 위해서며 모델의 출력은 현실 세계와 연결된다. 모델의 출력으로 인해 발생하는 비용은 때로는 생각보다 클수 있다. 출력 오류로 인한 비용을 고려하지 않고 모델의 전체 정확도만을 근거로 판단하면 잘못된 결정을 내리게 될 수 있다.

2 × 2 혼동 행렬

지금까지 작업한 모든 모델은 각각의 입력 데이터에 클래스 레이블을 할당했다. 예를 들어 로지스틱 유형 신경망의 출력값은 클래스 1에 속한 데이터가 나올 확률이라고 해석할 수 있다. 전형적인 임곗값인 0.5를 사용해 클래스 레이블을 할당할 수 있다. 출력이 0.5보다 작으면 입력 클래스를 0으로 판정하고 그렇지 않으면 클래스 1로 판정한다. 투표를 통해 판정하는 k-NN 방식 등 판정 방식은 모델 유형별로 달라질 수 있지만 결국 모든 입력에 대해 클래스를 할당한다는 점에서는 동일하다.

전체 테스트 세트에 대해 모델을 적용하고 결정 규칙에 따라 결과를 판정해보면 원래 할당된 클래스 레이블과 함께 각 샘플에 대한 클래스 레이블을 알 수 있다. 아직은 이진 분류 모델의 경우만 고려하면 되기 때문에 예측 결과를 바탕으로 할당된 클래스와 원래의 클래스를 이용하면 다음과 같은 4가지 경우가 생긴다.

표 11-1: 원래의 클래스 레이블과 이진 분류기가 할당한 클래스 레이블 간의 관계

할당된 클래스	원본 클래스	사례
0	0	참 음성(TN, True Negative)
0	1	거짓 음성(FN, False Negative)
1	0	거짓 양성(FP, False Positive)
1	1	참 양성(TP, True Positive)

사례 열에 나오는 레이블은 각 상황을 묘사하는 방법을 정의한다. 입력 데이터의 실제 클래스가 클래스 0이고 이에 대해 모델이 클래스 0을 할당한 경우 올바

르게 식별된 음성 샘플이므로 참 음성 또는 TN으로 표시한다. 실제 클래스가 클래스 1이고 모델이 클래스 1을 할당한 경우 올바르게 식별된 양성 샘플이므로 참 양성 또는 TP로 표시한다. 그러나 실제 클래스가 클래스 1인데 모델이 클래스 0을 할당하는 경우 사실은 양성인데 음성이라고 잘못 판정한 경우이므로 거짓 음성 또는 FN으로 표시한다. 마지막으로 실제 클래스는 0인데 모델이 클래스 1을 할당하는 경우 사실은 음성인데 양성이라고 잘못 판정한 경우이므로 거짓 양성 또는 FP로 표시한다.

테스트 세트의 각 입력 샘플은 위의 4가지 경우 중 꼭 하나에만 해당된다. 이렇게 하면 테스트 세트의 모든 데이터에 대해 각 사례가 나타난 횟수를 집계할 수 있으며 계산 결과는 표 11-2와 같이 테이블로 멋지게 표시할 수 있다.

표 11-2: 2 x 2 테이블로 표시된 클래스 레이블 정의

	원본 클래스 1	원본 클래스 0
모델 판정 클래스 1	TP	FP
모델 판정 클래스 0	FN	TN

표에서 각 사례에 대한 실제 집계 결과가 표시되는 자리에 사례 레이블(TP, FP 등)을 표시했다.

이 표는 2 × 2 혼동 행렬(또는 2 × 2 분할표)이라고 부른다. 2개의 행과 2개의 열이 있기 때문에 2 × 2로 표기된다. 이 행렬은 분류기 모델이 잘못된 판정을 해서 혼동을 야기한 항목들의 수치를 한눈에 보여주기 때문에 혼동 행렬이라고 부른다. 특정 클래스의 인스턴스를 다른 클래스에 잘못 할당한 경우 분류기 모델이 혼동한 것으로 판정한다. 위 2 × 2 테이블에서 이러한 혼동 상황은 주대각선(왼쪽 위에서 오른쪽 아래를 잇는 선) 외의 다른 칸에 표시된 수치들로 나타난다. FP 및 FN 항목이 이에 해당한다. 테스트 세트에 대해 완벽한 예측을 수행하는 모델은 FP = 0 및 FN = 0을 갖는다. 이 모델은 클래스 레이블을 할당할 때 전혀 실수하지 않는다.

7장에서는 5장에서 구축한 유방암 데이터 세트로 여러 실험을 수행했다. 우리는 전반적인 정확도를 살펴봄으로써 이 데이터 세트에 대한 고전 모델의 성능을 계산해봤다. 이 값은 sklearn의 **score** 메서드를 사용해 얻을 수 있다. 이제 해당 테스트 세트에 이 모델들을 적용해 집계한 2 × 2 테이블을 살펴보자.

해당 코드는 bc_experiments.py 파일에 있다. 이 코드는 여러 가지 유형의 고전 모델을 학습시키는 내용을 담고 있다. 그러나 전체 정확도를 계산하는 대신 2 × 2 테이블의 항목을 계산하는 새 함수를 도입해보자(리스트 11-1 참조).

리스트 11-1: 사례별 통계치 생성

```
def tally_predictions(clf, x, y):
    p = clf.predict(x)
    score = clf.score(x,y)
    tp = tn = fp = fn = 0
    for i in range(len(y)):
        if (p[i] == 0) and (y[i] == 0):
            tn += 1
        elif (p[i] == 0) and (y[i] == 1):
            fn += 1
        elif (p[i] == 1) and (y[i] == 0):
            fp += 1
        else:
            tp += 1
    return [tp, tn, fp, fn, score]
```

이 함수는 학습된 sklearn 모델 객체(clf), 테스트 샘플(x), 해당 실제 테스트 레이블(y)을 입력으로 받는다. 이 함수가 수행하는 첫 번째 작업은 sklearn 모델을 사용해 각 테스트 샘플에 대한 클래스 레이블을 예측하는 것이다. 예측 결과는 변수 p에 저장된다. 그런 다음 전체 점수를 계산하고 반복문을 사용해 각 테스트 샘플에 대해 예측된 클래스 레이블(p)과 실제 원본 클래스 레이블(y)을 반복적으로 비교해 해당 샘플이 참 양성, 참 음성, 거짓 양성 또는 거짓 음성 중 어느 사례에 해당하는지 조사한다. 계산이 끝나면 집계된 모든 값을 반환한다.

bc_experiments.py의 출력에 tally_predictions 함수를 적용해 표 11-3과 같은 결과를 얻는다. 이해를 돕고자 실험에 사용된 sklearn 모델의 유형을 표시해뒀다.

표 11-3: 유방암 검사 세트에 대한 2 × 2 테이블

최근접 센트로이드	원본 클래스 1	원본 클래스 0
모델 판정 클래스 1	43	4
모델 판정 클래스 0	2	65

3-NN	원본 클래스 1	원본 클래스 0
모델 판정 클래스 1	45	1
모델 판정 클래스 0	0	68

의사결정 트리	원본 클래스 1	원본 클래스 0
모델 판정 클래스 1	44	6
모델 판정 클래스 0	1	63

SVM(선형)	원본 클래스 1	원본 클래스 0
모델 판정 클래스 1	45	4
모델 판정 클래스 0	0	65

표 11-3은 테스트 데이터 세트를 4개의 모델(최근접 센트로이드, 3-NN, 의사결정 트리, 선형 SVM)에 적용해 집계한 테이블을 보여준다. 표에 나온 수치를 보면 3-NN 모델의 성능이 가장 좋다는 것을 알 수 있다. 거짓 양성만 1개 발생했고 거짓 음성은 없다. 이 결과는 모델이 원래 양성인 경우에 대해 음성이라고 판정한 사례는 없으며 원래 음성인 사례를 양성이라고 판정한 사례가 단 한 번 있음을 의미한다. 앞 절에서 다룬 내용을 고려할 때 이 결과는 매우 고무적이라할 수 있다.

이제 최근접 센트로이드 및 의사결정 트리에 대한 결과를 살펴보자. 이 모델의 전체 정확도는 각각 94.7%와 93.9%다. 정확도만 본다면 최근접 센트로이드 모델이 더 낫다고 말할 수 있다. 그러나 2 × 2 테이블을 보면 의사결정 트리가 더 많은 거짓 양성(6개)을 갖고 있긴 하지만 거짓 음성은 1개만 발생시키고 있음을 알 수 있다. 반면 최근접 센트로이드는 2개의 거짓 음성을 발생시켰다. 앞 절에서도 설명했지만 거짓 음성은 암이 있는 데도 발견하지 못한 상황을 의미

하며, 잠재적으로 심각한 결과를 유발할 수 있다. 따라서 이 데이터 세트의 경우에는 거짓 양성에서 조금 증가하는 손해를 보더라도 거짓 음성을 최소화하는 모델을 선택해야 할 것이다. 결론은 최근접 센트로이드 모델보다는 의사결정 트리 모델을 선택하는 편이 낫다는 것이다.

2 × 2 혼동 행렬에서 파생된 메트릭

앞에서 살펴본 2 × 2 테이블 자체를 보는 것도 도움이 되지만 이 테이블에서 파생된 메트릭을 활용하면 더 많은 정보를 얻을 수 있다. 이번 절에서는 몇 가지 파생 메트릭을 살펴보고 이를 사용해 2 × 2 테이블의 정보를 해석하는 방법을 알아본다. 본격적인 설명을 시작하기 전에 여기서 다룰 메트릭 값들은 때때로 논란의 여지를 남긴다는 점에 주의하자. 어떤 상황에서 어떤 메트릭을 사용하는 것이 좋은지는 학문적 논쟁이 이뤄지고 있다. 여기서는 다양한 예제를 통해 각 메트릭을 소개하고 이들이 측정하고자 하는 대상이 무엇인지 알아보는 데 집중한다. 여기서 소개되는 거의 모든 메트릭은 머신러닝 실무 분야에서 항상 접하게 될 것이므로 각 메트릭의 개념을 잘 익혀두는 것이 중요하다.

2 × 2 행렬에서 메트릭 도출

첫 번째 메트릭은 2 × 2 테이블의 값(TP, TN, FP, FN)에서 직접 파생된다. 이 4가지 값이 가장 기본이 되는 메트릭이다. 계산도 쉽고 이해하기도 쉽다. 표 11-2의 2 × 2 테이블에 대한 일반적인 사항들을 복습하면 도움이 될 것이다. 이제 이것들을 기반으로 두 가지 다른 메트릭을 정의해본다.

$$\text{참 양성 비율(TPR)} = \frac{TP}{TP + FN}$$

$$\text{참 음성 비율(TNR)} = \frac{TN}{TN + FP}$$

TPR(참 양성 비율)은 모델이 클래스 1에 속한 인스턴스를 제대로 식별할 확률이다. TPR은 민감도, 재현율, 적중률과 같은 다른 이름으로도 자주 사용된다. 특히 의학 분야에서는 주로 민감도라는 이름을 사용하고 있다.

TNR(참 음성 비율)은 모델이 클래스 0에 속한 인스턴스를 제대로 식별할 확률이다. 의학 분야에서는 TNR을 특이도라는 이름으로 부른다. 두 값 모두 확률 값이므로 0과 1 사이의 값을 갖는다. 높은 값일수록 우수한 성능을 나타낸다. 완벽한 분류기는 TPR = TNR = 1.0의 값을 갖는다. 이는 해당 분류기가 절대 실수를 하지 않는 상황을 의미하며 FP = FN = 0이 된다.

모델을 평가하려면 TPR과 TNR을 함께 이해해야 한다. 예를 들어 클래스 1에 해당하는 인스턴스가 아주 적은 상황에서 모델이 모든 입력 인스턴스를 클래스 0으로 예측한다면 매우 높은 정확도를 갖게 되는 문제가 있음을 앞서 지적했었다. 이와 같은 상황에서 TPR과 TNR을 측정한다고 가정해보자. 이 모델은 클래스 0의 인스턴스를 클래스 1(FP = 0)로 절대 할당하지 않기 때문에 TNR은 1이될 것이다. 그러나 클래스 1에 속한 인스턴스를 무조건 클래스 0으로 분류할 것이기 때문에 TPR은 0이 된다. 클래스 1의 모든 인스턴스를 거짓 음성으로 잘못 식별한다는 뜻이다. 이와 같이 두 메트릭을 함께 고려할 때 해당 모델이 좋은 모델이 아님을 즉시 알 수 있다.

거짓 음성이 치명적일 수 있는 유방암 사례라면 어떻게 되겠는가? 과연 TPR과 TNR을 어떤 관점에서 봐야 할 것인가? 물론 이상적으로는 두 메트릭 모두 가능한 한 높은 수치를 보이는 모델을 얻을 수 있으면 좋겠지만 그렇지 못하다면 TNR이 조금 낮더라도 TPR이 높은 모델을 사용하려 할 것이다. 이런 모델이라면 실제 유방암이 나타났을 때 거의 무조건 발견할 수 있을 것이다. 거짓 음성 계수(FN)가 사실상 0이기 때문에 TPR의 분모는 TP며, 따라서 TPR이 약 1.0이 되기 때문이다. 이와는 반대로 거짓 양성(실제로는 음성인데 모델은 양성으로 판정)을 관대하게 받아들이는 원칙을 적용하는 경우에는 TNR이 1.0보다 훨씬 낮아질 수 있다. TNR의 분모가 FP 개수를 포함하기 때문이다.

TPR과 TNR은 모델이 실제 클래스 1과 클래스 0의 인스턴스 중 하나를 선택할 가능성을 알려준다. 그러나 모델의 출력 결과가 얼마나 신뢰할 만한 것인지는 알려주지 않는다. 예를 들어 모델이 '클래스 1'이라고 판정을 내렸다면 이 결과를 얼마나 신뢰할 수 있을까? 이러한 유형의 평가를 수행하려면 2×2 테이블에서 직접 파생된 두 가지 다른 메트릭이 필요하다.

$$\text{양성 예측도(PPV)} = \frac{TP}{TP + FP}$$

$$\text{음성 예측도(NPV)} = \frac{TN}{TN + FN}$$

PPV(양성 예측도)는 정밀도라는 이름으로 가장 많이 알려져 있다. 이 메트릭은 모델이 특정 인스턴스에 대해 클래스 1에 속한다고 판정했을 때 해당 인스턴스가 실제로 클래스 1에 속할 확률을 나타낸다. 마찬가지로, NPV(음성 예측도)는 인스턴스가 클래스 0이라고 판정했을 때 모델의 판정이 옳을 확률을 나타낸다. 이 두 가지 메트릭 역시 0에서 1 사이의 값을 가지며 높은 값일수록 좋다.

TPR과 PPV의 유일한 차이점은 분모에 거짓 음성과 거짓 양성 중 어느 것을 포함하느냐이다. 거짓 양성 값을 분모에 포함시키면 모델이 원래 클래스 0에 속한 인스턴스를 클래스 1에 속한다고 잘못 판정할 가능성을 알려주는 메트릭이 된다. 모델의 출력이 얼마나 정확한지에 관한 확률을 알려준다.

모든 인스턴스에 대해 항상 클래스 0이라고 예측하는 모델의 경우 TP와 FP가 모두 0이므로 PPV를 계산할 수 없다. 모든 클래스 1 인스턴스는 FN으로 집계되고 TN 카운트에는 실제 클래스 0인 인스턴스가 모두 포함된다. TPR은 높지만 TNR은 높지 않은 경우 FP 값이 0이 아닌 값이 돼 PPV 값이 낮아진다. 이 상황을 좀 더 자세히 이해하고자 예를 살펴보자.

어떤 유방암 판정 모델이 표 11-4와 같은 2 × 2 테이블을 생성했다고 가정해 보자.

표 11-4: 유방암 데이터 세트에 대한 가상의 2 × 2 테이블

	원본 클래스 1	원본 클래스 0
모델 판정 클래스 1	312	133
모델 판정 클래스 0	6	645

이 예제에 대해 앞서 배운 메트릭을 계산해보면 다음과 같다.

$$TPR = 0.9811$$
$$TNR = 0.8398$$
$$PPV = 0.7011$$
$$NPV = 0.9908$$

즉, 이 모델은 98%의 확률로 실제 악성 사례를 악성으로 옳게 판정하지만 정상 사례의 경우 84%만 제대로 된 판정을 내릴 수 있음을 의미한다. PPV 값이 70%라는 말은 모델이 특정 사례를 '악성'으로 판정했을 때 해당 사례가 실제로 악성일 가능성이 70%에 불과하다는 의미다. 그러나 TPR 값이 높으므로 일단 '악성'으로 판정된 사례들은 거의 모두가 실제 유방암 사례라는 것을 알 수 있다. 또한 이는 높은 NPV를 의미하므로 모델이 '정상'으로 판정한 케이스는 매우 높은 확률로 유방암이 아니라는 확신을 갖게 한다. 이러한 이유로 PPV가 100% 미만인 경우에도 해당 모델을 여전히 유용하다고 말할 수 있다. 이 모델이 임상 환경에서 '악성'으로 판정한 사례에 대해서는 추가 테스트를 통한 확인 작업이 필요하겠지만 '양성'으로 판정한 사례에 대해서는 추가 테스트가 필요하지 않

다. 물론 이러한 메트릭의 허용 가능 수준은 모델의 사용 목적에 따라 달라진다. 예를 들어 암을 탐지하지 못함으로써 발생하는 비용이 매우 높은 경우 99.1%의 NPV 수준도 너무 낮은 수치라고 판단할 수 있다. 이런 상황에서는 검사 횟수를 높여주는 방향으로 부정확성을 줄일 수 있다.

2 × 2 테이블에서 추가로 간단히 도출할 수 있는 2가지 기본 메트릭을 알아보자.

$$\text{거짓 양성 비율}(\text{FPR}) = \frac{\text{FP}}{\text{FP} + \text{TN}}$$

$$\text{거짓 음성 비율}(\text{FNR}) = \frac{\text{FN}}{\text{FN} + \text{TP}}$$

이 메트릭들은 실제 클래스가 0인 사례들이 거짓 양성으로 판정될 가능성과 실제 클래스가 1인 사례들이 거짓 음성으로 판정될 가능성을 각각 알려준다. FPR(거짓 양성 비율)은 나중에 곡선을 사용해 모델을 평가하는 것을 설명할 때 다시 다룰 것이다. FPR = 1 - TNR이 되고 FNR = 1 - TPR이 된다는 점을 기억해두자. 기본 메트릭을 계산하는 방법은 간단하다. 특히 리스트 11-2에서 입력으로 정의된 tally_predictions 함수의 출력을 사용할 경우 계산이 매우 간단해진다는 것을 알 수 있다.

리스트 11-2: 기본 메트릭 계산

```
def basic_metrics(tally):
    tp, tn, fp, fn, _ = tally
    return {
        "TPR": tp / (tp + fn),
        "TNR": tn / (tn + fp),
        "PPV": tp / (tp + fp),
        "NPV": tn / (tn + fn),
        "FPR": fp / (fp + tn),
        "FNR": fn / (fn + tp)
    }
```

tally_predictions로부터 반환된 리스트 값은 5개의 원소로 구성돼 있는데, 그 중 정확도 원소를 제외한 4가지 원소를 사용해 계산한다. 각 항목을 이용해 앞서 설명한 6가지 기본 메트릭 값을 구하고 이를 딕셔너리로 만들어 반환한다. 안전한 코딩을 고려한다면 분모가 0이 되지 않게 계산 과정을 검사하겠지만 여기서는 계산 방식을 명확하게 드러나게 하고자 검사 과정을 포함시키지 않았다.

메트릭으로 모델 해석

앞에서 설명한 tally_predictions와 basic_metrics를 사용해 몇 가지 모델을 해석해보자. MNIST 데이터에서 벡터 형식으로 3과 5에 대한 데이터만 선택해 이 두 숫자를 분류하는 2진 분류기를 만들어보자. 코드는 7장에서 소개된 mnist_experiments.py의 코드와 유사하다.

숫자 3과 5에 해당하는 샘플들을 모두 추출해 11,552개의 학습 샘플과 1,902개의 테스트 샘플을 구성한다. 학습 샘플은 숫자 3에 대한 데이터 6,131개와 숫자 5에 대한 데이터 5,421개로 구성되고, 테스트 샘플은 숫자 3에 대한 데이터 1,010개와 숫자 5에 대한 데이터 892개로 구성된다. 소스코드는 mnist_2x2_tables.py에 있고 실행 결과는 표 11-5에서 보여준다.

표 11-5: MNIST 데이터 중 숫자 3과 5를 분류하는 여러 가지 분류 모델에 대한 기본 메트릭

모델	TP	TN	FP	FN
최근접 센트로이드	760	909	101	132
3-NN	878	994	16	14
나이브 베이즈	612	976	34	280
랜덤 포레스트 500	884	1,003	7	8
선형 SVM	853	986	24	39

모델	TPR	TNR	PPV	NPV	FPR	FNR
최근접 센트로이드	0.8520	0.9000	0.8827	0.8732	0.1000	0.1480
3-NN	0.9843	0.9842	0.9821	0.9861	0.0158	0.0157
나이브 베이즈	0.6851	0.9663	0.9474	0.7771	0.0337	0.3139
랜덤 포레스트 500	0.9910	0.9931	0.9921	0.9921	0.0069	0.0090
선형 SVM	0.9563	0.9762	0.9726	0.9620	0.0238	0.0437

표 11-5에서 위쪽 테이블은 원시 개수를 표시한 것이고 아래쪽 테이블은 이 절에서 설명하고자 하는 메트릭을 표시한 것이다. 너무 많은 숫자가 나와 있다. 무슨 일이 일어나고 있는지 알아보고자 자세히 분석할 필요가 있다. 아래쪽 테이블의 측정 항목들에 초점을 맞춰 분석해보자. 첫 번째 열은 참 양성 비율(민감도, 재현율)을 보여주고 두 번째 열은 참 음성 비율(특이도)을 보여준다. 이 두 값은 서로 연관 지어 함께 검토해야 하는 항목이다.

최근접 센트로이드 모델의 성능치는 TPR = 0.8520 및 TNR = 0.9000로 나온다. 여기서 숫자 5에 대한 클래스는 1이고 숫자 3에 대한 클래스는 0이다. 최근접 센트로이드 분류기는 숫자 5를 만났을 때 85%의 확률로 5라고 판정한다. 마찬가지로 숫자 3을 만났을 경우 90%의 확률로 이를 3으로 판정한다. 아주 형편없는 결과는 아니지만 감동할 수준도 아니다. 테이블의 각 열을 살펴보면 3-NN 모델과 500개의 트리로 구성된 랜덤 포레스트 모델이 해당 메트릭에 대해 가장 우수한 성능치를 보인다. 이 두 모델은 TPR과 TNR 값이 1.0에 매우 가까운 값으로 거의 동일한 값이다. 이 값들은 모델이 잘 작동한다는 증거다. 완전히 이상적인 모델이 갖는 메트릭 값은 TPR = TNR = PPV = NPV = 1.0과 FPR = FNR = 0.0이다. 완벽에 가까울수록 좋은 모델이다. 분류기 모델 중 최상의 모델을 선택하려 할 경우 테스트 세트에 대해 가장 완벽에 가까운 성능을 보인 랜덤 포레스트를 선택할 가능성이 높다.

나이브 베이즈 모델의 결과를 간단히 살펴보자. TNR(특이도)은 약 97%로, 상당히 높은 편이다. 하지만 TPR(감도)은 68.5%로 약간 아쉬운 값이다. 대략적으로 말하자면 이 모델에 숫자 5를 3개 보여준다면 그중 2개를 정확히 분류해낸다. 이어지는 두 개의 열에 표시되는 값은 양성 및 음성 예측값이다. 먼저 PPV 값은 94.7%로 확인된다. 입력된 숫자를 5라고 판정했을 때 이를 어느 정도는 확신할 수 있음을 의미한다. 그러나 음성 예측도는 77.7%로 그리 좋은 편이 아니다. 표 11-5의 상단 부분을 보면 이 경우에 무슨 일이 일어나고 있는지 알 수 있다. FP 수는 테스트 세트의 1,010개 샘플 중 34개에 불과하지만 FN 수는 높게 나온다. 숫자 5를 3으로 잘못 판정한 샘플이 280개나 된다. 이것이 이 모델의 NPV 값이 낮게 나오는 이유다.

여기서 하나의 원칙을 확인할 수 있다. 즉, 성능이 좋은 모델의 TPR, TNR, PPV, NPV는 1.0에 매우 가깝고 FPR과 FNR은 0.0에 매우 가깝다는 것이다.

표 11-5에서 랜덤 포레스트에 대해 낮은 값을 기록한 메트릭을 다시 한 번 살펴보자. 이름에서 알 수 있듯이 FPR 및 FNR 값은 어떤 비율을 나타낸다. 이 값들은 모델을 사용할 때 FP 및 FN이 발생하는 빈도를 추정하는 데 사용할 수 있다. 예를 들어 $N = 1,000$개로 구성된 숫자 3에 대한 샘플 집합(클래스 0)에 대해 특정 모델이 과연 몇 개의 샘플을 숫자 5(클래스 1)로 잘못 추정할 것인지를 계산하고자 다음과 같이 FPR 값을 이용할 수 있다.

$$\text{FP로 추정되는 샘플 개수} = \text{FPR} \times N = 0.0069(1000) \approx 7$$

같은 방법으로 $N = 1000$에 대한 FN의 예상 개수(실제로는 5인데 3으로 판정)를 다음과 같이 계산할 수 있다.

$$\text{FN으로 추정되는 샘플 개수} = \text{FNR} \times N = 0.0090(1000) = 9$$

이름에 '비율'이라고 명시된 TPR 및 TNR도 같은 방식으로 계산할 수 있다(실제 3과 5의 샘플 개수를 각각 $N = 1000$으로 가정).

$$\text{TP로 추정되는 샘플 개수} = \text{TPR} \times N = 0.9910(1000) = 991$$

$$\text{FN으로 추정되는 샘플 개수} = \text{FNR} \times N = 0.9931(1000) = 993$$

이와 같은 계산을 통해 특정 모델이 테스트 데이터에 대해 얼마나 좋은 성능을 보이는지 평가할 수 있다.

고급 메트릭

이번 절에서는 좀 더 복잡한 고급 메트릭^{advanced metric} 항목을 알아보자. 고급이라고 표현하는 이유는 앞서 제시된 2 × 2 테이블의 항목을 직접 사용하는 것이 아니라 해당 항목들에서 도출된 값을 사용해 추가로 만들어내는 메트릭이기 때문이다. 특히 5개의 고급 메트릭 항목, 즉 정보도^{informedness}, 표식도^{markedness}, F1 점수, 코헨 카파^{Cohen's kappa} 계수, 매튜 상관 계수^{MCC, Matthew Correlation Coefficient}를 자세히 설명한다.

정보도와 표식도

정보도와 표식도는 함께 살펴볼 항목으로, 이 장의 다른 메트릭보다 상대적으로 덜 알려져 있지만 앞으로 더 많이 사용될 가능성이 있다. 앞서 TPR(민감도)과 TNR(특이도)은 묶어서 해석해야 할 항목임을 설명했었다. 유든^{Youden}의 J 통계라고도 불리는 정보도 항목은 다음과 같은 식으로 구할 수 있으며 이를 이용하면 TPR과 TNR을 하나의 값으로 평가할 수 있다.

$$\text{정보도} = \text{TPR} + \text{TNR} - 1$$

정보도는 TPR과 TNR을 결합한 식으로서 [-1, +1]의 값으로 표현된다. 정보도의 값은 클수록 좋다. 정보도가 0이라는 것은 주어진 모델이 무작위로 아무렇게나 추측한다는 의미고, 1이라는 것은 주어진 테스트 세트에 대해 완벽한 추측을 수행한다는 의미다. 정보도가 0보다 작은 값을 갖는다면 주어진 모델은 무작위 추측보다도 더 나쁜 성능을 보이고 있음을 암시하고 있다고 볼 수 있다. 정보도가 -1이라는 것은 모든 양성 샘플이 음성으로 판정되고 모든 음성 샘플은 양성으로 판정되는 상황을 의미한다. 이러한 경우에는 모델에 의해 판정된 레이블을 반대로 붙여주면 상당히 괜찮은 모델을 구할 수 있다. 특별히 병리학적 모델에서 정보성이 음수가 되는 사례를 볼 수 있다.

표식도는 정보도가 TPR과 TNR의 결합으로 표현되는 것과 같은 방식으로 양성 예측값(PPV)과 음성 예측값(NPV)의 결합으로 표현된다.

$$표식도 = PPV + NPV - 1$$

식을 보면 표식도의 값의 범위는 정보도의 범위와 같다는 것을 알 수 있다. 정보도는 모델이 각 클래스의 입력 샘플을 얼마나 정확하게 레이블링하고 있는지 알려준다. 표식도는 모델이 특정 입력 샘플에 대한 레이블이 클래스 0이거나 클래스 1이라고 판정할 때 판정이 얼마나 정확한지 알려준다. 표식도가 0에 가까우면 무작위로 추측하는 상황이고 표식도가 1에 가까우면 완벽한 추측이 이뤄지는 상황이다.

정보도와 표식도는 모델의 성능에 관한 근본적인 양상을 단일한 값으로 표현해준다는 점이 매력적이다. 일부 연구자 사이에서는 이 두 메트릭이 특정 클래스의 사전 확률에 의해 편향되지 않는다는 주장도 있다. 즉, 클래스 1이 클래스 0보다 훨씬 덜 일반적인 상황이라면 정보도와 표식도가 영향을 받지 않는다는 의미다. 자세한 내용은 데이비드 마틴 파워스[David Martin Powers]의 「Evaluation: From Precision, Recall and F-measure to ROC, Informedness, Markedness, and Correlation[평가: 정밀도, 재현율, F-점수로부터 ROC, 정보도, 표식도, 상관 계수까지]」라는 논문을 참조하기 바란다.

F1 점수

F1 점수는 옳든 그르든 널리 사용되는 메트릭이므로 익숙해질 필요가 있다. F1 점수는 두 가지 기본 메트릭을 하나로 결합해 표현해준다. 그 정의는 정밀도 precision(PPV)와 재현율recall(TPR)을 이용하면 다음과 같이 간단히 정리된다.

$$F1 = \frac{2 \cdot precision \cdot recall}{precision + recall} = \frac{2 \cdot PPV \cdot TPR}{PPV + TPR}$$

F1 점수는 [0, 1]의 범위를 가지며 높을수록 좋다. 이 공식은 어떻게 만들어진 것일까? 위 공식에서는 직접적으로 드러나지 않지만 F1 점수는 정밀도와 재현율의 조화 평균으로 구할 수 있다. 조화 평균은 두 값의 역수를 취한 후 이들의 산술 평균을 구한 다음 다시 결괏값의 역수를 취하는 방식으로 구한다.

$$F1 = \left(\frac{1}{2} \left(\frac{1}{precision} + \frac{1}{recall} \right) \right)^{-1}$$

$$= \left(\frac{precision + recall}{2 \cdot precision \cdot recall} \right)^{-1}$$

$$= \frac{2 \cdot precision \cdot recall}{precision + recall}$$

F1 점수가 비판받는 한 가지 약점은 참 음성 메트릭을 고려하지 않는다는 점이다. 정보도에서는 계산 과정에 TNR을 포함시킴으로써 참 음성을 고려하고 있다. PPV 및 TPR의 정의를 보면 이 두 가지 메트릭은 모두 2 × 2 테이블의 TP, FP, FN 개수에 전적으로 의존하지만 TN 개수에는 의존하지 않는다는 것을 알수 있다. 또한 F1 점수는 정밀도와 재현율에 동일한 가중치를 부여한다는 약점도 있다. 정밀도는 거짓 양성 메트릭의 영향을 받는 반면 재현율은 거짓 음성메트릭의 영향을 받는다. 이전 유방암 모델의 경우만 생각해봐도 거짓 음성(암

인데 아니라고 판정하는 비율)이 거짓 양성보다 환자에게 훨씬 큰 위험을 안겨준다는 사실을 알 수 있다. 모델을 평가할 때 이와 같은 사실이 충분히 고려돼야 한다는 주장이 있으며 실제로도 의미 있는 주장이다. 하지만 거짓 양성과 거짓 음성이 유발하는 위험성의 크기가 동일한 경우에는 F1 점수 자체로도 충분히 의미 있는 메트릭이 된다.

코헨 카파 계수

코헨 카파^{Cohen's kappa} 계수는 머신러닝 분야에서 흔히 볼 수 있는 메트릭 중 하나다. 이 메트릭은 모델이 입력값을 실수로 올바른 클래스로 분류할 가능성을 계산해보려는 목적으로 사용된다. 이 메트릭을 구할 때 사용하는 수학식은 다음과 같이 정의된다.

$$\kappa = \frac{p_o - p_e}{1 - p_e}$$

여기서 p_o는 관찰된 정확도이고 p_e는 우연에 의해 맞힐 것으로 예상되는 정확도다. 이 두 가지 값은 2 × 2 테이블의 항목들을 사용해 다음과 같이 계산할 수 있다.

$$p_o = (TP + TN)/N$$

$$p_e = \frac{(TP + FN)(TP + FP)}{N^2} + \frac{(TN + FP)(TN + FN)}{N^2}$$

여기서 N은 테스트 세트의 총 샘플 수다.

코헨 카파 계수 값은 보통 0에서 1 사이의 값을 갖는다. 이 값이 0이면 할당된 클래스 레이블과 주어진 클래스 레이블이 전혀 일치하지 않는다는 의미다. 음수가 나오면 우연히 일치하는 것보다 더 나쁜 상황임을 나타낸다. 1에 가까운 값이 나오면 둘 사이에 강한 일치가 나타나고 있다는 뜻이다.

매튜 상관 계수

마지막으로 살펴볼 메트릭은 **매튜 상관 계수**^{MCC, Matthews Correlation Coefficient}다. 이 메트릭은 정보도와 표식도에 대한 기하 평균값에 해당한다. 그런 의미에서 F1 점수와 마찬가지로 두 개의 메트릭을 하나로 결합한 고수준의 메트릭이라 할 수 있다.

MCC는 다음과 같은 식으로 구할 수 있다.

$$MCC = \frac{TP \cdot TN - FP \cdot FN}{\sqrt{(TP + FP)(TP + FN)(TN + FP)(TN + FN)}}$$

이는 정보도와 표식도의 기하 평균을 수학식으로 표현한 형태에 해당한다.

$$MCC = \sqrt{정보도 \cdot 표식도}$$

MCC 메트릭은 2 × 2 테이블의 모든 항목뿐 아니라 두 클래스의 상대 빈도(즉, 클래스 사전 확률)도 고려하기 때문에 많은 사람이 선호하는 경향이 있다. 이 메트릭은 F1 점수가 참 음성 값을 고려하지 않는 부분을 보완해주는 효과를 갖는다.

MCC는 0과 1 사이의 값을 가지며 값이 클수록 좋다. 이진 모델을 평가해야 하는 상황에서 단 하나의 값만으로 메트릭을 표현해야 한다면 MCC를 사용하는 것이 좋다. MCC의 분모에는 4개의 덧셈 과정이 포함돼 있다. 이 덧셈 항목 중 단 하나라도 0이 되면 분모 전체가 0이 돼 계산이 불가능해진다. 그러나 그런 경우가 발생하더라도 분모를 1로 바꿔줌으로써 여전히 의미 있는 결과를 산출할 수 있다. 성능이 좋은 모델은 1.0에 가까운 MCC 값을 갖는다.

메트릭 구현

주어진 2 × 2 테이블의 항목을 이용해 앞에서 설명한 메트릭을 산출하는 함수를 만들어보자. 리스트 11-3에 자세한 프로그램 소스코드가 있다.

리스트 11-3: 고급 메트릭 계산

```python
from math import sqrt

def advanced_metrics(tally, m):
    tp, tn, fp, fn, _ = tally
    n = tp+tn+fp+fn
    po = (tp+tn)/n
    pe = (tp+fn)*(tp+fp)/n**2 + (tn+fp)*(tn+fn)/n**2

    return {
        "F1": 2.0*m["PPV"]*m["TPR"] / (m["PPV"] + m["TPR"]),
        "MCC": (tp*tn - fp*fn) / sqrt((tp+fp)*(tp+fn)*(tn+fp)*(tn+fn)),
        "kappa": (po - pe) / (1.0 - pe),
        "informedness": m["TPR"] + m["TNR"] - 1.0,
        "markedness": m["PPV"] + m["NPV"] - 1.0
    }
```

설명 목적상 단순성을 유지하고자 MCC 분모가 0인지 확인하는 루틴은 생략돼 있다.

이 코드는 집계된 수치와 기본 메트릭을 인수로 사용해 고급 메트릭을 계산한 뒤 이를 딕셔너리에 담아 반환한다. 이 프로그램을 표 11-5의 NMIST 예제에 적용해 해당 고급 메트릭들이 어떻게 구해지는지 살펴보자.

표 11-6은 MNIST 데이터 중 숫자 3과 5를 분류하는 모델에 대한 메트릭을 보여 준다. 몇 가지 주의 깊게 생각해볼 사안이 있다. 첫째, F1 점수는 항상 MCC 또는 코헨 카파 계수 값보다 높다. 어떤 면에서는 F1 점수가 지나치게 낙관적인 메트릭이라고 볼 수도 있다. 전에 언급했듯이 MCC와 코헨 카파 계수에서 고려

하는 참 음성 항목을 F1 점수에서는 전혀 고려하지 않고 있다.

표 11-6: MNIST 데이터 중 숫자 3과 5를 분류하는 모델에 대한 성능치와 그에 따른 고급 메트릭

모델	F1 점수	MCC	코헨 카파	정보도	표식도
최근접 센트로이드	0.8671	0.7540	0.7535	0.7520	0.7559
3-NN	0.9832	0.9683	0.9683	0.9685	0.9682
나이브 베이즈	0.7958	0.6875	0.6631	0.6524	0.7244
랜덤 포레스트 500	0.9916	0.9842	0.9842	0.9841	0.9842
선형 SVM	0.9644	0.9335	0.9334	0.9325	0.9346

여기서 주목할 만한 것은 3-NN 및 랜덤 포레스트와 같이 성능이 좋은 모델은 모든 메트릭에서 높은 점수를 기록하고 있다는 점이다. 모델의 성능이 좋은 경우에는 F1 점수와 MCC 간의 차이가 미미하지만 나이브 베이즈와 같이 모델의 성능이 낮으면 이 두 메트릭 값 간의 차이는 커진다. 또한 MCC 메트릭은 정보도와 표식도의 기하 평균값이므로 결괏값의 범위가 항상 두 메트릭 사이에 놓이게 된다. 마지막으로 표 11-5와 표 11-6의 값을 기준으로 판단해볼 때 가장 성능이 좋은 모델은 MCC 메트릭에서 0.9842를 기록한 랜덤 포레스트임을 알 수 있다.

이번 절과 앞의 두 절에서 여러 메트릭에 대해 각각의 계산 방법과 해석 방법을 알아봤다. 성능이 좋은 모델은 이러한 모든 메트릭에서 높은 점수를 보인다. 이것이 바로 좋은 모델의 대표적인 특징이라 할 수 있다. 평가 대상 모델들이 기대에 못 미칠 경우 이와 같이 메트릭 간의 차이와 메트릭의 의미에 주목해야 한다. 특정 메트릭 값과 모델의 판단이 틀렸을 경우(FP 및 FN) 유발될 수 있는 비용도 함께 고려해야 한다. 이와 같은 상황에서는 대상 문제 영역과 관련된 주요 요인을 고려해 주관적으로 최종 모델을 선택해야 한다.

주제를 조금 변경해 그래픽을 이용한 모델 성능 평가 방법을 알아보자.

수신자 조작 특성(ROC) 곡선

그림 한 장이 천 마디 말보다 낫다는 말이 있다. 이번 절에서는 한 장의 그림(곡선 한 개)이 수십 개 이상의 숫자보다 더 가치 있다는 사실을 확인하게 될 것이다. 앞 절에서는 다양한 메트릭 값을 보고 모델의 성능을 파악하는 방식을 알아봤는데, 이번 절에서는 모델의 수행 결과를 곡선으로 표현함으로써 모델에 대해 직관적으로 더 잘 파악하는 방식을 살펴본다. 특별히 자주 사용되는 수신자 조작 특성$^{ROC, Receiver Operating Characteristics}$ 곡선에 주목하면서 이 곡선의 의미, 곡선의 플로팅 방법, 곡선 플로팅을 위한 sklearn 패키지 사용 방법 등을 살펴본다.

모델 수집

곡선을 그리려면 클래스 1에 속할 확률 값을 출력해주는 모델이 필요하다. 앞 절에서는 TP, TN, FP, FN 값을 집계할 수 있게 클래스 레이블 자체를 출력하는 모델을 사용했다. ROC 곡선을 그리는 데도 여전히 이러한 카운트 값이 필요하지만 모델 출력으로 클래스 레이블을 사용하는 대신 클래스 1의 구성원이 될 확률 값을 사용할 필요가 있다. 입력값에 대한 레이블을 결정하고자 각 확률별로 서로 다른 임곗값을 적용한다.

다행스럽게도 전통적인 신경망(그리고 12장에서 보게 될 심층 네트워크)은 이 절에서 필요로 하는 확률 값을 출력하게 설계돼 있다. sklearn을 사용하는 경우 다른 고전 모델도 확률 추정 값을 출력하게 만들 수 있지만 여기서는 설명을 단순하게 유지하고자 그 수준까지는 다루지 않는다.

주어진 테스트 케이스는 짝수 MNIST 숫자(클래스 0)와 홀수 MNIST 숫자(클래스 1) 사이를 결정하게 학습된 일련의 신경망이다. 입력값은 이 책에서 지금까지 사용한 숫자의 벡터 형식이다. 5장에서 만든 학습 및 테스트 데이터를 사용할 수 있다. 숫자 0, 2, 4, 6, 8이 클래스 0이고 숫자 1, 3, 5, 7, 9가 되도록 레이블만 다시 코딩하면 된다. 다음과 같은 몇 줄의 코드로 쉽게 구현할 수 있다.

```
old = np.load("mnist_train_labels.npy")
new = np.zeros(len(old), dtype="uint8")
new[np.where((old % 2) == 0)] = 0
new[np.where((old % 2) == 1)] = 1
np.save("mnist_train_even_odd_labels.npy", new)

old = np.load("mnist_test_labels.npy")
new = np.zeros(len(old), dtype="uint8")
new[np.where((old % 2) == 0)] = 0
new[np.where((old % 2) == 1)] = 1
np.save("mnist_test_even_odd_labels.npy", new)
```

디렉터리 경로는 다른 MNIST 데이터가 저장된 위치와 동일하다. 임의의 숫자를 2로 나눈 나머지가 0이면 그 숫자는 짝수고 1이면 홀수라는 사실을 이용한다.

어떤 모델을 테스트할 것인가? 각 모델의 차이점을 강조하고자 별로 좋지 않아 보이는 모델을 의도적으로 학습시켜본다. 다음의 코드를 사용해 모델을 생성하고 확률 추정치를 생성해보자.

```
import numpy as np
from sklearn.neural_network import MLPClassifier

def run(x_train, y_train, x_test, y_test, clf):
    clf.fit(x_train, y_train)
    return clf.predict_proba(x_test)

def nn(layers):
    return MLPClassifier(solver="sgd", verbose=False, tol=1e-8,
            nesterovs_momentum=False, early_stopping=False, batch_size=64,
            learning_rate_init=0.001, momentum=0.9, max_iter=200,
```

```
                 hidden_layer_sizes=layers, activation="relu")

    def main():
        x_train = np.load("mnist_train_vectors.npy").astype("float64")/256.0
        y_train = np.load("mnist_train_even_odd_labels.npy")
        x_test = np.load("mnist_test_vectors.npy").astype("float64")/256.0
        y_test = np.load("mnist_test_even_odd_labels.npy")
        x_train = x_train[:1000]
        y_train = y_train[:1000]
        layers = [(2,), (100,), (100,50), (500,250)]
        mlayers = ["2", "100", "100x50", "500x250"]
        for i,layer in enumerate(layers):
            prob = run(x_train, y_train, x_test, y_test, nn(layer))
            np.save("mnist_even_odd_probs_%s.npy" % mlayers[i], prob)
```

소스코드는 mnist_even_odd.py 파일에 있다. 함수 run과 nn은 이미 익숙할 것이다. 10장에서 거의 동일한 버전의 함수들을 사용했다. 10장의 nn 함수는 파라미터별로 값을 할당해 MLPClassifier 객체를 생성한 후 반환하는 기능을 수행하고, run 함수는 분류기를 학습시킨 후 테스트 세트에 대한 예측 확률을 반환하는 기능을 수행한다. 함수 main은 학습 데이터 세트와 테스트 데이터 세트를 로드하는데, 이때 학습 데이터 세트의 크기를 처음 1,000개의 샘플(짝수 약 500개와 홀수 약 500개)로 제한한다. 학습 대상인 은닉 계층의 크기도 같은 크기로 제한해준다. 처음 두 계층은 각각 2개와 100개의 노드로 구성된 단일 은닉 계층 네트워크다. 마지막 두 계층은 계층당 100 × 50 및 500 × 250개의 노드로 구성된 두 개의 은닉 계층 네트워크다.

그래프로 메트릭 출력

함수 clf.predict_proba의 출력은 테스트 샘플의 개수만큼의 행으로 구성된 행렬이다. 이 경우에는 10,000개의 행으로 구성된다. 행렬에는 클래스 수만큼 열이 있다. 이 경우 이진 분류기를 테스트하고 있기 때문에 샘플당 두 개의 열이 존재한다. 첫 번째 열은 샘플이 짝수(클래스 0)일 확률 값이고, 두 번째 열은 샘플이 홀수(클래스 1)일 확률 값을 표시한다. 여러 모델 중 하나를 선택해 처음 데이터 10개를 입력으로 줬을 때 얻은 결과를 표 11-7에서 하나의 예로 보여준다.

표 11-7: 실제 원본 클래스 레이블과 함께 클래스별 판정 확률을 보여주는 예제 모델 출력

클래스 0	클래스 1	실제 레이블
0.009678	0.990322	3
0.000318	0.999682	3
0.001531	0.998469	7
0.007464	0.992536	3
0.011103	0.988897	1
0.186362	0.813638	7
0.037229	0.962771	7
0.999412	0.000588	2
0.883890	0.116110	6
0.999981	0.000019	6

첫 번째 열은 짝수일 확률이고 두 번째 열은 홀수일 확률이다. 세 번째 열은 샘플의 실제 클래스 레이블로, 모델의 예측값이 정확한지 알려준다. 홀수 샘플은 클래스 1이 될 확률이 높게 나오고 클래스 0이 될 확률은 낮게 나오는 반면 짝수 샘플은 반대가 된다.

주어진 모델을 테스트 세트에 적용해 얻어진 결과를 2 × 2 테이블로 표현함으로써 TP, TN, FP, FN 값이 도출된다. 이 값들을 이용해 앞에서 배운 다양한 메트릭을 계산할 수 있다. 여기에는 참 양성률(TPR, 민감도) 및 거짓 양성률(FPR, 1 - 특이도)이 포함된다. 이 테이블이 암시하는 것은 모델의 출력값을 클래스 1 또는 클래스 0으로 판정할 때 사용하는 임곗값이다. 앞 절에서는 이 임곗값을 0.5로 정해 사용했다. 출력값이 0.5면 샘플을 클래스 1에 할당한다. 반대로 0.5

보다 작으면 클래스 0에 할당한다. 때로는 임곗값을 $TPR_{0.5}$ 또는 $FPR_{0.5}$와 같이 아래 첨자 형태로 표시할 수도 있다.

2 × 2 테이블에서 계산된 TPR과 FPR을 수학적인 표현으로 FPR(x축)과 TPR(y축)로 구성된 평면상의 한 점, 구체적으로는 (FPR, TPR)이라는 점으로 간주할 수 있다. FPR과 TPR의 범위가 0에서 1까지이므로 점 (FPR, TPR)은 왼쪽 아래 모서리가 (0, 0)이고 오른쪽 위 모서리가 (1, 1)이며 한 변의 길이가 1인 정사각형 내에 놓이게 된다. 판정 임곗값을 변경할 때마다 새로운 2 × 2 테이블이 만들어지고 그 결과로 FPR과 TPR을 양축으로 하는 평면상에 새로운 점이 표시된다. 예를 들어 결정 임곗값을 0.5에서 0.3으로 변경해 각 출력 클래스 1의 확률이 0.3 이상인 샘플들을 클래스 1으로 판정할 때 새로운 2 × 2 테이블이 산출되면 평면상에도 $(FPR_{0.3}, TPR_{0.3})$이라는 새로운 점이 표시된다. 판정 임곗값을 높은 값에서 낮은 값으로 체계적으로 변경함에 따라 곡선의 형태로 이어지는 일련의 점을 얻을 수 있다.

이런 방식으로 파라미터를 변경해 얻어진 곡선을 파라미터 곡선이라고 부른다. 표시되는 점들은 임곗값의 함수에 해당한다. 임곗값은 θ(세타)라고 부르며 1에 가까운 값에서 0에 가까운 값까지 변화한다. 이런 방식으로 점집합 (FPR_θ, TPR_θ)를 계산할 수 있다. 산출된 점들을 FPR과 TPR을 축으로 하는 평면상에 플로팅하면 특정한 곡선으로 표현된다. 앞서 언급했듯이 이 곡선의 이름은 수신자 조작 특성[ROC] 곡선이다. ROC 곡선을 더 자세히 살펴보면서 이 곡선으로 어떤 정보를 알 수 있는지 알아보자.

ROC 곡선 해석

그림 11-1은 MNIST 데이터에서 짝수와 홀수를 구분하는 모델에 대한 ROC 곡선을 보여준다. 해당 모델은 100개의 노드를 갖는 단일 은닉 계층으로 구성된다.

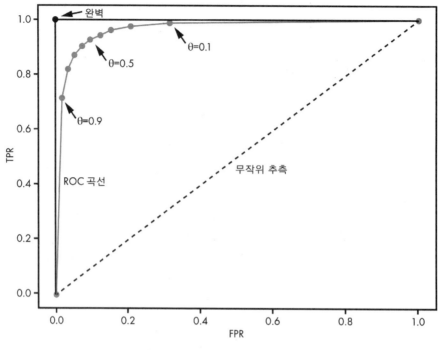

그림 11-1: 주요 수치를 표시한 ROC 곡선

양쪽 축에 표시된 값들은 주어진 임곗값에 대한 FPR과 TRP을 나타낸다. 가운데 부분에 (0, 0)에서 (1, 1)까지의 대각선이 점선으로 표시돼 있다. 이 점선은 출력을 무작위로 추측하는 분류기를 표현한 것으로 볼 수 있다. 곡선이 이 점선에 가까울수록 해당 모델의 성능이 낮은 것이다. 곡선이 이 점선과 겹친다면 해당 모델의 성능은 동전을 던져 레이블을 판정하는 것과 동일한 수준이 된다. 곡선이 점선 아래에 위치한다면 무작위 추측보다도 더 나쁜 성능의 모델을 만난 것이다. 모든 클래스 1 인스턴스를 클래스 0으로 판정하고 역으로 모든 0인 경우를 1로 판정하는 이상한 모델을 생각해볼 수 있다. 이런 경우라면 모든 클래스 1 출력을 클래스 0으로 설정하고 역으로 0인 출력을 1로 설정함으로써 완벽하게 올바른 모델로 바꿀 수 있다. 그러나 이렇게 나쁜 모델을 만날 가능성은 거의 없다.

그림 11-1의 ROC 곡선에는 그래프의 왼쪽 상단 모서리에 '완벽'이라고 표시된 점이 표시돼 있다. 모두가 추구하는 이상적인 모델이다. 누구라도 ROC 곡선이 이 지점을 향해 위쪽과 왼쪽으로 이동하기를 원할 것이다. 곡선이 이 지점에 가까울수록 모델이 테스트 세트에 대해 더 나은 성능을 발휘한다. 완벽한 모델은 수직으로 이 지점까지 점프한 다음 수평으로 지점 (1, 1)까지 점프하는 ROC 곡선을 갖는다. 그림 11-1의 ROC 곡선은 올바른 방향으로 가고 있으며 상당히 잘 수행되는 모델을 보여준다.

곡선상에 표시된 값을 살펴보자. 값을 조정해 모델의 성능 수준을 선택할 수 있다. 임곗값이 그래프의 왼쪽 상단에 가장 가까운 0.5 지점을 선택하면 최상의 균형을 가진 TPR 및 FPR 값이 사용되기 때문에 최상의 모델 성능을 기대할 수 있다. 그러나 다른 θ 값을 사용하는 이유도 있다. θ를 작게 만들면, 예를 들어 0.1로 설정한다면 곡선을 따라 오른쪽으로 이동하는 셈이 된다. 이때 두 가지 일이 발생한다. 첫째, TPR은 약 0.99까지 올라간다. 이는 모델에 전달된 실제 클래스 1 인스턴스의 약 99%를 클래스 1에 올바르게 할당한다는 것을 의미한다. 둘째, FPR도 약 0.32로 올라간다. 이는 모델에 전달된 참 음성(클래스 0) 인스턴스 중 약 32%가 클래스 1로 잘못 판정된다는 의미다. 주어진 문제가 일부 음성 인스턴스를 양성으로 판정하는 것을 용인할 수 있으며 그 반대의 경우, 즉 양성을 음성으로 판정할 가능성은 거의 없어야 하는 상황이라면 임곗값을 0.1로 설정할 수 있다. 앞서 소개했던 유방암의 예를 생각해보자. 양성인 환자를 음성으로 판정하는 일은 피해야 하기 때문에 더 많은 거짓 양성 사례를 감수하더라도 참 양성 사례를 놓치는 경우가 없게 임곗값을 조정하려 할 것이다.

임곗값(θ)을 0.9로 이동한다는 것은 무슨 의미일까? 이 경우 곡선을 따라 왼쪽 방향으로 매우 낮은 오탐율이 있는 지점으로 이동하는 셈이 된다. 모델이 '클래스 1'이라고 판정했을 때 그 인스턴스가 정말로 클래스 1이라는 것을 높은 수준의 확률로 믿고 싶다면 이와 같은 값을 선택하면 된다. 이는 높은 양성 예측

값(PPV, 정밀도)이 필요한 상황을 암시한다. PPV의 정의를 상기해보면 쉽게 이해할 수 있을 것이다.

$$PPV = \frac{TP}{TP + FP}$$

FP가 낮으면 PPV가 높다. θ를 0.9로 설정하면 주어진 테스트 세트에 대한 FP 값이 낮아진다. 그림 11-1의 ROC 곡선에서 $\theta = 0.9$로 이동하면 약 0.97의 PPV에 대해 약 0.02의 FPR과 약 0.71의 TPR을 갖게 된다. $\theta = 0.9$에서 모델이 임의의 샘플에 대해 '클래스 1'이라고 판정했을 때 이 판정이 옳을 확률은 97%다. 이와는 대조적으로 $\theta = 0.1$에서의 PPV는 약 76%에 불과하다. 임곗값을 높게 설정한다는 것은 클래스 1 인스턴스를 모두 탐지하지는 못하더라도 클래스 1의 사례를 정확히 찾아내는 것에 더 관심이 있다는 뜻이 된다.

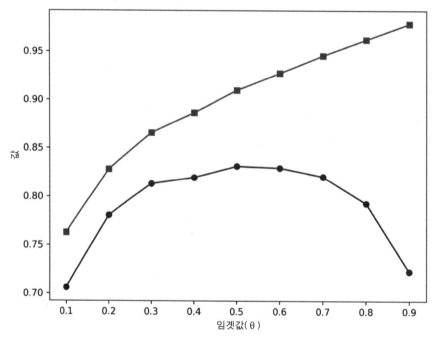

그림 11-2: 그림 11-1의 MNIST 짝수/홀수 모델의 판정 임곗값(θ) 변화에 따른 MCC(원 표시 곡선) 및 PPV(사각형 표시 곡선)의 변화

임곗값 θ를 변경한다는 것은 ROC 곡선을 따라 이동한다는 뜻이다. 앞 절에서 배운 메트릭도 θ가 변경됨에 따라 같은 비율로 변경될 것이다. 그림 11-2는 θ가 변화함에 따라 MCC와 PPV가 어떻게 변하는지 보여준다.

그림에서 임곗값이 올라가면 PPV 값도 함께 올라가는 것을 볼 수 있다. 모델은 주어진 입력을 클래스 1의 멤버로 판정할 때 더 확신을 갖게 된다. 하지만 메트릭 중 MCC 값에는 이런 현상이 나타나지 않는다. MCC는 앞서 설명했듯이 모델의 전체적인 성능을 잘 표현해주는 단일 메트릭이다. MCC 값을 가장 높게 만들어주는 값은 $\theta = 0.5$며 임곗값이 증가하거나 감소하면 MCC는 감소한다.

ROC 분석을 통한 모델 비교

ROC 곡선에는 많은 양의 정보가 담겨있다. 또한 모델의 근본 구조나 접근 방식이 크게 다른 경우에도 모델 간의 비교가 매우 간편하다. 모델 비교 작업 시 주의할 점은 곡선을 생성할 때 사용될 테스트 세트가 정확히 동일한 세트이거나 거의 동일한 세트가 되게 주의를 기울여야 한다는 것이다.

ROC 분석 방법을 사용해 이전에 학습시켜뒀던 여러 가지 MNIST 짝수/홀수 판별 모델을 비교해보자. ROC 분석 방법이 좋은 모델을 선택하는 데 어떻게 도움을 주는지 알게 될 것이다.

그림 11-3은 이 모델에 대한 ROC 곡선을 표시한 것이다. 그래프 내에 표시된 또 다른 그래프는 모델 간의 차이를 더 자세히 표현하고자 원래 그래프의 왼쪽 상단 모서리를 확대해 표시한 것이다. 안쪽 그래프에서 곡선별로 표시된 숫자는 모델 식별을 위한 것으로, 각 모델의 은닉 계층별 노드 수에 해당한다.

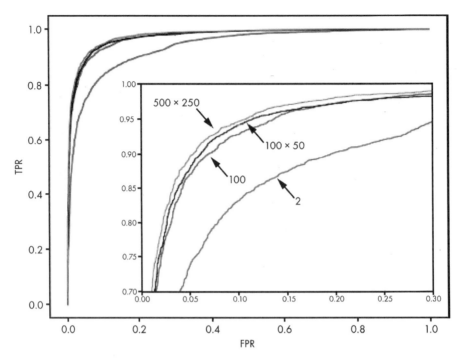

그림 11-3: MNIST 짝수/홀수 판별 모델에 대한 ROC 곡선. 모델별 은닉 계층 크기 표시

ROC 곡선 중 다른 세 개와는 크게 다른 곡선이 하나 있음을 바로 알아챌 수 있다. 이는 두 개의 노드를 갖는 은닉 계층 1개로 구성된 모델의 ROC 곡선이다. 다른 ROC 곡선 3개는 이 곡선보다 위쪽에 위치한다. 일반적으로 하나의 ROC 곡선이 다른 곡선보다 완전히 위쪽에 있으면 해당 곡선을 생성한 모델이 훨씬 더 우수한 것으로 판단할 수 있다. 규모가 큰 3개의 MNIST 짝수/홀수 판별 모델은 하나의 은닉 계층에 두 개의 노드만 가진 아래쪽 모델보다 우수하다.

다른 세 가지 모델의 곡선은 서로 매우 가까워 보이는데, 그중에서 어떻게 하나를 선택할 수 있을까? 항상 명쾌하게 결정할 수 있는 것은 아니다. ROC 곡선에 대한 기본 원칙을 따른다면 맨 위쪽의 ROC 곡선에 해당하는 500개와 250개의 노드로 구성된 2계층 모델을 선택해야 한다. 그러나 사용 목적을 고려해야 하기 때문에 단정하기는 어렵다. 이 모델은 500,000개 이상의 파라미터로 구성돼 있다. 이 모델을 실행하려면 해당 파라미터를 모두 사용해야 한다. 반면 100 × 50 모델에는 80,000개가 약간 넘는 파라미터만 포함돼 있다. 이전 모델의 1/5도 안 되는 규모다. 모델의 전반적인 성능이 약간 우수한 것보다 처리 속도를 개선하는 것이 더 중요한 상황에서는 규모가 작은 모델을 선택할 수도 있다. ROC 분석 결과를 보면 그러한 선택을 하는 경우에도 성능 저하 수준은 미미하다는 것을 알 수 있다.

ROC 곡선을 시각적으로 비교할 때 고려해야 할 또 다른 요소는 FPR이 작은 구간에서 곡선의 경사도다. 완벽한 모델은 (0, 0) 지점에서 (0, 1) 지점으로 즉시 점프하기 때문에 수직에 가까운 경사도를 갖는다. 따라서 낮은 FPR 구간에서 ROC 곡선의 경사도가 더 가파른 형태일수록 더 좋은 모델이라 할 수 있다.

ROC 곡선에서 파생돼 일반적으로 많이 사용되는 메트릭은 곡선 아래의 면적에 해당하는 메트릭이다. 이 영역은 일반적으로는 AUC, 의학계에서는 Az라는 약자를 써서 부른다. 완벽한 ROC 곡선은 점 (0, 0)에서 (0, 1)로 점프한 다음 (1, 1)로 점프해 한 변의 길이가 1인 정사각형을 형성하므로 AUC 값이 1.0이 된다. 의미 없이 무작위로 추측하는 모델은 ROC 그래프에서 대각선으로 표시되는데, 이 점선으로 이뤄진 선은 삼각형을 형성하므로 AUC 값은 0.5가 된다. 임의의 ROC 곡선 아래의 면적을 계산하려면 수치 적분이 필요하다. 다행히 sklearn 패키지에 이 작업을 수행하는 코드가 구현돼 있으므로 직접 적분 값을 계산할 필요는 없다. 곧이어 구체적인 구현 방법을 알아볼 것이다.

AUC 값이 자주 사용되기는 하지만 시간이 지날수록 선호도가 떨어지는 추세다. AUC가 매우 유익한 그래프를 단일 숫자로 대체해주므로 간편한 점이 있지만 완전히 다른 형태의 ROC 곡선이 동일한 AUC 값을 산출할 수 있기 때문이다. AUC 값이 동일한 두 개의 곡선이 있다고 하자. 하나는 FPR이 낮은 영역에서 오른쪽으로 많이 기울어져 있고 다른 하나는 FPR이 낮은 영역에서 급경사를 갖는다. AUC 값만 보면 두 모델이 성능 면에서 거의 동일하다고 생각하고 싶은 유혹에 빠질 수 있다. 그러나 더 가파른 경사도를 가진 모델은 오탐이 상대적으로 훨씬 적어 합리적인 TPR 값을 가질 것이기 때문에 더 우수한 모델일 가능성이 높다.

AUC를 사용할 때의 또 다른 주의 사항은 다른 파라미터의 값이 크게 변경돼도 AUC의 값은 소량만 변경된다는 것이다. AUC 값 간의 차이가 약간만 다른 경우 그 값만으로는 두 모델 간의 실제적인 차이를 판단하기 어렵다. 예를 들어 두 개의 노드를 갖는 1개짜리 은닉 계층으로 구성된 MNIST 짝수/홀수 판별 모델의 AUC는 0.9373이고, 100개의 노드로 구성된 모델의 AUC는 0.9722다. 둘 다 가능한 수치 1.0 중 0.9보다 높은 값을 보이고 있으므로 성능이 거의 같다고 볼 수 있을까? ROC 곡선은 2 노드 모델이 다른 모델보다 훨씬 아래에 있음을 분명히 보여주기 때문에 그렇지 않다는 것을 이미 확인했었다.

ROC 곡선 그리기

이제 ROC 곡선을 그리는 방법을 알아보자. ROC 곡선과 AUC를 얻는 쉬운 방법은 다음과 같이 sklearn 패키지를 사용하는 것이다.

```
import os
import sys
import numpy as np
import matplotlib.pylab as plt
from sklearn.metrics import roc_auc_score, roc_curve

def main():
    labels = np.load(sys.argv[1])
    probs = np.load(sys.argv[2])
    pname = sys.argv[3]

    auc = roc_auc_score(labels, probs[:,1])
```

```
roc = roc_curve(labels, probs[:,1])
print("AUC = %0.6f" % auc)

plt.plot(roc[0], roc[1], color='r')
plt.plot([0,1],[0,1], color='k', linestyle=':')
plt.xlabel("FPR")
plt.ylabel("TPR")
plt.tight_layout(pad=0, w_pad=0, h_pad=0)
plt.savefig(pname, dpi=300)
plt.show()
```

이 루틴은 레이블 집합과 해당 클래스별 확률 값을 읽어온다. 확률 값은 앞 절에서 소개된 코드에 의해 산출된 출력값이다. 다음으로 sklearn 함수인 roc_auc_ score 및 roc_curve를 호출해 AUC 값과 ROC 포인트들을 구한다. ROC 곡선을 그린 다음 그 곡선을 디스크에 저장한 후 화면에 표시한다.

sklearn의 함수들이 반드시 블랙박스처럼 사용될 필요는 없다. ROC 곡선의 점들을 빠르게 계산해낼 수 있다. 동일한 방식으로 입력값과 레이블, 클래스별 확률을 로드하되 sklearn 라이브러리 함수를 호출하는 대신 주어진 임곗값을 반복 적용해 TP, TN, FP, FN을 계산할 수 있다. 이 값에서 FPR과 TPR을 직접 계산할 수 있으며, 이는 플롯에 필요한 점집합을 제공해준다. 이를 수행하는 코드는 다음과 같이 간단히 구현할 수 있다.

```
def table(labels, probs, t):
    tp = tn = fp = fn = 0
    for i,l in enumerate(labels):
        c = 1 if (probs[i,1] >= t) else 0
        if (l == 0) and (c == 0):
            tn += 1
        if (l == 0) and (c == 1):
            fp += 1
```

```python
        if (l == 1) and (c == 0):
            fn += 1
        if (l == 1) and (c == 1):
            tp += 1
    return [tp, tn, fp, fn]

def main():
    labels = np.load(sys.argv[1])
    probs = np.load(sys.argv[2])
    pname = sys.argv[3]

    th = [0.9, 0.8, 0.7, 0.6, 0.5, 0.4, 0.3, 0.2, 0.1]
    roc = []
    for t in th:
        tp, tn, fp, fn = table(labels, probs, t)
        tpr = tp / (tp + fn)
        fpr = fp / (tn + fp)
        roc.append([fpr, tpr])
    roc = np.array(roc)
    xy = np.zeros((roc.shape[0]+2, roc.shape[1]))
    xy[1:-1,:] = roc
    xy[0,:] = [0,0]
    xy[-1,:] = [1,1]
    plt.plot(xy[:,0], xy[:,1], color='r', marker='o')
    plt.plot([0,1],[0,1], color='k', linestyle=':')
    plt.xlabel("FPR")
    plt.ylabel("TPR")
    plt.savefig(pname)
    plt.show()
```

main 함수는 먼저 레이블과 그에 해당하는 확률 값을 로드한다. 다음으로 배열 th에 다양한 임곗값을 저장해두고 각 임곗값에 대해 TP, TN, FP, FN을 계산하는 table 함수를 호출해 계산 결과 얻어진 ROC 포인트를 배열 변수 roc에 누적하는 작업을 반복한다.

460

table 함수는 모든 클래스별 확률 값에 대해 해당 인스턴스가 클래스 1에 속할 확률이 현재 임곗값보다 크거나 같은 경우 클래스 레이블 1을 할당하는 작업을 반복 수행한다. 클래스 할당 결과를 실제 클래스 레이블과 비교해가면서 해당되는 집계 카운터를 증가시키는 방식으로 계산한다.

ROC 포인트를 모두 계산한 다음 포인트 목록의 시작 부분에 포인트 (0, 0)을 추가하고 목록의 끝에 포인트 (1, 1)을 추가해 전체 플롯을 만들어낸다. 양 끝점을 추가하는 이유는 FPR 값 전부를 포함시키기 위함이다. 플롯으로 만들어진 점을 디스크에 저장해 마무리한다.

정밀도-재현율 곡선

이 절을 끝내기 전에 머신러닝 분야에서 가끔 마주치게 될 또 다른 평가 곡선도 알아봐야 할 것 같다. 바로 정밀도-재현율PR, Precision-Recall 곡선이라는 것이다. 이름이 암시하듯 ROC 곡선과 마찬가지로 판정 임곗값이 변화할 때 그에 따른 PPV(정밀도)와 TPR(재현율)의 변화량을 표현해준다. ROC 곡선에서는 왼쪽 상단으로 갈수록 우수한 모델이었지만 PR 곡선은 오른쪽 상단으로 갈수록 우수한 모델이다. 이 곡선을 구성하는 점들은 sklearn 라이브러리의 metrics 모듈에 포함된 precision_recall_curve 함수를 사용해 쉽게 생성할 수 있다.

이 곡선은 참 음성 요소를 고려하지 않기 때문에 너무 자세히 들여다볼 필요는 없을 것 같다. PPV 및 TPR의 정의를 다시 살펴보면 어떤 의미인지 알 수 있을 것이다. PR 곡선에 대한 이러한 평가는 F1 점수에 대해 좋지 않은 평가를 내렸던 이유와 동일하다. PR 곡선과 F1 점수는 참 음성 요소를 고려하지 않기 때문에 평가 대상 분류기의 품질에 대한 분석이 불완전할 수밖에 없다. PR 곡선은 참 양성 클래스가 드물거나 참 음성을 탐지하는 성능이 크게 중요하지 않은 경우에는 유용하다. 하지만 일반적으로는 분류기 성능을 평가할 때 ROC 곡선과 앞서 정의한 메트릭을 고수하는 것이 가장 좋다.

다중 클래스 다루기

지금까지는 이진 분류기에 대한 메트릭만을 다뤘다. 당연히 상당수의 분류기는 다중 클래스를 다루고 있다. 다중 클래스 분류기는 0 또는 1뿐 아니라 여러 레이블을 출력한다. 다중 클래스 모델을 평가하고자 혼동 행렬에 대한 기본적인 아이디어를 다중 클래스로 확장시키는 동시에 앞서 다룬 메트릭 중 일부도 확장 가능한지 살펴보자.

작업에 사용할 다중 클래스 모델의 실행 결과가 필요하다. 다행히도 앞에서 여러 차례 소개한 MNIST 데이터가 원래부터 다중 클래스 형태다. 원래 다중 클래스 형태인 데이터 세트를 바이너리 형태로 만들고자 레이블을 다시 코딩하는 작업을 했었다. 기존의 아키텍처는 그대로 유지한 채로 학습을 수행하되 이번에는 테스트 입력에 할당된 숫자 레이블과 MLPClassifier의 예측 함수의 출력값으로 나올 레이블이 각각 10개의 레이블이 되도록 그대로 둘 것이다. predict_proba 함수 대신 predict 함수가 호출된다는 점을 제외하고는 앞 절에 나온 코드와 동일하므로 여기서 해당 코드를 다시 싣지는 않는다.

혼동 행렬의 확장

2 × 2 혼동 행렬은 이진 메트릭의 근간을 이룬다. 혼동 행렬은 다중 클래스로도 쉽게 확장할 수 있다. 확장을 위해 행렬의 행은 실제 클래스 레이블을 나타내게 하고 행렬의 열은 모델의 예측을 나타내게 구성하자. 행렬은 데이터 세트에 있는 클래스 수만큼의 행과 열로 구성된 정방 행렬이다. MNIST의 경우 10개의 숫자가 있으므로 10 × 10 혼동 행렬이 구성된다.

실제 알려진 테스트 레이블과 모델의 예측 레이블을 사용해 혼동 행렬을 계산한다. sklearn 라이브러리의 metrics 모듈에 포함돼 있는 confusion_matrix라는 함수를 사용할 수도 있지만 계산이 간단하기 때문에 다음과 같이 직접 구현해도 된다.

```
def confusion_matrix(y_test, y_predict, n=10):
    cmat = np.zeros((n,n), dtype="uint32")
    for i,y in enumerate(y_test):
        cmat[y, y_predict[i]] += 1
    return cmat
```

여기서 변수 n은 클래스 개수를 나타내며 MNIST의 경우 10이 된다. 이 수는 필요에 따라 주어진 테스트 세트의 레이블을 보고 결정할 수 있다.

코드는 간단한 편이다. 입력으로 들어오는 벡터는 실제 레이블(y_test)과 예측 레이블(y_predict)이다. 입력된 실제 레이블과 예측 레이블로 각 항목별로 판정 결과를 구하고 그 결과를 혼동 행렬(cmat)의 해당 인덱스별로 채워나가는 방식이다. 예를 들어 실제 레이블이 3이고 예측 레이블이 8이면 cmat[3,8]에 1을 추가하는 방식이다.

표 11-8: 100개 노드를 갖는 1개의 은닉 계층으로 구성된 모델의 혼동 행렬

	0	1	2	3	4	5	6	7	8	9
0	943	0	6	9	0	10	7	1	4	0
1	0	1102	14	5	1	1	3	1	8	0
2	16	15	862	36	18	1	17	24	41	2
3	3	1	10	937	0	20	3	13	17	6
4	2	8	4	2	879	0	14	1	6	66
5	19	3	3	53	13	719	17	3	44	18
6	14	3	4	2	21	15	894	1	4	0
7	3	21	32	7	10	1	0	902	1	51
8	17	14	11	72	11	46	21	9	749	24
9	10	11	1	13	42	5	2	31	10	884

100개 노드를 갖는 1개의 은닉 계층으로 구성된 모델의 혼동 행렬을 표 11-8에서 보여준다.

각각의 행은 실제 테스트 샘플의 레이블을 나타내며 [0, 9]의 값을 갖는다. 각 열은 모델에서 판단한 레이블이다. 모델이 완벽하다면 실제 레이블과 예측 레이블이 일대일로 대응될 것이다. 대응된 값은 혼동 행렬의 수대각선 위치에 표시될 것이다. 따라서 완벽한 모델은 주대각선을 따라 특정 값을 가지며 다른 모든 위치의 요소는 0으로 표시될 것이다. 표 11-8은 완벽한 모델은 아니지만 주대각선에 위치한 요소가 가장 큰 값을 갖는 모델을 보여준다.

4행 4열의 값을 보자. 해당 행과 열이 만나는 곳의 값은 879다. 실제 클래스가 4인 샘플을 모델이 레이블 '4'라고 올바르게 예측한 경우가 879번 있었다는 의미다. 4행을 따라가다 보면 0이 아닌 다른 숫자가 표시된 요소들을 만나게 된다. 이들 각각은 실제 4가 모델에 의해 다른 숫자로 판정된 경우를 나타낸다. 예를 들어 4가 '9'로 판정된 경우는 66번 있었지만 4가 '7'로 판정된 경우는 단한 번뿐이었다.

4열은 모델이 입력을 '4'라고 판정하는 경우를 나타낸다. 앞서 봤듯이 올바르게 판정한 횟수는 879회다. 그러나 모델이 실수로 '4'라고 레이블을 판정한 다른 숫자도 있다. 예를 들어 6을 '4'라고 판정한 경우는 21번이고, 1을 '4'로 오인한 경우도 한 번 있었다. 3이 '4'로 판정된 경우는 없었다.

혼동 행렬은 주어진 모델이 테스트 세트를 얼마나 잘 판정하고 있는지를 한눈에 보여준다. 행렬 값들이 주로 대각선 요소에 많이 모여 있는지 신속히 확인할 수 있다. 그렇다면 모델은 테스트 세트를 잘 판정하고 있는 것이다. 그렇지 않다면 어떤 클래스가 다른 클래스와 혼동되고 있는지 자세히 살펴봐야 한다. 행렬에 대한 간단한 조정이 도움이 될 수 있다. 테스트 세트에 있는 각 클래스의 샘플 수를 기억해야 하는 원시 카운트 방식 대신 각 행의 값을 해당 행의 합으로 나누는 방식을 사용할 수 있다. 이렇게 하면 항목이 개수에서 분수로 변환된다. 그런 다음 각 항목에 100을 곱하면 백분율로 변환된다. 이런 방식으로 변환시킨 혼동 행렬을 **정확도 행렬**이라고 부른다. 변환 기능은 다음과 같이 간단히 구현할 수 있다.

```
acc = 100.0*(cmat / cmat.sum(axis=1))
```

여기서 **cmat**는 혼동 행렬에 해당한다. 이 변환 기능을 이용해 표 11-9와 같은 정확도 행렬을 생성할 수 있다.

표 11-9: 클래스별 정확도로 표현된 혼동 행렬

	0	1	2	3	4	5	6	7	8	9
0	**96.2**	0.	0.6	0.9	0.	1.1	0.7	0.1	0.4	0.
1	0.	**97.1**	1.4	0.5	0.1	0.1	0.3	0.1	0.8	0.
2	1.6	1.3	**83.5**	3.6	1.8	0.1	1.8	2.3	4.2	0.2
3	0.3	0.1	1.	**92.8**	0.	2.2	0.3	1.3	1.7	0.6
4	0.2	0.7	0.4	0.2	**89.5**	0.	1.5	0.1	0.6	6.5
5	1.9	0.3	0.3	5.2	1.3	**80.6**	1.8	0.3	4.5	1.8
6	1.4	0.3	0.4	0.2	2.1	1.7	**93.3**	0.1	0.4	0.
7	0.3	1.9	3.1	0.7	1.	0.1	0.	**87.7**	0.1	5.1
8	1.7	1.2	1.1	7.1	1.1	5.2	2.2	0.9	**76.9**	2.4
9	1.	1.	0.1	1.3	4.3	0.6	0.2	3.	1.	**87.6**

대각선은 클래스별 정확도를 보여준다. 가장 성능이 떨어지는 클래스는 8로서 76.9%의 정확도를 보여주고, 가장 성능이 좋은 클래스는 1로서 97.1%의 정확도를 보여준다. 비대각선 요소는 모델이 다른 클래스를 해당 레이블로 판정한 실제 클래스의 백분율이다. 클래스 0의 경우를 보면 모델이 실제 0을 클래스 '5'로 판정한 비율이 1.1%에 달한다. 행 백분율 합계는 반올림 오차 내에서 100%로 집계된다.

클래스 8에 대한 정확도가 낮은 이유는 무엇일까? 클래스 8의 행을 보면 모델이 실제 8의 인스턴스 중 7.1%를 '3'으로, 5.2%를 '5'로 착각한 것을 알 수 있다. 8과 '3'을 혼동하는 것은 모델의 가장 큰 실수였지만 클래스 4의 인스턴스 중 6.5%를 '9'로 판정한 것도 큰 실수에 해당한다. 생각해보면 이해가 가지 않는 것도 아니다. 사람들도 자주 8과 3 또는 4와 9를 혼동하지 않던가? 이 모델은 인간이 저지르는 것과 유사한 오류를 범하고 있을 뿐이다. 혼동 행렬은 병리학적 성능도 나타낼 수 있다. 그림 11-3의 MNIST 모델을 다시 보자. 단 두 개의 노드만 갖는 단일 은닉 계층으로 구성돼 있다. 이 모델의 정확도 행렬이 표 11-10에 나와 있다.

표 11-10: 두 개의 노드를 갖는 단일 은닉 계층으로 구성된 모델의 정확도 행렬

	0	1	2	3	4	5	6	7	8	9
0	51.0	1.0	10.3	0.7	1.8	0.0	34.1	0.7	0.0	0.4
1	0.4	88.3	0.4	1.1	0.8	0.0	0.0	9.3	1.0	0.0
2	8.6	2.8	75.2	6.9	1.7	0.0	1.4	3.0	0.3	0.6
3	0.2	1.0	4.9	79.4	0.3	0.0	0.0	13.5	0.0	0.2
4	28.4	31.3	7.3	2.1	9.7	0.0	0.3	13.6	1.0	0.5
5	11.4	42.5	2.2	4.9	4.4	0.0	0.1	16.5	0.9	0.3
6	35.4	1.0	5.4	0.2	1.4	0.0	55.0	0.0	0.0	0.1
7	0.4	5.2	2.0	66.2	0.8	0.0	0.0	25.5	0.2	0.3
8	10.5	41.9	2.8	8.0	4.1	0.0	0.1	22.1	1.3	0.4
9	4.7	9.1	5.8	26.2	5.8	0.0	0.2	41.2	2.2	3.1

표를 보면 이 모델의 성능이 매우 낮다는 것을 바로 알 수 있다. 다섯 번째 열은 모두 0이다. 어떠한 입력 샘플도 '5'로 판정하지 못했다는 의미다. 출력 레이블 '8' 및 '9'에 대해서도 거의 마찬가지다. 반면 클래스 '0', '1', '2', '3'에 해당하는 열에서는 집계된 값들이 대각선 방향에 몰려 있기 때문에 이들에 대해서는 모델의 판별력이 우수하다고 볼 수 있다. 대각선 요소들을 보면 1과 3만이

올바르게 식별될 수 있는 가능성이 있음을 알 수 있다. 하지만 여전히 이들 중 많은 수가 '7'로 판정되고 있기는 하다. 클래스 8은 거의 올바르게 판정되지 않는다(1.3%). 성능이 좋지 않은 모델은 출력값이 전반적으로 비정상적이며 행렬의 비대각선 요소에 큰 값이 몰리는 형태의 혼동 행렬을 갖게 된다.

가중치를 고려한 정확도 계산

정확도 행렬의 대각선 요소는 모델에 대한 클래스별 정확도를 알려준다. 대각선 요소들의 값을 평균해 전체의 정확도를 계산할 수 있다. 하지만 주어진 테스트 세트에 대해 일부 몇 개의 클래스가 다른 클래스보다 우수한 성능을 보이는 경우에는 해당 모델의 성능에 대해 잘못된 판단을 내릴 수 있다. 이런 실수를 줄이려면 단순 평균 대신 가중 평균을 사용하는 것이 좋다. 가중치는 각 클래스별로 주어진 총 테스트 샘플 수를 모델에 제공된 총 테스트 샘플 수로 나눈 값을 이용해 계산한다. 예를 들어 주어진 테스트 세트에 대해 3개의 클래스와 각 클래스별 빈도 및 정확도가 표 11-11과 같은 모델이 있다고 가정해보자.

표 11-11: 3개의 클래스를 갖는 가상 모델에 대한 클래스별 정확도

클래스	빈도	정확도
0	4,004	88.1
1	6,502	76.6
2	8,080	65.2

표에서 N = 4,004 + 6,502 + 8,080 = 18,586개의 테스트 샘플이 있다는 것을 알 수 있다. 이를 이용해 클래스별 가중치를 구하면 표 11-12와 같은 결과가 나온다.

표 11-12: 클래스별 가중치의 예

클래스	가중치
0	4,004 / 18,586 = 0.2154
1	6,502 / 18,586 = 0.3498
2	8,080 / 18,586 = 0.4347

평균 정확도는 다음과 같이 계산할 수 있다.

$$ACC = 0.2154 \times 88.1 + 0.3498 \times 76.6 + 0.4347 \times 65.2 = 74.1$$

철학적인 관점에서 보면 클래스별 사전 확률을 알 수만 있다면 그 값으로 방금 구한 가중치를 대체하는 것이 정답이다. 이 확률은 클래스가 실제 현장에서 나타날 실제 가능성에 해당한다. 그러나 테스트 세트가 상당히 공정하게 구성 돼 있다고 가정하면 클래스별 빈도만 사용해도 충분히 안전할 것이다. 적절하게 구축된 테스트 세트는 클래스별 실제 사전 확률을 합리적으로 잘 나타내줄 것이라고 믿을 수 있다.

가중 평균 정확도는 혼동 행렬에서 간단히 도출되며 코드로 표현하면 다음과 같다.

```
def weighted_mean_acc(cmat):
    N = cmat.sum()
    C = cmat.sum(axis=1)
    return ((C/N)*(100*np.diag(cmat)/C)).sum()
```

N은 테스트된 샘플의 수를 모두 더한 값이다. 테스트 세트의 모든 샘플은 행렬의 어딘가에 반드시 포함돼 있으므로 혼동 행렬의 항목을 모두 더하면 이 값을 구할 수 있다. C는 클래스당 샘플 수를 벡터 형태로 집계한 것이다. 이것은 단순히 혼동 행렬을 구성하는 행의 합을 계산한 것이다. 백분율로 표시되는

클래스별 정확도는 혼동 행렬의 대각선 요소인 **np.diag(cmat)**를 테스트 세트에서 각 클래스가 출현한 횟수인 C로 나눈 값이다. 이 % 값에 100을 곱하면 정확도를 구할 수 있다.

클래스별 정확도 값을 합산한 다음 클래스 개수로 나누면 (잘못된 판단을 유도할 수 있는) 가중치가 없는 평균 정확도를 얻게 된다. 평균 정확도를 구하는 대신 각 클래스에 속한 모든 테스트 샘플의 비율인 C/N을 곱한 다음(C는 벡터임) 합산해 가중 정확도를 구하는 것이 좋다. 코드는 혼동 행렬의 크기에 상관없이 잘 작동한다.

앞 절의 MNIST 모델에 대해 가중 평균 정확도를 구하면 표 11-13과 같은 결과가 나온다.

표 11-13: MNIST 모델의 가중 평균 정확도

아키텍처	가중 평균 정확도
2	40.08%
100	88.71%
100 × 50	88.94%
500 × 250	89.63%

표 11-13은 이전에 살펴봤던 모델 크기의 증가에 따른 체감 수익률 발생 현상과 비슷한 특성을 보여준다. 100개 노드를 갖는 단일 은닉 계층 모델은 100개와 50개의 노드를 갖는 2개의 은닉 계층 모델과 수치가 거의 동일하며 500개의 노드와 250개의 노드를 갖는 훨씬 큰 모델보다 1%만 낮은 성능치를 보인다. 반면 은닉 계층에 노드가 두 개뿐인 모델은 훨씬 낮은 성능을 보여준다. 무작위로 추측만 하는 모델은 총 10개의 클래스가 있기 때문에 1/10 = 0.1 = 10%의 정확도를 갖게 될 것이다. 748개(28 × 28 픽셀)의 입력을 2개의 노드로 매핑한 다음 10개의 출력 노드로 최종 매핑하는 위와 같은 이상한 모델도 무작위로 추측하는 모델보다 4배나 더 정확한 성능을 보인다. 이 결과만으로는 잘못된

판단을 하게 만들 수도 있지만 표 11-10에서 봤듯이 이 모델에 대한 혼동 행렬을 살펴보면 모델이 정상이 아니라는 사실을 바로 알 수 있다. 이 모델이 실제로 채용될 가능성은 거의 없을 것이다. 모델 성능을 분석할 때 혼동 행렬을 주의 깊게 고려하는 것만큼 좋은 전략은 없다.

다중 클래스 매튜 상관 계수

2×2 혼동 행렬을 기초로 다양한 메트릭을 도출할 수 있었다. 이러한 메트릭 중 일부를 다중 클래스로 확장하는 것도 가능하지만 여기서는 주요 메트릭인 매튜 상관 계수^{MCC}만 생각해보자. 이진 분류의 경우 MCC는 다음 식으로 계산했다.

$$MCC = \frac{TP \cdot TN - FP \cdot FN}{\sqrt{(TP+FP)(TP+FN)(TN+FP)(TN+FN)}}$$

다음과 같이 혼동 행렬의 요소들을 사용해 다중 클래스로 확장시킬 수 있다.

$$MCC = \frac{c \times s - \sum_k^K p_k \times t_k}{\sqrt{\left(s^2 - \sum_k^K p_k^2\right) \times \left(s^2 - \sum_k^K t_k^2\right)}}$$

수식에 사용된 변수들은 다음과 같이 구한다.

$$t_k = \sum_i^K C_{ik}$$

$$p_k = \sum_i^K C_{ki}$$

470

$$c = \sum_{k}^{K} C_{kk}$$

$$s = \sum_{i}^{K} \sum_{j}^{K} C_{ij}$$

여기서 K는 클래스 수이고 C는 혼동 행렬이다. 이 표기법은 sklearn 웹 사이트 중 MCC를 설명하는 페이지에서 가져온 것이며 각 변수별 구현 방법을 자세히 보여준다. 그렇더라도 소개된 방정식을 그대로 따라 구현할 필요는 없다. MCC 가 이진 클래스 사례에서와 같이 다중 클래스 사례에서도 혼동 행렬을 바탕으로 구축된다는 것만 알면 된다. 직관적으로 이해되는 얘기일 것이다. 이진 클래스의 경우 MCC 값의 범위는 [-1, +1]로 한정된다. 다중 클래스의 경우에는 클래스 수에 따라 하한 값은 변경되지만 상한 값은 1.0으로 유지되므로 MCC가 1.0에 가까울수록 더 좋은 모델이라는 것을 알 수 있다.

MNIST 모델에 대해 MCC 값을 계산한 결과는 가중 평균 정확도에 대한 결과와 유사한 형태로 표 11-14에 나와 있다.

표 11-14: MNIST 모델에 대한 MCC 값

아키텍처	매튜 상관 계수(MCC)
2	0.3440
100	0.8747
100 × 50	0.8773
500 × 250	0.8849

앞 절의 가중 평균 정확도와 마찬가지로 가장 작은 모델의 성능이 가장 낮고 그 외의 3가지 모델의 성능은 유사하게 나타난다. 그러나 10,000개의 테스트 샘플에 대해 판정을 수행하는 데 걸리는 시간은 모델에 따라 상당히 다르다.

100개의 노드를 갖는 단일 은닉 계층 모델은 0.052초가 소요되는 반면 가장 큰 모델은 5배 이상 더 긴 0.283초가 소요된다. 속도가 중요한 상황이라면 작은 모델을 선호할 것이다. 실제로 사용할 모델을 결정할 때에는 여러 가지 요소를 고려하게 된다. 이 장에서 설명하는 메트릭은 단순한 지침일 뿐이므로 맹목적으로 따를 필요는 없다. 결국 해결하려는 문제에 있어 어떤 메트릭이 가장 의미 있는지는 당사자만이 알 수 있다.

요약

11장에서는 정확도만으로는 모델의 성능을 측정하기에 충분하지 않은 이유를 알아봤다. 이진 분류기에 대한 2 × 2 혼동 행렬을 생성하는 방법과 이 행렬을 바탕으로 테스트 세트에 대한 모델의 성능을 분석하는 방법도 알아봤다. 2 × 2 혼동 행렬에서 기본 메트릭을 계산하고 이러한 기본 메트릭을 사용해 고급 메트릭을 파생하는 과정을 살펴봤다. 다양한 메트릭을 언제 어떻게 사용하는지에 대한 직관을 구축하고자 각 메트릭의 유용성을 알아봤다. 그런 다음 수신자 조작 특성ROC 곡선을 살펴봤는데, 이때 ROC가 모델을 묘사하는 형식과 각 모델을 서로 비교하고자 이를 해석하는 방법도 함께 다뤘다. 마지막으로 다중 클래스 혼동 행렬을 소개하면서 예제를 통해 다중 클래스 혼동 행렬을 해석하는 방법과 몇 가지 이진 분류 메트릭을 다중 클래스의 형태로 확장하는 방법을 알아봤다.

12장에서는 머신러닝 모델 중 가장 잘 알려진 컨볼루션 신경망CNN, Convolutional Neural Networks을 알아본다. 12장에서 CNN의 기본 아이디어를 소개한 후 소개된 CNN 아키텍처에 대한 여러 실험을 13장에서 수행한다.

12

컨볼루션 신경망 소개

12장에서는 다차원 정보를 다루는 강력한 접근 방식 한 가지를 소개한다. 특히 현대 딥러닝의 초석이 된 **컨볼루션 신경망**^{CNN,} Convolutional Neural Networks의 기본 이론과 연산 방법을 알아본다.

먼저 CNN이 개발된 동기를 소개하는 것부터 시작한다. 다음으로 CNN의 핵심 아이디어인 컨볼루션을 알아본다. 그리고 컨볼루션이라는 개념이 CNN 구조에서 어떻게 사용되는지 자세히 살펴본다. 다음으로 CNN의 구조를 자세히 파헤쳐본다. 이때 살펴본 CNN 아키텍처를 12장의 나머지 부분에서 계속 사용할 것이다. CNN의 전체적인 구조를 파악한 후에는 컨볼루션 계층이 실제로 어떻게 작동하는지 살펴본다. 그런 다음에는 풀링 계층을 알아본다. 풀링 계층의 사용 목적이 무엇인지, 어떤 혜택을 제공하는지, 대가로 얼마의 손해를 감수해야 하는지 살펴본다. 마지막으로 8장에서 소개됐던 전통적인 구조의 완전 연결 피드포워드 신경망과 같은 완전 연결 계층을 소개하면서 CNN의 기본 구성 요소의 설명을 마무리한다.

12장에서는 CNN을 학습시키는 방법을 다루지는 않는다. 부분적으로 컨볼루션 계층이 도입되면 혼란을 일으킬 수 있으므로 훈련을 생략할 것이다. 학습 과정에 컨볼루션을 포함시켜 설명하려면 설명 과정이 불필요하게 복잡해진다는 이유도 있지만 주된 이유는 9장에서 역전파를 다뤘고 이와 동일한 알고리듬을 사용해 CNN을 학습시키기 때문이다.

이 장에서 학습 대상 미니배치에 대한 평균 손실에서 모든 계층의 가중치와 편향을 계산하고 역전파 알고리듬을 사용해 확률적 경사 하강법의 각 단계별 가중치와 편향 갱신에 필요한 도함수도 계산한다.

컨볼루션 신경망을 사용하는 이유

CNN은 이전에 발표된 신경망에 비해 몇 가지 장점이 있다. 첫째, CNN의 컨볼루션 계층은 완전히 연결된 신경망보다 훨씬 적은 수의 파라미터를 필요로 한다. CNN이 더 적은 수의 파라미터만으로 구현 가능한 이유는 컨볼루션 연산의 대상이 입력 노드의 작은 부분집합으로만 국한되기 때문이다. 전통적인 신경망 구조에서는 전체 입력에 대해 한꺼번에 신경망 연산을 수행해야 했다.

둘째, CNN은 공간 불변성, 즉 입력이 나타나는 위치에 관계없이 해당 입력의 공간적인 관계를 감지하는 기능을 구현할 수 있다. 예를 들어 전통적인 신경망에 고양이 이미지를 입력시킨 경우 해당 이미지는 단 하나의 피처 벡터로 변환된다. 즉, 고양이가 이미지의 왼쪽 상단 모서리에 나타나면 신경망은 고양이가 이미지의 왼쪽 상단 모서리에 나타날 수 있다는 것은 학습하지만 오른쪽 하단 모서리에도 나타날 수 있다는 것은 학습하지 못한다(학습 데이터에 오른쪽 하단 모서리에 고양이가 나타나는 샘플을 포함하지 않은 경우라면 말이다). 그러나 CNN의 경우 컨볼루션 연산은 어느 위치에 고양이가 나타나든지 모든 곳에서 고양이를 감지할 수 있다.

CNN은 일반적으로 2차원 입력을 처리하는 데 사용되지만 이 책에서 지금까지 작업해왔던 피처 벡터와 같은 1차원 입력에도 사용할 수 있다. 하지만 이전에 다뤘던 아이리스 꽃의 측정값과 같은 피처 벡터는 고양이 이미지의 각 부분들이 갖는 공간적인 관계를 반영하고 있지 않다. 이 경우에는 컨볼루션 연산에 유리한 점이 없다. 그렇다고 해서 CNN이 작동하지 않는다는 것은 아니고 단지 CNN이 이 상황에서 가장 좋은 종류의 모델이 아닐 수도 있다는 의미다. 항상 그렇듯이 다양한 모델 유형이 작동하는 방식을 충분히 이해한 상태에서 당면한 작업에 가장 적합한 모델을 선택해야 한다.

참고 CNN은 1980년에 후쿠시마(Fukushima)가 네오코그니트론(Neocognitron) 모델을 구현하고자 개발했다고 말하는 사람도 있고 1998년에 르쿤(LeCun) 등이 개발했다고 말하는 사람도 있다. 르쿤이 더 유명한데, 그의 논문 「Gradient Based Learning Applied to Document Recognition(문서 인식 분야에 적용된 경사 기반 학습 알고리듬)」은 이 글을 쓰는 현재 시점까지 21,000번 이상 참조됐다. 르쿤이 컨볼루션 신경망(convolutional neural network)이라는 용어와 지금까지도 가끔 사용되는 콘벤트(convent)라는 용어를 사용하기 시작했고 이 책에서도 CNN이라는 용어를 사용하겠지만 두 논문 모두 가치를 인정받을 만하다. 참고로 네오코그니트론은 CNN의 아이디어 중 일부를 제시했지만 모델 자체는 현재 사용 중인 CNN과 동일한 구조로 보기 어렵다.

컨볼루션

컨볼루션은 하나의 항목이 다른 항목 위로 슬라이딩하며 움직이는 작업을 포함한다. 여기서는 커널kernel이라고 부르는 작은 2차원 배열이 입력 계층 위를 슬라이딩하는 것을 의미한다. 이때 입력 계층은 CNN으로 들어오는 입력 이미지일 수도 있고 현재 계층의 바로 아래쪽에 있는 계층의 출력일 수도 있다. 컨볼루션에 대한 공식화된 수학적 정의가 따로 있지만 이 책의 문맥으로는 당장 도움이 되지 않는다. 다행스럽게도 여기서 다루는 모든 입력값은 이산적인 수치이므로 수학적인 정의까지 자세히 들여다보지 않더라도 이해하는 데 큰 문제가 없다. 단순화를 위해 2차원인 경우에만 초점을 맞추기로 한다.

커널을 이용한 스캐닝

커널은 학습 과정 중에 컨볼루션 계층에서 실제로 학습이 일어나야 할 대상이다. 커널의 형태는 소규모의 2차원 배열이며 입력 위로 이리저리 이동하게 된다. 궁극적으로 커널은 CNN 구조에서 컨볼루션 계층의 가중치가 된다.

기본적인 컨볼루션 연산의 과정은 먼저 커널의 크기와 동일한 크기로 입력의 일부를 취한 다음 그 부분을 커널로 덮고 일련의 연산을 수행해 하나의 수를 산출하는 것이다. 이 과정이 끝나면 입력의 새로운 위치로 커널을 옮겨 같은 과정을 반복한다. 커널이 이동하는 거리를 **보폭**stride(스트라이드)이라고 부른다. 일반적으로 보폭은 1로 설정되며, 이는 커널이 입력의 한 요소 단위씩 움직인다는 의미다.

그림 12-1은 MNIST 숫자 이미지의 일부에 대한 컨볼루션의 효과를 보여준다.

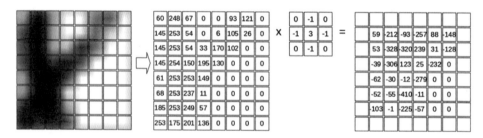

그림 12-1: 이미지에 대한 커널의 컨볼루션 연산

그림 12-1의 왼쪽 사진은 손 글씨 '8'의 일부다. 각 박스들은 해당 영역의 픽셀 강도를 표현한 것이다. 사진을 잘 보이게 처리하느라 원본 이미지를 확장하는 바람에 회색 음영이 많이 포함돼 있다는 점은 감안하기 바란다. 컨볼루션 연산의 대상이 되는 실제 픽셀 값들은 화살표 다음에 나오는 그림에 표현돼 있다.

여기서 커널은 다음과 같은 행렬이다.

$$\begin{bmatrix} 0 & -1 & 0 \\ -1 & 3 & -1 \\ 0 & -1 & 0 \end{bmatrix}$$

이 숫자 집합으로 입력 픽셀 위를 움직일 것이다. 커널의 크기가 3 × 3 행렬이므로 한 번에 덮을 수 있는 입력 이미지의 영역도 3 × 3이다. 왼쪽 상단 모서리의 첫 번째 3 × 3 영역은 다음과 같다.

$$\begin{bmatrix} 60 & 248 & 67 \\ 145 & 253 & 54 \\ 145 & 253 & 54 \end{bmatrix}$$

앞서 컨볼루션이 커널과 커널이 커버한 영역을 입력으로 사용해 연산을 수행한다고 언급했다. 작업 과정은 간단하다. 선택된 영역 내의 항목을 서로 곱해 나온 값을 모두 더한다. 컨볼루션의 첫 번째 출력값 계산은 다음과 같이 시작된다.

$$\begin{bmatrix} 60 & 248 & 67 \\ 145 & 253 & 54 \\ 145 & 253 & 54 \end{bmatrix} \times \begin{bmatrix} 0 & -1 & 0 \\ -1 & 3 & -1 \\ 0 & -1 & 0 \end{bmatrix} = \begin{bmatrix} 0 & -248 & 0 \\ -145 & 759 & -54 \\ 0 & -253 & 0 \end{bmatrix}$$

계산된 요소를 모두 더하면 다음과 같은 출력값을 얻는다.

$$0 + (-248) + 0 + (-145) + 759 + (-54) + 0 + (-253) + 0 = 59$$

계산이 잘 끝났다. 첫 번째 컨볼루션 연산의 출력값은 59다. 이 숫자로 무엇을 할 수 있을까? 커널은 3 × 3의 크기며 행과 열이 모두 홀수다. 그러므로 정중앙에 위치한 요소가 있다. 위의 식에서 커널의 정중앙에 위치한 요소는 3이다. 출력 배열에서 가운데 숫자가 있는 위치는 출력값인 59로 대체된다. 그림 12-1에 컨볼루션의 전체 출력이 나와 있다. 물론 출력의 첫 번째 요소는 59로서 커널이 왼쪽 상단 모서리를 덮고 있을 때 계산된 값이다.

나머지 출력값도 커널을 매번 1 픽셀씩 이동시키면서 정확하게 동일한 방식으로 계산하면 된다. 커널은 행의 끝에 도달하면 다시 왼쪽으로 돌아가면서 1 픽셀 아래로 이동한다. 이러한 방식으로 전체 입력 이미지 위를 움직이면서 그림 12-1의 최종 출력 행렬을 계산한다. 커널은 마치 오래된 아날로그 텔레비전의 스캔 라인과 유사한 방식으로 움직인다.

첫 번째 계산 바로 다음의 출력값은 다음과 같다.

$$\begin{bmatrix} 248 & 67 & 0 \\ 253 & 54 & 0 \\ 253 & 54 & 33 \end{bmatrix} \times \begin{bmatrix} 0 & -1 & 0 \\ -1 & 3 & -1 \\ 0 & -1 & 0 \end{bmatrix} = \begin{bmatrix} 0 & -67 & 0 \\ -253 & 162 & 0 \\ 0 & -54 & 0 \end{bmatrix}$$

그림 12-1의 오른쪽 행렬에 나와 있듯이 합계는 -212다.

컨볼루션 연산을 반복 수행하면 그림 12-1과 같은 출력이 생성된다. 출력값 주변에 빈 상자들이 나타난 것을 볼 수 있다. 3 × 3 커널의 정중앙에 위치한 값이 입력 배열의 가장자리를 덮지 못하기 때문에 비어 있는 것이다. 결과적으로 계산 결과로 만들어진 최종 출력 행렬의 크기는 입력 행렬의 크기보다 2만큼 작다. 커널이 5 × 5 크기라면 테두리의 너비는 1이 아니라 2가 될 것이다.

2차원 컨볼루션을 구현할 때는 이와 같이 경계 부분의 픽셀을 고려해야 한다. 몇 가지 옵션이 있으며 대부분의 툴킷은 그중 일부를 지원한다. 하나는 그림 12-1에서 볼 수 있듯이 경계 부분의 픽셀을 무시하고 출력을 입력보다 작게 만드는 것이다. 이 방식으로 작업하면 실제로 출력되는 값만 유지되기 때문에 정확하면서 유효한 결과를 얻을 수 있다.

또 다른 방법은 입력 이미지의 테두리에 0 값을 갖는 픽셀들이 둘러싸고 있다고 가정하는 것이다. 경계 부분에 필요한 만큼의 두께가 생기기 때문에 커널 중앙에 위치한 값이 입력의 왼쪽 상단 부분에 제대로 들어맞는다. 그림 12-1의 예에서는 커널의 크기가 3 × 3이고 커널 중앙값의 주변에 1개의 요소가 둘러싼 형태이기 때문에 경계 부분의 두께는 1 픽셀이 된다. 커널 크기가 5 × 5인 경우에는 커널 중앙값의 주변에 2개의 요소가 둘러싼 형태이므로 경계의 두께는 2 픽셀이 된다. 이러한 방식을 제로 패딩$^{zero-padding}$이라고 부르는데, 입력과 출력의 크기가 동일하다는 것이 특징이다. 28 × 28 픽셀 크기의 MNIST 숫자 이미지를 3 × 3 커널로 컨볼루션 연산을 수행하면 그림 12-1과 같은 26 × 26 픽셀 크기의 출력 대신 28 × 28 픽셀 크기의 출력을 얻을 수 있다.

그림 12-1의 예제 이미지에 제로 패딩 방식을 적용하면 빈 출력 부분을 채울 수 있다.

$$\begin{bmatrix} 0 & 0 & 0 \\ 0 & 60 & 248 \\ 0 & 145 & 253 \end{bmatrix} \times \begin{bmatrix} 0 & -1 & 0 \\ -1 & 3 & -1 \\ 0 & -1 & 0 \end{bmatrix} = \begin{bmatrix} 0 & 0 & 0 \\ 0 & 180 & -248 \\ 0 & -145 & 0 \end{bmatrix}$$

위 식에서 커널을 적용해 얻은 행렬의 합계를 구하면 –213이 나온다. 그림 12-1 에서 출력 행렬의 왼쪽 위 모서리에 위치한 요소는 현재 비어 있지만 이 방식을 적용하면서 –213으로 대체된다. 마찬가지로 나머지 비어있는 요소에 대한 값도 채우면 된다. 컨볼루션 연산이 끝나면 결과물의 크기는 28 × 28 픽셀이 된다.

이미지 처리에 사용하는 컨볼루션

신경망에서 사용하는 컨볼루션 연산은 때때로 마법같은 효과를 낸다. 컨볼루션 신경망이 여러 가지 뛰어난 기능을 수행할 수 있는 이유는 바로 이 연산을 이용 하기 때문이다. 컨볼루션 연산이 뛰어난 것은 사실이지만 새로운 개념은 아니 다. 수학적인 면은 고려하지 않고 2D 이미지에 대한 이산 컨볼루션만 생각하더 라도 이미지 처리를 전문으로 하는 과학자들이 머신러닝 분야에 컨볼루션이 도 입되기 수십 년 전부터 이미지 처리 작업에 컨볼루션을 사용했음을 알 수 있다.

컨볼루션 연산은 모든 이미지 처리 방식에 적용할 수 있다. 그림 12-2의 이미지 를 예로 들어보자.

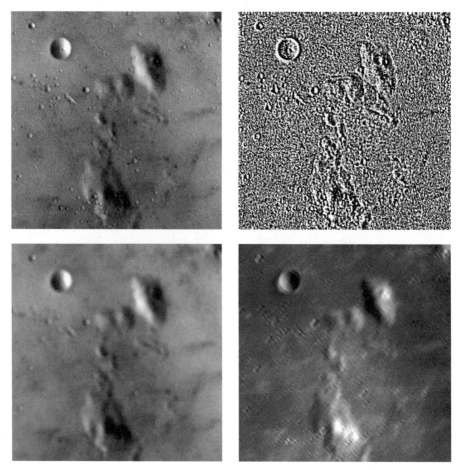

그림 12-2: 5 × 5 컨볼루션 커널을 적용한 이미지

달의 표면을 찍은 사진이며 왼쪽 상단의 이미지가 원본이다. 다른 세 개의 이미지는 서로 다른 5 × 5 커널로 달 이미지를 컨볼루션한 결과다. 시계 방향으로 돌아가면서 오른쪽 상단은 가장자리를 강조한 이미지, 오른쪽 하단은 대각선(왼쪽 상단에서 오른쪽 하단을 연결한) 구조 이미지, 왼쪽 하단은 흐리게 처리한 이미지가 표시돼 있다. 컨볼루션 연산 방법은 그대로 유지하고 커널의 값만 변경하면 위와 같은 결과를 얻을 수 있다.

머신러닝 관점에서 볼 때 컨볼루션 방식의 장점은 파라미터를 절약할 수 있다는 것이다. 몇 개의 커널을 사용해 모델을 학습시킨다면 이는 완전히 연결된 모델의 가중치를 모두 학습시키는 것보다 학습할 가중치의 개수가 적다. 이것 만 해도 좋은 일이다. 컨볼루션이 이미지에 대한 다른 정보를 끄집어낼 수 있다 는 사실, 즉 약간씩 변화하는 요소(그림 12-2 중 흐림 효과가 적용된 이미지), 급격 히 변화하는 요소(그림 12-2의 경계선을 강조한 이미지), 그리고 특정 방향을 따라 변화하는 요소(그림 11-2의 대각선 이미지) 등 다양한 요소를 잡아낼 수 있다는 사실은 모델이 입력 이미지가 가진 특징을 발견해낼 수 있음을 의미한다. 커널 이 이미지 위로 이동하면서 특징을 잡아내는 방식이기 때문에 이미지에 존재하 는 특정 구조의 어느 위치에 놓여있든지 상관없이 해당 특징을 발견할 수 있다.

컨볼루션 신경망의 해부학

의과 학생들은 시체를 해부해 신체 부위가 서로 어떻게 관련돼 있는지 살펴보 는 방식으로 해부학을 배운다. 난이도는 덜하겠지만 비슷한 방식으로 CNN 모 델을 대상으로 모델의 기본 구조를 살펴본 다음 모델의 구성 요소들을 하나씩 분해해 각 요소별 역할을 알아보자.

그림 12-3에 대상 모델이 표시돼 있는데, 케라스 툴킷에서 MNIST 숫자를 분류 하는 모델을 학습시키는 데 사용하는 기본 CNN 예제다. 이 장의 나머지 부분에 서도 이 구조를 표준으로 사용할 것이다.

그림에 나오는 숫자들은 어떻게 해석해야 할까? 전통적인 신경망과 마찬가지로 CNN도 입력과 출력을 갖는다. 이 예에서 입력은 왼쪽 상단의 숫자 이미지다. 데이터는 화살표를 따라 네트워크의 왼쪽에서 오른쪽으로 흘러간다. 맨 위 행 의 끝에서 네트워크는 다음 행으로 계속 진행한다. 참고로 설명을 원활히 하려 고 위쪽 행의 맨 마지막에 나오는 계층을 아래쪽 행의 시작 부분에 배치했다.

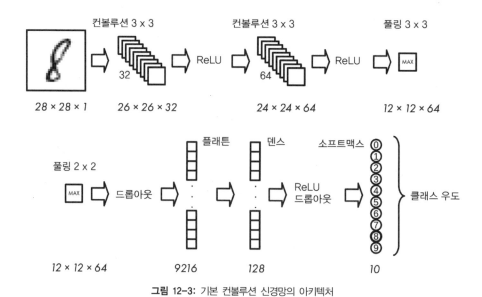

그림 12-3: 기본 컨볼루션 신경망의 아키텍처

연산은 아래쪽 행으로 이어져 다시 왼쪽부터 오른쪽 방향으로 출력 단계에 이를 때까지 계속된다. 여기서 출력 계층은 가능한 각 숫자의 우도를 산출해주는 소프트맥스 계층에 해당한다. 이는 10장에서 소개한 전통적인 신경망의 방식과 동일하다.

다양한 유형의 계층

각 화살표 사이마다 네트워크 계층이 표시돼 있다. 가장 먼저 주목할 것은 전통적인 신경망과 달리 CNN에는 여러 종류의 계층이 있다는 것이다. 종류별로 나열한 후 하나씩 살펴보자.

- 컨볼루션[Conv] 계층
- ReLU 계층
- 풀링[Pool] 계층
- 드롭아웃[Dropout] 계층

- 플래튼^{Flatten} 계층
- 덴스^{Dense} 계층

여기서는 케라스에서 사용하는 계층 이름을 그대로 사용한다. 예를 들어 대부분의 다른 툴킷에서 사용하는 완전 연결 또는 내적^{InnerProduct}이라는 이름으로 부르는 계층을 케라스에서는 덴스^{Dense}라는 이름으로 부른다.

이 중에서 몇 계층은 이미 살펴봤다. ReLU는 입력값을 받아 0보다 큰지 또는 작은지를 조사한 다음 그 결과에 대해 정류화 선형 기능을 구현하는 계층이다. 입력이 0보다 작으면 출력도 0이 된다. 입력이 0보다 크면 출력값은 입력과 동일한 값이 된다. 수학적으로 표현하면 다음과 같다.

$$ReLU(x) = max(0, x)$$

여기서 max 함수는 두 인수 중 가장 큰 인수를 반환한다.

마찬가지로 드롭아웃도 9장에서 살펴봤다. 드롭아웃은 학습 과정에서 전체 노드 중 일부를 일정 비율로 선택한 후 선택된 노드의 출력값을 0으로 설정하는 기능이다. 드롭아웃을 이용하면 모델을 매우 높은 수준으로 정규화시킬 수 있기 때문에 입력 데이터에서 의미 있는 표현 형태가 더 잘 학습된다. 여기서 소개한 기본 CNN에는 두 개의 드롭아웃 계층이 있다. 첫 번째 계층에서는 25%의 확률을 사용한다. 즉, 학습 과정에서 입력되는 모든 미니배치에 대한 출력값의 약 25%가 0으로 설정된다. 두 번째 드롭아웃 계층에서는 50%의 확률을 사용한다.

플래튼 계층과 덴스 계층의 개념은 앞에서 이미 배웠지만 독립된 개념으로 배우지 않고 그마저도 다른 이름으로 소개했다. 전통적인 피드포워드 신경망은 완전 연결 계층을 사용해 1차원 벡터를 처리한다. 이때 플래튼 계층과 덴스 계층의 개념이 합쳐져 완전 연결 계층이 구현된다. 플래튼 계층은 일반적으로 4차원 배열(왜 4차원인지는 나중에 설명한다)의 입력을 받아 벡터로 바꿔준다.

MNIST 데이터 세트를 벡터 형식으로 만들고자 수행했던 작업과 유사한 작업을 수행한다. 즉, 2차원 이미지를 풀어 헤치는 과정으로, 이미지를 구성하는 행렬을 행 단위로 읽어 각 픽셀을 벡터 형태로 나열하는 방식으로 구현한다. 덴스 계층은 전통적인 신경망 계층을 그대로 구현한 것으로, 이전 계층의 모든 입력값을 덴스 계층의 모든 노드에 연결해주는 방식이다. 일반적으로 덴스 계층의 출력은 다른 덴스 계층이나 소프트맥스 계층으로 전달돼 네트워크가 예측 기능을 수행할 수 있게 돕는다.

내부적으로 CNN 모델을 구성하는 대부분의 계층은 4차원 배열을 입력으로 받아 4차원 배열을 출력으로 생성한다. 첫 번째 차원은 미니배치를 구성하는 입력의 개수다. 예를 들어 미니배치의 입력 개수가 24인 경우 주어진 4D 배열의 첫 번째 차원은 24가 된다.

두 번째와 세 번째 차원은 높이와 너비로 표현된다. 어떤 계층으로 들어오는 입력이 모델의 입력(즉, 이미지)이라면 두 번째와 세 번째 차원은 실제로 입력 이미지의 높이와 너비가 된다. 입력이 실제로 다른 계층의 출력인 경우, 예를 들어 이번 장에서 설명할 컨볼루션 계층의 출력인 경우 높이와 너비는 입력에 컨볼루션 커널을 적용한 결괏값을 나타낸다. 예를 들어 그림 12-1에서 최종 출력의 높이와 너비는 26이 된다.

마지막 차원은 입력의 특성에 따라 달라진다. 입력 데이터가 이미지라면 마지막 차원은 이미지의 채널 수가 된다. 입력 데이터가 컨볼루션 또는 풀링 계층의 출력인 경우 마지막 차원은 피처 맵의 개수가 된다. 이미지의 채널 수는 간단히 말해 밴드의 수다. 그레이스케일 이미지에는 1개의 밴드가 있고 컬러 이미지에는 일반적으로 빨간색, 녹색, 파란색에 하나씩 할당된 3개의 밴드가 있다. 일부 컬러 이미지에는 픽셀의 투명도를 지정하는 데 사용되는 알파 채널이 포함되는 경우도 있지만 일반적으로 CNN으로 이미지를 처리할 때는 이 채널을 사전에 제거하고 사용한다.

그림 12-1의 출력은 입력에 대해 커널 컨볼루션을 적용해 얻은 값이기 때문에 피처 맵feature maps이라고 부른다. 그림 12-2에서 봤듯이 이미지 위에 커널을 컨볼루션하면 이미지의 특징을 도출할 수 있기 때문에 컨볼루션 계층에서 사용하는 커널의 출력을 피처 맵이라고 부르는 것이다.

이제 컨볼루션 계층과 풀링 계층만 더 살펴보면 된다. 이 두 계층에는 새로운 개념이 포함돼 있다.

이 절의 기본 CNN에서 컨볼루션을 적용할 대상은 2차원 데이터 세트다. 여기서 데이터 세트는 2차원 배열을 쌓아놓은 형태며 세 번째 차원은 채널의 개수나 피처 맵의 개수를 나타낸다. 지금까지 이 책에서 살펴본 다른 모델들은 실제 이미지를 벡터로 변환시킨 입력을 사용했지만 여기서는 이미지 자체를 입력으로 사용한다. 그러나 CNN 모델에서 컨볼루션이 2차원 형태의 입력만 받아들이는 것은 아니다. 1차원 컨볼루션이나 3차원 컨볼루션도 사용한다. 그러나 사용 빈도는 2차원 컨볼루션에 비해 낮은 편이다.

풀링 계층은 특정 규칙에 따라 여러 입력값을 결합해 입력 데이터의 공간 차원을 줄이는 데 사용한다. 가장 일반적인 규칙은 특정 블록을 설정한 다음 그 블록 내에서 가장 큰 값을 취하고 그 외의 값은 무시하는 것이다. 이 블록은 입력 데이터 위를 규칙적으로 움직여 다닌다. 풀링 계층은 이 장의 뒷부분에서 자세히 다룬다.

최신 신경망에는 다양한 유형의 계층이 사용되고 있고 이들 대부분은 케라스 라이브러리에 구현돼 있다. 케라스에서는 필요하다면 각자가 자신만의 계층을 구현해 추가할 수도 있다. 이러한 유연성은 케라스가 새로운 딥러닝 개발을 신속하게 지원할 수 있게 한다. 기존 신경망과 마찬가지로 주어진 계층이 학습할 수 있는 가중치를 가지려면 수학적으로 미분 가능해야 한다. 미분 가능한 가중치는 체인 규칙을 적용한 편미분 계산이 가능하기 때문이다. 편미분 계산을 통해 경사 하강법을 적용하는 과정에서 필요한 각 가중치별 갱신량을 알아낼 수 있다. 이 개념이 명확하지 않다면 9장으로 돌아가 역전파 개념을 다시 한 번 보기 바란다.

CNN을 통한 데이터 처리 과정

그림 12-3을 다시 살펴보자. 계층의 배열 순서와 이름이 바뀐 것 외에도 많은 일이 일어나고 있다. 대부분의 계층에는 아래쪽에 이탤릭체로 된 숫자가 표시돼 있다. 이 숫자는 해당 계층의 출력 차원, 높이, 너비, 피처 맵 개수를 나타낸다. 계층에 표시된 숫자가 한 개라면 그 숫자만큼의 요소를 가진 벡터 한 개를 출력한다.

주어진 CNN으로 들어오는 입력은 $28 \times 28 \times 1$ 크기의 이미지다. 컨볼루션 계층의 출력은 피처 맵의 집합 형태다. 첫 번째 컨볼루션 계층의 출력은 $26 \times 26 \times 32$이며, 이는 32개의 피처 맵이 있다는 의미다. 각각의 피처 맵은 한 개의 $28 \times 28 \times 1$ 입력 이미지를 다른 커널로 계산한 26×26 이미지다. 마찬가지로, 두 번째 컨볼루션 계층의 출력은 $24 \times 24 \times 64$의 크기로 표현되며, $26 \times 26 \times 32$ 크기의 입력에 컨볼루션을 적용해 구한 64개의 피처 맵 집합이 존재함을 의미한다. 이 입력은 첫 번째 컨볼루션 계층의 출력으로 산출된 데이터다.

그림에서 첫 번째 행 끝에 있는 풀링 계층은 $24 \times 24 \times 64$ 크기의 입력을 받아 $12 \times 12 \times 64$ 크기로 줄여준다. 그림에 붙어 있는 'MAX'라는 주석은 풀링이 수행할 작업을 암시하고 있다. 입력의 2×2 영역을 취하고 해당 요소 중 가장 큰 값을 반환한다. 입력의 크기가 2×2이고 그중 하나의 값만 반환하므로 각 24×24 입력은 12×12 출력으로 줄어든다. 이 방식을 모든 피처 맵에 적용하면 최종 출력의 크기는 $12 \times 12 \times 64$가 된다.

그림 12-3의 맨 아래 행을 보면 플래튼 계층이 풀링 계층의 $12 \times 12 \times 64$ 출력을 받아 9,216개 요소의 벡터로 변환한다는 것을 알 수 있다. 왜 9,216일까? $12 \times 12 \times 64 = 9,216$이기 때문이다. 다음으로 덴스 계층에는 128개의 노드가 있고

마지막으로 출력 소프트맥스 계층에는 10개의 클래스(숫자 0부터 9까지)가 있기 때문에 10개의 노드가 있다.

그림 12-3에서 ReLU 계층과 드롭아웃 계층은 아래에 표기된 숫자가 없다. 이들 계층은 입력의 모양을 변경하지 않는다. 입력 모양에 관계없이 각 요소에 대해 단순한 몇 가지 작업을 수행한다.

이 기본 CNN의 컨볼루션 계층에는 '3 × 3' 및 '32' 또는 '64'와 같은 다른 숫자가 연계돼 있다. 3 × 3은 컨볼루션 커널의 크기를 나타내고 32 또는 64는 피처 맵의 수를 나타낸다.

풀링 계층의 2 × 2 부분은 이미 언급한 바 있다. 이는 풀링 커널의 크기를 나타낸다. 풀링 커널은 컨볼루션 커널과 마찬가지로 각 피처 맵별(또는 채널별)로 입력 데이터 위를 움직여 가면서 입력의 크기를 줄여주는 기능을 한다. 작업할 풀링 커널의 크기가 2 × 2라는 것은 일반적으로 출력이 각 행 및 열의 차원에서 입력 크기의 1/2로 줄어든다는 의미다.

그림 12-3에는 익숙한 부분도 있지만 표현 방식은 약간 생소하다. 컨볼루션 및 풀링 계층처럼 이해가 필요한 신규 계층이 있기 때문에 현재로서는 다소 모호한 느낌이 들 수 있다. 자연스러운 현상이므로 걱정할 필요는 없다. CNN을 구성하고자 새로운 개념과 시각적 표현 방식이 소개됐을 뿐이다. 현재로서는 이런 정도만 이해해도 충분하다. 이 장을 읽어나가면서 이 그림과 개념들을 떠올리며 '아하!'하고 깨닫는 순간들이 있을 것이다. 각각의 부분들이 어떤 역할을 하는지 이해하게 되면 이미지 입력부터 소프트맥스 예측까지 이어지는 전체 처리 과정에서 특정 계층이 왜 거기에 배치됐는지 알게 될 것이다.

컨볼루션 계층

지금까지 설명한 것만으로도 컨볼루션의 기본적인 연산을 이해할 수 있다. 그러나 이 설명만으로는 CNN의 각 계층이 정확히 어떻게 작동하는지 이해할 수 없다. 이를 염두에 두고 CNN의 컨볼루션 계층의 입력과 출력에서 컨볼루션 개념이 어떻게 일반화되는지 살펴보자.

컨볼루션 계층의 작동 방식

컨볼루션 계층의 입력과 출력은 모두 2D 배열(또는 행렬)의 스택으로 생각할 수 있다. 컨볼루션 계층의 작동 방식은 배열의 입력 스택을 출력 스택에 매핑하는 방법을 보여주는 간단한 예를 통해 명쾌하게 설명할 수 있다.

예제를 제시하기 전에 몇 가지 용어를 먼저 소개하고자 한다. 앞 절에서 입력에 커널을 적용하는 방식으로 컨볼루션 연산을 설명했다. 이때 입력과 커널은 모두 2D 형태였다. 이번 절에서도 이 단일 2D 행렬에 대해 커널이라는 용어를 계속 사용할 것이다. 그러나 컨볼루션 계층을 실제로 구현할 때에는 머신러닝 분야에서 일반적으로 필터filter라고 부르는 커널들의 스택stack이 필요하다는 것을 곧 알게 될 것이다. 필터는 커널의 스택이다. 필터는 커널들을 통해 입력 스택에 적용돼 출력 스택을 생성한다. 모델은 학습 과정에서 커널을 학습시키게 되므로 모델이 필터를 학습시킨다고 말하는 것도 타당하다.

예제에서 입력은 2개의 5 × 5 배열 스택이고 커널 크기는 3 × 3이며 출력 스택의 깊이는 3이다. 왜 3일까? CNN 아키텍처 설계 경험에 비춰볼 때 3개의 출력에 대해 학습할 경우 대상 네트워크가 주어진 작업을 성공적으로 학습할 것으로 판단하기 때문이다. 컨볼루션 연산은 각 출력 배열의 너비와 높이를 결정한다. 여기서는 깊이를 선택한다. 적합한 컨볼루션을 적용해 출력의 테두리 부분에서 두께 1만큼의 영역을 제거할 것이다. 입력의 너비와 높이가 2만큼 줄어든다는 의미다. 결과적으로 3 × 3 커널이 5 × 5 입력에 적용돼 3 × 3의 출력이 생성된다.

차원이 변화하는 과정은 봤지만 어떻게 두 개의 배열 스택이 세 개의 스택으로 변할 수 있을까? 5 × 5 × 2 입력을 3 × 3 × 3 출력으로 매핑시켜주는 핵심적인 역할을 하는 것은 바로 학습 과정 중 학습이 일어나는 커널 집합, 즉 필터다. 필터가 어떤 원리로 이런 매핑 작업을 수행하는지 알아보자.

이 시점에서 이미 필터가 3 × 3 × 2 크기의 커널 스택임이 파악됐다고 가정한다. 일반적으로 입력 스택에 M개의 배열이 있고 $K × K$인 커널을 사용해 N개의 배열로 구성된 출력 스택을 생성해야 할 경우 N개의 필터 집합이 필요하다. 각 필터는 깊이가 M인 $K × K$ 크기의 커널 스택이다. 이유를 알아보자.

각 요소를 명확하게 살펴볼 수 있도록 입력 스택을 분할해 표현하면 다음과 같다.

$$0: \begin{bmatrix} -1 & 2 & 2 & -2 & -2 \\ -1 & 0 & 2 & 0 & 2 \\ 1 & 2 & 2 & 1 & -2 \\ -1 & 2 & 2 & 2 & 2 \\ 1 & -1 & 1 & 0 & -1 \end{bmatrix}$$

$$1: \begin{bmatrix} 2 & -2 & -1 & -2 & -2 \\ 1 & 1 & 2 & 1 & -2 \\ 2 & 2 & -1 & -1 & 0 \\ -1 & -1 & 2 & -2 & 2 \\ -1 & -2 & 0 & -2 & 0 \end{bmatrix}$$

0과 1로 레이블된 두 개의 5 × 5 행렬이다. 내부 값은 무작위로 선택한 값이다.

3개의 출력 스택을 얻으려면 3개의 필터 집합이 필요하다. 각 필터의 커널 스택은 입력 스택의 배열 수를 모사하고자 깊이를 2로 설정한다. 커널 자체는 3 × 3이므로 3개의 3 × 3 × 2 필터가 필요하다. 여기서 필터의 각 커널은 해당 입력 배열로 컨볼루션할 것이다. 세 개의 필터는 다음과 같이 가정한다.

$$0: \begin{matrix} k_0 \\ \begin{bmatrix} 1 & -1 & 1 \\ 1 & -1 & 0 \\ -1 & -1 & 1 \end{bmatrix} \end{matrix} \quad \begin{matrix} k_1 \\ \begin{bmatrix} 0 & -1 & 0 \\ -1 & 1 & -1 \\ -1 & 1 & 0 \end{bmatrix} \end{matrix} \quad \begin{matrix} k_2 \\ \begin{bmatrix} 1 & 0 & 0 \\ -1 & 0 & 0 \\ 0 & -1 & 0 \end{bmatrix} \end{matrix}$$

$$1: \begin{bmatrix} -1 & 0 & 0 \\ 1 & 1 & -1 \\ 0 & 0 & 1 \end{bmatrix} \quad \begin{bmatrix} 0 & 1 & 0 \\ 0 & 1 & 1 \\ 0 & 0 & 0 \end{bmatrix} \quad \begin{bmatrix} -1 & 1 & 1 \\ 1 & 0 & 1 \\ -1 & 0 & 0 \end{bmatrix}$$

여기서 0과 1 레이블을 추가해 어떤 커널이 어떤 입력 스택 배열에 적용되는지 표시한다.

기존 신경망 계층에서 사용했던 편향 벡터도 사용한다. 이 벡터는 커널 스택별로 적용될 하나의 값으로 볼 수 있다. 기존 신경망 계층에서와 마찬가지로 연산 과정의 마지막에 이 값을 추가함으로써 컨볼루션 계층의 출력이 전체 데이터에 정렬되는 효과를 얻을 수 있다. 편향은 해당 계층에 자유도를 하나 더 추가해준다. 해당 계층이 데이터에서 최대한 많은 것을 학습할 수 있게 돕고자 추가로 학습을 수행하는 어떤 것이라도 할 수 있다. 이 예에서 편향 벡터는 b = {1, 0, 2}인데, 이 역시 무작위로 선택한 값이다.

출력 스택을 얻고자 각 필터의 각 커널을 해당 입력 배열에 컨볼루션하고 결과로 산출된 출력 요소를 모두 합산한 다음 편향 값을 추가한다. 필터 k_0의 경우 첫 번째 입력 배열을 첫 번째 커널로 컨볼루션해 다음을 얻는다.

$$\begin{bmatrix} -1 & 2 & 2 & -2 & -2 \\ -1 & 0 & 2 & 0 & 2 \\ 1 & 2 & 2 & 1 & -2 \\ -1 & 2 & 2 & 2 & 2 \\ 1 & -1 & 1 & 0 & -1 \end{bmatrix} * \begin{bmatrix} 1 & -1 & 1 \\ 1 & -1 & 0 \\ -1 & -1 & 1 \end{bmatrix} = \begin{bmatrix} -3 & -7 & -1 \\ 1 & -4 & 3 \\ -1 & 1 & -3 \end{bmatrix}$$

위 식에서는 전체 컨볼루션 연산을 표시하고자 일반적으로 표준으로 인정되는 기호인 *를 사용하고 있다. 필터 k_0의 두 번째 커널로 이 작업을 반복해 입력의 두 번째 배열에 적용한 결과는 다음과 같다.

$$\begin{bmatrix} 2 & -2 & -1 & -2 & -2 \\ 1 & 1 & 2 & 1 & -2 \\ 2 & 2 & -1 & -1 & 0 \\ -1 & -1 & 2 & -2 & 2 \\ -1 & -2 & 0 & -2 & 0 \end{bmatrix} * \begin{bmatrix} -1 & 0 & 0 \\ 1 & 1 & -1 \\ 0 & 0 & 1 \end{bmatrix} = \begin{bmatrix} -3 & 3 & 6 \\ 6 & -1 & -2 \\ -6 & -1 & -1 \end{bmatrix}$$

마지막으로 두 개의 컨볼루션 출력을 합하고 편향 값도 추가해준다.

$$\begin{bmatrix} -3 & -7 & -1 \\ 1 & -4 & 3 \\ -1 & 1 & -3 \end{bmatrix} + \begin{bmatrix} -3 & 3 & 6 \\ 6 & -1 & -2 \\ -6 & -1 & -1 \end{bmatrix} = \begin{bmatrix} -6 & -4 & 5 \\ 7 & -5 & 1 \\ -7 & 0 & -4 \end{bmatrix} + 1 = \begin{bmatrix} -5 & -3 & 6 \\ 8 & -4 & 2 \\ -6 & 1 & -3 \end{bmatrix}$$

이런 방식으로 입력 스택에 필터 k_0을 적용한 첫 번째 출력 배열을 얻을 수 있다.

필터 k_1과 k_2에 대해 이 프로세스를 반복해 해당 출력을 계산함으로써 주어진 입력에 따라 다음과 같은 최종 컨볼루션 계층의 출력을 얻는다.

$$\begin{bmatrix} -5 & -3 & 6 \\ 8 & -4 & 2 \\ -6 & 1 & -3 \end{bmatrix} \begin{bmatrix} -1 & 2 & -6 \\ 4 & -3 & 1 \\ 0 & -3 & -5 \end{bmatrix} \begin{bmatrix} -5 & 0 & -3 \\ 0 & 0 & -5 \\ 7 & -3 & 4 \end{bmatrix}$$

원래 계획한 대로 3 × 3 × 3 출력의 배열 스택이 나란히 산출됐다.

이 예제에서 보여준 컨볼루션 계층은 5 × 5 × 2 입력을 3 × 3 × 3 출력으로 매핑했다. 컨볼루션 대신 완전 연결 계층을 사용했다면 학습해야 할 가중치의 개수가 50 × 27 = 1350인 가중치 행렬이 필요했을 것이다. 이에 반해 컨볼루션 계층은 편향 값을 제외하고 총 54개의 가중치에 대해 필터당 3 × 3 × 2개의 가중치만 사용했다. 상당한 양의 메모리가 절약된 셈이다.

컨볼루션 계층의 사용

앞의 예제는 컨볼루션 계층의 작동 원리를 보여줬다. 이번에는 컨볼루션 계층이 가져오는 효과를 알아보자. 그림 12-3에 나오는 네트워크를 학습시켰다고 가정한다. 학습이 완료된 네트워크이므로 미지의 이미지를 처리하는 데 필요한 가중치와 편향이 이미 준비돼 있을 것이다(CNN 학습 방법은 이 장의 '요약' 절에 소개돼 있다).

그림 12-3에서 네트워크의 첫 번째 계층은 단일 채널 그레이스케일 숫자 이미지인 28 × 28 × 1 입력을 26 × 26 × 32 출력에 매핑하는 컨볼루션 계층으로, 매핑에 사용된 필터는 32개의 3 × 3 커널로 구성돼 있다. 입력 이미지와 출력 사이에 존재하는 가중치 배열의 크기는 3 × 3 × 1 × 32가 된다. 여기서 3 × 3은 커널의 크기이고 1은 입력 채널 수, 32는 필터의 커널 수다.

학습이 완료된 후 필터를 구성하고 있는 32개의 3 × 3 커널은 어떻게 변화돼 있을까? 학습된 모델에서 이 값을 추출해 32개의 3 × 3 행렬 집합의 형태로 인쇄할 수 있다. 처음에 나오는 두 커널의 내부 값을 보면 다음과 같다.

$$\begin{bmatrix} 0.022 & 0.163 & 0.152 \\ 0.032 & 0.104 & 0.290 \\ -0.322 & -0.345 & -0.221 \end{bmatrix} \begin{bmatrix} 0.141 & 0.239 & 0.311 \\ 0.005 & -0.026 & 0.215 \\ -0.158 & -0.370 & -0.207 \end{bmatrix}$$

결과를 볼 수 있다는 것에는 만족하지만 커널이 하는 일에 대한 직관적인 이해에는 큰 도움이 되지 않는다.

행렬을 이미지로 변환해 필터의 커널을 시각화하는 방법도 있다. 커널을 이미지로 변환하고자 먼저 커널 내의 모든 값은 [-0.5, +0.5] 범위에 들어온다는 사실에 주목하자. 각 커널 값에 0.5를 더하면 [0, 1]의 범위로 매핑할 수 있다.

매핑한 값들에 255를 곱하면 커널 값이 그레이스케일 이미지에서 사용하는 것과 동일한 값인 바이트 값으로 변환된다. 원래 0이었던 값은 이제 중간 회색

값인 127이 됐다. 이 변환 후 커널은 음수 커널 값이 검은색에 더 가깝고 양수 커널 값이 흰색에 더 가까운 그레이스케일 이미지로 표시될 수 있다. 그러나 매핑된 커널의 크기가 3 × 3 픽셀에 불과하기 때문에 마지막 단계가 필요하다. 마지막 단계는 3 × 3 이미지를 64 × 64 픽셀로 업스케일링하는 것이다. 업스케일하는 과정은 두 가지 방법이 있다. 첫 번째는 최근접 이웃 샘플링을 사용해 커널을 블록으로 표시하는 방법이다. 두 번째는 란초스^{lanczos} 필터를 사용해 이미지를 부드럽게 해서 커널의 방향을 더 쉽게 볼 수 있게 표현하는 방법이다. 그림 12-4는 두 가지 방식으로 표현된 커널 이미지다. 위쪽이 블록 버전이고 아래쪽이 부드럽게 표현된 버전이다.

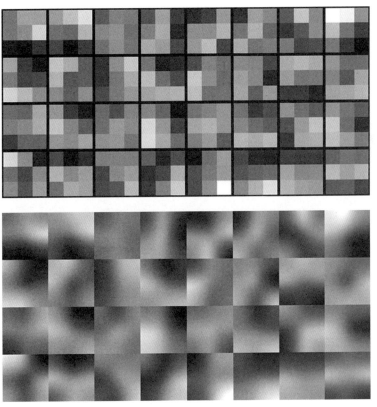

그림 12-4: 첫 번째 컨볼루션 계층에서 32개의 학습된 커널.최근접 이웃 샘플링을 적용한 블록화 버전(위쪽). 방향을 더 명확하게 보여주는 부드러운 버전(아래쪽).

이 이미지는 그림 12-3에서 모델의 첫 번째 컨볼루션 계층에 학습한 32개의 커널을 보여준다. 그림 12-2의 오른쪽 하단 이미지는 특정 커널을 적용함으로써 대각선 구조를 강조해 보여주는 효과가 나타난 사례다. 이와 마찬가지로 그림 12-3의 이미지들도 커널이 특정 방향이 잡힌 구조를 선택하고 있음을 암시하기에 충분한 세부 정보를 포함하고 있다.

이제 커널의 효과를 살펴보자. 커널은 입력 MNIST 이미지에 어떤 작용을 하는 것일까? 각 커널을 샘플(여기서는 '3')로 컨볼루션한 다음 바로 전에 커널의 이미지를 생성한 것과 유사한 과정을 적용해 샘플 MNIST 이미지를 만들어낼 수 있다. 컨볼루션 결과로 32개의 26 × 26 이미지 집합이 산출되며 이를 화면에 표시하고자 다시 64 × 64 크기로 확대한다. 최종 결과는 그림 12-5에 있다.

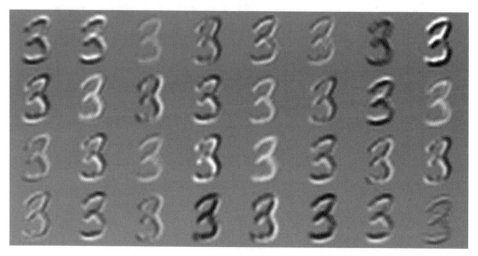

그림 12-5: 샘플 MNIST 입력에 32개의 커널을 적용한 결과

그림 12-4에 표시된 커널의 순서는 그림 12-5의 이미지 순서와 같다. 예를 들어 그림 12-4의 오른쪽 맨 위에 위치한 커널은 왼쪽 상단이 밝고 오른쪽 하단이 어두운 특성을 보인다. 즉, 왼쪽 하단에서 오른쪽 상단으로 대각선을 따라 구조를 감지하는 효과를 낸다. 이 커널을 샘플에 적용한 결과는 그림 12-5의 오른쪽 맨 위에 위치한 이미지다. 기본적으로 숫자 3을 구성하는 요소 부분들이 왼쪽

아래에서 오른쪽 위까지 대각선 방향으로 강조돼 나타나 있다. 이 예제의 입력은 단일 채널의 그레이스케일 이미지이기 때문에 해석이 명확하다. 이는 이전의 일반적인 작업에서 본 것처럼 각 채널별로 커널을 적용한 후 최종 출력을 합산하는 과정이 빠져 있음을 의미한다.

일반적으로 CNN의 첫 번째 컨볼루션 계층은 특정 방향이나 질감, 입력 이미지가 RGB인 경우에는 색상을 선택하는 커널을 학습시킨다. 그레이스케일 MNIST 이미지의 경우 방향이 가장 중요하다. CNN 모델에서 상위에 배치된 컨볼루션 계층들도 해당 커널들이 이미지의 구성 요소를 학습하기는 한다. 그러나 이들이 실제로 어떤 피처를 선택했는지는 훨씬 추상적이어서 이해하기 어렵다. CNN의 첫 번째 컨볼루션 계층에서 학습한 커널은 포유류 뇌의 첫 번째 시각 처리 계층과 기능적으로 매우 유사하다. 포유류 뇌의 첫 번째 시각 처리 계층은 입력된 이미지에서 선과 가장자리를 감지하는 원시 시각 피질 또는 V1 계층이다. 또한 컨볼루션 계층과 풀링 계층을 조합해 네트워크를 구성하는 이유는 새로운 피처 표현, 즉 입력 이미지의 새로운 표현을 학습하고자 만들어진 것임을 기억하자. 이 새로운 표현은 클래스 간 구분을 명확하게 해주기 때문에 뒤에 이어지는 완전 연결 계층에서 수행될 최종 구분 작업이 더 쉬워지는 효과가 있다.

다중 컨볼루션 계층

대부분의 CNN 모델은 하나 이상의 컨볼루션 계층으로 구성된다. 이는 네트워크가 깊어질수록 입력의 더 큰 부분에 의해 영향 받는 피처를 구축할 수 있기 때문이다. 이해를 돕고자 **수용장**receptive field과 **유효 수용장**effective receptive field의 개념을 설명한다. 두 개념은 유사하기 때문에 혼동하기 쉽다. 그림 12-6을 보면서 두 개념을 구분해보자.

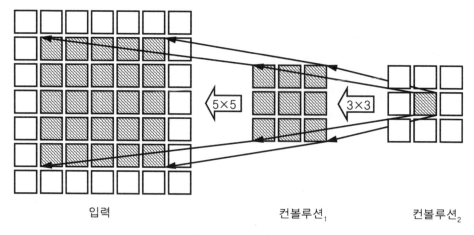

그림 12-6: 수용장의 원리

그림은 두 개의 컨볼루션 계층의 출력과 모델로 들어오는 입력을 보여준다. 3×3 커널을 사용하고 출력과 직접 연관된 부분만 표시하고 있다. 나중에 명확히 정의하겠지만 수용장은 컨볼루션 계층에서 나오는 출력의 깊이와 상관없이 동일하기 때문에 필터의 깊이는 무시해도 된다.

그림 12-6은 화살표가 가리키는 대로 오른쪽에서 왼쪽으로 읽어야 한다. 이는 네트워크를 통한 데이터 흐름의 반대 방향이다. 상위 계층의 출력값에 영향을 준 것이 무엇인지 알아보고자 이전 계층을 되돌아보는 것이다. 작은 사각형들은 출력값을 나타낸다. 가장 오른쪽에서 음영 처리된 사각형은 컨볼루션₂의 출력 중 하나다. 그 지점에서 출발해 이 값에 영향을 주는 것이 무엇인지 되돌아보자. 맨 오른 쪽의 화살표 4개는 컨볼루션₂의 음영 처리된 사각형 값에 영향을 주는 컨볼루션₁의 출력을 가리킨다. 컨볼루션₂의 음영 처리된 값은 컨볼루션₁의 음영 처리된 3×3 출력에 직접적인 영향을 받기 때문에 3×3 수용장을 갖는다. 이 원칙에 따라 수용장을 정의해볼 수 있다. 즉, 바로 앞에 인접한 출력 집합 중 현재 계층의 출력에 직접적인 영향을 미치는 노드들로 구성된 영역을 수용장이라 한다.

컨볼루션₁의 3 × 3 음영 영역에 직접적인 영향을 미치는 입력값 집합을 보면 전체 입력 영역 중 5 × 5 영역이 해당함을 볼 수 있다. 합리적인 결과다. 컨볼루션₁의 음영 처리된 각 출력에는 입력 중 3 × 3 크기의 영역이 수용장으로 대응한다. 컨볼루션₁의 커널 크기가 3 × 3이기 때문에 수용장의 크기도 3 × 3이 된다. 컨볼루션₁ 출력에 영향을 주는 3 × 3 수용장은 서로 중첩돼 최종적으로는 5 × 5 입력 영역이 음영 처리돼 표시된다.

가장 오른쪽에 음영 처리된 출력값을 다시 살펴보자. 입력에 영향을 줄 수 있는 모든 값을 끝까지 추적해보면 입력에서 음영 처리된 5 × 5 영역이 해당 값에 영향을 줄 수 있음을 알 수 있다. 입력의 이 영역을 컨볼루션₂의 가장 오른쪽 음영 처리된 출력에 대한 **유효 수용장**이라 한다. 이 출력값은 궁극적으로 가장 왼쪽 음영 영역의 입력 이미지에서 일어나는 일을 반영하고 있다. 더 많은 컨볼루션 계층이 추가돼 CNN 모델이 더 깊어지면 모델로 들어가는 입력의 영역 중 점점 더 큰 영역에서 최종 도출된 값들이 영향을 주기 때문에 이를 반영해 유효 수용장이 변화하는 것이다.

컨볼루션 계층 초기화

9장에서 전통적인 신경망의 성능이 가중치와 편향의 학습에 사용했던 무작위 초기화 방식에 따라 크게 영향을 받는 것을 봤다. CNN도 마찬가지다. 컨볼루션 계층의 가중치는 커널의 값이라는 것을 기억하자. 전통적인 신경망의 가중치와 마찬가지로 커널도 역전파 과정에서 학습된다. 네트워크를 구성할 때 이 값들을 초기화하는 효과적인 방법이 필요하다. 다행스럽게도 기존 신경망에서 사용했던 초기화 방법들을 컨볼루션 계층에도 그대로 적용할 수 있다. 예를 들어 케라스는 글로롯 초기화를 기본으로 사용한다. 9장에서 배웠듯이 글로롯 초기화는 다른 툴킷에서는 자비에르 초기화라고 부르기도 한다.

이제 컨볼루션 계층에서 풀링 계층으로 넘어가자. 개념은 더 간단하지만 중요한 기능을 수행한다. 하지만 풀링 계층의 효과에는 다소 논쟁의 여지도 있다.

풀링 계층

그림 12-3은 CNN의 핵심 개념을 잘 보여주는데, 처음 두 개의 컨볼루션 계층 다음에 따라오는 계층이 풀링 계층이다. 이 풀링 계층은 $24 \times 24 \times 64$의 입력 스택을 사용하고 $12 \times 12 \times 64$의 출력 스택을 생성한다. 풀링 부분은 '2×2'로 표시돼 있다. 무슨 뜻일까?

'2×2' 부분이 핵심이다. 즉, 64개의 24×24 입력 각각에 대해 2×2 크기의 슬라이딩 윈도우를 입력 위로 움직여 가면서 컨볼루션과 유사한 작업을 수행한다. 그림 12-3에 명시적으로 나타나지 않은 사실이 있는데, 보폭^{stride}이 2로 설정 돼 있어서 슬라이딩 윈도우가 서로 겹치지 않게 2칸씩 점프한다는 것이다. 절대 로 겹치면 안 된다는 법은 없지만 일반적으로는 이 방식을 따른다. 풀링 작업은 스택의 입력별로 이뤄지므로 출력의 스택 크기도 변하지 않는다. 컨볼루션 계 층과는 대조되는 작업 방식이다.

입력 스택에서 24×24 행렬 하나를 선택해 풀링 연산을 적용해보자. 그림 12-7 을 보면 무슨 일이 일어나는지 알 수 있다.

첫 번째 2×2 값은 첫 번째 출력값에 매핑된다. 그런 다음 2칸을 이동해 다음 2×2 영역을 출력에 매핑하는 방식으로 전체 입력을 처리할 때까지 작업을 반복한다. 각각의 2×2 영역에서 수행되는 작업은 CNN 설계자에게 달려 있다. 가장 일반적인 작업 방식은 '가장 큰 값 선택'이며 이러한 방식을 **최대 풀링**이라 고 부른다. 그림 12-7에서 채용한 방식도 최대 풀링 방식이다. 또한 이는 그림 12-3의 모델이 수행하는 작업이기도 하다. 최대 풀링 방식 외에 대상 영역의 평균을 취하는 방식도 많이 사용된다.

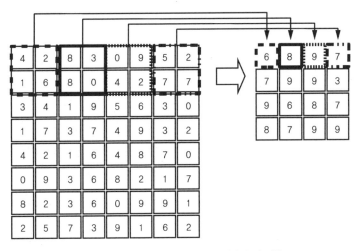

그림 12-7: 8 × 8 입력에 2 × 2 최대 풀링 적용

그림 12-7에서 8 × 8 입력 행렬이 4 × 4 출력 행렬로 매핑된 것을 볼 수 있다. 그림 12-3에서도 동일한 방식을 적용해 풀링 계층의 출력이 12 × 12가 됐던 것이다. 연산 결과 출력의 차원은 입력 크기의 절반이 된다.

풀링 작업은 간단하다는 장점이 있지만 그냥 버려지는 정보가 발생한다는 문제가 남는다. 이러한 사실을 알면서도 왜 사용하는 것일까? 풀링을 사용하는 주목적은 네트워크를 구성하는 값의 개수를 줄이려는 것이다. 일반적으로 모델의 깊이가 증가하면 컨볼루션 계층에 의해 사용되는 필터의 개수가 증가하는데, 이는 CNN 모델이 그렇게 설계돼 있기 때문이다. 그림 12-3에 나온 간단한 네트워크에서조차도 첫 번째 컨볼루션 계층에서 32개이던 필터가 두 번째 계층에서 64개로 증가하는 것을 볼 수 있다. 두 번째 컨볼루션 계층의 출력에는 24 × 24 × 64 = 36,864개의 값이 존재하지만 2 × 2 풀링을 적용하고 나면 작업할 값의 개수가 12 × 12 × 64 = 9,216개로 75% 감소한다. 여기서 주의할 점은 개수를 얘기할 때 네트워크 위로 데이터를 이동시키면서 만나게 되는 값의 개수를 말하는 것이 각 계층별로 실제 학습해야 할 파라미터의 개수를 말하는 것이 아니라는 점이다. 그림 12-3의 두 번째 컨볼루션 계층에는 편향 파라미터를 제외하고도 실제로 학습해야 할 파라미터가 3 × 3 × 32 × 64 = 18,432개 존재하는 반면 풀링 계층에는 학습시킬 파라미터가 전혀 없다.

입력의 피처를 표현한 것이 출력인데, 이 출력을 구성하는 값의 개수를 줄여줄 수 있다면 모델의 계산 속도가 빨라지고 과적합을 막아주는 정규화 장치의 효과도 기대할 수 있다. 9장에서 설명한 정규화 기술과 이론적 근거는 CNN에도 동일하게 유효하다. 그러나 풀링 연산은 일부 정보를 단순 삭제해버리고 표현해줘야 할 전체 영역(컨볼루션 계층의 출력)을 대표하는 값을 선택해 사용하기 때문에 입력을 구성하는 부분 간의 공간적인 관계를 변형시킨다는 문제가 있다. 이러한 공간 관계의 손실은 특정 응용에 민감한 사항일 수 있으므로 제프리 힌튼Geoffrey Hinton 같은 딥러닝 전문가는 풀링 계층을 없애는 대신 '캡슐 네트워크capsule networks' 등 다른 유형의 네트워크를 채용하기도 한다.

특히 힌튼의 풀링 계층에 대한 의견으로 인해 레딧Reddit 사이트에서 많은 논란이 있었는데, 그에 대한 힌튼의 답변은 다음과 같다.

> 컨볼루션 신경망에서 사용되는 풀링 연산은 큰 실수며 이것이 잘 작동한다는 사실은 불행한 일이다. 풀이 겹치지 않으면 풀링은 사물의 위치에 대한 귀중한 정보를 잃어버리게 된다. 물체의 부분들 사이의 정확한 관계를 감지하려면 이 정보가 필요하다.

풀링 작업이 겹치게 허용함으로써 공간 관계를 조잡한 방식으로나마 보존할 수 있다는 점을 지적하는 답변도 추가했다. 중첩 풀링 작업은 그림 12-7에서 사용한 것처럼 2 × 2 크기의 윈도우를 사용하지만 보폭은 2가 아닌 1로 설정하는 방식을 의미한다.

논란에도 불구하고 풀링 계층은 현재 구현돼 사용 중인 CNN의 필수 요소다. 다만 기존 모델에 풀링 계층을 추가해야 한다면 세심한 주의가 필요하다. 이제 완전 연결 계층인 CNN의 최상위 계층으로 이동해보자.

완전 연결 계층

그림 12-3의 두 번째 줄에 나오는 모든 계층은 플래튼 형태로 시작해 완전 연결 계층$^{fully\ connected\ layer}$을 구성한다. 그림에 표시된 용어들은 케라스 용어를 기준으로 한다. 덴스 계층은 일반적으로 완전 연결 계층이라고 불리는데, 이때 완전 연결 계층이라는 용어 속에는 몇 가지 가정이 포함돼 있다. 즉, 플래튼 연산을 포함하고 있고, 소프트맥스 계층 앞단에 ReLU 활성화 함수와 상황에 따라 선택 가능한 드롭아웃 기능이 구현돼 있다는 가정이다. 결과적으로 그림 12-3의 모델은 단 하나의 완전 연결 계층을 갖고 있다.

앞서 컨볼루션 계층과 풀링 계층의 기본적인 목표는 이미지와 같은 입력 데이터의 피처를 모델이 더 쉽게 추론할 수 있는 형태로 변경하는 것임을 배웠다. 학습 과정 중에 네트워크는 입력의 형태를 간결한 형태로 변경해 학습함으로써 모델이 미지의 입력 데이터에 대해서도 좋은 성능을 낼 수 있게 돕는다. 그림 12-3의 모델에서 풀링 계층(학습을 위해 바로 다음에 배치한 드롭아웃 계층도 포함) 부터 맨 앞의 입력 계층까지의 범위에 있는 모든 계층은 입력 이미지의 새로운 표현을 학습하고자 존재한다. 이 경우 완전 연결 계층이 모델이 된다. 새롭게 표현된 데이터를 취해 이를 기반으로 최종 분류 작업을 수행한다.

완전 연결 계층은 이름에서 암시하듯이 모든 노드가 완전히 연결돼 있다. 그림 12-3에서 9,216개 요소(12 × 12 × 64 = 9,216)로 펼쳐진 최종 풀링 계층과 128개 요소로 구성된 덴스 계층 사이에 배치된 가중치들은 기존 신경망에서 사용되는 것과 동일하다. 학습 과정 중에 학습해야 할 대상은 9,216 × 128 = 1,179,648개의 가중치와 128개의 편향 값이다. 따라서 그림 12-3의 모델에 포함된 총 1,199,882 개의 파라미터(가중치 및 편향) 중 98.3%가 최종 풀링 계층과 완전 연결 계층을 연결하는 데 사용된다. 완전 연결 계층은 기존 신경망의 경우와 마찬가지로 학습해야 하는 파라미터 측면에서 비용이 많이 든다는 사실을 일깨워준다. 피처를 학습하는 계층인 컨볼루션 계층과 풀링 계층이 제대로 작동해준다면,

완전 연결 계층의 개수는 하나 또는 두 개 정도로 제한하는 것이 이상적일 것이다.

완전 연결 계층은 메모리 사용량이 과도하다는 단점 외에도 실제 적용을 어렵게 만드는 또 다른 문제가 있다. 그레이스케일 이미지에서 숫자 모양을 찾아내는 다음과 같은 시나리오를 통해 구체적으로 어떤 문제가 있는지 살펴보자. 문제를 단순화하고자 배경은 무조건 검은색이라고 가정한다. MNIST 숫자로 학습시킨 그림 12-3의 모델을 사용하면 28 × 28 픽셀 이미지의 중심에 숫자가 놓여있는 경우에는 매우 높은 확률로 숫자를 식별할 것이다. 그러나 입력 이미지의 크기가 상당히 크다면 어떨까? 숫자의 위치를 알기도 어렵고 몇 개의 숫자가 있는지도 판단하기 어렵지 않을까? 재미있는 상황이 될 것 같다. 그림 12-3의 모델은 크기가 28 × 28 픽셀인 입력 이미지만 받아들인다. 이 문제는 13장에서 실험을 통해 자세히 다룰 예정이므로 이번 장에서는 우선 CNN에서 완전 연결 계층을 사용할 때 발생하는 문제들을 해결해줄 수 있는 완전 컨볼루션 계층을 알아보자.

완전 컨볼루션 계층

앞 절에서 그림 12-3의 모델이 크기가 28 × 28 픽셀인 입력 이미지만을 받아들인다고 언급했다. 그 이유를 알아보자.

이 모델에는 여러 종류의 계층이 있다. ReLU나 드롭아웃 같은 일부 계층은 네트워크를 통해 흐르는 데이터의 차원에 영향을 주지 않는다. 그러나 컨볼루션, 풀링, 완전 연결 계층 등은 차원에 영향을 미친다. 이 계층들을 하나씩 들여다보면서 입력 이미지의 차원과 어떻게 연관돼 있는지 알아보자.

컨볼루션 계층에는 컨볼루션 기능이 구현된다. 정의에 따르면, 컨볼루션은 고정된 크기의 커널을 입력 이미지(여기서는 2차원 데이터만 고려) 위로 계속 이동시키면서 연산을 수행한다. 연산 자체는 입력 이미지의 크기에 전혀 영향 받지 않는다. 그림 12-3에서 첫 번째 컨볼루션 계층의 출력은 26 × 26 × 32다. 32는 아키텍처를 설계할 때 선택한 필터의 개수다. 26 × 26은 패딩 없이 28 × 28 입력에 3 × 3 컨볼루션 커널을 적용해 구한 행렬이다. 입력 이미지가 64 × 64 픽셀이면 이 계층의 출력은 62 × 62 × 32가 되며 네트워크 아키텍처 관련해 변경해야 할 사항은 전혀 없다. CNN의 컨볼루션 계층은 입력의 공간 차원에 대해 알 필요가 없다.

그림 12-3의 풀링 계층은 24 × 24 × 64 입력을 받아 12 × 12 × 64 출력을 생성한다. 이전에 봤듯이 풀링 작업은 컨볼루션 작업과 매우 유사하다. 고정된 크기의 윈도우를 입력 데이터 위에서 슬라이딩시키면서 출력을 생성한다. 이 경우 출력은 입력 차원의 절반이 되고 깊이는 그대로 유지된다. 다시 말하지만 이 작업이 절대로 입력 스택의 공간 차원을 수정하지 않는다. 입력 스택이 32 × 32 × 64인 경우 이 최대 풀링 연산의 출력은 16 × 16 × 64가 되며 아키텍처는 전혀 변경할 필요가 없다.

마지막으로 12 × 12 × 64 = 9,216 풀링 출력을 128개의 요소로 구성된 완전 연결(Dense) 계층으로 매핑하는 완전 연결 계층이 있다. 8장에서 봤듯이 완전 연결 신경망은 계층 사이에 가중치 행렬을 배치하는 방식으로 구현한다. 풀링 계층의 출력은 9,216개의 요소로 구성돼 있고 덴스 계층에는 고정된 128개의 요소가 있으므로 총 9,216 × 128개의 요소로 구성된 행렬이 필요하다. 이 크기는 고정돼 있다. 32 × 32와 같이 큰 입력 이미지를 받아들이는 네트워크를 사용하면 풀링 계층을 통과할 때의 출력 크기는 14 × 14 × 64 = 12,544가 될 것이다. 이를 다시 완전 연결 계층에 매핑하려면 12,544 × 128개로 구성된 가중치 행렬이 필요하다. 물론 이런 방식으로는 작동하지 않는다. 주어진 네트워크는 9,216 × 128 행렬에 맞춰 학습됐기 때문이다. CNN의 완전 연결 계층이 받아들일 수 있는 CNN의 입력 크기는 고정돼 있다. 이 문제를 해결할 수 있는 방법이 있다면 메모리가 허용하는 범위 내에서 어떤 크기의 입력이든 무조건 CNN의 입력으로 사용할 수 있었을 것이다.

그냥 단순하게 더 커진 입력 이미지 위로 28 × 28 크기의 윈도우를 움직여가면서 각각의 28 × 28 픽셀 이미지를 모델 학습에 적용하면 더 큰 맵이 출력되지 않을까 생각해볼 수도 있다. 여기서 각 픽셀은 해당 숫자가 나타날 확률 값으로 채워진다. 10개의 숫자가 있으므로 10개의 출력 맵이 나와야 한다. 이러한 슬라이딩 윈도우 접근 방식은 기본적인 작동에는 문제가 없지만 일반적으로 알고리듬을 너무 단순한 방식으로 구현한 경우 자주 발생하는 계산 비용 과다의 문제를 안고 있다.

다행히 완전 연결 계층을 동등한 컨볼루션 계층으로 변환해 모델을 완전 컨볼루션 네트워크로 만들면 더 좋은 성능을 낼 수 있다. 완전 컨볼루션 네트워크에는 완전 연결 계층이 없으며 입력의 크기를 고정된 크기로 제한하지 않는다. 완전 컨볼루션 네트워크에서 입력의 크기와 출력 간의 관계는 13장에서 다룰 예정이다. 핵심적인 아이디어만 간단히 언급하자면 기본 원리는 맨 뒤쪽에 배치된 컨볼루션 계층이나 풀링 계층의 크기를 알아낸 후 이 계층들 다음에 따라 나오는 완전 연결 계층을 컨볼루션 계층으로 바꿔주자는 것이다. 마지막 컨볼루션 계층의 커널 크기는 맨 뒤쪽에 배치된 컨볼루션 계층이나 풀링 계층의 크기와 동일한 크기로 맞춰준다.

그림 12-3에서 풀링 계층의 출력은 12 × 12 × 64다. 여기서 입력 크기를 고정해야 하는 128개 크기의 완전 연결 계층 대신 12 × 12 × 128 크기인 컨볼루션 계층으로 변경해도 수학적으로 동일한 계산이 이뤄진다. 12 × 12 입력에 12 × 12 커널을 컨볼루션하면 숫자 하나가 결괏값으로 산출된다. 따라서 12 × 12 × 128 컨볼루션 계층의 출력은 1 × 1 × 128 배열이 될 것이며 이는 원래 사용했던 완전 연결 계층의 128개 출력과 기능적으로 동일하다. 또한 12 × 12 커널과 12 × 12 입력 간의 컨볼루션 연산은 단순히 커널의 각 요소에 입력의 각 요소를 곱한 후 결과를 합산하는 것이다. 이와 같이 완전 연결 계층의 각 노드에 대해 수행되는 작업을 정리할 수 있다.

이러한 방식으로 컨볼루션 계층을 사용하면 파라미터의 수와 관련해 아무것도 저장할 필요가 없다. 이 내용은 그림 12-3에서 확인할 수 있다. 풀링 계층 출력의 9,216개 요소와 완전 연결 계층의 128개 노드의 연결에는 9,216 × 128 = 1,179,648개의 가중치와 128개의 편향 항이 필요하다. 편향 항은 완전 연결 계층과 완전 컨볼루션 계층 모두가 필요로 하는 항이다. 12 × 12 × 128 컨볼루션 계층에 대해서는 이전과 동일한 12 × 12 × 64 × 128 = 1,179,648개의 가중치를 학습해야 한다. 그러나 이제는 입력의 크기를 자유롭게 변경할 수 있게 됐다. 예를 들면 12 × 12 × 128 크기의 컨볼루션 계층은 임의의 더 큰 입력에 대해 자동으로 컨볼루션 연산을 수행할 수 있다. 이 연산을 통해 해당 네트워크를 입력상의 28 × 28 영역에 대해 적용한 출력 결과를 얻을 수 있다. 이때 보폭은 네트워크 아키텍처를 설계할 때 지정한 값을 따른다.

완전 컨볼루션 네트워크는 롱^{Long}, 셸하메르^{Shelhamer}, 대럴^{Darrell}의 2014년 논문 「Fully Convolutional Networks for Semantic Segmentation^{의미론적 분할을 위한 완전 컨볼루션} ^{네트워크}」에서 처음 제안됐는데, 이 논문은 이 글을 쓰는 시점에서 19,000번 이상 참조됐다. 의미론적 분할^{semantic segmentation}이라는 용어는 입력 이미지의 각 픽셀에 클래스 레이블을 할당하는 것을 의미한다. 현재 의미론적 분할을 구현한 아키텍처로는 특별히 의료 영역에서 널리 성공을 거둔 U-Net(2015년 로네버거^{Ronneberger}, 피셔^{Fischer}, 브록스^{Brox}가 공동 발표한 「U-Net: Convolutional Networks for Biomedical Image Segmentation^{U-Net: 생물의학 이미지 분할을 위한 컨볼루션 네트워크}」 논문 참조)을 들 수 있다.

지금까지 그림 12-3에서 표현된 기본 CNN 계층을 알아봤다. 추가로 다룰 주제가 많지만 대부분 현재 수준에서 다룰 수 있는 범위를 넘어선다. 한 가지 예외가 있다면 배치 정규화인데, 이 주제는 15장에서 실험을 통해 자세히 알아볼 기회가 있을 것이다. 활발한 연구 프로젝트를 통해 새로운 형태의 계층이 지속적으로 발표되고 있다. 그러나 결국 이번 장에서 다룬 계층이 핵심적인 역할을 한다. 이제 학습된 CNN이 미지의 입력을 처리하는 방법을 살펴보자.

단계별 분석

그림 12-3에서 샘플 CNN 모델의 아키텍처와 계층을 보여줬다. 이번 절에서는 네트워크가 두 개의 새로운 입력, 즉 숫자 '4'와 '6'에 어떻게 반응하는지 알아보고자 네트워크의 연산 과정을 설명한다. 이 네트워크는 학습이 완료된 상태라고 가정한다. 실제 학습 방법은 13장에서 확인할 것이다.

입력 이미지는 모델을 구성하는 여러 계층을 하나씩 통과하면서 처리된다.

입력 → 컨볼루션$_0$ → 컨볼루션$_1$ → 풀링 → 덴스 → 소프트맥스

이때 학습된 가중치와 편향을 사용해 각 계층의 출력을 계산한다. 이러한 계산 과정을 활성화^{activations}라고 부른다. 첫 번째 컨볼루션 계층의 출력은 32개의 26 × 26 이미지 스택으로, 입력 이미지에 32개의 커널을 적용한 결괏값이다. 그런 다음 이 스택은 두 번째 컨볼루션 계층으로 전달돼 64개의 24 × 24 출력을 생성한다. 두 컨볼루션 계층 사이에는 ReLU 연산이 배치돼 있다. ReLU는 음수를 0으로 변환시키는 역할을 한다. 이러한 연산을 통해 데이터는 네트워크를 통과하면서 비선형성을 갖게 된다. 비선형성이 없으면 두 개의 컨볼루션 계층을 만들어놓아도 한 개만 사용한 것과 같은 효과를 보일 수 있다. ReLU에 의해 얻게 된 비선형성을 통해 두 개의 컨볼루션 계층은 데이터에 대한 서로 다른 피처를 학습할 수 있게 된다.

두 번째 ReLU 연산은 64개의 24 × 24 스택을 받아 0 또는 양수로 출력한다. 다음으로 2 × 2 최대 풀링 연산은 64개 출력을 12 × 12 크기로 줄인다. 그다음에 나오는 표준형 완전 연결 계층은 12 × 12 활성화 스택의 9,216개 값에서 128개의 출력값을 벡터 형태로 생성한다. 여기에서 각 숫자에 대해 하나씩 10개의 출력 세트가 소프트맥스^{softmax}를 통해 계산된다. 계산된 최종 출력값은 네트워크가 얼마의 확신을 갖고 주어진 입력 이미지를 특정 레이블로 판정했는지를 표현하는 값이다.

활성화를 설명하고자 여러 출력 이미지를 활용할 수 있다. 첫 번째 컨볼루션 계층의 출력인 26 × 26 이미지, 두 번째 컨볼루션 계층의 출력인 24 × 24 이미지, 풀링 계층의 출력인 12 × 12 이미지를 사용해보자. 완전 연결 계층에서의 활성화 연산을 위해서는 128개의 막대로 구성된 이미지를 사용하는 것이 편하다. 여기서 각 막대의 강도는 벡터 값을 나타낸다. 그림 12-8은 예제로 사용할 두 개의 샘플 숫자에 대한 활성화 과정을 보여준다.

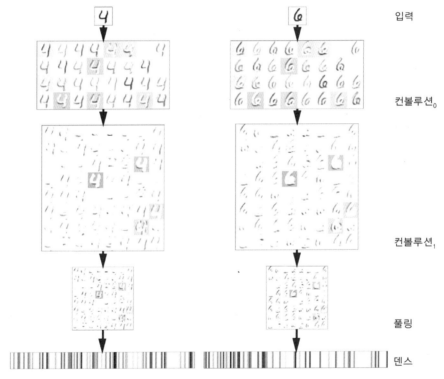

그림 12-8: 계층별 모델 활성화. 반전된 이미지 사용, 즉 어두울수록 더 강한 활성화를 나타냄

반전된 이미지를 사용하고 있으므로 더 어두운 색이 더 강한 활성화 값을 나타 낸다. 다음과 같은 소프트맥스 출력값은 나타내지 않았다.

	0	1	2	3	4	5	6	7	8	9
4	0.00	0.00	0.00	0.00	0.99	0.00	0.00	0.00	0.00	0.00
6	0.00	0.00	0.00	0.00	0.00	0.00	0.99	0.00	0.00	0.00

소프트맥스 값을 보면 두 숫자 모두 모델이 판정한 클래스 레이블에 대해 매우 확신하고 있으며 실제로도 정확하다는 것을 알 수 있다.

그림 12-8을 다시 보면 첫 번째 컨볼루션 계층의 출력이 단순히 단일 입력 이미지(그레이스케일)와 해당 계층의 커널이 반응한 결과라는 것을 알 수 있다. 컨볼루션을 사용해 입력 이미지의 주요 피처들을 강조하는 내용을 표현한 그림 12-2를 보면 이해가 쉬울 것이다. ReLU 연산 후 각각 32개의 커널 스택인 두 번째 컨볼루션 계층의 64개 필터가 수행하는 일은 입력 이미지에서 특정 부분이나 획을 잡아내는 것이다. 이들은 입력을 구성하는 작은 구성 요소의 집합이라고 생각할 수 있다. 두 번째 ReLU와 풀링 연산은 두 번째 컨볼루션 계층의 출력 구조 대부분은 그대로 유지하지만 크기는 이전보다 1/4로 축소시킨다. 마지막으로 완전 연결 계층의 출력은 입력 이미지에서 파생된 패턴을 보여준다. 새로 얻어낸 출력의 형태는 원시 이미지 입력 형태보다 분류 작업에 활용하기 용이할 것으로 보인다.

그림 12-8의 덴스 계층의 출력은 서로 다른 모습을 보여준다. 다음과 같은 질문을 던져 볼 수 있다. 숫자 4와 6에 대한 다른 인스턴스들에 대한 출력은 어떤 형태일까? 같은 숫자에 대한 여러 인스턴스 값 사이에 공통점이 존재할 수 있을까? 이 네트워크는 학습이 완료됐고 테스트 세트에 대해 99% 이상의 매우 높은 정확도를 달성했다는 것을 전제로 하고 있기 때문에 공통점을 찾을 수 있을 것이다. 테스트 세트에서 10개의 '4'와 10개의 '6' 이미지를 선택해서 네트워크를 통해 실행시킨 후 덴스 계층의 활성화 결과를 비교해보자.

그림 12-9에서 실행 결과를 보여준다.

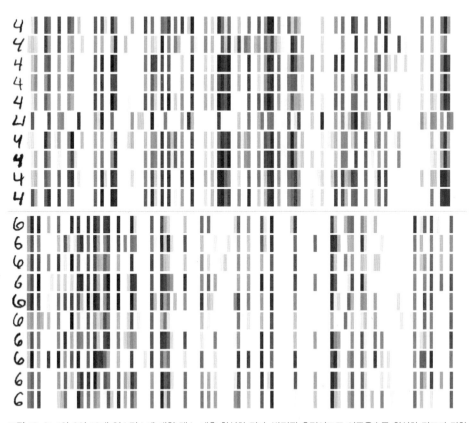

그림 12-9: 4와 6의 10개 인스턴스에 대한 덴스 계층 활성화 결과. 반전된 출력이므로 어두울수록 활성화 강도가 강함

왼쪽에는 모델에 대한 실제 입력이 표시돼 있다. 오른쪽은 소프트맥스에 입력되는 완전 연결 계층의 128개 출력을 나타낸다. 숫자마다 해당 숫자에 공통적인 특정 패턴이 있다. 그러나 변형된 형태도 존재한다. 가운데쯤에 있는 '4'는 줄기가 매우 짧게 그려져 있으며, 완전 연결 계층에서의 표현도 다른 샘플과 사뭇 다르다. 그럼에도 이 숫자는 0.999936의 확실성으로 모델에 의해 성공적으로 '4'로 판정됐다.

그림 12-9는 모델의 학습이 제대로 이뤄졌다는 증거를 입력 표현의 관점에서 보여준다. 소프트맥스 계층은 덴스 계층의 128개 요소를 10개의 출력 노드로 매핑시킨다. 이 출력 노드를 통해 소프트맥스 확률 값이 계산된다. 마지막 계층

은 사실상 은닉 계층을 제외시킨 단순한 형태의 전통적인 신경망이다. 입력을 새로운 형태로 표현해 클래스 구분이 명확해지게 돕는 아래쪽 계층들 덕분에 위쪽에는 단순한 모델만 배치해도 우수한 성능의 이미지 분류와 확실한 클래스 판정이 가능해진다. 학습 과정이 성공적으로 수행되는 이유는 상위 계층 모델의 가중치와 모델에 대한 입력을 동시에 생성하는 하위 계층의 가중치를 모두 최적화해 서로를 개선시키기 때문이다. 때로는 종단 간 학습에 관련된 문헌에서 이 개념을 언급하는 경우를 찾아볼 수 있다.

이미지 피처가 더 잘 구별된다는 주장을 입증하는 방법으로 덴스 계층이 MNIST 테스트 데이터에 대해 활성화 작업을 수행한 결과를 플로팅하는 방식을 생각해 볼 수 있다. 하지만 128차원으로 플롯을 시각화하는 방법은 현실적으로 존재하지 않기 때문에 덴스 계층의 활성화 결과를 직접 플로팅할 수는 없고 다만 간접적으로 나타낼 수는 있다. 머신러닝 커뮤니티에는 t-SNE라는 강력한 시각화 도구가 개발돼 있고 이 도구 역시 다행스럽게도 sklearn에 포함돼 있다. 이 알고리듬은 고차원 공간을 2차원 정도의 저차원 공간에 지능적으로 매핑시켜 준다. MNIST 테스트 이미지 중 천 개를 임의로 선택해 모델에 입력시킨다고 하자. 이 때 128차원 덴스 계층의 활성화 결과에 t-SNE 함수를 적용하면 2D 플롯이 그려지는데, 이 플롯을 통해 128차원 공간의 실제 구분 결과가 반영된 클래스 간 구분 결과를 확인할 수 있다. 그림 12-10에서 그 결과를 보여준다.

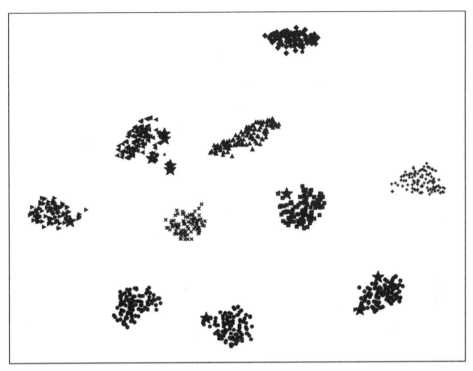

그림 12-10: 모델이 테스트 샘플을 클래스별로 구분한 결과의 시각화(t-SNE 플롯)

이 플롯에서 각 클래스는 서로 다른 플롯 기호를 사용한다. 모델이 샘플을 올바르게 분류하지 못한 경우 큰 별표로 표시된다. 이 예제에서는 소수의 샘플만 잘못 분류됐다. 클래스 유형별 구분이 매우 명확하게 표현된다. 모델은 대부분의 경우 올바른 클래스 레이블을 쉽게 결정할 수 있는 표현 방식을 학습했다. t-SNE 플롯에서 구분된 그룹의 수는 10개라는 사실을 쉽게 확인할 수 있다.

요약

12장에서는 컨볼루션 신경망의 주요 구성 요소를 소개했다. CNN은 공간적인 관계를 학습할 수 있는 능력이 탁월하기 때문에 현대적인 딥러닝, 특히 컴퓨터 비전 작업용 핵심 도구로 인정받고 있다. 이번 장에서 MNIST 숫자를 분류하는 모델을 분석하면서 컨볼루션 계층과 풀링 계층을 포함한 새로운 개념의 계층을 자세히 알아봤다. 이어서 CNN의 완전 연결 계층이 앞에서 다룬 전통적인 신경망의 구조와 유사하다는 것을 배웠다.

다음으로 더 큰 입력에 대한 작업을 가능하게 하고자 완전 연결 계층을 수정하는 방법을 알아봤다. 마지막으로 CNN 모델이 샘플 이미지를 처리할 때 생성한 활성화 결과를 분석해봤고 컨볼루션 계층과 풀링 계층이 함께 작동해 입력의 새로운 표현을 생성하는 방법을 알아봤다. 새로운 형태로 표현된 데이터는 피처 공간에서 클래스 간 구분을 쉽게 만들어주기 때문에 결과적으로 모델의 예측 정확도가 크게 향상된다.

13장에서도 CNN을 계속 분석한다. 하지만 이론적인 면이 아니라 실질적인 예제를 통해 네트워크 자체를 위한 다양한 파라미터와 학습 과정을 위해 필요한 하이퍼파라미터가 모델 성능에 어떤 영향을 미치는지 알아본다. 이러한 분석 작업은 현장에서 CNN을 활용하는 방법의 직관력을 갖추는 데 도움이 될 것이다.

13

케라스와 MNIST를 활용한 CNN 분석

12장에서는 CNN을 구성하는 필수적인 요소와 기능을 알아봤다. 13장에서는 12장에서 알아본 테스트 모델을 사용해 다양한 작업을 수행한다. 먼저 케라스를 이용해 모델을 구현하고 학습시키는 방법을 알아본다. 다음으로 아키텍처와 학습 파라미터의 선택이 모델의 성능에 미치는 영향에 대한 직관적인 이해력을 높이고자 여러 가지 실험을 해본다.

이 실험은 간단한 입력 이미지만을 분류하던 모델이 완전 컨볼루션 모델로 변환해 네트워크를 확장시키는 과정을 보여준다. 컨볼루션 모델은 임의의 크기를 갖는 입력을 처리할 수 있고 입력 이미지상의 어느 지점에 숫자가 위치하는지도 알아낼 수 있다.

완전 컨볼루션 네트워크에 대한 설명이 끝나면 딥러닝의 근본 개념을 깊이 있게 살펴보고 7장에서 예고했던 주제도 다룬다. 7장에서 CNN이 스크램블된 MNIST 숫자를 얼마나 잘 분류하는지 실험으로 알아볼 것을 예고했었다. 10장에서는 숫자의 픽셀을 스크램블링시키면 해당 숫자를 사람 눈으로 읽어낼 수 있는 가능성은 거의 사라지지만 전통적인 신경망은 스크램블링에 영향을 받지 않고 주어진 숫자를 제대로 해석할 수 있다는 사실을 확인했다. CNN도 마찬가지일까? 한번 알아보자.

케라스로 CNN 구축

그림 12-3에는 케라스 라이브러리와 파이썬을 이용해 구현한 모델이 소개돼 있다. 먼저 코드를 보여주면서 설명한 다음 직접 실행해 어떤 종류의 출력이 생성되는지 확인해보자. 코드는 자연스럽게 세 부분으로 나뉜다. 첫 번째는 MNIST 데이터를 로드해 케라스에 맞게 구성한다. 두 번째는 모델을 빌드한다. 세 번째는 모델을 학습시켜 테스트 데이터에 적용한다.

MNIST 데이터 로드

리스트 13-1에 코드의 첫 부분이 나와 있다.

리스트 13-1: 데이터 로딩과 전처리

```
import keras
from keras.datasets import mnist
from keras.models import Sequential
from keras.layers import Dense, Dropout, Flatten
from keras.layers import Conv2D, MaxPooling2D
from keras import backend as K

batch_size = 128
num_classes = 10
epochs = 12
img_rows, img_cols = 28, 28
```

```
❶ (x_train, y_train), (x_test, y_test) = mnist.load_data()

❷ if K.image_data_format() == 'channels_first':
      x_train = x_train.reshape(x_train.shape[0], 1, img_rows, img_cols)
      x_test = x_test.reshape(x_test.shape[0], 1, img_rows, img_cols)
      input_shape = (1, img_rows, img_cols)
  else:
      x_train = x_train.reshape(x_train.shape[0], img_rows, img_cols, 1)
      x_test = x_test.reshape(x_test.shape[0], img_rows, img_cols, 1)
      input_shape = (img_rows, img_cols, 1)

❸ x_train = x_train.astype('float32')
  x_test = x_test.astype('float32')
  x_train /= 255
  x_test /= 255

❹ y_train = keras.utils.to_categorical(y_train, num_classes)
  y_test = keras.utils.to_categorical(y_test, num_classes)
```

케라스는 많은 모듈로 구성된 대규모 툴킷이다. 라이브러리를 먼저 임포트한 다음 해당 라이브러리에서 특정 기능을 가져온다. mnist 모듈을 사용하면 케라스 내에서 MNIST 데이터에 손쉽게 액세스할 수 있다. CNN 구현을 위해 별도로 Sequential 모델도 임포트한다. 예제에서 구현한 CNN 모델은 그림 12-3에서 소개했던 여러 계층(Dense, Dropout, Flatten, Conv2D, Max-Pool2D)을 사용하기 때문에 해당 모듈도 모두 임포트해야 한다. 케라스에는 이 외에도 다른 여러 가지 계층이 준비돼 있다. 케라스 문서 홈페이지(https://keras.io/)를 찬찬히 둘러보면 큰 도움이 될 것이다.

다음으로 에폭 수, 클래스 및 미니배치 크기를 비롯한 학습 파라미터를 설정한다. 총 10개의 클래스가 있으며 각 이미지는 28 × 28 픽셀 크기의 그레이스케일 형식이다. sklearn과 마찬가지로 케라스에서도 처리해야 하는 미니배치 수가 아니라 에폭 수, 즉 전체 학습 데이터 세트의 반복 처리 횟수를 지정한다. 케라스는 매 에폭마다 학습 데이터 세트 전체를 자동으로 한 번씩 처리한다. 학습 데이터는 여러 개의 미니배치로 나뉘며 한 개의 미니배치는 128개의 샘플로 구성된다. MNIST의 학습 세트는 60,000개의 샘플로 구성돼 있으므로 정수 나누기를 사용해 에폭당 최소 60,000/128 = 468개의 미니배치가 있다는 사실을 유추해볼 수 있다. 케라스가 나머지 샘플들도 사용한다면 128개를 채우지 못한 크기의 미니배치까지 합쳐 총 469개의 미니배치가 만들어진다. 미니배치 과정이 수행될 때마다 경사 하강 단계(네트워크 파라미터 업데이트)가 이뤄진다는 점을 기억해두자.

먼저 ❶에는 MNIST 학습 데이터와 테스트 데이터를 로딩하는 코드가 있고 ❷에는 추가 설명이 필요한 코드가 몇 줄 있다. 케라스는 하위 수준에 몇 가지 다른 종류의 백엔드를 사용할 수 있게 구현된 상위 수준의 툴킷이다. 이 책에서 사용하는 백엔드는 1장에서 설치한 텐서플로다. 백엔드마다 다른 형식의 모델 입력이 필요하다. image_data_format 함수는 특정 문자열을 반환하는데, 이 문자열은 기반 툴킷이 컨볼루션 계층의 채널이나 필터의 수가 나타날 것으로 예상되는 위치를 저장한다. 텐서플로 백엔드는 채널의 위치가 맨 마지막에 온다는 의미로 channel_last 값을 반환한다. 즉, 이미지가 H × W × C의 3D 배열로 표시될 것으로 예상하게 된다. 여기서 H는 이미지 높이, W는 이미지 너비, C는 채널 수를 나타낸다. MNIST와 같은 그레이스케일 이미지의 경우 채널 수는 1이다. ❷의 코드는 케라스가 기대하는 형식과 일치하게 입력 이미지의 형식을 다시 지정한다.

❸에 나오는 그다음 코드 블록은 바이트 이미지 값을 [0, 1] 범위의 부동소수점 숫자로 변환한다. 이 작업은 입력 데이터에 대해 수행되는 유일한 스케일링 작업이며 이러한 유형의 스케일링은 이미지 입력을 사용하는 CNN의 경우 매우 전형적인 작업이라 할 수 있다.

마지막으로 ❹에 나오는 to_categorical 함수는 y_test의 클래스 레이블을 원핫 벡터 형식으로 표현된 내용으로 매핑하는 데 사용한다. 케라스에서는 원핫 벡터 형식으로 레이블을 처리하기 때문이다. 앞으로 보겠지만 모델에는 10개의 출력이 있으므로 매핑 작업은 10개 요소로 구성된 벡터에 대해 수행된다. y_test의 레이블에 해당하는 인덱스에 위치한 요소 1로 설정되며 이를 제외한 다른 요소는 0으로 설정된다. 예를 들어 y_test[333]은 클래스 6(숫자 '6')이 지정돼 있는데, 함수 to_categorical을 호출한 후에는 y_test[333]의 값이 다음과 같이 매핑된다.

```
array([0.,0.,0.,0.,0.,0.,1.,0.,0.,0.], dtype=float32)
```

여기서 인덱스 6(1인 경우)을 제외한 다른 모든 항목은 0으로 표시된 것을 볼수 있다.

모델 구축

앞 절에서 전처리된 데이터 세트를 사용해 모델을 구축해보자. 리스트 13-2에 표시된 코드는 그림 12-3에서 그림으로 정의했던 모델을 정확히 그대로 구축해준다.

리스트 13-2: MNIST 모델 구축

```
model = Sequential()
model.add(Conv2D(32, kernel_size=(3, 3),
                 activation='relu',
                 input_shape=input_shape))
model.add(Conv2D(64, (3, 3), activation='relu'))
model.add(MaxPooling2D(pool_size=(2, 2)))
model.add(Dropout(0.25))
model.add(Flatten())
```

```
model.add(Dense(128, activation='relu'))
model.add(Dropout(0.5))
model.add(Dense(num_classes, activation='softmax'))

model.compile(loss=keras.losses.categorical_crossentropy,
              optimizer=keras.optimizers.Adadelta(),
              metrics=['accuracy'])

print("Model parameters = %d" % model.count_params())
print(model.summary())
```

케라스에서 모델은 Sequential 클래스의 인스턴스로 정의된다. 모델은 해당 인스턴스에 필요한 계층을 추가하는 방식으로 구축되므로 add 메서드가 많이 사용된다. add 메서드의 인수 부분에는 새로 추가할 계층이 묘사돼 있다. 계층은 입력에서 출력 방향으로 추가되므로 첫 번째로 추가할 계층은 입력 이미지에 3 × 3 커널을 사용하는 2D 컨볼루션 계층이다. 이미지 개수나 미니배치의 크기는 따로 지정하지 않는다는 점에 유의하자. 이 부분은 모델 구축이 끝나고 학습이 이뤄질 때 케라스에 의해 관리될 것이기 때문에 지금은 모델의 구조만 정의하면 된다.

그림 12-3에 정의된 아키텍처를 구현하고 있기 때문에 첫 번째 계층은 Conv2D 계층이 된다. 첫 번째 인수는 필터의 개수를 나타내며 예제에서는 32로 설정돼 있다. 커널의 크기는 튜플 형태로 표현되는데, 실제로는 (3, 3)으로 설정돼 있다. 커널이 정사각형이 아닌 경우도 있기 때문에 커널의 너비와 높이를 따로 설정하고 있다. 특정 입력을 구성하는 각 부분들 간의 공간적 관계가 때로는 직사각형 형태의 커널로 더 잘 감지될 수도 있다. 이런 경우를 대비해 케라스에서는 커널의 크기를 튜플로 지정하게 하고 있다. 사실상 실제 사용되는 거의 모든 커널은 정사각형 형태를 취하고 있다. 커널 다음에는 컨볼루션 계층의 출력에 적용할 활성화 함수(여기서는 ReLU)를 지정한다. 이 계층으로 들어올 입

력의 모양은 input_shape를 통해 명시적으로 정의되며 앞서 텐서플로 백엔드를 사용하는 MNIST 모델의 경우 모양이 (28, 28, 1)의 크기를 갖는 튜플로 표현된다는 것을 확인한 바 있다.

다음으로 두 번째 컨볼루션 계층을 추가해보자. 이 계층은 64개의 필터로 구성돼 있고 커널의 크기는 3 × 3이며 출력에 적용한 활성화 함수는 ReLU다. 이번에는 모양을 지정할 필요가 없다. 케라스에서 이전 컨볼루션 계층의 출력 모양을 파악하고 있으며 그 정보를 바탕으로 이번 계층의 입력 모양을 유추할 수 있기 때문이다.

다음에 오는 것은 최대 풀링 계층이다. 풀링 크기는 2 × 2로 명시된 반면 보폭은 묵시적으로 2로 설정돼 있다. 여기에서 평균 풀링 계층을 사용하려면 MaxPooling2D 대신 AveragePooling2D를 지정하면 된다.

풀링 다음에는 25% 확률로 출력을 드롭하는 첫 번째 드롭아웃 계층이 나온다. 여기에서의 출력은 최대 풀링 계층의 출력을 의미한다.

앞서 케라스에서 완전 연결 계층을 플래튼 계층과 덴스 계층으로 분리하는 방법을 알아봤다. 이를 통해 아키텍처를 좀 더 세밀하게 제어할 수 있다. Flatten 계층을 추가하면 풀링 계층의 출력을 1개의 벡터로 매핑시킬 수 있다. 이 벡터는 Dense 계층으로 전달돼 고전적인 완전 연결 계층을 구현한다. 덴스 계층은 128개의 노드를 가지며 활성화 함수로는 ReLU를 사용한다. 덴스 계층의 출력에 드롭아웃을 적용하려면 이를 명시적으로 추가해줘야 한다. 예제에서는 50%의 확률을 갖는 계층 한 개를 추가로 정의하고 있다.

최종 덴스 계층에는 총 10개의 노드가 배치돼 있다. 각 클래스 레이블마다 1개의 노드가 할당되는 셈이다. 인수 activation의 값은 softmax로 지정돼 있는데, 이는 입력된 값에 대해 소프트맥스를 취한 값을 이 계층의 출력으로 취한다는 의미다. 이번 계층이 마지막이기 때문에 이 계층의 출력, 즉 10개 클래스 각각에 대한 소프트맥스 확률 값들이 전체 모델의 출력이 된다.

구축된 모델을 학습이 가능한 형태로 변경하려면 compile 메서드를 호출해야 한다. 메서드 compile의 인수로 학습 과정 중에 사용될 손실 함수(loss)와 최적화 알고리듬(optimizer)을 지정해준다. 키워드 metrics는 학습 중에 지속적으로 모니터링할 메트릭 변수를 정의할 목적으로 사용된다. 이 예에서는 범주형 교차 엔트로피 손실 함수를 사용하고 있는데, 이는 이진 교차 엔트로피 손실 함수를 다중 클래스 버전으로 확장시킨 것이다. 이 손실 함수는 9장에서 이미 설명했다. 이 손실 함수는 대다수의 CNN 모델에서 채택하는 함수다.

키워드 optimizer에 대해서는 추가로 더 자세히 논의할 필요가 있다. 9장에서 경사 하강법과 그보다 더 일반화된 버전인 확률적 경사 하강법을 배웠다. 예상할 수 있듯이 머신러닝 커뮤니티는 이 알고리듬을 원본 그대로 사용하는 것에 만족하지 않았고 신경망의 학습 성능에 기여하도록 개선할 방안을 찾고자 수많은 연구를 진행했다. 이로 인해 경사 하강법에 대한 여러 변형이 개발됐으며 개발된 대부분의 함수는 케라스에서도 지원한다.

여기서도 필요하다면 고전적인 확률적 경사 하강법을 고려할 수 있다. 그러나 이 예에서는 Adadelta라는 변형된 방식을 사용한다. 이 방식은 학습 중에 학습률(단계의 크기)을 능동적으로 변경해주는 Adagrad 알고리듬의 변종이다. 실용적인 면에서 Adadelta를 확률적 경사 하강법을 개선시킨 버전으로 간주할 수 있다. 케라스는 여기서 다루지 않는 최적화 알고리듬도 지원한다. 케라스 문서에서 이와 관련한 정보를 찾아 읽되 특별히 Adam과 RMSprop에 주목해 읽을 것을 권한다.

메서드 compile을 호출함으로써 모델 정의가 완결됐다. 편의성 메서드인 count_params 및 summary를 사용하면 모델 자체의 특성을 알려주는 수치를 출력할 수 있다. 코드를 실행해보면 이 두 메서드가 생성하는 출력 결과를 볼 수 있다.

모델 학습과 평가

마침내 데이터와 모델이 모두 준비됐으므로 테스트 데이터로 모델을 학습시키고 모델의 성능을 평가해보자. 이에 대한 코드는 리스트 13-3에 나와 있다.

리스트 13-3: MNIST 모델 학습과 테스트

```
history = model.fit(x_train, y_train,
        batch_size=batch_size,
        epochs=epochs,
        verbose=1,
        validation_data=(x_test, y_test))
score = model.evaluate(x_test, y_test, verbose=0)
print('Test loss:', score[0])
print('Test accuracy:', score[1])
model.save("mnist_cnn_model.h5")
```

메서드 fit은 주어진 학습 샘플 x_train, 이와 연계된 원핫 벡터 버전의 클래스 레이블 y_test를 사용해 네트워크를 학습시킨다. 이때 에폭 수와 미니배치 크기도 함께 지정한다. 인수 verbose를 1로 설정하면 리스트 13-4와 같은 출력이 생성된다. 마지막으로 validation_data 인수가 있다. 약간 허술해보이지만 이 예에서는 최종 테스트에 사용될 데이터를 일부 남기는 대신 테스트 데이터 전부를 넘겨준다(단순한 예제이기 때문에 가능한 일이다). 일반적으로는 모델의 학습이 완료된 후 검증을 위해 테스트 데이터 중 일부를 남겨둔다. 이렇게 남겨뒀던 데이터를 사용해 모델을 검증하면 이 모델이 실제 환경에서 사용될 때 어떤 성능을 보일지 예상할 수 있다.

메서드 fit에서 특정 값이 반환된다는 점에 유의하자. 이 값은 History 객체며 이 객체의 history 속성에는 에폭별로 학습 과정과 검증 과정에서 집계된 손실 값과 정확도 값이 저장돼 있다. 필요한 경우 이를 사용해 요약 플롯을 만든다.

모델 학습이 완료되면 성능 점수를 출력할 수 있다. 이 점수는 sklearn에서 구했

던 것과 비슷한 형태며 evaluate 메서드를 호출하고 테스트 데이터를 전달해 산출한다. 이 메서드는 주어진 데이터에 대해 모델이 보인 손실 값과 정확도 값으로 구성된 목록을 반환하며 반환 결과는 직접 출력해 확인할 수 있다.

완성된 모델을 디스크에 저장했다가 나중에 사용하기 위한 목적으로 save 메서드를 사용한다. 파일 확장자를 눈여겨보자. 케라스는 HDF5 형식의 파일로 모델을 덤프한다. HDF5는 과학 분야에서 널리 사용하는 범용 계층형 데이터 형식이다. 이 형식의 파일에는 모델의 가중치와 편향 및 전체 계층 구조를 포함시켜 저장할 수 있다.

이 코드를 실행하면 리스트 13-4와 같은 출력이 생성된다.

리스트 13-4: MNIST 학습 결과 출력

```
Using TensorFlow backend.
Model parameters = 1199882

Layer (type)                    Output Shape              Param #
=================================================================
conv2d_1 (Conv2D)              (None, 26, 26, 32)         320
conv2d_2 (Conv2D)              (None, 24, 24, 64)         18496
max_pooling2d_1 (MaxPooling2   (None, 12, 12, 64)         0
dropout_1 (Dropout)            (None, 12, 12, 64)         0
flatten_1 (Flatten)            (None, 9216)               0
dense_1 (Dense)                (None, 128)                1179776
dropout_2 (Dropout)            (None, 128)                0
dense_2 (Dense)                (None, 10)                 1290
=================================================================
Total params: 1,199,882
Trainable params: 1,199,882
Non-trainable params: 0

Train on 60000 samples, validate on 10000 samples
Epoch 1/12-loss:0.2800 acc:0.9147 val_loss:0.0624 val_acc:0.9794
```

```
Epoch 2/12-loss:0.1003 acc:0.9695 val_loss:0.0422 val_acc:0.9854
Epoch 3/12-loss:0.0697 acc:0.9789 val_loss:0.0356 val_acc:0.9880
Epoch 4/12-loss:0.0573 acc:0.9827 val_loss:0.0282 val_acc:0.9910
Epoch 5/12-loss:0.0478 acc:0.9854 val_loss:0.0311 val_acc:0.9901
Epoch 6/12-loss:0.0419 acc:0.9871 val_loss:0.0279 val_acc:0.9908
Epoch 7/12-loss:0.0397 acc:0.9883 val_loss:0.0250 val_acc:0.9914
Epoch 8/12-loss:0.0344 acc:0.9891 val_loss:0.0288 val_acc:0.9910
Epoch 9/12-loss:0.0329 acc:0.9895 val_loss:0.0273 val_acc:0.9916
Epoch 10/12-loss:0.0305 acc:0.9909 val_loss:0.0296 val_acc:0.9904
Epoch 11/12-loss:0.0291 acc:0.9911 val_loss:0.0275 val_acc:0.9920
Epoch 12/12-loss:0.0274 acc:0.9916 val_loss:0.0245 val_acc:0.9916
Test loss: 0.02452171179684301
Test accuracy: 0.9916
```

본문 내용을 쉽게 전달하고자 하위 모듈로 작동하는 텐서플로 툴킷의 출력 중 일부 정보 및 경고 메시지는 제외시켰고 최종 출력 결과도 압축해 표현했다.

실행 결과 첫 부분에서 케라스는 텐서플로를 백엔드로 사용하고 있다는 사실을 알려준다. 또한 학습 데이터의 형태도 보여주는데, 이미 익숙해진 60,000개의 이미지 샘플 데이터를 28 × 28 × 1의 형태로 표시해준다. 마지막 × 1은 이미지가 그레이스케일이라는 뜻이다. 지금까지 사용했던 10,000개의 테스트 샘플도 준비돼 있다.

다음으로 모델 자체에 대한 정보가 표시된다. 이 정보에는 각 계층의 유형, 계층별 출력의 형태, 계층별 파라미터 개수가 포함된다. 예를 들어 첫 번째 컨볼루션 계층은 32개의 필터와 3 × 3 커널을 사용하므로 28 × 28 입력의 출력은 26 × 26 × 32가 된다. 각 계층별 목록에서 None으로 표시된 부분은 미니배치의 크기가 표시될 위치다. 이와 같이 미니배치의 크기는 지정하지 않고 계층 간의 관계만 표시하는 이유는 아키텍처 자체가 미니배치의 크기에 아무런 영향을 미치지 않기 때문이다. 그러므로 이 단계에서는 미니배치의 크기를 명시적으로 언급할 필요가 없다. 필터를 구성하고 있는 파라미터의 수는 3 × 3 × 32개며 여기에 각 필터별 편향 32개를 추가해 이 계층의 총 파라미터 개수는 320개가 된다.

12장에서 언급했듯이 모델 파라미터 중 가장 많은 개수가 분포된 곳은 플래튼 계층과 덴스 계층 사이다. 계층 중에 dense_2로 표시된 계층은 소프트맥스 계층으로, 덴스 계층의 128개 원소를 소프트맥스의 10개 원소로 매핑시키고 있기 때문에 128 × 10 + 10 = 1,290개의 파라미터를 갖는다. 여기서 추가된 10개는 편향에 해당하는 항이다. 드롭아웃 및 풀링 계층에는 학습시킬 것이 없기 때문에 파라미터가 없다.

모델 구조에 대한 출력에 이어 fit 메서드를 호출해 학습시킨 학습 내역이 자세히 나와 있다. 에폭, 즉 학습 데이터 전부를 한 번씩 사용한 횟수는 12회며 각각의 미니배치는 128개의 샘플로 구성했다. 실행 단계별로 성능 수치가 나열된다. 학습이 진행되면서 손실 값은 감소하고 정확도(acc)는 향상되는 것을 볼 수 있다. 검증 데이터는 학습 과정 중에 모델 테스트 목적으로만 사용하고 모델의 가중치와 편향을 갱신하는 용도로는 사용하지 않는다. 검증 데이터에 대한 손실 값도 에폭이 진행됨에 따라 줄어들지만 줄어드는 속도는 느리다. 여기서 검증 손실이 증가하는 상황이 생긴다면 뭔가 잘못된 것이다. 검증 데이터 세트의 크기가 충분히 크지 않은 경우에 손실의 크기가 불규칙한 경우도 있지만 지속적인 손실 증가는 좋지 않은 징후다. 검증 데이터에 대한 정확도(val_acc) 값은 반대로 움직인다. 학습 에폭이 진행되면서 값이 증가한다. 모델이 과적합을 시작하면 그 시점부터 정확도 수치가 감소하게 될 것이다. 검증 데이터의 수치를 보면 언제 학습을 중단해야 할지를 알 수 있다.

출력의 마지막 두 줄은 evaluate 메서드가 테스트 샘플을 대상 모델에 적용해 테스트한 모델의 손실과 정확도를 나타낸다. 이 예에서는 테스트 데이터 자체를 검증 데이터로 사용했기 때문에 최종 결과가 12번째 에폭의 출력과 일치한다. 이 모델의 최종 정확도는 99.16%로, 매우 우수한 성능을 보여준다.

오차 플로팅

저장된 기록을 사용해 손실이나 오차(1 - 정확도)를 학습 에폭의 함수로 플로팅할 수 있다. 두 변수에 대한 플롯은 모양이 유사하므로 그림 13-1에서는 오차에 대한 플롯만 보여준다.

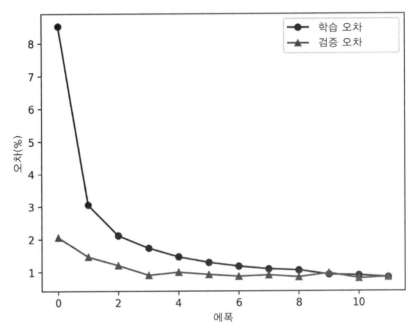

그림 13-1: 에폭에 따른 MNIST 학습 및 검증 오차

학습 데이터에 대한 오차 값은 빠르게 줄어들고 있고 이전에 봤듯이 학습이 지속됨에 따라 0에 가까워지는 경향이 있다. 예제에서 검증 오차는 약간 떨어진 다음 학습 오차와 비슷한 값으로 평준화된다. 그림 13-1을 보면서 뭔가 이상한 점이 있다는 생각이 들 것이다. 초기에는 학습 오차가 검증 오차보다 훨씬 크다.

이 현상을 완전히 설명할 수 있는 근거를 제시하기는 어렵지만 드롭아웃을 사용하고 있다는 사실이 이유 중 하나가 될 수 있다. 드롭아웃은 학습 과정에서만 적용할 수 있는 알고리듬이다. 계층을 구성하는 노드 중 일부를 삭제하는 방식이기 때문에 한 번에 여러 모델을 학습시키는 효과를 낸다. 따라서 초기에는 큰 오차 값을 발생시키다가 에폭이 진행되면서 모델이 안정화되면 오차 값도 감소하는 모습을 보인다. 리스트 13-4에서 드롭아웃 계층을 주석 처리하고 다시 학습을 시행하면 그림 13-2와 같은 새로운 오차 그래프가 플로팅된다. 두 그래프가 유사하게 움직이는 것을 보면 학습 초기의 두 오차 값 간의 차이가 벌어지게 만든 주요 원인이 드롭아웃이라는 것을 추정할 수 있다.

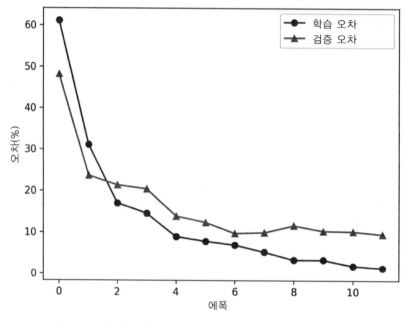

그림 13-2: 드롭아웃 계층을 없앤 경우 에폭에 따른 MNIST 학습 및 검증 오차

예상대로 그림 13-2에서 초기 에폭을 지나자마자 검증 오차가 학습 오차보다 커지는 것을 볼 수 있다. 또한 이 그림의 최종 검증 오차가 그림 13-1의 최종 검증 오차보다 훨씬 크다는 것을 알 수 있다. 약 10% 대 1%로 차이가 벌어진다. 드롭아웃이 실제로 합리적인 알고리듬이기만 하다면 이 또한 기대했던 결과다. 드롭아웃은 실제로도 합리적이다. 또한 12번째 에폭에서는 드롭아웃 계층의 존재 여부에 관계없이 학습 데이터에 대한 오차가 거의 동일하다는 점에 주목하자.

마지막으로 그림 13-1과 13-2에서 볼 수 있는 내용 중 일부는 케라스가 학습 및 검증 정확도를 표시하는 방식 때문에 나온 것이다. 에폭이 종료될 때 표시되는 학습 정확도와 학습 손실은 에폭 전체의 평균값이다. 물론 이 값은 모델의 학습이 진행되면서 서서히 증가하는 경향을 보인다. 하지만 검증 데이터에 대한 정확도는 에폭이 끝날 때의 값이므로 가끔 학습 정확도가 검증 정확도보다 낮게 나오는 테스트 결과를 만날 수도 있다.

간단한 CNN을 구축하고 데이터 세트에서 실행하는 방법을 살펴봤으므로 이제 CNN 실험을 시작할 때가 됐다. 테스트해볼 수 있는 실험의 종류는 무한하다. arxiv.org와 같은 사이트에 딥러닝에 관한 새로운 논문이 게재되는 속도나 머신러닝 콘퍼런스 참석자 수가 폭발적으로 증가하는 속도를 보면 알 수 있다. 여기서는 몇 가지 기본적인 실험에만 집중하자. 이 책에 소개된 실험을 기초로 다른 실험에도 도전해보기 바란다.

기본 실험

앞서 이미 드롭아웃 계층을 제거하는 실험을 수행했다. 여기서 수행하는 모든 실험은 동일한 공통 패턴을 따른다. 먼저 약간 다른 버전의 모델을 만들고 학습하고 테스트 세트에 대해 평가한다. 여기서는 세 가지 다른 유형의 실험을 시도할 것이다. 첫 번째 유형은 모델의 아키텍처를 수정하는 방식이다. 드롭아웃 계층을 제거하는 실험은 이 범주에 속한다고 볼 수 있다. 두 번째 유형은 학습 세트의 크기, 미니배치의 크기, 에폭 횟수 간의 상호작용을 알아보는 실험이다. 마지막 유형은 학습 과정에서 사용되는 옵티마이저를 변경하는 방식이다.

위 세 가지 유형의 실험에 사용되는 코드는 중복되는 부분이 많으므로 앞 절에서 소개된 원본 코드에서 변경된 부분만 언급하는 방식으로 설명을 진행한다. 언급되지 않은 코드 부분은 변경 사항 없이 동일하다는 점에 유의하자. 각 실험마다 고유한 번호를 부여했다. 각 실험을 구현한 파이썬 소스코드를 찾을 때 이 번호를 사용하면 편리하게 실험 결과를 대조해볼 수 있다. 이 책과 관련된 모든 코드는 웹 사이트 https://nostarch.com/practical-deep-learning-python/ 에 있다.

앞 절에서 학습을 위해 60,000개 샘플로 구성된 학습 세트 전부를 사용하고 검증과 최종 테스트를 위해 10,000개 샘플로 구성된 테스트 세트 전부를 사용했다. 여기서 처음 1,000개 또는 1,024개의 학습 샘플을 전체 학습 세트로 사용하도록 제한해보자. 또한 테스트 세트의 처음 1,000개 샘플을 검증 세트로 사용하고 마지막 9,000개 샘플은 학습이 완료될 때 사용할 최종 테스트 세트 용도로 저장해두자. 나중에 학습 데이터에 포함되지 않았던 이 나머지 9,000개의 이미지에 대해 정확도를 평가해볼 것이다. 나중에 다른 실험과의 비교를 위해 기준 모델 정확도와 파라미터 개수가 실험 결과에 포함될 것이다.

별도의 언급이 없으면 본문에서 사용하는 정확도는 각 실험에서 단일 학습 세션 단위로 구한 정확도를 말한다는 것을 기억하자. 실험용 코드를 직접 실행해보면 약간씩 다른 결과가 나올 수도 있다. 이 차이는 실행에 따른 편차로 큰 의미는 없다. 모델을 변경하거나 학습 절차를 변경함으로써 발생하는 정확도상의 차이와는 근본적으로 다르다.

마지막으로 이번 절에서 소개되는 모델은 다중 클래스를 다루고 있으므로 모델이 저지르는 실수를 살펴보고자 혼동 행렬을 조사하는 방식을 떠올릴 수도 있다. 그러나 각 실험에 대해 혼동 행렬을 만드는 작업을 수행하는 것은 매우 지루한 일이다. 여기서는 전체적인 정확도를 모델의 성능을 표현하기에 충분한 측정 도구라고 가정하고 유일한 메트릭으로 사용할 것이다.

아키텍처 실험

아키텍처를 변경한다는 것은 신규 계층을 추가하거나 기존 계층을 삭제하는 것, 특정 계층의 파라미터를 변경하는 것을 의미한다. 표 13-1은 여러 가지 수정된 아키텍처와 실행 결과로 얻어진 정확도를 컴파일한 결과를 보여준다.

표 13-1: 모델 아키텍처 수정 결과

실험	수정	테스트 정확도	파라미터
0	기본 아키텍처	92.70%	1,199,882
1	풀링 계층 앞에 Conv3(3 × 3 × 64) 계층 추가	94.30%	2,076,554
2	Conv2와 풀링 계층 중복	94.11%	261,962
3	Conv1 계층의 구조를 3 × 3 × 32에서 5 × 5 × 32로 변경	93.56%	1,011,978
4	덴스 계층을 1,024개 노드로 연결	92.76%	9,467,274
5	Conv1과 Conv2 계층의 필터 수를 절반으로 줄임	92.38%	596,042
6	128 노드로 구성된 두 번째 덴스 계층 추가	91.90%	1,216,394
7	덴스 계층을 32개 노드로 축소	91.43%	314,090
8	풀링 계층 제거	90.68%	4,738,826
9	컨볼루션 계층 다음에 ReLU 계층 제거	90.48%	1,199,882
10	Conv2 계층 제거	89.39%	693,962

표 13-1에는 기본형 모델의 수행 결과와 모델 크기가 먼저 제시되고 정확도가 가장 높은 것부터 낮은 것까지 다양한 실험 결과가 뒤따라 나와 있다. 표를 보고 실행 결과를 해석해보자.

실험 1로 표시된 첫 번째 실험에서는 기본형 모델의 두 번째 컨볼루션 계층 다음에 세 번째 컨볼루션 계층을 추가해 성능을 향상시켰다. 그러나 모델 파라미터의 개수도 876,672개 증가했다. 네트워크의 깊이를 늘리면 모델의 성능이 향상된다는 것을 확인할 수 있다. 하지만 성능 향상의 대가로 파라미터의 수를 추가해야 한다.

실험 2로 표시된 두 번째 실험에서도 두 번째 컨볼루션 계층과 그에 따른 풀링 계층을 중복 정의해 네트워크의 깊이를 증가시켜봤다. 이번에는 추가된 두 번째 풀링 계층의 효과로 네트워크의 총 파라미터 개수가 937,920개만큼 감소했다. 거의 동일한 성능 향상에 비해 절감된 효과는 상당하다. 깊이를 증가시키는 것도 좋지만 풀링 계층을 현명하게 사용하는 것도 파라미터 수를 작게 유지하는 데 도움을 준다는 것을 보여주는 실험이다. 주어진 데이터 세트만 고려한다면 두 번째 실험에 사용한 아키텍처가 가장 바람직하다.

다음으로 실험 3은 첫 번째 컨볼루션 계층의 커널 크기를 조정해 기본형 모델 대비 성능 향상을 확인하는 실험이다. 첫 번째 컨볼루션 계층에서는 더 많은 파라미터가 필요하지만(832 대 320) 컨볼루션 알고리듬을 원본 그대로 적용했을 때 나타나는 가장자리 효과로 인해 플래튼 계층에 도착하면 출력의 크기가 기본형 모델보다 작아지기 때문에 파라미터의 수도 감소한다(7,744 대 9,216). 이는 플래튼 계층과 덴스 계층 사이에 존재하는 대규모 파라미터 행렬도 1,179,776개에서 991,360개로 감소하는 결과로 이어진다. 총 187,904개의 파라미터가 절감되는 효과를 보여준다.

성능도 향상되고 학습시킬 파라미터의 개수도 줄어들었으니 훌륭한 결과라고 할 수 있다. 실험 3에 의해 변경된 사항들이 가져오는 단점이 있을까? 그렇지는 않을 것 같다. 오히려 첫 번째 컨볼루션 계층의 커널 크기를 조정해 모델의 구조가 숫자 이미지의 공간 정보에 더 적합한 형태로 개선됐고, 더 나은 컨볼루션 및 풀링 계층을 통해 도출된 새로운 이미지 표현이 클래스를 분리하는 성능을 높여줬다는 주장이 있을 수 있다. 일반적으로 모델에 대한 입력을 처리하는 계층인 첫 번째 컨볼루션 계층에 가장 적합한 커널 크기가 있는 것으로 판단된다. 이 커널의 크기는 입력 이미지의 공간 구조와 관련이 있다. 클래스 분류 과정에서 최적의 입력 데이터 피처를 탐지해내는 커널의 크기가 따로 있다는 의미다. 이 일반적인 규칙은 높은 쪽에 위치한 컨볼루션 계층에는 적용되지 않는 것으로 보이며 첫 번째를 제외한 대부분의 컨볼루션 계층에 대해서는

3 × 3 커널을 사용하는 것이 무난하다.

실험 3과 실험 2를 결합해볼 수 있을까? 물론이다. 실험 2의 첫 번째 컨볼루션 계층에서 3 × 3 커널 대신 5 × 5 커널을 사용하면 된다. 이렇게 하면 188,746개의 파라미터만 사용하면서 전체 정확도가 94.23%인 모델을 얻을 수 있다. 이 간단한 변경만으로도 기본형 모델이 가진 파라미터의 9%만 사용해 실험 10의 성능을 달성할 수 있었다.

덴스 계층의 크기를 무조건 늘려보고 싶을 수도 있다. 이 계층은 아래쪽의 컨볼루션 계층과 풀링 계층에서 발견한 새로운 피처 표현을 활용하는 역할을 한다고 볼 수 있기 때문이다. 실험 4에서 이러한 시도를 하고 있다. 결과를 보면 전체 정확도는 실제로 향상되지 않았고 파라미터 개수만 크게 증가했다. 이유는 이미 알고 있다. 플래튼 계층과 덴스 계층 사이의 가중치 행렬의 크기가 기존 9,216×128개에서 9,216×1,024개로 증가했기 때문이다. CNN의 경우 앞쪽에서 입력의 피처를 가장 잘 표현할 수 있는 구조를 만들어두고 뒤쪽의 계층은 비교적 간단한 형태로 구성하는 것이 바람직하다는 것을 알 수 있다.

실험 5에서는 603,840개의 파라미터를 줄여 모델을 훨씬 작게 만들었다. 각 컨볼루션 계층에서 학습되는 필터의 개수를 절반으로 줄였다. 즉, Conv1의 필터는 32개에서 1개로, Conv2의 필터는 64개에서 32개로 축소됐다. 그럼에도 전체 정확도는 동일하게 유지됐다. 정확도에 있어 작은 차이(이 예제의 경우 거의 의미가 없는 정도)가 있지만 이를 허용한다면 이 실험은 훌륭한 최적화 방안을 제시한다. 그림 12-8을 다시 보자. 그림에서 두 번째 컨볼루션 계층은 64개의 필터를 갖고 있다. 이렇게 많은 수의 필터를 사용해도 결과는 비슷하다. 이는 덴스 계층으로 전달한 신규 피처 표현에 큰 영향을 주지 못하는 불필요한 필터들이 존재한다는 의미다. 학습 대상 필터의 수를 절반으로 줄였음에도 불구하고 클래스를 더 쉽게 분리할 수 있도록 입력 데이터의 중요한 피처를 캡처해주는 필터가 여전히 남아 있음을 알 수 있다.

실험 7은 덴스 계층을 수정하는 실험이고 실험 6은 두 번째 덴스 계층을 추가하는 실험이다. 두 실험 모두 실질적인 이득을 주지 못하고 있다. 실험 7의 경우 모델 파라미터의 수가 크게 변했다. 행렬 가중치가 9,216 × 128개에서 9,216 × 32개로 축소됐기 때문이다. 그러나 32개의 노드는 새로운 피처 표현을 제대로 활용하기에 적절한 규모는 아닌 것 같다. 실험 6의 두 번째 덴스 계층은 학습할 파라미터의 개수를 심하게 증가시키지는 않지만 성능 측면에서 그다지 설득력은 없다. 학습 데이터의 크기를 증가시키면 약간 개선될 수도 있을 것이다. 이 부분은 독자를 위한 연습문제로 남겨둔다.

12장에서 풀링 계층에 대한 비판적인 시각을 언급한 바 있다. 실험 8과 같이 풀링 계층을 완전히 제거한다면 어떤 결과가 나올까? 먼저 기본형 모델에 비해 정확도가 떨어지는 것을 볼 수 있다. 설상가상으로 네트워크 크기가 1,199,882개의 파라미터에서 4,738,826개의 파라미터로 거의 4배나 증가했다. 이는 플래튼 계층의 출력에서 원소 개수가 9,216에서 36,864로 증가함으로 인해 36,864 × 128 + 128 = 4,718,720 원소로 이뤄진 가중치 행렬이 생성되기 때문이다. 이 실험 결과는 이미지를 구성하는 객체 부분들의 상대적 위치에 관한 정보가 어느 정도 소실된다는 약점에도 불구하고 풀링 계층을 사용할 수밖에 없는 이유를 보여준다.

기본형 모델의 각 컨볼루션 계층은 출력 부분에서 ReLU를 사용한다. 실험 9에서는 이들 ReLU 연산을 모두 제거했는데, 그 결과로 테스트 세트에 대한 정확도가 2% 감소했다. 분명 ReLU가 어느 정도는 도움을 주고 있는 것이다. 어떤 역할을 수행하고 있을까? ReLU는 입력이 양수면 그 값을 변경하지 않고 음수면 그 값을 0으로 바꿔준다. 컨볼루션 계층의 출력과 함께 사용할 때 ReLU는 필터에 대해 양수 응답 값으로 강하게 반응하는 값들은 그대로 유지하고 음수 응답은 억제하는 역할을 한다. 이러한 역할을 통해 입력의 새로운 표현을 학습하는 전체 과정을 돕는 것으로 보인다.

마지막으로 실험 10에서는 Conv2를 완전히 제거해봤다. 첫 번째 컨볼루션 계층의 필터 출력만 갖고 덴스 계층으로 전달할 이미지 피처 값을 산출해야 하기 때문에 모델 전체의 정확도가 크게 영향을 받는다. 두 번째 컨볼루션 계층이 있었다면 유효 수용장의 범위가 더 커지고 그에 따라 더 풍부한 필터 응답이 형성됐을 것이다. 이 실험에서는 그런 기회를 제거했기 때문에 모델 학습이 충분히 수행되지 못한 것이다.

여기서 첫 번째 컨볼루션 계층의 커널 크기를 증가시켜서 실험했던 실험 3의 결과를 상기시켜보자. 혹시 커널의 크기를 3 × 3에서 5 × 5로 키우면 두 번째 컨볼루션 계층을 제거하더라도 어느 정도 보완이 가능할 수도 있겠다는 생각이 든다. 다행히 간단히 테스트해볼 수 있다. Conv1의 3 × 3 커널 파라미터를 5 × 5로 변경하고 다시 학습시키기만 하면 된다. 이 직관적인 아이디어가 얼마나 유효한지 결과를 보자. 전체적인 정확도는 92.39%로 증가한다. 기본형 모델의 성능과 유사한 수준이다. 또한 이 5 × 5 모델은 592,074개의 파라미터만 있으면 되기 때문에 모델 파라미터 개수 측면에서도 변경 비용이 저렴하다.

도출된 결과 중에서 아키텍처가 가벼우면서도 매우 효과적인 것은 어떤 것일까? 첫 번째 컨볼루션 계층에 대해 5 × 5 커널을 사용하는 실험 2가 선택될 것 같다. 실험 2의 아키텍처를 케라스로 구축하는 코드가 리스트 13-5에 나와 있다.

리스트 13-5: 실험 2를 위한 아키텍처 구성

```
model = Sequential()
model.add(Conv2D(32, kernel_size=(5, 5),
                 activation='relu',
                 input_shape=input_shape))
model.add(Conv2D(64, (3, 3), activation='relu'))
model.add(MaxPooling2D(pool_size=(2, 2)))
model.add(Dropout(0.25))
```

```
model.add(Conv2D(64, (3, 3), activation='relu'))
model.add(MaxPooling2D(pool_size=(2, 2)))
model.add(Dropout(0.25))

model.add(Flatten())
model.add(Dense(128, activation='relu'))
model.add(Dropout(0.5))
model.add(Dense(num_classes, activation='softmax'))
```

Conv2D, MaxPooling2D, Dropout 계층을 중복 배치하고 첫 번째 계층의 커널 크기는 (5, 5)로 설정했다.

MNIST 학습 데이터 세트의 60,000개 샘플 전부를 사용해 이 모델을 학습시킨 후 테스트 세트로 성능을 측정해보면 99.51%의 정확도를 얻을 수 있다. 이 수치는 0.49%의 오차에 해당한다. 테스트 세트로는 10,000개의 샘플을 모두 사용한다. 다양한 머신러닝 데이터 세트에 대해 현재까지 기록된 최고의 성능을 추적하는 웹 사이트인 benchmarks.ai에 따르면 최신 MNIST 모델의 오차는 0.21%에 불과하다. 이 절에서 마지막 실험을 통해 만든 모델은 최고 수준은 아니지만 리스트 13-4에 나온 기본 아키텍처가 보인 99.16%의 정확도보다는 우수한 성능을 갖고 있다.

학습 세트 크기, 미니배치, 에폭

이 실험은 학습 데이터 세트의 크기, 미니배치의 크기, 에폭 수 간의 상호 작용을 조사할 목적으로 수행된다. 전에 사용했던 실험 0의 모델을 기본 모델로 재사용하되 학습 데이터는 1,024개의 샘플로 구성한다. 미니배치는 2의 제곱의 크기로 변화를 주면서 사용할 것이다. 미니배치의 크기를 균등하게 나눌 수 있는 방법이므로 작업이 편리해진다.

sklearn과 마찬가지로 케라스에서도 주어진 에폭 횟수, 즉 학습 데이터 세트 전체를 한 번 사용하는 횟수만큼 학습이 반복된다. 또한 미니배치의 크기(batch _size)는 각 반복에 사용되는 샘플 수를 지정하며, 그 후 평균 오차(교차 엔트로피 손실)를 계산해 파라미터를 갱신하는 데 사용한다. 미니배치가 처리될 때마다 한 번의 경사 하강 단계가 진행되기 때문에 학습 데이터의 크기를 미니배치의 크기로 나누면 한 에폭당 몇 번의 경사 하강 단계가 수행되는지 계산할 수 있다. 실험을 위해 다음과 같은 다양한 미니배치 크기를 사용한다.

```
1, 2, 4, 8, 16, 32, 64, 128, 256, 512, 1024
```

학습 데이터 세트를 1,024개의 샘플로 구성했으므로 한 숫자당 약 100개의 샘플이 할당되는 셈이다. 그리고 한 에폭당 경사 하강 단계 수행 횟수는 위 리스트에 나열된 숫자의 역수를 취한 값이 된다. 즉, 배치 크기가 1이면 1,024번 실행되고, 배치 크기가 1,024개면 1번 실행된다.

두 개의 플롯을 생성해보자. 첫 번째 플롯은 다음 두 가지 경우에 대한 최종 테스트 세트 정확도를 그려준다. 첫 번째는 미니배치 크기에 관계없이 고정된 횟수의 경사 하강 단계를 적용하는 경우고, 두 번째는 미니배치 크기에 관계없이 고정된 횟수의 에폭을 적용하는 경우다. 두 번째 플롯은 각 경우에 대해 모델 학습 시 소요된 시간을 보여준다. 고정된 횟수의 경사 하강 단계에 대한 플롯을 그리는 데 사용된 코드는 실험 26에서 실험 31 사이에 나와 있다.

미니배치 크기별로 테스트 세트 정확도를 각각 5회씩 계산한 다음 평균값을 취해 그림 13-3에 표시했다. 그림에서 평균의 표준 오차는 오차 막대 형태로 표현돼 있다. 미니배치 크기에 관계없이 고정된 횟수의 경사 하강 단계를 수행하는 경우에 대한 그래프를 살펴보자. 그림에서 삼각형으로 표시된 그래프를 보면 된다. 어떤 툴킷에서는 이를 반복 횟수가 고정된 경우라고 표현하기도 한다. 이때 반복이라는 말은 갱신이 일어나는 횟수를 기준으로 하고 있기 때문에 경사 하강 단계와 동일한 뜻이 된다.

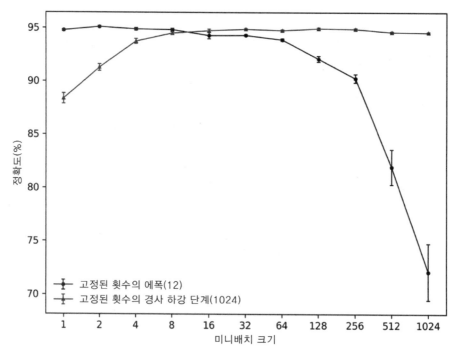

그림 13-3: 미니배치의 크기를 기준으로 고정된 횟수의 경사 하강 단계와
고정된 횟수의 에폭에 대해 계산한 MNIST 테스트 세트 정확도

경사 하강 단계의 수는 1,024로 고정돼 있다. 이는 학습 데이터 세트를 구성하는 미니배치의 수에 따라 에폭 수를 변경해야 함을 의미한다. 업데이트당 단일 샘플이 사용된 경우(batch_size=1) 단일 에폭에서 필요한 1,024 단계를 얻으므로 에폭 수를 1로 설정한다. 미니배치 크기가 2인 경우 에폭당 512 단계를 수행할 수 있으므로 코드에서 에폭 수를 2로 설정해 전체적으로 1,024 단계를 수행하게 한다. 다른 미니배치 크기에 대해서도 같은 패턴을 계속 적용한다. 예를 들어 각 미니배치 크기에 대해 1,024개의 경사 하강 단계를 얻으려면 에폭 수를 미니배치 크기로 설정해야 한다.

미니배치 크기를 아주 작게 설정한 경우를 제외한 다른 모든 경우에 있어서 경사 하강 단계 수를 고정했을 때 전체 정확도가 매우 일관적으로 유지된다는 것을 알 수 있다. 미니배치 크기가 16 이상만 되면 정확도가 거의 바뀌지 않는다. CNN 모델의 경우 미니배치의 크기를 작게 설정하는 것이 일반적이다. 미니배치의 크기를 작게 설정하면 MNIST보다 복잡한 데이터 세트에 대해서도 모델 일반화가 일어나 학습 성능이 향상되며 학습 시간도 크게 절약할 수 있다.

그림 13-3의 두 번째 곡선(원으로 표시된 그래프)은 고정된 수의 에폭에 대한 정확도 추이를 보여준다. 미니배치 크기는 변경하되 경사 하강 단계의 수가 일정하게 유지되도록 학습 에폭의 수를 고정시키면 경사도에 대한 더 크고 더 나은 추정치를 사용하면서도 수행 단계를 줄일 수 있을 것이다. 이 작업을 빠르게 수행하면 정확도가 크게 감소한다는 것을 알 수 있다. 크게 놀랄 일은 아니다. 미니배치의 크기가 1인 경우 12번의 에폭만큼 학습을 수행하면 12 × 1,024 = 12,288번의 경사 하강 단계를 거친 모델이 만들어진다. 이 경우 한 번의 평가에 하나의 학습 샘플을 이용하기 때문에 경사 추정치에 노이즈가 개입될 가능성이 높다. 그러나 스텝 수를 늘리면 우수한 성능의 모델을 만들 수 있다. 전체 학습 세트인 1,024개의 샘플로 구성된 미니배치에 대해서는 다음 회차로 넘어가기 전에 12번의 경사 하강 단계만 수행했다는 것을 알 수 있다. 좋지 않은 결과가 나오는 것이 당연하다.

그림 13-4에는 이 절에서 다루기로 한 두 번째 플롯이 나와 있다.

이전 그림과 마찬가지로 고정된 수의 경사 하강 단계(삼각형 표시 그래프)부터 살펴보자. 학습 시간이 미니배치 크기에 선형적으로 비례한다는 것을 알 수 있다. 미니배치 크기를 증가시키면서 경사 하강 단계의 수행 횟수를 일정하게 유지하고자 에폭의 수를 늘려야 한다는 것을 바로 전에 확인했기 때문에 합리적인 그래프라는 것을 알 수 있다. 네트워크를 통해 전달되는 데이터의 양이 비례적으로 증가하기 때문에 순방향 및 역방향 학습 패스에 필요한 시간도 비례해 증가한다. 결과적으로 미니배치 크기가 클수록 더 많은 시간을 소비한다는 것을 알 수 있다.

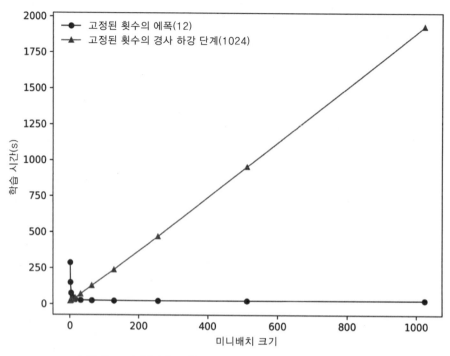

그림 13-4: 미니배치의 크기를 기준으로 고정된 횟수의 경사 하강 단계와
고정된 횟수의 에폭에 대해 측정한 모델 학습 시간

에폭 수를 고정시켜 놓으면 전혀 다른 상황이 전개된다. 먼저 미니배치의 크기가 작은 경우에는 순방향 및 역방항 전파 횟수가 증가하기 때문에 전체 학습 시간이 늘어난다. 단 1개의 미니배치만으로 구성한다면 앞에서 본 것처럼 12,288개의 패스가 필요하다. 그러나 32개의 샘플로 하나의 미니배치를 구성하는 수준에 도달하면 에폭당 1024/32 = 32개의 패스가 수행돼 전체 학습 세션 동안 총 384회의 패스만 수행하게 된다. 이 수치는 가장 작은 크기의 미니배치가 산출하는 수치보다 훨씬 적은 것이다. 그림 13-4에서 볼 수 있듯이 미니배치의 크기가 32개 이상이 되면 모델 학습에 소요되는 시간은 거의 동일하게 유지될 것이다.

이 두 플롯이 의미하는 바는 무엇일까? 그것은 바로 미니배치 크기를 조정해 모델 학습 시간과 정확도 사이에 균형을 맞출 수 있다는 것이다. 미니배치 크기를 크게 설정하면 합리적인 경사도 평가가 가능해지고 반대로 작게 설정하면 모델 갱신 횟수(경사 하강 단계)를 고정시킨 상황에서 학습 속도가 빨라진다. 이는 미니배치의 크기를 일반적으로 16에서 128 범위로 설정하는 근거가 된다. 실제로 딥러닝 관련 문헌에서 소개되는 대부분의 애플리케이션들은 미니배치의 크기를 이 범위 내로 설정한다. 그림 13-3에서 볼 수 있듯이 이 예제에서도 미니배치의 크기는 16 이상으로 설정되며(삼각형 표시 그래프 참조) 해당 모델의 정확도는 기본적으로 동일하다. 그러나 학습 시간의 관점에서 플로팅한 그림 13-4(역시 삼각형 표시 그래프 참조)를 보면 미니배치 크기가 16인 모델의 학습 시간은 크기가 1,024인 경우와 비교할 때 몇 초 대 약 30분이라는 큰 차이를 만들어낸다.

옵티마이저

지금까지의 실험에서는 동일한 경사 하강 알고리듬 및 Adadelta라는 최적화 함수를 사용해왔다. 이번에는 다른 요소들을 그대로 두고 여러 가지 최적화 함수를 적용해가면서 MNIST 모델이 어떻게 변화되는지 살펴보자. 이번 장에서 기본 모델로 사용해온 실험 0의 모델을 다시 사용해 실험을 진행한다. 앞 절과 마찬가지로 검증을 위해 1,000개의 테스트 샘플을 사용하고 최종 정확도를 결정하고자 9,000개의 테스트 샘플을 사용할 것이다. 그러나 앞부분의 1,000개 또는 1,024개의 학습 샘플을 사용했던 것과는 달리 첫 16,384개의 샘플을 학습 데이터로 사용한다. 이전과 같이 미니배치 크기를 128로 고정하고 에폭 수를 12로 고정한다. 각 실험은 5회 실행 후 평균 및 표준 오차를 집계하는 방식으로 최종 결과를 산정한다.

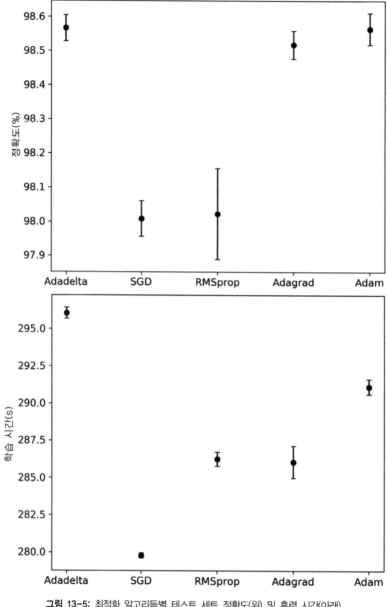

그림 13-5: 최적화 알고리듬별 테스트 세트 정확도(위) 및 훈련 시간(아래)

현재 케라스에서 지원하는 최적화 함수는 SGD(확률적 경사 하강법), RMSprop, Adagrad, Adadelta, Adam 등이 있다. 이 함수들을 차례로 적용해 모델을 학습시켜볼 것이다. Adagrad, Adadelta, Adam의 경우 케라스 문서에서 권장하는 대로 파라미터의 기본 설정을 그대로 사용한다. RMSprop의 경우 케라스 문서에서 조정을 권장하는 유일한 파라미터는 학습률(1r)이다. 여기서는 일반적으로 사용되는 값인 0.01을 사용하기로 한다. SGD의 경우에도 학습률을 0.01로 설정하고 표준 모멘텀을 0.9로 설정한다. 이것도 매우 일반적인 설정 값으로 볼 수 있다. 해당되는 코드는 실험 43에서 실험 47까지의 코드다.

그림 13-5는 각 옵티마이저에 대한 테스트 세트 정확도(위)와 학습 시간(아래)을 보여준다.

먼저 각 최적화 알고리듬에 의해 생성된 결과 사이에 큰 차이가 없다는 점이 눈에 띈다. 좋은 소식이라고 할 수 있다. 그러나 오차 막대를 보면 Adadelta, Adagrad, Adam이 모두 SGD 또는 RMSprop보다 약간 나은 성능을 보인다. 다른 딥러닝 문헌에서도 이와 동일한 분석 결과가 나오고 있지만 데이터 세트마다 다른 양상을 보일 수 있다.

학습 시간 측면에서도 대부분의 최적화 알고리듬이 거의 동일한 성능을 보인다. SGD만은 예외적으로 일관되게 가장 빠른 성능을 보여준다. 대규모의 데이터 세트를 처리할 때는 이러한 성능 차이가 중요한 요인이 될 수 있다. Adam은 Adadelta에 비해 기본적으로 동일한 성능을 보이면서도 수행 속도는 일관되게 빠르다. 이러한 결과 역시 SGD와 Adam을 동시에 다루는 딥러닝 문헌에서 이미 입증된 내용이다.

이번 절에서는 모델의 아키텍처 및 학습 파라미터를 변경할 때 모델의 성능에 어떤 변화가 있는지에 대해 아주 세부적인 사항까지 자세히 알아봤다. CNN을 구성하고 학습시키는 방법에 대한 직관을 형성하는 데 도움이 됐을 것이다. 이 분야에 항상 적용할 수 있는 기본 규칙을 세운다는 것이 쉽지는 않지만 그래도 몇 가지 일반적인 지침을 제시해봤다. 하지만 실제로는 예외적인 상황이 많기 때문에 여러 방법을 시도해보고 결과를 관찰한 다음 새로운 데이터 세트에 적응시키는 작업을 거쳐야 한다.

이제 간단한 입력을 분류하는 모델을 넘어서서 임의의 이미지에서 특정 대상을 찾을 수 있는 모델을 만드는 방법을 알아보자.

완전 컨볼루션 네트워크

완전 컨볼루션 네트워크는 12장에서 이미 소개했다. 기본 MNIST CNN 모델을 완전 컨볼루션 버전으로 변환하고 이를 사용해 큰 이미지에 존재하는 특정 숫자를 찾아내는 방법을 알아보자. 기본적인 접근 방법은 이전과 같이 완전 연결 계층을 사용해 모델을 학습시킨 다음 주어진 모델을 완전 컨볼루션 버전의 모델로 만들고 난 후 완전 연결 모델의 가중치를 갖고 최종 모델의 가중치를 업데이트하는 것이다. 끝으로 새로 만들어진 모델에 임의의 크기를 갖는 이미지를 입력으로 제시해 이미지에 존재하는 숫자를 찾아내게 해보자.

모델의 구축과 학습

먼저 전체 MNIST 데이터 세트를 활용해 기본 모델을 학습시킨다. 유일한 변경 사항은 학습 에폭 횟수로, 기존 12회를 24회로 바꿔준다. 이 프로세스의 출력은 학습이 완료된 가중치와 편향을 저장한 HDF5 파일이다. 다음으로 수행할 작업은 완전 연결 계층을 변경해 완전 컨볼루션 버전을 만들고 이전 모델에서 학습시킨 가중치와 편향을 새로 만들어진 모델에 복사하는 것이다. 이에 대한 코드는 리스트 13-6에 나와 있으며 코드 자체는 생각보다 간단하다.

리스트 13-6: 학습된 완전 연결 모델 만들기

```
from keras.models import Sequential, load_model
from keras.layers import Dense, Dropout, Flatten
```

```
    from keras.layers import Conv2D, MaxPooling2D

❶ weights = load_model('mnist_cnn_base_model.h5').get_weights()

   model = Sequential()
   model.add(Conv2D(32, kernel_size=(3, 3),
                      activation='relu',
               ❷ input_shape=(None,None,1)))
   model.add(Conv2D(64, (3, 3), activation='relu'))
   model.add(MaxPooling2D(pool_size=(2, 2)))
   model.add(Dropout(0.25))

❸ model.add(Conv2D(128, (12,12), activation='relu'))
   model.add(Dropout(0.5))

❹ model.add(Conv2D(10, (1,1), activation='softmax'))

❺ model.layers[0].set_weights([weights[0], weights[1]])
   model.layers[1].set_weights([weights[2], weights[3]])
   model.layers[4].set_weights([weights[4].reshape([12,12,64,128]), weights[5]])
   model.layers[6].set_weights([weights[6].reshape([1,1,128,10]), weights[7]])

   model.save('mnist_cnn_fcn_model.h5')
```

필요한 케라스 모듈을 임포트한 후 ❶에서 완전 연결 모델로부터 학습된 가중치를 로드한다. 그런 다음 완전 연결 버전과 동일한 방식으로 완전 컨볼루션 버전을 구성한다. 여기서 몇 가지 중요한 차이점에 유의해야 한다. 첫 번째 차이점은 ❷의 입력 컨볼루션 계층과 관련된 사항이다. 완전 연결 모델에서는 입력 이미지의 크기를 하나의 채널(그레이스케일)을 갖는 28 × 28 픽셀 크기로 지정했다. 완전 컨볼루션의 경우 입력의 크기를 모르는 상태로 가정하고 있기 때문에 너비와 높이에 해당하는 구체적인 값 대신 **None**을 사용한다. 입력이 단일 채널 이미지라는 것은 알고 있으므로 1은 그대로 둔다.

덴스 계층을 사용하기 때문에 입력의 크기가 고정되는 것이므로 ❸에서 상응하는 컨볼루션 계층으로 대체한다. 다음의 플래튼 계층과 덴스 계층이 대체 대상이다.

```
model.add(Flatten())
model.add(Dense(128, activation='relu'))
```

위의 두 계층을 다음의 Conv2D 계층으로 바꿔준다.

```
model.add(Conv2D(128, (12,12), activation='relu'))
```

(12,12)는 위의 최대 풀링 계층의 출력 크기고 128은 학습시킬 필터의 개수로서 이전에 갖고 있던 128개 노드를 대체하는 것이다. 다시 말하지만 여기서 중요한 점은 12 × 12 입력을 12 × 12 커널로 컨볼루션하면 단일 출력값이 생성되기 때문에 이 컨볼루션 계층의 최종 출력은 1 × 1 × 128이 된다는 것이다. 플래튼 계층과 덴스 계층이 엮여 있는 구조에서는 입력의 크기가 고정될 수밖에 없었지만 컨볼루션 계층에서는 입력의 크기가 고정될 필요가 없다는 점이 다르다.

최종 소프트맥스 계층도 ❹와 같이 완전 컨볼루션 계층으로 만들어줘야 한다. 숫자당 하나씩 10개의 출력이 있으며 활성화 함수는 동일하게 유지된다. 그러나 커널 크기는 1 × 1로 변경한다. 이 계층에 대한 입력이 1 × 1 × 128이므로 이를 덮는 커널 크기는 1 × 1로 설정돼야 한다. 계산을 해보면 1 × 1 × 128의 입력을 1 × 1 × 10의 컨볼루션 계층으로 매핑한다는 것은 완전 연결 계층의 128개 노드를 다음 계층의 10개 노드로 매핑하는 것과 같다는 것을 알 수 있다. 여기서 차이점은 입력이 1 × 1보다 큰 경우에도 여전히 컨볼루션 연산을 적용할 수 있다는 것이다.

이제 모델을 완전 컨볼루션 버전으로 변경했으므로 ❺와 같이 학습이 완료된 완전 연결 모델에서 가중치를 복사해야 한다. 먼저 학습된 가중치를 weights

544

변수로 로드한다. 이 변수는 넘파이 배열 변수로, 각 계층별 가중치와 편향이 저장되는 장소다. 여기서 weights[0]은 첫 번째 Conv2D 계층의 가중치를 나타내고 weights[1]은 편향을 나타낸다. 마찬가지로 weights[2]와 weights[3]은 두 번째 컨볼루션 계층의 가중치와 편향 값에 해당한다. 준비된 변수를 set_weights 메서드에 적용해 해당 계층을 갱신한 다음 새롭게 구성되는 완전 컨볼루션 모델의 적정 위치에 추가해준다. 계층 0과 1은 두 개의 컨볼루션 계층을 의미한다.

네 번째 계층은 원본 모델의 플래튼 계층과 덴스 계층을 대체하는 새로운 Conv2D 계층이다. 여기에서 가중치를 설정할 때 $12 \times 12 \times 64 \times 128$이라는 컨볼루션 계층의 형태와 일치하도록 가중치의 구조를 재구성해야 한다. 이는 12×12 커널이 64개의 입력에 매핑돼 128개의 출력으로 이어진 결과다. 64는 앞의 풀링 계층에서 12×12 출력의 개수다.

마지막으로 출력 계층의 가중치를 설정해보자. $1 \times 1 \times 128$ 입력 및 10개 출력을 조합해 $1 \times 1 \times 128 \times 10$의 형태로 재구성해야 한다. 두 개의 새로운 Conv2D 계층에 대한 편향이 weight[5]와 weight[7]에 저장돼 있으므로 그것도 추가해준다.

이제 비로소 완전 컨볼루션 모델의 구조가 정의됐고 모든 파라미터도 완전 연결 모델에서 가져온 가중치와 편향으로 완전히 채워졌다. 그림 13-6에 두 모델 간의 매핑 관계가 표시돼 있다. 그림 왼쪽에 원본 아키텍처가 있고 오른쪽에 완전 컨볼루션 아키텍처가 있다. 위아래 한 쌍의 상자가 각각의 계층을 나타내는데, 위쪽 상자는 입력이고 아래쪽 상자는 출력에 해당한다. 완전 컨볼루션 모델에서는 입력의 높이와 너비가 임의의 값을 갖기 때문에 '--'로 표시한다.

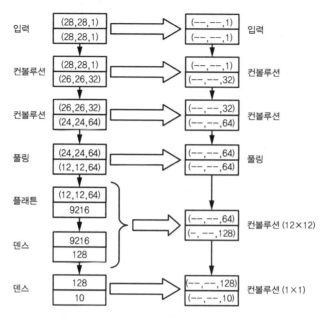

그림 13-6: 완전 연결 모델(왼쪽)과 완전 컨볼루션 모델(오른쪽)의 매핑 관계

이제 남은 작업은 새로 구축된 완전 컨볼루션 모델을 사용할 수 있는 형태로 디스크에 저장하는 것뿐이다. 방법을 알아보자.

테스트 이미지 만들기

완전 컨볼루션 모델을 테스트하려면 먼저 숫자가 포함된 이미지가 필요하다. 이미지의 크기가 작고 중앙에 한 자리 숫자만 놓여 있는 일반적인 학습 이미지와는 달리 임의의 위치에 여러 숫자가 배치된 큰 테스트 이미지를 준비한다. MNIST 데이터 세트는 검정색 배경에 회색 음영으로 구성돼 있다. 따라서 테스트 이미지에도 검정색 배경이 있어야 한다. 전에 강조했듯이 학습 이미지와 테스트 이미지의 도메인이 일치돼야 제대로 된 테스트 결과를 얻을 수 있으므로 이 과정은 반드시 지켜야 하는 중요한 과정이다. 모델을 다양한 데이터 도메인에 적용하는 방안에 대한 연구는 아직 활발히 진행 중인 상태다. 관심 있는 독자는 '도메인 적응'이라는 키워드로 검색해보기 바란다.

파이썬으로 테스트 이미지를 만들고 MNIST 테스트 세트에서 숫자를 만들어내는 작업은 간단하다. 테스트 세트 이미지는 학습 과정 중에 전혀 사용되지 않았기 때문에 이 이미지들을 사용해 더 큰 테스트 이미지를 만드는 것은 적법한 절차에 해당한다. 상세한 구현 내용은 리스트 13-7에 있다.

리스트 13-7: MNIST 테스트 세트에서 대형 이미지 생성하기

```
import os
import sys
import numpy as np
import random
from PIL import Image

os.system("rm -rf images; mkdir images")

if (len(sys.argv) > 1):
    N = int(sys.argv[1])
else:
    N = 10

x_test = np.load("data/mnist/mnist_test_images.npy")

for i in range(N):
❶   r,c = random.randint(6,12), random.randint(6,12)
    g = np.zeros(r*c)
❷   for j in range(r*c):
        if (random.random() < 0.15):
            g[j] = 1
    g = g.reshape((r,c))
    g[:,0] = g[0,:] = g[:,-1] = g[-1,:] = 0

❸   img = np.zeros((28*r,28*c), dtype="uint8")
    for x in range(r):
        for y in range(c):
```

```
        if (g[x,y] == 1):
    ❹ n = random.randint(0, x_test.shape[0])
        im = x_test[n]
        img[28*x:(28*x+28), 28*y:(28*y+28)] = im

    Image.fromarray(img).save("images/image_%04d.png" % i)
```

5장에서 생성한 MNIST 테스트 세트 파일이 코드에서 사용되고 있다. 이전에 기본 CNN 실험에서 했던 것처럼 이번에도 케라스를 이용해 테스트 이미지를 신속히 로드할 수 있다. 코드 자체는 출력 디렉터리와 이미지를 생성하고 커맨드라인을 통해 생성할 이미지의 개수를 얻어온다. 여기서 이미지 개수는 N으로 가정한다.

이미지 크기는 ❶에서처럼 임의의 크기로 설정된다. 여기서 r과 c는 큰 이미지의 행과 열의 개수로, 28 × 28 크기의 MNIST 숫자에 해당한다. ❷에서는 숫자들이 겹치지 않게 하고자 숫자를 배치할 수 있는 위치(r*c)에 0 또는 1이 표시된 그리드 g를 만든다. 임의의 그리드 위치가 1이 될 확률은 15%다. 그런 다음 그리드의 모양을 실제 2D 배열로 바꾸고 그리드의 경계 위치에 있는 원소들을 0으로 설정해 이미지 가장자리에 숫자가 표시되지 않게 한다.

❸에서는 실제 출력 이미지 행과 열의 수에 MNIST 숫자의 너비와 높이인 28을 곱해 이미지의 크기를 정의한다. ❹에서는 각 숫자의 위치(x와 y)를 차례대로 방문하면서 해당 행과 열의 그리드 값이 1이면 임의의 숫자 하나를 선택해 출력 이미지(img)의 현재 위치에 복사한다. 모든 그리드 위치에 대한 검사가 완료되면 전체 이미지를 디스크에 저장해뒀다가 완전 컨볼루션 네트워크를 실험할 때 사용한다.

모델 테스트

본격적으로 모델을 테스트해보자. 먼저 단일 MNIST 숫자를 대상으로 테스트한 다음 무작위로 생성된 대형 숫자 이미지를 대상으로 테스트를 진행해본다. 완전 컨볼루션 모델은 단일 MNIST 숫자에서도 완전 연결 모델과 마찬가지로 작동해야 한다. 이 주장을 뒷받침하는 코드는 리스트 13-8에 있다.

리스트 13-8: 단일 MNIST 숫자에 대한 완전 컨볼루션 모델의 작동 확인

```
import numpy as np
from keras.models import load_model

x_test = np.load("data/mnist/mnist_test_images.npy")/255.0
y_test = np.load("data/mnist/mnist_test_labels.npy")
model = load_model("mnist_cnn_fcn_model.h5")

N = y_test.shape[0]
nc = nw = 0.0
for i in range(N):
  ❶ p = model.predict(x_test[i][np.newaxis,:,:,np.newaxis])
    c = np.argmax(p)
    if (c == y_test[i]):
        nc += 1
    else:
        nw += 1
print("Single MNIST digits, n=%d, accuracy = %0.2f%%" % (N, 100*nc/N))
```

완전 컨볼루션 모델과 함께 MNIST 테스트 이미지와 레이블을 로드한 다음 각 테스트 이미지를 차례대로 방문해 ❶과 같은 예측 작업을 수행한다. 이미지는 2D지만 predict 메서드에 전달해야 하는 이미지는 4D 배열이므로 np.newaxis 인수를 사용해 누락된 축을 생성해준다. 숫자에 대한 예측 결과는 클래스별 확률 값의 형식으로 벡터 p에 저장된다. 저장된 확률 값 중 가장 큰 값을 갖는 레이블이 모델 c가 판정한 입력된 숫자에 대한 최종 레이블이다. c가 실제 테스

트 레이블과 일치하면 올바르게 예측된 횟수(nc)를 증가시키고 그렇지 않으면 잘못 예측된 횟수(nw)를 증가시킨다. 10,000개의 테스트 이미지를 모두 처리한 후에 전체적인 정확도를 출력할 수 있다. 이 예제에서 테스트한 완전 컨볼루션 모델의 학습 정확도는 99.25%로 나타난다.

완전 컨볼루션 모델의 정확도는 매우 만족스럽다. 하지만 이 결과물을 어디에 적용할 수 있을까? 앞 실험에서 단일 숫자 이미지를 입력으로 전달해 단일한 출력값을 얻었다. 이런 기능은 앞서 소개한 완전 연결 모델에서 이미 구현했다. 완전 컨볼루션 모델의 유용성을 확인하려면 대형 MNIST 숫자 이미지를 입력으로 전달해 실험할 필요가 있다. 이를 위해 리스트 13-9와 같은 작업을 수행한다.

리스트 13-9: 대형 테스트 이미지에 대한 완전 컨볼루션 모델의 작동 확인

```
import os
import numpy as np
from keras.models import load_model
from PIL import Image

model = load_model("mnist_cnn_fcn_model.h5")

os.system("rm -rf results; mkdir results")
n = len(os.listdir("images"))

for i in range(n):
    f = "images/image_%04d.png" % i
❶   im = np.array(Image.open(f))/255.0
    p = model.predict(im[np.newaxis,:,:,np.newaxis])
    np.save("results/results_%04d.npy" % i, p[0,:,:,:])
```

필요한 모듈을 임포트한 다음에 완전 컨볼루션 모델을 로드한다. result라는 이름으로 새로운 출력 디렉터리를 만들고 준비된 대형 숫자 이미지의 개수를 알아내 변수 n에 저장한다. 다음으로 대형 숫자 이미지 각각을 반복적으로 테스트한다.

550

디스크에서 이미지를 로딩한 다음 로딩 결과를 ❶에서 넘파이 배열로 변환시킨 후 255로 나눠 스케일을 맞춰준다. 학습 데이터가 255로 스케일링돼 있기 때문이다. 다음으로 모델을 이용해 판정 작업을 수행하고 결과를 p에 저장한다. 앞서 단일 숫자 이미지에 대해 수행했던 것처럼 예측 대상 이미지의 형태는 4D로 맞춰준다. 그러나 이번에는 이미지를 저장하는 변수 im의 크기가 28 × 28보다 크고 여러 숫자를 포함하고 있다. 대상 모델은 완전 컨볼루션 모델이므로 이미지의 크기는 문제가 되지 않으며 에러가 발생하지 않는다. 여기서 p는 4D 배열의 형태며 첫 번째 차원은 1이고 입력 이미지의 개수가 표현될 자리다. 마지막 차원은 10이고 숫자 개수가 표현될 자리다. 중간에 위치한 2개의 차원은 predict 메서드에 전달되는 입력의 크기를 나타낸다. 입력이 28 × 28 픽셀보다 크기 때문에 모델 전체가 28 × 28 커널을 가진 컨볼루션 계층처럼 작동해 전체 입력 이미지에 대해 컨볼루션을 수행한다. 컨볼루션을 통해 산출된 출력의 높이와 너비는 다음과 같다.

$$h = \frac{H - 28}{2} + 1, \; w = \frac{W - 28}{2} + 1$$

여기서 H, W는 입력 이미지의 높이와 너비고 h, w는 predict 메서드의 출력 배열의 높이와 너비다. 위 식의 28은 처음 학습에 사용한 28 × 28 이미지의 입력 크기다. 분모로 사용된 숫자 2는 어디에서 온 것일까? 이는 입력 이미지에 대한 28 × 28 커널의 보폭이다. 입력 이미지가 완전 컨볼루션 출력 계층으로 전달될 때 움직이는 거리를 반영해 2로 지정됐다. 처음 입력은 28 × 28이었으나 두 개의 컨볼루션 계층과 풀링 계층을 거친 후에는 12 × 12와 $\lfloor 28/12 \rfloor$ = 2로 매핑된다.

앞에서 배열 p의 형태가 4D라는 것을 알았다. 또한 주어진 입력 이미지상에서 28 × 28의 영역을 보폭 2로 컨볼루션해 지정된 크기의 출력이 산출된다는 것도 확인했다. 출력 배열에서 각각의 h, w 위치에서 산출되는 결과는 무엇인가? 4D

출력의 마지막 요소는 크기가 10이다. 출력 위치 h, w마다 28 × 28 커널에 해당하는 클래스별 예측 결과가 산출된다.

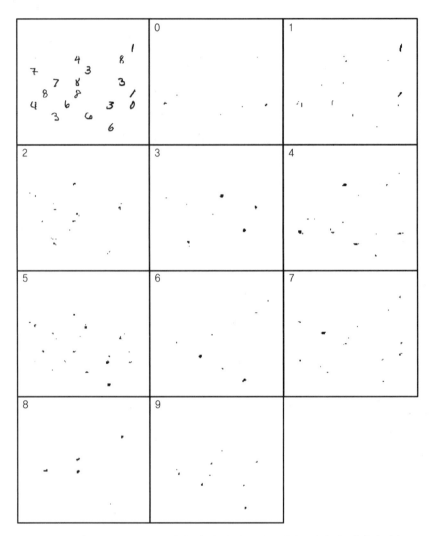

그림 13-7: 왼쪽 상단의 입력 이미지에 대한 완전 컨볼루션 모델의 숫자별 히트맵 출력 결과.
모델 학습에 사용된 데이터는 표준 MNIST 데이터 세트

이 추상적인 설명을 구체적으로 살펴보자. 그림 13-7의 왼쪽 상단 모서리는 큰 입력 이미지 중 하나를 보여준다. 이미지를 반전시켜 흰색 바탕에 검은색

숫자가 표시되게 만들었고 이미지의 전체 크기를 가늠할 수 있게 테두리 선을 추가했다.

그림 13-7의 왼쪽 상단에 있는 이미지는 너비가 336 픽셀이고 높이가 308 픽셀이다. 이 이미지를 모델에 입력으로 전달했을 때 출력은 $1 \times 141 \times 155 \times 10$ 크기의 배열이 된다. 앞에서 정의한 컨볼루션을 통해 산출된 출력의 높이와 너비를 구하는 수식으로도 확인할 수 있는 결과다. 출력 배열은 보폭 2를 사용할 때 입력 이미지의 각 28×28 영역에 대한 모델의 예측 결과를 나타낸다. 각 숫자마다 하나의 예측이 할당돼 있다. 예를 들어 p에는 그림 13-7의 왼쪽에 있는 이미지를 predict 메서드가 처리해 산출한 4D 출력이 저장돼 있다고 하자. 이때 p[0,77,88,:] 위치에는 각 클래스별 확률을 나타내는 10개 요소로 구성된 벡터가 저장돼 있다. 여기서 각 숫자 클래스는 77×88로 매핑되는 입력 이미지의 28×28 영역에 대해 정의된다. 예제에서 산출되는 실제 결과는 다음과 같다.

```
array([0.10930195, 0.12363277, 0.131005  , 0.10506018, 0.05257199,
       0.07958104, 0.0947836 , 0.11399861, 0.08733559, 0.10272926],
      dtype=float32)
```

이 위치에 특정 숫자가 존재할 가능성은 크지 않다는 것을 알 수 있다. 모든 출력 확률이 최소 컷오프 임곗값인 0.5보다 훨씬 낮기 때문이다. 예측 결과로 얻어진 출력은 일반적으로 히트맵heatmap이라고 부르는 일종의 확률 맵으로 생각할 수 있으며 지정된 위치에 숫자가 존재할 확률을 표시해준다. 모델 최종 출력은 각 숫자당 하나씩 할당된 10개의 히트맵이라고 할 수 있다.

그림 13-7의 다른 이미지들은 10개 숫자 각각에 대한 히트맵을 보여준다. 히트맵의 이미지도 반전된 이미지를 사용해 확률이 높을수록 어두운 색으로 표현된다. 히트맵에 적용된 임곗값은 0.98이다. 즉, 0.98보다 작은 확률 값은 0으로

변환된다. 이런 방식으로 방금 본 출력과 같이 값이 낮은 출력은 제거할 수
있다. 사실 모델이 가장 강하게 반응한 숫자에만 관심을 가지면 된다. 히트맵을
만들려면 모델의 출력 크기를 두 배로 늘려주고 컨볼루션 출력의 위치를 반영한
오프셋으로 출력 이미지의 위치를 지정해줘야 한다. 이 과정은 제로 패딩 방식
을 적용하지 않았을 경우 컨볼루션 연산의 출력이 입력보다 작아졌던 그림 12-1
의 상황과 유사하다. 숫자 히트맵을 생성하는 코드는 리스트 13-10에 있다.

리스트 13-10: 히트맵 이미지 구축

```
import os
import sys
import numpy as np
from PIL import Image

❶ threshold = float(sys.argv[1])
iname = sys.argv[2]
rname = sys.argv[3]
outdir= sys.argv[4]
os.system("rm -rf %s; mkdir %s" % (outdir, outdir))

❷ img = Image.open(iname)
c,r = img.size
hmap = np.zeros((r,c,10))
res = np.load(rname)
x,y,_ = res.shape
xoff = (r - 2*x) // 2
yoff = (c - 2*y) // 2

❸ for j in range(10):
    h = np.array(Image.fromarray(res[:,:,j]).resize((2*y,2*x)))
    hmap[xoff:(xoff+x*2), yoff:(yoff+y*2),j] = h
np.save("%s/graymaps.npy" % outdir, hmap)
❹ hmap[np.where(hmap < threshold)] = 0.0
for j in range(10):
    img = np.zeros((r,c), dtype="uint8")
```

```
for x in range(r):
    for y in range(c):
        ❺ img[x,y] = int(255.0*hmap[x,y,j])
    img = 255-img
    Image.fromarray(img).save("%s/graymap_digit_%d.png" % (outdir, j))
```

입력 이미지의 각 위치에 대해 모델이 판정한 결과를 표현하는 이미지가 그레이스케일 이미지이기 때문에 출력 이미지를 그레이맵^{graymap}이라고 부른다. 먼저 ❶에서는 임곗값, 소스 이미지 이름, 해당 소스 이미지에 대한 모델의 응답, 그레이맵이 작성될 출력 디렉터리를 가져 온다. 이 디렉터리는 실행할 때마다 덮어 쓴다. 다음으로 ❷에서 소스 이미지를 로드하고 이미지의 차원 값을 구해둔다. 이들은 출력 히트맵(hmap)을 생성하는 데 사용한다. 또한 연관된 모델 응답(res)을 로드하고 오프셋을 계산한다. hmap은 이미지와 동일한 크기를 갖는다는 사실을 기억하자. 이어서 ❸에서는 모델 응답의 크기를 조정해 hmap을 구성하는 각 숫자별 그레이맵을 채워서 완성시킨다. 완성된 그레이맵은 출력 디렉터리에 저장한다.

❹에서는 그림 13-7과 같은 출력 그레이스케일 이미지를 만들고자 먼저 히트맵에 임곗값을 적용해 임곗값보다 작은 수치는 모두 0으로 치환한다. 다음으로 ❺에서는 각 자릿수에 대해 출력 이미지를 만들고 나머지 히트맵 값은 간단히 255를 곱해 값의 크기를 조정해준다. 히트맵의 모든 값은 [0, 1) 범위의 확률 값으로 표현돼 있기 때문이다. 255에서 결과 값을 빼줘 이미지가 반전되는 효과를 얻는다. 반전된 값을 디스크에 저장한다. 이런 방식으로 강한 활성화 결과는 어둡게 표현하고 약한 활성화 결과는 밝게 표현한다. 강한 임곗값(0.98)을 적용했기 때문에 출력 그레이맵 내의 모든 값에 대해 효과적으로 이진화가 이뤄진다. 이 방식을 통해 모델이 파악한 숫자의 위치를 분명하게 보여줄 수 있다.

그림 13-7을 다시 보면서 결과를 자세히 해석해보자. 원본 소스 이미지의 오른

쪽 하단에는 숫자 0이 놓여 있다. 숫자 0에 대한 그레이맵을 보면 해당 위치에 어두운 얼룩이 하나 표시돼 있다. 이는 모델이 해당 위치에 숫자 0이 있다는 강력한 반응을 보였다는 의미다. 여기까지는 그런대로 이해가 된다. 그러나 입력 이미지의 왼쪽에 있는 숫자 4 근처에서 모델이 또 강하게 반응한 것을 볼 수 있다. 모델이 실수를 한 것이다. 입력에는 두 개의 4가 있다. 숫자 4에 대한 그레이맵을 보면 이 숫자의 위치에 두 개의 어두운 얼룩이 표현돼 있지만 4가 아닌 다른 숫자 근처에서도 강한 반응을 보이는 다수의 작은 영역이 존재한다. 학습이 완료된 모델은 단일 MNIST 테스트 숫자에 대해서는 99% 이상의 정확도를 보였는데, 왜 완전 컨볼루션 모델의 응답에는 심한 노이즈가 섞여 들어간 것일까? 숫자 2에 강하게 반응하는 작은 점도 많다. 심지어 입력에는 2가 전혀 포함되지 않았다. 그레이맵이 입력의 모든 8에 대해 강하게 반응하는 경우 주어진 모델은 8에 대해 잘 작동하지만 7과 같은 다른 숫자에 대해서는 제대로 작동하지 않는 경우가 있다. 숫자 5도 전혀 없지만 모델은 5와 관련된 다수의 히트를 반환하고 있다.

좀 더 넓게 생각해보면 문제의 본질을 이해할 수 있다. 모델 학습에 사용된 것은 표준 MNIST 숫자 데이터 세트다. 이 데이터 세트의 모든 숫자는 이미지의 중앙에 잘 정렬돼 있다. 하지만 모델이 대형 입력 이미지에서 컨볼루션 연산을 수행할 때는 숫자의 위치가 모델 입력 영역의 정중앙이 아닌 경우가 많고 숫자의 일부만 들어오는 경우도 흔하다. 모델은 숫자의 일부를 학습한 적이 없기 때문에 때때로 의미 없는 답변을 내놓곤 한다. 예를 들어 실행 과정에서 모델의 숫자 6의 일부를 보고 이를 숫자 5라고 '생각'할 수 있는 것이다.

한 가지 가능한 해법은 MNIST 숫자의 부분들을 학습시키는 것이다. 표준 MNIST 데이터 세트의 숫자들을 이미지에서 이동시킨 버전을 학습 데이터에 추가하는 방법이 있다. 예를 들어 숫자 4를 오른쪽 아래 방향으로 이동시킨다고 가정해보자. 레이블은 계속 4로 유지해야 한다. 그래야 모델이 숫자 4를 이동시킨 모양을 학습할 수 있다. 숫자를 이동시킨 데이터 세트를 추가하는 전체 코드는 make_shifted_mnist_dataset.py에 있다. 여기서는 입력되는 MNIST 숫자 입력을 이동시키는 함수만 살펴보기로 하자. 이 함수는 각각의 학습 이미지와 테스트 이미지에 대해 4번씩 호출되며 호출될 때마다 테스트 데이터 세트의 이미지를 이동시키는 역할을 수행한다. 숫자가 중앙에 위치한 원본 데이터 세트에 무작위로 이미지를 이동시킨 4개의 데이터 세트를 추가해 원본보다 5배 큰 데이터 세트가 만들어진다. 무작위로 이미지를 이동시키는 함수는 다음과 같이 구현할 수 있다.

```
def shifted(im):
    r,c = im.shape
    x = random.randint(-r//4, r//4)
    y = random.randint(-c//4, c//4)
    img = np.zeros((2*r,2*c), dtype="uint8")
    xoff = r//2 + x
    yoff = c//2 + y
    img[xoff:(xoff+r), yoff:(yoff+c)] = im
    img = img[r//2:(r//2+r),c//2:(c//2+c)]
    return img
```

여기서 **im**은 넘파이 배열 형식으로 넘어오는 입력 이미지다. 입력 이미지의 크기를 고려해 x축과 y축 방향으로 이동시킬 양을 무작위로 선택한다. 이동시킬 양은 입력 이미지의 최대 1/4 크기가 될 수 있으며 양수 또는 음수 값이 나올 수 있다. 이미지 이동량의 한계치를 원본 이미지의 1/3 또는 1/2로 변경하면서 실험해보는 것도 의미가 있다. 다음으로 원본 이미지 크기보다 2배 큰 빈 이미지를 생성해 변수 **img**에 저장한다. 생성된 이미지에서 무작위로 선택한 오프셋 (x, y)만큼 이동한 위치에 원본 이미지를 놓는다. 그런 다음 이 이미지의 가운데를 기준으로 입력 이미지의 크기만큼 잘라내 결과 이미지로 반환한다.

확장된 데이터 세트를 사용하고자 먼저 완전 연결 MNIST 모델을 다시 학습시켜야 한다. 다음으로 새로운 가중치와 편향을 사용해 완전 컨볼루션 모델을 다시 구축한다. 마지막으로 이전처럼 대형 테스트 이미지를 모델에 적용해 실험하면 된다. 이 작업을 수행하면 그림 13-8과 같은 새로운 그레이맵이 생성된다.

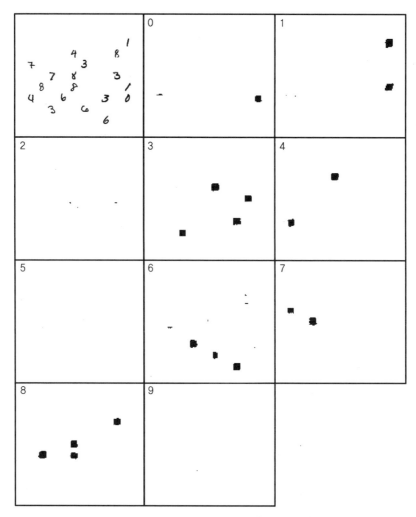

그림 13-8: 왼쪽 상단 입력 이미지에 대한 완전 컨볼루션 모델의 숫자별 히트맵 출력 결과. 모델 학습에 사용된 데이터는 숫자 이미지를 이동시키는 방식으로 확장된 MNIST 데이터 세트

크게 개선된 모습이 보인다. 직관에 따라 시도한 실험이 인상적인 결과를 보여 준다. 초기 모델은 숫자의 일부만 보이는 상황에서는 효과적인 처리가 불가능

했지만 숫자 일부를 사용해 재학습을 시킨 후에는 실제 숫자가 놓인 영역에 대해서는 강하게 반응하고 숫자가 없는 영역에 대해서는 거의 반응을 보이지 않는다. 이런 결과에 놀랄 필요는 없다. 첫 번째 모델은 실제 현장에서 만나게 될 입력 데이터 집합을 학습 데이터로 제공받지 못했다. MNIST 숫자의 일부만 보이는 문제에 대한 대책이 전혀 없다. 두 번째 모델은 가능한 입력 공간을 더 잘 나타내는 데이터 세트에서 학습됐으므로 훨씬 나은 성능을 보인 것이다.

최근 몇 년 사이에 개발된 고급 기술은 여기서 소개하는 완전 컨볼루션 네트워크 기술을 능가하는 성능을 보여준다. 그러나 이 책에서 그 기술을 소개하기에는 지면도 모자라고 실제로 실습에 필요한 컴퓨팅 자원을 구하기도 어렵다. 이미지에서 객체를 지역화하는 대다수의 모델은 히트맵 대신 특정 이미지를 둘러싸는 테두리 상자 형식을 출력한다. 예를 들어 이미지에서 객체를 실시간으로 감지해내는 YOLO 모델(https://pjreddie.com/darknet/yolo/)은 객체 주위를 둘러싸는 테두리 상자를 사용한다. 12장에서 입력의 각 픽셀에 클래스 레이블을 할당하는 최신 모델로 의미론적 분할 알고리듬과 U-Net 알고리듬을 언급했다. 이 두 접근 방식은 이번 절에서 방금 실험한 완전 컨볼루션 모델 접근 방식을 확장한 알고리듬이라 할 수 있으며 실제로 매우 유용하다.

스크램블된 MNIST 숫자

10장에서 확인한 것처럼 각 이미지에 픽셀을 재매핑하는 방식이 일관되게 유지되기만 한다면 MNIST 숫자 이미지(그림 7-3)의 픽셀 순서를 스크램블해도 전통적인 신경망의 작동에는 영향을 미치지 않는다. 학습도 순조로울 뿐 아니라 스크램블되지 않은 숫자 이미지를 판정할 때와 거의 같은 성능을 보인다. 그림 10-9를 참조하기 바란다.

이것이 CNN에서도 여전히 유효한지 살펴보자. 5장에서 스크램블된 MNIST 숫자 데이터 세트를 만들었다. 여기서 해야 할 일은 기본 CNN 모델이 사용할 학습 데이터를 표준 MNIST 데이터 세트 대신에 이번 장의 앞부분에 소개한 데이터 세트로 대체하는 것이다. 그림 13-9는 스크램블된 데이터로 대상 모델을 반복 학습시켜 결과를 오차 막대와 함께 표시한 그래프다.

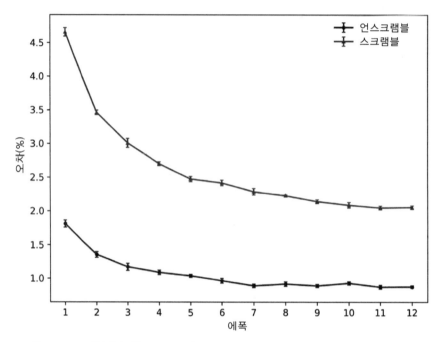

그림 13-9: 스크램블되지 않은 MNIST 숫자와 스크램블된 MNIST 숫자에 대해 학습된 모델의 에폭당 테스트 세트 판정 오차. 6번의 학습 세션에 대한 평균 및 표준 오차 값 사용

전통적인 신경망과는 달리 CNN 모델은 몇 가지 문제를 드러내고 있다. 스크램블된 숫자의 테스트 오차가 스크램블되지 않은 숫자의 테스트 오차보다 크다. 왜 그럴까? CNN은 컨볼루션을 사용하고 커널을 학습시키는 방식을 채택하고 있다는 점을 상기하자. 이 방식을 이용해 원본 입력 이미지를 클래스 구분이 용이한 새로운 형태의 이미지로 표현함으로써 상위 계층에는 간단한 모델만 배치해도 클래스를 쉽게 구분할 수 있는 구조를 갖게 된다.

컨볼루션은 입력 이미지를 구성하는 부분 요소 간에 존재하는 공간적인 연관성을 찾아준다. 그러나 숫자 이미지를 스크램블시키면 공간적인 연관성이 대부분 사라지기 때문에 전통적인 신경망처럼 숫자 이미지 전체를 그대로 사용해야 정확하게 클래스를 결정할 수 있다. 이는 CNN의 하위 계층에서 학습할 내용이 거의 없다는 것을 의미한다. 물론 CNN은 스크램블된 숫자에 대해서도 학습을 진행하며 결국에는 전통적인 모델보다 더 나은 성능을 보여준다. 이때 두 모델의 오차는 각각 2%와 4.4%다. 하지만 더 현저한 차이는 스크램블된 그래프와 스크램블되지 않은 그래프 사이에서 찾아볼 수 있다.

요약

13장에서는 MNIST 데이터 세트를 사용해 다양한 실험을 수행함으로써 CNN에 대한 직관적인 이해력을 높일 수 있었다. CNN의 기본 아키텍처를 변경해가면서 결과를 분석해봤다. 학습 세트의 크기, 미니배치의 크기, 학습 에폭 횟수 간의 상호작용을 알아봤고 최적화 알고리듬의 효과도 조사했다.

다음으로 완전 연결 계층을 사용하는 모델을 완전 컨볼루션 모델로 변환하는 방법을 알아봤다. 완전 컨볼루션 모델을 사용해 임의의 크기를 갖는 입력 이미지에서 숫자를 검색하는 방법을 알아봤다. 또한 모델이 실제로 사용될 때 만날 입력 데이터의 분포를 더 잘 표현하려면 학습 데이터 세트의 표현력을 증가시켜야 한다는 것도 알 수 있었다.

마지막으로 스크램블된 MNIST 숫자에 대한 실험을 통해 CNN의 강점(데이터 내 공간 관계를 학습하는 능력)은 공간 관계가 약하거나 존재하지 않을 경우에는 거의 도움이 되지 않는다는 사실을 확인했다.

14장에서는 많이 사용되는 이미지 중 하나인 CIFAR-10이라는 새로운 데이터 세트를 사용해 기본 CNN에 대한 탐색을 계속할 것이다.

14

CIFAR-10 데이터 세트 실습

14장에서는 5장에서 구축한 CIFAR-10 데이터 세트로 다양한 실습을 수행한다. 먼저 두 가지 모델을 전체 데이터 세트에 적용해 결과를 살펴본다. 두 모델 중 하나는 얕고 다른 하나는 깊은 형태다. 다음으로 전체 데이터 세트의 일부를 분리한 부분집합을 만들어 동물과 교통수단을 구분하는 모델을 만드는 데 적용한다. 그런 다음에는 다중 클래스 모델 1개를 구축하는 것과 각 클래스당 2진 모델 1개씩 구축하는 것 중 어느 방식이 CIFAR-10 데이터 세트에 좋은 방식인지 알아본다.

14장의 마지막에는 전이학습과 미세 조정을 소개한다. 여기에서 등장하는 개념들은 머신러닝 커뮤니티에서 널리 사용하고 있지만 종종 혼동을 일으키는 개념이므로 이번 장의 실습 과정을 통해 정확히 이해할 수 있도록 주의를 기울여야 한다.

CIFAR-10 복습

실험을 시작하기 전에 작업 대상 데이터 세트를 다시 살펴보자. CIFAR-10은 CIFAR$^{\text{Canadian Institute for Advanced Research}}$(캐나다 고등과학원)에서 만든 데이터 세트로서 10개 클래스로 구성돼 있다. 5장에서 이미 이 데이터 세트를 구축해뒀지만 지금까지는 사용할 기회가 없었다. CIFAR-10은 32 × 32 픽셀 크기의 RGB 이미지며 동물 6개 클래스와 교통수단 4개 클래스로 구성돼 있다. 그림 5-4에 일부 샘플 이미지가 나와 있다. 학습 데이터 세트는 총 50,000개의 샘플로 구성돼 있으며 클래스별로 5,000개씩 추출해 클래스 간에 균형을 맞췄다. 테스트 세트는 총 10,000개의 이미지로 구성돼 있으며 클래스별로 1,000개씩 추출해 균형을 맞췄다. CIFAR-10은 MNIST에 이어 머신러닝 분야에서 두 번째로 널리 사용하는 표준 데이터 세트일 것이다. 100개의 클래스로 구성된 CIFAR-100도 있는데, 이 책에서 다루지는 않지만 이 분야의 문헌에서 자주 언급되는 데이터 세트다.

이 글을 쓰는 시점에서 추가 확장 없이 원본 CIFAR-10만으로 학습과 테스트를 수행했을 때 가장 좋은 모델은 1%의 오차를 보이는 것으로 알려져 있다 (benchmarks.ai 참조). 이 모델은 5억 5,700만 개의 파라미터로 구성돼 있다. 실습에 사용할 모델은 규모가 훨씬 작고 더 큰 테스트 오차를 유발한다. MNIST 데이터 세트는 모든 숫자 이미지의 배경을 검정색으로 통일했고 이미지 자체도 깨끗하게 정리된 형태지만 CIFAR 데이터는 실제 현장에서 볼 수 있는 거친 형태의 이미지 데이터 세트다. 현장에서 실제 볼 수 있는 이미지의 다양성, 특히 배경의 다양성으로 인해 대상 모델이 MNIST에 비해 CIFAR-10의 클래스를 학습하는데 더 어려움을 겪을 것으로 예상할 수 있다

CIFAR-10의 클래스는 다음과 같다. 이번 장에서 지속적으로 이 표를 참조할 것이다.

레이블	클래스	레이블	클래스
0	airplane	5	dog
1	automobile	6	frog
2	bird	7	horse
3	cat	8	ship
4	deer	9	truck

전체 CIFAR-10 데이터 세트를 이용한 실습

전체 CIFAR-10 데이터 세트에 대해 두 가지 다른 모델을 학습시켜보자. 첫 번째 모델은 13장에서 MNIST 데이터 세트에 대해 학습시켰던 것과 동일한 모델이다. 이 모델은 두 개의 컨볼루션 계층만으로 구성돼 있기 때문에 얕은 모델이라고 부르기로 한다. 모델의 입력 부분을 32 × 32 RGB 형식에 맞게 조정해야 하지만 이 부분은 간단히 구현할 수 있다. 본문에서 심층 모델이라고 부르는 두 번째 모델은 여러 개의 컨볼루션 계층을 배치한 다음 풀링 계층을 연결해 마지막에 완전 연결 계층이 추가되는 형상이다.

학습을 위한 최적화 알고리듬으로 확률적 경사 하강법과 Adadelta 알고리듬을 추가로 조사할 것이다. 미니배치 크기를 64로 고정하고 60번의 에폭을 반복해 총 46,875 경사 하강 단계를 수행할 것이다. SGD(확률적 경사 하강법)의 경우 학습률은 0.01로, 모멘텀 값은 0.9로 지정한다. Adadelta는 적응형으로 동작하기 때문에 학습 속도가 상황에 맞게 변경된다. 학습이 진행됨에 따라 SGD에 대한 학습률을 더 줄일 수도 있지만 0.01이라는 수치는 충분히 작은 값이고, 경사 하강 단계 횟수도 충분히 많으므로 그대로 둔다.

얕은 모델에는 1,626,442개의 파라미터가 있는 반면 심층 모델에는 1,139,338개의 파라미터가 있다. 심층 모델은 더 많은 계층을 갖고 있지만 파라미터 개수는 더 작은데, 이는 각 컨볼루션 계층에서 정확한 컨볼루션 방식이 사용되고 있고 이로 인해 출력 크기가 매번 2씩 감소하기 때문이다(커널 크기가 3 × 3이라고 가정). 풀링 계층 다음에 배치된 플래튼 계층을 비교해보면 얕은 모델에서는 12,544개의 노드를 갖는 데 반해 심층 모델에서는 7,744개의 노드만 갖는다. 플래튼 계층과 128개의 노드로 구성된 덴스 계층 간에 형성되는 가중치 행렬의 크기를 비교해보면 얕은 모델에서는 12,544 × 128 = 1,605, 632개의 파라미터가 필요하고 심층 모델에서는 7,744 × 128 = 991,232개의 파라미터만 필요하다. 더 깊은 계층 구조로 모델을 구성했어도 실제로 학습할 파라미터의 수는 줄어들었다. 직관에 반하는 결과가 나왔는데, 이는 CNN에 대한 설명을 시작할 때 완전 연결 계층에서 발생하는 대규모 비용과 더불어 CNN이 만들어지게 된 몇 가지 동기를 다시 생각해보게 한다.

모델 구축

얕은 모델에 대한 코드는 최적화 알고리듬별로 두 가지 버전으로 준비돼 있다. 먼저 Adadelta 알고리듬을 사용하는 코드는 cifar10_cnn.py에 있고 SGD 알고리듬을 사용하는 코드는 cifar10_cnn_SGD.py에 있다. 코드를 세분화해 자세히 살펴보자. 얕은 모델은 리스트 14-1과 같이 MNIST 데이터 세트에서와 거의 같은 방식으로 시작한다.

리스트 14-1: CIFAR-10 데이터 세트 준비

```
import keras
from keras.models import Sequential
from keras.layers import Dense, Dropout, Flatten
from keras.layers import Conv2D, MaxPooling2D
from keras import backend as K
import numpy as np
```

```
batch_size = 64
num_classes = 10
epochs = 60
img_rows, img_cols = 32, 32

x_train = np.load("cifar10_train_images.npy")
y_train = np.load("cifar10_train_labels.npy")
x_test = np.load("cifar10_test_images.npy")
y_test = np.load("cifar10_test_labels.npy")

if K.image_data_format() == 'channels_first':
    x_train = x_train.reshape(x_train.shape[0], 3, img_rows, img_cols)
    x_test = x_test.reshape(x_test.shape[0], 3, img_rows, img_cols)
    input_shape = (3, img_rows, img_cols)
else:
    x_train = x_train.reshape(x_train.shape[0], img_rows, img_cols, 3)
    x_test = x_test.reshape(x_test.shape[0], img_rows, img_cols, 3)
    input_shape = (img_rows, img_cols, 3)

x_train = x_train.astype('float32')
x_test = x_test.astype('float32')
x_train /= 255
x_test /= 255

y_train = keras.utils.to_categorical(y_train, num_classes)
y_test = keras.utils.to_categorical(y_test, num_classes)
```

필요한 모듈을 임포트하고 5장에서 만들었던 넘파이 파일에서 CIFAR-10 데이터 세트를 로드한다. 이제는 이미지 크기가 28 × 28이 아니라 32 × 32가 됐고 채널 수도 3(RGB)이 됐음을 알 수 있다. 이전과 마찬가지로 입력을 255로 나눠 이미지 값의 범위를 [0, 1]로 매핑시키고 **to_categorical**을 사용해 레이블 번호를 원핫 벡터로 변환한다.

다음으로 리스트 14-2와 같이 모델 아키텍처를 정의한다.

리스트 14-2: 얕은 CIFAR-10 모델의 구축

```
model = Sequential()
model.add(Conv2D(32, kernel_size=(3, 3),
                  activation='relu',
                  input_shape=input_shape))
model.add(Conv2D(64, (3, 3), activation='relu'))
model.add(MaxPooling2D(pool_size=(2, 2)))
model.add(Dropout(0.25))
model.add(Flatten())
model.add(Dense(128, activation='relu'))
model.add(Dropout(0.5))
model.add(Dense(num_classes, activation='softmax'))

model.compile(loss=keras.losses.categorical_crossentropy,
              optimizer=keras.optimizers.Adadelta(),
              metrics=['accuracy'])
```

이 단계는 리스트 13-1에서 봤던 얕은 모델의 MNIST 버전과 동일하다. 심층
모델의 경우 리스트 14-3과 같이 더 많은 컨볼루션 계층을 추가해줘야 한다.

리스트 14-3: 심층 CIFAR-10 모델의 구축

```
model = Sequential()
model.add(Conv2D(32, kernel_size=(3, 3),
                  activation='relu',
                  input_shape=input_shape))

model.add(Conv2D(64, (3,3), activation='relu'))
model.add(Conv2D(64, (3,3), activation='relu'))
model.add(Conv2D(64, (3,3), activation='relu'))
model.add(Conv2D(64, (3,3), activation='relu'))

model.add(MaxPooling2D(pool_size=(2,2)))
model.add(Dropout(0.25))
model.add(Flatten())
```

```
model.add(Dense(128, activation='relu'))
model.add(Dropout(0.5))
model.add(Dense(128, activation='relu'))
model.add(Dropout(0.5))
model.add(Dense(num_classes, activation='softmax'))

model.compile(loss=keras.losses.categorical_crossentropy,
              optimizer=keras.optimizers.Adadelta(),
              metrics=['accuracy'])
```

추가로 배치된 컨볼루션 계층들은 모델이 입력 데이터의 더 나은 표현을 학습할 수 있는 기회를 제공한다는 점은 전과 동일하다. 단, CIFAR-10의 경우 단순한 MNIST 이미지보다 구조가 좀 더 복잡해진다. 더 깊은 네트워크는 입력 이미지에 포함된 더 큰 구조들을 추상적으로 학습할 수 있기 때문에 최종 분류 작업에 도움이 되는 새로운 형식의 표현을 생성해줄 수 있다.

리스트 14-2 및 14-3의 부분 코드는 Adadelta를 최적화 알고리듬으로 사용해 모델을 컴파일한다. 또한 SGD를 사용하는 버전을 만들려면 다음과 같이 메서드 compile에서 Adadelta()를 호출하는 행을 다음으로 대체한다.

```
optimizer=keras.optimizers.SGD(lr=0.01, momentum=0.9)
```

앞서 표시한 학습률 및 모멘텀 값을 SGD 메서드의 인수로 적용한다. 얕은 모델과 심층 모델을 완성하기 위한 나머지 코드는 리스트 14-4에 있다.

리스트 14-4: CIFAR-10 모델 학습 및 테스트

```
print("Model parameters = %d" % model.count_params())
print(model.summary())

history = model.fit(x_train, y_train,
```

```
            batch_size=batch_size,
            epochs=epochs,
            verbose=1,
            validation_data=(x_test[:1000], y_test[:1000]))

    score = model.evaluate(x_test[1000:], y_test[1000:], verbose=0)
    print('Test loss:', score[0])
    print('Test accuracy:', score[1])

    model.save("cifar10_cnn_model.h5")
```

이 코드는 모델 아키텍처와 파라미터의 수를 요약해주고 검증을 위해 처음 1,000개의 테스트 샘플을 fit 메서드를 적용해 학습을 수행한 다음 나머지 9,000개의 테스트 샘플을 evaluate 메서드에 적용해 학습된 모델을 평가한다. 실행 결과로 테스트 손실 및 정확도가 출력된다. 최종 학습된 모델은 save 메서드를 이용해 디스크에 저장하고 에폭당 손실과 정확도를 보여주는 실행 이력 정보도 저장한다. 실행 이력 정보는 학습 에폭 단위로 손실과 오차(1 - 정확도)를 보여주는 플롯을 생성하기 위한 데이터로 사용된다.

리스트 14-4는 Adadelta를 적용한 얕은 모델, SGD를 적용한 얕은 모델, Adadelta를 적용한 심층 모델, SGD를 적용한 심층 모델 이렇게 4가지 파일을 생성한다. 이들 각각을 실행해 최종 테스트 정확도를 확인한 다음 학습 과정에서 그려진 플롯을 보고 무엇을 배울 수 있는지 살펴보자. 코드를 실행하면 모델 학습과 평가가 실행된다. CPU 전용 시스템에서 실행할 경우 총 8시간 정도가 소요된다. 케라스에서는 파라미터를 무작위로 초기화하는 방식을 사용하기 때문에 코드 실행 결과는 각자 약간씩 달라질 수 있다. 필자가 코드를 실행했을 때의 결과는 표 14-1과 같다.

표 14-1: 모델 크기 및 모델에 적용된 최적화 알고리듬별 테스트 세트 정확도

	얕은 모델	심층 모델
Adadelta	71.9%	74.8%
SGD	70.0%	72.8%

표를 보면 Adadelta를 사용할 경우 SGD를 사용할 때에 비해 얕은 모델과 심층 모델 모두에 대해 더 정확한 모델이 만들어진다는 것을 알 수 있다. 또한 어떤 최적화 알고리듬을 사용하든지 심층 모델이 얕은 모델보다 우수한 성능을 보인다는 것을 알 수 있다. 이러한 이유로 Adadelta나 Adam(이 알고리듬도 케라스에서 지원됨) 같은 적응형 최적화 알고리듬이 고전적인 SGD 알고리듬보다 일반적으로 더 많이 사용된다. 그러나 초기 학습률을 적절하게 설정하고 학습이 진행됨에 따라 적절히 감소시켜가면서 적용하면 SGD가 다른 두 알고리듬과 비교해 궁극적으로 같거나 더 좋다는 주장도 있다. 처음에는 적응형 최적화 알고리듬으로 시작하고 일정 에폭이 반복된 후에는 SGD로 전환하는 방법도 생각해볼 수 있다. 이 방식의 전략은 먼저 적응형 최적화 알고리듬을 이용해 손실 함수의 최솟값에 빠르게 접근한 다음 해당 지점부터는 SGD로 프로세스를 미세 조정해 정확한 최종값을 찾는 것이다.

모델 분석

학습 과정에서 손실이 어떻게 변하는지 살펴보자. 그림 14-1은 Adadelta(위) 및 SGD(아래)를 사용하는 얕은 모델과 심층 모델의 에폭당 손실을 보여준다.

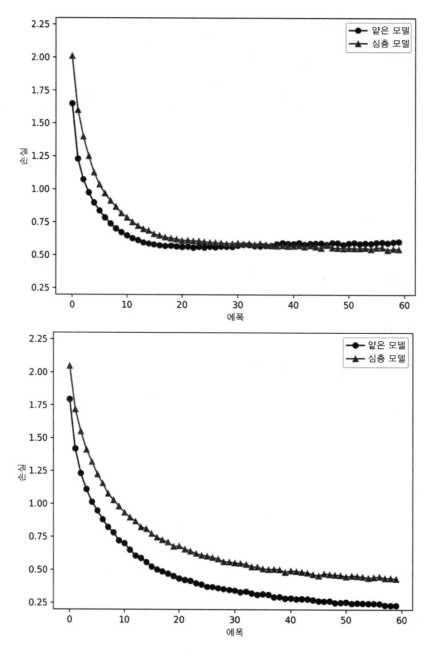

그림 14-1: Adadelta(상단) 및 SGD(하단)를 사용한 얕은 모델과 심층 모델의 학습 손실

처음 시작 부분만 비교해보면 Adadelta와 SGD 간 손실은 큰 차이가 없다. 얕은 모델의 경우 에폭이 반복됨에 따라 Adadelta의 손실이 조금씩 증가하는 모습을 보여준다. 이는 직관적이지 않은 결과며 학습 손실이 줄어들어야만 한다는 기존의 통념과 모순되는 것처럼 보인다. 또 다른 적응형 옵티마이저인 Adam에서 이러한 일이 발생했다는 학계의 보고가 있으므로 이런 현상이 적응형 알고리듬의 특성일 가능성이 높다. 그럼에도 표 14-1에서 봤듯이 Adadelta는 얕은 모델과 심층 모델 모두에서 더 높은 정확도를 제공한다.

그림 14-1에서 SGD를 적용한 아래쪽 그래프를 보면 심층 모델에 비해 얕은 모델에 더 작은 손실 값이 산출된다는 것을 알 수 있다. 이는 일반적으로 과적합에 대한 징후로 해석된다. 손실이 0에 가까워진다는 것은 모델이 학습 세트에 국한된 세부적인 특징까지 학습하고 있다는 것을 의미할 수 있다. 표 14-1에 따르면 SGD를 사용하는 얕은 모델은 가장 성능이 낮은 모델이었다. SGD를 사용하는 심층 모델의 경우 그래프에 표시된 60개의 학습 에폭을 반복하는 동안 그런 수준의 작은 손실 값은 산출되지 않는다.

학습 과정에서 검증 데이터 세트에 대한 정확도는 어떻게 변할까? 그림 14-2는 검증 데이터의 오차를 에폭별로 나타낸 그래프다. 오차는 시각적으로 살펴보는 것이 이해가 쉽다. 그래프에서는 정확도가 증가함에 따라 오차가 0에 가까워진다. 앞서 소개한 그래프와 마찬가지로 위쪽에 있는 것이 Adadelta 모델이고 아래쪽에 있는 것이 SGD 모델이다. 예상대로 최적화 알고리듬에 관계없이 모델이 깊을수록 더 나은 성능을 보였고 학습 과정에서 더 적은 검증 세트 오차를 기록했다. 여기서 최종 테스트 세트 오차 값은 검증 데이터 세트의 오차가 아니라 학습 과정에서 사용된 테스트 세트, 즉 처음 1,000개의 샘플에 대한 오차 값이 된다.

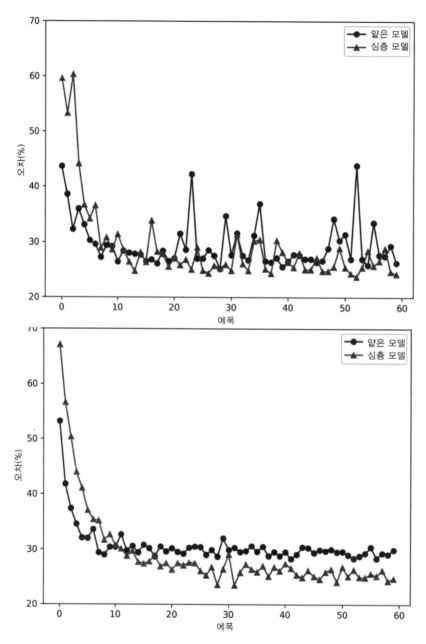

그림 14-2: Adadelta(위) 및 SGD(아래)를 사용한 얕은 모델과 심층 모델에 대한 검증 세트 오차

그림 14-2의 아래쪽에 있는 SGD 곡선은 직관에 부응하는 그래프를 그려준다. 모델이 학습됨에 따라 성능이 더 좋아져서 오차의 크기가 점점 작아지고 있다. 심층 모델의 성능은 얕은 모델을 빠르게 추월한다. 이 또한 직관에 부응하는 결과다. 또한 모델이 점점 좋아질수록 곡선도 상대적으로 부드러워진다.

그림 14-2의 위쪽에 있는 Adadelta 오차 그래프에서는 상황이 달라진다. 처음 몇 에폭 후에는 오차가 확실히 감소한다. 그러나 그 후에는 검증 세트 오차가 다소 혼란스럽게 오르락내리락 하는 모습을 보인다. 이때에도 여전히 심층 모델이 얕은 모델보다 오차가 작을 것이라는 직관에는 부합하고 있다. 이 혼란스러운 결과는 더 나은 최솟값을 찾고자 학습 속도를 상황에 따라 조정하는 Adadelta 알고리듬의 적응적 특성 때문에 나타난 것이다. 표 14-1을 상기해보면 Adadelta가 더 나은 성능의 모델을 만들어낸다는 것은 명백하다.

위 실습을 통해 적응형 최적화 알고리듬과 더 깊은 네트워크를 사용했을 때 성능이 우수한 모델을 구성할 수 있음을 알 수 있다. 머신러닝 분야에서 어떤 조언을 시도한다는 것 자체가 어느 정도 위험을 내포하고 있지만 모델을 적당히 크게 잡고 적응형 최적화 알고리듬을 적용해 시작하라고 권하는 정도는 안전한 조언이 될 것 같다. 충분히 크다는 것이 어느 정도의 크기를 의미하는지 알아내려면 먼저 적당한 크기의 모델로 시작해 몇 차례 학습을 진행한 뒤 더 깊은 구조로 변경해 가면서 성능이 좋아지는지 확인하는 방식으로 알아보는 것이 좋다. 결국에는 모델의 크기를 아무리 늘려도 성능이 더 이상 향상되지 않는 컷오프 지점이 반드시 나타나게 돼 있다. 이 경우 가능하면 더 많은 학습 데이터를 구해 추가 테스트를 수행하는 것도 좋은 방법이다.

이제 원본 CIFAR-10 데이터에서 몇 가지 부분집합을 구성해 실습을 진행하자.

동물과 교통수단 구분

CIFAR-10의 10개 클래스 중 4개는 교통수단 클래스고 나머지 6개는 동물 클래스다. 이 두 클래스를 분리하는 모델을 만들고 그로부터 무엇을 배울 수 있는지 살펴보자. 이미지는 그대로 사용하고 레이블만 조정하면 된다. 교통수단 이미지는 클래스 0으로 표시하고 동물 이미지는 클래스 1로 표시하기로 하자. 이 작업은 리스트 14-5와 같이 간단히 구현된다.

리스트 14-5: CIFAR-10 데이터의 레이블을 교통수단(클래스 0)과 동물(클래스 1)로 수정

```
import numpy as np
y_train = np.load("cifar10_train_labels.npy")
y_test = np.load("cifar10_test_labels.npy")
for i in range(len(y_train)):
    if (y_train[i] in [0,1,8,9]):
        y_train[i] = 0
    else:
        y_train[i] = 1
for i in range(len(y_test)):
    if (y_test[i] in [0,1,8,9]):
        y_test[i] = 0
    else:
        y_test[i] = 1
np.save("cifar10_train_animal_vehicle_labels.npy", y_train)
np.save("cifar10_test_animal_vehicle_labels.npy", y_test)
```

먼저 학습용과 테스트용 원본 레이블 파일을 로드한다. 파일 내의 레이블은 학습용과 테스트용 원본 이미지 파일 내의 이미지와 순서대로 매핑된다. 레이블의 순서는 그대로 유지하면서 클래스만 2가지로 변환한다. 즉, 클래스 0, 1, 8, 9는 교통수단 클래스인 0으로, 그 외의 다른 클래스는 동물 클래스인 1로 수정한다.

앞 절에서 모델을 구축하고 학습시키는 코드를 만들었는데, 그 코드의 기본 골

격을 여기서도 그대로 사용한다. 다만 모델의 아키텍처를 정의하는 부분과 레이블을 학습시키고 테스트하고자 로드하는 파일이 다르다. 클래스 수(num_classes)는 2로 설정되고 미니배치 크기는 128이며 12 에폭 동안 학습한다. 학습 세트는 균형이 완벽하지는 않다. 교통수단 이미지는 20,000장이고 동물 이미지는 30,000장이다. 하지만 불균형이 그렇게까지 심한 편은 아니라서 실습에는 문제가 없다. 한쪽 클래스가 크게 부족하면 모델 학습이 어려워진다는 점을 상기하자. 최적화 알고리듬으로는 Adadelta를 사용한다. 검증용 데이터로는 처음 1,000개의 테스트 샘플을 사용하고 최종 테스트용으로는 나머지 9,000개의 샘플을 사용한다. 아키텍처는 앞 절에서 사용한 것과 동일한 얕은 아키텍처를 사용한다.

수정한 레이블을 적용한 CIFAR-10 이미지 데이터를 사용해 이 모델을 학습시키면 93.6%의 최종 테스트 정확도를 얻을 수 있다. 조금 과할 수도 있지만 이 모델에 대해 11장에서 학습한 성능 메트릭을 모두 계산해보자. 먼저 11장의 리스트 11-1에서 정의한 tally_predictions 함수를 케라스 모델과 연계되도록 수정한다. 역시 11장에 나오는 basic_metrics(리스트 11-2)와 advanced_metrics(리스트 11-3)도 사용하자. 함수 tally_predictions를 수정한 코드는 리스트 14-6에 있다.

리스트 14-6: 케라스 모델의 기본 메트릭 계산

```
def tally_predictions(model, x, y):
    pp = model.predict(x)
    p = np.zeros(pp.shape[0], dtype="uint8")
❶   for i in range(pp.shape[0]):
        p[i] = 0 if (pp[i,0] > pp[i,1]) else 1
    tp = tn = fp = fn = 0
    for i in range(len(y)):
        if (p[i] == 0) and (y[i] == 0):
            tn += 1
```

```
    elif (p[i] == 0) and (y[i] == 1):
        fn += 1
    elif (p[i] == 1) and (y[i] == 0):
        fp += 1
    else:
        tp += 1
score = float(tp+tn) / float(tp+tn+fp+fn)
return [tp, tn, fp, fn, score]
```

모델, 테스트 샘플(x), 테스트 레이블(y)을 인수로 전달한다. 함수 **tally_predictions**의 sklearn 버전과 달리 여기서는 먼저 모델을 사용해 클래스별 확률(pp)을 예측한다. 이것은 x로 전달되는 각 샘플마다 하나의 행을 할당한 2D 배열을 반환한다. 여기서 각 열은 클래스별로 산정된 확률 값이다. 여기에는 교통수단 또는 동물이라는 두 가지 클래스만 있기 때문에 두 개의 열이 존재한다.

참 양성, 참 음성, 거짓 양성(동물로 분류된 교통수단), 거짓 음성(교통수단으로 분류된 동물) 메트릭을 집계하고자 먼저 각 테스트 샘플에 클래스 레이블을 할당해야 한다. ❶에서 각 행별로 클래스 0의 확률이 클래스 1의 확률보다 큰지 여부를 묻는 방식으로 예측 작업을 반복 수행한다. 일단 클래스 레이블을 예측한 결과를 변수 p에 저장한 다음 그것을 기반으로 모든 메트릭을 집계해 전체적인 점수(정확도)를 반환한다. 11장에서와 같이 **tally_predictions**에서 반환된 목록을 **basic_metrics**에 전달한 다음 이 두 함수의 출력을 모두 **advanced_metrics**에 전달한다.

이진 분류기 메트릭의 전체 집계 결과는 다음과 같다.

측정 항목	측정 결과
TP(참 양성)	5,841
FP(거짓 양성)	4,80
TN(참 음성)	3,520
FN(거짓 음성)	159

TPR(민감도, 재현율)	0.9735
TNR(특이도)	0.8800
PPV(정밀도)	0.9241
NPV(음성 예측도)	0.9568
FPR(거짓 양성률)	0.1200
FNR(거짓 음성률)	0.0265
F1(F1-점수)	0.9481
MCC(매튜 상관 계수)	0.8671
κ(코헨 카파 계수)	0.8651
Informedness(정보도)	0.8535
Markedness(표식도)	0.8808
Accuracy(정확도)	0.9361

특이도는 88%로 약간 낮지만 전반적으로 좋은 성능을 보이고 있다. 11장에서 설명한 것처럼 매튜 상관 계수[MCC]는 이진 분류기를 단일 숫자로 특성화할 수 있는 최고의 메트릭이다. 표에서 MCC는 1.0점 만점에 0.8671점을 기록했기 때문에 좋은 모델이라 볼 수 있다.

민감도는 모델이 동물을 '동물'로 판정할 확률을 의미하고 특이도는 교통수단을 '교통수단'으로 판정할 확률을 의미한다. 정밀도는 모델이 '동물'이라는 레이블을 지정할 때 그것이 맞을 확률이고, NPV(음성 예측도)는 '교통수단'이라는 레이블을 지정할 때 모델이 정확할 확률이다. 또한 거짓 양성률(FPR)은 1 − 특이도와 같고 거짓 음성률(FNR)은 1 − 민감도와 같다.

ROC 곡선과 면적의 계산을 위해서는 다음과 같은 코드가 추가로 필요하다.

```
from sklearn.metrics import roc_auc_score, roc_curve
def roc_curve_area(model, x, y):
    pp = model.predict(x)
```

```
p = np.zeros(pp.shape[0], dtype="uint8")
for i in range(pp.shape[0]):
    p[i] = 0 if (pp[i,0] > pp[i,1]) else 1
auc = roc_auc_score(y,p)
roc = roc_curve(y,pp[:,1])
return [auc, roc]
```

ROC 계산을 위해 다시 한 번 학습된 모델과 테스트 샘플(x), 동물 및 교통수단을 나타내는 레이블(y)를 전달한다. 또한 리스트 14-6처럼 출력 확률을 클래스 예측 형태로 변환한다. AUC는 0.9267으로 계산되며, ROC 그래프는 그림 14-3 (양축 좌표가 확대돼 표시됨)과 같이 그려진다. 곡선은 경사도가 가파르고 플롯의 왼쪽 상단 모서리에 가깝게 그려진다. 이런 현상은 모델이 잘 작동하고 있다는 좋은 신호다.

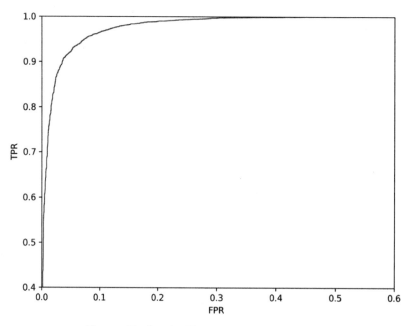

그림 14-3: 동물과 교통수단을 분류하는 모델에 대한 ROC 곡선

이 예제에서는 동물과 교통수단을 구분한 다음 단일 모델을 구축해 둘 사이의 차이점을 학습하도록 구현했다. 두 클래스를 구분 짓는 다양한 특성이 존재한 다는 것은 명백한 사실이며 모델은 그 특성을 이용해 학습을 수행한다. 그러나 대부분의 이진 분류기와 달리 이 예제에서 사용한 테스트 데이터는 더 세분화된 레이블을 갖고 있다. 예를 들어 동물 샘플이 있다면 이것이 새인지 사슴인지 개구리인지 알 수 있다. 마찬가지로 특정 샘플이 비행기인지 선박인지 트럭인 지 알 수 있다.

모델이 잘못된 판정을 내린 경우는 거짓 양성(교통수단을 동물이라고 부름) 또는 거짓 음성(동물을 교통수단이라고 부름)의 상황이 발생한 것이다. 동물은 클래스 1로 지정했으므로 교통수단을 동물로 판정한 경우는 거짓 양성 상황에 해당한 다. 반대의 경우는 거짓 음성 상황이다. 원래 할당돼 있던 클래스 레이블을 이용하면 교통수단 클래스별로 거짓 양성 판정 사례가 몇 건인지 알 수 있다. 같은 방법으로 각 동물 클래스별로 몇 건의 판정이 교통수단 클래스로 잘못 판정됐는지 알 수 있다. 설명한 내용은 리스트 14-7에 나오는 몇 줄의 코드로 구현할 수 있다.

리스트 14-7: 세부 클래스 레이블을 사용한 거짓 양성 및 거짓 음성 클래스 판정

```
import numpy as np
from keras.models import load_model
x_test = np.load("cifar10_test_images.npy")/255.0
y_label= np.load("cifar10_test_labels.npy")
y_test = np.load("cifar10_test_animal_vehicle_labels.npy")
model = load_model("cifar10_cnn_animal_vehicle_model.h5")
pp = model.predict(x_test)
p = np.zeros(pp.shape[0], dtype="uint8")
for i in range(pp.shape[0]):
    p[i] = 0 if (pp[i,0] > pp[i,1]) else 1
hp = []; hn = []
❶ for i in range(len(y_test)):
```

```
    if (p[i] == 0) and (y_test[i] == 1):
        hn.append(y_label[i])
    elif (p[i] == 1) and (y_test[i] == 0):
        hp.append(y_label[i])
hp = np.array(hp)
hn = np.array(hn)
a = np.histogram(hp, bins=10, range=[0,9])[0]
b = np.histogram(hn, bins=10, range=[0,9])[0]
print("vehicles as animals: %s" % np.array2string(a))
print("animals as vehicles: %s" % np.array2string(b))
```

먼저 테스트 세트 이미지와 실제 레이블(y_label), 동물 또는 교통수단에 해당하는 레이블(y_test)을 로드한다. 다음으로 전에 하던 방식대로 모델을 로드하고 모델 예측 결과(p)를 구한다. 이 코드의 목적은 분류 모델이 실수로 잘못 판정한 거짓 양성과 거짓 음성 사례 각각에 해당하는 실제 클래스 레이블을 추적하는 것이다. ❶에서 이미지를 판정하는 작업과 판정 결과를 동물 및 교통수단의 레이블과 비교하는 작업을 반복 수행한다. 판정이 잘못된 경우 FN(hn) 또는 FP(hp)와 같은 샘플의 실제 레이블을 붙여둔다. 이 작업이 가능한 이유는 동물 또는 교통수단 레이블을 정의할 때 원래 레이블 세트와 순서를 동일하게 유지하도록 조심했기 때문이다.

모든 FP 및 FN 사례에 대한 실제 레이블을 확보한 다음에는 히스토그램을 사용해 집계 작업을 수행한다. 실제 클래스 레이블의 개수는 10개이므로 히스토그램에 10개의 빈bin(샘플 데이터를 정렬해 그래프로 표시하고자 사용하는 등간격 구간)을 요청한다. 또한 빈의 범위도 지정해준다(range=[0,9]). 집계 결과만 필요하기 때문에 히스토그램에서 반환된 내용 중 첫 번째 배열만 구한다. 이를 위해 히스토그램 커맨드라인의 마지막에 [0]을 붙여 준다. 끝으로 해당 배열을 인쇄하면 다음과 같이 출력된다.

```
vehicles as animals: [189 69 0 0 0 0 0 0 105 117]
animals as vehicles: [ 0 0 64 34 23 11 12 15 0 0]
```

결과를 보면 '동물'로 판정된 교통수단 중 189개가 클래스 0에 해당하는 비행기임을 알 수 있다. 반면 동물로 식별될 가능성이 가장 낮은 교통수단은 클래스 1에 해당하는 자동차다. 배와 트럭이 동물로 오인될 가능성은 비슷한 수준으로 높다. 다른 방향에서 살펴보면 클래스 2에 해당하는 새는 교통수단으로 오인될 가능성이 가장 높다는 것을 알 수 있다. 클래스 5에 해당하는 개가 오분류될 가능성이 가장 적고 개구리가 두 번째로 그 뒤를 따른다.

이러한 분석 결과는 어떤 의미를 갖고 있을까? 가장 흔하게 잘못 분류되는 교통수단은 비행기고 가장 많이 잘못 분류되는 동물은 새라는 것을 알 수 있다. 일리 있는 분석 결과다. 비행기 사진과 날아가는 새의 사진은 비슷해 보이기 때문이다. 각자 다른 카테고리들에 대해서도 분석해보고 연관성을 찾아보기 바란다.

이진 클래스와 다중 클래스

이진 모델 여러 개를 합친 것보다는 다중 클래스 모델 1개가 성능이 우수하다는 것이 머신러닝 분야의 일반적인 상식이다. 1,000개 클래스로 구성된 ImageNet 데이터 세트와 같이 대량의 클래스, 대량의 데이터 세트로 대규모 모델을 학습시키는 상황에서는 이 상식이 절대적인 지지를 받을 것이다. 하지만 이 장에서 예제로 채택한 소규모 모델에서도 과연 이 상식이 제대로 적용될까? 다음의 실습을 통해 알아보자.

CIFAR-10 데이터 세트는 10개의 클래스로 구성돼 있으며 각 클래스마다 5,000개의 인스턴스가 들어 있다. 10개의 이진 분류 모델을 구성하는 방법을 생각해볼 수 있다. 즉, 10개 클래스 중 1개를 선택해 목표 클래스(클래스 1)로 지정하고 나머지는 다른 클래스(클래스 0)로 지정하는 것이다. 방식은 '1 대 나머지' 접근 방식으로 알려져 있다.

미지의 샘플을 분류하고자 10개의 분류기에 해당 샘플을 전달해주고 모델이 가장 확신을 갖고 판정한 레이블을 최종 레이블로 채택한다. 데이터 세트 자체는 불균등하다. 클래스 1에는 5,000개의 인스턴스가 있고 클래스 0에는 45,000개의 인스턴스가 있다. 하지만 그 두 클래스 간의 차이점을 학습하기에는 충분한 규모의 데이터라는 것을 확인하게 될 것이다.

'1 대 나머지' 모델을 학습하기 위한 코드가 필요하다. 앞서 사용했던 얕은 구조의 모델을 사용해보자. 미니배치 크기는 128이고 12번의 학습 에폭만 사용할 것이다. 학습을 시작하기 전에 학습 및 테스트 데이터 세트에 대한 클래스 레이블을 다시 할당해줄 필요가 있다. 목표 클래스의 모든 인스턴스는 레이블을 1로 설정해주고 나머지 모든 인스턴스는 레이블을 0으로 설정해준다. 리스트 14-8에서 구현한 대로 클래스별로 레이블을 만들어준다.

리스트 14-8: 클래스별 레이블 생성

```
    import sys
    import numpy as np
❶ class1 = eval("["+sys.argv[1]+"]")
    y_train = np.load("cifar10_train_labels.npy")
    y_test = np.load("cifar10_test_labels.npy")
    for i in range(len(y_train)):
        if (y_train[i] in class1):
            y_train[i] = 1
        else:
            y_train[i] = 0
    for i in range(len(y_test)):
        if (y_test[i] in class1):
            y_test[i] = 1
```

```
    else:
        y_test[i] = 0
np.save(sys.argv[2], y_train)
np.save(sys.argv[3], y_test)
```

이 코드는 커맨드라인 기능을 사용한다. 다음과 같은 명령으로 이 코드를 실행시킬 수 있다.

```
$ python3 make_label_files.py 1 train_1.npy test_1.npy
```

첫 번째 인수는 원하는 목표 클래스 레이블을 나타내는데, 이 예에서는 자동차 클래스를 의미하며 1로 지정한다. 다음에 따라오는 2개의 인수는 새로운 레이블을 저장할 학습용 데이터 파일과 테스트용 데이터 파일의 이름이다. 코드 자체는 실제 학습 레이블과 테스트 레이블을 확인해 해당 레이블이 목표 클래스에 해당하면 출력 레이블을 1로 설정하고 그렇지 않으면 0으로 설정해주는 작업을 반복 수행한다.

이 코드는 여러 개의 클래스를 동시에 처리할 수 있도록 유연하게 구현돼 있다. ❶에서 eval 메서드에 전달되는 인수로는 목표 클래스로 지정할 여러 개의 CIFAR-10 레이블이 올 수 있다. 이때 레이블 사이에는 쉼표를 둬서 구분한다. 예를 들어 이 코드를 사용해 앞 절의 동물과 교통수단을 구분하는 예제에 대한 레이블을 만들려면 첫 번째 인수를 2, 3, 4, 5, 6, 7로 지정하면 된다.

10개 클래스 각각에 대한 새 레이블을 확보한 후에는 이를 사용해 10개의 모델을 학습시킬 수 있다. 우선 num_classes를 2로 변경하고 재할당된 레이블 파일을 로드해 y_train과 y_test에 할당한다. 맨 아래 부분에서 model.save에 대한 호출을 변경해 클래스별 모델들이 따로 저장되게 변경해준다. 모델이 cifar10_cnn_<X>_model.h5라는 파일에 있다고 가정한다. 여기서 <X>는 CIFAR-10 클래스 레이블을 나타내는 0-9 사이의 숫자다. 여기서 사용한 다중 클래스 모델은 전체 CIFAR-10 데이터 세트를 사용해 에폭 12회로 학습시킨 얕은 아키텍처 (cifar10_cnn_model.h5)에 해당한다. 이진 모델을 학습시키려면 **train_single_models** 스크립트를 사용하면 된다. 이 스크립트는 cifar10_cnn_arbitrary.py를 호출해 지정된 이진 데이터 세트로 모델을 학습시킨다.

모델을 테스트하려면 먼저 테스트 세트 데이터와 함께 디스크에서 모델을 로드해야 한다. 그런 다음 모든 데이터를 다중 클래스 모델과 개별 클래스 모델들에 각각 적용해 예측 작업을 수행하고 결과를 저장한다. 예측 결과에 클래스 레이블을 할당해 혼동 행렬을 생성함으로써 각 접근 방식별 성능을 확인할 수 있다. 먼저 테스트 세트와 모델을 로드해보자.

```
x_test = np.load("cifar10_test_images.npy")/255.0
y_test = np.load("cifar10_test_labels.npy")
mm = load_model("cifar10_cnn_model.h5")
m = []
for i in range(10):
    m.append(load_model("cifar10_cnn_%d_model.h5" % i))
```

학습 데이터와 마찬가지로 테스트 세트도 255로 나눠 스케일을 맞춘다. 다중 클래스 모델은 변수 **mm**으로 로드하고 10개의 단일 클래스 모델은 리스트 변수 **m**으로 로드한다.

로드한 모델을 각 테스트 세트 모델에 적용한다.

```
mp = np.argmax(mm.predict(x_test), axis=1)
p = np.zeros((10,10000), dtype="float32")
for i in range(10):
    p[i,:] = m[i].predict(x_test)[:,1]
bp = np.argmax(p, axis=0)
```

10,000개의 테스트 샘플을 사용해 predict 메서드를 호출하면 다중 클래스 모델의 경우 10,000 × 10 행렬이 산출되고 개별 모델의 경우 10,000 × 2 행렬이 산출된다. 각 행은 테스트 샘플에 해당하고 각 열은 각 클래스에 대한 모델의 판정 결과를 나타낸다. 다중 클래스의 경우 예측 결과로 산출된 클래스 레이블에 해당하는 열(axis=1) 방향의 최댓값, 즉 10,000개의 값을 벡터 형태로 구성해 mp에 할당한다.

다음으로 개별 모델을 하나씩 가져다가 predict 메서드에 적용해 클래스 1에 대한 확률 값을 추출한다. 추출된 확률 값은 p에 저장하는데, 행 방향으로는 각 클래스 레이블에 대한 개별 모델들의 출력이 나열되고, 열 방향으로는 10,000개의 테스트 샘플에 대해 각각이 클래스 1로 평가될 확률이 저장된다. 메서드 argmax와 argmax의 인수 axis=0을 사용해 행 전체의 최댓값을 반환하면 각 테스트 샘플에 대해 예측 확률이 가장 높은 모델의 클래스 레이블을 얻을 수 있다. 그 결괏값이 변수 bp에 저장된다.

이렇게 산출한 예측 결과로 혼동 행렬을 만들 수 있다.

```
cm = np.zeros((10,10), dtype="uint16")
cb = np.zeros((10,10), dtype="uint16")

for i in range(10000):
    cm[y_test[i],mp[i]] += 1
    cb[y_test[i],bp[i]] += 1

np.save("cifar10_multiclass_conf_mat.npy", cm)
np.save("cifar10_binary_conf_mat.npy", cb)
```

여기서 행은 실제 클래스 레이블을 나타내고 열은 모델의 예측 레이블을 나타낸다. 또한 나중에 사용할 수 있게 혼동 행렬을 저장한다.

리스트 14-9의 코드를 사용해 혼동 행렬을 표시할 수 있다.

```
print("One-vs-rest confusion matrix (rows true, cols predicted):")
print("%s" % np.array2string(100*(cb/1000.0), precision=1))
print()
print("Multiclass confusion matrix:")
print("%s" % np.array2string(100*(cm/1000.0), precision=1))
```

각 클래스가 테스트 세트의 샘플 1,000개로 표시되기 때문에 cb와 cm의 집계 결과를 1,000으로 나눈다. 이 과정을 통해 혼동 행렬의 각 항목이 분수로 변환되며 최종적으로는 100을 곱해 백분율로 나타낸다.

결과는 어떨까? '1 대 나머지' 방식으로 학습시킨 개별 분류기의 성능은 다음과 같다.

클래스	0	1	2	3	4	5	6	7	8	9
0	75.0	2.8	3.4	2.1	1.7	0.4	2.3	0.2	4.1	8.0
1	0.8	84.0	0.2	0.9	0.3	0.3	1.1	0.0	1.2	11.2
2	6.5	1.6	54.0	6.3	9.5	5.3	9.1	2.3	0.8	4.6
3	1.6	3.6	3.8	52.1	7.1	12.9	10.6	2.2	0.9	5.2
4	1.8	0.8	3.6	6.5	67.6	2.3	8.6	5.3	1.3	2.2
5	1.4	1.4	3.5	16.9	4.7	61.8	4.0	2.6	0.5	3.2
6	0.8	0.7	1.4	3.4	2.8	1.0	86.4	0.2	0.3	3.0
7	1.5	1.3	1.7	4.9	5.2	5.2	1.5	71.5	0.1	7.1
8	5.3	4.4	0.1	1.1	0.5	0.6	1.1	0.5	79.1	7.3
9	1.7	4.0	0.2	0.8	0.1	0.4	0.5	0.3	0.8	91.2

그리고 다중 클래스 분류기의 성능은 다음과 같다.

클래스	0	1	2	3	4	5	6	7	8	9
0	70.2	1.6	6.0	2.6	3.3	0.5	1.8	0.9	9.8	3.3
1	2.0	79.4	1.0	1.3	0.5	0.5	1.3	0.4	2.8	10.8
2	5.2	0.6	56.2	6.6	13.5	6.1	7.3	2.6	1.4	0.5
3	1.2	1.1	7.2	57.7	10.2	11.5	7.3	1.7	1.2	0.9
4	1.9	0.2	5.2	4.6	77.4	1.6	4.8	2.7	1.5	0.1
5	1.0	0.2	6.4	20.7	7.7	56.8	2.7	3.5	0.8	0.2
6	0.3	0.1	4.5	5.2	5.7	1.5	82.4	0.0	0.0	0.3
7	1.4	0.2	4.0	6.3	10.1	4.1	0.9	71.7	0.1	1.2
8	4.7	3.0	0.8	2.0	1.3	0.6	1.0	0.6	82.6	3.4
9	2.4	6.1	0.7	2.6	1.2	0.7	1.2	1.6	3.2	80.3

대각선 요소들은 올바르게 평가된 클래스의 비율을 나타낸다. 모델이 완벽했다면 결과 행렬은 대각선 요소로만 구성됐을 것이다. 대각선 외의 다른 모든 요소는 다중 클래스 모델이나 개별 클래스 모델들이 레이블을 잘못 선택한 경우를 나타낸다. 두 모델이 동일한 테스트 세트를 사용하기 때문에 각각의 결과 행렬에서 대각선 원소들의 비가중 평균을 구하면 그 값이 바로 각 모델별 전체적인 정확도를 나타낸다. 이 방식으로 계산한 결과는 다음과 같다.

1 대 나머지 분류기: 72.3%

다중 클래스 분류기: 71.5%

'1 대 나머지' 방식의 분류기가 1% 미만의 차이로 약간의 우위를 점하고 있다. 물론 '1 대 나머지' 방식의 분류기에 대한 혼동 행렬을 구하려면 10배 많은 작업이 필요하다. 다중 클래스 분류기는 하나의 혼동 행렬만 구하면 되지만 개별 분류기는 10개의 혼동 행렬을 만들어야 하기 때문이다. 다중 클래스 모델은 '1 대 나머지' 모델보다 클래스 4(사슴)에서 약 10% 우수한 성능을 보였고 클래스 9(트럭)에서는 약 11% 나쁜 성능을 보였다. 이 두 가지 클래스가 정확도를 기준으로 가장 현격한 차이를 보인다. 다중 클래스 모델은 '1 대 나머지' 모델보다 더 자주 클래스 8, 선박(3.2%) 및 클래스 1, 자동차(6.1%)를 트럭으로 혼동한다. 이런 현상이 발생하는 이유를 추정해볼 수 있다. 트럭과 자동차는 바퀴가 달려 있다는 공통점이 있고 트럭과 선박은 (특히 CIFAR-10의 저해상도에서) 상자 모양이라는 공통점이 있다.

이제 '1 대 나머지' 모델과 다중 클래스 모델 중 어느 것이 우수한지 확실하게 답할 수 있게 된 것일까? 아직 일반화시킬 수 있는 정답은 찾지 못했다. 그러나 다중 모델을 사용했을 때 약간 나은 성능을 얻을 수 있다는 객관적인 평가가 나오고 있다.

여러 개의 개별 모델을 사용하는 방식에는 추가 계산이 필요하다는 단점 외에도 여러 개의 클래스가 주어진 상황에서 개별 모델을 사용할 경우 특정 클래스의 인스턴스가 아닌 타 클래스의 유사한 샘플에 대해서도 해당 클래스에 속하는 샘플로 인지할 가능성이 있다는 주장이 제기되고 있다. 하드 네거티브(탐지가 어려운 음성 샘플)는 간접적으로 이미지의 특정 특징에 주의를 기울이게 강제함으로써 모델을 정규화시켜주는 효과를 가져 온다. 이때 이미지의 특정 특징이란 해당 클래스에 강한 연관성을 갖고 있지만 다른 클래스에도 나타나는 특징을 말하는 것이 아니라 클래스 간 유사성을 보이지 않는 특징을 의미한다. 하드 네거티브 개념은 4장에서 이미 소개했다.

그러나 이 경우에는 위의 주장이 성립한다고 보기 어렵다. 다중 클래스 모델의 경우 클래스 9(트럭)가 클래스 1(자동차)과 혼동될 가능성이 6.1%였지만 '1 대 나머지' 모델의 경우 4.0%에 불과하다. 학습 데이터의 양이 제한적이라는 점을 감안하면 다중 클래스 모델은 트럭, 자동차, 그리고 다른 교통수단 간의 차이점을 다양하게 학습해야 했던 반면 '1 대 나머지' 모델의 경우에는 트럭과 다른 교통수단 간의 차이점만 집중적으로 학습하면 됐기 때문이라고 해석할 수 있다.

전이학습

전이학습^{transfer learning}이라는 용어는 사전 학습된 심층 네트워크를 사용해 다른 머신러닝 모델에 필요한 새로운 피처를 생성하는 것을 의미한다. 이 절에서는 전이학습 과정을 보여주고자 작은 예제 모델을 사용하고 있지만 실제로 대규모 데이터 세트를 사용해 사전 학습시킨 대형 네트워크에서 얻어낸 새로운 피처를 활용하는 모델이 많이 구축되고 있다. 특히 ImageNet 데이터 세트로 사전 학습시킨 AlexNet 및 다양한 ResNet 아키텍처에서 새로운 피처를 생성하고 그것을 바탕으로 모델을 구축한 사례가 많다.

사전 학습된 모델을 사용해 입력 이미지를 출력 피처 벡터로 변환한 다음 이를 기반으로 고전적인 머신러닝 모델을 학습시켜보자. 모델을 사용해 입력을 다른 피처 표현(일반적으로 새로운 피처 벡터)으로 바꾸는 경우 해당 모델의 출력을 종종 임베딩^{embedding}이라고 부른다. 사전 학습시킨 네트워크를 사용해 분류하려는 입력을 다른 공간으로 임베딩한다. 새로운 공간으로 임베딩하는 이유는 해당 공간에서 유용한 모델을 생성하기가 유리하다고 판단되기 때문이다. 보유한 학습 데이터가 너무 적어 자체적으로는 좋은 모델을 만들기가 어려울 경우 전이학습을 사용하면 효과를 볼 수 있다.

전이학습 방식을 선택할 경우 두 모델이 사용하는 학습 데이터는 유사한 형태의 데이터로 맞춰주는 것이 바람직하다. 이 분야의 문헌에 나오는 대다수의 전형적인 전이학습 사례에서 이와 같은 사실을 확인할 수 있다. 입력은 몇 가지 클래스로 구성된 자연 이미지며 임베딩 모델은 해당 자연 이미지로 학습돼 있다. 자연 이미지란 엑스레이나 다른 의료 이미지가 아닌 세상에 존재하는 사물을 보이는 그대로 촬영한 사진을 의미한다. CIFAR-10 이미지와 MNIST 이미지는 상당히 다르기 때문에 이 둘을 이용해 전이학습 모델을 구축하면 성공적인 결과가 나오기 어렵다. 하지만 현재까지 살펴본 것이 그 두 가지 데이터 세트이므로 전이학습 기술을 순수하게 시연해보고자 이들을 사용해보기로 한다.

임베딩 벡터를 생성할 때 앞 절에서 구축한 얕은 CIFAR-10 모델을 사용한다. 이 모델은 전체 CIFAR-10 데이터 세트에 대해 12회의 에폭으로 학습시킨 모델이다. 우선 MNIST 숫자 이미지를 사전 학습된 모델에 공급함으로써 MNIST 데이터 세트를 임베딩한다. 구체적으로는 모델의 덴스 계층 출력, 즉 10개 클래스로 구성된 소프트맥스 예측을 생성하는 데 사용되는 128 노드의 벡터 출력을 확보하는 작업이다. 임베딩을 수행하기 전에 고려해야 할 몇 가지 사항이 있다. 첫 번째 고려 사항은 CIFAR-10 모델이 32 × 32 RGB 이미지에 대해 학습돼 있다는 사실이다. 따라서 MNIST 숫자 이미지를 이 입력 크기에 맞춰줘야 한다. 두 번째로 CIFAR-10과 MNIST 모두 10개의 클래스가 있기는 하지만 이는 우연의 일치일 뿐이다. 실제로 두 데이터 세트 사이의 클래스 수는 일치하지 않는다.

32 × 32 RGB 이미지를 입력으로 받아들이는 모델에 28 × 28 MNIST 이미지를 어떻게 가져올 수 있을까? 이미지 데이터로 작업하고 전이학습을 수행할 때 두 입력 이미지의 크기를 맞추고자 이미지의 크기를 조정하는 것이 일반적이다. MNIST 숫자 이미지가 CIFAR-10 이미지보다 작기 때문에 28 × 28 숫자 이미지를 32 × 32 입력의 중앙에 배치해 크기를 조정한다. 다음으로 각 채널(빨간색, 녹색, 파란색)의 값을 단일 그레이스케일 입력값으로 설정해 그레이스케일 이미지를 RGB 이미지로 변환한다.

전체 코드는 transfer_learning.py에 있다. 특별히 임베딩 프로세스를 설정하는 방법은 다음과 같다.

```python
import numpy as np
from keras.models import load_model
from keras import backend as K
from keras.datasets import mnist

(x_train, y_train), (x_test, y_test) = mnist.load_data()
x_train = x_train/255.0
```

```
x_test = x_test/255.0
model = load_model("cifar10_cnn_model.h5")
```

먼저 필요한 케라스 모듈을 임포트한다. 다음으로 케라스 모델 파일 중 cifar10_cnn_model.h5를 로드한다. 이 모델은 이 장의 첫 번째 절에서 소개한 얕은 모델로, 전체 CIFAR-10 데이터 세트를 사용해 12번의 에폭으로 학습시킨 것이다.

데이터를 로드하고 데이터 값의 스케일을 조정한 다음에는 MNIST 학습 및 테스트 이미지를 케라스 모델에 전달해서 모델의 덴스 계층에서 산출되는 128 노드 벡터를 추출한다. 이런 방식으로 각 MNIST 이미지를 128 요소로 이뤄진 벡터로 변환시킨다. 리스트 14-10에 구현된 코드를 살펴보자.

리스트 14-10: 사전 학습된 CIFAR-10 모델을 이용한 MNIST 이미지의 처리

```
train = np.zeros((60000,128))
k = 0
for i in range(600):
    t = np.zeros((100,32,32,3))
❶   t[:,2:30,2:30,0] = x_train[k:(k+100)]
    t[:,2:30,2:30,1] = x_train[k:(k+100)]
    t[:,2:30,2:30,2] = x_train[k:(k+100)]
    _ = model.predict(t)
❷   out = [model.layers[5].output]
    func = K.function([model.input, K.learning_phase()], out)
    train[k:(k+100),:] = func([t, 1.])[0]
    k += 100
np.save("mnist_train_embedded.npy", train)

test = np.zeros((10000,128))
k = 0
for i in range(100):
```

```
        t = np.zeros((100,32,32,3))
        t[:,2:30,2:30,0] = x_test[k:(k+100)]
        t[:,2:30,2:30,1] = x_test[k:(k+100)]
        t[:,2:30,2:30,2] = x_test[k:(k+100)]
        _ = model.predict(t)
        out = [model.layers[5].output]
        func = K.function([model.input, K.learning_phase()], out)
        test[k:(k+100),:] = func([t, 1.])[0]
        k += 100
    np.save("mnist_test_embedded.npy", test)
```

MNIST 학습 이미지는 60,000개로 구성돼 있다. 개별 이미지를 1개씩 처리하는 것은 너무 비효율적이므로 100개의 이미지를 한 블록으로 구성해 케라스 모델에 각각 전달한다. 100개 묶음의 블록 600개가 필요하다는 의미다. 10,000개로 구성된 테스트 이미지도 같은 방식으로 재구성해 이미지 100개를 한 묶음으로 하는 블록 100개를 준비한다. 출력 벡터는 train 및 test 변수에 저장한다.

학습 및 테스트 이미지를 처리하는 반복 루프는 둘 다 처음에 임시 배열 변수 t를 만들어 현재 주어진 100개의 이미지 집합을 저장한다. 케라스의 모델 예측 메서드인 predict를 사용하려면 4차원의 입력이 필요하다. 여기서 4개 차원에 해당하는 각각의 인수는 이미지 수, 높이, 너비, 채널 수다. 주어진 학습 및 테스트 이미지 블록은 100개의 이미지로 구성돼 있으므로 변수 k로 인덱싱해 순서대로 리스트 변수 t에 로드한다. ❶에서 이 과정을 각 채널당 한 번씩 총 세 번 수행한다. 모든 이미지가 t로 로드되면 모델의 predict 메서드를 호출한다. 모델의 최종 출력은 불필요하므로 저장하지 않고 버린다. 여기서 필요한 것은 케라스 모델의 덴스 계층이 산출하는 출력값이다. ❷에서 지정한 것처럼 얕은 아키텍처의 5번째 계층이 필요한 계층이다. 메서드 func의 출력은 입력을 네트워크를 통해 전달한 후 얻은 덴스 계층의 100개 출력 벡터다. 출력 결과인 100개의 데이터는 현재 train 데이터 블록에 저장하고 다음 데이터 100개를 구하고자 진행한다. 전체 MNIST 데이터 세트에 대해 위의 작업을 완료한 후 임베딩된 벡터를 넘파이 파일로 저장한다. 그런 다음 학습 세트에 대해 수행한 모든 과정을 테스트 세트에 대해 반복 적용한다.

임베딩 벡터를 확보한 이 시점에서 임베딩이 클래스를 분류하는 데 도움이 되는지 점검하는 것은 당연하다. 그림 14-4와 같이 클래스 레이블별로 벡터에 대한 t-SNE 적용 결과를 플로팅해 실제로 효과가 있는지 확인할 수 있다.

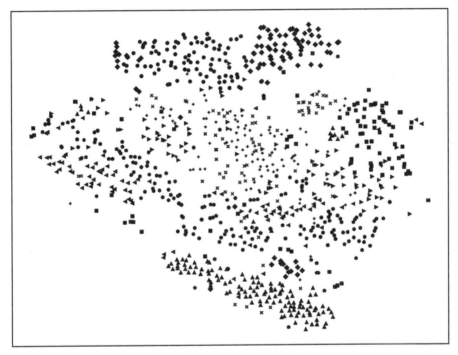

그림 14-4: MNIST 숫자 임베딩 벡터에 대한 클래스 분류를 보여주는 t-SNE 플로팅 결과

이 그림을 MNIST 숫자에 대해 명시적으로 학습된 모델의 클래스 분류 결과를 보여주는 그림 12-10과 비교해보자. 그림 12-10에 사용된 모델은 명확하고 분명한 클래스 분류의 모습을 보여주는 데 반해 그림 14-4는 훨씬 덜 명확한 모습이다. 약간 겹치는 부분도 있지만 서로 떨어진 부분에 클래스가 집중돼 있으므로 이 벡터를 사용하면 모델이 숫자 이미지를 분류하는 방법을 학습할 수 있을

것이라는 희망을 갖게 된다.

임베딩 벡터를 사용해 몇 가지 모델을 학습시켜보자. 이를 위해 잠시 고전적인 머신러닝의 세계를 돌아볼 필요가 있다. 7장에서 학습시켰던 몇 가지 모델을 선택한 후 해당 모델에 MNIST 숫자 이미지에서 얻어낸 벡터를 적용해 학습을 실행할 것이다.

모델을 학습시키고 테스트하는 코드는 간단하다. 리스트 14-11에 구현한 대로 최근접 센트로이드, 3-최근접 이웃, 50개의 트리로 구성된 랜덤 포레스트, $C = 0.1$로 설정된 SVM 모델을 학습시킬 것이다.

리스트 14-11: MNIST 임베딩 벡터를 사용한 전통적인 모델의 학습

```
from sklearn.neighbors import KNeighborsClassifier
from sklearn.ensemble import RandomForestClassifier
from sklearn.neighbors import NearestCentroid
from sklearn.svm import LinearSVC

clf0 = NearestCentroid()
clf0.fit(train, y_train)
nscore = clf0.score(test, y_test)

clf1 = KNeighborsClassifier(n_neighbors=3)
clf1.fit(train, y_train)
kscore = clf1.score(test, y_test)

clf2 = RandomForestClassifier(n_estimators=50)
clf2.fit(train, y_train)
rscore = clf2.score(test, y_test)

clf3 = LinearSVC(C=0.1)
clf3.fit(train, y_train)
sscore = clf3.score(test, y_test)

print("Nearest Centroid  : %0.2f" % nscore)
print("3-NN              : %0.2f" % kscore)
```

```
print("Random Forest      : %0.2f" % rscore)
print("SVM                : %0.2f" % sscore)
```

필요한 sklearn 모듈을 임포트하고 특정 모델 인스턴스를 생성하고 **fit** 메서드를 호출해 128개 요소로 구성된 학습 벡터 및 해당되는 클래스 레이블을 전달한다. 메서드 **score**는 학습된 각각의 모델이 테스트 세트에 대해 기록한 전반적인 정확도를 반환한다. 이 코드를 실행하면 다음과 같은 결과가 산출된다.

모델	성능 점수
최근접 센트로이드	0.6799
3-최근접 이웃	0.9010
랜덤 포레스트(50)	0.8837
SVM(C=0.1)	0.8983

이 결과를 표 7-10에 나오는 동일한 모델에 대한 척도화된 점수와 비교해보자.

모델	성능 점수
최근접 센트로이드	0.8203
3-최근접 이웃	0.9705
랜덤 포레스트(50)	0.9661
SVM(C=0.1)	0.9181

임베딩 벡터의 효과가 원시 데이터의 성능을 넘어서지 못하고 있다는 사실을 명백히 알 수 있다. 놀라운 결과는 아니다. 두 데이터 세트는 성격이 매우 다르다는 것을 기억하자. 그리고 t-SNE 플롯을 통해 사전 학습된 CIFAR-10 모델이 임베딩 공간에서 MNIST 이미지를 분리하는 데 그다지 적합하지 않다는 것을 확인한 바 있다. 그림 14-4에서 클래스 간의 분류가 좋지 않았다는 사실은 최근접 센트로이드 모델의 성능이 좋지 않은 것에 대한 직접적인 원인으로 볼 수

있다. 숫자 이미지 자체에 대해 학습했을 때 82%던 정확도가 68%까지 떨어졌다. 숫자 이미지는 처음부터 균일한 배경을 사용했고 사람이 시각적으로 쉽게 구분할 수 있게 인위적으로 가공했다는 점도 결과에 영향을 줬을 것이다.

혼동 행렬을 산출하고자 다음과 같은 코드를 추가한다.

```python
def conf_mat(clf,x,y):
    p = clf.predict(x)
    c = np.zeros((10,10))
    for i in range(p.shape[0]):
        c[y[i],p[i]] += 1
    return c
cs = conf_mat(clf, test, y_test)
cs = 100.0*cs / cs.sum(axis=1)
np.set_printoptions(suppress=True)
print(np.array2string(cs, precision=1, floatmode="fixed"))
```

인수로 사용되는 clf는 임의의 모델을 받아들이는 파라미터고 test는 임베딩 테스트 세트며 y_test는 레이블이다. 행 방향이 실제 레이블을 나타내므로 행의 합계를 구하고 그 값으로 행렬의 각 원소에 집계된 값을 나눈 다음 100을 곱해 백분율로 표현된 혼동 행렬을 산출한다. 마지막에 배열의 값을 출력할 때는 과학적 표기법은 사용하지 않고 넘파이 명령을 써서 한 자릿수 정확도로만 보여준다.

최근접 센트로이드 모델의 결과가 좋지 않은 이유는 이미 언급한 바 있다. 랜덤 포레스트와 SVM은 어떨까? 랜덤 포레스트 모델의 혼동 행렬은 다음과 같이 산출된다.

클래스	0	1	2	3	4	5	6	7	8	9
0	96.7	0.0	0.5	0.5	0.4	0.2	0.9	0.0	0.4	0.3
1	0.0	98.6	0.5	0.0	0.4	0.1	0.4	0.0	0.1	0.1
2	1.8	0.2	87.0	2.5	1.0	1.0	1.7	0.8	4.1	0.6
3	1.1	0.1	2.5	80.8	0.2	6.7	0.9	1.1	6.0	1.6
4	0.3	0.4	1.3	0.0	88.3	0.1	1.9	1.7	0.6	5.2
5	0.6	0.8	0.7	9.8	1.6	78.8	1.8	1.1	1.6	0.8
6	3.0	0.4	0.6	0.0	0.7	1.0	93.5	0.2	0.4	0.0
7	0.2	1.0	2.9	0.1	2.7	0.4	0.0	87.7	0.7	4.4
8	1.4	0.1	2.7	5.0	1.5	1.6	0.6	0.8	84.0	2.0
9	2.2	0.2	1.3	1.6	2.9	0.6	0.3	3.4	1.5	86.2

가장 성능이 낮은 두 개의 클래스인 3과 5, 그리고 이 두 클래스가 가장 자주 혼동하는 두 개의 숫자도 함께 굵은 글씨체로 나타냈다. 모델이 3을 5나 8과 혼동하고 있음을 알 수 있다. SVM 혼동 행렬도 동일한 결과를 보여준다. 그림 14-4에서 클래스 3, 5, 8만 표시하면 그림 14-5와 같은 그래프가 나온다. 클래스 간에 겹치는 부분이 상당히 많다는 것을 쉽게 확인할 수 있다.

이 절의 목적은 이 책에서 소개된 데이터 세트를 이용하는 예제를 통해 전이학 습의 개념을 소개하는 것이었다. 결과를 보면 이 실험은 전혀 성공적이지 않다 는 것을 알 수 있다. 근본적으로 서로 다른 성격의 데이터 세트를 사용했기 때문일 것이다. 어느 정도 예상했던 결과며 코딩을 통해 결과를 직접 확인하는 용도로 매우 유용하게 사용할 수 있었다는 데 의의가 있다. 다음 절에서는 전이 학습을 넘어 한 단계 더 나아갈 수 있는 방법을 알아본다.

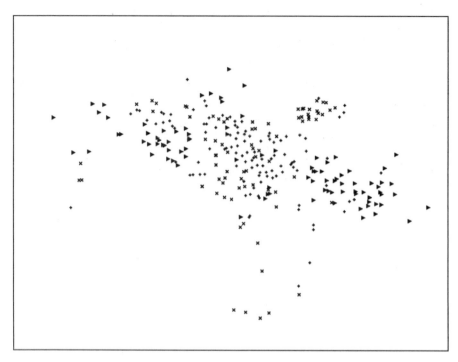

그림 14-5: 클래스 3(덧셈 기호), 클래스 5(x 기호) 및 클래스 8(오른쪽 삼각형 기호)을 보여주는 t-SNE 플로팅 결과

모델 미세 조정

앞 절에서는 전이학습을 처리하고자 하는 데이터와 매우 유사한 데이터 세트의 데이터를 사용해 미리 학습시킨 모델의 가중치 값을 사용하는 것으로 정의한 바 있다. 입력 데이터를 새로운 공간으로 매핑하고자 가중치를 사용했고 매핑된 데이터를 사용해 모델을 학습시켰다. 이번 절에서 수행할 작업도 전체적으로는 유사하다. 다만 앞 절에서는 가중치를 그대로 사용했지만 여기서는 새로운 소규모 데이터 세트를 사용해 모델 학습을 계속 하면서 가중치를 변경하는 방식으로 작업이 이뤄진다. 이런 방식을 미세 조정^{fine-tuning}이라고 한다.

신경망을 학습시킬 때 효율적인 초기화 알고리듬으로 구한 난수 값으로 가중치의 초깃값을 설정한다. 하지만 미세 조정 방식에서는 처리 대상 데이터와 유사한 다른 데이터 세트로 학습시킨 모델의 가중치를 가져다가 초기 가중치로 사용한다. 학습에 사용할 데이터가 많지 않은 상황에서 학습 데이터와 모분포가 거의 유사한 대량의 데이터 세트가 있거나 그 데이터 세트로 학습시킨 모델이 있다면 미세 조정 방식을 적용할 수 있다. 예를 들어 이전에 언급한 ImageNet 데이터 세트와 같은 대규모 데이터 세트로 학습시킨 대형 모델의 가중치를 사용할 수 있다. 이러한 사전 학습된 모델을 다운로드하는 것은 매우 간단하다. 또한 ImageNet에는 포함되지 않은 클래스로 구성된 소규모 이미지 데이터 세트가 있을 수 있다. 구피, 엔젤피쉬, 테트라의 사진을 예로 들 수 있다. 인기 있는 민물 수족관 물고기들로, ImageNet에서는 찾아볼 수 없다. ImageNet에서 사전 학습시킨 대형 모델로 시작해서 소규모 물고기 데이터 세트로 미세 조정 작업을 수행할 수 있다. 사전 학습된 모델은 이미 이런 유형의 입력 데이터에 잘 적응돼 있기 때문에 작은 데이터 세트로도 좋은 모델을 얻을 수 있을 것이다.

CIFAR-10 데이터를 사용해 실습을 계속해보자. 이번 실습의 목표는 이 장의 첫 번째 절에서 설명한 심층 아키텍처를 사용해 개와 고양이의 이미지를 구별하는 모델을 훈련시키는 것이다. 학습에 사용할 데이터 세트는 소규모다. 각 클래스당 약 500개의 이미지가 준비될 것이다. CIFAR-10 데이터에서 교통수단 이미지를 따로 추려서 더 큰 데이터 세트도 준비한다.

준비된 데이터를 사용해 다음과 같은 모델을 학습시킬 것이다.

1. 개와 고양이 이미지로 구성된 소규모 데이터 세트를 사용하는 얕은 아키텍처
2. 개와 고양이 이미지로 구성된 소규모 데이터 세트를 사용하는 심층 아키텍처
3. 교통수단 데이터로 사전 학습시킨 후 개와 고양이 이미지로 구성된 소규모 데이터 세트로 미세 조정한 심층 아키텍처

세 번째 실습에서는 확보된 가중치를 여러 방식으로 조합해 몇 가지 변형된 형태로 학습을 수행한다.

데이터 세트 구축

미세 조정을 시작하기 전에 데이터 세트를 구축해야 한다. 개와 고양이 이미지로 구성된 소규모 데이터 세트를 구성하고자 증강시키지 않은 원본 CIFAR-10을 사용할 것이다. 교통수단 데이터 세트를 구성할 때는 증강시킨 CIFAR-10 데이터 세트를 사용한다. CIFAR-10 데이터 세트의 증강 작업은 5장에서 소개했다. 개와 고양이 이미지로 구성된 소규모 데이터 세트는 리스트 14-12와 같이 간단히 구축할 수 있다.

리스트 14-12: 개와 고양이 이미지로 구성된 소규모 데이터 세트의 구축

```
x_train = np.load("cifar10_train_images.npy")[:,2:30,2:30,:]
y_train = np.load("cifar10_train_labels.npy")
x_test = np.load("cifar10_test_images.npy")[:,2:30,2:30,:]
y_test = np.load("cifar10_test_labels.npy")
xtrn = []; ytrn = []
xtst = []; ytst = []

for i in range(y_train.shape[0]):
    if (y_train[i]==3):
        xtrn.append(x_train[i])
        ytrn.append(0)
    if (y_train[i]==5):
        xtrn.append(x_train[i])
        ytrn.append(1)
for i in range(y_test.shape[0]):
    if (y_test[i]==3):
        xtst.append(x_test[i])
        ytst.append(0)
```

```
    if (y_test[i]==5):
        xtst.append(x_test[i])
        ytst.append(1)
np.save("cifar10_train_cat_dog_small_images.npy", np.array(xtrn)[:1000])
np.save("cifar10_train_cat_dog_small_labels.npy", np.array(ytrn)[:1000])
np.save("cifar10_test_cat_dog_small_images.npy", np.array(xtst)[:1000])
np.save("cifar10_test_cat_dog_small_labels.npy", np.array(ytst)[:1000])
```

전체 CIFAR-10 학습 데이터 및 테스트 데이터를 로드한 다음 루프를 돌면서 샘플을 하나씩 조사한다. 샘플이 클래스 3, 고양이거나 클래스 5, 개인 경우 해당 이미지와 레이블을 리스트 변수에 저장한다. 이때 클래스 레이블을 수정해 고양이는 클래스 0으로, 개는 클래스 1로 다시 지정한다. 샘플을 모두 추가한 다음 앞부분의 1,000개 이미지를 선택해 디스크에 저장한다. 이렇게 저장된 데이터 세트가 개와 고양이 이미지로 구성된 소규모 데이터 세트다. 앞부분에서 1,000개의 샘플을 선택하면 클래스 간에 거의 50/50으로 분할되는 데이터 세트가 만들어진다.

CIFAR-10 이미지를 로드한 직후 첨자를 [:,2:30,2:30,:]으로 지정해 필요한 이미지를 추출한다. 데이터 세트를 증강시킬 때는 이미지를 약간씩 이동시키는 과정이 포함되므로 5장에서와 마찬가지로 이미지의 크기를 32 × 32에서 28 × 28로 줄였다. 따라서 교통수단 데이터 세트를 만들 때 28 × 28 픽셀의 이미지로 작업한다. 앞에서 사용한 첨자는 각 이미지의 정중앙에서 28 × 28 크기의 영역을 추출해준다. 첨자에서 첫 번째 차원은 학습 및 테스트 세트의 이미지 수를 나타낸다. 마지막 차원은 채널의 수를 나타낸다. 여기서는 RGB 이미지를 사용하므로 3이 지정된다.

교통수단 데이터 세트를 구축하는 코드도 리스트 14-13과 같이 간단히 구현할 수 있다.

```
x_train = np.load("cifar10_aug_train_images.npy")
y_train = np.load("cifar10_aug_train_labels.npy")
x_test = np.load("cifar10_aug_test_images.npy")
y_test = np.load("cifar10_test_labels.npy")

vehicles= [0,1,8,9]
xv_train = []; xv_test = []
yv_train = []; yv_test = []

for i in range(y_train.shape[0]):
    if (y_train[i] in vehicles):
        xv_train.append(x_train[i])
        yv_train.append(vehicles.index(y_train[i]))

for i in range(y_test.shape[0]):
    if (y_test[i] in vehicles):
        xv_test.append(x_test[i])
        yv_test.append(vehicles.index(y_test[i]))

np.save("cifar10_train_vehicles_images.npy", np.array(xv_train))
np.save("cifar10_train_vehicles_labels.npy", np.array(yv_train))
np.save("cifar10_test_vehicles_images.npy", np.array(xv_test))
np.save("cifar10_test_vehicles_labels.npy", np.array(yv_test))
```

이번 실습에서는 증강 버전의 데이터 세트로 작업을 진행한다. 증강 테스트 세트는 원본 테스트 세트의 이미지에서 중앙의 28 × 28 픽셀을 추출한 것이다. 학습 및 테스트 세트를 샘플 단위로 검사하면서 반복적으로 교통수단 클래스에 속한 샘플을 찾아내는 방식이기 때문에 현재 검사 대상인 샘플의 클래스 레이블과 같은 요소를 교통수단 목록에서 찾아낸 다음 그 요소의 인덱스를 알아내 클래스 레이블로 기록할 수 있다. 즉, 찾아낸 교통수단 이미지의 인덱스를 사용하는 것이다. 교통수단 데이터 세트에는 4가지 클래스가 있고 각 클래스에는 50,000개의 샘플이 있으므로 총 학습 데이터 세트는 200,000개의 샘플로 구성된다.

다음으로 (1) 교통수단 데이터 세트로 심층 모델을 학습시키고, (2) 개와 고양이 데이터 세트에 맞게 모델을 수정한 다음, (3) 교통수단 모델의 가중치로 초기화된 심층 모델을 학습시킨다. 또한 비교 목적으로 처음부터 개와 고양이 데이터 세트를 사용해 얕은 모델과 심층 모델을 학습시켜볼 것이다.

심층 모델에 대한 코드는 이번 장의 첫 번째 절에서 이미 소개했으므로 여기에 다시 올리지는 않겠다. 리스트 14-3만 참조해도 실습에는 문제가 없을 것이다. 전체 코드는 cifar10_cnn_vehicles.py 파일에 있다. 교통수단 모델과 관련된 변경 사항은 다음과 같다.

```
batch_size = 64
num_classes = 4
epochs = 12
img_rows, img_cols = 28,28

x_train = np.load("cifar10_train_vehicles_images.npy")
y_train = np.load("cifar10_train_vehicles_labels.npy")
x_test = np.load("cifar10_test_vehicles_images.npy")
y_test = np.load("cifar10_test_vehicles_labels.npy")
```

미니배치 크기는 64로 지정했다. 4가지 클래스(비행기, 자동차, 선박, 트럭)가 있으며 학습 에폭은 12회로 설정한다. 학습이 완료되면 모델을 cifar10_cnn_vehicles_model.h5에 저장했다가 개와 고양이 모델의 미세 조정 작업을 수행할 때 해당 모델의 가중치와 편향 값으로 사용한다. 일반적인 CPU 시스템에서 본 모델을 학습시키면 몇 시간 이상이 소요된다. 최종 테스트 정확도는 88.2%로 기록되고 있다. 목적에 충분히 부합하는 좋은 성능이다.

미세 조정을 위한 모델 수정

이제 교통수단 모델을 개와 고양이 데이터 세트에 맞게 수정한 다음 미세 조종 작업을 실행해보자. 우선 4개의 클래스를 받아들이던 맨 꼭대기의 소프트맥스 계층을 2개의 클래스를 받아들이도록 고쳐야 한다. 또한 학습 과정 중에 가중치를 갱신시킬 계층과 고정시킨 채로 유지할 계층을 결정해야 한다. 이 단계는 필수적으로 거쳐야 하는 과정으로, 나중에 미세 조정 결과에 어떤 영향을 미치는지 살펴볼 것이다.

미세 조정 작업을 수행할 때 아래쪽에 위치한 계층의 가중치는 고정시켜두는 것이 표준 관행이다. 이 가중치는 학습 과정에서 갱신시키지 않는다. 이렇게 하는 이유는 사전 학습 단계에 사용된 데이터가 새로 적용할 데이터와 유사한 경우 모델의 아래쪽에 위치한 계층들은 이미 적응이 돼 있으므로 다시 변경할 필요가 없다는 생각 때문이다. 새로운 데이터의 표현에 대한 학습이 필요한 계층은 상위 계층이므로 이 계층에서만 갱신이 일어나도록 준비한다. 어떤 계층을 고정시키고 어떤 계층을 학습시킬 것인지는 모델의 크기와 데이터 특성에 따라 달라진다. 정확한 판단을 위해서는 실험이 필요하다. 앞 절에 나온 전이학습은 모든 가중치를 고정시킨 채로 미세 조정을 수행한 것으로 볼 수도 있다.

확률적 경사 하강법[SGD] 기반의 미세 조정 방식을 적용하려면 학습률을 10배 정도 줄여서 사용하는 것이 일반적이다. 학습률을 줄이는 이유는 앞서 하위 계층의 가중치를 고정시키는 이유와 유사하다. 사전 학습된 모델은 이미 오차 함수를 원하는 수준으로 최소화시킨 상태이므로 커다란 보폭으로 움직일 필요는 없다. 이 실습에서는 학습률 단계 크기를 상황에 맞게 조정하는 Adadelta 알고리듬을 사용할 것이다. 심층 모델에는 여러 개의 컨볼루션 계층이 배치된다. 우선 처음에 배치된 두 개를 고정시키는 실험을 수행할 것이다. 제일 아래쪽에 있는 이 두 계층은 CIFAR-10 데이터 세트의 저수준 피처에 맞춰져 있을 가능성이 높다. 적어도 교통수단에 대한 특징은 학습이 완료돼 있다고 볼 수 있다.

개와 고양이 이미지도 CIFAR-10에서 가져온 것이기 때문에 교통수단 이미지와 동일한 모분포와 도메인을 갖고 있다고 할 수 있다. 또한 모든 컨볼루션 계층은 고정시키고 학습을 통해 덴스 계층만 갱신시키는 실험도 수행할 것이다. 덴스 계층에서 가중치 갱신이 일어나긴 하지만 이 작업은 전이학습을 연상시킨다.

앞서 학습시킨 교통수단 모델을 사용해 리스트 14-14와 같이 미세 조정을 위한 코드를 생성해보자.

리스트 14-14: 교통수단 모델의 미세 조정(cifar10_cnn_cat_dog_fine_tune_3.py 참조)

```
import keras
from keras.models import load_model
from keras.layers import Dense
from keras import backend as K
import numpy as np

batch_size = 64
num_classes = 2
epochs = 36
img_rows, img_cols = 28,28

x_train = np.load("cifar10_train_cat_dog_small_images.npy")
y_train = np.load("cifar10_train_cat_dog_small_labels.npy")
x_test = np.load("cifar10_test_cat_dog_small_images.npy")
y_test = np.load("cifar10_test_cat_dog_small_labels.npy")

if K.image_data_format() == 'channels_first':
    x_train = x_train.reshape(x_train.shape[0], 3, img_rows, img_cols)
    x_test = x_test.reshape(x_test.shape[0], 3, img_rows, img_cols)
    input_shape = (3, img_rows, img_cols)
else:
    x_train = x_train.reshape(x_train.shape[0], img_rows, img_cols, 3)
    x_test = x_test.reshape(x_test.shape[0], img_rows, img_cols, 3)
    input_shape = (img_rows, img_cols, 3)
```

```
x_train = x_train.astype('float32')
x_test = x_test.astype('float32')
x_train /= 255
x_test /= 255

y_train = keras.utils.to_categorical(y_train, num_classes)
y_test = keras.utils.to_categorical(y_test, num_classes)
```

자주 봐 온 코드들이라 익숙할 것이다. 먼저 소규모의 개와 고양이 데이터 세트를 로드하고 전처리를 수행한다. 미니배치의 크기는 64며 두 개의 클래스(0 = 고양이, 1 = 개)와 36회의 에폭을 지정하고 있다.

다음으로 리스트 14-15와 같이 교통수단 모델을 로드하고 최상위 계층을 제거한 다음 소프트맥스 계층을 2개의 클래스만 받아들이는 형태로 바꿔준다. 이 부분에서 앞부분에 배치된 2개의 컨볼루션 계층의 몇 가지 조합에 대해 해당 가중치를 고정시켜보는 실험을 수행할 것이다.

리스트 14-15: 개와 고양이 데이터를 위한 교통수단 모델의 조정

```
   model = load_model("cifar10_cnn_vehicles_model.h5")

❶ model.layers.pop()
❷ model.outputs = [model.layers[-1].output]
   model.layers[-1].outbound_nodes = []
❸ model.add(Dense(num_classes, name="softmax", activation='softmax'))
❹ model.layers[0].trainable = False
   model.layers[1].trainable = False
   model.compile(loss=keras.losses.categorical_crossentropy,
                 optimizer=keras.optimizers.Adadelta(),
                 metrics=['accuracy'])
```

모델을 로드한 후 ❶에서 케라스 함수를 사용해 최상위 계층을 제거한다. 그다음에 배치돼 있는 계층이 최상위 계층이 되도록 모델을 고쳐야 한다. ❷에서

Add 메서드를 사용해 최상위 계층을 수정한다. 그런 다음 ❸에서 2개의 클래스를 받아들이는 새로운 소프트맥스 계층을 추가한다. 이 예제는 ❹와 같이 처음 두 개 컨볼루션 계층의 가중치를 고정시키게 구현돼 있다. 처음 두 개의 컨볼루션 계층을 기본으로 여러 가지 조합의 아키텍처를 구성해 각각의 성능을 테스트해볼 것이다. 끝으로 Adadelta 최적화 알고리듬을 채택하도록 인수를 지정하면서 갱신된 모델을 컴파일한다.

리스트 14-16에 이전 방식처럼 fit 메서드를 호출해 모델을 학습시키는 코드가 나와 있다.

리스트 14-16: 개와 고양이 모델의 학습 및 테스트

```
score = model.evaluate(x_test[100:], y_test[100:], verbose=0)
print('Initial test loss:', score[0])
print('Initial test accuracy:', score[1])

history = model.fit(x_train, y_train,
        batch_size=batch_size,
        epochs=epochs,
        verbose=0,
        validation_data=(x_test[:100], y_test[:100]))

score = model.evaluate(x_test[100:], y_test[100:], verbose=0)
print('Test loss:', score[0])
print('Test accuracy:', score[1])

model.save("cifar10_cnn_cat_dog_fine_tune_3_model.h5")
```

fit 메서드를 호출하기 전에 테스트 데이터의 마지막 90%를 사용해 evaluate 메서드를 호출한다. 평가를 통해 개와 고양이 모델이 교통수단 모델의 가중치를 있는 그대로 사용할 때 얼마나 좋은 성능이 나오는지 알 수 있다. fit 메서드 호출 다음에 두 번째로 evaluate 메서드를 호출한다. 마지막으로 모델과 학습 이력을 저장한다. 이 모델은 앞쪽의 컨볼루션 계층 2개를 모두 고정했다. 이

2개의 계층을 고정시키거나 해제시켜서 추가로 3가지 가능한 모델을 구성해 실습을 진행할 것이다.

또한 모든 컨볼루션 계층을 고정시킨 모델을 학습시켜볼 것이라고 앞서 언급한 바 있다. 본질적으로 이는 교통수단 모델이 학습한 새로운 표현을 그대로 보존하고 이를 개와 고양이 모델에 직접 적용하겠다는 의미다. 최상위 완전 연결 계층만 새로 학습될 수 있게 하려는 것이다. 이는 앞 절의 전이학습 접근 방식과 거의 동일한 방식이다. 모든 컨볼루션 계층을 고정시키고자 반복문을 돌면서 모든 해당 계층의 **trainable** 속성을 False로 바꿔준다.

```
for i in range(5):
    model.layers[i].trainable = False
```

모델 테스트

미세 조정 테스트를 실행해보자. 평균 정확도에 대한 통계치를 구하고자 가능한 각 조합을 6번씩 학습시킨다. 초기화 프로세스의 확률적 특성을 알아보기 위한 작업이다. 사전에 학습시킨 가중치로 모델을 초기화시키기는 했지만 맨 위쪽 소프트맥스 계층은 2개의 출력을 갖는 형태로 변경돼 있다. 그 아래 덴스 계층의 출력에는 128개의 노드가 있으므로 각 모델은 새 계층으로 연결되는 $128 \times 2 + 2 = 258$개의 가중치와 편향을 무작위로 초기화해야 한다. 이 부분이 근본적인 차이를 만들어내는 지점이다.

학습시키기 전에 측정한 모델의 초기 정확도는 약 50~51%로 방금 언급한 초기화 작업으로 인해 각 모델 간에 약간씩 차이가 있다. 이는 클래스 2개를 분류하는 모델이므로 학습 과정이 없다면 개와 고양이를 무작위로 추측한다는 것을 의미한다.

모든 모델을 학습시킨 후 모델별 정확도를 모두 집계해 최종 산출된 정확도를 평균 ± 표준 오차로 나타낸 결과가 표 14-2에 있다.

표 14-2: 개와 고양이 테스트 세트로 평가한 얕은 모델, 심층 모델, 미세 조정 심층 모델에 대한 정확도

모델 유형	$Conv_0$ 계층 고정	$Conv_1$ 계층 고정	정확도(%)
얕은 모델	–	–	64.375 ± 0.388
심층 모델	–	–	61.142 ± 0.509
미세 조정 모델 0	False	False	62.683 ± 3.689
미세 조정 모델 1	True	False	69.142 ± 0.934
미세 조정 모델 2	False	True	68.842 ± 0.715
미세 조정 모델 3	True	True	70.050 ± 0.297
전 계층 고정 모델	–	–	57.042 ± 0.518

결과를 어떻게 해석해야 할까? 우선 소규모 개와 고양이 데이터 세트를 사용해 심층 구조의 모델을 처음부터 다시 학습시키는 것은 그다지 효과적이지 않다는 것을 알 수 있다. 정확도가 약 61%에 불과하다. 얕은 아키텍처를 처음부터 학습시킨 경우 정확도가 약 64%로 더 좋게 나타난다. 이 결과를 기준선으로 삼는 것이 좋을 것 같다. 다른 데이터로 학습시킨 모델을 미세 조정하는 것이 성능 향상에 도움을 줬을까? 미세 조정 모델들의 결괏값을 보면 도움을 줬다고 할 수 있다. 하지만 모든 미세 조정 모델이 똑같이 효과적이지는 않다. 두 가지, 즉 '미세 조정 0' 및 '전 계층 고정'의 경우 전체 모델을 처음부터 학습시킨 모델보다 더 낮은 성능을 보이고 있다. 이 결과를 보면 컨볼루션 계층을 모두 고정시키거나 모두 재학습시키는 것은 바람직한 방향이 아님을 알 수 있다.

결과적으로 미세 조정 모델 1, 2, 3이 고려 대상으로 남는다. 모델들 간의 성능 차이가 통계적으로 유의미하다고 보기는 어렵지만 그래도 '미세 조정 3' 모델의 성능이 가장 우수하다. 앞쪽 두 개의 컨볼루션 계층을 모두 고정시킨 이 아키텍처를 먼저 살펴보자. 어떤 이유로 이 접근 방식이 다른 모델보다 더 좋은 성능

을 낼 수 있었을까? 맨 아래쪽 계층들을 고정시킴으로써 해당 계층에 포함된 파라미터들이 학습 과정 중에도 변하지 않고 유지됐다는 점을 기억하자. 이 계층들은 이동 및 회전과 같은 표준 증강을 포함하는 훨씬 더 큰 교통수단 데이터 세트로 학습시켰기 때문에 그대로 유지하는 편이 유리할 것이다. 그리고 그림 12-4에서 이미 봤듯이 이러한 하위 계층에서 학습한 커널은 이미지에 나타나는 다양한 객체의 가장자리 및 텍스처를 감지하는 역할을 한다. 이 커널들은 CIFAR-10 이미지에 나타나는 각종 구조물을 학습하도록 조정돼 있다. 그리고 여기서 미세 조정에 사용한 개와 고양이 데이터 세트 역시 CIFAR-10 데이터 세트에서 추출한 것이므로 해당 커널들이 이 데이터에 대해서도 효과를 발휘했다고 믿는 것이 합리적일 것이다.

하지만 심층 아키텍처에 배치된 모든 컨볼루션 계층을 고정시켰을 때는 성능이 크게 저하되는 것을 볼 수 있다. 이는 위쪽에 위치하는 컨볼루션 계층은 개와 고양이 구조에 제대로 적응돼 있지 않다는 것을 의미한다. 유효 수용장의 영향으로 인해 위쪽에 배치된 계층들은 입력 이미지에 나타나는 좀 더 큰 구조물을 학습하게 돼 있다. 개와 고양이를 구별하는 데 직접적인 영향을 주는 구조는 더 큰 구조일 것이다. 위쪽 계층들을 수정할 수 없게 막는다는 것은 학습해야 할 대상 피처에 맞춰 해당 계층의 커널들이 조정될 기회를 제거하는 것과 같다.

이 예제를 통해 적용할 수 있는 상황에서는 미세 조정 기술을 사용하는 것이 매우 효과적임을 알 수 있었다. 머신러닝 분야의 주제가 흔히 그렇듯이 이것이 어떤 상황에서 어떤 이유로 성공적인지는 직관적인 설명만 가능하다. 최근의 연구에서는 목표 데이터 세트와 관련이 없는 다른 데이터 세트로 학습시킨 대형 모델을 미세 조정한 경우 충분히 많은 목표 데이터로 학습시킨 얕은 모델을 직접 학습시킨 것보다 결과가 더 좋지 않다는 것이 보고됐다. 예를 들어 마이트라 라구[Maithra Raghu] 등이 발표한 「Transfusion: Understanding Transfer Learning for Medical Imaging[수혈: 의료 영상을 위한 전이학습 이해]」라는 논문에 전형적인 사례가 소개돼 있다. 논문에 따르면 사전 학습된 ImageNet 모델들과 의료 영상을 사용해 전이 학습과 미세 조정 기법을 시험한 결과 의료 영상만으로 학습시킨 얕은 모델이 더 우수한 성능을 보이는 사례가 많다는 것이 확인됐다.

요약

14장에서는 CIFAR-10 데이터 세트를 활용해 컨볼루션 신경망의 특성을 살펴봤다. 전체 데이터 세트로 두 개의 아키텍처(얕은 모델과 심층 모델)를 학습시키는 것으로 실습을 시작했다. 먼저 동물과 교통수단을 구별하는 모델을 학습시킬 수 있는지 알아봤다. 이어서 CIFAR-10 데이터에 대해 1개의 모델이 여러 개의 클래스를 한꺼번에 구분하는 구조와 여러 개의 모델이 각각 2진 클래스를 구분하는 구조 중 어떤 구조가 성능이 더 나은지 알아봤다. 그다음으로는 전이학습과 미세 조정이라는 두 가지 핵심적인 기술을 소개하고 이를 케라스에서 구현하는 방법을 보였다. 이 기술들은 딥러닝 분야에서 유용하게 사용될 것이므로 확실하게 이해해두자.

15장에서는 지금까지 다뤄보지 않은 새로운 데이터 세트를 이용하는 구현 사례를 소개한다. 이 데이터 세트에 대한 모델을 만드는 임무를 맡은 데이터 과학자의 역할을 가정해 초기 데이터 처리에서 모델 탐색 및 최종 모델 구성에 이르기까지 자세히 알아본다.

15

사례 연구: 오디오 샘플 분류

15장에서는 지금까지 배운 기법을 이용할 수 있는 구현 사례를 소개한다. 어떤 데이터 과학자가 .wav 파일로 저장된 오디오 샘플을 분류하는 분류기를 만들어달라는 요청을 받았다는 시나리오를 가정하고 논의를 시작한다. 우선 데이터부터 분석해봐야 한다. 데이터가 어떻게 구성돼 있는지에 대한 기본적인 직관을 갖는 것이 먼저다. 다음으로 학습모델에 사용할 증강 데이터 세트를 구축한다. 첫 번째 데이터 세트는 1차원 데이터 세트인 사운드 샘플 자체를 사용한다. 나중에 이 접근 방식은 그다지 성공적이지 않다는 것을 알게 된다.

그런 다음 오디오 데이터를 이미지로 변환해 2차원 CNN을 적용해본다. 표현 방식을 변환해준 것만으로도 모델 성능이 크게 향상된다는 사실을 확인할 수 있을 것이다. 마지막으로 여러 모델을 결합해 앙상블 형식의 모델을 구성함으로써 개별 모델의 상대적인 강점과 약점을 활용해 모델 전체의 성능을 향상시키는 방법을 알아본다.

데이터 세트 구축

데이터 세트는 10개의 클래스로 구분돼 있으며 클래스당 40개의 샘플이 할당돼 총 400개의 샘플이 존재한다. 각 샘플은 5초 길이의 오디오 데이터다. 샘플을 기록하고 레이블을 지정하기 위한 시간과 비용이 많이 들기 때문에 더 이상의 데이터를 확보할 수는 없다고 가정한다. 주어진 데이터만으로 작업해야 하는 상황이다.

이 책을 통해 좋은 데이터 세트의 필요성을 일관되게 강조해왔다. 주어진 데이터 세트는 모델을 구축하면서 사용하게 될 유일한 데이터 형식인 오디오 샘플로 통일돼 있다는 점에서 완벽하다고 할 수 있다. 정의되지 않은 클래스는 나오지 않는다. 또한 실제로 모델이 실행될 때에도 데이터 세트가 가진 균형성이 그대로 유지돼 각 클래스가 출현할 확률이 동일하다고 가정한다.

이번 실습에 사용할 오디오 데이터 세트는 ESC-10이라는 데이터 세트다. 정확한 이름은 'ESC: Dataset for Environmental Sound Classification^{환경 소리 분류를 위한 데이터 세트}'이며 캐롤 픽잘^{Karol J. Piczal}이 2015년에 공개했다. 해당 데이터 세트는 https://github.com/karoldvl/ESC-50/에서 받아볼 수 있다. 실습에 실제로 사용할 데이터는 ESC-50 데이터 세트에서 추출한 것이다. 사실 ESC-50 데이터 세트에 대한 라이선스는 마음대로 사용할 수 없다. 하지만 그 부분집합인 ESC-10은 라이선스가 허용돼 있다.

더 큰 ESC-50 데이터 세트에서 ESC-10 데이터 세트에 포함될 .wav 파일을 추출하고자 몇 가지 전처리를 수행해본다. 앞에서 소개한 URL에서 단일 ZIP 파일 형식으로 게재된 데이터 세트를 다운로드하고 압축을 해제해준다. 그러면 ESC-50-master라는 디렉터리가 생성된다. 그런 다음 리스트 15-1의 코드를 사용해 ESC-10 데이터 세트를 구축한다.

```python
import sys
import os
import shutil

classes = {
    "rain":0,
    "rooster":1,
    "crying_baby":2,
    "sea_waves":3,
    "clock_tick":4,
    "sneezing":5,
    "dog":6,
    "crackling_fire":7,
    "helicopter":8,
    "chainsaw":9,
}

with open("ESC-50-master/meta/esc50.csv") as f:
    lines = [i[:-1] for i in f.readlines()]
lines = lines[1:]

os.system("rm -rf ESC-10")
os.system("mkdir ESC-10")
os.system("mkdir ESC-10/audio")

meta = []
for line in lines:
    t = line.split(",")
    if (t[-3] == 'True'):
        meta.append("ESC-10/audio/%s %d" % (t[0],classes[t[3]]))
        src = "ESC-50-master/audio/"+t[0]
        dst = "ESC-10/audio/"+t[0]
        shutil.copy(src,dst)
with open("ESC-10/filelist.txt","w") as f:
    for m in meta:
```

```
f.write(m+"\n")
```

코드를 실행하면 ESC-50 메타데이터를 참조해 ESC-10 데이터 세트의 10개 클래스에 속하는 사운드 샘플을 식별한 다음 ESC-10/audio 디렉터리에 복사하는 과정이 수행된다. 그다음에는 오디오 파일의 복록을 filelist.txt에 기록한다. 이 코드를 실행한 후에는 ESC-10 파일만 사용할 수 있다.

정상적으로 실행하고 나면 5초 길이의 .wav 파일 400개가 확보돼 있을 것이다. 클래스 수는 10개이고 각 클래스마다 40개의 데이터가 포함된다. 클래스 종류로는 빗소리, 수탉 울음소리, 아기 울음소리, 파도 소리, 시계 소리, 재채기 소리, 개 짖는 소리, 장작 타는 소리, 헬리콥터 소리, 전기톱 소리가 있다. 소리를 구분해야 하는 이유는 논외로 한다.

데이터 세트 증강

제일 먼저 직관적으로 걸리는 부분은 데이터 세트가 너무 작다는 것이다. 각 클래스당 40개의 샘플밖에 없는데, 그중 일부는 테스트를 위해 남겨둬야 하기 때문에 결국 학습용으로 사용할 수 있는 샘플은 그보다 적을 수밖에 없다.

먼저 *k*-fold 검증법의 적용을 고려해볼 수 있지만 이 예에서는 데이터 증강법을 선택한다. 그렇다면 오디오 데이터는 어떻게 증강시킬 수 있을까?

데이터 증강법을 사용하는 목적은 데이터 세트의 클래스에서 가져온 것처럼 보이는 새로운 데이터 샘플을 생성하기 위함이다. 주어진 이미지를 좌우로 조금씩 이동시키거나 좌우로 뒤집는 등 명시적인 변경 작업을 수행할 수 있다. 5장에서 연속 벡터를 기반으로 PCA를 사용해 데이터를 증강시키는 방법을 배웠다. 오디오 파일을 증강시키려면 원래 클래스처럼 들리는 새 파일을 생성하고자 어떤 작업을 수행할지 생각해봐야 한다. 네 가지 방법이 떠오른다.

첫째, 이미지를 몇 픽셀 왼쪽이나 오른쪽으로 이동시켰던 것처럼 오디오 샘플도 시간적으로 이동시키는 방법이 있다. 둘째, 사운드 자체에 소량의 랜덤 노이즈를 추가해 시끄러운 환경을 시뮬레이션하는 방법이 있다. 셋째, 소리의 높낮이를 좀 더 높이거나 낮추는 방법이 있다. 이는 피치 시프팅^{pitch shifting}이라는 잘 알려진 방법이다. 마지막으로 소리가 녹음된 시간을 늘리거나 압축하는 방법이 있다. 이 방법은 타임 시프팅^{time shifting}이라고 불린다.

이전에 오디오 데이터로 작업한 경험이 없다면 작업 하나 하나가 복잡해 보일 수 있다. 실제 업무에서는 익숙하지 않은 데이터가 제공될 가능성이 매우 높다는 점을 기억하자. 작업해야 할 데이터를 마음대로 선택할 수 있는 경우는 흔치 않다.

다행히 실습에 사용되는 언어는 파이썬이다. 파이썬 커뮤니티는 규모도 크지만 재능 있는 구성원들도 넘쳐난다. 파이썬 라이브러리 하나만 추가하면 시간 늘리기와 피치 시프팅을 쉽게 구현할 수 있다. `librosa` 라이브러리를 설치해보자. 설치하는 명령은 다음과 같다.

```
$ sudo pip3 install librosa
```

필요한 라이브러리를 설치한 후에는 리스트 15-2를 실행해 ESC-10 데이터 세트를 증강시킬 수 있다.

리스트 15-2: ESC-10 데이터 세트 증강 작업, 1부

```
import os
import random
import numpy as np
from scipy.io.wavfile import read, write
import librosa as rosa
N = 8
```

```
    os.system("rm -rf augmented; mkdir augmented")
    os.system("mkdir augmented/train augmented/test")
❶ src_list = [i[:-1] for i in open("ESC-10/filelist.txt")]
    z = [[] for i in range(10)]
    for s in src_list:
        _,c = s.split()
        z[int(c)].append(s)
❷ train = []
    test = []
    for i in range(10):
        p = z[i]
        random.shuffle(p)
        test += p[:8]
        train += p[8:]
    random.shuffle(train)
    random.shuffle(test)
    augment_audio(train, "train")
    augment_audio(test, "test")
```

먼저 rosa라고 부르는 librosa 모듈과 넘파이 배열을 .wav 파일로 읽고 쓸 수 있게 해주는 SciPy wavfile 모듈을 포함해 실행에 필요한 모든 모듈을 임포트한다.

테스트용으로 남겨둘 클래스당 샘플 수(N=8)를 설정하고 증강시킨 사운드 파일을 저장할 출력 디렉터리(augmented)를 생성한다. 그런 다음 ❶에서 리스트 15-1로 생성해둔 파일 리스트를 읽어 온다. 다음으로 10개의 클래스 각각에 연계된 오디오 파일의 이름을 저장할 다중 중첩 리스트(z)를 생성한다.

❷에서 클래스별 파일 리스트를 이용해 학습용 파일 리스트와 테스트용 파일 리스트를 생성한다. 클래스당 파일 리스트와 최종 학습 및 테스트 리스트를 무작위로 섞어준다. 이 코드는 앞서 4장에서 정한 대로 학습과 테스트를 분리한 다음 증강하는 규칙을 따르고 있다.

augment_audio 함수를 호출해 학습 및 테스트 파일을 증강시킬 수 있다. 리스트 15-3에 이 함수를 구현했다.

리스트 15-3: ESC-10 데이터 세트 증강 작업, 2부

```
def augment_audio(src_list, typ):
    flist = []
    for i,s in enumerate(src_list):
        f,c = s.split()
   ❶    wav = read(f) # (sample rate, data)
        base = os.path.abspath("augmented/%s/%s" %
                              (typ, os.path.basename(f)[:-4]))
        fname = base+".wav"
   ❷    write(fname, wav[0], wav[1])
        flist.append("%s %s" % (fname,c))
        for j in range(19):
            d = augment(wav)
            fname = base+("_%04d.wav" % j)
       ❸    write(fname, wav[0], d.astype(wav[1].dtype))
            flist.append("%s %s" % (fname,c))
    random.shuffle(flist)
    with open("augmented_%s_filelist.txt" % typ,"w") as f:
        for z in flist:
            f.write("%s\n" % z)
```

이 함수는 주어진 리스트(src_list)를 통해 전달되는 학습 및 테스트 데이터 파일 각각에 대해 반복 작업을 수행한다. ❶에서 파일명을 클래스 레이블과 분리한 다음 디스크에서 해당 파일을 읽어온다. 주석에 표시된 대로 wav는 두 요소로 구성된 리스트 변수다. 첫 번째는 헤르츠 단위의 샘플링 속도(초당 주기)를 나타낸다. 이것은 .wav 파일을 생성하고자 아날로그 파형이 디지털화되는 빈도에 해당한다. ESC-10의 경우 샘플링 속도는 항상 44,100Hz로 콤팩트 디스크의 표준 속도와 같다. 두 번째 요소는 실제 디지털화된 사운드 샘플이 저장된 넘파이 배열이다. 이 두 값에 증강법을 적용해 새로운 데이터 파일을 생성한다.

결과를 저장할 출력 경로를 지정한 후 ❷에서 원본 사운드 샘플을 augmented 디렉터리에 저장한다. 그런 다음 루프를 돌면서 현재 사운드 샘플에 대한 19가지 증강 버전을 생성한다. 증강시킨 데이터 세트는 전체적으로 20배 더 커져서 총 8,000개의 사운드 파일이 생성되며 교육용 6,400개, 테스트용 1,600개로 구성된다. 증강된 소스 파일의 사운드 샘플은 d에 저장된다. ❸에서는 44,100Hz로 지정된 샘플링 속도와 원본 데이터 형식을 따르는 증강 데이터를 사용해 새로운 사운드 파일을 생성한다.

증강된 사운드 파일을 만들 때 파일명과 클래스 정보도 유지해뒀다가 새 파일 리스트에 함께 써준다. 여기서 **typ**는 학습 또는 테스트를 나타내는 문자열이다.

이 함수는 내부에서 augment라는 또 다른 함수를 호출한다. augment 함수는 사운드 파일의 증강 버전을 1개 생성하는 기능을 하는데, 이때 앞에서 언급한 4가지 증강 방식, 즉 이동, 노이즈, 피치 이동 및 시간 이동 방식 중 몇 가지 또는 전부를 무작위로 적용해준다. 이 함수를 호출할 때마다 4가지 방식 중 일부 또는 전부를 사용해 증강 작업을 수행한다. augment 함수는 리스트 15-4에 구현돼 있다.

리스트 15-4: ESC-10 데이터 세트 증강 작업. 3부

```
    def augment(wav):
        sr = wav[0]
        d = wav[1].astype("float32")
❶   if (random.random() < 0.5):
            s = int(sr/4.0*(np.random.random()-0.5))
            d = np.roll(d,s)
            if (s < 0):
                d[s:] = 0
            else:
                d[:s] = 0
❷   if (random.random() < 0.5):
```

```
            d += 0.1*(d.max()-d.min())*np.random.random(d.shape[0])
❸   if (random.random() < 0.5):
        pf = 20.0*(np.random.random()-0.5)
        d = rosa.effects.pitch_shift(d, sr, pf)
❹   if (random.random() < 0.5):
        rate = 1.0 + (np.random.random()-0.5)
        d = rosa.effects.time_stretch(d,rate)
        if (d.shape[0] > wav[1].shape[0]):
            d = d[:wav[1].shape[0]]
        else:
            w = np.zeros(wav[1].shape[0], dtype="float32")
            w[:d.shape[0]] = d
            d = w.copy()
    return d
```

이 함수는 샘플(d)과 샘플 속도(sr)를 분리하고 샘플을 부동소수점 형식으로 읽어 들인다. ESC-10의 경우 소스 샘플은 모두 **int16**(부호 있는 16비트 정수) 형식이기 때문이다. 다음으로 4개의 **if**문이 나온다. 각각의 **if**문은 부동소수점 형식의 난수를 생성해 그 수가 0.5보다 작으면 **if**문의 본문을 실행한다. 다시 말해각각의 증강법에 대해 50%의 확률을 적용해 적용 여부를 결정한다는 것을 의미한다.

❶의 첫 번째 **if**문에서는 넘파이 배열, 여기서는 벡터에 해당하는 사운드 샘플전체를 무작위로 선택한 사운드 샘플 개수인 **s**만큼 이동시킨다. 이 값은 **sr/4.0**으로 지정하면 최대 8분의 1초에 해당한다. 이동 방향은 양의 방향도 가능하고음의 방향도 가능하다. **sr/4.0**은 1/4초 동안 샘플링되는 샘플의 수를 나타낸다.여기서 난수로 구한 부동소수점 **sr**의 범위는 [-0.5, +0.5]이므로 결국 최대 이동범위는 1/8초다. 시프트가 음수면 데이터 끝부분의 샘플을 0으로 설정해야 한다. 반대로 양수면 앞부분의 샘플을 0으로 설정한다.

❷에서는 난수로 발생시킨 잡음을 추가시킨다. 원본 오디오 신호의 1/10까지의

범위를 갖는 임의의 값을 원본 샘플에 다시 추가하는 방식이다. 재생해보면 오래된 카세트테이프에서 들을 수 있는 쉬~하는 잡음이 난다.

다음으로 ❸에서는 librosa를 사용해 샘플의 피치를 변경한다. 피치 이동은 원래의 사운드를 음악에서 말하는 음^{musical step} 또는 음의 분수^{fraction thereof}만큼 변화시키는 작업에 해당한다. 변수 pf에는 [-10, +10] 범위의 부동소수점형 난수를 생성해 저장하고 앞에서 추출한 데이터(d) 및 샘플링 속도(sr)를 인수로 해 librosa 라이브러리의 pitch_shift 효과 함수에 전달한다.

❹에 나오는 마지막 증강 작업은 librosa 함수를 사용해 사운드의 시간을 늘리거나 줄여준다(time_stretch). 목표 시간은 비율 형식으로 설정되며 [-0.5, +0.5] 범위의 값을 갖는다. 시간이 늘어나면 샘플 길이가 일정하게 유지되도록 뒤쪽의 늘어난 샘플을 잘라내야 한다. 시간이 줄어들면 끝부분에 제로 샘플을 추가해준다.

마지막으로 새로운 증강 샘플을 반환해준다.

리스트 15-2를 실행하면 하위 디렉터리인 train 및 test를 갖는 새로운 증강 데이터 디렉터리가 생성된다. 이 파일은 원시 사운드 파일로 이후의 작업에서 계속 사용될 것이다. 증강법을 적용해 어떤 변화가 있었는지 이해하고자 파일 몇 가지를 들어보는 것이 좋다. 파일명을 보면 증강 파일과 원본 파일을 신속하게 구별할 수 있다.

데이터 전처리

모델 구축을 시작할 준비가 된 것일까? 아직은 아니다. 경험을 바탕으로 데이터 세트가 너무 작다고 판단했고 증강법을 적용해 데이터의 양을 늘려 놓았다. 그러나 아직 원시 데이터를 모델에 전달할 수 있는 형태로 변환시키지 않았다.

첫 번째로 드는 생각은 원시 사운드 샘플을 그대로 사용하는 방법이다. 원시 데이터는 이미 오디오 신호를 나타내는 벡터며 샘플 간 시간 간격은 44,100Hz의 샘플링 속도로 설정돼 있다. 그러나 원시 형태 그대로 사용하는 것은 바람직하지 않다. 샘플의 길이는 모두 정확히 5초다. 초당 44,100개 오디오 샘플이 존재하므로 각 샘플 데이터는 44, 100 × 5 = 220,500개의 오디오 샘플로 구성된 벡터임을 의미한다. 효과적으로 작업하기에는 너무 긴 데이터다.

조금만 더 생각해보면, 아기 울음소리와 개 짖는 소리를 구별하는 데 그렇게 높은 샘플링 비율이 필요하지 않을 수도 있다. 오디오 샘플 전체를 그대로 사용하는 대신 매 100번째 샘플만 사용해도 무방하지 않을까? 게다가 소리를 식별하고자 5초 분량의 데이터가 정말로 필요한가? 처음 2초의 분량만 사용해도 되지 않을까?

각 사운드 파일의 처음 2초만 추출해보자. 88,200개의 오디오 샘플이 나온다. 여기서 다시 100번째 샘플만 골라내보자. 이제 각 사운드 파일은 882개의 요소로 구성된 벡터가 된다. 이는 벡터로 풀어놓은 MNIST 숫자 이미지의 크기와 비슷하기 때문에 어떻게 작업할지 알 수 있다.

모델을 구축하는 데 사용할 데이터 세트의 실제 초기 버전을 빌드하는 코드가 리스트 15-5에 있다.

리스트 15-5: 축소된 샘플 데이터 세트의 구축

```python
import os
import random
import numpy as np
from scipy.io.wavfile import read
sr = 44100       # Hz
N = 2*sr         # number of samples to keep
w = 100          # every 100
afiles = [i[:-1] for i in open("augmented_train_filelist.txt")]
trn = np.zeros((len(afiles),N//w,1), dtype="int16")
lbl = np.zeros(len(afiles), dtype="uint8")
```

```
    for i,t in enumerate(afiles):
  ❶ f,c = t.split()
    trn[i,:,0] = read(f)[1][:N:w]
    lbl[i] = int(c)
np.save("esc10_raw_train_audio.npy", trn)
np.save("esc10_raw_train_labels.npy", lbl)

afiles = [i[:-1] for i in open("augmented_test_filelist.txt")]
tst = np.zeros((len(afiles),N//w,1), dtype="int16")
lbl = np.zeros(len(afiles), dtype="uint8")
for i,t in enumerate(afiles):
    f,c = t.split()
    tst[i,:,0] = read(f)[1][:N:w]
    lbl[i] = int(c)
np.save("esc10_raw_test_audio.npy", tst)
np.save("esc10_raw_test_labels.npy", lbl)
```

이 코드는 원시 데이터로 구성된 넘파이 형식의 학습 파일과 테스트 파일을 생성한다. 데이터는 리스트 15-2에서 구축한 증강 사운드 파일에서 가져온 것이다. ❶에서 파일 리스트 변수로부터 파일의 위치와 클래스 레이블을 추출한다. 리스트에 적혀있는 각 파일을 로드해 배열, 즉 학습용 배열 및 테스트 배열에 저장한다.

1차원 피처 벡터와 다량의 학습 및 테스트 파일이 있으므로 데이터 저장을 위해 2차원 배열이 필요하다. 학습 세트의 경우 6400 × 882 배열이 필요하고 테스트 세트의 경우 1600 × 882 배열이 필요하다. 예제에서는 케라스 라이브러리를 활용해 작업할 예정이므로 채널 수를 표현할 차원이 하나 더 필요하다. 따라서 최종 배열의 크기는 6400 × 882 × 1 및 1600 × 882 × 1이다. 이 코드에서 가장 핵심적인 역할을 하는 줄은 다음과 같다.

```
trn[i,:,0] = read(f)[1][:N:w]
```

현재 사운드 파일을 읽어 사운드 샘플([1])만 추출한 다음 처음 2초 구간에서 매 100번째 샘플 [:N:w]만 선택하라는 명령이다. 시간이 조금 걸리더라도 완벽하게 이해하고 넘어가기 바란다. 대화형 파이썬 프롬프트를 열어 넘파이 배열을 테스트하면 작동 원리를 이해하는 데 도움이 될 것이다.

최종적으로 882개의 요소 벡터로 구성된 학습 및 테스트 파일과 그에 따른 레이블 파일이 준비됐다. 이 데이터 세트를 사용해 첫 번째 모델을 만들어보자. 그림 15-1은 아기 울음소리에 대한 벡터를 그래프로 표현한 것이다.

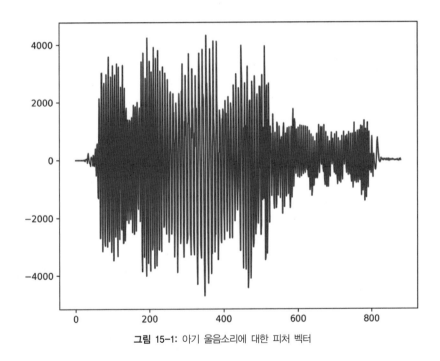

그림 15-1: 아기 울음소리에 대한 피처 벡터

그래프에서 x축은 오디오 샘플 번호('시간'에 해당)이고 y축은 샘플 값이다.

오디오 피처 분류

앞 절에서 학습 및 테스트 세트를 만들었다. 이제 몇 가지 모델을 만들고 어떻게 작동하는지 살펴보자. 피처 벡터가 준비돼 있으므로 고전 모델로 빠르게 시작해볼 수 있다. 고전 모델에 대한 테스트가 끝나면 1차원 컨볼루션 네트워크를 구축해 성능이 향상됐는지 확인해보자.

고전 모델 사용

먼저 7장에서 유방암 데이터 세트에 대해 테스트할 때 사용한 것과 동일한 고전 모델을 사용해 실험해보자. 리스트 15-6에 초기 설정을 수행하는 코드가 있다.

리스트 15-6: 고전 모델을 적용한 오디오 피처의 분류, 1부

```
import numpy as np
from sklearn.neighbors import NearestCentroid
from sklearn.neighbors import KNeighborsClassifier
from sklearn.naive_bayes import GaussianNB
from sklearn.ensemble import RandomForestClassifier
from sklearn.svm import LinearSVC

x_train = np.load("esc10_raw_train_audio.npy")[:,:,0]
y_train = np.load("esc10_raw_train_labels.npy")
x_test = np.load("esc10_raw_test_audio.npy")[:,:,0]
y_test = np.load("esc10_raw_test_labels.npy")

❶ x_train = (x_train.astype('float32') + 32768) / 65536
x_test = (x_test.astype('float32') + 32768) / 65536

train(x_train, y_train, x_test, y_test)
```

테스트에 필요한 다양한 모델을 임포트하고 데이터 세트를 로드해 각 데이터의

크기를 조정한 다음 **train** 함수를 호출한다. **train** 함수는 뒤에서 설명할 것이다.

데이터의 크기를 스케일링하는 과정이 중요하다. 그림 15-1에서 y축의 범위를 확인해보자. 대략 -4000부터 4000 사이에서 움직인다. 데이터의 범위를 더 줄이고 모든 데이터가 0을 중심으로 더 가까워지게 데이터를 조정해둬야 한다. MNIST 및 CIFAR-10 데이터 세트의 데이터를 스케일링할 때 모든 데이터를 최댓값으로 나눠 최종 범위 [0, 1]로 조정했던 것을 기억하자.

사운드 샘플은 부호 있는 16비트 정수로 표현한다. 사운드 샘플이 취할 수 있는 값의 범위가 [-32,768, +32,767]라는 의미다. ❶에서처럼 샘플을 부동소수점으로 만들고 32,768을 더한 다음 65,536(최솟값의 두 배)으로 나누면 앞에서 의도한 대로 [0, 1) 범위의 샘플을 얻을 수 있다.

리스트 15-7과 같이 고전 모델을 학습시키고 평가하는 작업은 간단히 구현할 수 있다.

리스트 15-7: 고전 모델을 적용한 오디오 피처의 분류, 2부

```python
def run(x_train, y_train, x_test, y_test, clf):
    clf.fit(x_train, y_train)
    score = 100.0*clf.score(x_test, y_test)
    print("score = %0.2f%%" % score)

def train(x_train, y_train, x_test, y_test):
    print("Nearest Centroid         : ", end='')
    run(x_train, y_train, x_test, y_test, NearestCentroid())
    print("k-NN classifier (k=3)    : ", end='')
    run(x_train, y_train, x_test, y_test, KNeighborsClassifier(n_neighbors=3))
    print("k-NN classifier (k=7)    : ", end='')
    run(x_train, y_train, x_test, y_test, KNeighborsClassifier(n_neighbors=7))
    print("Naive Bayes (Gaussian)   : ", end='')
    run(x_train, y_train, x_test, y_test, GaussianNB())
    print("Random Forest (trees= 5) : ", end='')
```

```
run(x_train, y_train, x_test, y_test,
    RandomForestClassifier(n_estimators=5))
print("Random Forest (trees= 50) : ", end='')
run(x_train, y_train, x_test, y_test,
    RandomForestClassifier(n_estimators=50))
print("Random Forest (trees=500) : ", end='')
run(x_train, y_train, x_test, y_test,
    RandomForestClassifier(n_estimators=500))
print("Random Forest (trees=1000): ", end='')
run(x_train, y_train, x_test, y_test,
    RandomForestClassifier(n_estimators=1000))
print("LinearSVM (C=0.01)       : ", end='')
run(x_train, y_train, x_test, y_test, LinearSVC(C=0.01))
print("LinearSVM (C=0.1)        : ", end='')
run(x_train, y_train, x_test, y_test, LinearSVC(C=0.1))
print("LinearSVM (C=1.0)        : ", end='')
run(x_train, y_train, x_test, y_test, LinearSVC(C=1.0))
print("LinearSVM (C=10.0)       : ", end='')
run(x_train, y_train, x_test, y_test, LinearSVC(C=10.0))
```

함수 train은 각각의 모델에 대한 인스턴스를 생성한 다음 run 함수를 호출한다. 7장에서 이와 동일한 코드 구조를 살펴봤다. 함수 run은 fit 함수를 사용해 모델을 학습시킨 후 score 함수를 사용해 테스트 세트에 적용된 각 모델의 성능을 평가한다. 일단 전체 정확도(점수)만을 기준으로 모델을 평가한다. 이 코드를 실행하면 다음과 같은 결과를 얻을 수 있다.

```
Nearest Centroid          : score = 11.9%
k-NN classifier (k=3)     : score = 12.1%
k-NN classifier (k=7)     : score = 10.5%
Naive Bayes (Gaussian)    : score = 28.1%
Random Forest (trees= 5)  : score = 22.6%
Random Forest (trees= 50) : score = 30.8%
```

```
Random Forest (trees=500)      : score = 32.8%
Random Forest (trees=1000)     : score = 34.4%
LinearSVM (C=0.01)             : score = 16.5%
LinearSVM (C=0.1)              : score = 17.5%
LinearSVM (C=1.0)              : score = 13.4%
LinearSVM (C=10.0)             : score = 10.2%
```

고전적인 모델들이 전반적으로 저조한 성능을 보이고 있다는 사실을 한 눈에 알아볼 수 있다. 대부분의 모델이 기본적으로 클래스 레이블을 무작위로 추측하는 수준의 성능을 나타낸다. 총 10개의 클래스가 있으므로 무작위로 추측할 경우 각 모델의 정확도는 약 10%가 돼야 하기 때문이다. 가장 성능이 좋은 고전 모델은 1,000개의 트리가 있는 랜덤 포레스트지만 이 모델조차도 정확도가 34.44%에 불과하다. 대부분의 모델은 실제 사용을 고려하기에는 너무 낮은 정확도를 보이고 있다. 데이터 세트가 단순하지 않다고 볼 수 있다. 적어도 옛날 방식으로 해결할 수 있는 수준은 아니다. 가우시안 나이브 베이즈 모델이 28%의 정확도를 보이는 것은 의외의 결과다. 가우시안 나이브 베이즈 모델은 샘플이 서로 독립적임을 가정하는 알고리듬을 사용하고 있다. 그런데 테스트 입력으로 사용되는 사운드 샘플이 서로 독립적이라는 가정은 타당하지 않다. 여기서 사용되는 피처 벡터는 시간에 따라 변화하는 신호를 표현한 것이므로 상호 독립인 피처들이 모여 있다고 볼 수 없기 때문이다.

가장 저조한 성능의 모델은 최근접 센트로이드와 k-NN, 선형 SVM이다. 입력은 882개의 요소로 구성돼 상당히 고차원 구조인 반면 학습 세트 자체는 6,400개의 데이터로 소규모다. 이는 최근접 이웃 분류기가 사용하기에는 샘플이 너무 적다. 피처 공간이 너무 희박하게 채워져 있다. 다시 한 번 차원의 저주가 성능에 나쁜 영향을 미치고 있다. 선형 SVM 모델은 피처를 선형으로 분리할 수 없기 때문에 좋지 않은 결과를 보인다. RBF(가우시안 커널형) SVM 모델은 여기서 구현하지 않고 독자를 위한 실습으로 남겨둔다. 이 모델을 실습할 경우 2개의 파라미터(C와 γ)를 적절히 설정하는 것이 중요하다는 것을 기억하자.

전통적인 신경망 사용

아직 전통적인 신경망은 시험해보지 않았다. 이전처럼 sklearn 라이브러리의
MLPClassifier 클래스를 사용할 수도 있지만 이번에는 케라스 기본 기능을 이
용해 전통적인 신경망을 구현하는 방법을 알아보자. 리스트 15-8에 해당 코드
가 있다.

리스트 15-8: 케라스로 구현한 고전적인 신경망

```
import keras
from keras.models import Sequential
from keras.layers import Dense, Dropout, Flatten
from keras import backend as K
import numpy as np

batch_size = 32
num_classes = 10
epochs = 16
nsamp = (882,1)
x_train = np.load("esc10_raw_train_audio.npy")
y_train = np.load("esc10_raw_train_labels.npy")
x_test = np.load("esc10_raw_test_audio.npy")
y_test = np.load("esc10_raw_test_labels.npy")
x_train = (x_train.astype('float32') + 32768) / 65536
x_test = (x_test.astype('float32') + 32768) / 65536
y_train = keras.utils.to_categorical(y_train, num_classes)
y_test = keras.utils.to_categorical(y_test, num_classes)

model   = Sequential()
model.add(Dense(1024, activation='relu', input_shape=nsamp))
model.add(Dropout(0.5))
model.add(Dense(512, activation='relu'))
```

```
model.add(Dropout(0.5))
model.add(Flatten())
model.add(Dense(num_classes, activation='softmax'))

model.compile(loss=keras.losses.categorical_crossentropy,
              optimizer=keras.optimizers.Adam(),
              metrics=['accuracy'])
model.fit(x_train, y_train,
          batch_size=batch_size,
          epochs=epochs,
          verbose=0,
          validation_data=(x_test, y_test))
score = model.evaluate(x_test, y_test, verbose=0)
print('Test accuracy:', score[1])
```

필요한 모듈을 임포트한 후 데이터 자체를 로드하고 기존 모델에서와 같이 데이터의 크기를 조정한다. 다음으로 모델 아키텍처를 구축한다. Dense 계층과 Dropout 계층만 사용한다. 최종 소프트맥스 출력 앞단에 Flatten 계층을 배치해 추가 차원을 제거한다(nsamp의 형태 참고). 불행히도 이 모델은 성능을 개선시키지 못했다. 정확도가 27.6%에 불과하다.

컨볼루션 신경망 사용

고전적 모델과 전통적인 신경망으로는 충분하지 않다. 전혀 예상치 못한 결과는 아니다. 하지만 간단히 시도해볼 만한 가치는 있었다. 이 데이터 세트에 1차원 컨볼루션 신경망을 적용해 성능이 더 좋아지는지 살펴보자.

이 책에서 1차원 CNN으로 작업하는 것은 이번이 처음이다. 입력 데이터의 구조가 다르다는 점 외에 유일한 차이점은 Conv2D와 MaxPooling2D를 호출하는 대신 Conv1D와 MaxPooling1D를 호출한다는 것이다.

실습할 첫 번째 모델의 코드는 리스트 15-9에 있다.

리스트 15-9: 케라스로 구현한 1D CNN 모델

```python
import keras
from keras.models import Sequential
from keras.layers import Dense, Dropout, Flatten
from keras.layers import Conv1D, MaxPooling1D
import numpy as np

batch_size = 32
num_classes = 10
epochs = 16
nsamp = (882,1)
x_train = np.load("esc10_raw_train_audio.npy")
y_train = np.load("esc10_raw_train_labels.npy")
x_test = np.load("esc10_raw_test_audio.npy")
y_test = np.load("esc10_raw_test_labels.npy")
x_train = (x_train.astype('float32') + 32768) / 65536
x_test = (x_test.astype('float32') + 32768) / 65536
y_train = keras.utils.to_categorical(y_train, num_classes)
y_test = keras.utils.to_categorical(y_test, num_classes)
model   = Sequential()
model.add(Conv1D(32, kernel_size=3, activation='relu',
                 input_shape=nsamp))
model.add(MaxPooling1D(pool_size=3))
model.add(Dropout(0.25))
model.add(Flatten())
model.add(Dense(512, activation='relu'))
model.add(Dropout(0.5))
model.add(Dense(num_classes, activation='softmax'))
model.compile(loss=keras.losses.categorical_crossentropy,
              optimizer=keras.optimizers.Adam(),
              metrics=['accuracy'])
history = model.fit(x_train, y_train,
            batch_size=batch_size,
```

```
            epochs=epochs,
            verbose=1,
            validation_data=(x_test[:160], y_test[:160]))
    score = model.evaluate(x_test[160:], y_test[160:], verbose=0)
    print('Test accuracy:', score[1])
```

먼저 이전과 같이 데이터 세트를 로드하고 전처리 작업을 수행한다. 얕은 아키텍처라고 부르는 이 아키텍처는 커널 크기가 3인 필터 32개로 구성된 단일 컨볼루션 계층을 갖고 있다. 다양한 크기의 2D 커널로 MNIST 모델을 시험했던 것처럼 이 모델에 사용되는 커널의 크기를 변경해볼 것이다. Conv1D 계층 다음에 커널 크기가 3인 최대 풀링 계층이 배치된다. 이어서 Dropout 계층과 Flatten 계층이 드롭아웃을 적용한 512개 노드의 Dense 계층 앞에 배치된다. 마지막으로 소프트맥스 계층을 배치해 아키텍처를 완성한다.

배치 크기는 32로 지정하고 16회 에폭으로 반복 학습을 수행할 것이다. 나중에 에폭별로 손실 값과 검증 성능치를 확인할 수 있게 학습 기록을 보관한다. 테스트 데이터는 1,600개의 샘플로 구성돼 있다. 그중 10%는 학습 결과를 검증하는 데 사용하고 나머지 90%는 전체 정확도를 계산하는 데 사용한다. 끝으로 Conv1D 커널의 크기를 3에서 시작해 33까지 바꿔가면서 주어진 학습 데이터에 대해 잘 작동하는 적정 커널 크기를 찾아본다.

네 가지 다른 버전의 아키텍처를 정의해 medium, deep0, deep1, deep2라고 이름을 정해준다. 주어진 데이터로 작업한 경험이 없기 때문에 여러 아키텍처를 시도해보는 것이 좋다. 현재로서는 주어진 데이터 세트에 가장 적합한 아키텍처가 무엇인지 미리 알 수 있는 방법이 없기 때문이다. 이전에 경험한 내용에 의지해 찾아내야 한다.

각각의 아키텍처를 주석으로 구분해 리스트 15-10에 나타냈다.

리스트 15-10: 다양한 1D CNN 아키텍처

```
# medium
model = Sequential()
model.add(Conv1D(32, kernel_size=3, activation='relu',
                input_shape=nsamp))
model.add(Conv1D(64, kernel_size=3, activation='relu'))
model.add(Conv1D(64, kernel_size=3, activation='relu'))
model.add(MaxPooling1D(pool_size=3))
model.add(Dropout(0.25))
model.add(Flatten())
model.add(Dense(512, activation='relu'))
model.add(Dropout(0.5))
model.add(Dense(num_classes, activation='softmax'))

# deep0
model = Sequential()
model.add(Conv1D(32, kernel_size=3, activation='relu',
                input_shape=nsamp))
model.add(Conv1D(64, kernel_size=3, activation='relu'))
model.add(Conv1D(64, kernel_size=3, activation='relu'))
model.add(MaxPooling1D(pool_size=3))
model.add(Dropout(0.25))
model.add(Conv1D(64, kernel_size=3, activation='relu'))
model.add(Conv1D(64, kernel_size=3, activation='relu'))
model.add(MaxPooling1D(pool_size=3))
model.add(Dropout(0.25))
model.add(Flatten())
model.add(Dense(512, activation='relu'))
model.add(Dropout(0.5))
model.add(Dense(num_classes, activation='softmax'))

# deep1
model = Sequential()
model.add(Conv1D(32, kernel_size=3, activation='relu',
                input_shape=nsamp))
```

```python
model.add(Conv1D(64, kernel_size=3, activation='relu'))
model.add(Conv1D(64, kernel_size=3, activation='relu'))
model.add(MaxPooling1D(pool_size=3))
model.add(Dropout(0.25))
model.add(Conv1D(64, kernel_size=3, activation='relu'))
model.add(Conv1D(64, kernel_size=3, activation='relu'))
model.add(MaxPooling1D(pool_size=3))
model.add(Dropout(0.25))
model.add(Conv1D(64, kernel_size=3, activation='relu'))
model.add(Conv1D(64, kernel_size=3, activation='relu'))
model.add(MaxPooling1D(pool_size=3))
model.add(Dropout(0.25))
model.add(Flatten())
model.add(Dense(512, activation='relu'))
model.add(Dropout(0.5))
model.add(Dense(num_classes, activation='softmax'))

# deep2
model = Sequential()
model.add(Conv1D(32, kernel_size=3, activation='relu',
                 input_shape=nsamp))
model.add(Conv1D(64, kernel_size=3, activation='relu'))
model.add(Conv1D(64, kernel_size=3, activation='relu'))
model.add(MaxPooling1D(pool_size=3))
model.add(Dropout(0.25))
model.add(Conv1D(64, kernel_size=3, activation='relu'))
model.add(Conv1D(64, kernel_size=3, activation='relu'))
model.add(MaxPooling1D(pool_size=3))
model.add(Dropout(0.25))
model.add(Conv1D(64, kernel_size=3, activation='relu'))
model.add(Conv1D(64, kernel_size=3, activation='relu'))
model.add(MaxPooling1D(pool_size=3))
model.add(Dropout(0.25))
model.add(Conv1D(64, kernel_size=3, activation='relu'))
model.add(Conv1D(64, kernel_size=3, activation='relu'))
```

```
model.add(MaxPooling1D(pool_size=3))
model.add(Dropout(0.25))
model.add(Flatten())
model.add(Dense(512, activation='relu'))
model.add(Dropout(0.5))
model.add(Dense(num_classes, activation='softmax'))
```

첫 번째 배치된 Conv1D 계층의 커널 크기를 변경해가면서 다양한 모델을 학습시켜본 결과가 표 15-1에 있다. 각 아키텍처별로 최고의 성능을 보이는 모델을 강조 표시했다.

표 15-1: 컨볼루션 커널의 크기 및 모델 아키텍처에 따른 테스트 세트 정확도

커널 크기	Shallow 모델	Medium 모델	Deep0 모델	Deep1 모델	Deep2 모델
3	**44.51**	41.39	**48.75**	**54.03**	9.93
5	43.47	41.74	44.72	53.96	48.47
7	38.47	40.97	46.18	52.64	49.31
9	41.46	**43.06**	46.88	48.96	9.72
11	39.65	40.21	45.21	52.99	10.07
13	42.71	41.67	46.53	50.56	**52.57**
15	40.00	42.78	46.53	50.14	47.08
33	27.57	42.22	41.39	48.75	9.86

표 15-1을 보면 모델 깊이가 증가함에 따라 정확도가 향상되는 일반적인 경향을 볼 수 있다. 그러나 deep2 모델에서는 그런 경향이 나타나지 않는다. 일부 모델은 수렴에 실패해 무작위 추측과 동일한 수준의 정확도를 보이고 있다. deep1 모델은 모든 커널 크기에 대해 가장 좋은 성능을 보여준다. 커널 크기별로 살펴보면 너비가 3인 커널이 5가지 아키텍처 중 3가지에서 가장 성능이 좋다. 종합해보면 1D CNN에 대한 최상의 조합은 너비 3의 초기 커널과 deep1 아키텍처를 사용하는 것이다.

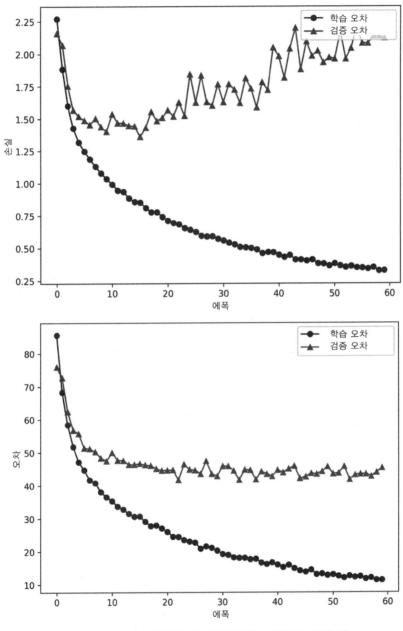

그림 15-2: deep1 아키텍처에 대한 학습 및 검증 손실(위) 및 오차(아래)

아키텍처를 학습시킬 때 16 에폭만 반복했다. 반복 횟수를 늘리면 성능이 나아질까? 이번에는 60 에폭 동안 deep1 모델을 학습시켜 학습 및 검증 데이터에 대한 손실과 오차를 플롯해 모델이 얼마나 잘 수렴하는지 확인해보자. 그림 15-2에는 실행 결과가 표시돼 있다. 그림에서 각 그래프는 에폭을 기준으로 그려져 있으며 위쪽 그래프는 학습 및 검증 손실 값을 나타내고, 아래쪽 그래프는 학습 및 검증 오차 값을 나타낸다.

그래프를 보면 검증 데이터 세트에 대한 손실 값이 폭발적으로 증가한다는 것을 바로 알아차릴 수 있다. 반면 학습 데이터 세트에 대한 손실 값은 약 18 에폭 이후까지 계속해서 감소하는 양상을 보인다. 그 이후에는 검증 데이터 세트에 대한 손실 값이 증가하며 진동하기 시작한다. 과적합의 전형적인 패턴을 보여준다. 이런 과적합의 가장 큰 원인은 학습 데이터가 6,400개로 매우 제한된 크기라는 것이다. 증강법을 적용해 데이터의 개수를 늘렸지만 여전히 작은 규모다. 검증 오차는 초기 감소 후 거의 일정하게 유지된다. 여기서 내릴 수 있는 결론은 1차원 벡터를 사용하는 이 데이터 세트에 대해 정확도 54%를 훨씬 능가하는 성능의 모델을 기대하기는 어렵다는 것이다.

여기서 더 개선된 성능을 원한다면 데이터 세트의 표현력을 높여줘야 한다. 다행스럽게도 이를 위한 또 다른 전처리 트릭이 준비돼 있다.

스펙트로그램

증강시킨 오디오 파일 세트로 돌아가 보자. 데이터 세트를 구축하고자 2초 길이만 사용해 매 100번째 샘플만 수집해 사운드 샘플로 가져왔다. 50%를 조금 넘는 정확도를 얻은 것이 최선의 결과다.

그러나 입력 오디오 파일의 작은 사운드 샘플 세트(예, 200밀리초 길이)로 작업하는 경우에는 샘플 벡터를 사용해 **푸리에 변환**^{Fourier transform}을 계산할 수 있다. 일정한 간격으로 측정된 신호에 대한 푸리에 변환은 해당 신호를 구축하는 데 사용된 주파수를 알려준다. 모든 신호는 다양한 사인파와 코사인파의 합으로 생각할 수 있다. 오카리나 같은 단일 악기의 소리는 몇 개의 파동으로만 구성된 신호이므로 푸리에 변환을 적용하면 해당 주파수에 몇 개의 피크가 나타나는 형태로 표현된다. 발화나 음악과 같이 복잡한 소리에 푸리에 변환을 적용하면 해당 소리가 갖는 주파수의 다양성으로 인해 다양한 피크가 나타난다.

푸리에 변환의 결과는 복소수 값으로 표현된다. 복소수 결괏값은 실수부와 허수부로 구성된다. 복소수는 $a + bi$로 표기하는데, 여기서 a와 b는 실수이고 $i = \sqrt{-1}$이다. 여기서 a와 b의 절댓값을 취해 사용하면 특정 주파수의 에너지를 나타내는 실수를 얻을 수 있다. 이것을 신호의 **파워 스펙트럼**^{power spectrum}이라고 부른다. 단순한 톤은 몇 가지 주파수에서만 에너지를 갖고 있지만 심벌즈를 치는 소리나 백색 소음 등은 모든 주파수대에 에너지가 고르게 분포돼 있다. 그림 15-3은 두 종류의 파워 스펙트럼을 보여준다.

상단은 오카리나의 스펙트럼이고 하단은 심벌즈를 연주한 스펙트럼이다. 예상대로 오카리나는 소수의 주파수에서만 에너지를 갖고 있는 반면 심벌즈는 모든 주파수를 사용하고 있다. 눈여겨볼 것은 시각적으로 두 스펙트럼이 서로 상당히 다르다는 것이다(실험에 사용된 스펙트럼은 뛰어난 오픈소스 오디오 처리 도구인 Audacity로 제작됐다).

이러한 파워 스펙트럼을 피처 벡터로 사용할 수도 있지만 해당 스펙트럼이 표현하는 시간 간격이 너무 짧다는 문제가 남는다. 원본 데이터인 사운드 샘플의 길이는 5초다. 스펙트럼 대신 **스펙트로그램**^{spectrogram}을 사용해보자. 스펙트로그램은 각각의 스펙트럼을 열 방향으로 배열해 구성한 이미지다. 즉, x축은 시간을 나타내고 y축은 주파수를 나타낸다. 픽셀의 색상은 해당 시간에 나타난 주파수가 갖는 에너지의 크기에 비례한다.

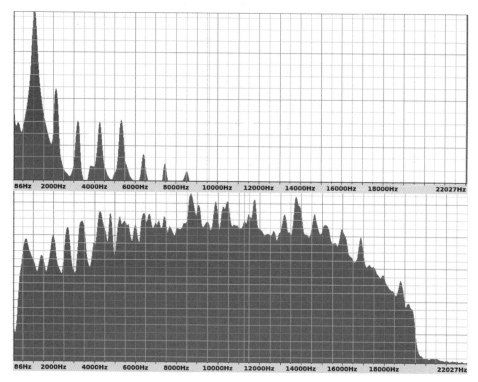

그림 15-3: 오카리나(위)와 심벌즈(아래)의 파워 스펙트럼

즉, 스펙트로그램은 개별 파워 스펙트럼을 수직 방향으로 세운 다음 여러 가지 색상을 사용해 주어진 주파수에서의 강도를 표현하는 방식으로 그린 그래프다. 이 접근 방식을 이용해 전체 사운드 샘플을 이미지로 변환할 수 있다. 예를 들어 그림 15-4는 아기 울음소리에 대한 스펙트로그램을 나타낸 것이다. 이를 그림 15-1의 피처 벡터와 비교해 보기 바란다.

그림 15-4: 아기 울음소리에 대한 스펙트로그램

증강 오디오 파일에 대한 스펙트로그램을 생성하려면 새로운 도구와 약간의 코드가 필요하다. 필요한 도구는 sox다. 이 도구는 파이썬 라이브러리가 아니라 운영체제에서 직접 수행되는 커맨드라인 도구다. 표준 우분투 리눅스 배포판을 사용하는 경우라면 이미 설치돼 있을 가능성이 높다. 설치돼 있지 않다면 다음 명령으로 설치할 수 있다.

```
$ sudo apt-get install sox
```

필요한 스펙트로그램 이미지를 생성하고자 파이썬 스크립트 내부에서 sox 툴을 사용한다. 각각의 사운드 파일은 스펙트로그램 이미지로 새롭게 변환된다.

학습 이미지를 처리하기 위한 코드는 리스트 15-11에 있다.

리스트 15-11: 스펙트로그램 만들기

```
import os
import numpy as np
from PIL import Image
```

```
     rows = 100
     cols = 160
❶ flist = [i[:-1] for i in open("augmented_train_filelist.txt")]
   N = len(flist)
   img = np.zeros((N,rows,cols,3), dtype="uint8")
   lbl = np.zeros(N, dtype="uint8")
   p = []

   for i,f in enumerate(flist):
       src, c = f.split()
   ❷ os.system("sox %s -n spectrogram" % src)
       im = np.array(Image.open("spectrogram.png").convert("RGB"))
   ❸ im = im[42:542,58:858,:]
       im = Image.fromarray(im).resize((cols,rows))
       img[i,:,:,:] = np.array(im)
       lbl[i] = int(c)
       p.append(os.path.abspath(src))

   os.system("rm -rf spectrogram.png")
   p = np.array(p)
❹ idx = np.argsort(np.random.random(N))
   img = img[idx]
   lbl = lbl[idx]
   p = p[idx]
   np.save("esc10_spect_train_images.npy", img)
   np.save("esc10_spect_train_labels.npy", lbl)
   np.save("esc10_spect_train_paths.npy", p)
```

스펙트로그램의 크기를 정의하는 것으로 코드를 시작한다. 이 데이터가 모델에 입력으로 전달된 데이터다. 모델에서 처리할 수 있는 입력 크기에 제한이 있기 때문에 데이터를 너무 크게 잡으면 안 된다. 여기서는 100×160 픽셀을 적정 크기로 선택한다. 그런 다음 ❶에서 학습 파일의 목록을 로드하고 스펙트로그램 이미지와 관련 레이블을 저장할 넘파이 배열을 생성한다. 리스트 변수 p에는 각 스펙트로그램에 대한 소스 파일의 경로명을 저장해 특정 시점에서 원본 사운드 파일을 참조해야 할 때 사용한다. 일반적으로 특정 데이터 세트가 파생돼 온 소스 파일을 참조하려면 경로 정보를 보존해두는 것이 좋다.

그런 다음 파일 리스트의 각 원소에 대해 반복 작업을 시작한다. 파일명과 클래스 레이블을 추출한 다음 ❷에서 sox 툴을 호출하면서 소스 사운드 파일의 이름을 전달한다. 애플리케이션 툴인 sox는 정교한 작업을 수행한다. 여기에서 사용된 커맨드라인은 주어진 원본 사운드 파일을 스펙트로그램 이미지로 바꿔 spectrogram.png라는 이름으로 저장하라는 의미다. 출력된 스펙트로그램을 변수 im으로 즉시 로드하는데, 이때 convert("RGB")를 호출해 해당 이미지를 투명 계층이 없는 RGB 파일로 변환시킨 후 로드한다.

sox 툴에 의해 생성된 스펙트로그램에는 주파수 및 시간 정보 주변에 테두리가 그려져 있다. 여기서는 스펙트로그램 이미지 부분만 필요하므로 ❸에서 이미지의 테두리 부분을 제외한 부분집합을 추출하는 작업을 수행한다. 사용된 첨자는 경험을 바탕으로 적당히 선택한 것이다. 가능성은 낮지만 sox의 신규 버전에서는 테두리를 나타내는 픽셀이 포함되지 않도록 조정하는 과정을 요구할 수도 있다.

다음으로 스펙트로그램의 크기를 조정해 100 × 160 픽셀 배열에 맞춘다. 실제로는 다운샘플링이 일어나고 있지만 이 과정에서도 모델이 클래스 간의 차이를 학습할 수 있게 충분한 특성 정보가 여전히 존재할 것으로 기대할 수 있다. 다운샘플링된 스펙트로그램과 관련 클래스 레이블 및 사운드 파일의 경로를 따로 보관한다.

모든 스펙트로그램을 생성한 후 루프가 종료되면 필요 없는 마지막 스펙트로그램 PNG 파일은 제거해준다. 이미지와 레이블을 저장한 것과 동일한 방식으로 사운드 파일 경로를 저장하고자 해당 경로를 넘파이 배열로 변환해준다. 마지막으로 ❹에서 이미지의 순서를 뒤섞어줘서 클래스를 그룹화하는 묵시적 정렬에 대비한다. 이러한 대비책 덕분에 순차적으로 추출된 미니배치가 혼합된 클래스 전체를 대표할 수 있게 된다. 마지막으로 이미지, 레이블, 경로 이름을 디스크에 저장한다. 테스트 세트의 각 행을 돌면서 전체 프로세스를 반복 수행한다.

서로 다른 클래스의 스펙트로그램은 시각적으로 구분할 수 있을까? 시각적으로 쉽게 구분할 수 있다면 모델도 그 차이를 쉽게 구분할 수 있을 것이다. 그림 15-5는 각 행별로 동일한 클래스의 스펙트로그램 10개씩을 나열한 것이다.

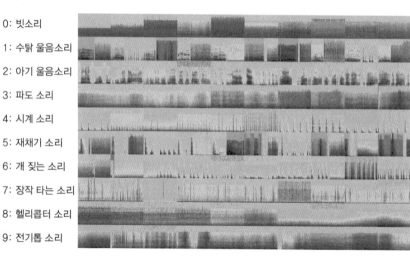

0: 빗소리
1: 수탉 울음소리
2: 아기 울음소리
3: 파도 소리
4: 시계 소리
5: 재채기 소리
6: 개 짖는 소리
7: 장작 타는 소리
8: 헬리콥터 소리
9: 전기톱 소리

그림 15-5: ESC-10의 각 클래스에 대한 샘플 스펙트로그램.
각 행별로 동일한 클래스에 속한 10개의 스펙트로그램 샘플 나열

시각적으로도 어느 정도 스펙트럼을 구분할 수 있다는 사실이 고무적이다. 스펙트로그램을 확보했으므로 이제는 1D CNN의 성능을 능가할 수 있는지 알아보고자 2D CNN 모델 몇 가지를 시험해보자.

스펙트로그램 분류

스펙트로그램 데이터 세트로 작업하려면 2D CNN이 필요하다. 얕은 1D CNN 아키텍처를 2D로 변환하는 작업으로 시작해보자. Conv1D를 Conv2D로, MaxPooling1D를 MaxPooling2D로 변경하면 2D CNN 모델로 바꿀 수 있다. 그러나 이 방식을 따르면 최종 모델에 3,070만 개의 파라미터가 생성된다. 필요 이상으로 많은 양이다. 차선책으로 파라미터 수가 더 적은 심층 아키텍처를 구성한 다음 맨 앞의 컨볼루션 계층에 투입되는 커널의 크기를 조정하는 방식을 채택해 결과를 분석해보자. 리스트 15-12에 자세한 구현 내용이 나와 있다.

리스트 15-12: 스펙트로그램 분류

```
import keras
from keras.models import Sequential
from keras.layers import Dense, Dropout, Flatten
from keras.layers import Conv2D, MaxPooling2D
import numpy as np

batch_size = 16
num_classes = 10
epochs = 16
img_rows, img_cols = 100, 160
input_shape = (img_rows, img_cols, 3)
x_train = np.load("esc10_spect_train_images.npy")
y_train = np.load("esc10_spect_train_labels.npy")
x_test = np.load("esc10_spect_test_images.npy")
y_test = np.load("esc10_spect_test_labels.npy")
x_train = x_train.astype('float32') / 255
x_test = x_test.astype('float32') / 255
y_train = keras.utils.to_categorical(y_train, num_classes)
y_test = keras.utils.to_categorical(y_test, num_classes)

model = Sequential()
model.add(Conv2D(32, kernel_size=(3,3), activation='relu',
```

```
                    input_shape=input_shape))
model.add(Conv2D(64, (3, 3), activation='relu'))
model.add(MaxPooling2D(pool_size=(2, 2)))
model.add(Dropout(0.25))
model.add(Conv2D(64, (3, 3), activation='relu'))
model.add(MaxPooling2D(pool_size=(2, 2)))
model.add(Dropout(0.25))
model.add(Flatten())
model.add(Dense(128, activation='relu'))
model.add(Dropout(0.5))
model.add(Dense(num_classes, activation='softmax'))

model.compile(loss=keras.losses.categorical_crossentropy,
              optimizer=keras.optimizers.Adam(),
              metrics=['accuracy'])
history = model.fit(x_train, y_train,
            batch_size=batch_size, epochs=epochs,
            verbose=0, validation_data=(x_test, y_test))
score = model.evaluate(x_test, y_test, verbose=0)
print('Test accuracy:', score[1])
model.save("esc10_cnn_deep_3x3_model.h5")
```

미니배치 크기는 16으로 설정하고 에폭도 16으로 설정한다. 최적화 알고리듬으로는 Adam을 사용한다. 모델 아키텍처의 구성은 먼저 2개의 컨볼루션 계층이오고 드롭아웃과 함께 최대 풀링 계층이 뒤따라 나온 다음 또 다른 컨볼루션계층을 이어서 배치하고 드롭아웃을 갖춘 두 번째 최대 풀링 계층을 배치한형태다. 마지막 부분에 128개의 노드로 구성된 덴스 계층이 있고 맨 끝에는소프트맥스 출력 계층이 있다.

첫 번째 컨볼루션 계층에 대해 3 × 3 및 7 × 7 크기의 두 가지 커널을 테스트해보자. 리스트 15-12는 3 × 3 커널을 사용하는 형식으로 구현돼 있다. 크기 (3,3)을 (7,7)로 변경하면 커널을 바꿀 수 있다. 1D 컨볼루션의 경우 모델 초기화 과정에서 모델 학습은 한 번만 실행한 다음 평가를 진행했다. 무작위로 초깃값을 설정하고 시작하기 때문에 아무것도 변경하지 않았음에도 불구하고 학습시킬 때마다 약간씩 다른 결과가 나올 수 있다. 실험 대상 2D CNN의 경우 각 모델을 6번 학습시키고 전체 정확도를 평균 ± 평균의 표준 오차로 표시해보자. 실행 결과 다음과 같은 전반적인 정확도를 얻을 수 있다.

커널 크기	성능 점수
3 × 3	78.78 ± 0.60%
7 × 7	78.44 ± 0.72%

두 값이 거의 비슷한 것을 보면 초기 컨볼루션 계층의 커널 크기를 3 × 3으로 잡는 것과 7 × 7로 잡는 것 사이에 별 차이가 없다. 이 결과를 근거로 이후의 설명에서는 3 × 3 커널을 사용하기로 한다. 그림 15-6을 보면 스펙트로그램 데이터를 사용해 학습시킨 2D CNN의 실행 결과에 대한 학습 및 검증 손실(위)과 오차(아래)를 확인할 수 있다. 1D CNN 사례에서 봤듯이 몇 에폭 후에 검증 오차가 증가하기 시작한다.

2D CNN은 1D CNN보다 훨씬 더 나은 성능을 보여주고 있다. 기존 54% 대비 79%까지 향상됐다. 이 정도 수준의 정확도는 대부분의 애플리케이션에서는 특별히 유용하다고 볼 수 없지만 일부 목적이 다른 애플리케이션에서는 완전한 모델로 받아들여질 수도 있다. 그래도 가능하다면 더 나은 성능의 모델을 만드는 것이 좋다. 여기서 이 책의 실험에 몇 가지 제약 사항이 있다는 사실을 짚고 넘어가자. 처음에 CPU만 사용하기로 했기 때문에 하드웨어에 제약이 생겼고 이로 인해 처리할 수 있는 데이터의 규모와 모델 학습에 소요된 시간도 제한적일 수밖에 없는 상황이 됐다. GPU를 사용해 여기에 소개된 코드를 실행한다면 학습 데이터의 규모나 학습에 소요되는 시간이 25배 정도 향상될 수 있을 것이다. 또 다른 예로 임베디드 시스템에서 모델을 실행할 계획이라면 GPU를 사용하기 어려운 상황이 대부분일 것이므로 더 작은 모델을 채택할 것이다.

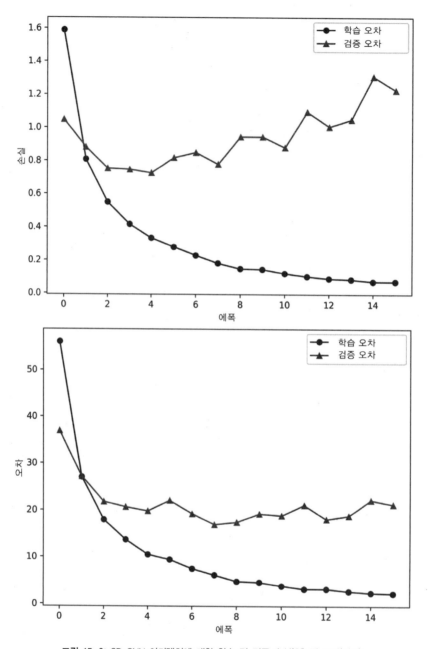

그림 15-6: 2D CNN 아키텍처에 대한 학습 및 검증 손실(위) 및 오차(아래)

초기화, 정규화, 배치 정규화

문헌을 참고해보면 추가로 실험해볼 수 있는 다른 주제도 있음을 알 수 있다. 여기서 이미 적용한 기술 중에 데이터를 증강시키는 기술도 강력한 기술이었고 드롭아웃 기법도 강력한 기술이었다. 새로운 초기화 전략인 헤[He] 초기화 기법을 실험해볼 수도 있다. 이 기법은 케라스에서 디폴트로 사용되는 글로롯 초기화 기법보다 종종 더 좋은 성능을 보이는 기법이다. 또한 케라스에서 계층별 가중치 감쇠를 구현할 때 사용하는 L2 정규화를 시험해볼 수도 있다. 이러한 기법에 대한 자세한 내용은 10장을 참조하기 바란다.

계층 초기화 알고리듬을 사용하려면 다음과 같은 명령어를 Conv2D나 첫 번째 Dense 계층의 정의문에 추가해준다.

```
kernel_initializer="he_normal"
```

L2 정규화 알고리듬을 사용하려면 다음과 같은 명령어를 Conv2D나 첫 번째 Dense 계층의 정의문에 추가해준다.

```
kernel_regularizer=keras.regularizers.l2(0.001)
```

여기서 $\lambda = 0.001$로 설정한다. λ는 L2 정규화를 위한 스케일 팩터에 해당한다.

이 두 가지를 한꺼번에 테스트할 수도 있지만 일단 따로따로 실험해서 주어진 데이터 세트에 어떤 효과가 있는지 확인해본다. 앞에서 사용했던 6개의 모델에 적용해보면 다음과 같은 전반적인 정확도를 얻을 수 있다.

정규화 방식	성능 점수
헤 초기화	78.5 ± 0.5%
L2 정규화	78.3 ± 0.4%

이전 실험으로 얻어낸 결과와 통계적으로 큰 차이가 없다. 그러므로 이러한 접근 방식은 유익하지도 유해하지도 않다는 결론을 내릴 수 있다.

배치 정규화 기법은 머신러닝 커뮤니티에서 널리 사용하는 잘 테스트된 또 다른 기술이다. 배치 정규화는 12장에서 간략하게 언급했다. 배치 정규화는 이름이 의미하듯이 네트워크 계층별 입력을 정규화하는 기능으로, 입력값에 대해 피처별 평균값을 빼주고 피처별 표준 편차로 나눠주는 과정을 수행한다. 정규화된 입력에 상수를 곱하고 오프셋을 추가해 각 계층의 출력을 산출한다. 결과적으로 2단계의 작업을 통해 입력값을 새로운 출력값으로 매핑하는 과정이 이뤄지는 것이다. 첫 번째로 입력을 정규화한 다음 두 번째로 선형 변환을 적용해 최종 출력을 얻는다. 역전파 과정에서 선형 변환 대상 파라미터에 대한 학습이 이뤄진다. 데이터 세트를 통해 알아낸 평균과 표준 편차는 모델을 사용해 추론할 때에도 미지의 입력 데이터에 대해 적용해줘야 한다.

배치 정규화는 특별히 학습 속도를 높이는 데 효과적이라는 것을 계속해서 보여주고 있다. 머신러닝 연구자들은 아직도 이 기법이 작동하는 정확한 원리에 대해 토론하고 있다. 케라스에서 사용하려면 네트워크의 컨볼루션 및 덴스 계층 다음(그리고 해당 계층에서 사용하는 ReLU와 같은 활성화 함수 뒤)에 배치 정규화를 삽입하기만 하면 된다. 배치 정규화는 드롭아웃을 적용하면 잘 작동하지 않는 것으로 알려져 있으므로 드롭아웃 계층은 제거한다. 이 부분과 관련된 모델 아키텍처가 리스트 15-13에 구현돼 있다.

리스트 15-13: 배치 정규화 추가

```
from keras.layers import BatchNormalization

model = Sequential()
model.add(Conv2D(32, kernel_size=(3, 3),
                 activation='relu', input_shape=input_shape))

model.add(BatchNormalization())
```

```python
model.add(Conv2D(64, (3, 3), activation='relu'))
model.add(BatchNormalization())
model.add(MaxPooling2D(pool_size=(2, 2)))

model.add(Conv2D(64, (3, 3), activation='relu'))
model.add(BatchNormalization())
model.add(MaxPooling2D(pool_size=(2, 2)))

model.add(Flatten())
model.add(Dense(128, activation='relu'))
model.add(BatchNormalization())
model.add(Dense(num_classes, activation='softmax'))
```

6개 모델에 대해 배치 정규화를 적용해 반복적으로 학습시킨 다음 전체적인 정확도를 평균과 표준 편차의 형식으로 구해보면 75.56 ± 0.59%라는 결과가 나온다. 이 결과는 배치 정규화를 적용하지 않고 드롭아웃을 적용한 모델에 비해 상당히 낮은 수치다.

혼동 행렬 조사

이번 절의 데이터 세트는 다루기가 쉽지 않다는 것을 알게 됐다. 증강법과 드롭 아웃은 효과적이었지만 ReLU 전용 초기화 기법이나 L2 정규화 기법(가중치 감쇠), 배치 정규화까지도 성능 개선에 도움을 주지 못했다. 그렇다고 해서 이러한 기법들이 비효율적이라는 의미는 아니다. 단지 이 예를 통해 사용된 특정 소규모 데이터 세트에 효과적이지 않다는 의미다.

주어진 아키텍처를 사용하는 모델 중 하나를 선택해 혼동 행렬을 생성해보고 결과를 살펴보자. 혼동 행렬을 계산하는 방법은 이전에 이미 살펴봤다. 계산된 혼동 행렬을 여기에 나타내본다. 다음 절에서 또 다른 혼동 행렬과 비교하고 토론할 기회가 있을 것이다. 표 15-2에 혼동 행렬이 나와 있다. 항상 그렇듯이 행은 실제 클래스 레이블이고 열은 모델이 판정한 레이블이다.

표 15-2: 스펙트로그램 모델에 대한 혼동 행렬

클래스	0	1	2	3	4	5	6	7	8	9
0	85.6	0.0	0.0	5.6	0.0	0.0	0.0	5.0	0.6	3.1
1	0.0	97.5	1.2	0.0	0.6	0.6	0.0	0.0	0.0	0.0
2	0.0	13.8	72.5	0.6	0.6	3.8	6.2	0.0	0.6	1.9
3	25.0	0.0	0.0	68.1	0.0	2.5	0.6	0.0	2.5	1.2
4	0.6	0.0	0.0	0.0	84.4	6.2	5.0	3.8	0.0	0.0
5	0.0	0.0	0.6	0.0	0.0	94.4	4.4	0.6	0.0	0.0
6	0.0	0.0	1.2	0.0	0.0	10.6	88.1	0.0	0.0	0.0
7	9.4	0.0	0.6	0.0	15.6	1.9	0.0	63.8	7.5	1.2
8	18.1	1.9	0.0	5.6	0.0	1.2	2.5	6.9	55.6	8.1
9	7.5	0.0	8.1	0.6	0.0	0.6	0.0	1.9	10.0	71.2

성능이 가장 낮은 세 클래스는 헬리콥터 소리(8), 장작 타는 소리(7), 파도 소리
(3)다. 파도 소리와 헬리콥터 소리는 빗소리(0)와 가장 자주 혼동되는 반면 장작
타는 소리는 시계 소리(4)나 빗소리와 자주 혼동된다. 가장 좋은 성능을 보이는
클래스는 수탉 울음소리(1)와 재채기 소리(5)다. 타당성 있는 결과라고 할 수
있다. 수탉 울음소리와 재채기 소리는 매우 독특한 소리다. 비슷한 소리를 찾기
어렵다. 그러나 파도 소리와 헬리콥터 소리는 빗소리와 혼동될 것이고 시계
소리는 장작 타는 소리와 혼동될 수 있음을 쉽게 알 수 있다.

78.8%의 정확도에서 더 이상 개선될 여지는 없는 것일까? 아직 시도해볼 만한 기
법이 하나 더 있다. 지금까지는 하나의 모델만 사용해서 학습시키고 성능을 평가
했다. 여러 개의 모델을 학습시키고 각 모델의 결과를 모아 사용한다고 해서 안
될 것은 없다. 이런 방식을 앙상블ensemble이라고 부른다. 6장에서 앙상블에 대한
간단한 소개가 있었고 9장에서 다시 드롭아웃과 함께 설명한 바 있다. 이제 앙상
블 아이디어를 직접 사용해 사운드 샘플 분류기를 개선할 수 있는지 알아보자.

앙상블

앙상블의 핵심 아이디어는 동일하거나 매우 유사한 데이터 세트로 학습시킨 여러 모델의 출력을 결합하는 것이다. '군중의 지혜'라는 개념을 코드로 구현했다고 볼 수 있다. 즉, 어떤 하나의 모델은 특정 클래스나 특별한 입력 유형에 대해 다른 모델보다 더 좋은 성능을 낼 수 있기 때문에 이런 모델들을 묶어서 큰 모델을 만들면 여러 가지 클래스에 대해 좋은 성능을 내는 결과를 만들어낼 수 있다.

개별 모델로는 앞 절에서 사용한 것과 동일한 머신러닝 아키텍처를 사용한다. 스펙트로그램 입력으로 사용하되 여러 개의 모델을 따로따로 학습시켜 서로 다른 모델을 만들어낼 것이다. 앙상블의 형태 중 아주 간단한 형태에 해당한다. 일반적으로 하나의 앙상블에 포함되는 모델들은 완전히 다른 종류로 구성된다. 신경망 아키텍처를 완전히 다른 형태로 구성하거나 랜덤 포레스트, k-최근접 이웃 등 근본적으로 다른 유형의 모델을 사용한다. 이 예제에서 모델 간의 차이가 발생하는 이유는 네트워크를 무작위로 초기화시키기 때문이고, 학습이 종료될 때 손실 곡면에서 각 네트워크가 도달하는 지점의 위치가 다르기 때문이다.

이 접근 방식은 다음과 같은 절차에 따라 수행한다.

1. 스펙트로그램 데이터 세트를 사용해 여러 모델($n = 6$)을 학습시킨다.
2. 각 모델에 대해 테스트 세트를 적용해 얻은 소프트맥스 출력을 특정 방식으로 결합한다.
3. 결합된 출력 결과를 사용해 할당된 클래스 레이블을 예측한다.

여러 모델을 결합해 클래스 레이블을 판정한 결과는 하나의 모델이 단독으로 판정한 결과보다 우수할 것이다. 직관적으로 이 방식을 사용하면 좋은 효과를 얻을 수 있다는 것을 알 수 있다.

하지만 구현을 시작해보려고 하면 바로 문제가 생긴다. 개별 네트워크의 출력을 가장 효율적으로 결합하는 방법은 무엇일까? 정해진 것은 없으므로 다양한 방법을 생각해볼 수 있다. 찾아내야 할 방법은 다음과 같은 함수 $f()$라고 할 수 있다.

$$y_{predict} = f(y_0, y_1, y_2, \ldots, y_n)$$

여기서 $y_i, i = 0, 1, \ldots, n$은 앙상블에 있는 n개 모델의 출력이고 $f()$는 이들을 결합해 새로운 예측 $y_{predict}$를 산출하는 함수, 연산 또는 알고리듬이다.

개별 모델의 결과를 결합할 수 있는 몇 가지 방안이 바로 떠오른다. 각 출력의 평균을 구한 뒤 최댓값을 선택하는 방법이나 앙상블 전체에서 클래스별 최댓값을 구한 다음 그중 최댓값을 선택하는 방법 또는 모델 간 투표 방식으로 클래스 레이블을 최종 선택하는 방법 등이다. 이 세 가지 방법을 모두 시험해보자.

첫 번째 접근 방법부터 시작한다. 이미 6개의 앙상블 모델이 확보돼 있다. 이들은 테스트 세트에 대한 평균 정확도를 계산하고자 앞 절에서 학습시켰던 모델이다. 이 모델 아키텍처는 드롭아웃을 사용하고 있으며 다른 초기화 알고리듬이나 L2 정규화 또는 배치 정규화 기법은 사용하지 않는다.

앞 절에서 학습시킨 모델을 테스트 세트에 적용하는 코드는 리스트 15-14와 같이 간단히 구현할 수 있다.

리스트 15-14: 테스트 세트에 여러 모델 적용

```
import sys
import numpy as np
from keras.models import load_model

model = load_model(sys.argv[1])
x_test = np.load("esc10_spect_test_images.npy")/255.0
y_test = np.load("esc10_spect_test_labels.npy")
❶ prob = model.predict(x_test)
❷ p = np.argmax(prob, axis=1)
```

```
cc = np.zeros((10,10))
for i in range(len(y_test)):
    cc[y_test[i],p[i]] += 1

❸ print(np.array2string(cc.astype("uint32")))
cp = 100.0 * cc / cc.sum(axis=1)

❹ print(np.array2string(cp, precision=1))
print("Overall accuracy = %0.2f%%" % (100.0*np.diag(cc).sum()/cc.sum(),))
np.save(sys.argv[2], prob)
```

이 코드는 학습된 모델 파일의 이름을 첫 번째 인수로 받아들이고 모델 예측 결과를 저장할 출력 파일의 이름을 두 번째 인수로 받아들인다. 그런 다음 모델 및 스펙트로그램 테스트 데이터를 로드하고 ❶에서 테스트 데이터에 모델을 적용한 다음 ❷에서 가장 큰 출력 결괏값을 선택해 클래스 레이블로 예측한다.

다음 단계에서는 혼동 행렬을 계산하고 이를 두 가지 형식으로 표시한다. ❸에서는 실제 개수를 기준으로 표시하고 ❹에서는 실제 클래스의 백분율로 표시한다. 마지막으로 전체 정확도를 표시한 뒤 확률 값을 디스크에 저장한다. 이 코드를 사용해 6개 모델 각각의 예측 결괏값을 저장할 수 있다.

이제 앞에서 시도하기로 한 세 가지 방법 중 첫 번째 방법으로 확보된 예측 결괏값을 결합해보자. 모델 예측의 평균을 계산하고자 먼저 각 모델의 예측 결괏값을 로드한 다음 평균을 취하고 그 값을 기반으로 최댓값을 선택한다. 자세한 실행 과정은 리스트 15-15에 나와 있다.

리스트 15-15: 테스트 세트 결과의 평균화

```
p0 = np.load("prob_run0.npy")
p1 = np.load("prob_run1.npy")
p2 = np.load("prob_run2.npy")
p3 = np.load("prob_run3.npy")
```

```
p4 = np.load("prob_run4.npy")
p5 = np.load("prob_run5.npy")
y_test = np.load("esc10_spect_test_labels.npy")
prob = (p0+p1+p2+p3+p4+p5)/6.0
p = np.argmax(prob, axis=1)
```

실행 결과를 백분율 기준 혼동 행렬로 나타내면 다음과 같다.

클래스	0	1	2	3	4	5	6	7	8	9
0	83.8	0.0	0.0	7.5	0.0	0.0	0.0	4.4	0.0	4.4
1	0.0	97.5	1.9	0.0	0.0	0.6	0.0	0.0	0.0	0.0
2	0.0	10.0	78.1	0.0	0.0	3.1	6.2	0.0	0.0	2.5
3	9.4	0.0	0.0	86.2	0.0	3.1	0.6	0.0	0.0	0.6
4	0.6	0.0	0.0	0.0	83.1	5.6	5.0	5.6	0.0	0.0
5	0.0	0.0	0.0	0.0	0.6	93.8	5.6	0.0	0.0	0.0
6	0.0	0.0	0.6	0.0	0.0	8.8	90.6	0.0	0.0	0.0
7	8.1	0.0	0.0	0.0	17.5	1.9	0.0	64.4	7.5	0.6
8	6.2	0.0	0.0	7.5	0.0	1.9	4.4	8.8	66.2	5.0
9	5.0	0.0	5.0	1.2	0.0	0.6	0.0	1.9	10.6	75.6

전체 정확도는 82.0%로 집계된다.

이 접근 방식은 성능 향상에 도움이 된다. 실제로 전체 정확도가 79%에서 82%로 향상됐다. 가장 눈에 띄게 향상된 클래스는 클래스 3(파도 소리)과 클래스 8(헬리콥터 소리)이다.

다음으로 살펴볼 접근 방법은 각각의 클래스에 대해 6개 모델이 예측한 값 중 최대 확률을 확보한 뒤 그중 제일 큰 것을 클래스 레이블에 할당하는 방식이다. 자세한 내용은 리스트 15-16에 소개돼 있다.

리스트 15-16: 테스트 세트의 최댓값 보관

```
p = np.zeros(len(y_test), dtype="uint8")
for i in range(len(y_test)):
    t = np.array([p0[i],p1[i],p2[i],p3[i],p4[i],p5[i]])
    p[i] = np.argmax(t.reshape(60)) % 10
```

먼저 실제 레이블의 벡터인 y_test와 같은 길이의 벡터 p를 정의한다. 다음으로 각 테스트 샘플별로 넘파이 배열 t를 생성한다. 변수 t에는 6개 모델이 각 클래스에 대해 예측한 값을 모두 연결한 값이 저장된다. 변수 t의 모양을 변경해 60개의 요소로 구성된 1차원 벡터로 만든다. 왜 60개의 요소가 됐을까? 그것은 총 10개의 클래스를 6개의 모델이 예측하고 있기 때문이다. 이 벡터의 최댓값이 가장 큰 값으로 선택되며 argmax 함수는 이 값에 해당하는 인덱스를 반환한다. 반환된 인덱스 자체를 사용하지는 않는다. 대신 이 인덱스가 매핑되는 클래스 레이블을 사용할 것이다. 인덱스 값에 모듈로 10을 취해 적절한 클래스 레이블을 확보한 후 p에 할당한다. 변수 p와 y_test를 사용해 다음과 같이 혼동 행렬을 계산할 수 있다.

클래스	0	1	2	3	4	5	6	7	8	9
0	82.5	0.0	0.0	9.4	0.0	0.0	0.0	4.4	0.6	3.1
1	0.0	95.0	4.4	0.0	0.0	0.0	0.0	0.6	0.0	0.0
2	0.0	10.0	78.8	0.0	0.0	3.1	5.6	0.0	0.0	2.5
3	5.0	0.0	0.0	90.6	0.0	2.5	0.6	0.0	0.6	0.6
4	1.2	0.0	0.0	0.0	81.2	6.2	5.0	6.2	0.0	0.0
5	0.0	0.0	0.0	0.0	0.6	93.8	5.6	0.0	0.0	0.0
6	0.0	0.0	0.6	0.0	0.6	8.8	90.0	0.0	0.0	0.0
7	8.8	0.0	0.0	0.0	16.2	2.5	0.0	65.0	6.9	0.6
8	8.1	0.0	0.0	6.2	0.0	1.9	4.4	9.4	63.1	6.9
9	3.8	0.0	4.4	3.1	0.0	0.0	0.0	1.9	10.6	76.2

전체 정확도는 81.6%로 집계된다.

투표는 여러 모델의 출력을 결합하는 데 사용되는 일반적인 접근 방식이다. 리스트 15-17에 투표 방식을 구현한 코드가 나와 있다.

리스트 15-17: 최적의 클래스 레이블을 선택하기 위한 투표 방식

```
t = np.zeros((6,len(y_test)), dtype="uint32")
❶ t[0,:] = np.argmax(p0, axis=1)
  t[1,:] = np.argmax(p1, axis=1)
  t[2,:] = np.argmax(p2, axis=1)
  t[3,:] = np.argmax(p3, axis=1)
  t[4,:] = np.argmax(p4, axis=1)
  t[5,:] = np.argmax(p5, axis=1)
  p = np.zeros(len(y_test), dtype="uint8")
  for i in range(len(y_test)):
      q = np.bincount(t[:,i])
      p[i] = np.argmax(q)
```

먼저 ❶에서 6개의 모델 예측에 argmax를 적용해 해당되는 레이블을 구한 뒤 결과를 모아 결합할 행렬 t에 저장한다. 그런 다음 앞서 수행했던 대로 최종 할당된 클래스 레이블을 보관하고자 변수 p를 정의한다. 각 테스트 샘플에 대해 넘파이 함수 bitcount를 반복 적용해 현재 테스트 샘플에 대해 각 클래스 레이블이 출현한 횟수를 구한다. 집계된 횟수가 가장 큰 레이블이 가장 자주 선택되는 레이블이므로 함수 argmax를 다시 사용해 적절한 출력 레이블을 변수 p에 할당한다. 클래스 레이블이 0부터 9까지 연속적으로 나열돼 있기 때문에 이 코드가 작동하는 데 아무런 문제도 없다. 이것만으로도 간단하고 정렬된 클래스 레이블을 사용하기에 충분한 이유가 된다.

이 투표 방식에 의해 생성된 혼동 행렬은 다음과 같다.

660

클래스	0	1	2	3	4	5	6	7	8	9
0	86.2	0.0	0.0	8.8	0.0	0.0	0.0	3.8	0.0	1.2
1	0.0	98.1	1.2	0.0	0.0	0.6	0.0	0.0	0.0	0.0
2	0.0	10.6	78.1	0.0	0.0	3.1	5.6	0.0	0.0	2.5
3	14.4	0.0	0.0	81.2	0.0	3.1	0.6	0.0	0.0	0.6
4	0.6	0.0	0.0	0.0	83.8	5.6	5.0	5.0	0.0	0.0
5	0.0	0.0	0.0	0.0	0.6	94.4	5.0	0.0	0.0	0.0
6	0.0	0.0	1.2	0.0	0.6	9.4	88.8	0.0	0.0	0.0
7	8.8	0.0	0.0	0.0	18.1	1.9	0.0	65.6	5.0	0.6
8	7.5	0.0	0.0	6.9	0.0	3.1	3.8	8.8	67.5	2.5
9	5.6	0.0	6.2	1.2	0.0	0.6	0.0	1.9	11.2	73.1

전체 정확도는 81.7%로 집계된다.

이 세 가지 앙상블 접근 방식은 거의 동일한 수준의 성능 향상을 가져왔다. 모델들의 출력 결과를 간단히 결합한 결과 기본 모델을 단독으로 돌렸을 때보다 기본적으로 3%의 정확도 향상을 얻을 수 있었다. 앙상블 기법의 유용성이 어느 정도 입증된 사례라고 할 수 있다.

요약

15장에서는 실제 구현 사례를 살펴보면서 새로운 형태의 데이터 세트를 다뤄봤고 유용한 모델을 구축하고자 필요한 과정을 단계별로 알아봤다. 먼저 원시 사운드 샘플의 형태로 주어진 데이터 세트를 살펴본 다음 해당 데이터에 증강법을 적용해 원본 데이터를 성공적으로 증강시킬 수 있었다. 다음으로 피처 벡터가 존재한다는 사실에 착안해 고전 모델을 적용해봤다. 더 나아가 1D 컨볼루션 신경망을 적용해 실험했다. 하지만 이러한 접근 방식 중 어느 것도 특별히 성공적이지 못했다.

다행스럽게도 데이터 세트를 새로운 표현 형태로 변환할 수 있는 방법이 있었다. 이 표현 방식은 데이터를 구성하는 요소를 더 효과적으로 표현해준다. 특히 중요한 것은 공간적인 요소를 표현해주기 때문에 2D 컨볼루션 네트워크로 작업이 가능해졌다는 점이다. 2D 네트워크를 적용한 결과 1D 네트워크로 얻어낸 최상의 성능을 상당히 능가하는 성과를 거뒀지만 여전히 유용한 수준까지는 도달하지 못했다.

CNN 학습 기법을 모두 시도해본 후 앙상블 형태로 분류기를 결합하는 방식을 실험해봤다. 여러 개의 기본 모델 출력을 결합하는 간단한 접근 방식(예를 들어 평균화 기법)을 사용해 상당한 성능 향상을 얻을 수 있었다.

다음 표는 15장에서 소개된 사례를 살펴보는 과정에서 모델을 개선시킬 때마다 전체적인 정확도가 어떻게 향상됐는지 보여준다.

모델	원본 데이터	정확도
가우시안 나이브 베이즈	1D 음향 샘플	28.1%
랜덤 포레스트(1,000개 트리)	1D 음향 샘플	34.4%
1D CNN	1D 음향 샘플	54.0%
2D CNN	스펙트로그램	78.8%
앙상블(평균)	스펙트로그램	82.0%

이 표는 현대 딥러닝 기술의 유용성과 이를 앙상블과 같이 잘 입증된 고전적인 접근 방식과 결합해 사용할 때의 효과를 보여준다.

15장을 끝으로 머신러닝에 대한 탐험을 마친다. 처음에는 데이터와 데이터 세트로 시작했다. 이어서 고전적인 머신러닝 모델을 살펴본 다음 전통적인 신경망으로 뛰어들어 현대적인 컨볼루션 신경망을 이해할 수 있는 견고한 토대를 마련했다. 다음으로 CNN의 자세한 내용을 살펴봤고 전혀 새로운 데이터 세트를 적절히 가공해 성공적인 모델을 구축하는 방법을 보여주는 사례 연구로 마무리했다. 전 과정을 통해 계속해서 모델을 평가하는 방법도 배웠다. 머신러닝 커뮤니티에서 자주 사용하는 메트릭에 익숙해졌기 때문에 논문이나 발표를 통해 논의되는 내용을 잘 이해할 수 있게 됐다.

물론 이 책 전체는 머신러닝의 서론에 해당하는 내용이며 지속적으로 성장하고 있는 이 분야의 표면을 살짝 긁어본 것에 불과하다. 16장은 여러 가지 제약으로 인해 좁게 설정됐던 이 책의 영역을 넘어 머신러닝의 방대한 세계를 탐험할 수 있게 안내하는 출발점이 될 것이다.

16

추가 학습

지금까지 데이터 세트 생성 방법, 고전적인 모델 구축 방법, 모델 평가 방법, 전통적인 신경망에서 컨볼루션 신경망에 이르는 기본적인 딥러닝 아키텍처 개념 등을 두루 살펴봤다. 이로써 현대적인 머신러닝에 대한 기본적인 개념을 섭렵했다고 할 수 있다. 이 짧은 장에서는 추가 연구에 도움이 될 정보를 소개한다.

장기적으로 공부해야 할 큰 주제뿐 아니라 단기적으로 시도해볼 수 있는 연속성 있는 연구 주제도 살펴볼 것이다. 또한 최신 양질의 자료를 찾을 수 있는 온라인 리소스도 소개한다(온라인에 있는 모든 것이 일시적인 것이므로 변경 가능성에 유의). 다음으로 참석할 만한 학회의 목록을 실었다. 필자가 작성한 다분히 주관적인 목록이다. 마지막에는 감사와 작별 인사로 마무리할 것이다.

CNN 추가 연구

컨볼루션 신경망에 4개 장에 해당하는 분량을 할애했음에도 아직 이 아키텍처가 할 수 있는 일의 피상적인 부분만 살펴본 수준에 불과하다. CNN의 근본적인 원리를 설명하는 것이 목표였으므로 설명이 제한적이기 때문이다. 또 다른 현실적인 이유는 GPU를 사용하지 않기로 결정했기 때문에 하드웨어적 제약이 생긴 것이다. GPU로 복잡한 모델을 학습시키면 보급형 CPU를 사용할 때보다 20~25배 빠른 성능을 보인다. 딥러닝 애플리케이션용으로 설계된 시스템의 GPU를 사용하면 성능이 훨씬 더 좋아진다.

실습에서 사용했던 모델은 르넷^{LeNet} 모델과 유사한 구조를 갖고 있다. 르넷 모델은 1990년대에 르쿤^{LeCun}이 개발한 모델이다. 핵심 개념을 이해하는 데 도움이 되지만 다른 목적으로 응용하기는 어려운 모델이다. 최신 CNN은 다양한 형태로 제공되며 이제는 거의 '표준' 아키텍처로 제공되고 있다. GPU를 사용하면 대규모 CNN 아키텍처를 사용해볼 수 있다.

추가로 살펴볼 아키텍처 목록은 다음과 같다.

- 레스넷^{ResNet}
- 유넷$^{U-Net}$
- VGG
- 덴스넷^{DenseNet}
- 인셉션^{Inception}
- 알렉스넷^{AlexNet}
- 욜로^{YOLO}

다행히 본문에서 소개된(많은 부분을 살펴보지는 못했지만) 케라스 툴킷에서 위 목록의 모든 아키텍처를 지원하고 있다. 개인적으로 특히 유용해 보이는 두 가지 아키텍처는 레스넷과 유넷이다. 후자는 입력 데이터를 의미론적으로 분할하고자 고안됐으며 특별히 의료 영상 분야에서 널리 사용하고 있다. 컴퓨터의 전원 공급장치나 하드 드라이브에 부담을 주지 않고 이와 같은 대규모 아키텍처를 성공적으로 학습시키려면 당연히 GPU가 필요하다. 최신 버전의 CUDA 라이브러리를 지원하는 중급 및 고급 게임용 GPU(예, NVIDIA)는 500달러 미만의 가격에 구입할 수 있다.[1] 여기서 주의할 사항은 컴퓨터가 해당 카드를 지원하는지 반드시 확인해야 한다는 것이다. 큰 전력이 필요하기 때문에 보통 600W 이상의 전원 공급장치가 장착돼야 한다. 그리고 GPU 카드를 장착하려면 폭이 2배인 PCIe 카드를 지원하는 슬롯이 필요하다. 처리 속도보다는 RAM 용량이 중요하다. GPU에 RAM 용량이 클수록 더 큰 모델을 학습시킬 수 있다.

GPU로 시스템을 업그레이드하지 않더라도 앞서 언급한 아키텍처를 자세히 살펴보고 무엇이 이들을 특별하게 만들고 추가된 계층들이 어떻게 작동하는지 분석해볼 필요가 있다. 자세한 내용은 keras.io 사이트에 게재된 다양한 케라스 문서를 통해 확인할 수 있다.

강화학습과 비지도학습

이 책은 지도학습에 관한 주제만을 다뤘다. 지도학습은 머신러닝 분야의 세 가지 주요 기술 중 가장 널리 사용되는 기술이다. 마르크스 형제[2]에 비유하자면 지도학습은 모두가 기억하는 그루초[3]와 같은 지위에 있다. 하포와 치코[4]를 깎아 내리려고 하는 말은 아니다. 마찬가지로 머신러닝의 다른 두 가지 기술인 강화학습과 비지도학습을 깎아 내리려는 의도는 없다.

강화학습은 목표 지향적이다. 모델이 보상을 최대화하는 방향으로 행동하게 만드는 알고리듬이다. 지도학습은 주어진 입력을 특정 출력 클래스에 매핑시키

---

1. 가상화폐 채굴 여파로 가격 등락이 심했기 때문에 시세가 바뀌어 있을 수 있다. – 옮긴이
2. 1950년대 미국의 가족 코미디 그룹 – 옮긴이
3. 마르크스 형제 중 제일 유명한 멤버 – 옮긴이
4. 마르크스 형제의 다른 멤버들 – 옮긴이

는 방법을 학습하는 방식이지만 강화학습은 게임에서 승리하는 것과 같이 최종 목표를 달성하고자 현재 상황에서 어떤 행동을 취해야 할 것인지를 학습하는 방식이다. 머신러닝과 관련된 대부분의 인상적인 뉴스 기사에는 강화학습이 포함돼 있다. 대표적인 뉴스로는 최고의 인간 게이머를 능가하는 최초의 아타리 2600 게임 플레이 시스템, 바둑 세계 챔피언을 이긴 알파고, 인간 기사가 둔 수백만 개의 기보를 학습하지 않고 바둑 규칙만으로 학습을 시작해 마스터한 알파고 제로의 훨씬 더 인상적인 업적 등이 있다. 자율 주행 자동차 시스템은 매우 복잡한 구조로 구성돼 있겠지만 핵심 기술은 강화학습이라는 것은 확실하다.

비지도학습은 레이블이 지정되지 않은 입력 데이터를 갖고 스스로 학습하는 시스템을 말한다. 전통적으로 비지도학습은 클러스터링을 의미한다. 레이블이 없는 피처 벡터를 입력 데이터로 받아 특정 유사도 메트릭을 기준으로 그룹화하는 k-평균 같은 알고리듬이 이에 해당한다. 현재 지도학습 및 강화학습 분야에서 진행되는 엄청난 양의 활동을 고려할 때 비지도학습은 크게 중요하지 않은 것 같다고 주장할 수도 있다. 그렇게 보일 수도 있지만 이 주장은 절반만 사실이다. 지도학습 중에 상당수가 레이블이 없는 데이터를 사용할 수 있는 방법(도메인 적용 방법)을 찾으려고 시도하고 있다. 인간의 학습 형태 중 비지도학습 유형이 차지하는 비율은 얼마나 될까? 어떤 자율 시스템을 만들어 미지의 세계에 풀어 놓는다고 생각해보자. 이 시스템을 만든 사람은 제작 당시 시스템이 어떤 정보를 알고 있어야 할지 알지 못했는데, 해당 시스템이 미지의 환경 속에서 필요한 정보를 알아서 학습할 수 있다면 매우 성공적인 프로젝트가 될 것이다. 이는 비지도학습의 중요성을 잘 보여주는 예라고 할 수 있다.

생성적 적대 신경망(GAN) 모델

생성적 적대 신경망^{GAN, Generative Adversarial Networks} 모델은 딥러닝 연구자 이안 굿펠로우^{Ian Goodfellow}가 고안한 모델로, 2014년에 발표됐다. GAN 모델은 약 20년 동안 발표된 머신러닝 기술 중 가장 중요한 기술로 주목받았다(2016년 바르셀로나에서 열린 NIPS 학회에서 얀 러쿤^{Yann LeCun}이 최초로 언급).

뉴스에 자주 나오는 실물 사진의 품질로 사람의 얼굴을 무한히 생성할 수 있는 모델에 대한 기사는 GAN 모델을 가리키는 것이다. 실제 같은 시뮬레이션 장면을 만들어내는 모델이나 특정 스타일의 이미지(예, 그림)를 다른 스타일(예, 사진)로 변환하는 모델도 역시 GAN 모델로 만든 것이다. GAN 모델은 두 개의 네트워크를 결합한 형태로 구성된다. 첫 번째는 입력값을 임의로 설정해 출력을 생성하는 생성 네트워크고 두 번째는 생성 네트워크에서 만들어낸 데이터와 실제 입력 데이터 간의 차이를 구별하는 방법을 학습하는 판별 네트워크다. 두 네트워크가 동시에 학습 과정을 거치므로 생성 네트워크는 판별 네트워크를 속이는 데 점점 능숙해진다. 반대로 판별 네트워크는 두 입력 간의 차이를 구별하는 방법을 배우는 데 점점 더 능숙해진다. 그 결과 매우 정교한 수준으로 원하는 것을 출력해주는 생성 네트워크가 생성된다.

GAN 모델을 제대로 파악하려면 책 한 권은 읽어야 하지만 최소한 이 모델의 핵심적인 동작 원리를 자세히 살펴보고 직관적으로 이해해두는 것이 좋겠다. 시작하기 좋은 모델로 매우 유명한 GAN 아키텍처인 CycleGan을 추천한다. 이 모델을 실행하면 유사한 모델을 많이 생성해 소규모의 군대를 만들 수 있다.

순환 신경망

순환 신경망^{RNN, Recurrent Neural Networks}은 이 책에서 다루지 않았지만 중요한 주제다. 피드백 루프를 갖추고 있는 네트워크며 사운드 샘플 또는 비디오 프레임과 같은 시계열 데이터 시퀀스를 처리하는 데 적합한 모델이다. 가장 잘 알려진 형태는 장단기 기억 네트워크인 장단기 메모리^{LSTM, Long Short-Term Memory} 모델이다. 순환 신경망은 수십 개 언어 간의 실시간 번역이 가능한 구글 번역 시스템과 같은 신경망 기반 번역 시스템에서 널리 사용된다.

온라인 리소스

온라인상에는 풍부한 머신러닝 관련 참고 자료가 게재돼 있고 매일 늘어나는 추세다. 오랜 기간 유지되고 있고 실질적인 도움을 주는 사이트를 순서 없이 소개하면 다음과 같다.

레딧 머신러닝(www.reddit.com/r/MachineLearning/)
최근 뉴스를 확인하거나 최신 논문이나 연구에 대한 토론을 보려면 이 사이트를 참조하면 된다.

아카이브^{Arxiv}(https://arxiv.org/)
머신러닝 기술은 발전 속도가 너무 빨라서 인쇄형 저널에서 요구하는 기나긴 동료 간 검토 과정이 불합리하게 느껴진다. 대안으로 많은 연구자와 대부분의 학회가 작성된 논문을 인쇄 전에 이 서버에 올려놓고 무료로 읽을 수 있게 제공한다. 게재된 모든 논문을 자세히 읽기는 버거울 것이다. 개인적으로 필자는 휴대폰에 아카이브 앱을 설치하고 일주일에 서너 번씩 관심 있는 분야의 글을 정독한다. 대표적인 분야로는 컴퓨터 비전 및 패턴 인식, 인공 지능, 신경 및 진화 컴퓨팅, 머신러닝이다. 이 분야에 매주 게재되는 논문의 수는 놀랄 만한 수준이며 이 분야의 연구가 실제로 얼마나 활성화돼 있는지를 잘 보여준다. 안드레아 카르파티^{Andrej Karpathy}라는 딥러닝 연구자는 아카이브에 올라오는 엄청난 양의 논문을 잘 정리해서 보여주는 http://www.arxiv-sanity.com/라는 사이트를 만들어 제공한다.

깃허브(https://github.com/)

이 사이트는 연구자들이 소프트웨어 프로젝트를 호스팅할 수 있는 곳이다. 사이트를 직접 방문해 머신러닝 프로젝트를 검색해도 되고 표준 검색 엔진을 사용하면서 검색식에 github 키워드를 추가하는 방식으로 검색해도 된다. 머신러닝 프로젝트가 폭발적으로 증가하면서 아름다운 일이 일어났다. 대부분의 프로젝트는 상업적 용도로도 사용할 수 있고 무료다. 일반적으로 전체 소스코드와 데이터 세트가 함께 제공된다. 아카이브 사이트에 게재된 논문에서 무언가 읽었다면 대부분의 경우 깃허브에서 해당 코드와 데이터를 찾아볼 수 있을 것이다.

코세라(https://www.coursera.org/)

코세라는 온라인 강의를 제공하는 최고의 사이트며 대부분의 강의는 무료로 수강할 수 있다. 다른 사이트도 있지만 코세라는 앤드류 응Andrew Ng이 공동 설립한 사이트라는 장점이 있다. 앤드류 응 교수의 머신러닝 강의는 매우 유명하다.

유튜브(www.youtube.com)

현재 거스를 수 없는 대세가 된 유튜브에는 엄청난 양의 머신러닝 동영상이 올라와 있다. 어떤 동영상을 시청할 것인지는 시청자의 몫이다. 여러 영상을 검토해보고 신중하게 선택해 최근에 올라온 훌륭한 시연을 찾아내보자. 제프리 힌튼Geoffrey Hinton이 가르치는 "Neural Networks for Machine Learning머신러닝을 위한 신경망" 강좌를 추천한다.

캐글(https://www.kaggle.com/)

캐글은 머신러닝을 주제로 경진대회를 주최하는 사이트로, 양질의 데이터 세트를 구할 수 있는 좋은 장소다. 우승자는 자신의 모델과 학습 과정을 자세히 설명해 고급 기술을 배울 수 있는 충분한 기회를 제공한다.

학술대회

새로운 언어를 배우는 가장 좋은 방법 중 하나는 해당 언어를 사용하는 문화에 몰입하는 것이다. 머신러닝도 마찬가지다. 머신러닝 문화에 몰입하는 방법으로 콘퍼런스에 참석하는 것을 추천한다. 비용이 많이 들 수 있지만 대부분의 학교와 회사는 이를 중요하게 여기므로 참가비를 지원받을 수 있을 것이다.

머신러닝에 대한 관심이 폭발적으로 증가하는 바람에 다른 학문 분야에서는 볼 수 없었던 '학술대회 등록 매진'이라는 새로운 현상이 발생했다. 비록 가장 큰 학술대회에서 나타났던 현상이지만 다른 학회에서도 발생할 여지가 있다. 학회 참석을 계획하고 있다면 서둘러 등록하는 것이 좋다. 참고로 다음과 같이 양질의 학술대회 목록을 소개한다. 나열 순서에 별다른 의미는 없다.

NeurIPS(이전에는 NIPS)

Neural Information Processing Systems의 줄임말로 가장 큰 머신러닝 콘퍼런스다. 이 학술대회에서는 항상 최신 연구 발표를 기대해도 좋다. NeurIPS는 최근 몇 년 동안 빠르게 매진되는 추세를 보이고 있으며 2018년에는 12분 만에 매진되기도 했다. 이제는 복권 시스템으로 전환돼 학회 발표자가 아닌 이상 참가 등록을 위한 골든 티켓 이메일을 받는 것이 보장되지 않는다. 이 학회는 보통 캐나다에서 개최된다.

ICML

머신러닝 국제학술대회International Conference on Machine Learning의 약자로, 두 번째로 큰 연례 학회일 것이다. 이 학술대회에는 다양한 트랙과 워크숍이 준비돼 있으며 일반적으로 유럽이나 북미에서 개최된다.

ICLR

학습 표현 국제학술대회International Conference on Learning Representations의 약자로, 딥러닝에 중점을 둔 학술대회다. 딥러닝 관련한 실무적인 기술 발표를 원한다면 이 학회가 적격이다.

CVPR

컴퓨터 비전과 패턴 인식^{Computer Vision and Pattern Recognition}의 약자로, 대규모로 개최되며 ICLR보다는 조금 덜 학술적인 성격의 학회다. CVPR은 널리 알려진 편이며 머신러닝 주제로만 한정하지 않는다.

GTC

GPU 기술 학회^{GPU Technology Conference}의 약자며 NVIDIA가 후원한다. 이 학회는 학술 콘퍼런스가 아닌 기술 콘퍼런스의 성격을 띤다. 캘리포니아 산호세에서 대규모 엑스포와 함께 열리는 이 학회에서는 NVIDIA의 신규 하드웨어가 매년 발표된다.

서적

시중에 머신러닝 책이 몇 권 나와 있다고 말하는 것은 바다에 물고기가 몇 마리 있다고 말하는 것과 같이 별 의미가 없다. 딥러닝을 주제로 이안 굿펠로우^{Ian Goodfellow}, 요수아 벤지오^{Yoshua Bengio}, 아론 쿠르빌^{Aaron Courville}이 공동 저술한 『심층 학습』(제이펍, 2018)이라는 책이 확실히 훌륭하다. http://www.deeplearningbook.org/를 참조하기 바란다.

『심층 학습』은 머신러닝 연구자가 되는 것을 진지하게 생각하고 있다면 반드시 읽어야 할 책이다. 그렇지 않은 경우라도 이 책은 핵심 주제를 깊이 있게 다루고 있으며 수학적으로 엄격함을 유지하고 있다는 점에서 의미가 있다. 이 책은 툴킷을 잘 사용하고자 하는 사람을 위한 것이 아니라 머신러닝의 이면에 있는 이론과 그에 수반되는 수학을 보고 싶은 사람을 위한 것이다. 기본적으로 대학원 수준의 텍스트는 아니고 고급 학부 과정의 책이라고 할 수 있다. 언젠가는 이 책이 보고 싶어질 시점이 올 것이므로 마음속이나 책장에 보관하기 바란다.

맺음말, So Long and Thanks for All the Fish[5]

마침내 이 책의 끝에 도달했다. 이제 의문점은 많이 사라졌고 새롭게 배운 지식과 직관만 남았다. 끝까지 읽어주셔서 감사하다. 책을 쓰는 동안 즐거웠다. 재미있게 읽을 수 있고 추가로 생각해 볼거리를 제공해 주는 책이 됐기를 진심으로 바란다. 여기서 멈추지 말고 책에서 개발한 것을 직접 실행해봐야 한다. 필자와 같은 시각이라면 어디에서나 머신러닝 응용을 찾아볼 수 있을 것이다. 자신만의 분류기를 만들어보기 바란다.

---

5. 더글러스 애덤스가 쓴 『은하수를 여행하는 히치하이커를 위한 안내서』의 네 번째 책 제목으로, 지구에서 사라진 돌고래가 마지막으로 남긴 메시지다. - 옮긴이

찾아보기

숫자

1 대 나머지 접근 방식 584
15차 다항식 369
1차 최적화 방법 342
1차원 CNN 633
1차원 피처 벡터 626
2D 배열 488
2D 이미지 479
2D 플롯 510
2차 다항식 63
2차원 좌표 평면 320
4D 배열 484, 549
5 원소 열벡터 40

ㄱ

가능도 45
가우시안 나이브 베이즈 모델 280, 631
가우시안 분포 46
가우시안 커널 236
가중 평균 정확도 468, 469
가중치 304, 316
가중치 감소 방법 407
가중치 감쇠 373
가중치 초기화 364, 413
가중치 행렬 491, 503, 532

간격 값 120
간격 표기법 124
강한 반응 556
강한 임곗값 555
강한 활성화 555
강화학습 667
개별 모델 590
개행문자 55
객체 64
갱신 규칙 353
거짓 양성 429
거짓 음성 429
검정 통계량 47
검증 데이터 146
검증 성능치 635
검증 세트 오차 573
검증 오차 526
검증 정확도 527
결정 임곗값 451
결측값 160
결합 확률 217
경고 메시지 389
경사 331
경사 기반 학습 알고리듬 475
경사 추정치 537
경사 하강 스텝 398
경사 하강법 330
경사 하강법 알고리듬 337

경사도 307
경사도 평가 539
경험 규칙 312
계산 비용 과다의 문제 504
계승 225
계층 311
계층 초기화 알고리듬 651
계층별 오차 359
계층별 파라미터 개수 523
계층형 네트워크 311
고급 메트릭 440, 472
고전 모델 240, 273, 292
고전적인 SGD 알고리듬 571
고차원 공간 510
곡선 맞춤 368
곱셈 방식 42
공간 불변성 474
공간적 패턴 특성 299
공백 문자 107
공통 언어 35
과적합 184, 295
교차 검증 155
교차 엔트로피 손실 360, 362
교통수단 576
교통수단 데이터 세트 603
교통수단 클래스 604
교환법칙 323
구글 이미지 158
구문 에러 68
구분자 109
구현 사례 615
균등분포 45, 112
그래프 형식 302
그래픽 처리 장치 48
그래픽 형식 112
그레이맵 555

그레이스케일 MNIST 이미지 495
그레이스케일 이미지 484
그레이스케일 형식 113
그루초 667
그리드 548
그리드 검색 269
근사화 377
글로롯 초기화 365, 497
글로롯 초기화 기법 651
급수 전개 310
기본 MNIST CNN 모델 542
기본 메트릭 472
기본 모델 542
기본 배열 85
기본 컨볼루션 신경망 482
기본 학습률 401
기본형 모델 대비 성능 향상 530
기억 장소 287
기울기 307
기하 평균 377
깃허브 671
꽃 데이터 세트 120

ㄴ

나이브 베이즈 126, 294
나이브 베이즈 분류기 215
난수 83, 111, 112
난수 라이브러리 67
난수 발생기 111
난수 배열 84
내부 함수 74
내삽법 127
내장 함수 65
내장형 마이크로컨트롤러 298

내적 42, 483
넘파이 36
넘파이 배열 84, 288, 323
넘파이 배열 변수 161, 545
넘파이 스크립트 160
네스테로프 모멘텀 386
네오코그니트론 모델 475
네임스페이스 75
네트워크 가중치 373
네트워크 아키텍처 405
노드 81
놈 372
누락 데이터 158
누락된 피처 값 143
뉴런 302, 303

ㄷ

다중 계층 퍼셉트론 305
다중 클래스 583
다중 클래스 매튜 상관 계수 470
다중 클래스 모델 587
다중 클래스 모델 평가 427
다중 클래스 문제 292
다중 클래스 분류기 589
다차원 배열 80
다항식 64
단순 곱셈 규칙 106
단일 숫자 이미지 551
단일 채널 그레이스케일 492
단일 채널 이미지 543
대각선 구조 494
대각선 원소 589
대괄호 표기법 56
대상 데이터 세트 287

대형 숫자 이미지 549, 550
대형 입력 이미지 556
더미 데이터 세트 148
데이터 세트 45
데이터 세트 증강 618
데이터 세트의 크기 134
데이터 증강법 182, 371, 618
덴스 계층 483, 566
덴스넷 666
델타 332
도메인 적응 131, 547
도트 곱셈 연산자 105
도트 연산 105
도함수 349
동물 이미지 576
뒤집기 변환 198
드롭아웃 371, 374
드롭아웃 계층 482
등간격 구간 582
디스크 파일 107
딕셔너리 49, 61
딕셔너리 구조 79, 111
딥러닝 527

ㄹ

라그랑지안 235
라이브러리 36
라플라스 평활화 221
란초스 필터 493
랜덤 분할 254
랜덤 샘플링 151
랜덤 포레스트 221, 229, 295
레딧 머신러닝 670
레딧 사이트 500

레스넷 666
레이블 118
레이블의 순서 155
로그 손실 362, 386
로지스틱 유형 신경망 428
로지스틱 함수 385
루핑 303
르넷 모델 666
르쿤 475
리스트 49, 55, 80
리스트 내포문 66, 170
리스트 변수 326, 594
리스트 복사 58
리스트 연산 56
리스트 자료 구조 36
리스트형 데이터 323
리프 노드 224, 295

ㅁ

마르크스 형제 667
마이크로컨트롤러 206
마진 231
말 줄임 기호 99
말하는 음 624
매튜 상관 계수 440, 444
매핑 488
매핑된 레이블 벡터 363
맨-휘트니 U 검정 47
머신러닝 국제학술대회 672
머신러닝 데이터 세트 534
머신러닝 커뮤니티 563
메모리 공간 170
메모리 오버헤드 292
메모리 할당 84

메트릭 424
메트릭 도출 432
메트릭 변수 520
메트릭 트리 285
멤버 변수 190, 386
모델 갱신 횟수 539
모델 미세 조정 600
모델 아키텍처 529
모델 응답 555
모델 인스턴스 157
모델 정규화 방법 371
모델 테스트 549
모델의 구조 146
모델의 성능 541
모델의 용량 135
모듈 74
모듈로 연산자 67
모멘텀 338, 346, 411
모분산 46, 376
모분포 45, 130, 406
모수 검정 47
모확률 338
목표 클래스 584
문자열 54, 516
미니배치 크기 536
미니배치 학습 340
미니배치의 크기 395
미분 333
미분 법칙 353
미세 조정 265, 563, 571, 600
미세 조정 테스트 610
민감도 433, 579

ㅂ

박스 플롯 161
반복 루프 69, 594
반복문 64
반전된 값 555
발생 빈도 147
방사형 기저 함수 236
배깅 230
배열 80
배열 순서 486
배열 스택 488
배열 슬라이스 93
배열 슬라이싱 95
배열 인덱싱 93
배열 정의 85
배열 처리 기능 36
배정밀도 부동소수점 80
배치 정규화 505
배치 정규화 기법 652
배치 크기 395
배치 학습 338
백분율 기준 혼동 행렬 658
백엔드 37
밴드 484
버그 391
범용 계층형 데이터 형식 522
범용 계층형 파일 저장 형식 39
범용 함수 근사기 302
범위 조정 136
범위 조정 작업 170
범주 값 122
범주형 교차 엔트로피 손실 함수 520
베이즈 정리 216
벡터 40
벡터 덧셈 317

벡터 입력 299
변수 53
보폭 404, 476
복원 추출 230
볼 트리 285
부동소수점 수 120
부동소수점 실수 86
부동소수점 연산 310
부동소수점 형식 53
부분 데이터 145
부분배열 90
부트스트랩 샘플 230
부호 없는 8비트 정수 타입 87
분기 노드 227
분류 속도 293
분류 작업 129, 313
분류기 객체 386
분류기 쌍 282
분산 비율 288
분해 모듈 189
불리언 타입 58
브로드캐스팅 102
브로드캐스팅 기능 85
블랙박스 298
비가중 평균 589
비모수 검정 47
비선형 함수 305, 306
비지도학습 667
비콘벡스 함수 341
빅-O 표기법 282

ㅅ

사각형 기호 곡선 404
사각형 기호 플롯 404

사분위수 163
사용 속도 285
사운드 샘플 615, 618
사인 306
사인파 641
사전 클래스 확률 132
사전 판단 반복문 67
사전 학습된 ImageNet 모델 612
사전 학습된 심층 네트워크 591
사전 확률 133, 216, 425
사후 판단 반복문 67
사후 확률 215
산점도 187
삼각함수 306
색상 밴드 186
샘플 데이터 582
샘플링 46, 413
샘플링 비율 625
생성 네트워크 669
생성적 적대 신경망 669
서수 121
서술 통계 44
서포트 벡터 234
서포트 벡터 머신 231, 296
선형 SVM 285
선형 SVM 모델 631
선형 대수 39
선형 매핑 306
선형 변환 652
선형 커널 281, 297
선형 함수 306
선형 회귀 128
성능 수치 524
성능 측정용 테스트 세트 424
성능 향상 530
성분 요소 개수 287

세 겹 따옴표 54
세포 치수 119
센트로이드 208, 292
셸 명령 창 38
소프트맥스 계층 482
소프트맥스 연산 314
소프트맥스 예측 487, 592
소프트맥스 출력 377
손실 함수 330, 359
손실 함수식 350
솔버 386
수상돌기 303
수신자 조작 특성 곡선 447
수염 163
수용장 495
수익률 발생 현상 469
수학 함수 302
수행 속도 541
수확 체감 현상 406
수확 체감의 법칙 229
순방향 337
순방향 변환 메서드 194
순방향 패스 348, 350
순환 신경망 669
숫자 히트맵 554
스칼라 42
스칼라 값 304
스칼라 곱셈 323
스캔 라인 478
스케일 팩터 345, 651
스케일된 데이터 세트 277
스크램블된 MNIST 숫자 513, 559
스크램블된 데이터 560
스크램블링 290
스크램블링 작업 290
스택 488

스텝 인수 97
스텝의 크기 353
스트라이드 476
스펙트로그램 640
스펙트로그램 분류 647
슬라이딩 윈도우 498
슬라이스 표현식 96
시각 처리 계층 495
시각 피질 495
시간 분석 283
시그모이드 함수 308
시작점 334
식별 작업 129
신경망 객체 326
신경망 구조 301
신경망 노드 구조 303
신경망의 노드 302
실제 분산 287
실행 시간 283
실행 이력 정보 570
심층 구조의 모델 611
심층 네트워크 591
심층 모델 565
심층 신경망 모델 297
싸이킷런 36
싸이킷런 공식 문서 36
쌍곡 탄젠트 함수 308

ㅇ

아날로그 파형 621
아다마르 곱셈 357
아이리스 꽃 데이터 319
아이리스 꽃 데이터 세트 168
아카이브 670

아키텍처 529
아키텍처별 플롯 394
아파치 MXnet 37
아포스트로피 55
안장점 343
알렉스넷 666
알파 채널 113, 484
앙상블 229, 374, 654, 655
약한 활성화 555
양선형 보간법 202
양성 예측값 441
양성 예측도 434
양수 응답 532
얕은 모델 565
얕은 복사 60
얕은 아키텍처 635
업스케일링 493
에러 처리 71
에지 302
에폭 339
에폭 시간 75
에폭당 손실 570, 571
역방향 패스 348, 350
역방향 학습 패스 537
역변환 191
역전파 347
역전파 알고리듬 330, 347
역함수 306
연결 강도 304
연산자 102
연속 벡터 618
연속형 값 294
연쇄 법칙 351
열벡터 40
예측 오차 330
예측 작업 578

예측 점수 326
예측 함수 462
예측 확률 326, 382
오디오 데이터 616
오디오 샘플 615
오디오 피처 628
오버라이드 413
오버플로 316
오버헤드 292
오차 그래프 575
오차 막대 535
오차 플로팅 525
오차 함수 606
온라인 리소스 665
옵티마이저 527, 539
완전 연결 303, 483
완전 연결 계층 385, 501
완전 연결 모델 543
완전 연결 신경망 318
완전 컨볼루션 계층 502
완전 컨볼루션 네트워크 504, 542
완전 컨볼루션 버전 542
외부 함수 74
외삽법 127
외적 42
욜로 666
우도 45
원 기호 곡선 404
원 기호 플롯 404
원본 데이터 167
원시 바이트 버전 274
원시 시각 피질 495
원핫 벡터 186, 517, 567
원핫 인코딩 123
유넷 666
유든의 J 통계 440

유사도 메트릭 668
유연성 485
유클리드 거리 372
유클리디안 거리 210, 284
유튜브 671
유효 수용장 495, 612
은닉 계층 302
은닉 노드 324
음성 예측값 441
음성 예측도 434
음수 응답 532
음의 분수 624
의미론적 분할 505
의미론적 분할 알고리듬 559
의사 난수 111
의사 난수 발생기 111
의사 난수 시드 256
의사결정 트리 221, 295
이데아 이론 131
이미지 집합 494
이미지 파일 112
이산 컨볼루션 479
이산형 데이터 187
이산형 베이즈 수식 219
이산형 분포 244
이산형 피처 값 294
이상 데이터 158
이상치 158
이진 교차 엔트로피 손실 함수 520
이진 분류 282
이진 분류 모델 583
이진 분류기 579
이진 분류기 메트릭 578
이진 클래스 583
이해력 329
인공 뉴런 304

인공 신경망　305
인덱스　57, 320
인덱스 변수　194
인셉션　666
인스턴스　385
임곗값　555
임베딩　591
임베딩 벡터　592
임베딩 프로세스　592
임시 배열 변수　594
임포트　567
입력 계층　302
입력 스택　488
입력 컨볼루션 계층　543
입력 피처 벡터　302, 318
입출력 함수　107

ㅈ

자비에르 초기화　365, 497
자유도　490
자유수　121
자율 주행 자동차　427
작은따옴표　54
잡음　410
장단기 메모리　670
재귀　225
재현율　433, 442
쟈크 아다마르　357
저차원 공간　510
적응형　565
적응형 옵티마이저　573
적응형 최적화 알고리듬　571
적중률　433
전역 최솟값　335

전원 공급장치　667
전이학습　297, 563, 591
전처리　514
전처리 작업　388
전처리 트릭　640
전체 학습 세션　538
전치　236
전치 행렬　358
전통적인 신경망　474
절대 손실　360
절대 오차　364
절편　307, 332
접두사　75
정규 분포　45
정규 분포 노이즈　191
정규 분포 샘플링　46
정규화　141, 274
정규화 강도　407
정규화 과정　331
정규화 작업　249
정규화된 버전　287
정류 선형 유닛　308
정류 선형 활성화 함수　310
정류화 선형 기능　483
정밀도　316, 434, 442, 579
정밀도-재현율 곡선　461
정보도　440
정수　53
정수 나눗셈 연산　103
정수 형식　53
정확도 계산　467
정확도 점수　408
정확도 행렬　465
제곱근　210
제로 패딩　479
제로샷 학습　297

제어 구조 52, 62
조기 종료 386
주성분 분석 187
주성분 인덱스 194
주파수 119
줄임표 55
중심점 208
중앙값 44, 159
중지 조건 225
중첩 풀링 500
증강 데이터 디렉터리 624
증강된 사운드 파일 622
증강법 640
지니 계수 228
지도학습 127, 667
지수 64
지역 최솟값 335
직관력 329
질감 495
집계 작업 582
집계 카운터 461
짝수 MNIST 숫자 447

ㅊ

차원의 저주 123, 289
참 양성 429
참 양성 비율 433
참 음성 429
참 음성 비율 433
참조에 의한 전달 92
첨자 94
체감 수익률 469
체인 81
초기 학습률 386

초월 함수 306
초평면 232
총 분산 비율 288
최근접 센트로이드 206
최근접 센트로이드 분류기 246, 292
최근접 이웃 분류기 212
최근접 이웃 샘플링 493
최근접 이웃 알고리듬 202
최대 여백 233
최대 풀링 498
최대 풀링 연산 506
최소 컷오프 임곗값 553
최솟값 334
최적해 343
최적화 235
최적화 알고리듬 573
최적화 함수 539
최종 검증 오차 526
최종 소프트맥스 계층 544
최종 정확도 539
최종 출력 행렬 478
최종 테스트 세트 오차 573
최종 테스트 정확도 570
최종 풀링 계층 501
추론 속도 296
추론 실행 시간 296
축색돌기 303
출력 계층 302
출력 계층의 가중치 545
출력 디렉터리 548
출력 배열 288, 488
출력 스택 488
출력 행렬 478
출력 히트맵 555
측정 목표 361

ㅋ

카르티시안 40
카이밍 헤 초기화 366
카페 37, 366
캐글 671
캐나다 고등과학원 564
캐멀케이스 54
캡슐 네트워크 500
커널 236, 475
커널 중앙 478
커널 집합 489
커널 파라미터 533
커맨드라인 548
커브 피팅 367, 368
컨볼루션 475
컨볼루션 계층 473, 482, 488
컨볼루션 신경망 43, 473
컨볼루션 신경망의 아키텍처 482
컨볼루션 연산 478, 544
컨볼루션 출력 491
컨볼루션 커널 487
컨퓨저 133
컬러 이미지 126, 299, 484
컴퓨터 비전과 패턴 인식 673
컴퓨팅 자원 298
컷오프 임곗값 553
컷오프 지점 575
케라스 37, 175, 329
케라스 모델 593
코사인 306
코사인파 641
코세라 671
코헨 카파 440, 443
콘벡스 함수 341
콘벤트 475

콜론 99
콤마 99
콤마로 구분된 값 108
콤팩트 디스크 621
큰따옴표 54
클래스 118
클래스 레이블 119, 324
클래스 분류 과정 530
클래스가 출현한 횟수 469
클래스당 샘플 수 468
클래스별 빈도 불균형 427
클래스별 사전 확률 468
클래스별 센트로이드 292
클래스별 실제 사전 확률 468
클래스별 정확도 426
클래스별 파일 리스트 620
클래스별 확률 549
클러스터링 668
클로버 데이터 132
키:값 쌍 61
키워드 접근 방식 110
키워드 파라미터 73

ㅌ

타임 시프팅 619
탄젠트 306
탐욕 알고리듬 227
탐지가 어려운 음성 샘플 590
탭 문자 107
테두리 상자 형식 559
테두리 선 553
테스트 데이터 146
테스트 실행 시간 283
테스트 오차 564

테스트 이미지 546
테스트 정확도 570
테스트된 샘플의 수 468
테스트용 파일 리스트 620
텐서 43
텐서플로 37
텐서플로 백엔드 516
템플릿 매칭 211
통계적 검정 46
통합 개발 환경 52
투명 계층 645
투표 방식 660
툴킷 515
튜플 49, 60
트레이드오프 123
트리 286
트리 구축 224
트리 종단 295
트리 집합 267
트리의 깊이 295
특이도 433, 579

ㅍ

파라미터 294
파라미터 곡선 451
파스퇴르는 300
파싱 109
파워 스펙트럼 641
파이썬 인터프리터 50
파이썬 커뮤니티 619
파이썬 코드 426
파이토치 37
파일 확장자 522
판별 네트워크 669

판별식 63
판정 결과 298
판정 에러율 295
패치용 이미지 197
퍼지 팩터 235
편미분 349
편미분 계산 485
편미분 계수 351
편의성 메서드 520
편향 304, 316
편향 값 490
편향 벡터 318, 323, 490
편향 파라미터 499
편향성 397
평균 정확도 273, 468, 469, 656
평균 제곱 오차 360, 364
평균값 44
평균값 중심 139
포레스트 281
표본 평균 160
표식도 440
표준 데이터 세트 564
표준 모멘텀 386, 541
표준 오차 44, 160
표준 증강 612
표준 편차 44, 139
표준화 141
표현식 101
푸리에 변환 640
풀링 계층 473, 482, 498
퓨샷 학습 297
프롬프트 50
플라이어 163
플래튼 계층 483, 566
플로팅 288
플로피 디스크 162

플롯 289
피드백 303
피드백 루프 669
피드포워드 303
피드포워드 네트워크 311
피처 40, 119
피처 간 독립 294
피처 공간 126
피처 맵 484, 485
피처 벡터 119, 120
피처 집합 123
피치 시프팅 619
피치 이동 624
피클 파일 326
픽셀의 투명도 113
필터 488
필터 출력 82

ㅎ

하강 스텝 403
하드 네거티브 134, 590
하이퍼파라미터 266, 343
학술대회 672
학습 데이터 146
학습 속도 285
학습 손실 527
학습 에폭 횟수 542
학습 정확도 527
학습 파라미터 515
학습 패스 537
학습 표현 국제학술대회 672
학습률 335, 345
학습용 파일 리스트 620
할당문 54, 94

함수 72
함수 내포 74
함수 매핑 311
함수 정의 73
합성 함수 349
항등 함수 313
행렬 41
행렬 곱셈 317, 318
행렬 곱셈 연산 106
행렬 덧셈 318
행렬 연산 104
행벡터 40
헤 초기화 기법 651
헤르츠 621
혼동 행렬 423, 462, 587
홀수 MNIST 숫자 447
확률 맵 553
확률 모델 291
확률 분포 45
확률 추정치 448
확률적 경사 하강법 338
활성화 506
활성화 연산 507
활성화 함수 304, 305
회귀 362
회귀 모델 313
회전 변환 202
휘도 115
히스토그램 218, 294, 582
히트맵 553
히트맵 이미지 554

A

abs 360

absolute loss 360

ACC 425

activation function 305

activations 506

Adadelta 520, 541

Adadelta 오차 그래프 575

Adadelta() 569

Adagrad 541

Adagrad 알고리듬 520

Adam 520, 541

add 메서드 518

advanced metric 440

AlexNet 591, 666

alpha 407

ANN 305

Apache MXnet 37

append 명령 56

argmax 함수 659

argsort 메서드 151

arrange 메서드 99

array indexing 93

array 함수 86

Artificial Neural Networks 305

Arxiv 670

astype 92

Audacity 641

augment 함수 622

B

backend 37

backprop 347

backpropagation algorithm 347

backward pass 348

bagging 230

Ball 트리 285

batch training 338

BEGIN 51

bias 304

bilinear interpolation 202

bin 124

Boolean 타입 58

bottom−tested 반복문 67

box plot 161

break문 68

bug 391

C

Caffe 37, 366

Camel Case 54

Canadian Institute for Advanced Research 564

capsule networks 500

Cartesian 40

case문 64

categorical values 122

Cell Dimension 119

centroid 208

CIFAR 564

CIFAR 데이터 564

CIFAR−10 데이터 세트 179, 563

CIFAR−100 564

class 118

Classifier 객체 415

close문 70

CNN 473

CNN 구조 476

Cohen's kappa 계수 440, 443

column vector 40

comma separated values 108

compile 520

Compute Unified Device Architecture 48

Computer Vision and Pattern Recognition
673

Confuser 134

Confusion Matrix 423

continue문 68

Conv 계층 482

Conv2 533

Conv2D 계층 544

convent 475

convert 메서드 115

convex function 341

convolution 신경망 43

Convolutional Neural Networks 473

copy 모듈 60

CPU 시스템 605

cross-entropy loss 360

csv 109

ctime 76

CUDA 48

CUDA 라이브러리 667

curve fitting 367

CVPR 673

CycleGan 669

DenseNet 666

derivative 333

dictionaries 49

Dictionary 구조 79

diminishing returns 229

do-while문 68

Domain adaptation 131

Dot Product 42

double precision 부동소수점 80

dropout 371, 374

Dropout 계층 482

dummy 데이터 세트 148

D

dataset 45

decision tree 222

decomposition 모듈 189

deepcopy 기능 60

def 키워드 72

Dense 계층 483

E

edge 302

effective receptive field 495

elif 키워드 63

else 52

embedding 591

END 51

ensemble 229, 374, 654

enumerate 함수 65

epoch 339

epoch 시간 75

ESC-10 616

ESC-50 데이터 세트 616

ESC-50 메타데이터 618

Euclidean distance 210

evaluate 메서드 522

evaluate 함수 323

except 블록 71

extrapolation 127

F

F1 점수 440, 442
factorial 225
False Negative 428
False Positive 428
feature maps 485
features 40, 119
features vector 120
few shot 학습 297
filter 488
fine-tuning 600
first-order optimization method 342
fit 메서드 382, 386
Flatten 계층 483
flier 163
float64 91
FN 429
for 루프 396
for 반복문 49, 64
forward pass 348
Fourier transform 640
FP 429
fraction thereof 624
Free Water 121
fudge factor 235
fully connected layer 501

G

GAN 669
Gaussian distribution 46
Gaussian kernel 236
Generative Adversarial Networks 669
Gini index 228

H

Hadamard product 357
hard negative 134
HDF5 형식 39, 522
He 초기화 기법 651
heatmap 553
History 객체 521
hyperplane 232

I

ICLR 672
ICML 672
IDE 52
IEEE 754 80
if-elif-else 49, 63
if문 51
ImageNet 데이터 세트 583
in 명령 58
Inception 666
index 메서드 58
informedness 440
inner product 42

global minimum 335
Glorot 초기화 365
GPU 48, 666
GPU Technology Conference 673
GPU 기술 학회 673
gradient descent 330
Graphics Processing Units 48
graymap 555
GridSearchCV 클래스 269
GTC 673

InnerProduct 483
int16 623
Integrated Development Environment 52
International Conference on Learning
    Representations 672
International Conference on Machine
    Learning 672
Interpolation 127
interval value 121

J

J 통계 440
Jacques Hadamard 357
joint probability 217
JPEG 112

K

K-D-트리 285
k-fold 검증법 618
k-Fold 교차 검증법 156
k-NN 모델 293
k-NN 방식 292
k-최근접 이웃 41, 212
k-평균 668
k-폴드 검증 257
Kaiming He 초기화 366
Keras 37, 175, 329
kernel 236, 475
key:value 쌍 61

L

L1 손실 360
L2 거리 372
L2 손실 360
L2 정규화 371, 372, 407
L2 정규화 알고리듬 651
label 118
Lagrangian 235
lanczos 필터 493
Laplace smoothing 221
layer 311
leaf node 224, 295
learning rate 335
LeCun 475
LeNet 모델 666
Library 36
librosa 모듈 620
likelihood 45
linear function 306
linear regression 128
LinearSVC 274, 281
lingua franca 35
list comprehension 66
List 자료 구조 36
lists 49
load 함수 109
local minimum 335
localtime 76
Long Short-Term Memory 670
looping 303
LSTM 670

M

main 함수 271, 387

Mann–Whiteny U 검정 47

Margins 231

markedness 440

math 라이브러리 76

matplotlib 39

matrix 41

Matthew Correlation Coefficient 440, 444

max 함수 483

maximal margin 233

MCC 440, 444

mean centering 139

mean squared error 360

metric 424

metrics 모듈 462

minibatch training 340

missing values 160

MLP 305

MLPClassifier 305

MLPClassifier 클래스 382

MNIST CNN 모델 542

MNIST 데이터 514

MNIST 데이터 세트 175, 382

MNIST 모델 구축 517

MNIST 모델 학습 521

MNIST 숫자 이미지 476

MNIST 학습 이미지 594

modulo 연산자 67

momentum 338, 346

MSE 360

MSE 손실 361

Multi–Layer Perceptrons 305

musical step 624

N

namespace 75

Naíve Bayes 126

Naíve Bayes 분류기 215

Nearest Neighbors 41

Nearest Neighbors 분류기 212

Neocognitron 모델 475

Nesterov 모멘텀 386

Neural Information Processing Systems 164

NeurIPS 672

neurons 302

newline character 55

next 64

NIPS 164

node 81

nonconvex function 341

None 58

nonlinear function 305

nonparametric tests 47

norm 372

normal distributions 45

normalizing 141

NPV 434

NULL 58

NumPy 36

numpy 라이브러리 86

NVIDIA 667

O

One–hot encoding 123

one–hot vector 186

ones 함수 92

open 함수 114

ordinal 122

outer product 42

outliers 158

overfitting 184, 295

overflow 316

override 413

print 내장 함수 65

print문 70

Prior Class probability 132

prior probability 216, 425

probability distribution 45

PyTorch 37

P

p-value 47

parametric test 47

parent distribution 45, 130

pass 52

Pass by Reference 92

PCA 187

PCA 알고리듬 278

PCA 요소 286

pickle 107

pickle 파일 326

PIL 세상 112

PIL 이미지 객체 114

Pillow 라이브러리 39, 115

pitch shifting 619

PNG 112, 114

Pool 계층 482

posterior probability 215

power spectrum 641

PPV 434

PR 곡선 461

precision 442

Precision-Recall 곡선 461

predict 메서드 551

predict 함수 462

prefix 75

Principal Component Analysis 187

R

Radial Basis Function 236

random forests 229

random 함수 67

range 함수 64

RBF 236

RBF 커널 269

read 메서드 70

recall 442

Receiver Operating Characteristics 447

receptive field 495

Rectified Linear Unit 308

Recurrent Neural Networks 669

recursion 225

Reddit 사이트 500

regression 362

regression model 313

ReLU 308

ReLU 계층 482

ReLU 전용 초기화 기법 653

ReLU 활성화 함수 390

reshape 메서드 99, 178

ResNet 591, 666

return 명령문 73

RGB 형식 113

RMSprop 520, 541

RNN 669

ROC 곡선 447
ROC 포인트 460
rotate 메서드 202
row vector 40
run 271

S

saddle point 343
sampling 46
save 메서드 522
save 함수 109
scalar 42
scale factor 345
scatter plot 187
scikit-learn 36
score 메서드 386
score 함수 326
SE 44, 160
semantic segmentation 505
SGD 338
SGD 솔버 386
shallow copy 60
shape 89
Shell 명령 창 38
show 메서드 114
shuffle 메서드 151
sklearn 36
sklearn 분류기 382
softmax 506
Softmax 연산 314
solver 386
spectrogram 641
split 271
stack 488

standard deviation 44, 139
Standard Error 44, 160
standardization 141
statistical test 46
Stochastic Gradient Descent 338
stride 476
subscript 94
Supervised Learning 127
Support Vector Machine 231
SVM 231, 296
SVM 미세 조정 268
SVM의 정확도 289
switch문 64
SyntaxError 68

T

t 검정 47
t-SNE 플롯 597
t-SNE 함수 510
Tanh 390
tanh 활성화 함수 391
tensor 43
TensorFlow 37
time shifting 619
TN 429
TNR 433
top-tested 반복문 67
TP 429
TPR 433
trade-off 123
transcendental functions 306
transfer learning 297, 591
transform 메서드 190
transpose 236

True Negative 428
True Positive 428
try 블록 71
try-except 블록 49
try-except문 71
tuples 49

U

U-Net 505, 666
U-Net 알고리듬 559
uint8 87, 114
underscore 54
Uniform 46
uniform distribution 45
universal function approximator 302

V

V1 계층 495
vector 40
verbose 옵션 326
VGG 666

W

weight decay 373
while 반복문 49, 67
while문 68
whisker 163
with문 49, 70

X

Xavier 초기화 365

Y

YOLO 666
YOLO 모델 559
Youden의 J 통계 440

Z

zero-padding 479
zero-shot 학습 297
zeros 함수 91
ZIP 파일 616

실무자를 위한 딥러닝

발 행 | 2022년 6월 30일

지은이 | 로널드 크누젤
옮긴이 | 백 성 복

펴낸이 | 권 성 준
편집장 | 황 영 주
편 집 | 조 유 나
         김 다 예
디자인 | 윤 서 빈

에이콘출판주식회사
서울특별시 양천구 국회대로 287 (목동)
전화 02-2653-7600, 팩스 02-2653-0433
www.acornpub.co.kr / editor@acornpub.co.kr

한국어판 © 에이콘출판주식회사, 2022, Printed in Korea.
ISBN 979-11-6175-652-3
http://www.acornpub.co.kr/book/practical-deep-learning

책값은 뒤표지에 있습니다.